Kohlhammer

Die Herausgeberin

Sieglind Luise Ellger-Rüttgardt, Prof. Dr. phil., hat Erziehungswissenschaft, Romanistik und Sonderpädagogik studiert. Nach mehrjähriger Tätigkeit an Grund-, Haupt- und Sonderschulen war sie Professorin für Allgemeine Sonder- und Rehabilitationspädagogik in Hamburg, Hannover und an der Humboldt-Universität zu Berlin.

Sieglind Luise Ellger-Rüttgardt (Hrsg.)

Die »Minderwertigen«

Behinderung in der Zeit des Faschismus

Verlag W. Kohlhammer

Für meine Enkel
Max, Mia und Anouk

Dieses Werk einschließlich aller seiner Teile ist urheberrechtlich geschützt. Jede Verwendung außerhalb der engen Grenzen des Urheberrechts ist ohne Zustimmung des Verlags unzulässig und strafbar. Das gilt insbesondere für Vervielfältigungen, Übersetzungen, Mikroverfilmungen und für die Einspeicherung und Verarbeitung in elektronischen Systemen.

Die Wiedergabe von Warenbezeichnungen, Handelsnamen und sonstigen Kennzeichen in diesem Buch berechtigt nicht zu der Annahme, dass diese von jedermann frei benutzt werden dürfen. Vielmehr kann es sich auch dann um eingetragene Warenzeichen oder sonstige geschützte Kennzeichen handeln, wenn sie nicht eigens als solche gekennzeichnet sind.

Es konnten nicht alle Rechtsinhaber von Abbildungen ermittelt werden. Sollte dem Verlag gegenüber der Nachweis der Rechtsinhaberschaft geführt werden, wird das branchenübliche Honorar nachträglich gezahlt.

Dieses Werk enthält Hinweise/Links zu externen Websites Dritter, auf deren Inhalt der Verlag keinen Einfluss hat und die der Haftung der jeweiligen Seitenanbieter oder -betreiber unterliegen. Zum Zeitpunkt der Verlinkung wurden die externen Websites auf mögliche Rechtsverstöße überprüft und dabei keine Rechtsverletzung festgestellt. Ohne konkrete Hinweise auf eine solche Rechtsverletzung ist eine permanente inhaltliche Kontrolle der verlinkten Seiten nicht zumutbar. Sollten jedoch Rechtsverletzungen bekannt werden, werden die betroffenen externen Links soweit möglich unverzüglich entfernt.

1. Auflage 2026

Alle Rechte vorbehalten
© W. Kohlhammer GmbH, Stuttgart
Gesamtherstellung: W. Kohlhammer GmbH, Heßbrühlstr. 69, 70565 Stuttgart
produktsicherheit@kohlhammer.de

Print:
ISBN 978-3-17-039536-7

E-Book-Formate:
pdf: ISBN 978-3-17-039537-4
epub: ISBN 978-3-17-039538-1

Inhaltsverzeichnis

Vorwort 9

Einleitung 11

I   **Rassenhygiene, Behindertenpolitik und Sonderpädagogik im »Dritten Reich«**
Sieglind Luise Ellger-Rüttgardt

I.1   Die NS-Ideologie 19

I.2   Von der Idee zur Tat: Zwangssterilisation und »Euthanasie«   23

I.3   Hilfsschule im »Dritten Reich« 33

I.4   Sonderpädagogen zwischen Bereitschaft, Anpassung und Opposition 41

I.5   Lebenswelt und Alltag von Menschen mit Behinderungen im Nationalsozialismus 52

II   **Regional- und alltagsgeschichtliche Studien**

II.1   Sonderpädagogen in Württemberg während der NS-Zeit: Christian Hiller (1883–1955) und Wilhelm Hofmann (1901–1985) 71
Gerhard Eberle

II.2   Paul Bartsch – ein NS-Sonderpädagoge im Spiegel seiner Biografie 90
Anton Ottmann

II.3	Verschweigen, täuschen, leugnen: Walter Bärsch – ein angesehener Psychologe und Sonderpädagoge der Nachkriegszeit mit »brauner« Vergangenheit	105
	Hans-Peter de Lorent & Sieglind Luise Ellger-Rüttgardt	
II.4	Die Sonderpädagogik in Bayern in der Nazizeit – dargestellt am Beispiel des Münchener Hilfsschullehrers Erwin Lesch ..	124
	Ulrich Heimlich	
II.5	Taubstummenpädagogen im »Dritten Reich« – zwischen Opposition, Geltungsdrang und Überzeugung	136
	Frank A. Brodehl	
II.6	Die Hamburger Hilfsschule im »Dritten Reich«	153
	Sieglind Luise Ellger-Rüttgardt	
II.7	Die Praxis der nationalsozialistischen Zwangssterilisation in der Hilfsschulanstalt Neudüsseltal	169
	Uwe Kaminsky	
II.8	Verantwortlich für Zwangssterilisation und »Euthanasie«? Lehrkräfte an Hilfsschulen in Ober- und Mittelfranken	184
	Marcus Mühlnikel	
II.9	Der vergessene Friedhof der Karl-Bonhoeffer-Klinik in Berlin Wittenau	198
	Irmela Orland	
III	**Eugenik und Rassenhygiene in der internationalen Diskussion – Ein Einblick in ausgewählte Länder**	
III.1	Im Souterrain des Volksheims: Menschen mit geistiger Behinderung in Schweden in der ersten Hälfte des 20. Jahrhunderts	217
	Thomas Barow	
III.2	Eugenische Ideen in Dänemark vor, während und nach der deutschen Besetzung	233
	Bjørn Hamre, Christian Ydesen & Simon Holleufer	
III.3	Der heilpädagogische Opfermythos: Zur verdrängten NS-Vergangenheit der österreichischen Heilpädagogik	250
	Christian Stöger	

III.4	Spuren eugenischen Gedankenguts in der ungarischen Heilpädagogik in der ersten Hälfte des 20. Jahrhunderts ..... *Ilona Ruzsics-Genfer*	270
III.5	Eugenische Strömungen in der Schweizer Heilpädagogik .... *Carlo Wolfisberg*	286
III.6	Zur Lage von Menschen mit Behinderung in Frankreich während der deutschen Besatzung (1940–1944) .... *Sieglind Luise Ellger-Rüttgardt & Dominique Lerch*	300
III.7	Kindesraub und Eugenik im frühen Franquismus in Spanien... *Albrecht Buschmann*	319
III.8	Der italienische Faschismus und das Thema Behinderung (1922–1943) .... *Matteo Schianchi*	333
III.9	Faschistische Eugenik und Kinder mit Behinderung zwischen Integration und Ablehnung in Italien............... *Simonetta Polenghi*	348
III.10	Die Sonderpädagogik in der Zeit des Shōwa-Faschismus in Japan .... *Satoshi Arakawa*	363
III.11	Die eugenische Debatte in Japan in der ersten Hälfte des 20. Jahrhunderts .... *Emiko Okada*	372

IV	Verzeichnisse	
Abbildungsverzeichnis		389
Tabellenverzeichnis		392
Personenregister		393
Autorenspiegel		396

Vorwort

»Die Ereignisse von 1933 bis 1945 hätten spätestens 1928 bekämpft werden müssen. Später war es zu spät. Man darf nicht warten, bis der Freiheitskampf Landesverrat genannt wird. Man darf nicht warten, bis aus dem Schneeball eine Lawine geworden ist. Man muss den rollenden Schneeball zertreten. Die Lawine hält keiner mehr auf. Sie ruht erst, wenn sie alles unter sich begraben hat.«
Erich Kästner[1], Schriftsteller, 1899–1974

Seit meiner Begegnung mit der Sonderpädagogik als junge Lehrerin in den 1970er Jahren hat mich das Thema »Behinderung und Nationalsozialismus« berührt und nicht mehr losgelassen. Mehr durch Zufall wurde ich Hilfsschullehrerin, kam frisch von der Universität und war politisch beeinflusst von der Protestbewegung der 1968er Jahre. An einer Hamburger Hilfsschule in einem besseren Wohnviertel traf ich auf ein Kollegium, in dem ich älteren, reaktionären Kollegen begegnete, die ihre soziale Distanz, gar Ablehnung der Schülerinnen und Schüler offen aussprachen und zweifellos vom Ungeist der NS-Zeit geprägt waren.

Mein historisches Interesse war geweckt. Ich wollte mehr erfahren über die Geschichte dieser besonderen Institution Hilfsschule und ihrer Lehrerschaft. Während des Zusatzstudiums für Sonderpädagogik an der Universität Hamburg konnte ich dieses Interesse vertiefen und das Thema begleitete mich während der folgenden Jahre als Hochschullehrerin an den Universitäten von Hamburg, Hannover und der Humboldt-Universität zu Berlin.

Die nähere Beschäftigung mit der Geschichte der Sonderpädagogik ließ mich erkennen, dass – ungeachtet einiger vorliegender Arbeiten – große Forschungslücken vor allem hinsichtlich der alltags- und regionalgeschichtlichen, aber auch international vergleichender Perspektiven bestehen. Deshalb entstand die Idee für eine Publikation, die diese Aspekte verstärkt in den Mittelpunkt rückt und zugleich als Einführungs- und Grundlagenlektüre zum Thema »Behinderung und Faschismus« für Studierende pädagogischer Studiengänge dienen kann.

Die Fertigstellung des Buches dauerte länger als geplant, aber vielleicht ist dies kein Nachteil – im Gegenteil. Seit der Europawahl 2024 und der Bundestagswahl 2025 ist endgültig deutlich geworden, dass die faschistische Ideologie europaweit keineswegs der Geschichte angehört, sondern überzeugte Anhängerinnen und Anhänger und einflussreiche Unterstützung hat. Diese Ideologie, die sich gegen alle richtet, die der definierten Norm nicht entsprechen, zeigt sich in Angriffen auf

---

1 »Über das Verbrennen von Büchern« (Erich Kästner (2023): Resignation ist kein Gesichtspunkt. Politische Reden und Feuilletons (S. 133–143). Herausgegeben von S. Hanuschek, Zürich: Atrium.

Migranten, Ausländer, Obdachlose, Juden und Menschen mit Behinderung. In der Nacht auf den 27. Mai 2024 ereignete sich ein Anschlag auf eine Wohneinrichtung der »Lebenshilfe für Menschen mit Behinderungen« in Mönchengladbach. Der Täter hatte mit einem Ziegelstein eine Fensterscheibe der Einrichtung eingeschlagen, auf dem der Satz stand: ›Euthanasie ist die Lösung‹.

Das vorliegende Buch hat eine beunruhigende Aktualität. Es möge dazu beitragen, die Demokratie zu schützen und zu verteidigen – in Deutschland, in Europa und weltweit. Der große Liberale Gerhart Baum schrieb im Januar 2024: »Ich kann mich an keine Situation seit 1945 erinnern, die für die Demokratie so herausfordernd war wie die heutige. Aber Demokratien können ungeahnte Kräfte entwickeln. Darauf setze ich.«[2]

Mein Dank gilt allen Autorinnen und Autoren, die engagiert und geduldig den Prozess der Entstehung der Publikation begleiteten.

Einen besonderen Dank richte ich an Herrn Dr. Burkarth vom Kohlhammer Verlag, der den Glauben an dieses Buch nie verlor und der mir die nötige Zeit einräumte, um diesen umfangreichen Sammelband zum Abschluss zu bringen.

Ohne die umsichtige und engagierte Unterstützung von Kathleen Fietz hätte ich sicherlich kein druckreifes Manuskript erstellen können; auch ihr gilt mein großer Dank.

Und schließlich danke ich meinem Ehemann Dietrich Ellger, der weitgehend klaglos den Verzicht auf gemeinsame freie Zeit hinnahm und stets für mein leibliches Wohl sorgte.

Hamburg, im März 2025
Sieglind Luise Ellger-Rüttgardt

---

2 Süddeutsche Zeitung vom 12. Januar 2024.

Einleitung

Nahezu unübersichtlich ist bis heute die Zahl der Veröffentlichungen über das »Dritte Reich«, jene Epoche, die nach einhelliger Meinung von Zeitgenossinnen und Zeitgenossen die bislang größte Katastrophe der deutschen Geschichte darstellt. Der tief empfundene Kulturbruch und die Scham über die Verbrechen einer menschenverachtenden Rassenpolitik in deutschem Namen sind immer wieder Stachel und Herausforderung angesichts der unfassbaren Frage, warum diese Katastrophe geschehen konnte, und bis in die jüngste Gegenwart beschäftigt sie die historische Publizistik (vgl. Longerich 2022; Ullrich 2022; Wildt 2022).

Auffällig ist allerdings, dass die Publikationen aus der Heil- und Sonderpädagogik zu diesem Themenkomplex eher überschaubar sind und eine geschlossene Monographie zu dem Thema »Behinderung und Faschismus« völlig fehlt. Dies verwundert umso mehr, da diese pädagogische Spezialdisziplin zur Zeit des deutschen Faschismus direkt oder indirekt von der Rassenpolitik der Nazis betroffen war und Menschen mit einer Behinderung zur Gruppe der rassisch Verfolgten gehörten. Die Sonderpädagogik als Disziplin und Profession war an den Ausgrenzungsprozessen zwar nicht unmittelbar beteiligt, denn es waren Juristen und Mediziner, die zu Gericht saßen beziehungsweise die »Euthanasie« durchführten, aber sie war durchaus mittelbar beteiligt – durch Erstellung von Gutachten und partielle systemkonforme Teilhabe am rassenhygienischen Diskurs dieser Zeit.

Historische Darstellung ist immer Auswahl und Narration. Erzählt wird stets aus der Perspektive der Gegenwart, das heißt unter der Fragestellung der Bedeutsamkeit für gegenwärtige Problemlagen. Die vorliegende Publikation möchte informieren und aufklären über eine Zeitepoche, in der das »Anderssein« massiv bedroht war. Sie geht der Frage nach, wie sich Vertreter der Sonderpädagogik in Theorie und Praxis zur NS-Ideologie positionierten, lenkt aber auch den Blick auf die Situation von Menschen mit Behinderung in dieser Zeit. Schließlich sollen biografische sowie regional- und alltagsgeschichtliche Aspekte zum Tragen kommen, da sie eine wichtige Erkenntnisquelle und Ergänzung zur ideen- und sozialgeschichtlichen Betrachtungsweise darstellen.

Das Buch wendet sich an historisch Interessierte und ganz besonders an die junge Generation, für die der zeitliche Abstand zum »Dritten Reich« immer größer und das Wissen über diese Zeit immer brüchiger wird. Das Buch möchte vermitteln, dass der Nationalsozialismus ein Teil unserer Geschichte ist, aus der niemand aussteigen kann. Es ist notwendig, seine Ideologie und sein Herrschaftssystem zu kennen, um kritisch in der Gegenwart die Werte der Demokratie zu verteidigen.

Gegenstand des ersten Teils des Buches ist der Nationalsozialismus in seiner Relevanz für den Umgang mit behinderten Menschen und die Rolle der pädagogischen Spezialdisziplin Sonderpädagogik. Nach einer Skizzierung der spezifischen NS-Ideologie (I.1 Die NS-Ideologie) wird die Praxis der NS-Behindertenpolitik dargestellt, wie sie durch die Zwangssterilisation und die »Euthanasie« verkörpert ist (I.2 Von der Idee zur Tat: Zwangssterilisation und »Euthanasie«). Angesichts der Tatsache, dass die Hilfsschule die zahlenmäßig größte Sonderschule repräsentierte, aber erst im Dritten Reich ihren Sonderschulcharakter erhielt und festigte, richtet sich das Augenmerk im dritten Abschnitt auf die NS-Hilfsschulpolitik sowie die Berufspolitik der organisierten NS-Sonderschullehrerschaft (I.3 Hilfsschule im »Dritten Reich«). Dieser Blick auf die Gruppe der Sonderpädagogen wird im folgenden Kapitel vertieft (I.4 Sonderpädagogen zwischen Bereitschaft, Anpassung und Opposition), indem wir zunächst berufsständisches Handeln unter den Bedingungen des NS-Erziehungssystems schildern, um daran anschließend die Frage nach dem alltäglichen Handeln einzelner Pädagoginnen und Pädagogen und in ihrer Vielschichtigkeit zu diskutieren. Der letzte Abschnitt des ersten Teils (I.5 Lebenswelt und Alltag von Menschen mit Behinderungen im Nationalsozialismus) wendet den Blick auf die Situation von Menschen mit Behinderung im »Dritten Reich«, wobei zunächst das Handeln der Selbsthilfeverbände von Menschen mit Behinderung erörtert wird. Da es mehrheitlich Frauen waren, die Opfer nationalsozialistischer Rassenpolitik wurden, schließt dieses Kapitel bewusst mit dem Schicksal zweier Frauen, deren Biografien nicht vergleichbar sind, die aber das Los der rassisch Verfolgten teilten.

Inhalt des zweiten Teils der vorliegenden Publikation sind biografische, regionalgeschichtliche sowie professions- und institutionsbezogene Studien. Als Auftakt diskutiert Gerhard Eberle die Rolle von zwei prägenden württembergischen Hilfsschullehrern, wobei er Unterschiede, Ambivalenzen und Widersprüche individuellen Handelns zu kontrastieren weiß. Anton Ottmann widmet sich in seiner Abhandlung einem Funktionär der sonderpädagogischen Fachschaft V, Paul Bartsch, über den bislang keine näheren Forschungen vorliegen. Ottmann zeigt auf, wie geschickt es dem Fachschaftsleiter auch nach 1945 gelang, seine Identität zu verändern und neue Aufgabenfelder für sich zu gewinnen. Lügen und täuschen kennzeichnen letztlich auch die Biografie von Walter Bärsch, wie sie von Sieglind Luise Ellger-Rüttgardt und Hans-Peter de Lorent beschrieben wird. Die »braune Vergangenheit« von Walter Bärsch, einem renommierten und beliebten Psychologen und Sonderpädagogen der Nachkriegszeit, wurde erst nach seinem Tod aufgedeckt und bleibt bis in die Gegenwart rätselhaft. Ulrich Heimlich schließlich widmet sich in seiner biografischen Skizze dem Münchener Hilfsschullehrer Erwin Lesch, der als ehemaliger Nationalsozialist ebenfalls seine Karriere in der Nachkriegszeit unbeschadet fortsetzen konnte. Auch in seinem Fall wurde seine NS-Vergangenheit erst nach seinem Tod aufgedeckt.

Alle diese biografischen Skizzen rufen Verwunderung, Erschrecken und Ratlosigkeit hervor. Es fällt uns Nachgeborenen schwer, die Verhaltensweisen der jeweiligen Personen zu verstehen und zu erklären. Die möglicherweise unbefriedigende Erkenntnis lautet vielleicht, dass menschliches Handeln unter den Bedingungen totalitärer Herrschaft rational nicht restlos zu erklären ist. Eine derartige Erkenntnis bedeutet allerdings nicht die Entschuldbarkeit des Fehlverhaltens

Einzelner, aber bewahrt vor vorschnellen Urteilen und sensibilisiert für die Tiefen und Abgründe menschlichen Handelns.

Frank Brodehl untersucht anhand verschiedener Taubstummenanstalten unter professionshistorischem Aspekt die Frage nach der Rolle pädagogischer Akteure bei der Umsetzung des Sterilisationsgesetzes und er gelangt, entgegen bisherigen Annahmen, zu einer differenzierten Bewertung. Sieglind Luise Ellger-Rüttgardt widmet sich der Hamburger Hilfsschule zur Zeit des Nationalsozialismus und ihrer Historiografie in der Nachkriegszeit. Vor dem Hintergrund der reformpädagogischen Tradition der Hansestadt wird aufgezeigt, wie facettenreich auch im Hilfsschulwesen das Handeln von Lehrerinnen und Lehrern ausfiel. Uwe Kaminsky analysiert am Beispiel einer Hilfsschulanstalt im Rheinland wie sehr geschlossene Einrichtungen am Ausgrenzungsprozess von Kindern und Jugendlichen mit Behinderung beteiligt waren, denn die Fürsorgeerziehungsbehörden sorgten für eine systematische Inspektion der ihnen unterstellten Anstalten.

Auch Marcus Mühlnikel geht für die Region Ober- und Mittelfranken der Frage nach, welche Verantwortung Lehrerinnen und Lehrer bei der Durchführung der rassenhygienischen Maßnahmen von Zwangssterilisation und »Euthanasie« hatten. Am Beispiel von fünf Hilfsschulen untermauert er die These, dass sich keine generalisierenden Aussagen über die Hilfsschullehrerschaft treffen lassen, sondern nur differenzierte, regionalgeschichtlich fundierte Erkenntnisse von Relevanz sind. Der letzte Beitrag von Irmela Orland schlägt die direkte Brücke zur Gegenwart, denn in ihm berichtet die Autorin von ihrem jahrelangen Bemühen, gemeinsam mit Schülerinnen und Schülern ihrer Schule den Friedhof der Karl-Bonhoeffer-Klinik in Berlin-Wittenau dem Vergessen zu entreißen. Erfolg dieser Anstrengungen war die Einrichtung des »Gedenkorts alter Anstaltsfriedhof« durch den Berliner Bezirk Reinickendorf 2022.

Im Zentrum des dritten Teils des Buches stehen Studien zur rassenhygienischen Diskussion sowie zur Lage von Menschen mit Behinderung während des Faschismus in ausgewählten Ländern. Den Auftakt macht Thomas Barow mit seiner Analyse der schwedischen Debatte des frühen 20. Jahrhunderts um Eugenik und die »Schwachsinnigenfürsorge« im Rahmen ambivalenter Modernisierungsprozesse der schwedischen Gesellschaft. Ergänzt wird diese Analyse durch vergleichende Aspekte im Hinblick auf die Länder Deutschland und Dänemark. Björn Hamre, Christian Ydesen und Simon Holleufer diskutieren in ihrer Studie die Entstehung und weitere Entwicklung der Eugenik im dänischen Wohlfahrtsstaat von 1920 bis 1950. Die Autoren zeigen die Konsequenzen für das Bildungs- und Fürsorgesystem des Landes auf und vergleichen die Gemeinsamkeiten und Unterschiede zwischen Dänemark und Deutschland hinsichtlich der theoretischen Debatte, aber auch deren praktischer Umsetzung.

Christian Stöger unternimmt eine grundlegende Revision der österreichischen heilpädagogischen Historiografie, indem er die ausgebliebene Aufarbeitung der NS-Tradition in der österreichischen Heilpädagogik für die Entstehung eines »Opfermythos« verantwortlich macht. Durch eine Analyse der Schriften führender Disziplinvertreter der Nachkriegszeit, insbesondere Hans Asperger, wird die vorherrschende Strategie herausgearbeitet, die Involvierung österreichischer Vertreter in die NS-Politik zu ignorieren beziehungsweise zu leugnen. Auch für Ungarn gilt, dass bisherige historiografische Arbeiten in der Regel von einer ausgebliebenen rassenhygienischen Verfolgung von Menschen mit Behinderung in diesem Land ausgehen. Ilona Ruzsics-Genfer belegt, dass in Ungarn sehr wohl eine eugenische Debatte geführt wurde und sowohl in der Medizin als auch der ungarischen Heilpädagogik konkrete Forderungen nach eugenischen Maßnahmen erhoben wurden, die allerdings nie Gesetzeskraft erhielten.

Carlo Wolfisberg schildert den eugenischen Diskurs in der Schweiz des frühen 20. Jahrhunderts und diskutiert seine Auswirkungen auf die deutschschweizerische Heilpädagogik. Angesichts der NS-Behindertenpolitik verstärkte sich die eugenische Debatte in der Schweiz, die allerdings Zwangssterilisationen ablehnte, wohl aber Kinderlosigkeit »Geistesschwacher« befürwortete. Im Mittelpunkt der Studie von Sieglind Luise Ellger-Rüttgardt und Dominique Lerch steht die Lage von Menschen mit Behinderung während der Zeit der deutschen Okkupation in Frankreich. Ausgangspunkt sind die lange französische Tradition einer Pädagogik für Kinder und Jugendliche mit Behinderung sowie die eugenische Debatte in Frankreich, prominent verkörpert durch Alexis Carrel, um daran anschließend die Lage der französischen Bevölkerung und insbesondere die der psychisch Kranken und Menschen mit Behinderung in den großen Anstalten zu diskutieren.

Die weitgehend fehlende Auseinandersetzung mit der eigenen faschistischen Tradition ist in Spanien bis heute wirksam. Albrecht Buschmann schildert einen besonderen Aspekt der spanischen Rassenideologie, die sich als »spanische Rasse mit iberischem Genotyp« definierte und den Marxismus als »erbliche Krankheit« definierte, die es zu bekämpfen galt. Der vom Autor beschriebene »Kindesraub«, der bis in die 1950er Jahre erfolgte, war der Versuch des Franco-Regimes, durch Umerziehung in einer »geeigneten« Umgebung wie in Heimen oder Adoptivfamilien die Weiterverbreitung des »roten Gens« zu verhindern.

Gleich jeweils zwei Beiträge widmen sich den mit Nazi-Deutschland verbündeten »Achsenmächten«, Italien und Japan. Matteo Schianchi analysiert den besonderen Charakter der faschistischen italienischen Behindertenpolitik, die einen »organischen Rassismus« propagierte. Die zahlreichen Verletzten des Ersten Weltkriegs waren Auslöser für eine faschistische Wohlfahrtspolitik, die allerdings »nutzlose und schädliche Individuen« ausschloss. Die unterstellte »soziale Gefährlichkeit« sogenannter »geborener Verbrecher« führte zu einer massenweisen Einweisung »unliebsamer« Personen, mehrheitlich Frauen, in psychiatrische Anstalten. Es ist belegt, dass einige Bewohnerinnen und Bewohner dieser Einrichtungen in »Euthanasieanstalten« überführt wurden.

Simonetta Polenghi widmet sich der Geschichte der italienischen Eugenik, deren Hauptanliegen in der Prävention lag und deren Vertreter sich mehrheitlich gegen Sterilisation und »Euthanasie« aussprachen. Auch beeinflusst von der katholischen Kirche betrachtete die faschistische Pädagogik die Mehrheit der Menschen mit Behinderung als italienische Staatsbürger, die es zu erziehen und qualifizieren galt. Im Kampf gegen die »Degeneration« und mit Erlass der italienischen Rassengesetze von 1938 wurden jedoch jene als nicht erziehbar qualifizierten Kinder und Jugendlichen mit Behinderung zunehmend in psychiatrische Anstalten eingewiesen.

Japan und Deutschland waren nicht nur als »Achsenmächte« zur Zeit des Zweiten Weltkriegs enge Verbündete, ihre Beziehungen reichen zurück bis ins 19. Jahrhundert, als Japan sich für den westlichen Einfluss öffnete und Deutschland für die Organisation des Militär-, Verwaltungs- und Erziehungssystem wichtiges Vorbild wurde (vgl. auch Horn et al. 2006).

Satoshi Arakawa schildert den langen Weg, der in Japan für die Anerkennung und Umsetzung der Menschenrechte für Menschen mit Behinderung bis in die Gegenwart gegangen wurde. Unterstützt durch eine Reformära zu Beginn des 20. Jahrhunderts wurden Fürsorgegesetze auch für Menschen mit Behinderung erlassen sowie Gehörlosen- und Blindenschulen eingerichtet; Menschen mit einer geistigen Behinderung wurden allerdings in Nervenheilanstalten oder privaten Häusern isoliert. Während der Zeit des Showa-Faschismus und des Pazifischen Krieges (1941–1945) waren Menschen mit einer Behinderung von gesellschaftlicher Exklusion bedroht, da sie als »wertlos« galten. Das »Nationale Eugenik- Gesetz« galt bis 1996 und etwa 16.000 Menschen wurden bis in die 1960er Jahre zwangsweise sterilisiert.

Emiko Okada skizziert die japanische Debatte zum Thema Eugenik, wobei sie zwei unterschiedliche Strömungen der Eugenik analysiert, wie sie durch die beiden Schlüsselfiguren Hiratsuka Raicho und Nagai Hisomu repräsentiert werden. 1930 wurde die japanische Gesellschaft für Rassenhygiene gegründet, die maßgeblich das spätere Volkseugenikgesetz vorbereitete, das sich formal stark an das deutsche Gesetzt zur Verhütung erbkranken Nachwuchses anlehnte, ohne jedoch nennenswerte praktische Resultate zu bewirken. Die Eugenikdebatte wurde nach dem Zweiten Weltkrieg fortgeführt und 1948 wurde das Eugenikschutzgesetz erlassen, das zu einem steilen Anstieg von Zwangssterilisationen führte.

Eine abschließende Bemerkung gilt der formalen Gestalt der Texte. Wir strebten eine gewisse Einheitlichkeit an, haben uns aber zugleich bemüht, den jeweiligen individuellen sprachlichen Charakter der Beiträge zu bewahren. Dies bezieht sich auch auf sprachliche Regelungen, die adjektivische oder substantivische Form des Begriffes Behinderung oder das Gendern; es versteht sich von selbst, dass in allen Texten stets alle Geschlechterformen mit gedacht sind.

Literatur

Horn, K.-P., Ogasawara, M., Masaki, S., Tenorth, H.-E., Yamana, J., Zimmer, H. (Hrsg.) (2006): Pädagogik im Militarismus und im Nationalsozialismus. Japan und Deutschland im Vergleich. Bad Heilbrunn: Julius Klinkhardt.
Longerich, P. (2022): Außer Kontrolle. Deutschland 1923. Wien: Molden.
Ullrich, V. (2022): Deutschland 1923. Das Jahr am Abgrund. München: C.H. Beck.
Wildt, M. (2022): Zerborstene Zeit. Deutsche Geschichte 1918 bis 1945. München: C.H. Beck.

I Rassenhygiene, Behindertenpolitik und Sonderpädagogik im »Dritten Reich«

Sieglind Luise Ellger-Rüttgardt

I.1　Die NS-Ideologie

Die nationalsozialistische Behindertenpolitik war ein bedeutsamer Teil der NS-Gesellschaftspolitik, denn sie war aufs Engste verknüpft mit der alles beherrschenden Rassenideologie. Dabei war die NS-Ideologie keineswegs eine eigenständige Theorie, sondern zusammengesetzt aus einem Konglomerat von Erbbiologie, Sozialdarwinismus und Rassenanthropologie, die als ideologische Versatzstücke international wirksam waren. Aber Deutschland bleibt der zweifelhafte »Ruhm«, diese Ideologie konsequent und »effektiv« in praktische Politik umgesetzt zu haben, die zwölf Jahre lang das Geschick von Millionen von Menschen bestimmen sollte.

Die ideologischen Grundlagen für die Forderung nach einer Tötung von Menschen mit schweren Behinderungen waren längst vor der Zeit des »Dritten Reichs« formuliert worden. Vor dem Hintergrund der katastrophalen Folgen des Ersten Weltkriegs hatten der Strafrechtler Karl Binding (1841–1920) und der Psychiater Alfred Hoche (1865–1943) 1920 ihr Buch »Die Freigabe der Vernichtung lebensunwerten Lebens« veröffentlicht. Darin bezeichneten die Verfasser vor allem Menschen mit einer geistigen Behinderung als »geistig Tote«, als »Ballastexistenzen« und »leere Menschenhülsen«, deren Vernichtung »kein Verbrechen, keine unmoralische Handlung, keine gefühlsmäßige Rohheit, sondern einen erlaubten nützlichen Akt darstellt« (Binding/Hoche 1920, 57).

Die NS-Behindertenpolitik war – in deutlicher Abgrenzung vom Weimarer Wohlfahrtsstaat – als Teil der NS-Gesellschaftspolitik durch die ausschließliche Orientierung am propagierten Volkswohl und damit der unbedingten Unterordnung des Individuums unter den absoluten Vorrang der Volksgemeinschaft gekennzeichnet. Diese Politik hatte eine doppelte Stoßrichtung, indem sie zum einen als »positive« Eugenik auf die Förderung und Unterstützung der »völkisch Wertvollen« und zum anderen als »negative« Eugenik auf die Ausgrenzung und »Ausmerze« der »Minderwertigen« zielte. Zu den »positiven« Maßnahmen zählten die Ausweitung der Gesundheitsfürsorge in Form von Mütter- und Säuglingsfürsorge, Schulgesundheitspflege, Schulzahnpflege, Tuberkulose- und Geschlechtskrankenfürsorge sowie Maßnahmen der Bevölkerungs- und Familienpolitik, wie Gewährung von Ehestandsdarlehen und Kinderbeihilfen. Ziel all dieser Maßnahmen war die rassenreine, erbgesunde und kinderreiche deutsche Familie.

Mit Einsetzen der Kriegsvorbereitungen vollzog sich der Prozess der innenpolitischen Ausgrenzung aller »minderwertigen« und »fremdrassigen« Staatsbürgerinnen und -bürger. Der »völkische Krieg nach innen« (Dörner et al. 1980; vgl. auch Sachße/Tennstedt 1992; Aly 2013; Pohl 2022) richtete sich nun gegen Menschen mit Behinderung, Sinti und Roma sowie Jüdinnen und Juden, aber auch gegen jene, die als sozial Auffällige nicht mehr als »Gefährdete« bezeichnet wurden, sondern nun mit den Termini »Asoziale« oder »Arbeitsscheue« belegt wurden.

Adolf Hitler äußerte sich über diese Menschen 1941 wie folgt:

> »Verbrecher, asoziale Elemente, die auch nicht durch Erziehung, Belehrung und Gefängnis auf bessere Wege gebracht werden könnten, [...] seien Schmarotzer an der gesunden Gesellschaft und lebten nur davon, die ordentlichen Menschen auszubeuten. Man könne von ihnen nicht erwarten, daß sie einen Staat, der Ordnung und Disziplin verlangt, bejahten. Hier könne man nur eines: Sie vernichten. Hierzu habe der Staat ein Recht, denn, wenn auf der einen Seite die wertvollen Menschen an der Front ihr Leben einsetzen, sei es verbrecherisch, die Schurken zu schonen. Man müsse sie beseitigen oder – wenn sie nicht gemeingefährlich seien – in Konzentrationslager sperren, aus denen man sie nicht mehr herauslassen dürfe« (zitiert nach Sachße/Tennstedt 1992, 269).

Damit praktizierte der völkische Wohlfahrtsstaat eine biologische Politik, wie sie von zahlreichen Erbbiologen und Rassenhygienikern bereits Jahrzehnte zuvor gefordert worden war. Ihnen allen gemeinsam war die Überzeugung von dem ungleichen Wert der Menschen. Diese Überzeugung bildete den Widerpart zu der aus der Aufklärung stammenden Idee von der Gleichheit aller Menschen, wie sie Rousseau in seinem »contrat social« exemplarisch entfaltet hatte.

Der »Wert« von Menschen mit Behinderung im »Dritten Reich« bemaß sich nach zwei Kriterien: dem rassischen Wert und der gesellschaftlichen Brauchbarkeit. Die Bedeutsamkeit dieser beiden Kriterien variierte entsprechend den jeweiligen Zeitumständen im Laufe des »Dritten Reichs«. So gewann während der einsetzenden Kriegsvorbereitungen der Aspekt der Brauchbarkeit zunehmend an Bedeutung, was nicht selten zu einem Zurückdrängen rein rassistischer Überlegungen und Maßnahmen führte. Dies hatte auch zur Folge, dass Sonderschulen und ihre Schülerschaft keineswegs per se diffamiert und ausgegrenzt wurden, sondern – sofern das rassische Kriterium erfüllt war – als noch nützliche Glieder der Volksgemeinschaft eingestuft werden konnten. Besonders augenfällig war dies für Blinde, Gehörlose (vgl. Büttner 2005) und Menschen mit einer Körperbehinderung (vgl. Fuchs 2001, 212 ff.) – Menschen, für die in der Hitlerjugend sogar ein eigener Bann – so der damalige Begriff für eine Untergliederung der NS-Jugendorganisation – gebildet wurde.

Die Selbstdarstellung eines blinden Jungen, die zwischen den Gefühlen der Selbstbehauptung und Minderwertigkeit schwankt, richtet sich an die Leserschaft der Zeitschrift »Der Hitlerjunge« von 1937 und gibt Aufschluss über die besondere Lage dieser Jugendlichen. Dem Bericht vorangestellt hat die Schriftleitung folgende Bemerkung:

> »Die meisten von euch wissen, dass wir im Reich einen Bann blinder Hitlerjungen haben. Der Bahn B umfasst erbgesunde blinde Hitlerjungen, Kameraden also, die durch einen Unfall oder eine Krankheit ihr Augenlicht verloren haben, und sterilisierte erbkranke Blinde, die menschlich vollwertig sind. Es wird euch interessieren einmal etwas aus der Arbeit der blinden Hitlerjungen zu hören« (Werner 1982, 8).

Der blinde Paul Werner schreibt:

> »Wir kommen zu euch, um uns zu unterrichten und um vor allem nicht allein und abgekapselt eine HJ-Gruppe in der großen Bewegung zu sein. Es besteht die Gefahr, dass wir einmal nicht mehr Hitlerjungen sein würden der Tat nach, sondern nur dem Anschein

Abb. 1: Hitlerjungen aus der Blindenanstalt Berlin-Steglitz üben den »Deutschen Gruß«.

nach. Deshalb müssen wir immer wieder Fäden suchen, die uns mit eurer Arbeit verbinden, Wege, auf denen euer Erlebnis zu uns strömt, auf denen eure Kraft und euer Gefühl der Vollwertigkeit uns trägt und nicht minderwertig erscheinen lässt. Wir sind es nicht, darauf könnt ihr euch verlassen, wir sind nur behindert infolge eines Unfalls oder einer tückischen Krankheit, und auf unsere Art gleichen wir diese Behinderung wieder aus« (ebd.).

Dass die rassische Zuschreibung das entscheidende Kriterium für die Bewertung von Menschen mit Behinderung zur Zeit des Nationalsozialismus war, zeigt der Umgang mit den sogenannten »Fremdrassigen«, wie Juden und »Zigeunern«. Während für »arische« Menschen mit Behinderung das ausschlaggebende Bewertungskriterium »völkische Brauchbarkeit« war, spielte es für den Umgang mit diesen Personengruppen keine Rolle. Wer als »Jude« oder »Zigeuner« abgestempelt wurde, war per definitionem der Vernichtung preisgegeben.

Sinti und Roma hatten unter massiven Repressalien zu leiden – auch in der Schule. So richtete der Rektor der Hamburger Hilfsschule »Hafenstraße« am 12. Januar 1938 folgendes Schreiben an das Schulamt Altona:

»Die Zigeunerkinder G. und S. F. wurden hier zu Anfang des Schuljahres 1937/38 wieder eingeschult. Im Sommerhalbjahr ging es mit dem Schulbesuch, wenngleich die Kinder auch in dieser Zeit viele Tage ohne Entschuldigung gefehlt haben. Seit dem 11.10.1937 haben beide Kinder ununterbrochen in der Schule gefehlt. Die Familie ist angeblich auf dem Lande zur Erntehilfe gewesen. Von Leistungen kann bei beiden Kindern nicht der Fall sein. Ferner kommt bei beiden Kindern erschwerend hinzu, dass sie infolge ihrer Rasse bereits vollreif sind, somit zumindest eine große Gefahr für die übrigen Kinder der Schule bedeuten«.[3]

Schützenhilfe erhielt Rektor Möller durch seinen Kollegen von der 2. Hilfsschule in Altona, dem die Geschwisterkinder G. und S. F. zur Begutachtung vorgestellt worden waren und der dem Schulamt am 14. Januar 1938 folgende Stellungnahme zuleitete:

»Ich habe die beiden Kinder heute geprüft und kam zu dem klaren Ergebnis, daß die Leistungen in sämtlichen Fächern auf dem Stand stehen, wie Kinder aus den Volksschulen mir nach 2-jährigem Besuch der Grundschule zur Aufnahme in die Hilfsschule vorgeschlagen werden [...] Sehr deutlich [...] trat der zigeunerhafte Charakter hervor, der ganz und gar kein inneres Verständnis für Lernen und Ordnung zeigte. Eine uns artfremde Arroganz wirkte auf die Kinder der ersten Klasse abstoßend und deutlich unangenehm.«[4]

Rektor Möller schreibt weiter in seinem Antrag an das Schulamt: »Ich bitte deshalb dringend, wenn es gesetzlich irgend zulässig ist, die beiden Mädchen vom Unterricht zu beurlauben. Bis zum Entscheid bitte ich so verfahren zu dürfen wie in dieser Woche, dass die beiden sich morgens melden und dann nach Hause entlassen werden.«[5] Berichtenswert ist, dass der zuständige Schulrat der Hamburger Schulbehörde den Antrag des Rektors Möller ablehnte. Erst als der Hamburger Polizeipräsident Sinti und Roma im November 1938 als staatenlos erklärte, erhielt Rektor Möller die rechtliche Handhabe, um die beiden Schülerinnen postwendend der Schule zu verweisen.

---

3   Staatsarchiv Hamburg, 362–10/1, Hilfsschule Hafenstraße. Schülerakten.
4   Ebd.
5   Ebd.

I.2 Von der Idee zur Tat: Zwangssterilisation und »Euthanasie«

Die gesetzliche Grundlage für die im Nationalsozialismus massenhaft vollzogenen Sterilisationen bildete das »Gesetz zur Verhütung erbkranken Nachwuchses« (GzVeN) vom 14. Juli 1933, das am 1. Januar 1934 in Kraft trat und in den folgenden Jahren mehrfach durch verschiedene Ausführungsverordnungen verändert wurde. In seiner theoretischen Begründung deckte sich dieses Gesetz voll mit den Positionen jener Rassentheoretiker, die sich bereits zur Zeit der Weimarer Republik geäußert hatten. Es war aber jetzt der Staat, der dieses rassenhygienische Programm auf seine Fahnen schrieb und nun in praktische Politik umsetzte.

Voller Begeisterung schreiben die Gesetzeskommentatoren Arthur Gütt, Ernst Rüdin und Falk Ruttke in ihrem Vorwort zum GzVeN:

> »Mit Annahme des Gesetzes zur Verhütung erbkranken Nachwuchses hat die Nationalsozialistische Deutsche Reichsregierung einen bedeutungsvollen Schritt für die Zukunft unseres Volkes getan. Unsere früheren Regierungen konnten ihrer ganzen Einstellung und Zusammensetzung nach zu einem Entschluß in dieser Frage nicht kommen, wie überhaupt der deutsche Parlamentarismus sich als unfähig erwiesen hatte, grundsätzlich neue Wege zur Rettung unseres Volkes zu beschreiten. Sie kurierten an Einzelerscheinungen der sozialen oder wirtschaftlichen und staatspolitischen Mißstände herum, ohne dem Übel auf den Grund zu gehen. Dies blieb dem Nationalsozialismus vorbehalten, der sich die Denkweise des Führers zu eigen gemacht hat, in die Tiefe und das Wurzelhafte des Wesens der Dinge und des völkischen Geschehens einzudringen« (Gütt et al. 1934, 5).

Nach der ersten Fassung des Gesetzes aus dem Jahre 1933 galt der folgende Personenkreis als »erbkrank« und fiel damit unter das Sterilisationsgesetz:

> »Erbkrank im Sinne dieses Gesetzes ist, wer an einer der folgenden Krankheiten leidet: angeborenem Schwachsinn
>
> Schizophrenie
> Zirkulärem (manisch-depressivem) Irresein
> erblicher Fallsucht
> erblichem Veitstanz (Huntingtonsche Chorea)
> erblicher Blindheit
> erblicher Taubheit
> schwerer erblicher körperlicher Mißbildung.
>
> Ferner kann unfruchtbar gemacht werden, wer an schwerem Alkoholismus leidet.«

Die Tendenz, den Personenkreis immer weiter auszudehnen, ist bereits in der ersten Fassung erkennbar, und damit war der Willkür in den Verfahren grundsätzlich Tür und Tor geöffnet. Vor allem der Terminus »angeborener Schwachsinn« stellte sicher, dass die Gruppe der Hilfsschülerinnen und Hilfsschüler in besonderer Weise von dem Gesetz betroffen war. »96 % aller unter dem nationalsozialistischen

Gesetz zur Verhütung erbkranken Nachwuchses
vom 14. Juli 1933

mit Auszug aus dem Gesetz gegen gefährliche Gewohnheitsverbrecher
und über Maßregeln der Sicherung und Besserung vom 24. Nov. 1933

Bearbeitet und erläutert von

Dr. med. Arthur Gütt
Ministerialdirektor
im Reichsministerium des Innern

Dr. med. Ernst Rüdin
o. ö. Professor für Psychiatrie an der Universität und Direktor
des Kaiser Wilhelm-Instituts für Genealogie und Demographie
der Deutschen Forschungsanstalt für Psychiatrie in München

Dr. jur. Falk Ruttke
Geschäftsführer des Reichsausschusses für Volksgesundheitsdienst
beim Reichsministerium des Innern

Mit Beiträgen:

Die Eingriffe zur Unfruchtbarmachung des Mannes
und zur Entmannung
von Geheimrat Prof. Dr. med. Erich Lexer, München

Die Eingriffe zur Unfruchtbarmachung der Frau
von Geheimrat Prof. Dr. med. Albert Döderlein, München

Mit 15 zum Teil farbigen Abbildungen

J. F. Lehmanns Verlag / München 1934

Abb. 2: Gesetz zur Verhütung erbkranken Nachwuchses (GzVeN) vom 14. Juli 1933

Regime sterilisierten Personen wurden aufgrund der Diagnosen ›Schwachsinn‹, Schizophrenie, Epilepsie und manisch-depressives Irresein – in der Reihenfolge der Häufigkeit – unfruchtbar gemacht. Die größte Gruppe stellten die ›Schwachsinnigen‹ mit etwa zwei Dritteln aller Sterilisierten, und von den wegen Schwachsinns unfruchtbar gemachten Menschen waren wiederum zwei Drittel Frauen« (Schmuhl 1992, 156; vgl. auch Bock 1986). Nach heutigen Schätzungen beläuft sich die Zahl der während des »Dritten Reichs« zwangssterilisierten Menschen in Deutschland auf etwa 400.000, das ist nahezu ein Prozent der Bevölkerung.

Die Entscheidung über die Unfruchtbarmachung einer Person war den eigens dafür geschaffenen Erbgesundheitsgerichten vorbehalten, die bei den Amtsgerichten eingerichtet wurden. Die Möglichkeit der Revision war gegeben; Revisionsverfahren wurden in den ebenfalls neu installierten Erbgesundheitsobergerichten verhandelt. Die Erbgesundheitsgerichte bestanden in ihrer Zusammensetzung aus je einem Amtsrichter, einem Amtsarzt und einem Arzt, »der mit der Gesundheitslehre besonders vertraut ist«. Die als Zeugen oder Sachverständige bestellten Ärzte oder Behördenvertreter waren von der Schweigepflicht entbunden und zur Aussage verpflichtet (Gütt et al. 1934, 64). Den Verfahren an den Erbgesundheitsgerichten war eine amtsärztliche Untersuchung vorangestellt, die auch einen Intelligenztest beinhaltete. Den Antrag auf Sterilisation durften nach einer solchen Untersuchung allein Amtsärzte und Anstaltsleiter stellen. Eine Verpflichtung, den Amtsärzten jeden »Verdächtigen« zu melden beziehungsweise auf Verlangen Auskünfte zu erteilen, bestand für alle Ärzte und »sonstige Personen«, die sich mit der Heilbehandlung, Untersuchung oder Beratung von Kranken befassen (vgl. ebd.).

Wurde dem Antrag auf Sterilisation vom Erbgesundheitsgericht stattgegeben, war der Eingriff auch mit Polizeigewalt unter »Anwendung unmittelbaren Zwanges zulässig« (a.a.O., 58). Sofern es sich um eine freiwillige Sterilisation handelte – was sicherlich nur in Ausnahmefällen geschah –, so war diese bereits nach dem zehnten Lebensjahr möglich; im Falle der zwangsweisen Sterilisation erfolgte diese nach Vollendung des 14. Lebensjahres (vgl. a.a.O., 95).

Bei der praktischen Umsetzung des »Gesetzes zur Verhütung erbkranken Nachwuchses« traten zunächst erhebliche organisatorische Schwierigkeiten auf, da innerhalb kürzester Zeit ein umfangreicher Behördenapparat aufgebaut werden musste und sich zudem die Anstalten füllten, weil keine Insassinnen und Insassen entlassen werden durften, über deren Sterilisation noch nicht entschieden worden war. Trotz dieser Anlaufschwierigkeiten konnten die NS-Gesundheitsbehörden schon für das erste Jahr nach Inkrafttreten des Gesetzes eine erstaunliche »Erfolgsbilanz« vorweisen: Bis Ende 1934 waren es 84.330, Ende 1935 91.299 und mit Ablauf des Jahres 1936 86.254 Sterilisationsanträge, die bei den Erbgesundheitsgerichten zur Verhandlung kamen. Gerade für die Anfangszeit spielte die Freie und Hansestadt Hamburg eine Vorreiterrolle bezüglich der Zahl der gemeldeten Fälle.[6]

Die ideologischen Grundlagen für die Forderung nach Lebensvernichtung von Menschen mit Behinderung waren längst vor der Zeit des »Dritten Reiches« formuliert worden. Besondere Aufmerksamkeit und großen Einfluss fand das 1920 von dem Strafrechtler Karl Binding (1841–1920) und dem Psychiater Alfred Hoche (1865–1943) veröffentlichte Buch »Die Freigabe der Vernichtung lebensunwerten Lebens«. Darin bezeichneten die Verfasser vor allem Menschen mit einer geistigen Behinderung als »geistig Tote«, »Ballastexistenzen« und »leere Menschenhülsen« und sie unterstrichen, »daß die Beseitigung der geistig völlig Toten kein Verbre-

---

6 Vgl. Ellger-Rüttgardt: Die Hamburger Hilfsschule im »Dritten Reich« in diesem Band.

chen, keine unmoralische Handlung, keine gefühlsmäßige Rohheit, sondern einen erlaubten nützlichen Akt darstellt« (Binding/Hoche 1920, 57). Der Begriff »Euthanasie« war bewusst irreführend, denn im ursprünglichen griechischen Sinne bedeutet er »leichter Tod, Erleichterung des Sterbens durch besondere Schmerzlinderung«.

Hitler selbst hatte im Oktober 1939 den Auftrag für das Vernichtungsprogramm gegeben, indem er den Verantwortlichen folgende Weisung erteilte: »Bereichsleiter Bouler und Dr. med. Brandt sind unter Verantwortung beauftragt, die Befugnisse namentlich zu bestimmender Ärzte so zu erweitern, daß nach menschlichem Ermessen unheilbar Kranken bei kritischster Beurteilung ihres Gesundheitszustandes der Gnadentod gewährt werden kann. Gez. Adolf Hitler« (Sachße/Tennstedt 1992, 269).

Hitlers geheime Weisung für das „Euthanasie"-Programm vom Oktober 1939

„Reichsleiter Bouhler und Dr. med. Brandt sind unter Verantwortung beauftragt, die Befugnisse namentlich zu bestimmender Ärzte so zu erweitern, daß nach menschlichem Ermessen unheilbar Kranken bei kritischster Beurteilung ihres Gesundheitszustandes der Gnadentod gewährt werden kann.

Gez. Adolf Hitler"

Abb. 3: Hitlers geheime Weisung für das »Euthanasie«-Programm vom Oktober 1939

Die Tatsache, dass Hitler diese Weisung auf den 1. September 1939, den Tag des Kriegsbeginns, zurückdatierte, symbolisiert augenfällig den inneren Zusammenhang des Krieges »nach innen und außen« (Dörner et al. 1980). Es sei zugleich daran erinnert, dass es für das »Euthanasie«-Programm niemals eine gesetzliche Grundlage gab, denn »Euthanasie« galt auch im Bürgerlichen Gesetzbuch des »Dritten Reiches« als unrechtmäßig. Daher lief das Tötungsprogramm als »geheime Reichssache«, nicht zuletzt auch um Beunruhigung und Opposition in der Bevölkerung zu verhindern sowie auch befürchteten negativen außenpolitischen Reaktionen entgegenzutreten.

Menschen mit einer Behinderung fielen ab 1939 hauptsächlich drei verschiedenen Vernichtungsprogrammen zum Opfer:

- der »Kinderaktion«, zynischerweise auch als Aktion »Gnadentod« bezeichnet,
- der »Aktion T4«, die ihren Tarnnamen nach der Adresse der Dienststelle in der Tiergartenstraße 4 in Berlin erhielt und die auf die Erfassung behinderter Erwachsener in den Anstalten gerichtet war, und
- der »Sonderbehandlung 14f13«, deren Bezeichnung auf das Aktenzeichen des Inspekteurs der Konzentrationslager beim Reichsführer der SS zurückzuführen ist. Die Aktion richtete sich gegen nicht mehr arbeitsfähige Insassen der Konzentrationslager.

Die »Kinderaktion« begann im August 1939 mit der Einführung einer Meldepflicht für alle Neugeborenen mit einer geistigen oder körperlichen Behinderung, die in den Gesundheitsämtern über Meldebögen erfasst wurden. Diese Meldebögen bearbeitete der »Reichsausschuß zur wissenschaftlichen Erfassung von erb- und anlagebedingten Schäden«, der wiederum als Tarnorganisation in der Kanzlei des Führers saß. Nachdem der »Reichsausschuß« eine Vorauswahl unter den gemeldeten Kindern getroffen hatte, gingen die Meldebögen der potentiellen Opfer an drei Gutachter, die durch ein Plus- oder ein Minuszeichen über Tod oder Leben der Kinder entschieden, ohne diese jemals gesehen zu haben. Waren die Gutachter übereinstimmend zu einer »Plus«-Entscheidung gekommen, wurden die Kinder zur »Behandlung« in eine der bei verschiedenen Krankenanstalten eingerichteten »Kinderfachabteilungen« eingewiesen, wo sie durch eine Überdosis an Medikamenten getötet wurden. Die »Kinderaktion« dauerte bis Kriegsende; die Zahl der ermordeten Kinder wird auf mindestens 5.000 geschätzt (vgl. Schmuhl 1992, 189). Der Historiker Dieter Pohl spricht von einer Opferzahl von 5.000 bis 10.000 Kindern (2022, 108).

Unter der gleichen Leitung wie die »Kinderaktion« liefen im August 1939, ebenfalls unter Geheimhaltung, die Vorbereitungen für die »Aktion T4«, die sich gegen Erwachsene mit einer Behinderung in den Anstalten richtete. Bei dieser Aktion handelte es sich um ein Mordprogramm, das – im Vergleich zur »Kinderaktion« – auf eine noch sehr viel größere Personenzahl abzielte und einen entsprechend umfangreichen Organisations- und Verwaltungsapparat benötigte (vgl. Mitscherlich/Mielke 1978, 185 ff.). Erfasst und gemeldet werden sollten alle Menschen mit Behinderung, die fünf Jahre oder länger in Anstalten lebten und die »in den Anstaltsbetrieben nicht oder nur mit mechanischen Arbeiten zu beschäftigen sind« (a.a.O., 190). Das Kriterium der wirtschaftlichen Brauchbarkeit, das für die Anerkennung der Bildungsfähigkeit und damit der Beschulung ausschlaggebend gewesen war, wurde nun zum entscheidenden Kriterium für das Überleben. In den Meldebögen wurden die Gutachter angewiesen, die ökonomische Verwertbarkeit der Anstaltsinsassen ausführlich und differenziert zu beschreiben.

Wie bei der »Kinderaktion« wurden die Meldebögen von jeweils drei Gutachtern bearbeitet, deren Entscheidung bei der »Aktion T4« noch von einem Obergutachter revidiert werden konnte. Die »produktive Arbeitsweise« der zu Gutachtern bestellten Ärzte, die häufig ausgesuchte SS-Mitglieder waren, wird am Beispiel eines

Arztes deutlich, der innerhalb von 14 Tagen 2.109 Meldebögen begutachtete (vgl. a. a. O., 193).

Die durch die NS-Ärzte zum Tode verurteilten Menschen wurden aufgrund sogenannter »planwirtschaftlicher Maßnahmen« in Durchgangslager gebracht und von dort auf insgesamt sechs Tötungsanstalten verteilt:

- Grafeneck in Baden-Württemberg
- Hadamar in Hessen
- Brandenburg an der Havel
- Sonnenstein/Pirna bei Dresden
- Bernburg an der Saale
- Hartheim bei Linz/»Ostmark« (Österreich)

Unter den für die »Aktion T 4« Gemeldeten befanden sich neben »kriminellen Geisteskranken« vor allem »wirtschaftlich Unbrauchbare«, bei denen körperliche oder geistige Behinderungen, darunter »Schwachsinn jeder Art« diagnostiziert worden waren (vgl. a. a. O., 190). Wie schon bei der »Kinderaktion« weitete sich im Verlauf der Tötungsaktion der Kreis der Betroffenen immer weiter aus: Altersheiminsassen, »Fremdrassige« und Homosexuelle fielen ebenfalls dem Mordprogramm zum Opfer. Die Verschiebung der Vernichtungsgrenzen ist ein Indiz, dass »ausgesonderte« Sonderschülerinnen und -schüler, vor allem Hilfsschülerinnen und -schüler, ebenfalls von der »Aktion T4« betroffen waren, zumal ihnen durch die negative Selektion aus der Hilfsschule ab 1938 »Bildungsunfähigkeit«, also »wirtschaftliche Unbrauchbarkeit«, attestiert worden war.

Zur bürokratischen Abwicklung des Mordprogramms wurden »Sonderstandesämter« eingerichtet. Ihre »Trostbriefabteilungen« erfanden »natürliche Todesursachen« und schickten den Angehörigen der Opfer standardisierte Briefe zu, in denen diesen mitgeteilt wurde, dass aus »seuchenpolizeilichen Gründen« die Leichen der Betroffenen sofort verbrannt worden seien.

Die »geheime Reichssache« ließ sich allerdings nicht verheimlichen, die Mordaktion wurde ruchbar im In- und im Ausland. Denn ungeachtet der Täuschungs- und Verschleierungsmanöver kam es angesichts der großen Zahl von Benachrichtigungen zu einigen »Pannen«, wie zum Beispiel doppelten Benachrichtigungen mit unterschiedlichen Todesursachen, falschen Namen und unmöglichen Diagnosen. Diese Vorfälle sowie häufig gleichlautende Todesanzeigen in den Zeitungen und die Flüsterinformationen durch die Anwohner der Todesanstalten sorgten für eine zunehmende Beunruhigung in der Bevölkerung. Widerstand gegen die »Euthanasie« kam vor allem aus kirchlichen Kreisen. Aus dem Umfeld der Justiz ist eine einzige Person bekannt, die gegen die »Euthanasie«-Maßnahmen protestierte: der Amtsgerichtsrat Lothar Kreyssig, Angehöriger der Bekennenden Kirche, der in seiner Funktion als Vormundschaftsrichter Einspruch erhob gegen die Verlegung der ihm anvertrauten Mündel (vgl. von Hase 1964, 31ff.; Willems 1995). In der evangelischen Kirche waren es Pastor Paul Gerhard Braune, der württembergische Landesbischof Theophil Wurm, Pastor Ernst Wilm und Friedrich von Bodelschwingh, Leiter der Anstalt Bethel; in der katholischen Kirche die Kardinäle Clemens August von Galen/Münster und Michael Faulhaber aus München sowie

Merkblatt

Bei Ausfüllung der Meldebogen zu beachten!

Zu melden sind sämtliche Patienten, die

1. an nachstehenden Krankheiten leiden und in den Anstaltsbetrieben nicht oder nur mit mechanischen Arbeiten (Zupfen u. ä.) zu beschäftigen sind:

    Schizophrenie,
    Epilepsie (wenn exogen, Kriegsdienstbeschädigung oder andere Ursachen angeben),
    senile Erkrankungen,
    Therapie-refraktäre Paralyse und andere Lues-Erkrankungen,
    Schwachsinn jeder Ursache,
    Encephalitis,
    Huntington und andere neurologische Endzustände;

    oder

2. sich seit mindestens 5 Jahren dauernd in Anstalten befinden;

    oder

3. als kriminelle Geisteskranke verwahrt sind;

    oder

4. nicht die deutsche Staatsangehörigkeit besitzen oder nicht deutschen oder artverwandten Blutes sind unter Angabe von Rasse*) und Staatsangehörigkeit.

Die für jeden Patienten einzeln auszufüllenden Meldeblätter sind mit laufenden Nummern zu versehen.

Die Meldebogen sind nach Möglichkeit mit Schreibmaschine auszufüllen.

Als Stichtag gilt der ~~1. Juli 1940~~
1. Aug. 1940

*) Deutschen oder artverwandten Blutes (deutschblütig), Jude, jüdischer Mischling I. oder II. Grades, Neger, Negermischling, Zigeuner, Zigeunermischling usw.

Abb. 4: Merkblatt zu den Meldebögen zur Erfassung kranker und behinderter Menschen in den Anstalten

LUFTPOST

Von der Royal Air Force abgeworfen
No. 5
23. Juni 1941

200 000 „Unbrauchbare"

Unbedachte Eingeständnisse

IM vorigen Herbst begannen in Deutschland unheimliche Gerüchte umzulaufen. Alte Leute, Insassen von Altersheimen, Siechen- und Krankenhäusern, pflegten ganz plötzlich zu verschwinden, und die Verwandten erhielten statt einer Erklärung die Urne mit der Asche zugestellt.

Aehnlich wurde mit siechen oder schwachsinnigen Kindern, mit Irren und unheilbar Kranken verfahren.

Welche Wichtigkeit der Vatikan diesen Berichten beimass, geht aus einer Sendung des vatikanischen Rundfunks vom 13. Dezember 1940 hervor. „Die oberste Kongregation des Heiligen Stuhles," hiess es in dieser Sendung, „hat ein Dekret erlassen, wonach weltliche Behörden wider natürliches und göttliches Gesetz handeln, wenn sie Personen das Leben nehmen, die keines Verbrechens schuldig sind, die aber, weil sie an seelischen oder körperlichen Gebrechen leiden, der Nation nicht weiter nützen und deren Erhaltung zu einer Belastung der Öffentlichkeit wird."

In Berlin wurde erzählt, dass man dem Freiherrn von Bodelschwingh mit Konzentrationslager gedroht habe, weil er sich weigerte, die Erlaubnis zur Tötung alter Leute zu geben, die in Bethel unter seiner Obhut stehen. Aus Grafeneck in Württemberg wurde gemeldet, dass besondere Blockhäuser errichtet worden seien, in denen man Wahnsinnige mit Giftgas getötet habe.

In Augsburg, hiess es, seien aus der städtischen Irrenanstalt 100 Kinder mitsamt zwei Wärterinnen verschwunden. Und ähnliche Meldungen kamen aus Österreich: sie bezogen sich auf die Insassen der Anstalt Steinhof bei Wien wie auf die von Lainz. In weiten Teilen des Landes hat Hitler sich den Beinamen „Urnenhändler" erworben.

Verschiedene deutsche Behörden haben diese Nachrichten, sei es versehentlich oder vorsätzlich, glaubhaft gemacht. So schrieb z.B. Professor Reiter, der Präsident des Reichsgesundheitsamtes, in der *Frankfurter Zeitung*:

„Die Lasten der öffentlichen Fürsorge für Schwachsinnige, Krüppel, Epileptiker, auch Arbeitsscheue und Psychopathen, sollen erheblich vermindert werden."

Und ähnlich vielsagende Erklärungen haben der verantwortliche Leiter der Tuberkulose-Abteilung des öffentlichen Gesundheitsdienstes in Berlin im Gespräch mit einer amerikanischen Journalistin und Dr. Kurt Nissel im Rundfunk Luxemburg am 28. Mai abgegeben.

Auch die Soldaten?

Ausserordentliche Beunruhigung erregt das Gerücht, dass auch ein Teil der Schwerverwundeten dieses Krieges jenen „Unbrauchbaren" gleichgestellt wird...

Ein deutscher Bischof hat behauptet, dass 80 000 Menschen in Deutschland — alte Leute, die in Heimen oder von der Unterstützung durch die öffentliche Hand lebten, sieche oder schwachsinnige Kinder, Irre u.s.w. — der Euthanasie (wie man im 3. Reich den Mord an den „Unbrauchbaren" nennt) ausgesetzt worden sind. Nachrichten, die von katholischen Priestern nach der Schweiz und nach Rom gelangten, lassen darauf schliessen, dass seit jener bischöflichen Erklärung die Zahl der Opfer auf mindestens 200 000 gestiegen ist.

Abb. 5: Britisches Flugblatt, abgeworfen im Juni 1941 über deutschen Großstädten

der Berliner Domprobst Bernhard Lichtenberg (vgl. Schmuhl 1992, 312 ff.; Steinbach/Tuchel 1994, 85 ff.; Benz 2018, 156 ff.)

Der Pastor Paul Gerhard Braune (siehe auch Cantow/Kaiser 2005), Leiter der Bodelschwinghschen Anstalten in Lobetal bei Berlin, richtete am 9. Juli 1940 an Adolf Hitler eine Denkschrift »Betrifft: Planmäßige Verlegung der Insassen von Heil- und Pflegeanstalten«, in der er eingangs schreibt:

> »Im Laufe der letzten Monate ist in verschiedenen Gebieten des Reiches beobachtet worden, daß fortlaufend eine Fülle von Insassen der Heil -und Pflegeanstalten aus ›planwirtschaftlichen Gründen‹ verlegt werden, zum Teil mehrfach verlegt werden, bis nach einigen Wochen die Todesnachricht bei den Angehörigen eintrifft. Die Gleichartigkeit der Maßnahmen und ebenso die Gleichartigkeit der Begleitumstände schaltet jeden Zweifel darüber aus, daß es sich hierbei um eine großzügig angelegte Maßnahme handelt, die Tausende von ›lebensunwerten‹ Menschen aus der Welt schafft […] Es ist dringend notwendig, diese Maßnahmen so schnell wie möglich aufzuhalten, da die sittlichen Grundlagen des Volksganzen dadurch aufs Schwerste erschüttert werden. Die Unverletzlichkeit des Menschenlebens ist einer der Grundpfeiler jeder staatlichen Ordnung« (zitiert nach von Hase 1964, 14).

Diese Denkschrift Braunes hatte zunächst keinen Einfluss auf die »Euthanasie«-Politik der Nazis. Erst die Herstellung von Öffentlichkeit zeigte Wirkung, als Kardinal von Galen am 3. August 1941 in der Lamberti-Kirche zu Münster in seiner Predigt offen gegen die Mordaktion an Menschen mit Behinderung Stellung bezog:

> »Wenn einmal zugegeben wird, dass Menschen das Recht haben, ›unproduktive‹ Mitmenschen zu töten – und wenn es jetzt zunächst auch nur arme wehrlose Geisteskranke trifft –, dann ist grundsätzlich der Mord an allen unproduktiven Menschen, also an den unheilbar Kranken, den Invaliden der Arbeit und des Krieges, dann ist der Mord an uns allen, wenn wir alt und altersschwach und damit unproduktiv werden, freigegeben […] Dann ist keiner von uns seines Lebens mehr sicher« (zitiert nach Dörner et al. 1991, 118).

Die Predigt von Galens wurde in Windeseile vervielfältigt und im ganzen Reich verteilt. Sie zeigte Wirkung. Die nicht mehr zu gewährleistende Geheimhaltung der Massenvernichtung war zweifellos ein Grund dafür, dass »T4« von der Kanzlei des Führers im August 1941 abgebrochen wurde. Stillschweigend fortgeführt wurde jedoch die sogenannte »wilde Euthanasie«, die nun in einzelnen Anstalten unabhängig voneinander und unkontrolliert praktiziert wurde. Dies belegt, dass viele Personen des medizinischen Personals aus innerer Überzeugung mitmachten und es keineswegs der Befehle bedurfte. Die Menschen mit einer Behinderung wurden vergiftet oder man ließ sie verhungern. Entscheidend für die Beendigung von »T4« war nicht zuletzt die Tatsache, dass das Personal und die Anlagen der Tötungsanstalten ab 1941/42 in den Konzentrationslagern des besetzten Osteuropas für die sich anbahnende »Endlösung der Judenfrage« dringend benötigt wurden (vgl. Friedlander 1997).

Ehemalige »T4«-Ärzte kamen ebenfalls im Rahmen der »Sonderbehandlung 14f13« zum Einsatz. Durch dieses Vernichtungsprogramm wurden zwischen 1941 und 1943 in Konzentrationslagern Insassen mit Erkrankungen und Behinderungen getötet. Diese nicht mehr für die Arbeit »brauchbaren Menschen« wurden in den Lagern selektiert und in die bestehenden Vernichtungslager des »Altreichs« und der »Ostmark« gebracht. Nach heutigen Schätzungen beläuft sich die Zahl der Menschen, die den verschiedenen »Euthanasie«-Programmen zum Opfer fielen – dazu zählen auch die zunehmenden Krankentötungen in den Heil- und Pflegeanstalten – auf mindestens 100.000 Menschen (vgl. Schmuhl 1992, 236). Der Historiker Götz

Aly spricht sogar von 200.000 Opfern (2013, 9). Wie unsicher die Faktenlage ist, belegt der am 1. August 2024 von mehreren Fraktionen im Deutschen Bundestag eingebrachte und beschlossene Antrag mit dem Titel »Opfer von NS-›Euthanasie‹ und Zwangssterilisation – Aufarbeitung intensivieren«, in dem von schätzungsweise 300.000 ermordeten Menschen mit einer Behinderung oder einer psychischen Erkrankung die Rede ist.[7]

---

7 Bundesdrucksache 20/12415.

I.3   Hilfsschule im »Dritten Reich«

Mit dem Machtantritt der Nationalsozialisten geriet die Heil- und Sonderpädagogik, die nun nur noch Sonderpädagogik heißen durfte, unter Generalverdacht, denn ihre Bezugsgruppen waren jene, die gemäß der herrschenden Rassenideologie als »minderwertig« angesehen wurden. Dieses Stigma traf zentral die Schülerinnen und Schüler der Hilfsschule, der zahlenmäßig größten Gruppe unter den Sonderschülerinnen und -schülern, denn das Erziehungssystem definierte sich von da an ausschließlich über die zentrale Kategorie des Rassismus: »Diese Ordnung reguliert sich zunächst über Prinzipien der Inklusion und Exklusion, und im Kontext von Rassismus und Eugenik tritt für das Erziehungssystem an die Stelle des genuin pädagogischen Begriffs der ›Bildsamkeit‹ […] die Kategorie der Rasse und des Völkischen und die damit verbundene These von den ›Grenzen der Erziehbarkeit‹« (Tenorth 2006, 35).

Gemäß der weitgehend unveränderten Struktur des Schulaufbaus (vgl. Zymek 1989, 155 ff.; Michael/Schepp 1993, 314; Keim 1997, 34 ff.) erkannte das Reichsschulpflichtgesetz von 1938 zwar eine »Schulpflicht geistig und körperlich behinderter Kinder« in § 6, Abs. 1 an (vgl. Ellger-Rüttgardt 2014), aber schon die im selben Jahr erlassene »Allgemeine Anordnung über die Hilfsschulen in Preußen« macht deutlich, wie sehr gerade die Hilfsschule dem Diktat der »rassischen Grenze« unterlag, denn von nun an wurden alle Kinder mit einer geistigen Behinderung der Hilfsschule verwiesen. Der entsprechende Passus lautet:

> »5. Ausschulung bildungsunfähiger Hilfsschüler
>   Kinder, die in zweijährigem Besuch der Hilfsschule auf keinem der für die Beurteilung besonders in Betracht kommenden Gebiete […] wesentlich fortgeschritten sind, sollen als bildungsunfähig aus der Hilfsschule entfernt und der öffentlichen Fürsorge oder privater Betreuung überlassen werden« (AAoPr. 1938, 377).

Bereits gegen Ende der Weimarer Republik war es angesichts der verheerenden Wirtschaftskrise zu Einsparungen im Bildungsbereich gekommen. Besonders hart betroffen war auch der Hilfsschulbereich, was sich in Schulschließungen und einer Erhöhung der Klassenfrequenzen niederschlug. Begünstigt wurden derartige Maßnahmen durch ein Erstarken von Ideologien, die in den »Minderwertigen« nur einen unnützen Ballast für die Volksgemeinschaft sahen.

Nach der »Machtergreifung« verstärkten sich zunächst die Angriffe auf die Hilfsschule, wobei im Wesentlichen auf das schon in der Weimarer Republik verwendete Argument von der Unrentabilität einer Schule für »Minderwertige« zurückgegriffen wurde. Vor dem Hintergrund einer nach wie vor extrem hohen Arbeitslosigkeit und leerer Haushaltskassen in Ländern und Gemeinden konnten sich jene Gehör verschaffen, die Menschen mit Behinderungen aus Gründen einer für notwendig erachteten stärkeren rassischen Selektion und der favorisierten Elitebildung jegliches Anrecht auf Bildung und Erziehung absprachen. In dem von dem Rassenhygieniker Martin Staemmler 1933 vorgelegten Werk »Rassenpflege im völkischen Staat« liest sich das so:

> »Auslese heißt Förderung der Hochwertigen und Zurücknahme der Minderwertigen. Will man das treiben, so muss man vor allem eins bedenken: Es gibt kein Recht für alle. Der Hochwertige hat das Recht, gefördert zu werden, der Minderwertige hat es nicht« (1933, 45).

Offensichtlich fühlten sich in den ersten beiden Jahren der Herrschaft der Nationalsozialisten diverse Schulverwaltungsbehörden durch derartige Feststellungen dazu aufgerufen, die in der Weimarer Zeit begonnenen Kürzungen von Hilfsschulstellen beziehungsweise die Auflösung von Hilfsschulen weiter voranzutreiben. Die Kürzungen beziehungsweise Schließungen erfolgten hingegen regional sehr unterschiedlich. Während in Berlin beispielsweise von 60 Sonderschulen acht Schulen – darunter sechs Hilfsschulen – aufgelöst wurden, lässt sich für Hamburg kein derartiger Abbau feststellen (vgl. Grosse 1966, 69 f.; Höck 1979, 55 ff.; Synwoldt 1979, 262 ff.). Das unterschiedliche Vorgehen in den Ländern beruhte vor allem auf einer erheblichen Unsicherheit hinsichtlich der zukünftigen Hilfsschulpolitik der Zentralregierung und der Nationalsozialistischen Deutschen Arbeiterpartei (NSDAP), die zunächst keinerlei Richtlinien oder programmatische Äußerungen als Orientierungshilfen für die Schulverwaltungen herausgaben. Dass in zahlreichen Kommunen wirtschaftliche und/oder ideologische Gründe willkommene Anlässe für die Schließung von Hilfsschulklassen waren, belegt das Antwortschreiben des Magistrats von Schleswig an das Berliner Erziehungsministerium vom 9. Oktober 1933:

> »Unsere Meinung geht dahin, dass die Umwandlung der zweiklassigen Schule eine zwingende Notwendigkeit war. Die ersparten Mittel konnten den gesunden Kindern der Volksschule zugeführt werden. Es kann u. a. nicht angehen, dass heute noch für die minderwertigen Kinder erhebliche Mittel aufgewendet werden, die auf der anderen Seite viel nutzbringender für die gesunden Kinder angelegt werden können.«[8]

Die Anfangsphase der Unsicherheit und der Auflösungstendenzen wurde allerdings bald überwunden. Ab 1935 lässt sich eine veränderte offizielle Schulpolitik und damit ein erneuter Ausbau des Schulwesens nachweisen. Es hatte sich offenbar die Erkenntnis durchgesetzt, dass als Alternative zur Hilfsschulerziehung nur die vergleichsweise kostenaufwändige Anstaltsbetreuung oder aber eine »Belastung der Volksschule« durch »Minderwertige« infrage kam. Damit lag die Lösung des Hilfsschulproblems nicht mehr in ihrer Auflösung, sondern in ihrer Beibehaltung und sogar Ausweitung – allerdings verbunden mit deutlich verschlechterten Bedingungen für Schülerinnen, Schüler und Lehrkräfte. Der Forderung von Staemmler nach einer Umverteilung der Bildungsausgaben zulasten der Hilfsschulen

---

8 Bundesarchiv: BArch R4901/3266, Bd. 1, Reichsministerium für Wissenschaft, Erziehung und Volksbildung.

wurde damit voll entsprochen. Dieser nahm 1933 theoretisch die Zielsetzung vorweg, die sich zwei Jahre später durchsetzte, als er meinte:

> »Man soll schon die Hilfsschule behalten […] aber man darf nicht erwarten, dass mehr als das Notdürftigste bei dieser Bildung herauskommt. Die Klassen kleiner zu machen als die für Vollwertige und dadurch die Kosten der Schulbildung zu erhöhen ist Verschwendung, die man nicht verantworten kann« (Staemmler 1933, 120).

Der Anteil der Hilfsschülerinnen und -schüler an der Gesamtschülerzahl stieg schon in den ersten Jahren des Nationalsozialismus kontinuierlich an. Ausdruck offizieller Bildungspolitik war ein Erlass des Ministeriums für Wissenschaft, Erziehung und Volksbildung vom 6. Juli 1935, der sich erstmals ausführlicher mit der Überweisung von Kindern an die Hilfsschule beschäftigte. Dieser Erlass macht deutlich, dass die Hilfsschule im Nationalsozialismus vor allem als ein Sammelbecken für »erbkranke« Schülerinnen und Schüler betrachtet wurde. Die Hilfsschule sollten all jene besuchen, die aufgrund ihrer »erblichen Minderwertigkeit« die Erziehung der »normalen Volksschüler« hemmen würden. Im Erlass heißt es:

> »Aus gegebenem Anlass ersuche ich die Kreisschulräte dafür Sorge zu tragen, daß alle nach den ministeriellen Bestimmungen als hilfsschulpflichtig anzusprechenden Kinder nach Möglichkeit auch restlos der Hilfsschule zugewiesen werden […] Abgesehen von der Pflichtvernachlässigung, die in der Nichtüberweisung eines hilfsschulbedürftigen Kindes von der Volksschule in die Hilfsschule liegt, bedeutet sie eine absolute Verkennung der Ziele des nationalsozialistischen Staates auf rassischem Gebiete. Die Bestrebungen unseres Staates in Bezug auf die Erbgesundheit machen die Einrichtung der Hilfsschule und ihre tätige Mitarbeit zur Erreichung dieser Ziele unbedingt notwendig. Im Hinblick auf die Bestimmungen des Erbgesundheitsgesetzes […] ist das Verbleiben eines hilfsschulbedürftigen Kindes in der Volksschule unbedingt zu vermeiden« (Die deutsche Sonderschule 1935, 681 f.).

Nach offizieller Lesart sollte die Hilfsschule nunmehr drei Funktionen erfüllen, wobei nur die erste wirklich neu war. Sie sollte

- als Sammelbecken für erbkranke Schülerinnen und Schüler rassenhygienische Aufgaben erfüllen,
- die ökonomische und völkische Brauchbarmachung ihrer Schülerschaft anbahnen und
- die Volksschule von »unnötigem Ballast« befreien.

Der anfänglich erhebliche Legitimationsdruck auf die Hilfsschule wurde vor allem dadurch gemildert, dass der nationalsozialistische Staat relativ schnell damit begann, die von den Rassenhygienikern schon lange zuvor geforderte »biologische« Politik zu praktizieren und rassenhygienische Maßnahmen zu legalisieren. Kernstück dieser Rassenpolitik bildete das bereits erwähnte »Gesetz zur Verhütung erbkranken Nachwuchses« (GzVeN) vom Juli 1933, in dessen Folge zahlreiche Sonderschülerinnen und -schüler sterilisiert wurden und das erst am 28. Mai 1998 vom Deutschen Bundestag als »Nationalsozialistisches Unrechtsurteil« aufgehoben werden sollte.

Etwa ab Mitte der 1930er Jahre wurde die Zielsetzung der wirtschaftlichen und militärischen Brauchbarkeit der Schülerinnen und Schüler zunehmend betont, die Karl Tornow wie folgt beschreibt:

> »Neben der aktiven Mitarbeit bei der Durchführung des Gesetzes zur Verhütung erbkranken Nachwuchses kommt der Hilfsschule die bedeutungsvolle Aufgabe zu, für alle einmal vorhandenen noch bildungsfähigen Schwachsinnigen, auf dem sparsamsten, aber intensivsten Wege eine Nochbrauchbarkeit innerhalb des völkischen Organismus und seines Staates sowohl wirtschaftlich als auch kulturell zu erzielen« (1936, 100).

In dem NS-Standardbuch zur Hilfsschule »Hilfsschule im neuen Staat« von Alfred Krampf von 1936 heißt es dazu: »›Brauchbarkeit‹ ist demnach das Urteil über den Wert einer Persönlichkeit in ihrem ganzen physischen und psychischen Sein für die Gemeinschaft. Das Brauchbarsein charakterisiert einen für die Volkheit wertigen Zustand, während die Brauchbarmachung eine erziehliche Aufgabe bedeutet« (1936, 19). Die Qualifizierung der Hilfsschülerinnen und -schüler zur »Nochbrauchbarkeit« wurde zwei Jahre später vordringlich. Die Arbeitsbeschaffungsprogramme, das Anlaufen einer gewaltigen Rüstungsproduktion sowie die damit verbundenen Autarkiebestrebungen führten ab 1936 zu einem allgemeinen Arbeitskräftemangel, insbesondere zu einem Bedarf an qualifizierten Arbeitskräften. Nach Einführung der allgemeinen Wehrpflicht verschärfte sich der Mangel an Arbeitskräften und damit mussten leistungsschwächere Personen in das Wirtschaftsleben zunehmend integriert werden. Aufgrund der ökonomischen Erfordernisse verlagerte das NS-Schulwesen das Schwergewicht seiner Arbeit von der ideologischen Integration der Schülerinnen und Schüler in das nationalsozialistische System auf deren erhöhte Qualifizierung. Die in den Vordergrund tretenden Qualifizierungsfunktionen der allgemeinen Schulen äußerten sich in anspruchsvolleren Lehrplänen, höheren Abiturienten- und Studentenzahlen, der Einführung der Hauptschule als Oberbau der Volksschule und schließlich in erhöhten Leistungsanforderungen an die Volksschule. Aufgrund dieser Entwicklung erfolgte eine Funktionsverschiebung der Hilfsschule in der Weise, dass der Bedarf an weniger qualifizierten Arbeitskräften nun durch ihre Schülerschaft abgedeckt werden sollte. Somit wurde die wirtschaftliche »Brauchbarmachung« der Hilfsschülerinnen und -schüler zu einer vorrangigen Aufgabe dieser Schulform in der zweiten Hälfte der Dreißigerjahre.

Die »Allgemeinen Anordnung über die Hilfsschule in Preußen« (AAoPr) wurde in den anderen Reichsgebieten im Wesentlichen übernommen. Neben der Entlastung der Volksschule und der Unterstützung rassenhygienischer Maßnahmen wurde als vorrangige Aufgabe der Hilfsschule die »Brauchbarmachung« ihrer Schülerinnen und -schüler für die Volksgemeinschaft betont:

> »Die Hilfsschule entlastet die Volksschule, damit ihre Kräfte ungehemmt der Erziehung der gesunden deutschen Jugend dienen können; sie bietet die Möglichkeit zu langjähriger, planmäßiger Beobachtung der ihr anvertrauten Kinder und damit zu wirksamer Unterstützung der erb- und rassenpflegerischen Maßnahmen des Staates; sie erzieht die ihr überwiesenen Kinder in besonderen, den Kräften und Anlagen der Kinder angepassten Verfahren, damit sie sich später als brauchbare Glieder der Volksgemeinschaft selbstständig oder unter leichter Führung betätigen können« (AAoPr. 1938, 375).

Ein Ergebnis der nach 1938 weiter kontinuierlich ansteigenden Qualifizierungsfunktionen der Hilfsschule stellen die reichseinheitlichen »Richtlinien für Erziehung und Unterricht« in der Hilfsschule von 1942 dar, die in großen Teilen auf dem von Karl Tornow 1932 vorgelegten Lehr- und Erziehungsplan der Hilfsschule basierten (Tornow 1932). Die Richtlinien empfahlen eine Differenzierung der Hilfsschülerinnen und -schüler nach Leistungsgruppen und führten die in einzelnen Unterrichtsfächern zu vermittelnden Qualifikationen detailliert an, wobei ein deutliches Schwergewicht auf körperliche und handwerkliche Fähigkeiten gelegt wurde. Dass nicht etwa das Wohl des einzelnen Kindes, sondern seine Wertigkeit für das Volk im Mittelpunkt stand, wurde unmissverständlich von dem zuständigen Ministerialrat Kohlbach formuliert, der in seinen Ausführungen zu den neuen Richtlinien von 1942 schreibt: »Nicht mehr das einzelne Kind, die Sorge um sein Wohl und Wehe sollen im Vordergrund des Interesses des Lehrer stehen, sondern der Dienst, den dieses Kind trotz der Störungen und Hemmungen […] später dem Volksganzen leisten soll« (Kohlbach 1943, 99 f.).

Die traditionelle Entlastungsfunktion der Hilfsschule für die Volksschule, die in der »Allgemeinen Anordnung über die Hilfsschulen in Preußen« an erster Stelle genannt wurde, führte dazu, dass in den folgenden Jahren die Zahl der Hilfsschülerinnen und -schüler kontinuierlich anstieg. Da der starke Zustrom an Schülerinnen und Schülern nicht allein mit einer nochmaligen Erhöhung der ohnehin hohen Klassenfrequenz aufgefangen werden konnte, legte die »Allgemeine Anordnung« ein ehrgeiziges Programm zur Errichtung neuer Hilfsschulen fest: »In jeder Gemeinde, die im Durchschnitt der letzten fünf Jahre nach den Feststellungen der Schulaufsichtsbehörde mindestens 25 für die Hilfsschule in Betracht kommenden Kinder gehabt hat, ist in der Regel an die Hilfsschule zu errichten« (AAoPr 1938, 375).

Der Ausbau des Hilfsschulwesens sollte in bisher unterversorgten ländlichen Gebieten erfolgen, aber auch in den Großstädten vorangetrieben werden. Die Expansion des Hilfsschulwesens war jedoch starken regionalen Schwankungen unterworfen und wurde vor allem nach Beginn des Krieges durch einen erheblichen Lehrkräftemangel erschwert. Im Deutschen Reich gab es 1936 698 Schulen mit 3.585 Klassen, dies entsprach einem Anteil von 1,03 Prozent Hilfsschülerinnen und -schülern. Dagegen fanden sich 1942 im Reich 1.163 Hilfsschulen mit 4.334 Klassen, was zugleich einem Anteil der Hilfsschülerinnen und -schüler von 1,47 Prozent entsprach (Höck 1979, 193).

Es fand auch eine neue Akzentuierung in der Auswahl und Bezeichnung der Schülerschaft der Hilfsschule statt. Nicht mehr von »Schwachsinnigen« oder »Erbkranken« war die Rede, sondern von »Entwicklungsgehemmten«. Dieser Terminus offenbarte zum einen eine größere Nähe zur Volksschule und zum anderen das Bemühen um nicht-diskriminierende Bezeichnungen der nun so dringend als Arbeitskräfte benötigten Klientel. In der »Allgemeinen Anordnung« heißt es:

> »Die Hilfsschulen sind Volksschulen besonderer Art. In ihnen genügen Kinder ihrer Volksschulpflicht, die bildungsfähig sind, dem allgemeinen Bildungsgang der Volksschule aber wegen ihrer Hemmungen in der körperlich-seelischen Gesamtentwicklung und ihrer Störungen im Erkenntnis-, Gefühls- und Willensleben unterrichtlich und erzieherisch nicht zu folgen vermögen« (AAoPr 1938, 375).

Diese definitorische Festlegung kam dem Interesse all jener Sonderpädagoginnen und -pädagogen entgegen, die die Hilfsschule von dem Odium einer »Idiotenschule« befreit wissen wollten. Sowohl die »Allgemeine Anordnung« als auch die Hilfsschulrichtlinien von 1942 vermieden Begriffe wie »Schwachsinnige« oder »Erbkranke«. Zeichen einer veränderten Politik gegenüber der Hilfsschule war ferner der Umstand, dass bestimmte Diskriminierungen gegenüber Hilfsschülerinnen und -schülern zurückgenommen oder abgemildert wurden, so zum Beispiel der Ausschluss der Hilfsschülerschaft von der Schulspeisung 1937. Das Verbot einer Mitgliedschaft von Hilfsschülern in der Hitlerjugend (HJ) wurde nach der Erweiterung der HJ zum Zwangsverband im Dezember 1936 gelockert, wobei allerdings auch hier regional unterschiedlich vorgegangen wurde und Hilfsschülerinnen und -schüler oft Zeugnisse oder Empfehlungen vorweisen mussten, die ihre »Eignung« belegen sollten. Schließlich wurde nach Kriegsbeginn auch die Teilnahme von Hilfsschülerinnen und -schülern an der Kinderlandverschickung wieder gestattet, sofern ihre Lehrkräfte sie begleiteten.

Auch wenn sich die Hilfsschule als eigenständige Schulform im »Dritten Reich« behaupten konnte, so besteht doch kein Zweifel, dass sich ihre Existenzberechtigung einzig und allein durch ihre funktionale Bedeutung für das NS-System legitimierte und nicht etwa – wie zur Zeit der Weimarer Republik – aufgrund eines Bildungsanspruchs des einzelnen Kindes und Jugendlichen. Die prinzipiell geringe Wertschätzung der Institution Hilfsschule ist ablesbar an ihren schlechten materiellen Bedingungen, wie der räumlichen Ausstattung, den hohen Klassenfrequenzen und fehlenden Qualifizierungsmöglichkeiten ihrer Pädagoginnen und Pädagogen. Während in der Weimarer Republik die akademische Lehrerbildung auch für Heilpädagoginnen und -pädagogen in greifbare Nähe gerückt war, wurde die Ausbildung für Sonderpädagogen, insbesondere die für Hilfsschullehrkräfte, im »Dritten Reich« weit zurückgefahren. Die Ausbildungskurse wurden zunächst eingestellt und nur aufgrund des zunehmenden Lehrkräftemangels ab 1935 wurden noch einige wenige Ausbildungskurse für Hilfsschullehrkräfte organisiert: 1935/36 in München und Berlin und erneut 1941/42 in München.

Die Phase der Konsolidierung beziehungsweise Ausweitung des Hilfsschulwesens ging mit der sich zuspitzenden Kriegssituation ab etwa 1942 zu Ende. Wie im gesamten Schulwesen wurde die Arbeit der Hilfsschule durch einen allgemeinen Lehrkräftemangel und die Kriegseinberufung von Lehrern stark eingeschränkt. Hinzu kam für die Hilfsschule die Teilnahme von Lehrkräften an der Kinderlandverschickung. Der Stundenplan der Hilfsschule musste radikal gekürzt werden, wichtige Lehr- und Lernmittel fehlten und teilweise wurden Hilfsschulen ganz geschlossen. Viele Schulgebäude wurden schließlich beschlagnahmt und für militärische Zwecke oder als Lazarette genutzt.

Es gab aber auch im »Dritten Reich« Beispiele für eine pädagogische Haltung von Heilpädagoginnen und -pädagogen, die sich nicht an dem vermeintlich völkischen Interesse ausrichteten, sondern der Bildung und Erziehung des einzelnen Kindes dienen wollten. So wissen wir von dem reformpädagogisch geprägten Hilfsschulunterricht einer Frieda Buchholz auch während der NS-Zeit (vgl. Ellger-Rüttgardt 1997, 37 ff.), der heilpädagogischen Arbeit des jüdischen Anthroposo-

I.3 Hilfsschule im »Dritten Reich«

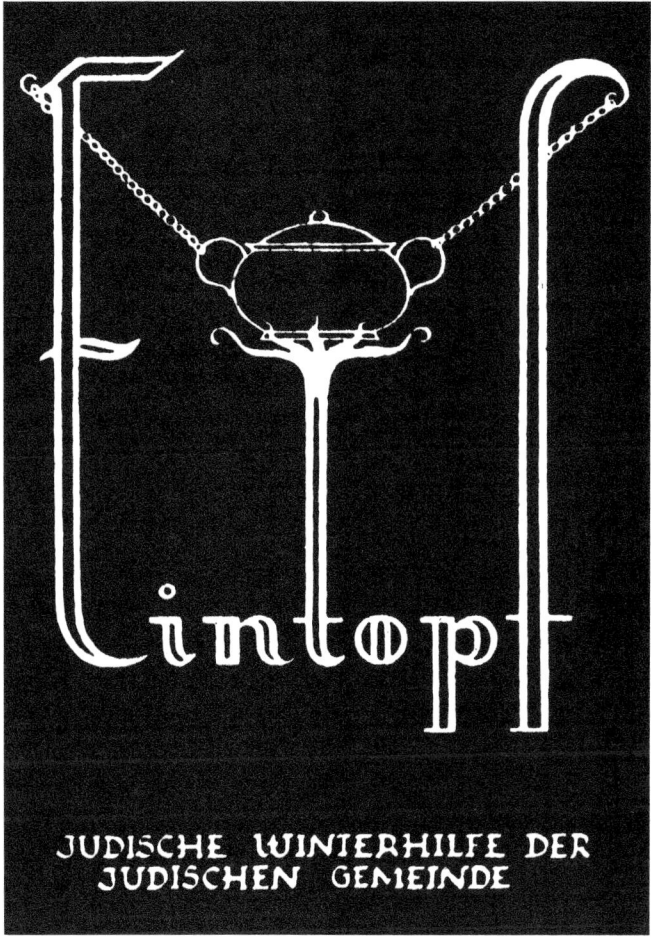

Abb. 6: Jüdische Winterhilfe der Jüdischen Gemeinde – Aufruf der Jüdischen Großorganisationen im Oktober 1937

phen Karl Schubert in einer »geduldeten« Klasse von Kindern mit einer geistigen Behinderung und der jüdischen Hilfsschule in Berlin.

Nachdem alle jüdischen Schülerinnen und Schüler 1938 die deutschen Schulen verlassen mussten, eröffnete die Jüdische Gemeinde Berlin am 9. Januar 1939 eine Hilfsschulklasse, die Margarete »Sara« Lasch leitete. Im Jüdischen Nachrichtenblatt vom 26. Juli 1940 veröffentlichte sie einen Bericht über das erste Jahr der Hilfsschule, der von dem Grundsatz der jüdischen Heilpädagogik geprägt war, dass jedes Kind ein unbedingtes Recht auf Bildung habe (vgl. Ellger-Rüttgardt 1996). Ihr Bericht endet mit den Worten: »Mit der Erziehung und dem Unterricht geistesarmer Kinder ist eine große und schwere Verantwortung in unsere Hände gelegt, aber wie beglückend ist es, solche arme, von der Natur stiefmütterlich behandelte Geschöpfe geistig so weit wie möglich zu fördern, ihnen Sorge und Liebe zu geben, dass sie davon zehren, wenn sie in den Kampf des Lebens hinaus geschickt werden!« (Lasch 1940, 6). Wie Jochen Synwoldt (1998, 266f.) berichtet, gab es noch bis Februar 1942 drei Klassen mit insgesamt 61 Schülern an der VII. Jüdischen Volksschule (Hilfsschule). Das endgültige Ende kam für alle jüdischen Schulen am 1. Juli 1942; zu diesem Zeitpunkt wurden noch 52 Schülerinnen und Schüler an der jüdischen Hilfsschule unterrichtet.

I.4 Sonderpädagogen zwischen Bereitschaft, Anpassung und Opposition

Wie alle anderen Lehrerverbände auch wurden die beruflichen Vereinigungen der Sonderpädagoginnen und -pädagogen »gleichgeschaltet«, das heißt sie wurden aufgelöst und in den Nationalsozialistischen Lehrerbund (NSLB) überführt. Dies betraf den »Bund Deutscher Taubstummenlehrer«, den »Deutschen Blindenlehrerverein« und den »Verband der Hilfsschulen Deutschlands« (VdHD), um nur die wichtigsten zu nennen. Der Hilfsschullehrerverband hatte sich noch Anfang 1933 bemüht, durch verschiedene Eingaben und Aktivitäten die Verbandsauflösung zu verhindern. So hatte man bereits am 25. (!) Januar 1933 beim Kultusministerium den Antrag zur Durchführung einer deutschlandweiten Untersuchung gestellt, die eine detaillierte Befragung der Hilfsschullehrkräfte zum Thema »Vererbung des Schwachsinns« beinhaltete. Die Ergebnisse dieser Erhebung sollten der Vorbereitung des Verbandstages in Halle 1933 dienen, der unter dem Motto stand: »Eugenik und Hilfsschule« und als dessen Hauptredner der Rassenhygieniker Prof. Eugen Fischer aus Berlin und der Oberarzt Dr. Gerhard Kreyenberg von den Alsterdorfer Anstalten in Hamburg eingeladen waren. Das Ministerium erteilte mit einem Schreiben vom 23. März 1933 dem Verband die Genehmigung zur Durchführung der Befragung.[9].

Auch nach Gleichschaltung und Verbandsauflösung betrieben die organisierten Hilfsschullehrkräfte eine lebhafte Lobbyarbeit, um ihrem Ziel, der berufsständischen Gleichstellung mit den etablierten Sonderpädagoginnen und -pädagogen, nun im neuen Staat, näher zu kommen. Somit plädierten sie für die Schaffung einer eigenständigen »Fachschaft Sonderpädagogik« im NSLB und agitierten gegen alle Bestrebungen innerhalb des NSLB, zur Schaffung einer gemeinsamen Fachschaft von Volks- und Hilfsschullehrkräften (vgl. Ellger-Rüttgardt 1998, 71; Ellger-Rüttgardt 2024, 268 ff.).

Allen Widerständen zum Trotz obsiegten die Interessenvertreter der organisierten Hilfsschullehrerschaft; im Mai 1934 wurde die neue Fachschaft V »Sonderschulen« im NSLB bestätigt. Sie umfasste die folgenden »Untergliederungen«:

- Taubstummenwesen, Schwerhörigen- und Sprachheilwesen,
- Blindenwesen und Sehschwachenschulen,
- Hilfsschulwesen und

---

9 Geheimes Staatsarchiv Preußischer Kulturbesitz (GStA): I. HA Rep. 76, Kultusministerium, Sektion 1B, Teil I (M), Bd. 11, Bl. 338–341.

I Rassenhygiene, Behindertenpolitik und Sonderpädagogik im »Dritten Reich«

- Anstaltswesen, Krüppelanstalten, Waisenhäuser, Heilerziehungsanstalten, Fürsorgeerziehungsanstalten, Strafanstalten (vgl. Die deutsche Sonderschule 1934, 321).

Diese neue Struktur und auch die personelle Besetzung der Fachschaft V bescherten der organisierten Hilfsschullehrerschaft den lang ersehnten Erfolg; sie wurden endlich den etablierten Sonderpädagoginnen und -pädagogen gleichgestellt. Folgende vier Personen wurden zu Reichsfachgruppenleitern und damit zu den wichtigen Funktionsträgern der neuen Fachschaft V »Sonderschulen« ernannt:

- für Taubstummenlehrkräfte: Pg. Dr. Herrmann Maeße, Berlin
- für Blindenlehrkräfte: Pg. Eduard Bechthold, Halle (Saale)
- für Hilfsschullehrkräfte: Pg. Schulrat Alfred Krampf, Hannover
- für Anstaltslehrkräfte: Pg. Dipl.-Handelslehrer Paul Bartsch, Berlin[10] (vgl. Die deutsche Sonderschule 1934, 81).[11]

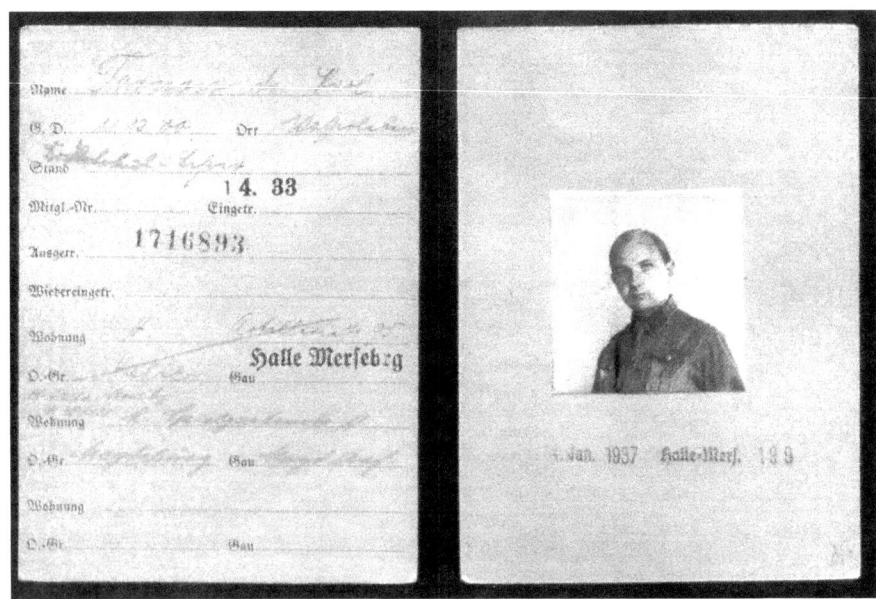

Abb. 7: Die NSDAP–Mitgliederkartei von Karl Tornow

---

10 Vgl. den Beitrag II.2 Paul Bartsch – ein NS-Sonderpädagoge im Spiegel seiner Biografie von Anton Ottmann in diesem Buch.
11 Aber selbst die Rolle der führenden Funktionäre der Fachschaft V sollte zeitlich nicht undifferenziert betrachtet werden. Prominentes Beispiel ist der Fachgruppenleiter Herrmann Maeße, der 1935 diese Position wieder aufgab – als Reaktion auf die NS-Politik gegenüber der jüdischen Bevölkerung, so seine Darstellung in einem Interview, das die Herausgeberin mit ihm im Oktober 1986 führte (vgl. Ellger-Rüttgardt 2004, 360 ff.).

Der junge, ehrgeizige Hilfsschullehrer Karl Tornow, Jahrgang 1900, war an der Hilfsschule in Halle (Saale) tätig und promovierte 1932 dort an der Universität mit dem Thema »Der Lehr- und Bildungsplan der Hilfsschule«. Er trat am 1. März 1933 in den NSLB und am 22. März 1933[12] in die NSDAP ein und wurde mit der wichtigen Funktion eines Schriftleiters der neu geschaffenen Zeitschrift »Die deutsche Sonderschule« (Jahrgänge 1934–1944) betraut (Wolf 1991). Tornows Mentor Martin Breitbarth, Jahrgang 1871, war langjähriger Leiter der Hilfsschule Halle, der im Zuge der »Gleichschaltung« des VdHD zunächst als 1. Vorsitzender eingesetzt worden war (vgl. Ellger-Rüttgardt 1998, 72 ff.). Breitbarth hatte sich bereits 1915 in einem Vortrag unmissverständlich für rassenhygienische Maßnahmen gegenüber Hilfsschülerinnen und -schülern ausgesprochen:

> »Ob man freilich unter allen Umständen wünschen soll, daß dieser Typus des deutschen Kindes mit allen Mitteln der ärztlichen Kunst und der sozialen Fürsorge möglichst vollzählig dem Leben erhalten bleibt, ist eine Frage, über die gerade solche Menschen geteilter Meinung sein können, die ein tiefes Verständnis für unser Volkstum besitzen […] Mir persönlich will es nach meinen Erfahrungen fast scheinen, als ob wir der Natur, die das wenig lebenskräftige und minderleistungsfähige Individuum auf dem Wege der natürlichen Auslese schon frühzeitig ausscheidet, in gewissem Sinne dankbar sein müßten« (1915, 239).

Ungeachtet der offiziellen berufsständischen Aufwertung der Hilfsschulpädagogen verfügten diese in ihrem unmittelbaren Tätigkeitsfeld allerdings nicht über die Entscheidungsmöglichkeiten wie die Leiter der Blinden- und Taubstummenanstalten, die, sofern sie überzeugte Nazis waren, ihre Freiräume nutzten, um Zöglinge für ein Sterilisationsverfahren anzuzeigen. Dies belegt die Eingabe des Hilfsschullehrers Erich Gossow aus Quedlinburg an den Ministerialrat Dr. Gütt vom Februar 1934 und dessen unmissverständliche Antwort vom März desselben Jahres.[13]

Aus diesem Mangel an Einfluss und Macht bei der Mitwirkung an rassenhygienischen Aufgaben erklärt sich der wiederholt unternommene Versuch der NS-Hilfsschulfunktionäre, in den Sterilisationsverfahren gegen Absolventinnen und Absolventen der Hilfsschule als Gutachter, Sachverständige und Beisitzer hinzugezogen zu werden (vgl. Tornow 1936) – ein Unterfangen, dem jedoch kein Erfolg beschieden war.

---

12 Bundesarchiv: NSDAP-Mitgliederkartei. BArch R9361 –VII Kartei/ 23130615.
13 Erich Gossow hatte bereits 1932 in der Zeitschrift »Die Hilfsschule« einen Aufsatz mit dem Titel »Hilfsschule und Eugenik. Ein Nachwort zur Tagung ›Erblehre – Erbpflege‹« veröffentlicht, in dem er unter anderem bemerkte: »… ohne Frage hat die Hilfsschule eine eugenische Mission. Ich bedaure, daß das nicht schon früher in der ›Hilfsschule‹ mit mehr Entschiedenheit zum Ausdruck gebracht worden ist« (Gossow 1932, 721).

Abschrift II 1079/19.II.

Quedlinburg, den 19.Februar 1934.
Heinrichstr.8 b II.

An

Herrn Ministerialrat Dr.Gütt,
Berlin.

Sehr geehrter Herr Ministerialrat !

In meiner Arbeit an der Hilfsschule seit 1929 war mir bald aufgefallen, dass häufig dieselben Familien ihren Nachwuchs schickten. Darum versuchte ich mit Hilfe des Einwohnermeldeamtes, die verwandschaftlichen Beziehungen der durch die Hilfsschule gegangenen Kinder klarzulegen. Ich habe eine Reihe von Stammtafeln dieser Hilfsschulfamilien gezeichnet, aus denen hervorgeht, daß in ihnen Schwachsinn vererbt wird.

Auf Grund dieser Vorarbeiten fühle ich mich verpflichtet, dem hiesigen Amtsarzt Anzeige zu erstatten. Von meinem stellvertretenden Schulleiter wurde mir aber gesagt, dass ich dazu nicht berechtigt wäre. Ich bin anderer Meinung! In der Verordnung zur Ausführung des Gesetzes zur Verhütung erbkranken Nachwuchses vom 5.Dezember 1933 heisst es im Artikel 3 Abs.4:" Die gleiche Verpflichtung haben sonstige Personen, die sich mit der Heilbehandlung, Untersuchung oder Beratung von Kranken befassen".

Sind mit diesen "sonstigen Personen" auch wir Hilfsschullehrer als Heilerzieher gemeint?

An
den Herrn Preussischen Minister für
Wissenschaft, Kunst und Volksbildung.

Recht dankbar wäre ich, wenn ich von Ihnen eine Antwort

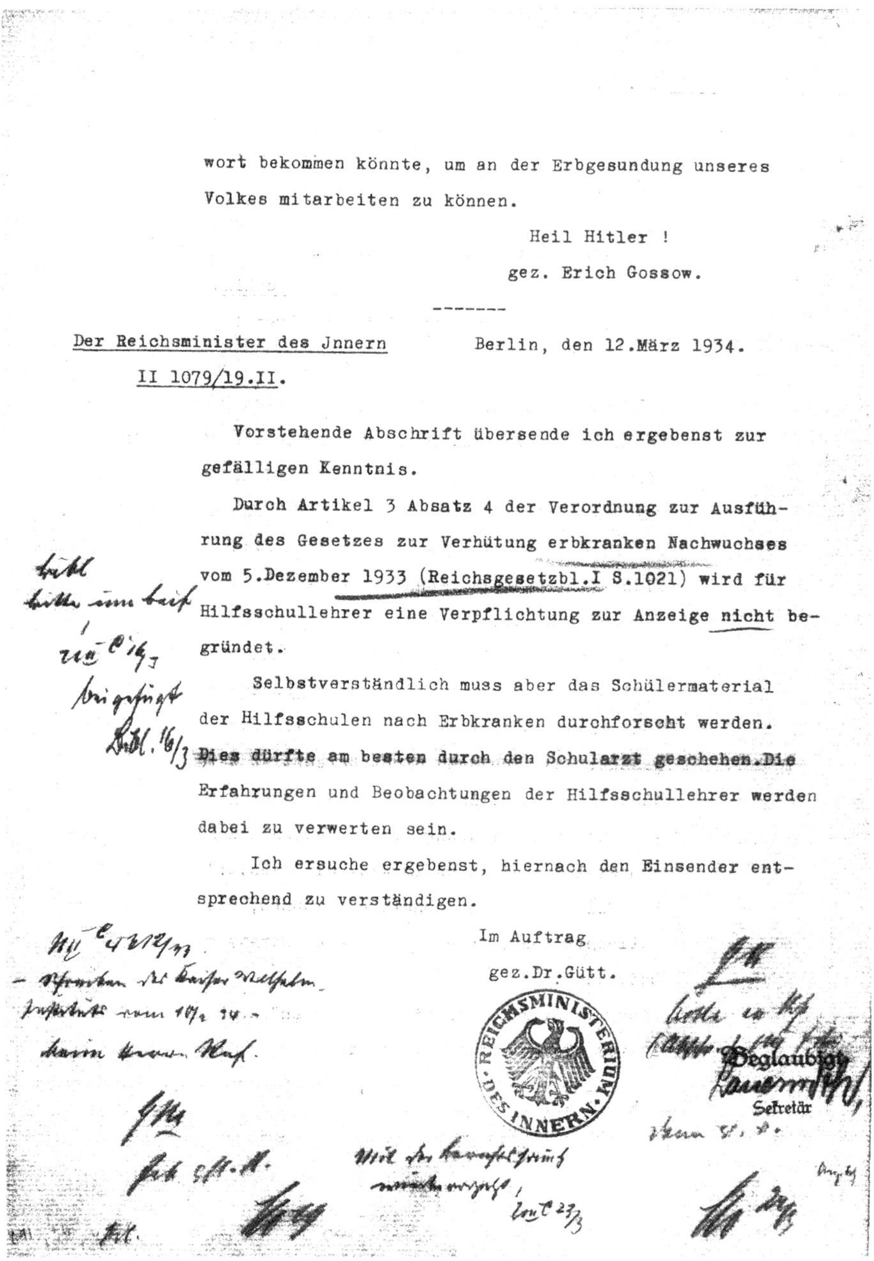

wort bekommen könnte, um an der Erbgesundung unseres Volkes mitarbeiten zu können.

Heil Hitler !

gez. Erich Gossow.

Der Reichsminister des Jnnern — Berlin, den 12.März 1934.

II 1079/19.II.

Vorstehende Abschrift übersende ich ergebenst zur gefälligen Kenntnis.

Durch Artikel 3 Absatz 4 der Verordnung zur Ausführung des Gesetzes zur Verhütung erbkranken Nachwuchses vom 5.Dezember 1933 (Reichsgesetzbl.I S.1021) wird für Hilfsschullehrer eine Verpflichtung zur Anzeige nicht begründet.

Selbstverständlich muss aber das Schülermaterial der Hilfsschulen nach Erbkranken durchforscht werden. Dies dürfte am besten durch den Schularzt geschehen. Die Erfahrungen und Beobachtungen der Hilfsschullehrer werden dabei zu verwerten sein.

Ich ersuche ergebenst, hiernach den Einsender entsprechend zu verständigen.

Im Auftrag

gez.Dr.Gütt.

Reichsministerium des Innern

Beglaubigt

Sekretär

Abb. 8: Eingabeschreiben des Hilfsschullehrers Erich Gossow aus Quedlingburg an den Ministerialrat Dr. Gütt und dessen Antwort

Wenden wir den Blick von der Ebene der offiziellen Berufspolitik der Sonderpädagoginnen und -pädagogen auf das alltägliche Handeln einzelner Pädagoginnen und Pädagogen, so wird das Bild naturgemäß sehr viel bunter und weniger eindeutig. Allgemeine Darstellungen zur Berufsideologie der Sonderschullehrkräfte sowie zur Funktion nationalsozialistischer Behindertenpolitik liefern zweifellos unverzichtbare Erkenntnisse, sie sagen aber noch nichts darüber aus, wie sich einzelne Personen in konkreten Lebensvollzügen und zu bestimmten Zeitpunkten tatsächlich verhalten haben und warum sie so handelten. Dazu bedarf es des Perspektivenwechsels durch regional- und alltagsgeschichtliche Studien.[14]

Es ist daran zu erinnern, dass individuelles Verhalten unter den Bedingungen einer Diktatur nicht nach einem einfachen Schwarz-Weiß-Schema zu bewerten ist, sondern auf einer Palette unterschiedlicher Verhaltensweisen angesiedelt ist, die zwischen den Polen »Überzeugung« und »offener Widerstand« zu verorten ist (vgl. Broszat et al. 1977; Peukert 1985; Breyvogel/Lohmann 1985; Benz 2018). Der Historiker Detlev Peukert (1985) unterscheidet im Hinblick auf nonkonformes Verhalten zwischen Nonkonformität, Verweigerung, Protest und Widerstand und unterstreicht, dass Widerstand keine einmalige Gewissensentscheidung, sondern situations- und interessengebunden war und dass alltägliches Handeln vielmehr durch eine Verbindung von Teilopposition mit zeitweiliger oder partieller Regime-Bejahung gekennzeichnet war.

Es darf angenommen werden, dass auch die Sonderpädagoginnen und -pädagogen sich – wie ihre anderen deutschen Zeitgenossen – mehrheitlich dem NS-System anpassten und damit die große Mitläufergruppe repräsentiert. Überzeugte NS-Anhängerinnen und -Anhänger sowie Täterinnen und Täter fanden sich aber nicht nur unter den Funktionären des NSLB, sondern auch an zahlreichen Schulen, deutschlandweit; wie hoch ihr tatsächlicher Anteil war, wird sich aus naheliegenden Gründen kaum bemessen lassen. Schließlich gibt es noch eine dritte, sicherlich kleine Gruppe von Heilpädagoginnen und -pädagogen, für die ein oppositionelles Verhalten nachweisbar ist. Die folgenden Beispiele sollen in idealtypischer Weise unterschiedliche Verhaltensweisen von heilpädagogischen Lehrern und Lehrerinnen illustrieren – immer eingedenk der Erkenntnis, dass der Kontext für Handeln in einer Diktatur nicht vergleichbar ist mit dem eines demokratischen Staates.

Die Auswertung von 824 Personalbögen einer Hamburger Hilfsschule (vgl. Ellger-Rüttgardt 1986) ergab im Hinblick auf systemkonformes Verhalten von Pädagoginnen und Pädagogen dieser Schule folgendes Bild: Die in den Schülerbögen enthaltenen Berichte des Hilfsschulrektors Möller und seiner Kollegen sind ein getreues Spiegelbild der offiziellen Hilfsschulpolitik, denn all jene Schülerinnen und Schüler, die aufgrund eines sozial erwünschten Verhaltens und eines Mindestmaßes an schulischem Erfolg dem propagierten Leitbild der Hilfsschule als einer Leistungsschule entsprachen, konnten mit positiven Beurteilungen seitens der Schule rechnen. Tugenden wie Fleiß, Gehorsam, Ordnung und Sauberkeit, die Zugehörigkeit zur Hitlerjugend und die Aussicht auf erfolgreiche soziale und berufliche Eingliederung waren entscheidende Kriterien für die Zuerkennung des

---

14 Vgl. Teil II dieses Buches.

Status eines nützlichen und brauchbaren Volksgenossen. Von der Ausgrenzung betroffen waren hingegen all jene, die aufgrund persönlicher Eigenschaften oder ideologischer Zuschreibungen vom Prototyp des nützlichen Schülers abwichen: »nicht-arische«, »charakterlich minderwertige« und »geistig zu tief stehende« Kinder und Jugendliche.[15]

An dem folgenden Beispiel »positiver Beurteilungspraxis« ist die Dominanz der Kriterien »soziale Angepasstheit« und »Leistungsfähigkeit« uneingeschränkt ablesbar. In einem Abschlussbericht vom 19. März 1938 schreibt Rektor Möller über die Schülerin T.: »Charakterlich hat sie sich ebenfalls gut entwickelt. In die Klassengemeinschaft fügte sie sich gut ein. Als einziges Mädel der Klasse gehört sie dem BDM an. Ihre schulischen Leistungen sind ebenfalls als gut zu bezeichnen. Ihre bisherige Entwicklung lässt erwarten, dass sie ein brauchbares Glied der Volksgemeinschaft werden wird«.[16]

Schülerinnen und Schüler, die den Erwartungen an einen »einwandfreien« Charakter, an angepasstes Verhalten, ausreichende Schulleistungen und berufliche Bewährung entsprachen, konnten mit Sympathie seitens ihrer Lehrkräfte rechnen. Kompromisslose Härte traf hingegen all jene, die vom Idealtyp des Hilfsschülers deutlich abwichen. So meldete Rektor Möller am 17. Februar 1936 in einem ausführlichen Bericht dem »deutschen Jungvolk« in Hamburg-Altona Verfehlungen seines Mitgliedes H. L. und empfahl dessen Ausschluss aus der HJ. Ferner schlug Möller unumwunden dem Jugendamt die Sterilisierung des Jungen vor. In dem Bericht heißt es:

»G.P. wurde am 20.3.1936 nach Erfüllung der gesetzlichen Schulpflicht aus der 2. Klasse der 1. Hilfsschule entlassen. Er ist ein völlig willensschwacher Junge. Unter Tränen verspricht er Fleiß und alles Gute, vermag sich aber keine halbe Stunde in eine Arbeit, für ihn angemessen, zu vertiefen. Er ist sehr leicht erregbar. Wenn er für seine grenzenlose Faulheit oder für eine Dummheit eine Strafe bekommen sollte, gebärdete er sich in den ersten Monaten wie ein wilder Mann, schrie und brüllte aus vollem Halse. Durch strenge Zucht wurde es aber erreicht, daß er im letzten Jahr sich nach dieser Seite hin etwas gebessert hat. Die Gefährlichkeit des Jungen liegt aber auf sexuellem Gebiet [...] Mehrfach wurde er auch bei der Bettelei ertappt, besonders erbettelte er sich Brot. Der Ungebührlichkeit seines Handelns ist er sich wohl bewusst, ist aber doch zu willensschwach, um sauber zu bleiben. Er ist unbedingt hochgradig schwachsinnig, bei dem unbedingt eine Sterilisation notwendig ist.«[17]

Aktives Handeln im Sinne der NS-Politik ist auch Gotthold Lehmann, dem Direktor der staatlichen Berliner Taubstummenanstalt, zu bescheinigen, der eine Schülerin zur Sterilisation angemeldet hatte. Am 14. April 1936 schreibt Lehmann an die Eltern des Mädchens und ersucht ihre Zustimmung zu der geplanten Sterilisation:

»Das Gesundheitsamt von Berlin-Neukölln hat durch ein Schreiben vom 6. April 1936 mitgeteilt, daß das Urteil über die Unfruchtbarmachung ihrer Tochter [...] rechtskräftig geworden ist und daß [...] binnen 2 Wochen dem Städtischen Krankenhaus zu Neukölln zur Durchführung des Eingriffs zugeführt werden soll. Ich bitte Sie, die beiliegende Er-

---

15 Vgl. Staatsarchiv Hamburg, 362–10/1, Hilfsschule Hafenstraße. Schülerakten.
16 Ebd.
17 Ebd.

klärung zu unterschreiben u. mir zuzusenden [...] wird dann von uns in das Krankenhaus gebracht werden. Bemerken möchte ich noch, daß bis jetzt 14 Sterilisationen bei unseren Kindern durchgeführt sind und daß sich bis jetzt in keinem Fall nachteilige Folgen gezeigt haben. Heil Hitler! Lehmann« (zitiert nach Biesold 1988, 107).

Biesold schreibt weiter: »Die Mutter der Betroffenen protestierte mit Vehemenz postwendend am 15. April 1936 in einem Schreiben an Lehmann. Der Schlußsatz des Briefes lautet: ›Ich kann meine Unterschrift nicht geben‹« (ebd.).

Mit dem »Gesetz zur Wiederherstellung des Berufsbeamtentums« vom 7. April 1933 wurden Angehörige kommunistischer und sozialdemokratischer Organisationen sowie Beamte »nicht-arischer Abstammung« aus dem Staatsdienst entlassen. Der Passus, dass Beamte, die nicht »rückhaltlos« für den Staat eintraten, ebenfalls entlassen werden konnten, öffnete der Willkür Tür und Tor und führte dazu, dass liberale, grundsätzlich demokratisch gesonnene Beamtinnen und Beamte und nicht zuletzt reformpädagogisch orientierte Pädagoginnen und Pädagogen vom Verlust ihrer beruflichen Existenz bedroht waren. Die Konfrontation mit dieser existenziellen Notlage führte zu individuell sehr unterschiedlichen Reaktionen – eilfertige (Über-)Anpassung und Anbiederungsversuche gehörten auch dazu, wovon das folgende Beispiel zeugt: Der Hilfsschullehrer Erich Thomaschewski arbeitete wie Frieda Buchholz nach dem Jenaplan an der Hilfsschule (vgl. Ellger-Rüttgardt 1997; Hillenbrand 199), hatte aber nicht bei Peter Petersen promoviert. Er versuchte sowohl in der Korrespondenz mit Petersen im Jahre 1933 als auch durch Formulierungen im Stile der neuen Zeit, der Bedrohung seiner beruflich-wirtschaftlichen Existenz zu entkommen (vgl. Retter 1996, 338 ff.). Dass Petersen dem in Bedrängnis geratenen Thomaschewski nicht zur Seite sprang, sondern sich vielmehr von ihm distanzierte, war zweifellos durch dessen eigene Interessenlage und die Sorge begründet, »der Jenaplan könne durch die Person Thomaschewski in ein falsches politisches Licht gerückt werden«, so vermutet Hein Retter (a. a. O., 88). Thomaschewski hatte am 1. Juli 1933 an Peter Petersen geschrieben:

> »Ich habe, wie bisher, in streng nationalem Sinne gearbeitet und will auch die Beziehungen Jenaplan-Hitlerbewegung in einem Vorwort zu meinem Bericht näher darzustellen versuchen. Ergebenst bitte ich nun, wenn es Ihre Zeit erlaubt, mir die Stichpunkte, evtl. Stellungnahme Prof. Kriecks u. a. gütigst übersenden zu wollen; denn ich betrachte meine Lage weiterhin als kritisch, trotz meiner jetzt erfolgten Aufnahme in die NSDAP.
> Ich bleibe mit vorzüglichsten Hochachtung ihr dankbar ergebener Erich Thomaschewski« (a. a. O., 341).

Ein weiteres Beispiel eines in Bedrängnis geratenen Hilfsschullehrers aus Celle zeugt von Unterwürfigkeit sowie persönlicher Verleugnung, aber auch von großer persönlicher Not. 1933 richtete er an den Reichsleiter des NSLB, Hans Schemm, folgenden Brief:

> »Hochverehrter Herr Staatsminister!
>
> Ich bitte darum, mich wieder in die Volksgemeinschaft einzuordnen, auf daß ich wieder an ihrem Werden tätigen Anteil nehmen kann. Ich bin Hilfsschullehrer und zum 1. Oktober des Jahres aufgrund des § 4 des Gesetzes zur Wiederherstellung des Berufsbeamtentums wegen meiner Zugehörigkeit zur SPD entlassen worden. Ich bin 42 Jahre alt, verheiratet und habe 3 Kinder zu versorgen. Meine Kollegen halten mich nicht für so belastet, daß diese harte Strafe mich treffen musste. Und der Oberbürgermeister und auch die Kreis-

leitung der NSDAP haben sich dafür eingesetzt, daß man es mit einer Versetzung bewenden lassen sollte. Ich bin nie Marxist gewesen, sondern habe immer für die Freiheit der Seele gekämpft [...] Ich habe mir, wie mein Ortsgruppenleiter bezeugen kann, redlich Mühe gegeben, in den Arbeitsdienst hineinzukommen, um die Echtheit meiner Gesinnung unter Beweis stellen zu können. Es ist mir bisher nicht gelungen. Bei der SA hat man meine Anstellung abgelehnt, obwohl sich 2 alte Nationalsozialisten, beides SA-Männer, für mich verbürgten. Daß man mich trotzdem nicht annahm, das war ein harter Schlag für mich!

Und so bitte ich Sie, verehrter Herr Staatsminister, herzlich: geben Sie mir wieder den Anschluß an die Volksgemeinschaft! Stellen Sie mich hinein in das tätige Leben meines Volkes.

[Unterschrift]) Heil Hitler!« (zitiert nach Breyvogel/Lohmann 1985, 258).

Ich möchte wie der Pädagoge Lutz van Dick jener Minderheit von Sonderpädagogen und -pädagoginnen oppositionelles Verhalten attestieren, »die sich vor dem Hintergrund ihres ausgeübten Berufs [...] verweigerten, ihre eigene Meinung zu wahren suchten und Kritik übten oder hilfreich für andere waren – oder auch [...] ein Widerdenken, Widersprechen und [...] auch ein Widerhandeln entwickelten. Kriterium und Auswahl ist ein nachweisbarer Konflikt mit NS-Behörden« (1988, 35). Diese sehr vorsichtig-differenzierte Formulierung entspricht genau der von Detlev Peukert betonten Vielschichtigkeit alltäglichen Handels im »Dritten Reich« (1985, 46f.)

Abb. 9: Frieda Buchholz mit Schülern beim Gruppenunterricht 1937

Widerständiges Verhalten bewiesen die Hilfsschullehrerin Mathilde Eller aus Bayern und ihr Kollege Theodor Dierlamm aus Baden-Württemberg, die sich anlässlich des Ausbildungsganges für Hilfsschullehrkräfte in München 1935/36 kennengelernt hatten. Es war die von den Nazis betriebene feindliche Politik gegen die beiden christlichen Kirchen in Deutschland, die bei beiden ein oppositionelles Verhalten auslöste, das Elemente von Verweigerung, Protest und Widerstand ent-

I Rassenhygiene, Behindertenpolitik und Sonderpädagogik im »Dritten Reich«

hielt (vgl. Ellger-Rüttgardt 2004, 355 ff.). In langen Gesprächen mit Mathilde Eller im Juli 1994 und Theodor Dierlamm im Juli 1996 berichteten sie von ihren Erfahrungen in der Auseinandersetzung mit Vertretern der NS-Macht durch Verhöre bei der Gestapo. Hier ein Auszug aus dem Interview mit M. Eller:

> »Jeden Samstag mussten wir uns in der politischen Akademie Vorträge anhören, die von reinen Nazis gehalten wurden. Das war eine Art politischer Unterricht. Und da haben wir z. B. von Sterilisation und ›Euthanasie‹ in ganz anderer Art als üblich erfahren. Wir durften nichts mitschreiben, keiner durfte einen Bleistift zücken, das war streng verboten. Wir waren verpflichtet, darüber nicht zu reden, und so haben wir die ganzen ›Naziwahrheiten‹ erfahren« (a. a. O., 356).

Abb. 10: Frieda Buchholz mit ihren Schülern im Gesprächskreis 1937

Auch die Hilfsschullehrerin Frieda Buchholz geriet in Konflikt mit NS-Autoritäten, als sie sich am 16. Juni 1940 in dem Sterilisierungsverfahren gegen ihre ehemalige Schülerin Gertrud Meier an den Leiter des Hamburger Erbgesundheitsgerichts wandte. Ihre von der offiziellen NS-Hilfsschulpolitik abweichende Einstellung, die sie in ihrer Dissertation niedergelegt hatte (Buchholz 1939), kam in dem Schreiben unmissverständlich zum Ausdruck:

> »Die erblichen Belastungen in der Blutsverwandtschaft von G. M. konnten von mir, trotzdem ich die Eltern und Geschwister von G. M. gut kannte, nicht festgestellt werden. Daß der Vater trank, die Frau jedes Jahr ein Kind bekam, die Kinder ohne häusliche Pflege blieben […] das alles ist das Kennzeichen dieser primitiven Familien, ohne daß man in diesen Tatsachen eine besondere erbliche Belastung zu sehen braucht, meine ich […] Und wie steht es mit der Sippe manches normalen und übernormalen Menschen! Da müsste auch mancher nicht seiner Persönlichkeit sondern seiner Verwandtschaft wegen sterilisiert

werden. Mit Recht sieht man davon ab, gibt es doch – Gott sei Dank – in der Natur ein Regenerationsprinzip.«[18]

Frieda Buchholz musste den Schuldienst nicht verlassen, denn es gab in der Hamburger Schulbehörde Vorgesetzte, die ihre Entlassung zu verhindern wussten.

---

18 Verwaltung der Universität Hamburg: Personalakte Dr. Frieda Buchholz; vgl. auch Ellger-Rüttgardt 2003, 304 ff.; Ellger-Rüttgardt 1997, 100 ff.).

I.5 Lebenswelt und Alltag von Menschen mit Behinderungen im Nationalsozialismus

Die Lage von Menschen mit Behinderung im »Dritten Reich«, das sei hier wiederholt, ist differenziert zu betrachten, denn sie richtete sich nach dem »rassischen Wert«, der »Nützlichkeit für das Volk« und vor allem nach der sozialen Lage der betroffenen Person. Von der Verfolgung waren vor allem jene bedroht, die über keine Fürsprecher und Netzwerke verfügten, die, wie Heimkinder oder Fürsorgezöglinge, meist auf sich allein gestellt waren.

I.5.1 Das Agieren der Selbsthilfeverbände

Wie alle anderen Organisationen wurden auch die Selbsthilfevereinigungen von Menschen mit Behinderung unter das Diktat des NS-Staates gestellt und der Zerschlagung ihrer organisatorischen Selbstständigkeit folgte die Eingliederung in die NS-Volkswohlfahrt. Dabei darf allerdings nicht unerwähnt bleiben, dass auch in den Vereinigungen von Menschen mit Behinderungen Entsolidarisierungs- und Ausgrenzungsprozesse abliefen, die nicht nur die jüdischen Schicksalsgenossinnen und -genossen, sondern auch jene betrafen, die in der jeweiligen Hierarchie unten angesiedelt waren. Otto Perl, wichtigster Organisator des 1919 gegründeten »Selbsthilfebund für Körperbehinderte« – der später nach ihm in »Otto-Perl-Bund« umbenannt wurde –, unterschied schon in den 1920er Jahren zwischen leistungsschwachen »geistig minderwertigen« Krüppeln und »geistig vollwertigen« Körperbehinderten (1926) und geriet damit in gefährliche Nähe zur NS-Ideologie (vgl. Fuchs 2001, 48 ff.; Stadler/Wilken 2004, 267 ff.). Im Falle des Otto-Perl-Bundes wurden schon vor 1933 die Weichen gestellt, andere Behindertenverbände folgten nach der »Machtergreifung« und spätestens 1934 war für alle Organisationen die »Gleichschaltung« vollzogen.

Die Interessenvertretung der gehörlosen Menschen wurde in den »Reichsverband der Gehörlosen Deutschlands« (REGEDE) überführt, der nun unter dem Dach der NS-Volkswohlfahrt agierte und an dessen Spitze der Reichsbundesleiter, der Gehörlose und Nazi Fritz Albreghs, stand. Albreghs pflegte eine enge Zusammenarbeit mit der Fachgruppe der Gehörlosenlehrer, und Biesold (1988) attestiert ihm ein konsequentes Eintreten für die NS-Rassenideologie. Auch innerhalb dieser Selbsthilfeorganisation existierten alle Formen des Verhaltens, die für die Bedingungen eines diktatorischen Regimes charakteristisch sind, und so gab es auch

I.5 Lebenswelt und Alltag von Menschen mit Behinderungen im Nationalsozialismus

unter den organisierten Gehörlosen nicht nur systemkonformes Verhalten, sondern auch Formen des Widerstandes.

Abb. 11: Karl Wacker 1927 im Alter von 23 Jahren

Der gehörlose Bankangestellte Karl Wacker aus Stuttgart, SPD-Mitglied bis zu deren Verbot 1933, setzte sich in seiner Eigenschaft als Vorsitzender des »Vereins für Gehörlosenwohlfahrt« in Württemberg-Hohenzollern nicht nur für die von der Sterilisation bedrohten Schicksalsgenossinnen und -genossen ein, sondern wagte auch einen Konflikt mit dem Erbgesundheitsgericht Stuttgart. Dieses hatte Wacker eine Aufklärungsschrift über das »Gesetz zur Verhütung erbkranken Nachwuchses« zugeschickt, woraufhin Wacker am 2. August 1938 folgendes Schreiben an das Erbgesundheitsgericht Stuttgart schickte:

> »[…] weitere Druckschriften benötige ich nicht, denn ich will damit unter meinen Leidensgenossen keine Propaganda machen, vielmehr gibt mir diese Aufklärung die Gelegenheit zu einer Stellungnahme. In den letzten Monaten sind von den zahlreichen durch das Gesetz erfassten Gehörlosen Beschwerden und Klagen eingegangen […] Diese Menschen sind keine minderwertigen wie das Aufklärungsblatt uns sagt […] Aus den Beschwerden von verschiedenen Gehörlosen habe ich zu meinem großen Ärger entnehmen müssen, dass sie unter Androhung der Polizeigewalt sich fügen müssten. Manche wurden sogar mit der Polizei abgeholt.
> Als Betreuer der Gehörlosen bitte ich Sie dringend, auf ihre Arbeitsfähigkeit Rücksicht und sie nicht unter das Gesetz zu nehmen. Ich selbst werde mich so lange dafür einsetzen, dass die Durchführung dieses unmenschlichen Gesetzes so weit wie möglich zurückgeht. Ich habe mich hiermit für das Wohl meiner Leidensgenossen eingesetzt und sehe es als meine Pflicht an, bei meinem festen Standpunkt zu bleiben« (zitiert nach Biesold 1988, 75f.).

Welcher Gefahr sich Wacker mit diesem unverblümten Brief aussetzte, ist dem Antwortschreiben des Gerichts vom 8. Juli 1938 zu entnehmen:

> »Auf Ihr Schreiben vom 2. August 1938 wird mitgeteilt, dass es bei der Anwendung des Unfruchtbarmachungsgesetzes verbleibt. Die Gründe sind im Aufklärungsblatt über das Gesetz zur Verhütung erbkranken Nachwuchses, das Ihnen bereits zugestellt ist, ausführlich angegeben […] Schließlich werden Sie ersucht, dem Gesetz gegenüber keine staatsfeindliche Haltung einzunehmen. Auf jeden Fall wird die Geheime Staatspolizei auf Ihre Person aufmerksam gemacht. Weitere Zuschriften werden unbeantwortet zu den Akten gelegt« (ebd.).

Der Reichsdeutsche Blindenverband (RBV), der etwa 16.000 Mitglieder vertrat, blieb zwar bestehen, aber alle Vereine auf Orts- und Kreisebene verloren ihre Selbstständigkeit und waren von nun an nach dem »Führerprinzip« organisiert. Die Politik der Nazis, die Bevölkerung in »rassisch und völkisch brauchbare« auf der einen und in »minderwertige Volksgenossen« auf der anderen Seite zu spalten, blieb auch nicht ohne Wirkung auf die Selbsthilfevereinigungen der blinden Menschen. Die unmittelbare Folge der Gleichschaltung der Blindenverbände 1933 war, dass jüdische[19] sowie politisch unliebsame Mitglieder ausgeschlossen wurden. So wurde der Geschäftsführer des Bayerischen Blindenbundes, Max Schöffler, Angehöriger der Kommunistischen Partei, Ende Juni 1933 fristlos entlassen, mehrfach verhaftet und von 1941–1942 im Gefängnis Bautzen inhaftiert (vgl. Demmel 1995, 217). Zu jenen, die politisch verfolgt wurden und deren Namen bekannt sind, gehören ferner der Berliner Max Telschow, der Breslauer Karl Bartsch und der Leipziger Fritz Völker (vgl. Pielasch/Jaedicke 1972; Jaedicke/Schmidt-Block 1991). Die Anwendung des »Arierparagrafen«, nach dem alle jüdischen Mitglieder aus Organisationen auszuschließen waren, erfolgte ausnahmslos in allen Verbänden der Blindenselbsthilfe.

Reaktionen der Blindenverbände auf das zu erlassende Sterilisationsgesetz sind während des Jahres 1933 gekennzeichnet von dem Bemühen um Abwehr, aber auch von Tendenzen der Entsolidarisierung. Der blinde Jurist Rudolf Kraemer veröffentlicht 1933 seine Schrift »Kritik der Eugenik. Vom Standpunkt des Betroffenen«, in denen er insbesondere die angebliche Erblichkeit der Blindheit infrage stellt. Kraemer geißelt insbesondere den drohenden Zwangscharakter des Gesetzes, indem er schreibt:

> »Was sollte beispielsweise geschehen, wenn ein erwachsener Blinder von der Nützlichkeit oder Notwendigkeit des Eingriffs nicht überzeugt werden könnte und demgemäß aus wohl begründeten Überlegungen heraus der obrigkeitlichen Anordnung nicht gehorchen würde? Es ist doch eine geradezu ungeheuerliche Vorstellung, in einem solchen Falle einen unbeschränkt geschäftsfähigen Staatsbürger etwa durch die Polizei mit körperlicher Gewalt in den Operationssaal schleppen zu lassen!« (Richter 1986, 111; siehe auch Bock 1986, 279; Degenhardt/Rath 2001, 116 ff.).

Die Versuche um Abwehr und Widerstand scheiterten allerdings schon in den eigenen Reihen. Die Kriegsblinden distanzierten sich deutlich von den Zivilblinden und auch der Verein der blinden Akademiker bemühte sich um eine eigene Profilierung, indem er zum einen das geplante Sterilisationsgesetz grundsätzlich

---

19 Zur Lage jüdischer blinder Menschen siehe auch Ellger-Rüttgardt, 1996, 172 ff.

begrüßte, zum anderen aber auf die unterschiedliche »Wertigkeit« von Menschen mit Behinderung verwies und damit eine deutliche Abgrenzung von »Schwachsinnigen« und »Geisteskranken« vollzog. In einem Schreiben des Vereins an das Reichsministerium für Volksaufklärung und Propaganda vom 23. Dezember 1933 heißt es:

> »Vorstand und Arbeitsausschuss des Vereins der blinden Akademiker Deutschlands e. V. stellen sich hinter die Maßnahmen der Reichsregierung zur Durchführung des Gesetzes zur Verhütung erbkranken Nachwuchses vom 14. Juli 1933. Sie empfehlen den erbkranken blinden Geistesarbeitern, dieses Opfer in innerlicher Freiheit zu bringen, nach Anhören einer Autorität den Antrag auf Unfruchtbarmachung selbst zu stellen und nicht zu warten, bis er von einem beamteten Arzt oder einem Anstaltsleiter gestellt wird […] Durch die Art, wie in der Volksaufklärung die Erbblinden oft mit den Schwachsinnigen und Geisteskranken in einem Atemzug genannt und ganz allgemein und grundsätzlich als wertloser Ballast für die Volksgemeinschaft hingestellt werden […] entsteht im Volk die Auffassung, die Blinden seien schlechthin minderwertig und geistig nicht wesentlich von den Schwachsinnigen und Geisteskranken verschieden« (zitiert nach Richter 1986, 136 f.).

Die Ereignisse im Unrechtsstaat nahmen ihren Lauf. Die Blindenverbände hatten sich entweder einer klaren Position gegenüber dem GzVeN enthalten oder aber schon im Vorwege die Solidargemeinschaft der Blinden verlassen. Am 14. Juli 1933 wurde das »Gesetz zur Verhütung erbkranken Nachwuchses« ohne wesentliche Änderungen verabschiedet. Dem blinden Juristen Rudolf Kraemer, der viele Jahre Vorsitzender des Rentenausschusses im RBV war, wurde 1934 seitens der Nationalsozialistischen Volkswohlfahrt (NSV) die Rechtsberatung sowie die Veröffentlichung von Artikeln in Zeitschriften untersagt (vgl. Richter 1986; Brill 1994).

I.5.2 Zwei Frauenschicksale: Betty Hirsch und Gertrud Meier

Es waren mehrheitlich Frauen, die Opfer nationalsozialistischer Rassenpolitik wurden (vgl. Bock 1986), und daher soll im Folgenden an die Biografien von zwei Frauen erinnert werden, die aufgrund ihrer sozialen Herkunft und ihrer beruflichen Tätigkeit nicht verschiedener hätten sein können, die aber das Schicksal der rassisch Verfolgten einte. Beide Frauen überlebten die Verfolgung, aber sie waren nach Kriegsende »gebrochene« Personen.

Die blinde Heilpädagogin Betty Hirsch (1873–1957)

Betty Hirsch wurde am 15. Januar 1873 in Hamburg geboren. Ihre Eltern stammten aus Dänemark; der Vater war streng jüdisch-orthodox. Im Alter von zwölf Jahren verunglückte Betty beim Schaukeln im Garten und erlitt eine Verletzung, die zu ihrer vollständigen Erblindung führte. Betty erfuhr von der Blindenschule in Berlin, wo sie sich in Begleitung ihrer Mutter 1893 dem Direktor Wulff als nun

Zwanzigjährige vorstellte. Sie wurde aufgenommen und erhielt ein eigenes Zimmer sowie Unterricht in den Fächern Literatur, Kunstgeschichte, Englisch, Handarbeit, Klavier, Violine und Gesang. Aber sie lernte auch praktische Tätigkeiten wie Stuhl- und Korbflechten und aufgrund ihres großen Bildungshungers erlernte sie in nur sechs Wochen die verschiedenen Blindenschriften. In der Blindenanstalt erfuhr Betty auch zum ersten Mal von den herrschenden großen sozialen Unterschieden in der Gesellschaft, denn die meisten blinden Schülerinnen und Schüler der Berliner Anstalt stammten aus den unteren Sozialschichten. Bettys Reaktion war ein starkes soziales Engagement, das in ihr den Wunsch weckte, Lehrerin zu werden.

Abb. 12: Betty Hirsch im Alter von 45 Jahren

Aber als blinde, jüdische Frau war Betty chancenlos. Frauen waren erst Ende des 19. Jahrhunderts zum Lehrerberuf zugelassen worden und der wachsende Antisemitismus erschwerte darüber hinaus jüdischen Frauen den Zugang zum Lehrberuf. Für blinde Frauen gab es nur die Berufe, die auch blinden Männern offenstanden, nämlich die üblichen Handwerke wie Stühle- und Korbflechten und Stricken. Betty entschloss sich, Sängerin zu werden und absolvierte in der Blindenanstalt intensive Musikstudien, vor allem in Klavier und Sologesang. An ihrem 30. Geburtstag gab sie ihr Konzertdebüt in Hamburg. Der Saal war ausverkauft, die Kritiken sehr freundlich. Es folgten Konzerte in Hannover, Celle, Lübeck und anderen Städten. Nebenbei lernte sie Schreibmaschine schreiben und hatte mehrere Privatschülerinnen und -schüler.

Die ständige Arbeitsüberlastung bewog Betty, die Musik wieder aufzugeben. Im Frühjahr 1908 ging sie nach England, um Sprachstudien zu betreiben. Finanziert wurde ihr Aufenthalt durch ein Stipendium der Hamburger Schulbehörde. Anfang

August 1909 kehrte sie zurück, allerdings ohne ein bestimmtes Ziel vor Augen zu haben. In den folgenden Jahren gab sie Privatunterricht, zunehmend auch Sprachunterricht für erwachsene Sehende, was in ihr den Plan wachsen ließ, dass Sprachlehrerexamen abzulegen. Sie bereitete sich extern vor und bestand 1913 die Prüfung als erste blinde Person. 1914 nahm sie am Ferienkurs der Londoner Universität teil, als am 1. August der Erste Weltkrieg ausbrach. Auf ihrer Rückreise hörte sie zum ersten Mal das Wort »Kriegsblinde« und sofort kam ihr die Idee, den Kriegsblinden zu helfen. Nach ihrer Rückkehr nach Berlin nahm Betty Kontakt zu dem berühmten Augenarzt und Geheimrat Paul Silex auf, den sie für ihre Ideen gewinnen konnte. Am 22. November 1914 wurde die Kriegsblindenschule gegründet. An diesem Tag nahm Betty den Unterricht mit fünf Kriegsblinden auf. Sie erteilte den Unterricht ehrenamtlich und bestritt ihren Lebensunterhalt derweil mit Privatstunden. Die Kriegsblindenschule war eine Privateinrichtung, die sich jahrelang aus Spenden finanzierte.

Von nun an galt Bettys ganzes Leben der Schule, die mit der Aufnahme von immer mehr Kriegsblinden ständig wuchs. Sie erkannte, dass sie mit der Arbeit in der Schule ihre eigentliche Lebensaufgabe gefunden hatte. Alle aufgenommenen Kriegsblinden wurden in Punktschrift unterrichtet; je nach ihrer Herkunft, ihren Interessen und Zukunftsabsichten jedoch unterschiedlich in Schnelligkeit und Umfang. Einigen, die vorher kaum lesen oder schreiben konnten, genügte die Vollschrift, andere, Akademiker oder Kaufleute, erhielten intensivere Übungen in Kurzschrift. Letztere bekamen auch Punktschriftmaschinen zur Verfügung gestellt. Schon bald stellte sich die Frage nach den Arbeitsmöglichkeiten für die Kriegsblinden. Durch persönliche Kontakte gelang es Betty, Arbeitsplätze in der Industrie, wie etwa bei AEG oder Siemens, für die Absolventen der Schule zu finden. Der größte Teil der Kriegsblinden im Ersten Weltkrieg war vor der Erblindung allerdings in der Landwirtschaft tätig; auch für diesen Personenkreis suchten Betty und Geheimrat Silex Umschulungsmöglichkeiten. Das Gut Halbau in Schlesien wurde ihnen für diesen Zweck gestiftet und hier lernten ehemalige Bauern und Landarbeiter, Tätigkeiten in der Landwirtschaft auch als Blinde auszuführen. Ein weiterer Personenkreis wurde im Hinblick auf eine zukünftige Arbeit ausgebildet: Maschinenschreiber und Telefonisten, im weitesten Sinne also Büroberufe. Betty erkannte die große Chance, die in dieser Art von Arbeit für Blinde steckte und bildete zunächst versuchsweise Blinde zu Phonotypisten und Maschinenschreiber aus, nicht ohne zuvor für jeden einzelnen einen späteren Arbeitsplatz zu finden. Bettys Tätigkeit erstreckte sich demnach nicht nur auf den zu erteilenden Unterricht, sondern auch auf die Berufsberatung der Kriegsblinden, auf Stellensuche, auf Fahrten zu den Heimatsorten der Schüler, das heißt auf die nachgehende Fürsorge.

Bis November 1918 wurden insgesamt 250 Kriegsblinde in der Lazarettschule ausgebildet. Nach dem Krieg führte Betty die Schule unter dem Namen »Kriegsblindenschule Geheimrat Silex« weiter. 1921 zog sich Geheimrat Silex zurück und übereignete Betty das Mobiliar. Sie war jetzt die Besitzerin der Privatschule, die sich zunehmend auf die Umschulung blinder Männer in Büroberufe spezialisierte. 1925 übernahm die Berliner Hauptfürsorgestelle den größten Teil der Finanzierung, aber weiterhin trieb Betty Spenden auf, worin sie dank ausgezeichneter Beziehungen großes Geschick entwickelte. Sie unternahm diverse Auslandsreisen nach Däne-

I Rassenhygiene, Behindertenpolitik und Sonderpädagogik im »Dritten Reich«

Abb. 13: Umschüler der Kriegsblindenschule beim Unterricht in Maschinenschreiben

mark, Norwegen, England und 1927 in die USA, wo sie zweimal die taubblinde Schriftstellerin Helen Keller traf. Auf diesen Reisen hielt sie jeweils Vorträge über ihre Arbeit und diese Reisen werbewirksam zu gestalten, hatte sie seit ihrer Konzertzeit gelernt. Besonders angetan war sie von der Situation blinder Menschen in den USA, vor allem von der wiederholt angetroffenen gemeinsamen Erziehung von Schülerinnen und Schüler mit und ohne Sehbehinderung, worüber sie nach ihrer Rückkehr nach Deutschland publizierte (vgl. Hirsch 1938, 39).

Am 15. Januar 1933 feierte Betty ihren 60. Geburtstag. Nur zwei Wochen später wusste sie, dass sie Deutschland verlassen musste. Zwanzig Jahre hatte sie ihre Schule geleitet, mehr als 1.000 blinde Männer hatten sie und ihre Kolleginnen und Kollegen ausgebildet. Die Schule musste erhalten bleiben, was aber nur möglich war, wenn Betty die Leitung abgab. Sie veranlasste Dr. Thiermann, ihren Stellvertreter, in die SA einzutreten, um die Schule bis zu ihrer Rückkehr zu leiten. Die Stadt Berlin kaufte ihr das Mobiliar für 1.300 Reichsmark ab.

Am 26. Oktober 1934 traf Betty Hirsch in England als Emigrantin ein. Alle ihre übrigen Familienmitglieder kamen in den folgenden Jahren in den Konzentrationslagern ums Leben. In England erarbeitete Betty sich einen bescheidenen Lebensunterhalt durch Sprachunterricht; sie wurde zweimal ausgebombt. Ein Israeli, Manfred Vanson, ebenfalls Emigrant und gebürtiger Hamburger, erinnerte sich sehr genau an Betty Hirsch. Als Mitarbeiter der British Blind Society lernte er sie während der Zeit in London kennen. In einem Brief schreibt er 1989:

»Ich bin ihr zu großem Dank verpflichtet. Sie machte mir klar, daß ich erst dann meine Aufgabe erfüllt haben würde, wenn es mir gelänge, für die Flüchtlinge eine Arbeit zu

JÜDISCHES BLINDENJAHRBUCH
5699 - 1938/39

**HERAUSGEGEBEN VON DER SELBSTHILFEVEREINIGUNG
DER JÜDISCHEN BLINDEN IN DEUTSCHLAND, E. V.**
Geschäftsstelle: Berlin-Karow, Tarnowitzer Straße 1

Abb. 14: Jüdisches Blindenjahrbuch von 1938/39

finden. Ich bezweifle, ob ich in dieser Angelegenheit viel zustande gebracht hätte, wenn es sie nicht gegeben hätte. Während des Krieges war es in Großbritannien eine schwierige Angelegenheit, überhaupt Beschäftigung für Blinde im Wirtschaftsleben zu finden – die Flüchtlinge, denke ich, haben dazu wesentlich beigetragen.«[20]

Am 20. Januar 1947, fünf Tage nach ihrem 74. Geburtstag, kehrte Betty zurück in das zerbombte Nachkriegs-Berlin und suchte nach ihrer Schule, die mittlerweile Silex-Handelsschule hieß. Die Schule war 1943 in die Lausitz verlagert worden, im Februar 1945 geteilt und in die Oberpfalz beziehungsweise nach Bayern verlegt worden. Betty half dabei, dass Dr. Thiermann ein »Persil-Schein« (Entnazifizierung) ausgestellt wurde. Am 7. Mai 1947 erhielt Betty vom Magistrat der Stadt Berlin den schriftlichen Auftrag, die Rückverlegung der Silex-Handelsschule vorzubereiten. Sie kämpfte mit unvorstellbaren Schwierigkeiten, denn nichts funk-

---

20 Brief von Manfred Vanson an die Herausgeberin vom 29. April 1989, Original auf Englisch (vgl. Ellger-Rüttgardt 1996, 223 f.)

tionierte, da die gesamte Infrastruktur zerstört war. Aber Betty Hirsch gab nicht auf, ihr Ziel war, die Schule an eine allgemeine Handelsschule einzugliedern. Dies allerdings misslang, denn es wurde nun beschlossen, die Schule an die Steglitzer Blindenanstalt anzuschließen. Betty gab sich verbittert geschlagen. Sie erteilte wieder Privatunterricht. Am 15. Januar 1953 wurde ihr 80. Geburtstag in der Berliner Presse groß gefeiert und zu dieser Zeit begann sie, ihre Erinnerungen aufzuschreiben. Die letzten Aufzeichnungen sind am 18. November 1956 entstanden (Pluhar 1981). Weitgehend vergessen starb Betty Hirsch am 8. März 1957 in einem Krankenhaus an Altersschwäche. Ihr Grab besteht nicht mehr, es wurde zwanzig Jahre nach ihrem Tod eingeebnet, da keiner mehr für die Kosten aufkam. Aber 2008 wurde zu ihren Ehren ein Platz in Berlin-Schmargendorf als »Betty-Hirsch-Platz« benannt und die Außenwand des Blindenmuseums in der Rotheburgstraße in Berlin-Steglitz trägt eine Berliner Gedenktafel zu ihrer Erinnerung.

Betty Hirsch kämpfte als blinde und jüdische Frau in einer von Männern beherrschten Gesellschaft für ihre eigene Identität und Selbstbestimmung, aber zugleich für die ihrer Schicksalsgenossen. Geleitet von den Bedürfnissen und Möglichkeiten jedes einzelnen, hielt sie im Bereich der beruflichen Qualifizierung Ausschau nach erweiterten Ausbildungs- und Berufschancen, die den erblindeten Soldaten des Ersten Weltkrieges zu einer Rückkehr in die Gesellschaft verhelfen sollten. Diese vielseitige, hochqualifizierte und durch zahlreiche Auslandsreisen gebildete »deutsche Helen Keller«, als die sie nicht selten tituliert wurde, war durch ihre unkonventionelle und zugleich erfolgreiche pädagogische Arbeit vielen männlichen Repräsentanten ihrer Zunft ein Dorn im Auge. Ungeachtet ihrer großen pädagogischen Erfolge und Kompetenz blieb sie ein Leben lang fachlich isoliert. Wie so viele andere deutsche Emigranten wurde sie nach 1945 keineswegs mit Freuden empfangen – ganz zu schweigen etwa von Anerkennung und Respekt. Ihr großer Traum, neue Ideen der gemeinsamen Erziehung blinder und sehender Schülerinnen und Schüler, wie sie sie in Amerika kennengelernt hatte, auch im Berlin der Nachkriegszeit zu verwirklichen, scheiterten.

Gertrud Meier: Ein Opfer der Zwangssterilisationen

Gertrud Meier[21] kam 1925 als zehntes von 14 Kindern in Hamburg-Bergedorf auf die Welt. Nach dem Tod ihrer Mutter kam das Mädchen für die gesamte Dauer seiner Schulzeit in ein Heim. Im April 1932 wurde sie in eine Mädchenschule eingeschult, die sie vier Jahre später wegen ungenügender Schulleistungen wieder verlassen musste. Nach ihrer Umschulung in die Hilfsschule blühte Gertrud auf. Sie hatte das Glück, zu Frieda Buchholz in die Klasse zu kommen, die in einer ausführlichen Charakteristik über sie allein soziale Faktoren als Ursache für ihren Hilfsschulbesuch benannte:

> »Gertrud ist 12 Jahre alt. Der Vater ist Arbeiter. Die Mutter ist vor einigen Jahren an der Geburt des 14. Kindes gestorben. Sie hat 12 lebende Geschwister. Mit vier jüngeren Geschwistern zusammen ist sie nach dem Tod der Mutter im Bezirkskinderheim unterge-

---

21 Der Name wurde geändert.

I.5 Lebenswelt und Alltag von Menschen mit Behinderungen im Nationalsozialismus

bracht worden. Außer Gertrud haben in den vergangenen Jahren drei ihrer Schwestern die Hilfsschule besucht. Schlechte häusliche Verhältnisse und körperliche Schwäche infolge mangelnder Pflege waren bei all diesen Kindern die Ursache des Zurückbleibens in der Volksschule. Intelligenzmangel und Erbkrankheit konnten nicht festgestellt werden. Gertrud, fein gebaut, graziös und körperlich gewandt, ist das intelligenteste Mädchen meiner Klasse. In der Volksschule gehörte sie zur Durchschnittsintelligenz. Sie kam also nicht eines Intelligenzdefektes wegen in die Hilfsschule, sondern aus Schuluntüchtigkeit: Trägheit und Gleichgültigkeit« (Buchholz 1939, 80; siehe auch Ellger-Rüttgardt 1997, 100f.).

Abb. 15: »Eine Gruppe von Hilfsschülern aus dem ärmsten Viertel Bergedorfs« – Bildunterschrift von Frieda Buchholz 1926

Noch vor ihrer Schulentlassung im April 1940, also in einem Alter von nur 14 Jahren, stellte der leitende Oberarzt des Landesjugendamtes Hamburg am 28. Oktober 1939 beim Erbgesundheitsgericht Hamburg den Antrag auf Unfruchtbarmachung des Heimkindes Gertrud Meier wegen »angeborenen Schwachsinns«. Die handschriftlich eingetragene Begründung des Antrages lautete: »Sippe mit Schwachsinn hochgradig belastet, selbst intellektuell und Arbeit unterwertig.« Aufgrund der erfolgten Antragszustimmung seitens des Gesundheitsamtes Altona vom 23. Januar 1940 wurden routinemäßig die von Gertrud besuchten Hilfsschulen in Hamburg-Lohbrügge und Altona zur Übersendung von Schülerbögen, -berichten und ähnlichem aufgefordert. Obgleich der Schulleiter der Bergedorfer Hilfsschule Parteimitglied war, enthielt er sich jeglicher negativer Bewertung in seinem Antwortschreiben an das Erbgesundheitsgericht vom 7. Februar 1940. Er wies sogar ausdrücklich auf die von der Klassenlehrerin Buchholz verfasste Dissertation sowie auf einen von ihr geschriebenen und beigefügten Bericht hin. Der ebenfalls in der Akte des Erbgesundheitsgerichts enthaltene Bericht von Frieda Buchholz vom 6. Februar 1940 hatte folgenden Inhalt:

»Mehrere Jahre war ich Gertrud Meiers Klassenlehrerin in der Bergedorf-Lohbrügger Hilfsschule. Gertrud Meier ist ein normal intelligentes Mädchen und hätte also eines Intelligenzdefektes wegen nicht in die Hilfsschule zu kommen brauchen. Sie wurde ein Opfer grober häuslicher Übelstände und ist so ein typischer Fall für jene Gruppe von Schulkindern, die primär durch das Milieu und nicht eigentlich durch Veranlagung hilfsschulreif werden. Eine genauere Charakteristik von Gertrud Meier, die ich vor zwei Jahren zu wissenschaftlichen Zwecken ausarbeitete, lege ich zur Einsichtnahme bei« (Ellger-Rüttgardt 1997, 103).

Abb. 16: Gertrud Meier als Königin im Theaterstück »Schneewittchen«, 1936

Auch das von dem Schulleiter Möller von der Altonaer Hilfsschule am 21. Februar 1940 verfasste Gutachten enthielt nur positive Aussagen über die vor gut einem halben Jahr neu aufgenommene Schülerin Gertrud. Die Tatsache der positiven Bewertung durch diesen Rektor – der im Falle »geistig tiefstehender« oder »charakterlich minderwertiger Kinder und Jugendliche (siehe Kapitel I.1) durchaus sehr negative Berichte schrieb, erlaubt die Schlussfolgerung, dass das von beiden Schulen bescheinigte gute Leistungs- und Sozialverhalten von Gertrud uneingeschränkt den Tatsachen entsprach. Im krassen Gegensatz zu den pädagogischen Gutachten bestätigte Psychiater Dr. G. die im Sterilisationsantrag vermerkte Diagnose »angeborener Schwachsinn«. Nach kurzer Darstellung der Anamnese, des körperlichen Befundes sowie der psychischen Verfassung (erhoben anhand eines auf Allgemeinwissen abhebenden Fragebogens) kommt der Mediziner abschließend zu folgender Beurteilung:

»Das Mädchen gibt bei der Untersuchung meist prompt Antwort, es ist aufmerksam und ganz gut bei der Sache, bei näherer Bekanntschaft gibt sie sich allmählich recht dreist und distanzlos und undiszipliniert. Beurteilung: Es handelt sich um ein familiär stark mit Schwachsinn belastetes, selbst leicht schwachsinniges, charakterlich außer durch Dreistigkeit und Undiszipliniertheit sonst nicht grob auffälliges Mädchen. Es muß angenommen werden, dass es sich um einen angeborenen Schwachsinn im Sinne des Erbgesundheitsgesetzes handelt. Maßnahmen: Obiges Gutachten wird wunschgemäß dem Staatlichen Gesundheitsamt erstattet. Im übrigen empfehle ich noch längere Heimerziehung.«[22]

Abb. 17: Der Schulleiter, Frieda Buchholz (3.v.l) und Gertrud Meier (2.v.r.) in BDM-Uniform in der Bergedorfer Hilfsschule 1937

Am 11. Juni 1940 verhandelte das Erbgesundheitsgericht Hamburg in Anwesenheit von Gertrud Meier über den Antrag des Landesjugendamtes. Laut Niederschrift gab Gertrud Folgendes zu Protokoll: »Ich bin jetzt im Pestalozziheim in Volksdorf. Meine Mutter ist gestorben. Mein Vater kümmert sich, trotzdem ich zweimal an ihn geschrieben habe, nicht um mich«.[23] Das Erbgesundheitsgericht fällte in dieser Juni-Sitzung unter Vorsitz seines Leiters Dr. Deutsch kein Urteil, sondern setzte das Verfahren zwei Jahre aus. An der Begründung ist ablesbar, dass die von den Pädagoginnen und Pädagogen verfassten Stellungnahmen immerhin so viel Gewicht hatten, dass sich das Gericht nicht in der Lage sah, zu diesem Zeitpunkt die von den Medizinern des Jugendamtes empfohlene Entscheidung zu fällen: »Verm.: Die in der Akte und in den Beiakten liegenden Berichte widersprechen sich. Die Patientin macht noch einen völlig kindlichen Eindruck. Ein abschließendes Urteil kann z. Zt. noch nicht abgegeben werden […] Unter Vorbehalt der Zustimmung des Amtsarztes Altona wird das Verfahren bis zum 11. Juni 1942 ausgesetzt.«[24] Mit bürokratischer Genauigkeit wurde nach Ablauf der Frist von zwei Jahren das Verfahren gegen Gertrud Meier wieder eröffnet. Als medizinischer Gutachter wurde nun der in vielen Sterilisationsverfahren »bewährte« Oberarzt der Alsterdorfer Anstalten, Dr. Kreyenberg, bestellt. Aufgrund der Aktenlage ist davon auszugehen, dass auf

---

22 Staatsarchiv Hamburg, Bestand Gesundheitsämter, darin: Erbgesundheitsgericht Hamburg (aus Datenschutzgründen bleibt die Akten-Nr. unerwähnt).
23 Ebd.
24 Ebd.

eine erneute Anforderung pädagogischer Stellungnahmen verzichtet wurde; die neu zu begründende Entscheidung basierte damit ausschließlich auf medizinischen Gutachten.

Dr. Kreyenberg arbeitete mit größter Akribie und Gründlichkeit. Für die Erhebung aller ihm bedeutsam erscheinenden Daten sowie die Abfassung des umfangreichen Gutachtens benötigt er insgesamt etwa ein Jahr, was er sich im Übrigen gut bezahlen ließ. Neben den bereits vorliegenden Unterlagen fügte Dr. Kreyenberg aufgrund eigener Recherchen noch das Doppelte an Aktenmaterial hinzu, indem er Berichte von Schulen, Krankenhäusern, Arbeitgebern, Jugendämtern, Erbgesundheitsgerichten etc. einholte und so eine ausführliche »Sippentafel« der betreffenden Familie erstellte. Basierend auf dem Lebenslauf der »Probandin« sowie auf einer aufwendigen körperlichen, pädagogischen (Schulwissen) und psychologischen (Intelligenztest) Untersuchung erweckte der Alsterdorfer Oberarzt in seinem Gutachten vom 12. November 1943 den Anschein einer objektiven Beurteilung und bestätigte doch nur das Vorurteil, das seit Formulierung des Antrages auf Sterilisation vorlag: »angeborener Schwachsinn«. Sowohl die Tatsache, dass sich Gertrud nach ihrer Schulentlassung beruflich bewährt hatte als auch die Existenz der positiven pädagogischen Stellungnahmen, die in dem Gutachten durchaus erwähnt wurden, blieben ohne jeglichen Einfluss auf die Urteilsfindung von Dr. Kreyenberg. Es lag in der Logik des Verfahrens, dass die zweite Verhandlung vor dem Erbgesundheitsgericht Hamburg nur noch eine Formsache war. In Abwesenheit von Gertrud Meyer beschloss das Gericht am 24. Januar 1944 die Sterilisation des jungen Mädchens wegen »angeborenen Schwachsinns«. In der Urteilsbegründung heißt es unter anderem:

> »Dr. Kreyenberg kommt in seinem ausführlichen Gutachten zu dem Ergebnis, dass bei Fräulein Meier unzweifelhaft Schwachsinn zu bejahen ist. Dafür dass dieser Schwachsinn auf äußerliche Gründe zurückzuführen sei, liegen keine Anhaltspunkte vor. Im Gegenteil stammt Fräulein Meier aus einer stark belasteten Familie. Ihr Vater ist wegen angeborenen Schwachsinns sterilisiert. Ihre Geschwister haben größtenteils Hilfsschulen besucht und mussten zum Teil ebenfalls unfruchtbar gemacht werden. Nach dem vom Amtsarzt vorgelegten Gutachten, den umfangreichen Ermittlungen des Erbgesundheitsgerichts und der Überzeugung der Fachärzte steht deshalb fest, dass Gertrud Meyer an angeborenem Schwachsinn leidet. Angeborener Schwachsinn ist sehr erbgefährlich. Er vererbt sich erfahrungsgemäß häufig auf die Nachkommen; bei diesen tritt er oft sehr schwer auf. Ein solches Unglück soll durch die Unfruchtbarmachung verhütet werden. Die Unfruchtbarmachung muss deshalb nach § 1 Abs. 2 Ziffer 1 des ›Gesetzes zur Verhütung erbkranken Nachwuchses‹ erfolgen, um die schweren Gefahren zu verhüten, die ihr selbst, ihren Angehörigen und der Volksgesamtheit durch erbkranken Nachwuchs drohen […] Gegen diesen Beschluss können der Amtsarzt und der Vormund von Gertrud Meyer Beschwerde einlegen«.[25]

Für ein Heimkind gab es keine Chance der Beschwerde. Am 4. April 1944 wurde Gertrud Meyer von einem Facharzt für Chirurgie in Wilster/Schleswig-Holstein sterilisiert.

Als die Herausgeberin Gertrud Meyer 1986 kennenlernte, war sie eine kranke Frau. Sie war seit neun Jahren Witwe und lebte zurückgezogen in ihrer kleinen

---

25 Ebd.

Wohnung in einer Stadt in Nordrhein-Westfalen. Sie hatte weder eigene noch angenommene Kinder; Kontakt unterhielt sie nur zu wenigen Verwandten und Bekannten. Die einst fröhliche und draufgängerische Gertrud klagte über Einsamkeit und Depressionen. Nach anfänglichen Widerständen gab sie bereitwillig Auskunft über ihr Leben, das durch viel Leid und Schmerz geprägt war und in dem es nur zwei Menschen gegeben hat, von denen sie sich geliebt fühlte: ihren Mann und ihre Lehrerin Frieda Buchholz. Das nahezu dreistündige Gespräch durchlief alle bedeutsamen Stadien ihres Lebens. Wie ein roter Faden offenbarte sich in ihm ein Lebensgefühl, das bestimmt war von Abhängigkeit und dem Gefühl des Ausgeliefertseins, von Einsamkeit, Resignation und Verdrängung. Ob als Heimkind oder Hilfsschülerin, ob als junges Mädchen ohne freie Berufswahl, als Zwangssterilisierte oder als Witwe ohne Familie – Gertrud Meier verharrte Zeit ihres Lebens in sprachlosem Leid. Die Tatsache, dass sie mit niemandem, nicht einmal mit ihren noch lebenden Geschwistern, über den Besuch der Hilfsschule und die Sterilisation sprach, weist über das Einzelschicksal dieser Frau hinaus. Am Leben von Gertrud Meyer werden Gemeinsamkeiten in der psychisch-sozialen Situation von Hilfsschülerinnen erkennbar, die als Frauen und Angehörige unterer Sozialschichten besonders krassen Formen der Unterdrückung ausgesetzt waren und die niemals Mechanismen erfolgreicher Gegenwehr, geschweige denn Wege zum Aufbau einer eigenen Identität haben entwickeln können.

Literatur

Quellen

AAoPr.: Allgemeine Anordnung über die Hilfsschulen in Preußen vom 27.4.1938. Die deutsche Sonderschule, 5, 375–377.
Binding, K. & Hoche, A. (1920): Die Freigabe der Vernichtung lebensunwerten Lebens. Ihr Maß und ihre Form. Leipzig: Felix Meiner Verlag.
Breitbarth, M. (1915): Die Wechselbeziehungen zwischen geistiger Minderwertigkeit und sozialem Elend. In: Die Hilfsschule, 8, 236–246 & 259–264.
Buchholz, F. (1939): Das brauchbare Hilfsschulkind – ein Normalkind. Weimar: Hermann Böhlaus Nachfolger.
Gossow, E. (1932): Hilfsschule und Eugenik. Ein Nachwort zur Tagung »Erblehre – Erbpflege«. Die Hilfsschule, 25 (8), 720–723.
Gütt, A., Rüdin, E. & Ruttke, F. (Hrsg.) (1934): Gesetz zur Verhütung erbkranken Nachwuchses vom 14. Juli 1933 mit Auszug aus dem Gesetz gegen gefährliche Gewohnheitsverbrecher und über Maßregeln der Sicherung und Besserung vom 24. November 1933. München: Lehmanns.
Hirsch, B. (1938): Die Blindenpflege in USA. In: Selbsthilfevereinigung der Jüdischen Blinden in Deutschland e.V. (Hrsg.), Jüdisches Blindenjahrbuch 1938/39 (S. 76–82).
Kohlbach, G. (1943): Erziehung und Unterricht in der Hilfsschule. In: Amtsblatt des Reichs- und preußischen Ministeriums für Wissenschaft, Erziehung und Volksbildung, 8, 99–100.
Krampf, A. (1936): Hilfsschule im neuen Staat. Herausgegeben von der Reichsfachschaft V Sonderschulen im NS-Lehrerbund. Leipzig: Armanen.
Lasch, M. S. (1940): Ein Jahr jüdische Hilfsschule. In: Jüdisches Nachrichtenblatt, (60) 6.
Perl, O. (1926): Krüppeltum und Gesellschaft im Wandel der Zeit. Gotha: Klotz.
Runderlaß des Reichs- und Preußischem Ministerium für Wissenschaft, Erziehung und Volksbildung v. 6.7. 1935, betr. Hilfsschulen. In: Die deutsche Sonderschule 2, 681 f.
Staemmler, M. (1933): Rassenpflege im völkischen Staat. München: J. F. Lehmanns Verlag.

Tornow, K. (1932): Der Lehr- und Bildungsplan der Hilfsschule. Theoretische Grundlegung und praktische Gestaltung des heilpädagogischen Bildungsgeschehens. Leipzig: Armanen.

Tornow, K. (1936): Die Mitarbeit des Sonderschullehrers bei der Verwirklichung des Gesetzes zur Verhütung erbkranken Nachwuchses. Aus der Praxis der Gutachtertätigkeit des Hilfsschullehrers. In: Die deutsche Sonderschule, 3, 321–332.

Werner, P. (1982): Arbeit der blinden Hitlerjungen. In: Die Hitlerjugend, Folge 42 vom 16. 10. 1937. Abgedruckt in: Zeitschrift für Heilpädagogik 33 (8), 23.

Darstellungen

Aly, G. (Hrsg.) (1989): Aktion T4 1939–1945. Die »Euthanasie«-Zentrale in der Tiergartenstraße 4 (2. Auflage). Berlin: Edition Hentrich.

Aly, G. (2013): Die Belasteten. »Euthanasie« 1939–1945. Eine Gesellschaftsgeschichte. Frankfurt a. M.: Fischer Verlag.

Biesold, H. (1988): Klagende Hände. Betroffenheit und Spätfolgen in Bezug auf das »Gesetz zur Verhütung erbkranken Nachwuchses«, dargestellt am Beispiel der Taubstummen. Solms: Jarick Oberbiel.

Brill, W. (1994): Kritik der Eugenik – Die Darstellung eines Betroffenen aus heutiger Sicht. In: Behindertenpädagogik, 33 (1), 45–58.

Cantow, J. & Kaiser, J.-C. (Hrsg.) (2005): Paul Gerhard Braune (1887–1954). Ein Mann der Kirche und Diakonie in schwieriger Zeit. Stuttgart: Kohlhammer.

Benz, W. (2018): Im Widerstand. Größe und Scheitern der Opposition gegen Hitler. München: C. H. Beck.

Bock, G. (1986): Zwangssterilisation im Nationalsozialismus. Studien zur Rassenpolitik und Frauenpolitik. Opladen: Westdeutscher Verlag

Breyvogel, W. & Lohmann, T. (1985): Schulalltag im Nationalsozialismus. In: U. Herrmann (Hrsg.), »Die Formung des Volksgenossen«. Der »Erziehungsstaat« des Dritten Reiches (S. 253–268). Weinheim & Basel: Beltz.

Broszat, M., Fröhlich, E. & Wiesemann, F. (Hrsg.) (1977): Bayern in der NS-Zeit. Soziale Lage und politisches Verhalten der Bevölkerung im Spiegel vertraulicher Berichte. München u. Wien: Oldenbourg.

Büttner, M. (2005): »Nicht minderwertig, sondern mindersinnig…« Der Bann G für Gehörgeschädigte in der Hitler-Jugend. Frankfurt a. M.: Peter Lang.

Degenhardt, S. & Rath, W. (2001): Blinden- und Sehbehindertenpädagogik. Studientexte zur Geschichte der Behindertenpädagogik, Bd. 2. Neuwied: Luchterhand.

Demmel, H. (1995): Durch Nacht zum Licht. Geschichte des Bayerischen Blindenbundes. München: Bayerischer Blindbund.

Dick, L. van (1988): Oppositionelles Lehrerverhalten 1933 bis 1945. Biografische Berichte über den aufrechten Gang von Lehrerinnen und Lehrern. Weinheim & München: Juventa.

Dörner, K., Haerlin, C., Rau, V., Schernus, R. & Schwendy, A. (1991): Der Krieg gegen die psychisch Kranken. Nach »Holocaust«: Erkennen – Trauern – Begegnen (2. Auflage). Bonn: Psychiatrie Verlag.

Ellger-Rüttgardt, S. (1986): Hilfsschüler als Gegenstand pädagogischer Beurteilungspraxis. In: R. Lehberger & H.-P. de Lorent (Hrsg.), »Die Fahne hoch«. Schulpolitik und Schulalltag in Hamburg unterm Hakenkreuz (S. 219–235). Hamburg: Ergebnisse Verlag.

Ellger-Rüttgardt, S. (1996) (Hrsg.): Verloren und Unvergessen. Jüdische Heilpädagogik in Deutschland. Weinheim: Deutscher Studien Verlag.

Ellger-Rüttgardt, S. (1997): Frieda Stoppenbrink-Buchholz (1897–1993). Hilfsschulpädagogin, Anwältin der Schwachen, Soziale Demokratin. 2. Auflage. Weinheim: Deutscher Studien Verlag.

Ellger-Rüttgardt, S. (1998): Der Verband der Hilfsschulen Deutschlands auf dem Weg von der Weimarer Republik in das Dritte Reich. In: A. Möckel (Hrsg.), Erfolg, Niedergang, Neuanfang. 100 Jahre Verband deutscher Sonderschulen. Fachverband für Behindertenpädagogik (S. 50–95). München & Basel: Ernst Reinhardt.

Ellger-Rüttgardt, S. (2003) (Hrsg.): Lernbehindertenpädagogik. Studientexte zur Geschichte der Behindertenpädagogik. Band 5. Weinheim, Basel & Berlin: Beltz.

Ellger-Rüttgardt, S. (2004): Sonderpädagogen im Dritten Reich – der Versuch einer Annäherung. Vierteljahrsschrift für Heilpädagogik und ihre Nachbargebiete (VHN) 73, 350–364.

Ellger-Rüttgardt , S. L. (2014): Historische Aspekte der rechtlichen Ordnung einer Pädagogik für behinderte Schüler und Schülerinnen. Recht der Jugend und des Bildungswesens (RdJB) 61, 445–468.

Ellger-Rüttgardt, S. L. (2024): Geschichte der Sonderpädagogik: Eine Einführung (3. Auflage). München: Ernst Reinhardt Verlag.

Faulstich, H. (1998): Hungersterben in der Psychiatrie 1914–1949. Mit einer Topographie der NS-Psychiatrie. Freiburg: Lambertus Verlag.

Friedlander, H. (1997): Der Weg zum NS-Genozid. Von der Euthanasie zur Endlösung. Berlin: Berlin Verlag.

Fuchs, P. (2001): »Körperbehinderte« zwischen Selbstaufgabe und Emanzipation. Selbsthilfe – Integration – Aussonderung. Neuwied: Luchterhand.

Grosse, R. (1966): Die Entwicklung des Hilfsschulwesens in Hamburg (unveröffentlicht).

Hillenbrand, C. (1994): Reformpädagogik und Heilpädagogik unter besonderer Berücksichtigung der Hilfsschule. Bad Heilbrunn: Klinkhardt.

Höck, M.(1979): Die Hilfsschule im Dritten Reich. Berlin: Carl Marhold.

Jaedicke, M. & Schmidt- Block, W. (Hrsg.) (1991): Blinde unterm Hakenkreuz – Erkennen, Trauern, Begegnen. Marburger Schriftenreihe zur Rehabilitation Blinder und Sehbehinderter, Bd 8. Marburg: Deutscher Verein der Blinden und Sehbehinderten in Studium und Beruf e. V.

Keim, W. (1997): Erziehung unter der Nazi-Diktatur. Band II: Kriegsvorbereitung, Krieg und Holocaust. Darmstadt: Wissenschaftliche Buchgesellschaft

Klee, E. (Hrsg.) (1992): Dokumente zur »Euthanasie«. Frankfurt a. M.: Fischer TB.

Michael, B. & Schepp, H.-H. (1993): Die Schule in Staat und Gesellschaft. Dokumente zur deutschen Schulgeschichte im 19. und 20. Jahrhundert. Göttingen & Zürich: Muster Schmidt Verlag.

Mitscherlich, A. & Mielke, F. (1978): Medizin ohne Menschlichkeit. Dokumente des Nürnberger Ärzteprozesses. Frankfurt a. M.: Fischer Verlag.

Peukert, D. (1985): Alltag unterm Hakenkreuz. In: U. Herrmann (Hrsg.), »Die Formung des Volksgenossen«. Der »Erziehungsstaat« des Dritten Reiches (S. 40–64). Weinheim & Basel: Beltz.

Pielasch, H. & Jaedicke, M. (1972): Geschichte des Blindenwesens in Deutschland und in der DDR. Leipzig: Deutscher Blinden- und Sehschwachen Verband.

Pohl, D. (2022): Nationalsozialistische Verbrechen 1939–1945. In: Gebhardt Handbuch der Deutschen Geschichte, Bd. 20 (10., völlig neu bearbeitete Auflage). Stuttgart: Klett-Cotta.

Pluhar, C. (1981): Betty Hirsch – Lebensbild einer blinden Frau. Berlin (unveröffentlicht).

Retter, H. (Hrsg.) (1996): Peter Petersen und der Jenaplan: Von der Weimarer Republik bis zur Nachkriegszeit. Weinheim: Deutscher Studien Verlag.

Richter, G. (1986): Blindheit und Eugenik (1918–1945). Freiburger Forschungen zur Medizingeschichte, Bd. 15. Freiburg: Hans F. Schulz Verlag.

Sachße, C. & Tennstedt, F. (1992): Der Wohlfahrtsstaat im Nationalsozialismus. Geschichte der Armenfürsorge in Deutschland, Bd. 3. Stuttgart: Kohlhammer.

Schmuhl, H.-W. (1992): Rassenhygiene, Nationalsozialismus, Euthanasie. Von der Verhütung zur Vernichtung »lebensunwerten Lebens«, 1890–1945. Göttingen: Vandenhoeck u. Ruprecht.

Stadler, H. & Wilken, U. (2004): Pädagogik bei Körperbehinderung. Studientexte zur Geschichte der Behindertenpädagogik, Bd. 4. Weinheim, Basel & Berlin: Beltz.

Steinbach, P. & Tuchel, J. (1994): Widerstand in Deutschland 1933–1945. Ein historisches Lesebuch. München: C. H. Beck.

Synwoldt, J. (1979): Von der Hilfsschule zur Schule für Lernbehinderte. Die Förderung der schwachbefähigten Kinder am Beispiel Berlins. Berlin: Carl Marhold.

Synwoldt, J. (1998): Die schulische Bildung behinderter Kinder und Jugendlicher. Entwicklung des Sonderschulwesens von Berlin. Northeim: o. Vlg.

Tenorth, H.-E. (2006): Eugenik im pädagogischen Denken des nationalsozialistischen Deutschland – oder: Rassismus als Grenzbegriff der Pädagogik. In: K.-P. Horn, M. Ogasawara, M. Sakakoshi, H.-E. Tenorth, J. Yamana & H. Zimmer (Hrsg.), Pädagogik im Militarismus und im Nationalsozialismus. Japan und Deutschland im Vergleich (S. 33–44). Bad Heilbrunn: Klinkhardt.

Von Hase, C. (1964): Evangelische Dokumente zur Ermordung der »unheilbar Kranken« unter der nationalsozialistischen Herrschaft in den Jahren 1939–1945. Stuttgart: Evangelisches Verlagswerk.

Willems, S. (1995): Lothar Kreyssig. Vom eigenen verantwortlichen Handeln. Eine biographische Studie zum Protest gegen die Euthanasieverbrechen in Nazi-Deutschland. Berlin: Aktion Sühnezeichen Friedensdienste.

Wolf, A. (1991): Wandel im Jargon des Nationalsozialismus. Analyse der ideologischen Sprache in einer Fachzeitschrift für Sonderschullehrer (1934–1944). Freiburg: Pädagogische Hochschule.

Zymek , B. (1989): Schulen, Hochschulen, Lehrer. In: D. Langewiesche & H.-E. Tenorth (Hrsg.), Handbuch der deutschen Bildungsgeschichte. Band 5 (S. 155–208). München: Beck.

II Regional- und alltagsgeschichtliche Studien

II.1 Sonderpädagogen in Württemberg während der NS-Zeit: Christian Hiller (1883–1955) und Wilhelm Hofmann (1901–1985)

Gerhard Eberle

II.1.1 Hiller und Hofmann als Frontleute der württembergischen Hilfsschullehrerschaft

Zu den ersten Lehrkräften der 1911 gegründeten Stuttgarter Hilfsschule gehörte Christian Hiller. Mit den Jahren entwickelte er sich zur dominierenden Figur des württembergischen Hilfsschulwesens, weshalb man ihn Mitte der zwanziger Jahre zum Sprecher der Gruppe Württemberg des Südwestdeutschen Hilfsschulverbandes – einem Teilverband des Verbandes der Hilfsschulen Deutschlands (VdHD) – bestimmte. Zehn Jahre nach der Einrichtung der Stuttgarter Hilfsschule wurde Wilhelm Hofmann Mitglied des Lehrerkollegiums. Ihn hatte man gleich nach seiner Volksschullehrerprüfung – was man als Indikator seiner besonderen unterrichtlichen Kompetenzen ansehen kann – an die Stuttgarter Hilfsschule beordert, wo Hiller bald sein Mentor und väterlicher Freund wurde. Dann absolvierte Hofmann – nach einigen Zwischenstationen, unter anderem an Gehörloseneinrichtungen – zusammen mit anderen württembergischen Lehrkräften 1925/26 ein Hilfsschullehrerstudium in München. Nach Tätigkeiten in Esslingen und wieder in Stuttgart wechselte er 1929 an die Hilfsschule in Heilbronn, deren Rektor er 1937 wurde. Spätestens seit Mitte der 1920er Jahre hatte sich der Netzwerker Hofmann – ungeachtet dessen, dass Hiller weiterhin als unumstrittener Vormann galt – zu einem der einflussreichsten Wortführer der württembergischen Hilfsschullehrerschaft profiliert. Hiller selbst, von Hofmann als »geborener Hilfsschullehrer« etikettiert (Hofmann 1969, 1415), absolvierte erst 1930 eine spezielle Ausbildung in Berlin.

II.1.2 Das Qualifikationsversprechen der Hilfsschule

Eines der wichtigsten Anliegen – besonders der in München (oder anderswo) vollausgebildeten württembergischen Hilfsschullehrerschaft – war es, das aus ihrer Sicht mit dem Hilfsschulgedanken untrennbar verbundene Versprechen einzulösen, die Schülerinnen und Schüler durch einen besonderen Unterricht besser zu qualifizieren, als wenn sie in der allgemeinen Volksschule verblieben wären. Diese

Bestrebungen entsprachen damit im Kern nicht passgenau der Funktionsbestimmung der Hilfsschule, wie sie seinerzeit von der Mehrheit der Hilfsschullehrerschaft vertreten wurde. Akzeptiert man Ellger-Rüttgardts Einschätzung der »Berufsideologie der Hilfsschullehrerschaft in der Weimarer Republik«, so sah diese nämlich »in den erzieherischen und fürsorgerischen Aufgaben den Schwerpunkt ihrer Tätigkeit«, während »sie dem Unterricht eher eine untergeordnete Rolle« beigemessen hätten (Ellger-Rüttgardt 1998, 59).

In einer Erhebung von 1930 verfolgte Hofmann die Berufsfähigkeit entlassener Hilfsschüler, die »in eine Lehre kamen« oder »Arbeit als Hilfsarbeiter oder Ausläufer« fanden. Seine erfreulichen Ergebnisse wertete Hofmann als Beleg für die Qualität der geleisteten Arbeit in der Hilfsschule. Er verband damit die Forderung, wo immer möglich, sogenannte Anlernwerkstätten einzurichten, wie man es in Stuttgart in Kooperation mit der Berufsschule getan hatte. Allerdings betonte er, dass eine solche Anlernwerkstätte »nicht für die Hilfsschüler der untersten Intelligenzgrade« geeignet sei, sondern für die, die noch »für das Wirtschaftsleben ansatzfähig« seien. Schülerinnen und Schüler, die die fortschreitende Entwicklung dieser Einrichtung »hemmen«, seien auszuschließen. Sie gehörten »in eine Arbeitskolonie« (Hofmann 1930, 141 f.).

II.1.3 Die württembergische Hilfsschullehrerschaft in der Weltwirtschaftskrise

II.1.3.1 Der Einfluss rassenhygienischen Denkens

Die große Weltwirtschaftskrise des 20. Jahrhunderts – ein schwerer Einbruch in allen Industrienationen – beeinflusste auch die Sozialpolitik negativ (vgl. Peukert 1987). Die engagierte württembergische Hilfsschullehrerschaft sah ihr Projekt gefährdet, weshalb es dringend erforderlich schien, die Erfolge der bisherigen Hilfsschularbeit besonders hervorzuheben und damit die weitere Existenzberechtigung von Hilfsschulen zu rechtfertigen. Dass Hofmann sich 1931 in einem Vortrag über die Existenzberechtigung der Hilfsschule dann auch mit der Rassenhygiene beschäftigen musste, war ihm offensichtlich klar. Einmal abgesehen davon, dass in der heilpädagogischen Diskussion rassenhygienische Fragen vor dem Hintergrund einer Auseinandersetzung mit sozialdarwinistischen Positionen auch vorher schon eine Rolle gespielt hatten, sah sich die württembergische Hilfsschullehrerschaft nicht erst Ende der 1920er Jahre – und speziell im Stuttgarter Raum – verstärkt mit einschlägigen Argumenten konfrontiert, die besonders die Sterilisierung der sogenannten »Minderwertigen« thematisierten.

So hatten sich schon in der ersten Hälfte der 1920er Jahre »verschiedene Entwicklungslinien« gebündelt, »die eine enge Verschränkung von Rassenhygiene, Wissenschaft und Politik zur Folge hatten« (Schmuhl 2005, 31). Folgt man Ellger-

Rüttgardt, verwundert es deshalb nicht, »dass auch Heilpädagogen in den ungeheuer wirksamen, modernen Sog des neuen biologischen Denkens gerieten« (Ellger-Rüttgardt 2024, 138). In Württemberg wurde die Diskussion vielfach von damals einflussreichen Medizinern, wie beispielsweise dem Tübinger Psychiater Robert Eugen Gaupp und seiner Schule, beherrscht. Aber auch in dieser Sache ausgewiesene Pädagogen wie etwa Reinhold Lotze oder Friedrich Reinöhl – beides hohe Beamte im württembergischen Kultusministerium und Mitglieder der besonders aktiven Stuttgarter Ortgruppe der Deutschen Gesellschaft für Rassenhygiene – spielten in diesem Kontext eine herausragende Rolle.

II.1.3.2 Plädoyer für die Existenzberechtigung der Hilfsschule

Ein Schwerpunkt von Hofmanns Argumentation für die Existenzberechtigung der Hilfsschule war der »Einwand, dass die Hilfsschulen […] durch ihre Fürsorge zur stärkeren Vermehrung der Minderwertigen« beitrügen (Hofmann 1932, 18). Deshalb forderte zum Beispiel Reinöhl als »Äquivalent« für die besondere Unterstützung der »Minderwertigen« entsprechende Maßnahmen wie etwa deren Sterilisierung. Dabei war ihm aber durchaus klar, dass das »ganze Bündel« bisheriger Vorschläge zur Abwehr der Gefährdung der »Erbwerte« im Volk nichts nützten, »solange sie nur theoretisch bleiben« würden (Seifriz 1930, 760), weil ja die entsprechenden Rechtsgrundlagen fehlten. Mit Blick auf andere Länder blieb in diesem Punkt den Rassehygienikern aber stets die Hoffnung auf eine entsprechende Änderung in der Zukunft erhalten. Hofmann hingegen glaubte zeigen zu können, dass die Hilfsschullehrerschaft mit der kompetenten Einlösung des Qualifizierungsversprechens schon damals über Möglichkeiten verfüge, um die »Volksaufartung« sehr wohl befördern zu können.

Bedeutet »denn nun die Arbeit der Hilfsschulen eine Unterstützung der Gegenauslese, wie ihr von ihren Gegnern so oft vorgeworfen wird?«, fragte er deshalb rhetorisch und antwortete selbst apodiktisch: »Nein, abermals nein.« Vielmehr geschehe »die Arbeit der Hilfsschulen ganz und gar im Sinne der Volksaufartung« (Hofmann 1932, 18) – nämlich mit der Anhebung des Bildungsniveaus der in Rede stehenden Schülerschaft. Im Grund rekurriert Hofmann hier auf das ökonomisch-demografische Paradoxon und meint dann – dabei das Bestreben der Rassenhygieniker nach »Volksaufartung« also durchaus bejahend und Sterilisierungsmaßnahmen nicht grundsätzlich ablehnend –, dass es ja »die intellektuell Tiefstehenden sind«, welche »die meisten Kinder haben«. Aber ebenso genau wisse man, dass »mit zunehmender sozialer Stellung und kultureller Leistung die Fruchtbarkeitsziffer abnimmt«. Mit der »wirtschaftlichen und geistigen Entwicklung des Einzelnen und ganzer Schichten und Stände geht auch der Geburtenrückgang parallel« (ebd.).

Hofmann wollte so zeigen, dass die Hilfsschullehrerschaft mit der kompetenten Einlösung des Qualifizierungsversprechens die von den Gegnern der Hilfsschule, aber auch von deren eher biologisch orientierten Befürwortern wie Reinöhl, immer wieder propagierte »Volksaufartung« sehr wohl befördern könne – ohne die seinerzeit rechtlich (noch) problematische Sterilisierung – allein durch eine geeignete spezielle Pädagogik. Ein Grund also, der ohne Zweifel für den Erhalt, ja sogar für die Erweiterung des Hilfsschulwesens sprach – umso mehr, weil man die eigenen Voraussagen durch damalige Erhebungen Lotzes, die von Hiller unterstützt wurden, bestätigt sah!

II.1.4 Hillers Positionen zur Sammelbeckenfunktion der Hilfsschule nach Beginn der NS-Zeit

Hiller publizierte Anfang 1933 einen Vortrag, den er zuvor vor der württembergischen Hilfsschullehrerschaft zu dem Thema »Milieuschädigungen und die Aufgabe der Hilfsschule« gehalten hatte. Ein Schwerpunkt war die Frage, was geschehen könne, um die eventuellen Milieuschädigungen der Hilfsschulkinder »wenigstens zum Teil auszugleichen«. Hiller räumte zwar ein, sie seien »zu einem erheblichen Teil degenerierte Menschenkinder; aber zu einem fast ebenso großen Teil bloße Kümmerformen«. Bei »den Entarteten« hänge es aber durchaus auch »vom Milieu ab, wie weit sich die ererbte Minderwertigkeit« auswirke. Die Erbanlage sei deshalb als ein Rahmen aufzufassen, »über den hinaus die Entwicklung nicht gesteigert werden kann, der aber bei mangelhafter Pflege und Erziehung nicht ausgefüllt wird, sodass die Leistungsfähigkeit hinter den gegebenen Grenzen zurückbleibt. Bei den Kümmerformen dagegen nähert sich die Anlage der Normalität, es ist vorwiegend eine Frage der Milieugestaltung oder des Milieuwechsels, wie weit der Rückstand ausgeglichen werden kann« (Hiller 1933a, 111). Und eben hierzu könne die Hilfsschule mit ihren besonderen pädagogischen Möglichkeiten einen großen Beitrag leisten

Nur kurze Zeit später setzte Hiller in seinem Artikel »Die Sterilisation Minderwertiger und die Hilfsschule« andere Akzente. Er begann seine Ausführungen mit der nüchternen Feststellung: »Der Nationalsozialismus erstrebt die Reinigung unseres Volkes von nichtarischen Elementen und von den sogenannten Minderwertigen«, wobei das Attribut »sogenannt« überraschen mag. Hillers weitere Ausführungen thematisierten dann lediglich die »Reinigung unseres Volkes von den sogenannten Minderwertigen«, wobei er zur Erreichung dieses Zieles drei Wege aufzeichnete: die Vernichtung lebensunwerten Lebens, die Verhinderung der Fortpflanzung durch Asylierung und die Unfruchtbarmachung.

Die erste Möglichkeit schied für Hiller »in einem christlichen Staat« aus. Das zweite Mittel hielt er für zu teuer, wenn auch nicht für völlig unverzichtbar. Deshalb favorisierte er nunmehr entschieden die dritte Alternative, die Unfruchtbarmachung, als »sicherstes und zugleich billigstes Mittel«, wobei er aber, wie schon öfter zuvor, vor möglichen Irrtümern und Selbsttäuschungen warnte. »Das neue Gesetz« (Gesetz zur Verhütung erbkranken Nachwuchses; GzVeN), das am 1. Januar 1934 in Kraft treten würde, habe »hier aber inzwischen Wandel geschaffen«, war er sich sicher (Hiller 1933b, 430). Der Wandel, der mit dem GzVeN eingetreten war, betraf aber in erster Linie die Bandbreite der nunmehr ganz konkreten

Handlungsoptionen im Vergleich zu den Möglichkeiten, die kurz zuvor noch – wie Reinöhl es formuliert hatte – theoretisch geblieben waren. Die Forderung Reinöhls nach einer »Unfruchtbarmachung der ganz Minderwertigen« als »Äquivalent der Fürsorge für alle Schwachen« (Seifriz 1930, 760) war ab sofort unschwer realisierbar geworden.

Gegenüber der bisherigen demografisch-ökonomischen Position Hillers und Hofmanns konnten die biologistisch argumentierenden Rassenhygieniker jetzt sogar noch dadurch auftrumpfen, dass »Minderwertige« nach einer Sterilisierung ganz ohne Nachkommen bleiben würden und nicht nur weniger Kinder zeugten. Und eben das wolle der neue Staat! Hier mitzutun war für Hiller kein Problem. Er betonte ausdrücklich, die Hilfsschullehrerschaft wüsste »um die Macht der Vererbung« viel zu gut Bescheid, »als dass wir uns der besseren Einsicht entziehen könnten«.

Er unterstrich die Bedeutung seiner Profession und der Hilfsschule zusätzlich dadurch, dass er betonte, die Hilfsschullehrerschaft sei »durch ihre Vorbildung, durch ihren geschärften Blick für die Grade und Arten des Schwachsinns, durch die Möglichkeit der besseren Beobachtung in kleineren Klassen und durch die engeren Beziehungen zum Elternhaus« am besten in der Lage, »Vorschläge und Anregungen für die zuständigen Ärzte zu geben«. Folglich werde man »also die Sterilisierung der Minderwertigen durch deren restlose Überweisung in die Hilfsschule nur fördern« (Hiller 1933b, 430). Der Gaupp-Schüler Max Eyrich, gerade württembergischer Landesjugendarzt geworden, sprach 1933 in diesem Kontext in einer von Hiller organisierten Veranstaltung – diesen unterstützend – von der Funktion der Hilfsschule als »frühestes Sammelbecken« (Eyrich 1934, 495). Im Grafeneckprozess 1949 wird er einer der Angeklagten sein, weil er an den totbringenden Selektionen in Anstalten und Heimen im Rahmen der nationalsozialistischen Euthanasieverbrechen seit 1940 beteiligt gewesen war.

II.1.5 Hillers Karriere in der NS-Zeit

II.1.5.1 Hiller bleibt Wortführer der württembergischen Hilfsschullehrerschaft

Im April 1933 wurde Hiller von dem Gauobmann des Nationalsozialistischen Lehrerbunds (NSLB) offiziell zu einer Besprechung über die Gleichschaltung der württembergischen Hilfsschullehrerschaft gebeten. Drei Tage später bestätigte der neue Kultusminister Christian Mergenthaler Hillers Ernennung zum Rektor der Stuttgarter Hilfsschule. Alles ging mit rechten Dingen zu: Der bisherige Rektor war kraft Gesetzes in den Ruhestand getreten und Hillers fachliche Qualifikation unbestritten anerkannt. Mergenthaler war ein fanatischer, aber auch eigensinniger Nationalsozialist und Kultusminister. Bei aller Reichstreue vertraute er vielfach

Abb. 18: Schreiben an Christian Hiller, mit dem der Gauobmann des NSLB ihn im Dezember 1933 wissen lässt, dass er zum Gaureferenten für Heilerziehung berufen worden sei – eine führende Position, die später mit dem Etikett Gaufachschaftsleiter belegt wurde

darauf, in Württemberg doch lieber eigene Wege zu gehen, statt »von oben« – zum Beispiel vom Reichserziehungsministerium – gewollte einfach mitzugehen (vgl. Finger 2016). Dazu ist vermutlich auch zu rechnen, dass die »Allgemeine Anordnung über die Hilfsschulen in Preußen« von 1938, gedacht zur Flankierung des

Reichsschulpflichtgesetzes aus demselben Jahr, von Württemberg nie übernommen wurde – im Gegensatz zu (fast) allen anderen Ländern des Reiches. Man vertraute hier lieber seinen bisherigen eigenen Regelungen.

Die bisherigen Verdienste Hillers allein hätten aber – so muss aufgrund der Stellenbesetzungsstrategie der neuen Machthaber vermutet werden – nicht unbedingt ausgereicht, um auf diese Stelle berufen zu werden. Hiller muss den Nationalsozialisten auch politisch akzeptabel erschienen sein. Dazu mag seine Bereitschaft beigetragen haben, »seine« Hilfsschullehrerschaft rasch in den NSLB zu integrieren. Und in der Tat: Als am 28. Mai 1933 auf der Vertreterversammlung des VdHD zu Halle (Saale) dessen Gleichschaltung verhandelt wurde, ließ Hiller dort wissen, dass die württembergischen Hilfsschullehrer den korporativen Übertritt zum NSLB schon vor Wochen vollzogen hätten (vgl. z. B. Eberle 2016, 359). Wenn Ellger-Rüttgardt für den VdHD feststellt, dass dessen frühzeitige Zustimmung zu seiner eigenen Auflösung darauf verweise, dass es bei ihm offensichtlich »kein hinhaltendes Taktieren oder gar Widerstand« gegenüber seiner geplanten Liquidierung gegeben habe (Ellger-Rüttgardt 1998, 70), so gilt das für die Gruppe Württemberg des Südwestdeutschen Hilfsschulverbandes erst recht.

In die NSDAP ist Hiller allerdings erst 1937 eintreten. Nach eigenen Angaben wurde er einerseits zu dem Parteieintritt gedrängt, denn er hätte sonst nicht länger Gaufachschaftsleiter sein können, was er inzwischen geworden war. Andererseits wurde Hillers Antrag parteiintern zunächst widersprochen. Der Grund dafür dürfte in der Rolle liegen, die Hiller beim sogenannten württembergischen Kirchenkampf 1933/34 gespielt hatte. Er hatte damals in entschiedener Opposition zu den »Deutschen Christen« des Reichsbischofs Müller gestanden und stattdessen zu seiner Landeskirche unter Bischof Wurm gehalten. So kann es sehr gut sein, dass Hillers Probleme beim Versuch, der NSDAP beizutreten, darin begründet waren, dass Parteigenossen, die bei diesem Kirchenkampf zu den »Verlierern« gehört hatten, jetzt eine alte Rechnung begleichen wollten. Letztlich musste über Hillers Aufnahme das Gaugericht befinden. Mit dessen Beschluss vom 7. 10.1938 war es dann so weit: Hiller konnte Parteigenosse werden!

II.1.5.2 Gaufachschaftsleiter der Fachschaft Sonderschule im NSLB

Ende 1933 war Hiller Gaureferent für Heilerziehung für das gesamte Schul- und Erziehungswesen in Württemberg-Hohenzollern geworden. Diese bedeutete eine erhebliche Ausweitung seines Aufgabengebiets. Nachdem der NSLB mit seinen Fachschaften seine endgültige Struktur erhalten hatte, wurde Hiller 1934 dann Gaufachschaftsleiter der Fachschaft Sonderschule. Später wird er darauf beharren, es hätte eine engere »Verbindung zum NSLB« faktisch nur insoweit gegeben, »dass ich vierteljährig über meine Tätigkeit an die Gauamtsverwaltung berichten musste und diese einige Male einen Vertreter schickte«.[26] Dieser Sachverhalt kann allerdings auch so eingeschätzt werden, dass Hillers Linientreue für den NSLB nie

---
26 Staatsarchiv Ludwigsburg, Sign. EL 902/20, Bü 15219 (Entnazifizierung Chr. Hiller).

infrage stand und man ihm vollkommen vertraute, im Sinne der Partei zu arbeiten. Im Nachhinein wird Hofmann rückblickend schreiben, dass das Hilfsschulwesen »in Württemberg während der Zeit des Nationalsozialismus nicht die Stagnation oder den Abbau erfahren hat wie in anderen Ländern, wo die Hilfsschullehrerschaft stärker resignierte und sich von schulpolitischen beziehungsweise hilfsschulpolitischen Aktivitäten weitgehend zurückzog« (Hofmann 1976, 8).

Dass zu diesen nach Hofmanns Einschätzung positiv zu wertenden hilfsschulpolitischen Aktivitäten aber auch ein massives Engagement für die Umsetzung der rassenpolitischen Ideologie der Nationalsozialisten gehörte, man also einen faustischen Pakt (vgl. Mommsen 1999) geschlossen hatte, verschwieg der Autor dieser »Erfolgsmeldung« geflissentlich. Stattdessen sprach er mythologisierend davon, dass es sich bei dem weiteren Ausbau und der organisatorischen Verbesserung des Hilfsschulwesens in Württemberg während der NS-Zeit um »eine Erscheinung« gehandelt habe, »die auch zu den oft widersprüchlichen Gegebenheiten dieser verhängnisvollen Zeit gehört« hätte (Hofmann 1976, 8). Von solchen »widersprüchlichen Gegebenheiten« konnte allerdings nicht die Rede sein: Im Gau Württemberg-Hohenzollern gelang es vielmehr, den zu einem Arrangement bereiten Wortführern der Hilfsschullehrerschaft mit der mehr oder minder offen bekannten Zustimmung des überwiegenden Teils ihrer Mitglieder, besonders gut und schnell die Einschätzung durchzusetzen, dass sich ihre Möglichkeiten in der Hilfsschule einerseits und die Instrumente der NS-Funktionäre vor allem zur Erreichung ihrer rassenpolitischen Ziele andererseits als gegenseitige Ressourcen (vgl. Ash 2002) sehr gut ergänzten.

II.1.5.3 Hillers Wirken in den ersten Jahren der NS-Zeit

Hiller setzte sich nicht nur für einen Zwang zum Hilfsschulbesuch ein, sondern plädierte auch für die künftige Nichtaufnahme von Kindern mit schwerer Behinderung in die Hilfsschule beziehungsweise deren Ausschulung, wenn sie dort schon aufgenommen worden waren. Die württembergische Hilfsschullehrerschaft wollte schon seit Inkrafttreten des Schulgesetzes 1909 die dort vorgesehene Zustimmung der Eltern bei der Überweisung eines Kindes in die Hilfsschule abschaffen. Zwar schränkte eine Verordnung des Kultusministeriums von 1927 dieses Elternrecht etwas ein (vgl. Hiller 1934a, 6), blieb aber insbesondere hinsichtlich der Rolle der Bekenntniszugehörigkeit eines Kindes weiter in Kraft. 1934 forderte Hiller deshalb nicht nur einen Hilfsschul-, sondern auch einen Sonderschulzwang – etwa für schwerhörige Kinder (vgl. ebd.).

Ein weiterer schulpädagogischer Schwerpunkt wurde für Hiller die Frage, wie die Hilfsschule mit dem GzVeN und den neuen rassenhygienischen Aufgaben umgehen sollte. Er schrieb, dass in Württemberg »das Kultusministerium durch einen nicht veröffentlichten Erlaß die Hilfsschulen angewiesen« habe, »den Erbgesundheitsgerichten die Schulakten auf Anforderung auszuhändigen« (Hiller 1934b, 299), und kommentierte dies mit der Feststellung: »Es ist unsere vaterländische Pflicht, in diesen Akten möglichst viel zuverlässiges Material zusammenzutragen. Dagegen erscheint es mir nicht klug, wenn wir uns zur Rolle des Sachverständigen beim Erbgesundheitsgericht drängen. Es ist für die Hilfsschule besser, sich hier etwas im Hintergrunde zu halten«, um das Vertrauen der Eltern nicht zu verlieren. Die Hilfsschule bleibe so eher das Sammelbecken, aus dem die Erbgesundheitsgerichte die Erbkranken leichter herausfischen können als aus dem großen See der Volksschule« (ebd.).

Erläuternd meinte Hiller dann: »Wenn wir […] an die Frage der Unfruchtbarmachung denken […], so haben wir genügend Einfluß auf die Entscheidung der Erbgesundheitsgerichte, und der Widerstand, der sich da und dort gegen die Unfruchtbarmachung regen wird, kann sich nicht so unmittelbar auf die Hilfsschule übertragen«, was ja das angestrebte und oft auch realisierte gute Verhältnis zu den Eltern hätte beeinträchtigen können. Hiller ergänzt deshalb: »Ich würde auch davon abraten, dass die Hilfsschule von sich aus den Antrag auf Sterilisierung eines Kindes stellt. Es scheint mir völlig zu genügen, etwa das Jugendamt oder das Gesundheitsamt beziehungsweise den Amtsarzt auf einen bestimmten Fall aufmerksam zu machen und ihnen das weitere zu überlassen« (a. a. O., 299 f.). Was Hiller mit diesen Sätzen offenbart, wird Brill später als »perfide« bezeichnen (Brill 2011, 245). Hiller selbst war allerdings davon überzeugt, mit seiner Strategie »dem Volksganzen zu dienen, ohne der Hilfsschule zu schaden und ohne die Erziehung ihrer Zöglinge zu gefährden« (ebd.).

Bemerkenswert ist noch, dass Hiller aus den gleichen strategischen Gründen darauf pochte, möglichst nicht von »Minderwertigen« zu sprechen. Dies erschwere zum Beispiel die Aufklärungsarbeit der Sonderschullehrerschaft, wenn man bei der Sterilisierungsproblematik Freiwilligkeit erreichen wolle (vgl. Hiller 1936, 142). Wenn Hiller – und mit ihm wohl auch Hofmann – »aus pädagogischen Gründen« im Zusammenhang mit der Sterilisierungsproblematik den Anschein wahren wollte, die Hilfsschule sei bei diesen Vorgängen gar nicht so involviert, wie manche Eltern mutmaßten, gehörte zu dieser Strategie auch, dass man im Gau Württemberg-Hohenzollern, wie oben bereits angedeutet, ausdrücklich nicht anstrebte, dass Hilfsschullehrer als Beisitzer der Erbgesundheitsgerichten angehören sollten – ganz im Gegensatz zu dem damals reichsweit wohl einflussreichsten Sonderpädagogen Karl Tornow, der dies explizit anstrebte (vgl. Tornow 1936).

II.1.5.4 Die Propagierung der Notwendigkeit der Sonderschule gerade im NS-Staat

»Das Wort ›Sonderschule‹ ist ein Sammelbegriff für Schulen und Anstalten für Kinder, die mit Mitteln der allgemeinen Volksschule nicht erzogen und unterrichtet werden können, weil sie entweder selbst abnorm sind oder aus erzieherisch unzulänglichen Familien stammen«, verlautbarte Hiller in der Zeitschrift »Der Deutsche Erzieher«, die sich als »Kampfblatt der im Nationalsozialistischen Lehrerbund geeinten Erzieherschaft des Gaues Württemberg-Hohenzollern« verstand (Hiller 1936, 141). Er positionierte damit auch die Hilfsschule als Sonderschule neben Einrichtungen für Taubstumme, Blinde, »Krüppel«, Schwerhörige und »Kindern mit Sprachgebrechen oder Milieuschädigungen« (ebd.). Dabei stellte sich Hiller allerdings gleichzeitig dem nicht nur seinerzeit virulenten Problem, ob es überhaupt gängig sei, die Vielfalt von Sonderschülern beziehungsweise Sonderschulen unter einem Namen zusammenzufassen und von einer gemeinsamen Aufgabe, nämlich die der Heilerziehung, zu sprechen. Er bejahte dies nachdrücklich mit der Begründung, dass – sobald man den Blick vom Individuum weg aufs Volk richte – man durchaus »bei allen Arten« dieser Vielfalt eine Gemeinsamkeit erkennen könne: In jedem Fall bestehe die Gefahr, »dass ein Mensch nicht in die Volksgemeinschaft hineinwachsen kann, weil er mit seinem Gebrechen oder seinen Hemmungen den Anschluß an unsere Kultur nicht finden kann«. Die Heilerziehung wolle deshalb hier »helfend eingreifen und so den Schaden ›heilen‹, der dem Volkskörper entstehen würde, wenn einzelne Glieder als Schmarotzer mitgefüttert werden müßten oder in Verbitterung zu Feinden der Gesellschaft sich auswachsen würden«. Nur »in diesem Sinn vermögen wir zu ›heilen‹«, fügte Hiller hier dann noch an und stellte klar: Wir »bilden uns nicht ein, einen Taubstummen hörend zu machen oder einen Schwachbegabten zu normalen Denkleistungen befähigen zu können« (ebd.). Ungeachtet dessen, dass die erwähnte Debatte seinerzeit in Württemberg kaum spürbar geworden war, versuchte Hiller mit seiner Argumentation, eventuellen Vorbringungen die Spitze zu nehmen und damit – wie es seinerzeit auch Tornow tat – die Einheit der Fachschaft Sonderschule zu festigen.

II.1.5.5 Hillers Unterstützung des Anthroposophen Karl Schubert bei der Förderung sogenannter bildungsunfähiger Kinder

Die von Hiller und Hofmann konsequent vertretene Praxis, »geistig behinderte« Schülerinnen und Schüler nicht mehr in die Hilfsschule aufzunehmen oder gegebenenfalls wieder auszuschulen, wurde damit begründet, dass die Hilfsschule eine »Leistungsschule« sei und deshalb alle Kinder ausgeschult werden müssten, die »volklich nicht brauchbar« seien. Dies – dabei einen von Tornow geprägten Terminus verwendend – anzumahnen, hielt Hiller auch Anfang 1942 bei einer Wochenendtagung der württembergischen Hilfsschullehrerschaft immer noch für dringend geboten (vgl. Anonymus 1942, 75). Dass er sich zu diesem Appell überhaupt veranlasst sah, ist ein deutlicher Hinweis für eine gewisse Resistenz eines, wenn sicher auch kleinen, Teils der dortigen Kollegenschaft.

Bisher fehlen genauere Untersuchungen zu der hier erneut aufgeworfenen Frage nach dem Vorhandensein von Nichtkonformität, ja Resistenz in der württembergischen Sonderschullehrerschaft insgesamt, obwohl es sie gegeben haben wird. Bekannt geworden ist allerdings das nonkonforme Verhalten Theodor Dierlamms, der in der NS-Zeit sogar kurz in Gestapohaft genommen worden war (vgl. Ellger-Rüttgardt 2004; Eberle 2015).

Den seit Inkrafttreten des Reichsschulpflichtgesetzes von 1938 offiziell reichsweit als bildungsunfähig geltenden Kindern hatte Hiller schon 1941 einen Artikel gewidmet – nachdem die Euthanasiemaßnahmen in Grafeneck und anderswo schon lange in Gang gekommen oder teilweise sogar schon wieder beendet worden waren. Der Aufsatz, der die Überschrift »Als ›bildungsunfähig‹ ausgeschulte Hilfsschulkinder« trug, kann als eine kritische Ergänzung zu einem kurz zuvor von

II.1 Sonderpädagogen in Württemberg während der NS-Zeit

Abb. 19: Karl Schubert

Tornow (1941) publizierten Artikel mit ähnlicher Thematik verstanden werden. Hiller setzte den Terminus »minderwertig« wohl wegen der oben schon genannten Skepsis gegenüber der Tauglichkeit dieser Bezeichnung – besonders in der Kommunikation mit Eltern – auch hier wieder in Anführungszeichen. In gleicher Weise verfuhr er auch – und dies schon in der Überschrift – mit dem Terminus »bildungsunfähig«. Dies kann erneut als eine abweichende Position zu Tornow und damit auch als vorsichtige Kritik an dem reichsweit in Fachfragen vielfach dominierenden Hauptschriftleiter der Zeitschrift »Die deutsche Sonderschule« interpretiert werden. Auf jeden Fall ist dieser Sachverhalt aber ein Hinweis darauf, dass er dadurch den in Rede stehenden Kinder doch noch eine gewisse Bildungsfähigkeit – wenn auch nicht in traditionell schulischer Hinsicht – zuerkennen wollte. Dies implizierte für ihn dann auch das Bemühen um eine angemessene, gezielte Förderung dieser Kinder. Dabei präferierte er allerdings im Prinzip – und wieder im Gegensatz zu Tornow, der für die Schaffung von Horten eintrat – ein öffentliches Angebot, das dem Schulsystem angegliedert sein sollte. Hiller skizzierte dazu auch seine Bemühungen, in Stuttgart ein geeignetes öffentliches Angebot machen zu können. Er scheiterte dabei zunächst aus Rechtsgründen an der Schulbehörde und wurde angehalten, auf eine Anstaltserziehung der betreffenden Kinder hinzuwirken. Die Eltern waren aber nicht bereit, einen hierfür erforderlichen Antrag zu stellen. Schließlich regte Hiller beim Jugendamt notgedrungen doch an, »einen

Tageshort für solche Kinder einzurichten«. Darauf ging man aber nur zögernd ein, »weil man möglichst wenig für ›Minderwertige‹ aufwenden wollte und nicht ganz zu Unrecht bezweifelte, ob auch nur beschränkte Erwerbsfähigkeit zu erzielen wäre. Anerkannt wurde aber die Begründung, dass es sich in erster Linie um eine Entlastung der Mütter handle, deren Kraft um der ganzen Familie willen erhalten werden müsse« (Hiller 1941, 150).

Hiller konnte dann aber mit Zustimmung der Schulbehörde doch auf zwei private Einrichtungen mit schulischem Anspruch rekurrieren, die er als »Ersatzangebote« für geeignet hielt (a.a.O., 151). Allerdings ist bis jetzt nur über eine dieser Einrichtungen später etwas Genaueres bekannt geworden: über eine »Privatklasse«, die der Anthroposoph Karl Schubert leitete, deren Unterstützer sie aber – ebenso wie die Eltern der sie besuchenden Kinder – permanent in ihrer Existenz bedroht sahen (vgl. Hanke 2004). Schubert war zuvor Lehrer an der weltweit ersten Waldorfschule in Stuttgart gewesen und noch von Steiner selbst beauftragt worden, sich dort speziell um die Hilfsklasse zu kümmern. Wegen seiner jüdischen Wurzeln musste er die Schule 1934 als Lehrer verlassen, durfte aber seine Hilfsklasse auf privater Basis in deren Räumlichkeiten weiter unterrichten – bis die Schule 1938 geschlossen wurde. Doch Schubert resignierte nicht. Clara Lehrs, die Mutter eines ebenfalls entlassenen Kollegen – sie wurde später in Treblinka ermordet –, bot ihm an, den Unterricht in ihrem Haus weiterzuführen.

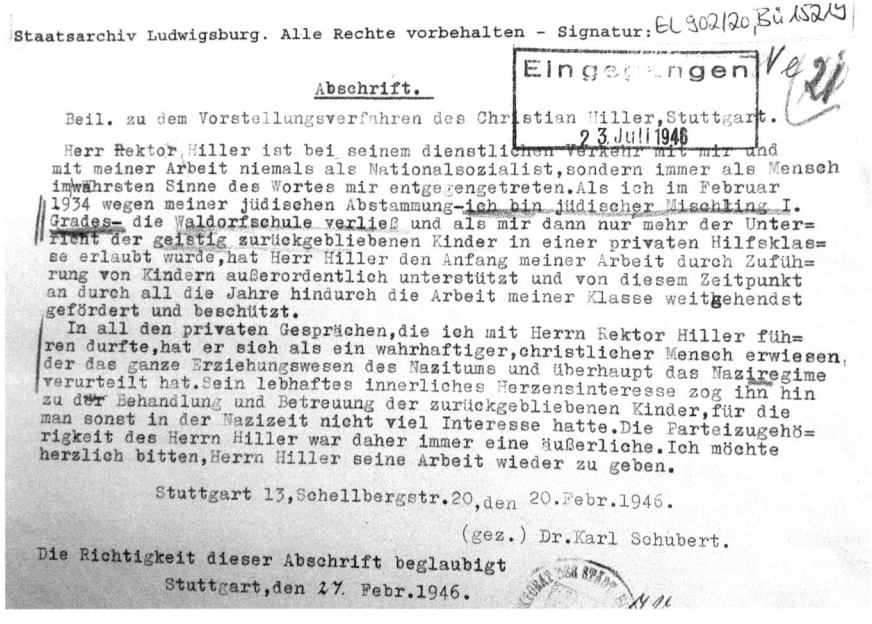

Abb. 20: Die Erklärung des Anthroposophen Karl Schubert zugunsten Christian Hillers vom 20. Februar 1946

In einer Studie zu Schubert wird sehr viel später unter anderem zu lesen sein, die Hilfsklasse sei aus »rationell nicht erklärbaren Gründen« seinerzeit vom Kultusministerium zunächst quasi »übersehen« worden. Danach mussten die Eltern »jetzt möglichst unauffällig ihre behinderten Kinder in die Schellenbergstraße bringen«. Von vielen Freunden sei es als »ein unerklärliches Wunder« betrachtet worden, »dass diese Kinder, die teilweise unter das bestehende Euthanasiegesetz fielen, wie durch eine höhere Fügung beschützt wurden« (a.a.O., 77). Es war aber kein »unerklärliches Wunder« und auch keine »höhere Fügung«, sondern Hiller, der seinen Einfluss auf die Stuttgarter Entscheider geltend gemacht hatte, um die Existenz von Schuberts »Schule« zu sichern. Schubert wird ihm dafür nach 1945 für sein Entnazifizierungsverfahren ein »Zeugnis« schreiben, das von großer Dankbarkeit geprägt ist.[27]

II.1.6 Hofmanns Karriere(n) in der NS-Zeit

II.1.6.1 Aktivitäten in der Fachschaft V des NSLB

Um das Engagement Hofmanns in der NS-Zeit zu skizzieren, wird hier exemplarisch zunächst sein Aufsatz »Wesen, Ziel und Methode der Hilfsschule« von 1936 herangezogen, da dieser seine damaligen Einstellungen und sein Handeln besonders gut verdeutlicht. In späteren Listungen der Publikationen Hofmanns wird dieser Text allerdings nie erwähnt!

Hofmann stellte in diesem Artikel – ohne damit überraschend zu priorisieren – zunächst die Entlastungsfunktion der Hilfsschule in den Vordergrund, ohne deren Qualifizierungsfunktion außer Acht zu lassen. Er hob hervor, dass es die »wichtigste und vornehmste Aufgabe der Hilfsschule war« und »im nationalsozialistischen Staat noch mehr als seither« sein müsse, die »Volksschule von den Kindern, die im Rahmen des Bildungs- und Erziehungsvollzugs dieser Schule nicht gefördert werden können«, zu entlasten. Dadurch werde »auf der einen Seite dem neu aufgestellten Auslesegrundsatz Rechnung getragen, und auf der anderen Seite werden die Schulleistungsschwachen durch besondere Beschulung und Betreuung noch für die Volksgemeinschaft brauchbar und wirtschaftlich ansatzfähig gemacht« (Hofmann 1936, 143). Für Kinder hingegen, bei denen man diese Zielsetzung nicht für erreichbar hielt, beharrte Hofmann seinerzeit – anders als Hiller – entschieden auf einer Anstaltsunterbringung. Auch die neue Selektions- oder Sammelbeckenfunktion der Hilfsschule durfte in Hofmanns jetziger Aufgabenliste nicht fehlen. »Da die Hilfsschule auch noch im besonderen eine rassenhygienische Aufgabe zu erfüllen« habe, sei sie auch deshalb »im neuen Staate von einer nicht zu unterschätzenden Bedeutung«, ließ er deshalb wissen (a.a.O., 145).

Weiter konstatierte Hofmann, nicht das Heil des einzelnen Zöglings allein, »sondern das Heil des Volkes« bestimme »Inhalt und Richtung der künftigen Heilpädagogik«. Mit dieser »Ausrichtung der Hilfsschule vom Volksganzen her« sei

---

27 Vgl. Staatsarchiv Ludwigsburg, Sign. EL 902/20, Bü 15219 (Entnazifizierung Chr. Hiller).

jedoch deren besondere Arbeitsweise »nicht hinfällig«. Der Hilfsschullehrer müsse vielmehr »unter Berücksichtigung der besonderen körperlichen und seelischen Eigenart seiner Schüler in seinem heilpädagogischen Wirken einen Weg finden, um sie noch zu brauchbaren Gliedern der Volksgemeinschaft zu erziehen« (a. a. O., 144). In der Manier eines Sozialingenieurs stellte er klar, dass dabei die bisherigen »Erziehungs- und Unterrichtgrundsätze« durchaus »ihre Bedeutung behielten«. Sie müssten »nur ihre Ausrichtung nach dem deutsch-völkischen Erziehungsziel hin erfahren«. Am Ende seines Artikels konstatierte Hofmann: »Der Nationalsozialismus als Weltanschauung und politische Bewegung hat der Hilfsschularbeit ihre letzte Sinngebung gebracht und ihr damit ihre Sonderaufgabe im deutschen Schulwesen und im nationalsozialistischen Leben des deutschen Staates zugewiesen« (a. a. O., 147).

An der Heilbronner Hilfsschule versuchte Hofmann mit Erfolg, seine hier skizzierten Vorstellungen auch umzusetzen. Im Kontext einer fachlichen Auseinandersetzeng über den Strukturwandel der Hilfsschule wird Hofmann (1972) später detailliert über die anfänglichen Schwierigkeiten berichten. Was es für eine Hilfsschule bedeuten konnte, eine »Leistungsschule« wie die Heilbronner Pestalozzischule zu sein, wird hingegen schon in einem Bericht deutlich, den er 1943 – wohl nicht ohne Stolz – über deren Arbeit veröffentlichte, als nach der Schlacht um Stalingrad der NSLB »stillgelegt« und der zuvor »unabkömmlich« gestellte Hofmann doch zur Wehrmacht eingezogen wurde (vgl. Eberle 2016). Hofmann betonte in dieser Bilanz unter anderem, »dass fast alle früheren Hilfsschüler sich im Arbeitsdienst und in der Wehrmacht bewährt« hätten. Ferner teilt er mit: Aus Heilbronn sind »erst in den letzten 4 Wochen 3 Hilfsschüler der letzten Entlassklassen im Osten gefallen« (Hofmann 1943, 143). Anlässlich des 50-jährigern Bestehens der Pestalozzischule reklamierte Hofmann (1960) für seine damaligen Bemühungen, dass mit ihnen der Strukturwandel der Hilfsschulen insgesamt hin zur Leistungsschule überhaupt erst in Gang gekommen wäre.

II.1.6.2 Engagement in der NSDAP

Folgt man Hofmanns Angaben, war die Heilbronner NSDAP im Februar 1934 mit dem Ansinnen an ihn herangetreten, in die Partei einzutreten. Und er, der zuvor ebenso wie Hiller schon Mitglied des NSLB geworden war, sagte zu. Als Eintrittsdatum wird auf seiner Karteikarte allerdings schon der 1. Mai 1933 angegeben. Hofmann wird später stets nachdrücklich – und glaubhaft – darauf beharren, dass es sich bei dieser Angabe um eine Vordatierung gehandelt habe. In die NSDAP eingetreten sei er tatsächlich erst 1934. Immerhin könnte eine solche Vordatierung nach der Aufnahmesperre von 1933 aber auch darauf hinweisen, dass er den Heilbronner Nationalsozialisten damals schon so wichtig geworden sein musste, dass sie ihn unbedingt als Parteigenosse in ihren Reihen wissen wollten. Aber ohne dass sich Hofmann zuvor interessiert gezeigt und im Sinne der Partei auch entsprechend exponiert hätte, ist das kaum vorstellbar. Karrieregründe haben hier durchaus auch eine Rolle gespielt. So hat sich beispielsweise Hofmanns Heilbronner Ortsgruppe für ihn stark gemacht, als er sich um die Stelle als Rektor der Heilbronner Pestalozzischule bewarb – bei Gaufachschaftsleiter Hiller!

Abb. 21: NSDAP-Mitgliedskartei Wilhelm Hofmanns

Außer mit einer beeindruckenden beruflichen Karriere in Heilbronn und seinem Engagement in der Fachschaft V des NSLB auf Gauebene war Hofmann in Heilbronn auch mit einer zweiten Karriere als Funktionär der NSDAP sehr erfolgreich – zunächst im Kreisschulungsamt. Er trat als nachgefragter Parteiredner auf, fungierte als Lehrbeauftragter am Hauswirtschaftlichen Seminar in Heilbronn und ab 1942 als (kommissarischer) Leiter des Amts für Erzieher in der Heilbronner Kreisleitung. Es gibt gute Gründe für die Annahme, dass er in dieser Zeit versuchte, die angehenden Lehrerinnen für Handarbeit, Hauswirtschaft und Turnen, die an dem Heilbronner Seminar ausgebildet wurden, für einen Einsatz im »Ostlanddienst« zu motivieren – zwar gegen den Widerstand der bei den Heilbronner Nazis als »Betschwester« verschrienen Seminardirektorin, aber nicht ohne einen gewissen Erfolg (vgl. Eberle 2016, 414).

II.1.6.3 Hofmann als Parteiredner

Als geschätzter Redner hielt Hofmann in Heilbronn und Umgebung immer wieder propagandistische Vorträge – ab Ende 1941 auch über das Wartheland, das er im Sommer bereist hatte und dessen »Germanisierung« ihn begeisterte. Auch Hiller lud ihn als Redner zu einer Wochenendschulung der württembergischen Hilfsschullehrerschaft in Stuttgart Anfang 1942 ein. Thema des Vortrags: »Der Warthegau – ein deutsches Land, weltanschaulich-politisch gesehen«. Der

Warthegau sei – so Hofmann unter anderem – »uraltes deutsches Siedlungsland« und müsse »wieder deutsch werden«. Was sich dort jetzt vollziehe, sei »deutscher Wille«, »deutsche Schöpferkraft«, rief Hofmann den Anwesenden zu und ergänzte: Zu diesem gewaltigen Dienst dürften sich nur die Besten melden; sie müssten »fanatische Künder des Deutschtums sein, Deutsche mit echt nationalsozialistischer Haltung. Wenn die Arbeit dort auch schwer und entsagungsvoll ist, so kann doch jeder Mitarbeiter sagen: Da ist Deutschland, da ist es schön, da kann gearbeitet werden!« (Anonymus 1942,75). Kein Wort von Hofmann natürlich, nicht einmal eine Andeutung, zu der praktizierten Brutalität gegenüber der dortigen polnischen Bevölkerung, insbesondere gegenüber den Juden, um die »Germanisierung« durchzusetzen!

Dem wegen seiner Radikalität außerordentlich berüchtigten Heilbronner Kreisleiter Richard Drauz imponierte Hofmanns Arbeit in der Kreisleitung, die wegen bestehender Spannungen nicht nur innerhalb des NSLB besonders schwierig war, so sehr, dass er Letzterem 1942 sogar zu einer Auszeichnung verhalf. Hofmann erhielt das »Kriegsverdienstkreuz II. Klasse ohne Schwerter« verliehen. Zu seinem Vorgesetzten in der Gauleitung – Gauamtsleiter Ernst Huber – hatte Hofmann demgegenüber stets ein eher ungutes Verhältnis (vgl. Eberle 2016).

II.1.7 Epilog

Wegen der Entlastungsfunktion der Hilfsschule gab es 1933 von Anfang an sicher keinerlei Differenzen zu dem, was die Protagonistinnen und Protagonisten der neuen Machthaber gutheißen konnten, und dem, was die württembergische Hilfsschullehrerschaft unter der Ägide Hillers und Hofmanns zu »bieten« wusste. Und hinsichtlich der jetzt neuen Sammelbeckenfunktion in rassehygienischer Hinsicht zeigten sich die Anhänger der neuen Machthaber sogar unverblümt begeistert über die Existenz einer Schulform, die prädestiniert dafür war, rassenhygienische Aufgaben mitzuerfüllen. Unschwer kann dabei von einer »Selbstmobilisierung« (Ludwig 1974) der württembergischen Hilfsschullehrerschaft zur Erreichung nationalsozialistischer Ziele geredet werden! Hinsichtlich der Qualifikationsfunktion blieben die Entscheider im NS-Staat zwar skeptisch, aber durchaus interessiert. Man kann davon ausgehen, dass letztlich die Hilfsschullehrerschaft auf diesem Feld mit ihrem »Angebot« ebenfalls punkten konnte und an Ansehen gewann.

Hiller hat sich nie für einen »echten« Nationalsozialisten gehalten – erst recht nicht nach 1945. Ihm wurde dies auch in entsprechenden Erklärungen von unbelasteten Persönlichkeiten bescheinigt. Seine Zugehörigkeit zur Partei sei lediglich nominell gewesen, hieß es. Letztlich als »Entlasteter« eingestuft, konnte Hiller sein Amt als Hilfsschulrektor wieder übernehmen, trat aber bald danach in den Ruhestand. 1952 wurde ihm das Bundesverdienstkreuz verliehen.

Hofmann wurde nach 1945 zunächst interniert. Erst 1951 konnte er in sein früheres Amt zurückkehren. Nach seiner für ihn nicht gerade einfachen Entnazifizierung[28] unterrichtete er zunächst an seiner ehemaligen Schule als »einfacher« Hilfsschullehrer. Gleichzeitig war er rührig gewerkschaftlich aktiv und profilierte sich wieder im Südwestdeutschen Hilfsschulverband, der sich neu formiert hatte (heute: Landesverband Baden-Württemberg des Verbandes Sonderpädagogik, VDS). Von 1949 bis 1952 war Hiller dessen 1. Vorsitzender. Bis zu seinem Tod 1955 konnte sich Hofmann bei seiner Aufbauarbeit auf Hillers Unterstützung voll verlassen – besonders bei der Etablierung einer später über die Landesgrenzen hinaus anerkannten Hilfsschullehrerausbildung in Stuttgart in Verbindung mit der Universität Tübingen im sich gerade formierenden Baden-Württemberg. An diesem Seminar hielt zum Beispiel auch der erwähnte Landesjugendarzt Eyrich seit 1951 immer wieder Vorlesungen. Er war im Grafeneckprozess freigesprochen worden, weil er sich keines Verbrechens gegen die Menschlichkeit schuldig gemacht habe, sondern nur der Beihilfe dazu. Eyrich habe aber in einem übergesetzlichen Notstand gehandelt.

Abb. 22: Verleihung des Bundesverdienstkreuzes an Wilhelm Hofmann 1976

1976 wurde auch Hofmann das Bundesverdienstkreuz verliehen. Bei der Würdigung seiner Verdienste tat sich – wie schon bei früheren Ehrungen und Jubiläen – auch hier eine gewaltige Lücke auf: Die Zeit des Nationalsozialismus blieb ausgespart! Parallel zu dem offiziellen Geschehen war aber die NS-Zeit trotzdem durchaus präsent – aber im Verborgenen und nur Eingeweihten bekannt: So war eine bereits 1966 angedachte Verleihung des Bundesverdienstkreuzes im Stuttgarter Staatsministerium gestoppt worden. Dort sah man aufgrund der Entnazifizierungsunterlagen des nunmehr in den Ruhestand tretenden Professors für Heil-

---

28 Vgl. Staatsarchiv Ludwigsburg, Sign. EL 903/Bü 362 (Entnazifizierung Wilhelm Hofmann).

pädagogik, Sprechheilkunde und Phonetik an der Pädagogischen Hochschule Reutlingen noch keine Chance dafür, dass der Bundespräsident der Initiative des Kultusministeriums folgen würde (vgl. Eberle 2016, 435). Auch Schulen waren in Baden-Württemberg nach Hiller und Hofmann benannt worden. In den ersten beiden Jahrzenten des 21. Jahrhunderts revidierte man diese Namensgebungen.

Literatur

Anonymus (1942): Bericht über die Wochenendschulung der württembergischen Hilfsschullehrer am 3. Januar 1942 in Stuttgart. Die deutsche Sonderschule, 9 (2),74–76.
Ash, M. G. (2002): Wissenschaft und Politik als Ressourcen füreinander. In: R. v. Bruch & B. Kaderas (Hrsg.), Wissenschaften und Wissenschaftspolitik. Bestandsaufnahmen zu Formationen, Brüchen und Kontinuitäten im Deutschland des 20. Jahrhunderts (S. 32–49). Stuttgart: Franz Steiner Verlag.
Brill, W. (2011): Pädagogik der Abgrenzung. Die Implementierung der Rassenhygiene im Nationalsozialismus durch die Sonderpädagogik. Bad Heilbrunn: Klinkhardt.
Eberle, G. (2015): Hundert Jahre »VDS – Landesverband Baden-Württemberg«. Teil II: Vom Beginn des NS-Regimes 1933 und der Gleichschaltung des Südwestdeutschen Hilfsschulverbands bis zu dessen »Wiederaufleben« nach 1945. Pädagogische Impulse, 48 (2), 38–110.
Eberle, G. (2016): Zur Karriere des Sonderpädagogen Wilhelm Hofmann vor, während und nach der NS-Zeit in ihrem Kontext: Ein notwendiger Nachtrag. In: Ch. Schrenk & P. Wanner (Hrsg.), heilbronnica 6. Beiträge zur Stadt- und Regionalgeschichte (S. 339–452). Heilbronn: Stadtarchiv Heilbronn.
Ellger-Rüttgardt, S. (1998): Der Verband der Hilfsschulen Deutschlands auf dem Weg von der Weimarer Republik in das »Dritte Reich«. In: A. Möckel (Hrsg.), Erfolg, Niedergang, Neuanfang. 100 Jahre Verband Deutscher Sonderschulen (S. 50–95). München, Basel: Fachverband für Behindertenpädagogik.
Ellger-Rüttgardt, S. (2004): Sonderpädagogen im Dritten Reich – Versuch einer Annäherung. Vierteljahresschrift für Heilpädagogik und ihre Nachbargebiete, 73, 350–364.
Ellger-Rüttgardt, S. L. (2024): Geschichte der Sonderpädagogik: Eine Einführung (3. Auflage). München: Ernst Reinhardt Verlag.
Eyrich, M. (1934): Vererbung des Schwachsinns. Medizinisches Korrespondenz – Blatt für Württemberg, 103, 495–497 & 503–505.
Finger, J. (2016): Eigensinn im Einheitsstaat. NS-Schulpolitik in Württemberg, Baden und im Elsass 1922–1945. Baden-Baden: NOMOS.
Hanke, H.-J. (2004): Karl Schubert. Lebensbilder und Aufzeichnungen. Dornach: Verlag am Goetheanum.
Hiller, Chr. (1933a): Milieuschädigungen und die Aufgabe der Hilfsschule. Württembergische Lehrerzeitung, 93 (29), 94–111.
Hiller, Chr. (1933b): Die Sterilisation Minderwertiger und die Hilfsschule. Württembergische Lehrerzeitung, 93 (29), 430.
Hiller, Chr. (1934a): Warum brauchen wir den Sonderschulzwang? Der deutsche Erzieher, 2 (10), 6–7.
Hiller, Chr. (1934b): Über Vererbung des Schwachsinns und Unfruchtbarmachung. Die deutsche Sonderschule, 1 (4), 297–300.
Hiller, Chr. (1936): Notwendigkeit und Aufgaben der Sonderschulen. Der deutsche Erzieher, 4 (8/9), 141–143.
Hiller, Chr. (1941): Als »bildungsunfähig« ausgeschulte Hilfsschulkinder. Die deutsche Sonderschule, 8 (3), 150–152.
Hofmann, W. (1930): Erhebungen über die Berufsfähigkeit entlassener Hilfsschüler. Die Hilfsschule, 23 (2), 132–146.
Hofmann, W. (1932): Hat die Hilfsschule heute noch eine Existenzberechtigung? Württembergische Lehrerzeitung, 91 (2), 16–19.

Hofmann, W. (1936): Wesen, Ziel und Methode der Hilfsschule. Der Deutsche Erzieher, 4 (8/9), 143–147.

Hofmann, W. (1943): Erfahrungen mit Hilfsschülern in Industrie, Handel, Handwerk und Landwirtschaft in Heilbronn. Die deutsche Sonderschule, 10 (4), 149.

Hofmann, W. (1960): Rückschau und Ausblick. In: Pestalozzischule Heilbronn (Hrsg.), 50 Jahre Pestalozzischule Heilbronn, 12–15 (hektographiert, unveröffentlicht).

Hofmann, W. (1969): Hiller, Christian. In: G. Heese & H. Wegener (Hrsg.), Enzyklopädisches Handbuch der Sonderpädagogik und ihrer Grenzgebiete (3., neubearbeitete Auflage des Enzyklopädischen Handbuchs der Heilpädagogik), Bd. 2., Sp. 1415. Berlin-Charlottenburg: Marhold.

Hofmann, W. (1972): Zum »Strukturwandel der Hilfsschule? – Kritische Gedanken zur Strukturwandel-These« von Norbert Myschker. Zeitschrift für Heilpädagogik, 23 (7), 502–509.

Hofmann, W. (1976): 50 Jahre Hilfsschullehrerausbildung in Württemberg 1926–1976 unter besonderer Berücksichtigung von 25 Jahren landeseigener Sonderschullehrer-Ausbildung in Baden-Württemberg 1951–1976. Dokumentation zur Sonderschullehrerausbildung in Baden-Württemberg. Sonderschule in Baden-Württemberg, Sonderheft, 4–20.

Ludwig, K. H. (1974): Technik und Ingenieure im Dritten Reich. Düsseldorf: VDI-Verlag.

Mommsen, H. (1999): Der faustische Pakt der Ostforschung mit dem NS-Regime. Anmerkungen zur Historikerdebatte. In: W. Schulze & O. G. Oexle (Hrsg.), Deutsche Historiker im Nationalsozialismus. (S. 265–273). Frankfurt a. M.: Fischer.

Peukert, D. J. K. (1987): Die Weimarer Republik. Krisenjahre der Klassischen Moderne. Frankfurt a. M.: Suhrkamp.

Schmuhl, H.-W. (2005): Geschichte der Kaiser-Wilhelm-Gesellschaft im Nationalsozialismus. Göttingen: Wallstein.

Seifriz, E. (1930): Reinöhl, Präs., Dr., Rassenhygiene und Bevölkerungspolitik (Bericht). Württembergische Schulwarte, 6 (12), 751–762.

Tornow, K. (1936): Die Mitarbeit des Sonderschullehrers bei der Verwirklichung des Gesetzes zur Verhütung erbkranken Nachwuchses. Aus der Praxis der Gutachtertätigkeit des Hilfsschullehrers. Die deutsche Sonderschule, 3 (5), 321–332.

Tornow, K. (1941): Bildungsunfähige Hilfsschulkinder. Was wird aus ihnen? Die deutsche Sonderschule, 8 (1), 24–35.

II.2 Paul Bartsch – ein NS-Sonderpädagoge im Spiegel seiner Biografie

Anton Ottmann

II.2.1 Das Kinderkurheim Nickersberg

Anlässlich der Übergabe des »Kinderkurheimes Nickersberg« im Schwarzwald an die Katholische Gesamtkirchengemeinde Karlsruhe war im Mai 1963 in einem Bericht der »Badischen Neuesten Nachrichten« zu lesen: »Am Dienstagnachmittag nahmen Dr. Paul Bartsch und seine Gattin Abschied von ihrer Wirkungsstätte. Genau am 1. Mai 1950 waren sie eingezogen und hatten ein kleines Erholungsheim übernommen. In jahrelanger Arbeit hatten sie es erweitert, sodass das Kinderheim Nickersberg in seiner jetzigen Form geradezu eine Insel des Friedens und eine ideale Erholungsstätte darstellt« (Ottmann 2021, 17).

Zeitzeuginnen und Zeitzeugen, die sich auf einen Presseaufruf meldeten, zeichnen ein ganz anderes Bild. Axel[29], der 1958 als Neunjähriger wegen Untergewicht dort fünf Wochen zubrachte, berichtet:

> »Wir mussten uns sofort nach dem Frühstück auf im Freien aufgestellte Bettgestelle legen und bis zum Mittagessen in der prallen Sonne liegend ausharren. Damit man nicht direkt auf den rostigen Bettgestellen lag, holte man sich vorher aus einem Schuppen eine meist mit Urinflecken versiffte, aufgeplatzte Matratze als Unterlage« (a. a. O., 24).

Über die sanitären Verhältnisse führt er aus:

> »Es gab für mehrere Jungen-Gruppen nur zwei Toiletten. Oft waren sie verstopft und liefen über, so dass die Fäkalien auf dem Boden schwammen. Repariert wurden sie manchmal erst nach Tagen, sodass in der Zwischenzeit nur eine Toilette zur Verfügung stand. Da sie abends nicht mehr zugänglich waren, machten viele Kinder ins Bett. Man wurde ausgeschimpft, dann wurde die Matratze einfach umgedreht« (ebd.).

Die damals sechsjährige Andrea bekam einmal »den Hintern versohlt«, weil sie den Teller nicht leer aß. Sie beobachtete, wie andere ihr Erbrochenes wieder aufessen mussten.

> »Die damals siebenjährige Toni war vor Weihnachten 1952 für sechs Wochen zur Kur. Als das von Heimweh geplagte Kind danach mit den anderen in den Bus zurück nach Berlin einsteigen wollte, teilte man ihm mit, dass sie weitere sechs Wochen bleiben müsse, weil sie an Gewicht verloren habe. Die Eltern warteten zuhause vergeblich auf sie, sie waren nicht benachrichtigt worden« (a. a. O., 31).

Weitere Zeitzeuginnen und Zeitzeugen beschreiben ähnliche Vorfälle. Das Essen diente der reinen Nahrungsaufnahme und wurde von fast allen Kindern als ekel-

---

29 Zeitzeuginnen und Zeitzeugen werden nur beim Vornamen genannt.

erregend bezeichnet. Stundenlanges, betätigungsloses Liegen an der frischen Luft, Gewaltmärsche bei jedem Wetter und kaltes Duschen sollten den Körper ertüchtigen. Der menschliche Umgang mit den Kindern war empathielos, streng, fast militärisch. Kranke Kinder wurden zwar in einer »Krankenbaracke« untergebracht, blieben dort aber ohne ärztliche Behandlung, eine »Tante« schaute gelegentlich nach ihnen.

Das erzieherische Verhalten des Personals war von Härte, Kälte und Disziplinierung geprägt – Kinder sollten nicht durch zu großes Verständnis und menschliche Nähe verwöhnt und verweichlicht werden. Gradmesser für einen erfolgreichen Aufenthalt war ausschließlich die Gewichtszunahme. Ein gewisses Verständnis bringt man für das ungelernte Personal auf, wenn man weiß, dass den Älteren unter ihnen genau dieses Verhalten als pädagogisch richtig eingetrichtert worden war, und die Jüngeren es am eigenen Leib in der Hitlerjugend, in NS-Freizeiten und im Reichsarbeitsdienst erfahren hatten (vgl. Röhl 2021, 203 ff.).

Mit seinem Doktortitel vermittelte Bartsch nach außen den Eindruck, dass das Kinderkurheim unter ärztlicher Leitung stehe, so war im Hausprospekt vom »Onkel Doktor« die Rede. Bei der Aufsichtsbehörde wurde er als »praktischer Psychologe« geführt, was allerdings keine offizielle Berufsbezeichnung darstellt. Wie von Zeitzeuginnen und Zeitzeugen zu erfahren war, beschränkte sich seine »ärztliche Tätigkeit« im Wesentlichen auf ein Aufnahmegespräch und ein sehr oberflächliches Schlussgutachten, in dem er sich wenig qualifiziert über die Patientinnen und Patienten äußerte. So beschrieb er zwar Appetit und Gewichtszunahme, verharmloste aber die im Heim durchgemachten Krankheiten und führte im Elternbrief Therapien auf, die gar nicht stattgefunden hatten.

Abb. 23: Postkarte mit dem Kinderkurheim Nickersberg von 1956

Seine Frau Elisabeth leitete intern das Kinderkurheim mit eiserner Hand. Das »volksdeutsche Personal«[30] hatte sie aus dem von ihr während des Krieges geführten

---

30 Als Volksdeutsche wurden im »Dritten Reich« im Ausland lebende Deutsche bezeichnet, die deutsche Vorfahren hatten und sich zum Deutschtum bekannten.

Berliner Kinderheim[31] mitgebracht. Dieses war 1940 nach Rokitten/a.d. Warthe (heute Rokitno in Polen) in der Nähe von Schwerin/a.d. Warthe verlegt worden und dann 1944, auf der Flucht vor der russischen Armee, nach Heiligenstadt in der späteren Ostzone. 1949 zog das Ehepaar in den Schwarzwald, erwarb das ehemalige Wehrmacht-Erholungsheim Nickersberg und machte daraus ein Kinderkurheim.

Nach 13 Jahren Heimleitung konnte das Ehepaar Bartsch »Nickersberg« für eine große Summe Bargeld und eine lebenslange Pension, orientiert an der Beamtenbesoldung, verkaufen. Dass sich Bartsch nach dem Krieg eine neue Identität verschafft hatte, indem er seine Tätigkeit als Lehrer und auch sein Wirken in nationalsozialistischen Organisationen verschwieg, wurde erst 2021 durch aufwändige Recherchen bekannt (vgl. Ottmann 2021, 47 ff.).

II.2.3 Bartsch als Funktionär des Nationalsozialistischen Lehrerbundes (NSLB)

II.2.3.1 Ämter in NSDAP und NSLB

Paul Bartsch trat sehr früh in Standesorganisationen ein, wie dem Deutschen Lehrerverein, dem Hilfsschulverband, dem Beamtenwirtschaftsverband und dem Preußischen Handels- und Gewerbelehrerverein. Im Juli 1932 wurde Bartsch Mitglied des NSLB, einen Monat nach der Machtergreifung der Nazis trat er im Mai 1933 der NSDAP und den angeschlossenen Verbänden »NS-Wohlfahrt« und »Kolonialbund« bei. Im Mai 1934 wurde Bartsch in der Fachschaft V (Sonderschulen) des NSLB zum »Reichsfachgruppenleiter für das Anstaltserziehungswesen« ernannt. Dazu zählten »Krüppelbildungsanstalten, Waisenhäuser, Schulen in Heilerziehungsheimen, Fürsorgeanstalten, Strafanstalten« (Bartsch 1936b, 736). Über sein Fachgebiet hinaus war Bartsch ab 1936 auch als Geschäftsführer der ganzen Fachschaft »Sonderschulen« tätig, vermutlich nach Fertigstellung des »Hauses der deutschen Erziehung in Bayreuth« im Juli desselben Jahres.

1935 wurde Bartsch zusätzlich »Mitarbeiter im Rassenpolitischen Amt der NSDAP-Reichsleitung«, das für Schulung und Propaganda, einheitliche Sprachregelungen und Anregungen für Gesetze auf dem Gebiet der »Erbgesundheitslehre« und »Rassenhygiene« zuständig war. Konkret wurde hier für Zwangssterilisation, Zwangsabtreibung, Dauerinternierung und Arbeitslager geworben, ab den 40er Jahren schließlich auch für die Tötung von Menschen (»Euthanasie«), die als »unwert« und »volksschädlich« galten.

---

31 Zur Unterscheidung: In Kinderheimen sind Kinder aus familiären oder sozialen Gründen dauerhaft oder für längere Zeit untergebracht. In einem Kinderkurheim verbringen Kinder, in der Regel ärztlich betreut, aus gesundheitlichen Gründen einige Wochen zur Erholung.

II.2.2 Paul Bartsch als Volks-, Hilfsschul- und Handelsschullehrer

Paul Bartsch wurde am 20. April 1893 in Neukölln (heute Berlin-Neukölln) geboren und wuchs in kleinbürgerlichen Verhältnissen auf, der Vater war Klempner, die Mutter Hausfrau. Nach der achtjährigen Volksschule besuchte er ab 1907 eine dreijährige »Präparandenanstalt«, in der er sich für das Studium des Volksschullehrers vorbereitete. Das vierjährige Lehrerseminar in Kyritz (Brandenburg) schloss er im August 1914 mit der ersten Dienstprüfung für Volksschullehrer und der Gesamtnote »genügend«[32] ab. Noch im gleichen Jahr trat er freiwillig in das 1. Reserve Garde Regiment in Potsdam ein und wurde im November 1918 als »kriegsbeschädigt« entlassen. Bartsch trat danach wieder in den Schuldienst ein und legte nach einem Jahr Unterricht an der »Gemeindeschule Berlin-Weißensee« (heute »Schule am Hamburger Platz«) und einem weiteren Jahr an der dortigen Hilfsschule die zweite Dienstprüfung mit der Note »gut« ab. Zwei Jahre später, im Mai 1922, bestand er die Prüfung als »Hilfsschullehrer« mit »genügend« und unterrichtete als solcher weiter. Vorher hatte er noch mehrere Kurse in Heilpädagogik besucht. Teilweise parallel dazu studierte er von Mai 1921 bis April 1924 an der Universität Berlin Psychologie, allerdings ohne Abschluss. Von dort wechselte er zuerst ein Semester auf die Hochschule für Leibesübungen und dann auf die Berliner Handelshochschule, wo er 1926 die Prüfung als »Diplomhandelslehrer«[33] mit »gut« ablegte – verbunden mit einer Zusatzprüfung in Latein, die ihm ohne Abitur den Zugang zu einem Universitätsstudium eröffnete. Seine Diplomarbeit mit dem Titel »Die geschichtliche Entwicklung der Wurfübungen« gibt keinen Hinweis darauf, wie sehr er sich wenige Jahre später als überzeugter Nationalsozialist gebärden sollte. All diese Fortbildungen und Studiengänge hat er vermutlich neben dem Schuldienst besucht, denn in seiner Personalakte sind für diese Zeit keine Beurlaubungen vermerkt. Dies war möglich, da er an sechs Tagen jeweils fünf Stunden im Block morgens oder nachmittags unterrichtete.

Von 1926 bis 1929 absolvierte Bartsch eine dreijährige »praktische Lehre« als Bau- und Möbeltischler, für die er ohne Gehalt beurlaubt wurde. Nach Aktenlage wurde er noch während der Lehrzeit am 31. März 1928 aus dem Volksschuldienst (Reichsministerium für Wissenschaft, Erziehung und Volksbildung) entlassen und am folgenden Tag als »Handelsoberlehrer auf Lebenszeit« (Ministerium Handel und Gewerbe) eingestellt. Danach war er an der Berufsschule Friedrichhain, Abteilung »Heil- und Pflegeanstalt Wuhlgarten«[34] tätig und blieb dort vermutlich bis zum Ausscheiden aus dem Schuldienst im Jahr 1939. Es liegt die Vermutung nahe,

---

32 Die damals gültige Notengebung: sehr gut, gut, genügend, ungenügend.
33 Ein Diplomhandelslehrer unterrichtete in dieser Zeit an einer Gewerbeschule und wurde deshalb oft auch als Gewerbelehrer bezeichnet.
34 Wuhlgarten bei Biesdorf in Berlin war eine psychiatrische Einrichtung vor allem für Epileptiker. Dort waren 1933 etwa 1.250 Patientinnen und Patienten untergebracht, von denen etwa 1.000 dem Mordprogramm der »Euthanasie« zum Opfer fielen (vgl. Wuhlgarten 2015).

dass er für diese feste Anstellung im Höheren Berufsschuldienst die Ausbildung in einem praktischen Beruf nachweisen musste. Während er an den Volks- und Hilfsschulen bisher alle gängigen Fächer unterrichten musste, waren es jetzt Bürgerkunde, gewerbliches Rechnen, Fachzeichnen und Holzbearbeitung, wie dem Personalbogen zu entnehmen ist.

Im Wintersemester 1929 begann Bartsch ein Promotionsstudium der Pädagogik an der rund 300 Kilometer entfernten Universität Hamburg, das er ohne Abschluss mit dem Wintersemester 1931 beendete. Wahrscheinlich ist er auch dafür nicht beurlaubt worden, denn er erhielt ab 1930 einen ruhegehaltsfähigen Zuschuss von jährlich 800 Reichsmark, weil er mit seiner Doppelqualifikation als Hilfsschul- und Handelsschullehrer an einer Berufsschule für Hilfsschüler unterrichtete.[35]

II.2.2.1 Unterrichtstätigkeit

In der Gemeindeschule (Volksschule) Weissensee unterrichtete Bartsch gleich nach dem Ersten Weltkrieg 30 Stunden, von Montag bis Samstag jeden Tag fünf Stunden morgens oder nachmittags im Block. Pflicht waren alle gängigen Fächer wie Rechnen, Schreiben, Turnen, Gesang, Religion und Geografie. Über die Unterrichtstätigkeit in der Hilfsschule gibt es keine Unterlagen, wahrscheinlich war der Fächerkanon ähnlich, allerdings mit einem stark eingeschränkten »Stoffplan«.

Zum Unterricht in der Berufsschule Berlin-Friedrichshain, Außenstelle Wuhlgarten, gibt es eine protokollierte »Schulbesichtigung« vom 9. Februar 1932:

> »Unterrichtsstunde 1 (Gruppe mit 4 Schülern): Unter dem Thema ›Umgang mit Menschen‹ wird der Begriff ›Konflikt‹ erarbeitet. Das Verhältnis von Menschen zueinander wird als ›Zufriedenes Miteinander‹, ›gleichgültiges Nebeneinander‹ und ›freundliches Zueinander‹ dargestellt […] Beurteilung der Unterrichtsstunde: Bei der Weiterentwicklung des Unterrichts in der aufgezeigten Richtung setzt eine äußerst rege Entwicklung der Schüler ein. Sie bringen selbst noch treffende Beispiele. Einem Schüler entfährt die Bemerkung: ›Ich habe heute einen recht ernsten Konflikt gehabt, dass ich mich dabei beherrscht habe, das muss ich sagen, verdanke ich nur diesem Unterricht.‹ Man gewinnt durchaus den Eindruck, dass der Unterricht für diese Menschen, deren Leben recht eintönig verläuft, Entspannung, geistige Erhebung und wahrlich auch günstige Beeinflussung bedeutet […] Unterrichtsstunde 2 (Gruppe mit 22 Schülerinnen): Unter dem Thema Gemeinschaft wird das ›eigene Spiel‹ als Ausgangspunkt betrachtet. Es wird unterschieden in ›Nebeneinander-Spiel, Werfspiel, Ernstspiel‹. Beim ›Gemeinschaftsspiel‹ geht es darum, eine notwendige Aufgabe zu erkennen und bei der Erarbeitung des Begriffs Gemeinschaft kommt man auf das Verhältnis zwischen Menschen […] Beurteilung der Unterrichtsstunde: Die Beteiligung der Schülerinnen ist äußerst lebhaft und durchaus fördernd. Sie betonen gelegentlich, dass sie mit großer Freude am Unterricht teilgenommen haben und der Unterweisung viel verdanken […] Gesamturteil: ›Bartsch zeigt sich als ein äußerst geschickter und überaus wendiger Lehrer, der sich in die Welt seiner Schüler und ihrer Sache recht verständnisvoll hineinzudenken und zu -fühlen vermag und in der Auswahl und auch in der Unterrichtsweise ganz das trifft, was die Schüler interessiert. Es ist lebhaft zu wünschen und zu

---

35 Vgl. Bibliothek für Bildungsgeschichtliche Forschung (BBF): Akte GUT 220196 (Bl. 19–45), Paul Bartsch.

hoffen, dass es seiner geschickten und fleißigen Arbeit gelingt, die Schwierigkeiten, die hier noch zu überwinden sind, in Kürze zu beseitigen«.[36]

Schon mit der Eröffnung der Städtischen Anstalt für Epileptiker in Biesdorf am 15. November 1893 wurde am 28. November desselben Jahres im »Kinderhaus« eine Schule für Jugendliche mit Epilepsie eingerichtet, die vermutlich von Anfang an dem Berufsschulbereich zugeordnet war. Dazu gehörten zwei Unterrichtsräume, Werkstätten und Unterkünfte für Schülerinnen und Schüler sowie Räume für zwei Lehrkräfte und einen »Erziehungsinspektor«. Daneben waren dort noch sechs Wärter und sieben Wärterinnen für die Betreuung der jugendlichen Patientinnen und Patienten tätig. Der Lehrplan für die anfangs eingerichteten fünf Klassen orientierte sich an dem der Berliner Gemeindeschulen, allerdings mit den durch die »Eigenart der Schüler und Schülerinnen« bedingten Abstrichen.

Es gibt keinerlei Unterlagen darüber, wo und in welchem Umfang Bartsch ab 1934 an der nun umgetauften »Sonderberufsschule Horst-Wessel III, Außenstelle Wuhlgarten« unterrichtet hat. Auch findet man keine Hinweise über Unterrichtsinhalte und deren Vermittlung. Lediglich im Artikel »Freizeit, Feierabend und Feier im Heim« von 1939 schreibt Bartsch, dass es in dieser Schulart um »Gesinnungsbildung« gehe, die durch »Wiedererweckung und Gestaltung alten Volksgutes, Brauchtums und der Verlebendigung arttreuer Überlieferungen« erzielt werden soll (Bartsch 1939, 289). Von seinem in Berlin wohnenden Sohn aus erster Ehe war ergänzend zu erfahren, dass Bartsch während dieser Zeit Ausflüge und Lagerfeuer für die Patientinnen und Patienten organisierte und diese ihn »geliebt« hätten.[37] Nachdem Bartsch für seine Geschäftsführertätigkeit für den Nationalsozialistischen Lehrerbund zwischen 1934 und 1939 eine Deputats-Ermäßigung von sechs Wochenstunden bekam, ist durchaus denkbar, dass er die restlichen 14 Stunden ausschließlich für solche Tätigkeiten verwendete.

Gemäß der NS-Ideologie formulierte Bartsch auch für Schülerinnen und Schüler mit Behinderung als übergeordnetes Ziel »Erziehung und Eingliederung aller deutschen Menschen in die Volks- und Staatsgemeinschaft oder aber Ausschluss aus derselben« (Bartsch 1936a, 6). Und mit Blick auf die volksbiologische Aufgabe der NS-Sonderpädagogik bemerkte er an späterer Stelle: »Es sind die zahlreichen Möglichkeiten im Rahmen der fachschaftlichen Arbeit aufzuschließen und nutzbar zu machen, um das große Auslese- und Aussonderungswerk an der deutschen Volksgemeinschaft zu fördern« (a.a.O., 12f., Sperrung im Original).

II.2.3.2 Veröffentlichungen in der Zeitschrift »Die Deutsche Sonderschule«

Im April 1934 erschien das erste Heft »Die deutsche Sonderschule«, einer von der Reichsfachschaft V herausgegebenen Monatszeitschrift. Nach Meinung von Hänsel

---

36 Provinzial-Schulkollegium Berlin (1928): Personalakte Paul Bartsch. Berliner Landesarchiv, Nr. 2553.
37 Weitere Auskünfte verweigerte der Sohn, weil er der Meinung war, dass sein Vater in Ottmann 2021 zu negativ dargestellt worden sei.

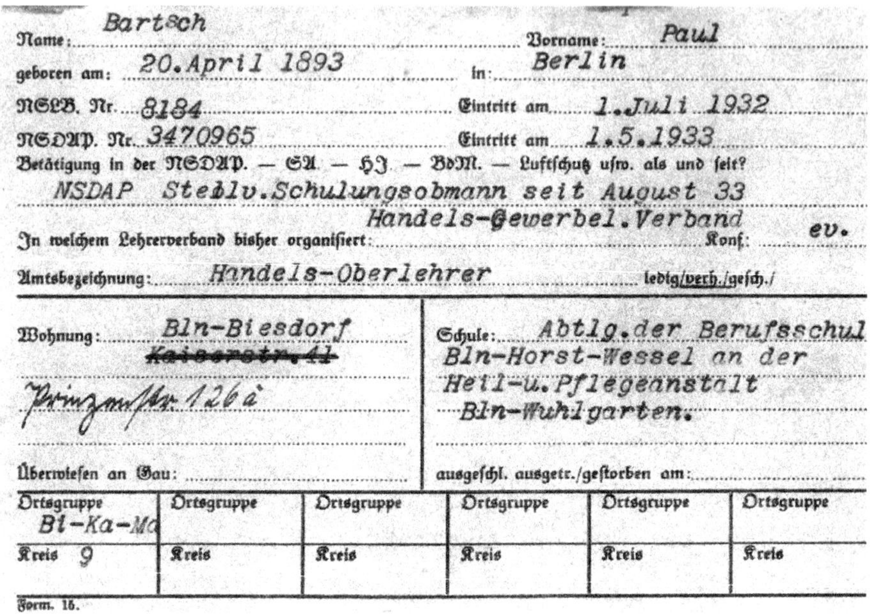

Name: Bartsch Vorname: Paul
geboren am: 20.April 1893 in: Berlin
NSLB. Nr. 8184 Eintritt am 1.Juli 1932
NSDAP. Nr. 3470965 Eintritt am 1.5.1933
Betätigung in der NSDAP. — SA. — HJ. — BdM. — Luftschutz usw. als und seit?
NSDAP Stellv.Schulungsobmann seit August 33
In welchem Lehrerverband bisher organisiert: Handels-Gewerbel.Verband Konf: ev.
Amtsbezeichnung: Handels-Oberlehrer ledig/verh./gesch./

Wohnung: Bln-Biesdorf
~~Kaiserstr. 41~~
Prinzenstr. 126a

Schule: Abtlg.der Berufsschul Bln-Horst-Wessel an der Heil-u.Pflegeanstalt Bln-Wuhlgarten.

Überwiesen an Gau: ausgeschl. ausgetr./gestorben am:

Ortsgruppe Bi-Ka-Ma	Ortsgruppe	Ortsgruppe	Ortsgruppe	Ortsgruppe	Ortsgruppe
Kreis 9	Kreis	Kreis	Kreis	Kreis	Kreis

Form. 16.

Abb. 24: Nachweis der NSDAP-Mitgliedschaft von Paul Bartsch

(2006, 99 ff.) bestimmte der Hauptschriftleiter Karl Tornow, zusammen mit den vier Reichsfachgruppenleitern, die Veröffentlichungspolitik der Zeitschrift. Bartsch hatte also die Schriftleitung für den Bereich Anstaltswesen inne, später schrieb er als Geschäftsführer auch grundsätzliche Artikel zur Fachschaft V. Von Anfang an ging es in seinen Veröffentlichungen um die Umsetzung der nationalsozialistischen Ideologie und deren Vorstellungen von Moral, Erziehung, Volkstreue und Führerschaft – in Sonderschulen allgemein und in Anstalten im Besonderen, wobei Bartsch uneingeschränkt die nach der NS-Ideologie vorgenommenen Unterscheidung zwischen »brauchbaren« und »nicht brauchbaren« Menschen übernahm und propagierte. In seinem Artikel »Meine Berufskameraden im Anstaltsdienst!« schrieb er unmissverständlich:

> »Unerbittlich wird der nationalsozialistische Staat die Früchte des vergangenen Wohlfahrtsstaates durch Dauerinternierung und damit die Gefahren für Gut und Blut seiner Volksgenossen beseitigen. Durch früheste Aussonderung der hoffnungslosen Fälle wird man die ungeheuren Kosten, die die Strafrechtspflege verschlingt, stark herabmindern können […] Die unnachsichtliche Ausmerze aller Lebensuntauglichen aus der erzieherischen Arbeit der Anstalten schafft eigentlich erst die Voraussetzung für die betonte Zuwendung zu den geschädigten, lebenstauglichen Volksgliedern […] Die Menge der verwaisten, verkrüppelten, schwach befähigten, erziehungsbedürftigen und leichtstraffällig gewordenen Volksglieder bildet das eigentliche und vordringliche Erziehungsfeld, für das ein wesentliches volkliches Gemeininteresse vorhanden ist« (Bartsch 1934a, 48 f.).

Und noch in demselben Jahrgang der Zeitschrift findet sich gesperrt gedruckt folgender Auftrag an die Sonderschullehrerschaft:

Die deutsche Sonderschule

Organ der Reichsfachschaft V Sonderschulen im NSLB.

1. Jahrgang   Mai 1934   Heft 2

Der Reichsbevollmächtigte für Erziehung und Unterricht, Parteigenosse Roder, Bayreuth, hat am heutigen Tage die Ernennung der 4 Reichsfachgruppenleiter und des Hauptschriftleiters in der Fachschaft V (Sonderschulen) im NSLB. bestätigt.

Mithin sind Reichsfachgruppenleiter:

für Taubstummenlehrer Pg. Dr. Maeße, Berlin-Neukölln, Mariendorfer Weg 47–60,

für Blindenlehrer Direktor Pg. Bechthold, Halle (Saale), Bugenhagenstraße 30,

für Hilfsschullehrer Schulrat Pg. Alfred Krampf, Hannover, Am Grasweg 7,

für Anstaltslehrer Dipl.-Handelslehrer Pg. Bartsch, Berlin-Biesdorf, Kaiserstraße 41

und Hauptschriftleiter

Pg. Dr. Karl Tornow, Halle (Saale), Artilleriestraße 95.

Heil Hitler!

Ruckau

Reichsfachschaftsleiter V, Sonderschulen im NSLB.

Berlin, den 31. Mai 1934.

Abb. 25: Paul Bartsch wird zum Reichsfachschaftsleiter ernannt.

»Sichert als Amtswalter des nationalsozialistischen Staates durch Auslese und Ausmerze in eurer Schülerschaft das Gesamtschicksal unseres Volkes. Seid Treuhänder der noch brauchbaren deutschen Jugend, um sie durch Unterricht, Erziehung und Fürsorge ins Dritte Reich hinein zu führen« (Bartsch 1934b, 563).

In Anspielung auf das »Gesetz zur Verhütung erbkranken Nachwuchses« hatte Bartsch deutlich umrissen, worin die zukünftigen Aufgaben der Sonderschullehrer liegen sollten, nämlich in der »erbbiologischen Bestandsaufnahme und Sichtung der erbkranken Bevölkerung« und weiter durch »die Mitarbeit in den kriminalbiologischen Forschungsstellen an Fürsorge- und Strafanstalten, die Meldepflicht seitens der Lehrer und Erzieher für die Durchführung des Sterilisierungsverfahrens, die Einflussgewinnung auf Feststellung der Sterilisierungswürdigkeit bei Findung des Urteils, u. a. auch die stärkere Heranziehung der Geschädigtenerzieherschaft als Sachverständige und Gutachter bei der Spruchbildung, die Erweiterung des Spruchkollegiums durch Sonderschulpädagogen und nicht zuletzt die Propagandaaufgabe [...] bei der Durchdringung des völkischen Lebens mit erbbiologischem Gedankengut« (Bartsch 1934b, 562; vgl. auch Bartsch 1935).

Wie aus dem Beurlaubungsschreiben[38] der Berliner Schulverwaltung hervorgeht, hat Bartsch mit Sicherheit noch bis Anfang 1939 das Amt des Geschäftsführers ausgeübt. Aber schon im Jahr 1938 veröffentlichte er keine Artikel mehr und 1939 lediglich den bereits genannten über »Freizeit, Feierabend und Feier im Heim«. Im März 1939 quittierte Paul Bartsch den Schuldienst und meldete sich ein halbes Jahr später zur Wehrmacht. Wenn er weiterhin, wie im Impressum ausgeführt, bis zur Einstellung der Zeitschrift Schriftleiter der Fachgruppe Anstaltswesen geblieben wäre, hätte vermutlich nicht der Hauptschriftführer Karl Tornow im Januar 1942 einen Artikel über die Ausbildung von Anstaltslehrern geschrieben (Tornow, 1942), sondern Paul Bartsch.

II.2.3.3 Entwicklung und Untergang der Reichsfachschaft V

Um den Bruch in der Karriere von Bartsch im Jahr 1939 zu verstehen, muss man die »Reichsfachschaft V Sonderschulen im NSLB« näher betrachten. 1933 gebildet, sollte sie die unterschiedlichsten Sonderschularten und Anstalten zusammenführen, die vorher in Verwaltung, Ausbildung, pädagogischen Konzeptionen, Standesorganisationen und in den zuständigen Ministerien nichts miteinander zu tun hatten. Ziel war eine »völkische Sonderpädagogik«, in der es primär nicht um das Erlernen der Kulturtechniken und das Bewältigen von Alltag und Beruf ging, sondern um die »Aufwertung des Volkes«. Gemeint sind die Einschwörung auf den Führer, die Aussonderung und das Ausmerzen von »unwerten« Zöglingen und schließlich die Eingliederung der verbliebenen »wertvollen Zöglinge« in das nationalsozialistische Leben (vgl. Hänsel 2006, 97 ff.). Unterstützung erhielt die Fachschaft durch die Gründung des »Referats für negative Schülerauslese und Sonderschulfragen« im »Rassenpolitischen Amt der NSDAP«.

Eine Sonderpädagogik auf der Grundlage von »Aussonderung und Ausmerze« zu begründen, war allerdings nicht nur zynisch, menschenverachtend und verbrecherisch, sie war auch nicht hilfreich für die Bewältigung des Schulalltags. Aus diesem Grund verbietet es sich auch, die damalige Zusammenfassung aller Schuleinrichtungen für junge Menschen mit Behinderung zu »Sonderschulen« als Gewinn für die dort unterrichtenden Lehrkräfte darzustellen, wie es Hänsel tut (Hänsel 2006, 85 ff.). »Schulungslager« waren ein nationalsozialistisches Erziehungsmittel zur Menschenformung, auch in der Fachschaft V. Damit sollten die internen Schwierigkeiten, Abgrenzungsprobleme und Machtkämpfe zwischen den

---

38 Ortenaukreis, Kreisarchiv: Schriftverkehr mit Paul Bartsch. Sign. KAO Sasw-24, Offenburg: Landratsamt.

II.2 Paul Bartsch – ein NS-Sonderpädagoge im Spiegel seiner Biografie

Abb. 26: Fachschaftstreffen unter Leitung von Paul Bartsch in Parteiuniform (1. Reihe, 3. v. links)

verschiedenen Behinderungsarten überwunden und gleichzeitig eine Stärkung der Kameradschaft erreicht werden, auch um den Einfluss der Fachschaft innerhalb des NSLB zu stärken. Solche Lager wurden deutschlandweit einmal 1934 und einmal 1935 in Birkenwerder organisiert (vgl. Bartsch 1936b). Neben Fahnenhissen und Lagerromantik standen auf der Tagesordnung: »Einigung der Reichsfachschaft V«, »Gestaltung von Erziehung und Unterricht« und »Sterilisierung im Sonderschulbereich«. Bei Bartsch ist nachzulesen, dass das Ministerium danach nicht mehr bereit war, weitere solcher Veranstaltungen auf Reichsebene zu finanzieren (a. a. O., 719).

Nachdem die Reichfachschaft V als Interessenvertretung innerhalb der NSLB mit einem eigenen Geschäftsführer Bartsch etabliert war, versuchte ihre Führungsspitze innerhalb des »Reichsministeriums für Wissenschaft, Erziehung und Volksbildung« ein eigenes Fachdezernat für das »Sonderschul- und Anstaltserziehungswesen« zu erhalten, so wie alle anderen Schularten auch. Nach Landerer (2012, 274) scheiterte dies an der Kompetenzaufteilung auf drei verschiedenen Ministerien (Erziehung, Handel und Justiz), außerdem an den aufgesplitteten Schulbehörden, deren Zuständigkeit weitgehend behinderungsspezifisch organisiert waren, wie bei den Gehörlosen-, Blinden- und »Schwachsinnigen-Schulen«. Bartsch musste sich in diesem Zusammenhang berechtigte Hoffnungen auf einen erheblichen Karrieresprung gemacht haben, denn in dem von ihm verfassten Geschäftsbericht der Fachschaft V für das Jahr 1936 (1936a, 721) spricht er von seinem Vorgänger Hans Schemm, »Reichswalter NSLB und Bayr. Kultusminister«, der tödlich verunglückt war.

Bei Landerer (a. a. O., 274) ist nachzulesen, dass die Reichsfachschaft V den Plan aufgeben musste, jenseits vom NSLB beim »Reichsministerium für Wissenschaft, Erziehung und Volksbildung« eine eigene Abteilung zu etablieren. Das Ansinnen fiel in eine Zeit, in der das Ministerium die alleinige Zuständigkeit für das Bildungs- und Hochschulwesen für sich in Anspruch nahm. Gründe dafür waren wohl die immensen Kosten, die der NSLB mit seinen vielen Gliederungen erzeugte, das Kompetenzgerangel zwischen NSDAP, NSLB und Ministerium, aber vielleicht auch die Fokussierung auf die »Rassenhygiene« und die Vernachlässigung schulischer Fragen. Dies führte sogar so weit, dass der NSLB 1943 »stillgelegt« wurde, denn er hatte zu diesem Zeitpunkt seinen Gründungszweck erfüllt, nämlich die Lehrkräfte aller Schularten unter dem Nationalsozialismus zu vereinen und die Mehrzahl zum Eintritt in die NSDAP zu bewegen.

II.2.4 Lebenslauf von Paul Bartsch nach der Entlassung aus dem Schuldienst

II.2.4.1 Eintritt in die Wehrmacht

Der Personalakte Bartsch ist zu entnehmen, dass seine Tätigkeit als Berufsschullehrer am 31. März 1939 endete, damit auch die Tätigkeit für den NSLB.[39] Über die Gründe kann man nur spekulieren. Am wahrscheinlichsten ist, dass er sich durch die angestrebte Installierung der Fachschaft V als Abteilung beim Reichsministerium einen Karrieresprung erhofft hatte und nach deren Ablehnung nicht mehr zur praktischen Tätigkeit als Sonderschullehrer zurückkehren wollte, zumal der Inhalt seiner zahlreichen Veröffentlichungen darauf schließen lässt, dass ihm die konkrete Unterrichtstätigkeit nicht am Herzen lag.

Im August 1939 trat er freiwillig in die Wehrmacht ein. Mit 46 Jahren und aus dem Ersten Weltkrieg kriegsversehrt zurückgekommen, wäre er gar nicht mehr eingezogen worden, die Grenze lag bei 45 Jahren. Damit ruhte aber auch seine Parteimitgliedschaft[40], was es ihm erleichterte, diese nach dem Krieg zu verschweigen. Von seiner aktiven Zeit bei der Wehrmacht ist lediglich bekannt, dass er an der Westfront eingesetzt war und wegen Nierensteinbeschwerden zwischen Dezember 1940 und September 1941 mehrmals ins Lazarett kam. Nach eigenen Angaben soll er danach als Stabsintendant bei der Lazarett-Wehrmachtsverwaltung in Schwerin eingesetzt worden sein.

---

39 Vgl. Provinzial- Schulkollegium Berlin (1928): Personalakte Paul Bartsch. Berliner Landesarchiv, Nr. 2553.
40 Dies war eine gesetzliche Regelung, die erst gegen Kriegsende aufgehoben wurde (vgl. § 26 Wehrgesetz 1935).

II.2.4.2 Promotion

Obwohl er bereits Wehrmachtsoffizier war, bewarb sich Bartsch im Jahr 1941 an der Philosophischen Fakultät der Universität Hamburg um die Promotion.[41] Zu der Zeit gab es eine Promotionsordnung, nach der der Doktor-Titel mit einem Vollstudium in einem Haupt- und zwei Nebenfächern und der Dissertation auch ohne vorherigen akademischen Abschluss erworben werden konnte. Auf seinen Antrag hin wurden ihm seine Vorlesungsbesuche in den 1920er Jahren im Fach Psychologie in Berlin und im Fach Erziehungswissenschaft in Hamburg als Studium angerechnet. Er wurde dann im Hauptfach Erziehungswissenschaft und in den Nebenfächern Psychopathologie und Volkskunde mündlich geprüft und der Abschluss als »Not-Promotion« genehmigt, da das Studium weder in der Fächerwahl noch im Umfang den üblichen Anforderungen entsprach. Die Fakultät entsprach seinem Antrag, was wohl an der ideologischen Nähe zu den beiden betreuenden Professoren lag: Dr. Gustav Deuchler (Erziehungswissenschaft), den Bartsch schon aus seinem Studium in den 1920er Jahren kannte, und Dr. Hans Bürger-Prinz (Psychopathologie) – beide überzeugte Nazis. Vielleicht spielte auch eine Rolle, dass ihm nach eigener Aussage vom Reichsministerium nach dem Erwerb des Doktor-Grades eine Stelle als Dozent in einem Lehrerseminar zugesagt worden war.[42]

Im Januar 1942 legte Bartsch dann die mündliche Prüfung ab, erwartungsgemäß von Deuchler und Bürger-Prinz mit »sehr gut« bewertet. Prof. Dr. Lauffer, der das zweite Nebenfach »Deutsche Altertums- und Volkskunde« prüfte und von dem keine Nähe zum Nationalsozialismus aktenkundig ist, fällte mit »genügend« allerdings ein vernichtendes Urteil, ließ ihn aber gerade noch durchkommen, weil er »einem Mann, der erst seit zweieinhalb Jahren die Uniform trägt«, die Zukunft nicht verbauen wollte.[43]

In Bartschs Dissertation »Der Pflegling und seine Anstalt« (1944) machte er »die Bildungsgestalt des Pfleglings und dessen Lebensbereich« zum Gegenstand seiner Untersuchung. Es handelt sich um eine sehr theoretische Arbeit mit einer, selbst vom Erstgutachter bemängelten, Vielzahl von Begriffsschöpfungen, mit denen er die »Pflegebedürftigkeit«, die »pflegerischen Kräfte« und die »Pflegeanstalt« beschreibt. Im Wesentlichen ging es auch hier um sein Steckenpferd, der Sortierung von Jugendlichen in solche, die »ausgemerzt« oder »ausgesondert« werden sollten, und solche, die die Anstalt gerade noch zu brauchbaren Mitgliedern der Volksgemeinschaft machen kann. Keine Erklärung findet sich, warum die Dissertation erst im Frühjahr 1944 bewertet wurde, also zwei Jahre nach der mündlichen Prüfung, obwohl Bartsch in seinem Bewerbungsschreiben bereits 1941 mitgeteilt hatte, dass sie fertig vorliege.

---

41 Vgl. Universitätsarchiv Hamburg: Promotionsakte Paul Bartsch, Nr. 864.
42 Vgl. ebd.
43 Ebd.

II.2.4.3 Aufbau einer falschen Identität

Nach eigenen Angaben war Bartsch ab 1940 in dem von Elisabeth Kreiter geleiteten Kinderheim in Rokitten als »psychologischer Berater« tätig. Ob dies neben seinen militärischen Aufgaben tatsächlich möglich war, kann bezweifelt werden. Nach Auskunft des Suchdienstes des Deutschen Roten Kreuzes verließ er am 24. Januar 1945 mit einem Vertriebenenausweis diesen Ort und heiratete am 1. April seine zweite Ehefrau Elisabeth Kreiter in Heiligenstadt, wohin die beiden mit den Kindern und dem Personal geflohen waren. Alles spricht dafür, dass er zu diesem Zeitpunkt nicht mehr Soldat war, obwohl er bei der Hochzeit als Beruf »Stabsintendant« angegeben hatte. Nach dem vorliegenden Schriftverkehr übernahm er dort den Außenkontakt mit den Behörden.

Davon abweichend gab er im Meldebogen für die Entnazifizierungsbehörde[44] an, dass er 1945 und 1946 in russischer Gefangenschaft gewesen sei. Ein Nachweis dafür konnte in den zuständigen Archiven nicht gefunden werden. Im Meldebogen zur Entnazifizierung verschwieg er seine Mitgliedschaft in der NSDAP und dem NSLB genauso wie seine Lehrerqualifikationen und konkrete Lehrtätigkeiten. Stattdessen gab er für die Jahre 1932 bis 1934 an, in der Wirtschaft gearbeitet zu haben. 1935 war er angeblich Angestellter in Heimen der Stadt Berlin, 1936 »beratender Psychologe« in Berlin und Hamburg, von 1937 bis 1939 wissenschaftlicher Mitarbeiter des Psychologischen Instituts der Universität Hamburg. Dass er von 1939 bis 1944 Beamter in der Lazarettverwaltung in Schwerin/a.d. Warthe und Landsberg/a.d. Warthe war, ist die einzige Angabe, die mit den vorliegenden Dokumenten übereinstimmt. Alle anderen Tätigkeiten sind frei erfunden.

Erstaunlicherweise findet man in der Archivakte des Ortenaukreises[45] ein Schreiben des »Hilfswerks Berlin«, das bescheinigt, dass »Dr. Otto Bartsch und seine Ehefrau Else Bartsch« von 1939 bis 1949 ein Vertragskinderheim der Stadt Berlin geleitet hätten. Hier stimmen weder sein Vorname noch der genannte Zeitraum der Heimleitung. Bemerkenswert ist auch, dass Bartsch in Anschreiben an Behörden immer wieder den Vornamen Otto verwendete, ohne dass dem widersprochen wurde.[46] Erstmals taucht »Otto« fälschlicherweise als Zweitname im Flüchtlingsausweis auf. Dies lässt vermuten, dass er sich Gefälligkeitszeugnisse beschaffte, die seine neue Identität stützen sollten.

Mit 64 Jahren bekam Bartsch ab 1957 eine Pension, der eine Unterrichtstätigkeit von 1922 bis 1945 zugrunde lag. Auch diese beruhte auf falschen Angaben, denn er war bereits 1939 aus dem Schuldienst ausgeschieden. Er hatte sogar die Unverfrorenheit, die Anrechnung einer jährlichen Zulage für die Doppelbeschäftigung als Handels- und als Hilfsschullehrer für die ganze Zeit zu beantragen, obwohl er als solcher nachweislich nur von 1930 bis 1939 tätig war.[47]

---

44 Vgl. Ortenaukreis, Kreisarchiv: Schriftverkehr mit Paul Bartsch. Sign. KAO Sasw-24, Offenburg: Landratsamt.
45 Vgl. ebd.
46 Vgl. ebd.
47 Vgl. Bibliothek für Bildungsgeschichtliche Forschung (BBF): Akte GUT 220196 (Bl. 19–45), Paul Bartsch.

Nach dem Verkauf der Grundstücke und Gebäude auf dem Nickersberg im Jahr 1963 lebte das Ehepaar noch bis 1969 in der Nähe in Sasbachwalden und zog dann ins Rheinland, der Heimat von Else Bartsch. Im April 1977 verstarb Paul Bartsch im Alter von 84 Jahren in Mainz.

II.2.5 Resümee: Zur Person Paul Bartsch

Ohne Zweifel war Bartsch einer der Propagandisten in der Sonderpädagogik, die die Verbrechen der Nazis erst salonfähig gemacht haben. In der pädagogischen Historiografie wurde allerdings bisher die Bedeutung von Bartsch als nationalsozialistischer Propagandist im NSLB unterschätzt. So war bislang etwa nicht bekannt, dass er Geschäftsführer der Fachschaft V war, 1939 seine Veröffentlichungen einstellte und mit dem Eintritt in die Wehrmacht nicht mehr politisch tätig war.

Mit großer Wahrscheinlichkeit war sein leidenschaftliches Eintreten für die nationalsozialistische Ideologie ab dem Jahr 1934 seinem Ehrgeiz und Opportunismus geschuldet. Als ihm der berufliche und politische Aufstieg nicht gelang, versuchte er es mit der Promotion. Mit dem Kriegsende ließ sich auch der Wunsch nach einer Dozentenstelle an einem Lehrerseminar nicht mehr realisieren. Danach schuf er sich erfolgreich eine neue Identität, um nicht für seine Tätigkeit im Nationalsozialismus zur Rechenschaft gezogen zu werden. Unterstützung bekam er vermutlich von »alten Kameraden« in den Behörden, die ihm Gefälligkeitsbescheinigungen ausstellten. Seine Angst vor Entdeckung hinderte ihn aber nicht daran, dass er sich und seiner Frau mit großer Hartnäckigkeit zweifelhafte Leistungen aus dem Lastenausgleich und aus Pensionsansprüchen erstritt (vgl. Ottmann 2021, 44f.)

Mit dem Lügen hatte Bartsch nie Probleme. Bei dem Vergleich seiner Daten in Lebensläufen und in amtlichen Dokumenten stößt man immer wieder auf falsche Angaben zu seinem Vorteil. So verlegte er gerne seinen Beitritt zur NSDAP vom Mai in den April 1933, um eine frühe Aufnahme zu belegen und damit als besonders linientreu zu gelten. Mit dem Vornamen Otto bediente er sich nach dem Krieg zeitweise eines Namensvetters, der in der Immatrikulationsliste der Universität Berlin genau vor ihm stand.

Die von »Verschickungskindern« geschilderten Brüllattacken gegenüber dem Personal und den ihm anvertrauten Kindern lassen vermuten, dass er trotz allem mit seiner Situation nicht zufrieden war. Außerdem ist anzunehmen, dass er das Kinderheim nicht aus Überzeugung führte, sondern um seine Vergangenheit zu vertuschen und eine Altersversorgung zu sichern. Der in der erziehungswissenschaftlichen Literatur immer mal wieder zitierte Paul Bartsch (vgl. Hänsel 2006, 99ff.) wurde zu seinen Lebzeiten nicht mit dem späteren Heimleiter auf dem Nickersberg in Verbindung gebracht.

Doch muss man feststellen, dass die Person Paul Bartsch in der Nachkriegszeit kein Einzelfall war; er steht vielmehr beispielhaft für viele Funktionäre und Politiker in der »zweiten Reihe«, die sich erfolgreich eine »reine Weste« verschafft hatten oder gleich in eine ganz neue Identität geschlüpft waren.

Literatur

Quellen

Bartsch, P. (1934a): Meine Berufskameraden im Arbeitsdienst! Die deutsche Sonderschule, 1, 47–51.
Bartsch, P.(1934b): Sonderschullehrer auf dem Marsche. Die deutsche Sonderschule, 1, 561–565.
Bartsch, P. (1935): Anstaltserziehung. Die deutsche Sonderschule, 2, 216–224.
Bartsch, P. (1936a): Geschäftsbericht der Fachschaft V (Sonderschulen) im NSLB. Die deutsche Sonderschule, 3, 718–721.
Bartsch, P. (1936b): Die Reichsfachschaft V im NSLB. Leitlinien ihres Zusammenschlusses, insbesondere der Fachgruppe »Anstalten«. Die deutsche Sonderschule, 3, 733–741.
Bartsch, P. (1939): Freizeit, Feierabend und Feier im Heim. Die deutsche Sonderschule, 6, 289–291.
Bartsch, P. (1944): Dissertation Der Pflegling und seine Anstalt. Hamburg: Universitätsbibliothek Hamburg.
Tornow, K. (1942): Die Ausbildung von Anstaltslehrern ist dringend notwendig. Die deutsche Sonderschule, 9, 1–4.

Darstellungen

Brill, W. (2011): Pädagogik der Abgrenzung. Die Implementierung der Rassenhygiene im Nationalsozialismus durch die Sonderpädagogik. Bad Heilbrunn: Klinkhardt.
Ellger-Rüttgardt, S. L. (2024): Geschichte der Sonderpädagogik: Eine Einführung (3. Auflage). München: Ernst Reinhardt Verlag.
Hänsel, D. (2006): Die NS-Zeit als Gewinn für Hilfsschullehrer. Bad Heilbrunn: Julius Klinkhardt.
Landerer, C. (2012): Das sprachheilpädagogische Arbeitsfeld im Wechsel der politischen Systeme 1929–1949, Dortmund: unveröffentlicht, Bibliothek Technische Universität.
Ottmann, A. (2021): Gewitternächte in Nickersberg. Bretten: Lindemanns.
Röhl, A. (2021): Das Elend der Verschickungskinder. Gießen: Psychosozialer Verlag.
Triebe, M. (2017): NS-Ideologie in der NSLB-Zeitschrift »Die Deutsche Sonderschule« 1934–1944. Frankfurt: Protagoras Academicus.
Wuhlgarten – Hilfsverein für psychisch Kranke e.V. (2015): Die Heil- und Pflegeanstalt Wuhlgarten 1933–1945 (2. Auflage). Wuhlgarten: Eigenverlag Wuhlgarten.

II.3 Verschweigen, täuschen, leugnen: Walter Bärsch – ein angesehener Psychologe und Sonderpädagoge der Nachkriegszeit mit »brauner« Vergangenheit

Hans-Peter de Lorent & Sieglind Luise Ellger-Rüttgardt

II.3.1 Vorbemerkung

Walter Bärsch (1914–1996) war nicht nur in Hamburg, sondern auch auf nationaler Bühne eine hochgeschätzte und anerkannte Persönlichkeit, die sich auf den Feldern Schulreform, Drogenprävention, Kinderschutz und Kinderrechte sowie gemeinsamer Bildung und Erziehung von Kindern und Jugendlichen mit und ohne Behinderung einen Namen gemacht hatte. Anlässlich seines 80. Geburtstages erschienen zwei Festschriften zu seinen Ehren, herausgegeben von der Gewerkschaft Erziehung und Wissenschaft (Goetsch/Köpke 1994) und Sieglind Luise Ellger-Rüttgardt, einer Mitarbeiterin des Instituts für Behindertenpädagogik der Universität Hamburg (Ellger-Rüttgardt 1994).

Etwa 25 Jahre später erfuhr das Idealbild von Walter Bärsch durch quellengestützte Recherchen deutliche Risse (Schümann 2008). 1994 wurde aufgedeckt, dass Walter Bärsch – entgegen eigener Aussagen – sehr wohl eine bedeutende NS-Vergangenheit hatte. Verstärkt und untermauert wurde die schmerzliche Demontage des einstigen Idols Walter Bärsch durch den biografischen Beitrag von Hans Peter de Lorent in dem zweiten Band »Täterprofile«, der Porträts von Verantwortlichen des Hamburger Bildungswesens während des »Dritten Reichs« und in der Zeit nach 1945 nachzeichnet (de Lorent 2017).

Wie sind diese Täuschung und tiefe Enttäuschung seitens seiner Verehrerinnen und Verehrer zu erklären? Gibt es überhaupt eine überzeugende Erklärung? Im Folgenden versuchen zwei Beteiligte des Jahres 1994 einige vorsichtige Erklärungsversuche und Interpretationen.

II.3.2 Rückschau auf ein Interview aus dem Jahr 1994

Sieglind Luise Ellger-Rüttgardt

Ich war ab 1975 als wissenschaftliche Assistentin am Institut für Behindertenpädagogik der Universität Hamburg tätig und hatte, wie viele meiner Kolleginnen und Kollegen, ein herzliches, ungetrübtes Verhältnis zu dem älteren Kollegen Walter Bärsch, der durch seine Offenheit, Zugewandtheit, seinen Humor und seine Gelassenheit bestach und zu dem ich auch nach seiner Emeritierung 1983 weiterhin Kontakt pflegte.

Als sich der 80. Geburtstag von Walter Bärsch näherte, fühlte ich mich geradezu verpflichtet, die Initiative für eine Festschrift zu ergreifen und gewann renommierte Mitautorinnen und Mitautoren aus der Wissenschaft, der Kirche, von Behindertenverbänden und Institutionen der Behindertenarbeit, vom Kinderschutzbund, der Gewerkschaft Erziehung und Wissenschaft sowie der Hamburger Schulbehörde. In dieser Festschrift veröffentlichte ich Auszüge aus zwei längeren Interviews, die ich Januar 1994 mit Walter Bärsch geführt hatte. Diese Gespräche – und das sei ausdrücklich betont – führte ich in der positiven Grundstimmung von Sympathie und Bewunderung für einen außergewöhnlichen Vertreter einer fortschrittlichen Gesellschaftspolitik und Pädagogik, wie sie sich auch im Titel der Festschrift widerspiegelt: »Pädagogisches Handeln in gesellschaftlicher Verantwortung«.

Abb. 27: Walter Bärsch im Interview 1983

Nach nahezu 30 Jahren habe ich das verschriftlichte Gespräch erneut gelesen und einen Großteil der alten Kassetten abgehört – in der Hoffnung, vor dem Hintergrund des gegenwärtigen Wissens Hinweise auf das Verschweigen, Täuschen und

Leugnen zu finden. Walter Bärsch war im »Dritten Reich« mehr als ein Sympathisant und unbedeutender Mitläufer gewesen, wie er in den Gesprächen bekundet hatte. Wie Unterlagen aus dem Bundesarchiv belegen, ist Walter Bärsch seit 1933 Mitglied der SS und seit 1934 Mitglied der NSDAP gewesen. Ferner war er »Altherrenführer« im NS-Studentenbundes.[48]

In dem Interview von 1994 fragte ich Walter Bärsch: »Sind Sie in die Partei eingetreten?« Er antwortete: »Nein, ich bin nie Parteigenosse gewesen. Ich bin mal eine Zeit lang in der Hitlerjugend gewesen, das hatte aber eine sehr unbedeutende Funktion. Ich war Sportler, und das war mein Hobby. Ich habe mich also unentwegt im Sportdress rumgetrieben, mich interessierten die anderen Dinge nicht so sonderlich stark« (Ellger-Rüttgardt 1994, 23). Ich hatte keine Zweifel an dem Wahrheitsgehalt dieser Aussage und auch die erneute Wiedergabe des Bandes gab keinerlei Hinweise auf Zögern oder Verunsicherung in der Formulierung. Beim nochmaligen Abhören der Aufnahme ist meines Erachtens allerdings aufschlussreich, dass Walter Bärsch seine Tätigkeit in den NS-Organisationen sehr betont kleinredet. Und gefragt nach einer möglichen Parteizugehörigkeit nach 1945 gab er mit seiner Antwort vielleicht indirekt seine Mitgliedschaft in der NSDAP zu: »Ich bin nie parteipolitisch gewesen. Vielleicht hängt das auch damit zusammen, daß man Parteizugehörigkeit im Dritten Reich erlebt hatte und gewissermaßen auch die Nachteile, die sogenannte Parteimitglieder hatten, so daß ich vielleicht auch gar keine Lust hatte, in eine Partei einzutreten« (a. a. O., 28). Er blieb zwar unpersönlich und allgemein mit dieser Aussage – und so empfand ich es auch 1994 –, aber mit heutigem Wissen könnte es ein verdecktes Eingeständnis seiner Mitgliedschaft in der NSDAP gewesen sein.

Walter Bärsch setzte sich sogar als Widerständler in Szene, indem er berichtete, dass er sich angeblich dagegen zur Wehr setzte, dass die HJ-Fahne auf der Hochschule für Lehrerbildung in Dresden gehisst wurde: »Ich habe erbitterten Widerstand geleistet«.[49]

Auch seine Äußerungen zur Aufarbeitung der NS-Vergangenheit nach 1945 sind in einem unpersönlichen Duktus formuliert und er gibt nur indirekt zu, »Sympathisant« gewesen zu sein, der als Betroffener die Aufarbeitung nicht hätte leisten können. Bemerkenswert ist die distanzierte Formulierung »Ich als Zeitgenosse dieser Zeit... kann wohl behaupten, dass die Prozentzahlen, die bei den Wahlen für die Nationalsozialisten gestimmt haben... ohne Zweifel die Realität widerspiegelten. D. h. die meisten haben sich mehr oder weniger mit dem Nationalsozialismus und der Hitler-Bewegung identifiziert« (a. a. O., 26).

Zwei weitere Beispiele belegen, dass Walter Bärsch sich auch nicht scheute, bewusst die Unwahrheit zu sagen. So ist seine Aussage falsch, dass seine erste Frau in Dresden durch einen Bombenangriff ums Leben kam (a. a. O., 23 f.). Wie Quellen aus dem Bundesarchiv belegen, hatte Bärsch 1942 die Scheidung von seiner damaligen Ehefrau eingereicht. Das zweite Beispiel betrifft die vermeintliche Promotion. Walter Bärsch hatte in allen mündlichen Bekundungen und amtlichen

---

48 Mein Dank gilt Bodo Schümann, der mir wichtige Dokumente aus dem Bundesarchiv zur Personalie Walter Bärsch überlassen hat.
49 unveröffentlichtes Interview vom 24. Januar 1994.

UNIVERZITA KARLOVA V PRAZE
ÚSTAV DĚJIN UNIVERZITY KARLOVY
- ARCHIV UNIVERZITY KARLOVY

116 36 PRAHA 1, OVOCNÝ TRH 5

VÁŠ DOPIS ZNAČKY / ZE DNE	NAŠE ZNAČKA	VYŘIZUJE / LINKA	PRAHA
	174/2006	Mgr. Ratajová	1. 3. 2006

VĚC Betr.: Walter Bärsch.

Sehr geehrter Herr Doktor Schümann,

es tut uns leid, aber wir haben in den Dokumenten (Rigorosenhauptprotokoll, Doktorenmatrik) der ehemaligen Deutschen Universität in Prag keine Informationen über die Doktorprüfungen oder Promotion von Walter Bärsch zwischen 1940–1945 gefunden.

Mit freundlichen Grüßen

Doz. PhDr. Petr Svobodný
Direktor des Institutes f. Geschichte d. KU

INSTITUTE FOR THE HISTORY OF CHARLES UNIVERSITY – ARCHIVE OF CHARLES UNIVERSITY
Ovocný trh 5, CZ 116 36 Praha 1
Tel.: ++420/224228104 FAX ++420/224491670 E-mail: udauk@ruk.cuni.cz

Abb. 28: Schreiben der Karls-Universität Prag, das die angebliche Promotion Walter Bärschs nicht bestätigt.

Dokumenten, auch bei seiner Bewerbung um eine Professur am Institut für Behindertenpädagogik der Universität Hamburg 1977, stets angegeben, 1943 an der Universität Prag promoviert worden zu sein und dass die Urkunde in den Kriegswirren verloren gegangen sei. In einem Telefonat am 6. Januar 2022 berichtete Prof. em. Ulrich Bleidick von der Universität Hamburg, der damalige Vorsitzende der Berufungskommission, dass er angesichts der unbefriedigenden Bewerberlage für die Professur »Psychologische und soziologische Aspekte der Erziehung und Rehabilitation Behinderter« Walter Bärsch zu einer Bewerbung aufgefordert hatte. An der Versicherung des so überzeugenden Bewerbers, dass seine Promotionsurkunde verloren gegangen sei, hegte offenbar niemand aus der Berufungskommission und den weiteren Gremien den geringsten Zweifel.

Bei Nachforschungen bei der Karls-Universität Prag im Jahre 2006 konnten die Angaben von Walter Bärsch zu seiner Promotion nicht bestätigt werden (Schümann 2008). Bekräftigt wurden diese Aussagen durch meine Kollegin Svetlá Solarová, eine geborene Tschechin, die ich 2018 gebeten hatte, noch einmal in Prag nach Walter Bärsch zu forschen. Nach Auskunft der Abteilung Geschichte der Karls-Universität ist der Name Walter Bärsch nicht in den Verzeichnissen von Studierenden, Dozentinnen und Dozenten und Promovierenden der Jahrgänge 1942 bis 1945 zu finden. Aber was machte dann Bärsch während der Wintersemester 1942/43 und 1943/44 in Prag? Er war schließlich nach wie vor Angehöriger der Wehrmacht. Aufschluss könnten vielleicht tschechische Militärarchive geben.

II.3.3 Versuch der Annäherung an eine Biografie

Sieglind Luise Ellger-Rüttgardt

Walter Bärsch ist und bleibt ein Rätsel, denn zu groß sind die Diskrepanzen zwischen seinem Leben vor und nach 1945. Unbestreitbar ist seine NS-Verstrickung, die er stets verschwieg bzw. leugnete, aber anzuerkennen sind zugleich seine pädagogischen und gesellschaftspolitischen Leistungen in der Nachkriegszeit. Wie passt das alles zusammen?

Mit Blick auf seinen Lebenslauf und die mit ihm geführten Interviews erschließt sich mir folgende hypothetische Interpretation: Walter Bärsch hat nach Kriegsende bewusst eine neue Biografie für sich »erfunden« – begünstigt durch die deutsche Teilung, die Nachforschungen in der ehemaligen DDR und auch im osteuropäischen Ausland sehr erschwerten bzw. gar nicht in den Blick geraten ließen. Walter Bärsch hat eine relativ lange Phase von 1945–1949 genutzt, um einen überzeugenden neuen Lebenslauf zu konstruieren, und erst als 1949 kaum noch ernsthafte Entnazifizierungsverfahren liefen – per Bundestagsbeschluss wurde im Dezember 1950 das Ende der Entnazifizierungsverfahren beschlossen –, hat er sich für den Schuldienst in Hamburg beworben. Danach halfen ihm seine hohe Intelligenz, Zielstrebigkeit und außerordentliche kommunikative Begabung sehr schnell, in gesellschaftlich relevanten Kreisen Fuß zu fassen und seine weitere berufliche Karriere zu planen und zu gestalten – zunächst in Hamburg, dann aber auch auf Bundesebene. Wie dokumentiert ist, war er dabei außerordentlich erfolgreich und niemand, wirklich niemand hat jemals an seiner Integrität und seiner Authentizität gezweifelt. Und seine Koketterie mit dem Status eines ehemaligen Sonderschülers und die Betonung der eigenen Mittelmäßigkeit, die aber keine war, bescherten ihm allgemeine Bewunderung und Hochachtung. Walter Bärsch war ein mutiger, unerschrockener Aufsteiger, der »nie Respekt vor Königsthronen« hatte (Ellger-Rüttgardt 1994, 45). Denn welches Arbeiterkind der frühen 30er Jahre traute sich schon, den Rektor einer höheren Schule anzusprechen und um Aufnahme zu bitten und das ohne Wissen der Eltern?

Wie Walter Bärsch selbst mit seiner doppelten Identität umging, ob er sie im Laufe der Jahre überhaupt noch als eine solche wahrnahm, wird wohl nie zu erfahren sein. Ich neige zu der Annahme, dass er bewusst seine »braune« Vergangenheit im Interesse einer neuen Identität verdrängt hat. Denn wie sagte er doch so unmissverständlich eindeutig in dem Interview: »Also, ich kann zufrieden sein mit meinem Lebenslauf. Vom einfachen Arbeiterkind…zum Professor – das ist ja schon etwas und dann noch mit der Zwischenstation Hilfsschule. Damit kann man schon zufrieden sein. Ich habe auch eine ganze Menge bewirken können… das ist auch sehr befriedigend« (a. a. O., 44). Eine neue Identität zu erfinden war ganz sicher nur den Tätern möglich, denn die Opfer prägte die Überzeugung, »daß man nie ein neues Leben beginnen, sondern immer nur das alte fortsetzen kann« (Kertesz 2002, 284).

II.3.4 Eine moralische Institution in der Gewerkschaft Erziehung und Wissenschaft

Hans-Peter de Lorent

Als ich mit dem Korrekturlesen des ersten Bandes der »Täterprofile« beschäftigt war, habe ich eine persönlich schockierende Erfahrung gemacht. Die stellvertretende Leiterin der Landeszentrale für politische Bildung in Hamburg, Rita Bake, fragte an – wie sie es häufig machte, wenn Straßen nach Pädagoginnen und Pädagogen benannt sind und deren Vergangenheit genauer beleuchtet werden soll –, ob ich etwas über Walter Bärsch wisse, nach dem in Groß-Borstel im Jahre 2000 der Walter-Bärsch-Weg benannt worden war.

Ich war schon dabei zu antworten, dass ich Walter Bärsch natürlich kannte. Er war so etwas wie eine moralische Institution in der Gewerkschaft Erziehung und Wissenschaft (GEW) gewesen, jahrelang Mitglied des Hauptvorstandes, später Leiter der Bundesschiedskommission. Ich bin ihm vielfach begegnet, teilweise mit ihm in den 1990er Jahren zum Hauptvorstand der GEW nach Frankfurt geflogen und im Taxi gefahren und hatte viele, durchaus auch persönliche Gespräche mit ihm geführt.

Als ich spontan am Schreiben war, fiel mein Blick auf die mitgeschickte Anlage. Da stand über den nicht nur von mir so verehrten Walter Bärsch: »1933 SS-Mitglied, seit 1939 SS-Untersturmführer, 1934 NSDAP-Mitgliedschaft, Teilnahme an mehreren Reichsparteitagen, als Student Mitglied des NS-Studentenbundes.« In einer kurzen Biografie, die Bodo Schümann 2008 über Walter Bärsch geschrieben hatte und die ich daraufhin fand und las, stand, dass die NS-Aktivitäten von Walter Bärsch erst nach seinem Tod 1996 bekannt geworden sind und »er diese zu Lebzeiten verheimlicht und ausdrücklich bestritten hatte« (Schümann 2008, 31). Für mich war das mit der Person Walter Bärsch, die ich kannte, nicht in Einklang zu bringen. So war es notwendig, in den eigenen Erinnerungen zu graben und zu recherchieren.

Als Walter Bärsch im April 1983 in den Ruhestand trat, führte ich als Redaktionsleiter der Hamburger Lehrerzeitung zusammen mit Evelin Moews ein Gespräch mit ihm über Verhaltensauffälligkeiten von Schülerinnen und Schülern, Disziplinproblemen und die Arbeit an Sonderschulen. Walter Bärsch war als Professor am Fachbereich Erziehungswissenschaft der Universität Hamburg emeritiert worden und hatte einen glänzenden Ruf aufgrund seiner Kompetenz und seines unkonventionell scheinenden Umgangs mit schwierigen Schülerinnen und Schülern. Schon die von uns gewählte Überschrift, das Zitat von Walter Bärsch, »Verhaltensgestörte sind solche, die sich in unnormalen Situationen normal verhalten«[50], machte darauf aufmerksam, wie notwendig es für Lehrkräfte ist, sich intensiv mit als schwierig angesehenen Schülerinnen und Schülern auseinanderzusetzen. Walter Bärsch nahm immer erst einmal die Perspektive der Schülerinnen und Schüler ein und schaute, welchen Anteil die Lehrkräfte, das System und die Institution Schule an den Auffälligkeiten der Kinder hatten. Typisch für ihn waren Sätze wie: »Auch die Schule ist zu einem Faktor geworden, der Kinder nicht nur fröhlich macht, sondern sie auch zusätzlich belastet.« Er forderte ein grundsätzliches Umdenken in der Organisation von Unterricht: »Es wird zum Beispiel auf den biologischen Arbeitsrhythmus in der Schule kaum Rücksicht genommen.« Oder: »Viele Verhaltensstörungen werden von Lehrkräften dadurch provoziert, dass sie unfähig sind, die Dynamik einer Gruppe zu beeinflussen. Sie sind unfähig in dem Sinne, dass sie es versäumen, mit ihrer Gruppe Verhaltensnormen zu erarbeiten, und diese Verhaltensnormen auch miteinander einzuüben.« Und Walter Bärsch sagte auch: »Die ›richtigen‹ Verhaltensgestörten, das sind die extrem Gehemmten, die Menschen, die überhaupt nicht wagen, sich der Welt gegenüber zu äußern, zu stellen, die Angst vor der Welt haben. Das sind aber in der Schule die eigentlich Braven, die man will, die nicht stören« (alle Aussagen ebd.).

Walter Bärsch war ein glänzender Kommunikator, er verblüffte häufig mit seinen Aussagen, provozierte und zwang seine Gesprächspartnerinnen und -partner zu Perspektivwechseln. Er war pointenreich und verfügte über einige plakative Anekdoten, die er gerne erzählte. So habe ich mehrfach gehört, wie er den Überdruss, in der Hamburger Schulbehörde als Oberschulrat zu arbeiten, erklärte. Er hätte Zweifel gehabt an der Sinnhaftigkeit seines Tuns, daran, inwieweit die vielen

---

50 Das Interview erschien in der Hamburger Lehrerzeitung (HLZ), 5/1983, 11.

schriftlichen Vorlagen und Vermerke, die er für die Behörden- und Amtsleitung zu fertigen hatte, tatsächlich wirksam waren oder auch nur gelesen wurden. Eines Tages, als er wieder etwas produzieren musste, ging er zu Hause an sein Bücherregal, holte willkürlich ein Buch heraus, schlug es mit abgewandtem Kopf auf, tippte auf eine Stelle und schrieb den Absatz wörtlich ab, setzte sein Leitzeichen darunter und gab dieses Schreiben als Vermerk in den dafür vorgesehenen Aktendeckeln auf den Dienstweg. Als er auch darauf keine Reaktion bekam, beschloss er, den Arbeitsplatz zu wechseln und an die Universität zu gehen. Diese Geschichte hat mich schwer beeindruckt, wenn sie auch mit meinen eigenen Erfahrungen in der Hamburger Schulbehörde, freilich zu einer ganz anderen Zeit, nicht kompatibel war, eigentlich unvorstellbar.

Auch ein anderes biografisches Detail war sicherlich allen bekannt, die mit Walter Bärsch zu tun hatten: Er hatte eine Karriere vom Sonderschüler bis zum Professor für Sonderpädagogik absolviert und galt als ein Mann, der immer wusste, wovon er sprach. Darauf werde ich noch einmal zurückkommen. Bekannt war somit nicht nur in Hamburg, dass Walter Bärsch Lehrer gewesen war, später stellvertretender Schulleiter und ab 1963 Schulleiter für Verhaltensgestörte in der Hinrichsenstraße. 1967 berief die Hamburger Schulbehörde Walter Bärsch zum Leiter der Hamburger Schülerhilfe, drei Jahre später wechselte er als Oberschulrat für den Bereich Schulgestaltung in die Schulbehörde und 1977 erhielt er einen Ruf auf eine Professur am Institut der Behindertenpädagogik an der Universität Hamburg mit dem Schwerpunkt »Psychologische und soziologische Aspekte der Erziehung und Rehabilitation Behinderter«, die er dann bis 1983 innehatte (vgl. Schümann 2008, 31).

Walter Bärsch war immer auch ehrenamtlich aktiv, intensiv in der GEW, für die er von 1966 bis 1980 dem Hauptvorstand angehörte als Vorsitzender der Bundesfachgruppe Sonderschulen. Danach wurde er in die Bundesschiedskommission gewählt und war jahrelang deren Sprecher. Bodo Schümann wies darauf hin, dass Walter Bärsch darüber hinaus Mitglied der Enquetekommission zur Feststellung der Lage der Psychiatrie in der Bundesrepublik Deutschland war, außerdem Vorstandsmitglied der Deutschen Gesellschaft für Suchtforschung und Suchttherapie. Seit den 1960er Jahren gehörte er dem Kirchenkreis Alt-Hamburg an, später der Nordelbischen Kirche. 1981 wurde er zum Präsidenten des Deutschen Kinderschutzbundes gewählt, seit 1991 war er bis zu seinem Tode dessen Ehrenpräsident.

Als Walter Bärsch 80 Jahre alt wurde, war ich Vorsitzender der GEW-Hamburg und organisierte mit anderen zusammen zu seinen Ehren ein Kolloquium, das in der Universität Hamburg stattfand. In meiner einleitenden Rede verwies ich auf die beiden Festschriften, die zu diesem Tag erschienen waren. In einer dieser Festschriften war er von der Professorin für Sonderpädagogik, Sieglind Luise Ellger-Rüttgardt, zu seinen Lebenserinnerungen befragt worden. Ich sagte dazu:

> »Lieber Walter, mir haben viele Aussagen in Deinen Lebenserinnerungen gefallen. Natürlich die Feststellung, dass Du ›nie Respekt vor Königsthronen‹ hattest, dann die Aussage, dass Du Dich immer als, wie Du sagst, mittelmäßigen Typ gesehen hast und das als Schlüssel dafür bezeichnest, mit Gelassenheit an Dinge heranzugehen, die anderen Stress bereiten. Da kann ich nur sagen: Von diesem Mittelmaß könnte die Republik noch manchen gebrauchen.«

Und ich zitierte auch einen Satz von Walter Bärsch, den ich für die Erziehung so wichtig fand: »Das Kind ist keine Vorform, das Kind ist eine eigenständige Lebensform des gesamten menschlichen Lebenslaufes. Eine eigenständige Form, das muss man begreifen.«[51]

Die GEW hatte zu diesem Geburtstag von Walter Bärsch auch eine Festschrift herausgegeben, unter dem Titel »Schule neu denken und gestalten. Schulreform in Hamburg – Beispiele aus der Praxis«. Darin sollten an verschiedenen Beispielen die Bemühungen für eine Schulreform in Hamburg demonstriert werden (Goetsch/Köpke 1994). Darin schrieb der damalige GEW-Bundesvorsitzende, Dieter Wunder:

> »In den heftigen Auseinandersetzungen der 70er Jahre war es Walter Bärsch, der zwar eine klare Position einnahm, der aber immer auch Verständnis für die andere Seite fand und durch seine versöhnenden Worte Brücken des Dialogs schlug. Walter Bärsch habe ich bei vielen Gelegenheiten als überzeugende Persönlichkeit kennengelernt. Am stärksten in Erinnerung sind mir die Gespräche, die wir in Hamburg in der Vorbereitungsgruppe für die Gesamtschule Mümmelmannsberg führten. Er machte uns 1971 mit einer sozialpädagogischen Sicht von Schule vertraut, die alle außerordentlich beeindruckte. Die Gedanken, die wir in Gesprächen mit Walter Bärsch damals entwickelten, haben mich in meiner Arbeit als Schulleiter bestimmt und sind die Grundlage meiner pädagogischen Überzeugung als GEW-Vorsitzender geworden« (Goetsch/Köpke 1994, 5f.).

II.3.5 Eine eigene Legende seines Lebens

Hans-Peter de Lorent

Es wird deutlich, dass die oben erwähnte Anfrage von Rita Bake nach jahrelangen persönlichen Erfahrungen mit Walter Bärsch auf mich einen verstörenden Effekt haben musste. Sie war Anlass, selbst noch einmal intensiv zu recherchieren. Zuerst führte ich am 6. April 2016 ein Gespräch mit Bodo Schümann, der selbst für seine Biografie von Walter Bärsch schon Wesentliches über dessen NS-Aktivitäten herausgefunden und veröffentlicht hatte.

Ich wurde außerdem fündig im Hamburger Staatsarchiv, wo es eine Entnazifizierungsakte von Walter Bärsch gibt, und im Bundesarchiv, wo nicht nur seine NSDAP-Mitgliedskartei, sondern auch eine SS-Sippenakte vorhanden ist. Alles zusammengenommen gab folgendes Bild, das anschließend mit eigenen Aussagen von Walter Bärsch konfrontiert werden soll. Die Diskrepanzen und Widersprüche sind so evident, dass man davon sprechen kann, dass Walter Bärsch eine eigene Legende seines Lebens aufgebaut hatte, die in wesentlichen Punkten nicht der Wirklichkeit entsprach.

Unstrittig ist, dass Walter Bärsch 1914 in Weinböhla, bei Dresden, geboren wurde, von 1921 bis 1929 die Volksschule besuchte und in einem Aufbaugymna-

---

51 Die Rede wurde in Auszügen abgedruckt in der Hamburger Lehrerzeitung (HLZ), 12/1994, 36.

sium in Dresden 1935 die Reifeprüfung bestand.[52] Nach dem Abitur studierte Walter Bärsch an der Hochschule für Lehrerbildung in Dresden und legte 1937 das erste Staatsexamen für das Lehramt an Volksschulen ab. Danach arbeitete er bis 1938 an Volksschulen in Dresden, bevor er an die Hochschule für Lehrerbildung in Dresden abgeordnet wurde.[53] Nach eigenen Angaben in seiner Personalakte studierte er im Sommersemester 1938 bis zum Wintersemester 1939/40 an der kulturwissenschaftlichen Abteilung der technischen Hochschule Dresden.

Am 10. Mai 1940 wurde Walter Bärsch zur Kriegsmarine eingezogen, wo er zum Leutnant in der Funktion eines Batterieoffiziers befördert wurde. Seine Kriegsteilnahme endete am 15. August 1945.[54] Ein gravierender Dissens: Walter Bärsch gab an, er sei 1943 in Prag im Fach Psychologie promoviert worden und hatte dafür »eine Bescheinigung gemäß § 93 des Gesetzes über die Angelegenheiten der Vertriebenen und Flüchtlinge vom 29. Juni 1977 vorgelegt«, die seiner Personalakte beigefügt worden war. Er hatte nach Angaben der Universitätsverwaltung Hamburg »glaubhaft nachgewiesen, dass er im Besitz einer Promotionsurkunde der Universität Prag, ausgestellt im Jahre 1943, gewesen ist«. Das Thema seiner Dissertation: »Das erzgebirgische Volkslied als Ausdruck des Stammescharakters«.[55] Wie nun feststeht, ist Walter Bärsch niemals promoviert worden.

II.3.6 Was ist Wahrheit, was ist Legende?

Hans-Peter de Lorent

Walter Bärsch hatte auch Zeit seines Lebens »verheimlicht oder ausdrücklich bestritten«, Mitglied oder gar Aktivist in nationalsozialistischen Organisationen gewesen zu sein (Schümann 2008, 31). Schümann stellte dazu fest:

> »Bereits mit 18 Jahren war Walter Bärsch in den ›Stahlhelm‹ eingetreten und im November 1932 in die Hitlerjugend. 1933 wurde er Mitglied der SS, in der er 1939 bis zum Untersturmführer aufstieg. Ab 1933 nahm er an Aufmärschen zu verschiedenen Reichsparteitagen teil. 1934 wurde er auch Mitglied der NSDAP und engagierte sich ab 1937 als Studenten- bzw. Altherrenführer im Nationalsozialistischen Studentenbund. 1939 wurde ihm von seinem SS-Gruppenführer bescheinigt, seine Einstellung zur nationalsozialistischen Weltanschauung sei ›klar und eindeutig‹. Bereits anlässlich seiner ersten Heirat 1938 hatte er den Parteiorganen gegenüber seine Religionszugehörigkeit mit ›gottgläubig‹ angegeben; 1942 trat er dann aus der evangelisch-lutherischen Kirche Sachsens aus. Seine

---

52 Vgl. Staatsarchiv Hamburg, 221-11_46219 KAT: Entnazifizierungsbogen Walter Bärsch, 5.4.1949.
53 Laut Personalakte und Auskunft der Universität Hamburg vom 14.2.2006 an Bodo Schümann.
54 Vgl. Staatsarchiv Hamburg, 221-11_46219 KAT: Entnazifizierungsbogen Walter Bärsch, 5.4.1949.
55 Laut Personalakte und Auskunft der Universität Hamburg vom 14.2.2006 an Bodo Schümann.

Mitgliedschaft in nationalsozialistischen Organen wurde erst nach seinem Tod bekannt« (ebd.).

Meine eigenen Recherchen bestätigen dies.[56] Im Bundesarchiv gibt es eine SS-Sippenakte für Walter Bärsch und seine erste Ehefrau Ruth, geborene Winkler (Sippen-Nummer 112064). Darin hatte Walter Bärsch am 2. März 1939 beim Reichsführer-SS, Rasse- und Siedlungshauptamt um Übersendung der Vordrucke zu einem Verlobungs- und Heiratsgesuch nachgefragt. Walter Bärsch hatte dieses Gesuch eigenhändig unterschrieben, seinen SS-Dienstgrad und die Einheit angegeben, nämlich »SS-Scharführer mit der SS-Nummer 239820 in der SS-Einheit 6/46«. Ruth Winkler, am 24. April 1919 geboren, ebenfalls NSDAP-Mitglied (Nr. 6958138), hatte auch die Hochschule für Lehrerbildung in Dresden besucht. Merkwürdig an diesem Gesuch war, dass beide schon seit dem 25. Mai 1938 verheiratet waren, was in der Akte handschriftlich vermerkt worden war: »Bereits ohne Genehmigung des Rasse- und Siedlungsamtes geheiratet« (ebd.). Die Eile war nachvollziehbar, denn 1939 wurde der gemeinsame Sohn Siegfried Walter Bärsch geboren (vgl. Ellger-Rüttgardt 1994, 23).

Nach Kriegsende absolvierte Bärsch 1945 die zweite Staatsprüfung für das Lehramt an Volks- und Realschulen in Hamburg und war zunächst in der Privatwirtschaft tätig (vgl. Schümann 2008, 31). Erst 1949 bemühte sich Walter Bärsch um Einstellung in den Hamburger Schuldienst. Dafür musste er am 20. Februar 1949 einen Entnazifizierungsfragebogen ausfüllen. Ich vermute, dass er lange mit dem Eintritt in den öffentlichen Dienst gewartet hatte, bis er eine Strategie des Verschweigens seiner politischen Mitgliedschaften entwickeln konnte und das Klima der Entnazifizierung in Deutschland günstiger war. Walter Bärsch machte bewusst falsche Angaben. Die SS-Mitgliedschaft verschwieg er, zur NSDAP behauptete er, lediglich Anwärter gewesen zu sein, ohne Mitgliedsnummer, da er »ohne Antrag von der HJ 1934 überwiesen« worden war. Und in der Rubrik HJ behauptete er, nur ein Jahr Hitlerjunge gewesen zu sein, vom 1. Februar bis zum 31. Dezember 1934. Tatsächlich war er im November 1932 Mitglied geworden.[57]

Bei dieser minimalen Belastung, die Walter Bärsch angab, und seiner Kommunikationskunst wundert es nicht, dass der Entnazifizierungsausschuss zu dem Ergebnis kam: »Nach eingehender Aussprache mit Herrn Dr. Bärsch sieht sich der Beratende Ausschuß in der angenehmen Lage, keine politischen Bedenken gegen eine Beschäftigung des Petenten im Schuldienst zu haben.« Bärsch wurde in Kategorie V eingruppiert, als Entlasteter (ebd.).

---

56 Vgl. Bundesarchiv 3200/A 0051_Bl. 812: NSDAP-Reichskartei, Mitgliedsnr. 2957298.
57 Vgl. Staatsarchiv Hamburg, 221–11_46219 KAT: Entnazifizierungsbogen Walter Bärsch, 5.4. 1949.

An den
Reichsführer-SS
Rasse- und Siedlungshauptamt
SS-Pflegestelle 46

Dresden, den 2.3.39

112064

Ich bitte um Übersendung der Vordrucke zu einem Verlobungs- und Heiratsgesuch.

1.) Walter Bürsch — Dresden-Loschwitz, Wachbergstr. 2a
(Zu- und Vorname) (Wohnort) (Straße u. Hausnummer)

SS-Scharführer — 239820 — 6/46 — 26.10.1914
(SS-Dienstgrad) (SS-Nummer) (SS-Einheit) (Geburtsdatum)

a) Allgemeine SS
b) SS-Wachmann, hauptamtlich, SS-VT, SS-TV
c) SS-Sammelstelle
d) Ordensburgschüler auf der Ordensburg ...
(Zutreffendes unterstreichen)

2.) Obersturmführer Helmut Ritter, Dresden-A., Marschallstr. 7
(Name und genaue Anschrift des Vorgesetzten (Sturmführers))

3.) Ruth Winkler — Dresden-Loschwitz, Wachbergstr. 2a — 24.4.1919
(Zu- und Vorname) (Wohnort) (Straße u. Hausnummer) (Geburtsdatum)

6958138 — deutsch — Dresden-Loschwitz
(Parteimitglieds-Nr.) (Staatsangehörigkeit) (zuständige Ortsgruppe)
der zukünftigen Ehefrau

4.) a) ...
(Name, SS-Dienstgrad u. genaue Anschrift des SS-Arztes für den Antragsteller)

b) ...
(Name, SS-Dienstgrad u. genaue Anschrift des SS-Arztes für die zukünftige Ehefrau)
(Untersuchungen dürfen grundsätzlich nur von SS-Ärzten durchgeführt werden)

5.) a) Irene Dietz, Dresden-A., Feldherrnstr. 35
b) Johannes Mauersberger, Dresden-A.20, Teplitzer Str. 16
(Name und genaue Postanschrift von 2 Bürgen für die zukünftige Ehefrau)

6.) Ich bin bereits verlobt, nein / ja seit: ...
Ich bin bereits verheiratet, nein / ja seit: 25.5.38

7.) Ich gehöre nachstehender Konfession an: gottgläubig
Meine zukünftige Ehefrau gehört nachstehender Konfession an: ev.luth.
Ich beabsichtige kirchliche Trauung, nein / ja, nach nachstehender Konfession: ...
Kirchliche Trauung ist erfolgt ... nein / ja, nach nachstehender Konfession: ev.luth.

Wenden

II.3 Verschweigen, täuschen, leugnen - Walter Bärsch

Abb. 29: Walter Bärsch bat am 2. März 1939 beim Reichsführer-SS, Rasse- und Siedlungshauptamt um Übersendung der Vordrucke zu einem Verlobungs- und Heiratsgesuch.

II Regional- und alltagsgeschichtliche Studien

STAATSKOMMISSAR FÜR DIE ENTNAZIFIZIERUNG UND KATEGORISIERUNG DER HANSESTADT HAMBURG

Fragebogen

Mit Schreibmaschine oder deutlich in Druckschrift ausfüllen. Jede Frage mit „Ja" oder „Nein" bzw. mit „Keine" oder „Unzutreffend" beantworten. Bei Platzmangel Bogen anheften. Falsche oder unvollständige Angaben sind gemäß der Verordnung der Militärregierung strafbar.

1. Name: Dr. Bärsch 2. Vorname: Walter
3. Geburtsdatum: 26.10.1914 4. Geburtsort: Weinböhla bei Dresden
5. Personalausweis Nr. AD 014715 SHA 6. Staatsangehörigkeit: deutsch
7. Gegenwärtige Anschrift: Hamburg 20, Alsterkrugchaussee 304
8. Ständiger Wohnsitz: " " " "
9. Beruf: Lehrer
10. Augenblickliche Stellung: kaufmännischer Angestellter
11. Stellung, für die Bewerbung erfolgt: Volksschullehrer
12. Welcher Kirche gehören Sie an: ev.luth. 13. Falls Sie je Ihre Verbindung mit einer Kirche aufgelöst haben, Zeit und Gründe angeben: entfällt
14. Welche Religion haben Sie bei der Volkszählung 1939 angegeben? ev.luth.
15. Führen Sie alle Vergehen, Übertretungen oder Verbrechen an, für welche Sie verurteilt worden sind, mit Angaben des Datums, des Orts und der Art: keine
16. Kriegsbeschädigt? Evtl. welche Stufe: nein
17. Besuchte Schulen und Hochschulen:

Name und Art (NS-Schulen u. ä. deutlich angeben)	Ort	Zeit von bis	Welche Abschlußprüfung
Volksschule	Weinböhla	1921 – 1929	kein
Aufbauschule	Dresden	1929 – 1935	Abitur
Hochschule für Lehrerbildung	Dresden	1935 – 1937	Staatsexamen
Technische Hochsch.	Dresden	1938 – 1939	
Universität	Prag	1943	Promotion

18. Welchen studentischen Organisationen angehört? keinen
19. An welchen Napola, Ordensburgen, Schulungslagern, NS-Führerschulen, Militär-Akademien haben Sie unterrichtet, wo und wann? an keiner
20. Hat eines Ihrer Kinder eine der obigen Schulen besucht, wo und wann? nein
21. An welcher Schule waren Sie je Vertrauenslehrer bzw. Jugendwalter, wo und wann? an keiner

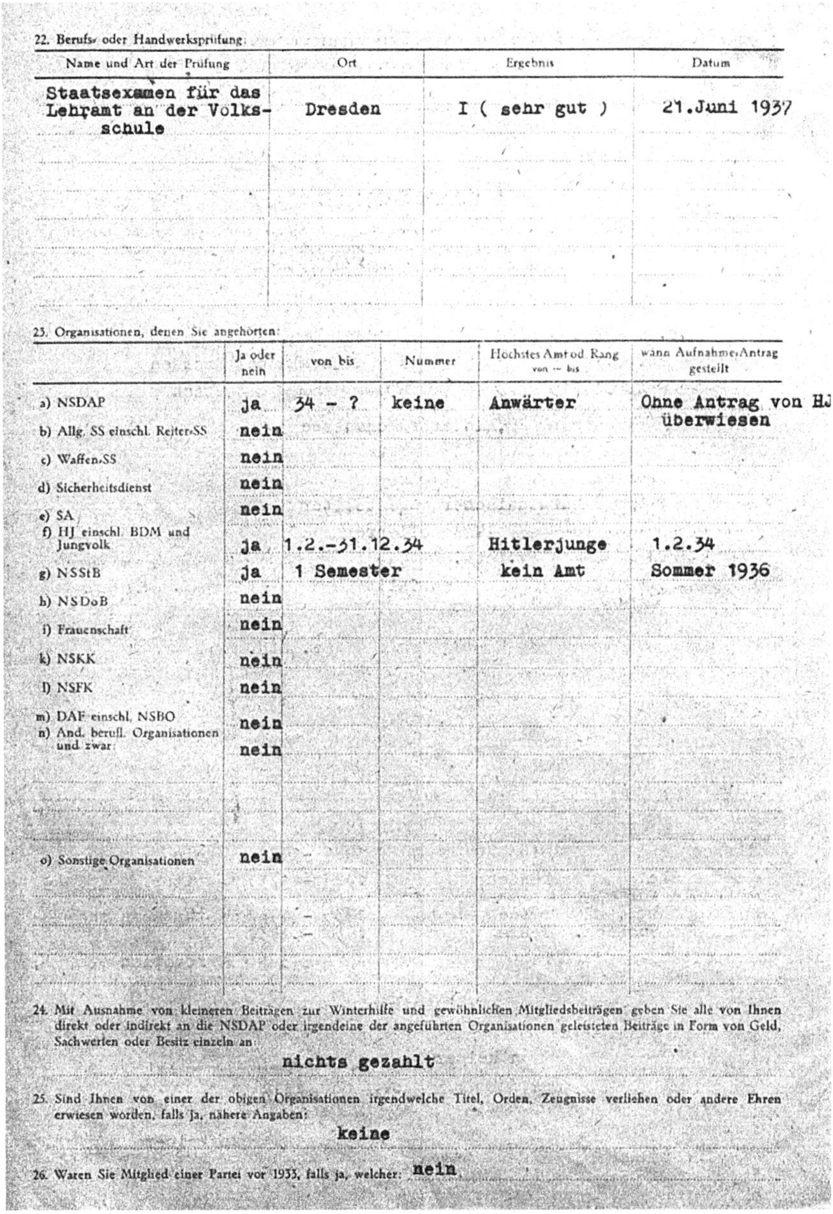

II.3 Verschweigen, täuschen, leugnen - Walter Bärsch

22. Berufs- oder Handwerksprüfung:			
Name und Art der Prüfung	Ort	Ergebnis	Datum
Staatsexamen für das Lehramt an der Volksschule	Dresden	I (sehr gut)	21.Juni 1937

23. Organisationen, denen Sie angehörten:	Ja oder nein	von bis	Nummer	Höchstes Amt od. Rang von — bis	wann Aufnahme-Antrag gestellt
a) NSDAP	ja	34 - ?	keine	Anwärter	Ohne Antrag von HJ überwiesen
b) Allg. SS einschl. Rejter-SS	nein				
c) Waffen-SS	nein				
d) Sicherheitsdienst	nein				
e) SA	nein				
f) HJ einschl. BDM und Jungvolk	ja	1.2.-31.12.34		Hitlerjunge	1.2.34
g) NSStB	ja	1 Semester		kein Amt	Sommer 1936
h) NSDoB	nein				
i) Frauenschaft	nein				
k) NSKK	nein				
l) NSFK	nein				
m) DAF einschl. NSBO	nein				
n) And. berufl. Organisationen und zwar:	nein				
o) Sonstige Organisationen	nein				

24. Mit Ausnahme von kleineren Beiträgen zur Winterhilfe und gewöhnlichen Mitgliedsbeiträgen geben Sie alle von Ihnen direkt oder indirekt an die NSDAP oder irgendeine der angeführten Organisationen geleisteten Beiträge in Form von Geld, Sachwerten oder Besitz einzeln an:
nichts gezahlt

25. Sind Ihnen von einer der obigen Organisationen irgendwelche Titel, Orden, Zeugnisse verliehen oder andere Ehren erwiesen worden, falls ja, nähere Angaben:
keine

26. Waren Sie Mitglied einer Partei vor 1933, falls ja, welcher: **nein**

Abb. 30: Entnazifizierungsfragebogen Walter Bärsch, 1949

Walter Bärsch hatte sich für diesen Weg entschieden, den Weg des Verschweigens und der falschen Aussage. Damit gelang es ihm, wieder in den Schuldienst zu kommen und anschließend die schon beschriebene Karriere zu machen, bis hin zum Oberschulrat und Professor. Ob er das anders nicht erreicht hätte, ist schwer zu sagen. Es sind ganz andere Leute mit gravierender Belastung auf die Karriereleiter gesprungen. Und bei Walter Bärsch hätte, bei der gängigen Praxis, zumindest sein junges Alter beim Eintritt in die HJ, NSDAP und auch in die SS zu milderen Beurteilungen geführt. Sicherlich wäre es schwieriger geworden, zu einer Legende zu werden, einer Person, die als moralische Instanz anerkannt war. Dafür wäre eine Vergangenheit als SS-Mann hinderlich gewesen.

Dass Walter Bärsch es auch später nicht schaffte, sich zu frühen Irrtümern zu bekennen, sondern sich genötigt fühlte, auch bei konkreten Fragen Legenden zu spinnen, belegt das Gespräch, dass er zu seinem 80. Geburtstag mit Sieglind Luise Ellger-Rüttgardt führte. In weiten Passagen, insbesondere wenn es um Pädagogik geht, um Schulentwicklung und die Bedeutung von Lehrerinnen und Lehrer für die Weiterentwicklung von Kindern, ist dieses Gespräch sehr interessant und fruchtbar. Wie Walter Bärsch aber gleichzeitig Tatsachen verbog, bzw. falsche Spuren legte, soll an ein paar Beispielen gezeigt werden.

Walter Bärsch berichtete über die einfachen und ärmlichen Verhältnisse in seinem Elternhaus. Sein Vater sei ein pflichtbewusster Mann gewesen, ein meisterhafter Sportler und Geräteturner, Gewerkschafter, aber ohne Parteizugehörigkeit, wie auch die Mutter. Dann sagte er:

> »Die Politik hat in meinem Leben, auch in meiner Kindheit, natürlich schon eine sehr große Rolle gespielt, und zwar über folgende Fakten: Ich hatte einen Onkel, der war ein sehr engagierter Nationalsozialist. Er hatte die Funktion eines Reichsredners und war auch einmal Kreisleiter in Meißen und wurde dann später Bürgermeister in meinem Heimatort. Er war, das muß ich einfach so sagen, ein sehr beliebter, ein sehr leutseliger Mann. Und dann hatte ich einen anderen Onkel, der war nun auf der Gegenseite. Der andere Onkel war ein sehr ausgeprägter Kommunist. Ich würde sagen, wie man im Jargon so sagt, war ein Edelkommunist. Ich mochte ihn sehr, er war ein feiner Kerl, und ich habe ihm als Junge seinen Kommunismus privat nicht übelnehmen können, ganz im Gegenteil. Aber wenn die beiden dann bei Familienfestlichkeiten aneinander gerieten, dann war natürlich der Hausfrieden im Eimer. Und das hatten wir ständig« (Ellger-Rüttgardt 1994, 15 f.).

Hier legte Walter Bärsch eine Spur, um sich bei der weiteren Befragung durchzuschlängeln. Auf die Frage: »Aber Sie mochten beide gerne?«, erzählte Walter Bärsch: »Ich mochte menschlich beide. Und die mochten sich beide auch, also sie waren wie Don Camillo und Peppone, so ähnlich sind die miteinander umgegangen. Das war für mich also ein gutes Lehrbeispiel, wie man auch miteinander umgehen kann, trotz unterschiedlicher gesellschaftlicher und politischer Orientierung« (Ellger-Rüttgardt 1994, 16).

Später stellte Ellger-Rüttgardt fest: »Sie haben 1935 Abitur gemacht und anschließend vier Semester an der Hochschule für Lehrerbildung in Dresden studiert. Das war zur Zeit der nationalsozialistischen Herrschaft. Wie war Ihre Einstellung zum Nationalsozialismus?« Bärsch antwortete:

> »Mich hat in der Jugend, in der ich nun mal war, das sogenannte idealistische Element der Botschaft der Nationalsozialisten angesprochen. Daß man sich für das Ganze einsetzen sollte und daß es wichtig ist, sich für das Wohl des Volkes einzusetzen. Das sind für mich Aussagen gewesen, die bei mir angekommen sind. Ich bin als junger Mensch ein fast gnadenloser Idealist gewesen, und ich war manchmal richtig realitätsblind« (Ellger-Rüttgardt 1994, 22).

Das war offenbar eine ehrliche und authentische Erinnerung. Hier wäre vielleicht eine Chance gewesen, die Konsequenzen zu beschreiben, die Walter Bärsch damals in die HJ, den Nationalsozialistischen Studentenbund und die NSDAP geführt hatten. Die nächste Frage war aber ein Sprung: »Wurde dieser Glaube im Laufe der Jahre erschüttert?« Und da hatte Walter Bärsch Gelegenheit, das Feld zu wechseln:

> »Ja, ganz erheblich erschüttert. Er wurde ganz erheblich erschüttert, je mehr ich erstens erwachsen wurde und zweitens die konkreten Sachverhalte erfuhr. Die ganze Art und Weise, wie man die Judenfrage behandelte, hat mich richtig angewidert, und so eine Zeitung wie den ›Stürmer‹ und die Karikaturen dazu, die hielt ich für so gemein und so menschenverachtend schändlich, daß mich das alles wirklich angewidert hat. Ich muß natürlich gestehen, daß bestimmte Argumentationsketten nicht ganz spurlos an mir vorbeigegangen sind, eben die, daß man gesagt hat, die Juden – und da hatte ich keine Überprüfungsmöglichkeiten – haben alle zentralen Stellen in dieser Welt besetzt, das ist ihre Politik. Ich war da durchaus anfällig, das muß ich sagen. Ich habe es schon für möglich gehalten, daß die Juden die Machtpositionen in der Welt im wesentlichen besetzt haben« (ebd.).

Auf die Frage, ob er den Machtwechsel begrüßt hätte, antwortete er: »Ja, den haben wir damals nahezu alle begrüßt. Wer das Gegenteil behauptet, der lügt sich ganz schön was in die Tasche.« Und bei der folgenden Kardinalfrage: »Sind sie in die Partei eingetreten?« sagte Walter Bärsch: »Nein, ich bin nie Parteigenosse gewesen. Ich bin mal eine Zeit lang in der Hitler-Jugend gewesen, das hatte aber eine sehr unbedeutende Funktion. Ich war Sportler, und das war mein Hobby. Ich habe mich also unentwegt im Sportdress rumgetrieben, mich interessierten die anderen Dinge nicht so sonderlich stark« (Ellger-Rüttgardt 1994, 22).

Auf die Frage, ob das Ende des Krieges für ihn eine Befreiung gewesen wäre, stellte Bärsch fest:

> »Eine Befreiung in dem Sinne war es nicht. Das kann ich nicht sagen. Befreiung war es nicht, denn ich habe ja erstens alle meine beruflichen Situationen verloren. Ich hatte keine Chance. Und zunächst einmal ging ja auch das Gerede um, daß wir als Offiziere alle in französische Bergwerke müßten. Ich bin nie in den Bergwerken gelandet. Ich habe mich in Hamburg angesiedelt, und es ging sehr schwer am Anfang. Ich habe kaum Geld verdient. Es war alles sehr mühsam. Aber, so gesehen, ist das Erleben der Befreiung bei mir nicht so sonderlich aktuell gewesen. Das kann ich einfach so nicht sagen« (Ellger-Rüttgardt 1994, 23).

Daraus erklärt sich vielleicht auch, dass Walter Bärsch unter allen Umständen in den Schuldienst wollte und ein falsch ausgefüllter Fragebogen ihm dafür legitim erschien. Auf ein schwieriges Gleis geriet Walter Bärsch bei der Frage: »Wie erklären Sie sich das eigentlich, daß die Nazi-Vergangenheit so lange nicht aufgearbeitet wurde in Deutschland? Alexander Mitscherlich hatte von der ›Unfähigkeit zu trauern‹ gesprochen. Der Nationalsozialismus war ja lange ein Tabu.« Walter Bärsch antwortete darauf:

> »Also, ich denke, diejenigen, die die Aufarbeitung hätten bewirken müssen, waren zugleich jene, die diese Zeit aktiv erlebt haben. Und ich, der ich ein Zeitgenosse dieser Zeit war und auch ein bewußter Zeitgenosse, ich kann wohl behaupten, daß die Prozentzahlen, die bei den Wahlen für die Nationalsozialisten gestimmt haben, daß diese Prozentzahlen ohne Zweifel die Realität widerspiegelten. D.h. die meisten haben sich mehr oder weniger – mit kleinen Vorbehalten – aber doch letztlich mit dem Nationalsozialismus und mit der Hitler-Bewegung identifiziert. Einige sind dann Aktivisten geworden. Andere sind freundliche

> Mitläufer gewesen. Einige, eine Minderheit, waren Gegner, und das war immer eine Minderheit. Und diejenigen, die dann die Aufarbeitung hätten vollführen müssen, waren ja in irgendeiner Form gespalten. Zum Teil wußten sie ganz genau, daß sie keine Gegner gewesen waren, sondern Sympathisanten. Und dann sollte man das aufarbeiten? Das geht nicht, wenn man in diesem Zwiespalt ist. Und oft hat man gesagt: ›Ich war ja sowieso kein richtiger Nazi, das sollen mal die machen, die am Schalthebel der Macht waren oder die Informationen haben, über die ich nicht verfüge‹« (Ellger-Rüttgardt 1994, 23).

Da geriet der Psychologe und Kommunikationsexperte ins Schwimmen. Man hätte hier denken können, dass Walter Bärsch sich nicht richtig positionieren konnte oder mochte. Am Ende fragte Sieglind Luise Ellger-Rüttgardt, worin Walter Bärsch das Geheimnis seines Erfolges sehe. Er antwortete:

> »Als erstes hatte ich den Grundsatz, daß ich nur dann aktiv werde, wenn ich selbst von der Sache überzeugt bin. Sonst lasse ich die Finger davon. Ich kann nur in echter Weise argumentieren, wenn ich davon überzeugt bin. Ich war der Meinung, wir müssen durch die Art und Weise, wie wir argumentieren, glaubwürdig sein. Ich habe vielleicht ein bestimmtes gutes Naturell gehabt, dass ich das auch psychisch durchstehen konnte, und ich habe auch eine Wesensart an mir, die es mir nicht ganz schwer macht, Kontakt mit anderen Menschen zu bekommen« (Ellger-Rüttgardt 1994, 44).

Glaubwürdig bleiben. Etwas psychisch durchstehen können. Das Gespräch mit Walter Bärsch fand 1994 statt. Er starb am 7. Januar 1996.

Welche Belastung muss das über all die Jahre gewesen sein, seine Lebensgeschichte auf mehr als einer Lüge aufzubauen? Oder kann es gelingen, so weitgehend zu verdrängen, dass man an die selbst konstruierte Legende der eigenen Geschichte glaubt? Vielleicht war es aber auch die Motivation für all das, was Walter Bärsch nach 1945 geleistet hat, seine Form der Wiedergutmachung, eine Form der Sühne. Walter Bärsch stand nicht allein mit seiner Geschichte, es gab auch andere seiner Generation, die noch Schüler waren, zumindest in einem Alter, wo Irrtümer statthaft sein sollten. Die Frage ist, wie die jeweiligen Personen mit dem später als Irrtum Erkannten umgingen. Dazu hat der Journalist Malte Herwig ein bemerkenswertes Buch geschrieben: »Die Flakhelfer. Wie aus Hitlers jüngsten Parteimitgliedern Deutschlands führende Demokraten wurden«. Er folgte den Spuren derer, die einen ähnlichen Weg wie Walter Bärsch gegangen waren. Dabeigewesene, junge Mitglieder und Funktionäre von NS-Organisationen, die dies später vergaßen, verheimlichten oder verdrängten und nach 1945 wichtiges in der deutschen Nachkriegszeit geleistet hatten. Malte Herwig nennt Martin Walser, Dieter Hildebrand, Siegfried Lenz, Hans-Dietrich Genscher, Walter Jens, Hans Werner Henze, Horst Ehmke, Erhard Eppler, Niklas Luhmann, Erich Loest, Peter Boenisch und Günter Grass: »Eine ganze Generation von Übervätern geriet in den letzten Jahren trotz tadelloser Nachkriegslebensläufe ins Zwielicht, weil sie vor 1945 im Nationalsozialismus mitgemacht hatte. Mit Ausnahme von Eppler wollte sich keiner der noch lebenden Betroffenen erinnern können, jemals einen Aufnahmeantrag unterschrieben zu haben« (Herwig 2013, 16).

Malte Herwig stellte zu Recht fest, dass niemand in die NSDAP ohne seine Kenntnis überführt und Mitglied werden konnte. Auch Walter Bärsch hatte in seinem Entnazifizierungsfragebogen geschrieben, von der HJ einfach in die NSDAP weitergeleitet, überführt worden zu sein. Dazu Malte Herwig:

»Oft ist vermutet worden, dass HJ-Führer eigenmächtig Anmeldungen vornahmen. Dazu hätten sie die Unterschrift auf dem Anmeldeformular fälschen müssen. Doch bis heute ist aus keiner Quelle, die vor dem 8. Mai 1945 entstanden ist, eine gefälschte Unterschrift eines HJ-Führers bekannt. Auch gab es für keinen einzigen HJ- und BDM-Jahrgang, dessen Angehörige zwischen 1937 und 1944 in die Partei aufgenommen wurden, eine automatische Aufnahme: ›Dem Einzelnen blieb immer die Möglichkeit, sich entweder für oder gegen eine Unterschrift zu entscheiden‹« (a.a.O, 61).

Da hatte sich Walter Bärsch zumindest geirrt, wohl eher bewusst die Unwahrheit gesagt. Wie auch bei der Frage nach der Mitgliedschaft in der SS. Ich habe seine persönliche Unterschrift auf dem Formular der SS-Sippenakte selbst gesehen und in Fotokopie vorliegen.

Malte Herwig zitiert in diesem Kontext Friedrich Nietzsche: »Das habe ich getan, sagt mein Gedächtnis. Das kann ich nicht getan haben, sagt mein Stolz und bleibt unerbittlich. Endlich gibt das Gedächtnis nach.« Und an anderer Stelle: »Die Auswahl, die unser Gedächtnis vornimmt, erfolgt stets zu unseren Gunsten, wenn wir uns auch noch so sehr um Ehrlichkeit bemühen« (a.a.O, 94).

Herwig hat sich insbesondere mit der Generation der Flakhelfer beschäftigt, also den Jugendlichen der Jahrgänge 1926 bis 1928, die am Ende des Zweiten Weltkrieges eingezogen wurden, »um als ›Hitlers letzte Helden‹ die unausweichliche Niederlage NS-Deutschlands noch ein wenig hinauszuzögern«. Zu dieser Generation gehörte Walter Bärsch nicht. Er war 1933 immerhin 19 Jahre alt. Gleichwohl gelten manche Schlussfolgerungen aber auch für ihn:

»Das Lebenswerk, das die Flakhelfer als Künstler, Wissenschaftler oder Politiker nach 1945 schufen, verdient umso mehr Anerkennung, als es unter denkbar ungünstigen Voraussetzungen entstand. Verführt und verraten entließ sie das ›Dritte Reich‹ in eine ungewisse Zukunft, die sie meisterten. So trugen sie nicht allein zur demokratischen Erfolgsgeschichte der Bundesrepublik bei. Ihr Schicksal verkörpert geradezu den Wandel vom Schlechten zum Guten« (a.a.O, 293).

Literatur

de Lorent, H.-P. (2017): Täterprofile. Die Verantwortlichen im Hamburger Bildungswesen unterm Hakenkreuz und in der Zeit nach 1945. Bd. 2. Hamburg: Landeszentrale für politische Bildung.
Ellger-Rüttgardt, S. (Hrsg.) (1994): Pädagogisches Handeln in gesellschaftlicher Verantwortung. Hamburg: Festschrift für Walter Bärsch.
Goetsch, K. & Köpke, A. (Hrsg.) (1994): Schule neu denken und gestalten. Schulreform in Hamburg – Beispiele aus der Praxis. Hamburg: Curio.
Herwig, M. (2013): Die Flakhelfer. Wie aus Hitlers jüngsten Parteimitgliedern Deutschlands führende Demokraten wurden. München: DVA.
Kertesz, I. (2004): Roman eines Schicksallosen (17. Auflage). Reinbek b. Hamburg: Rowohlt.
Schümann, B. (2008): Bärsch, Walter. In: D. Brietzke & F. Kopitzsch (Hrsg.), Hamburgische Biografie. Bd. 4. (S. 30–32). Göttingen: Wallstein.

II.4 Die Sonderpädagogik in Bayern in der Nazizeit – dargestellt am Beispiel des Münchener Hilfsschullehrers Erwin Lesch

Ulrich Heimlich

»Die Forderung, daß Auschwitz nicht noch einmal sei, ist die allererste an die Erziehung.«[58]
Theodor W. Adorno

II.4.1 Vorbemerkung

In ihrer »Geschichte der Sonderpädagogik« spricht Sieglind Luise Ellger-Rüttgardt im Zusammenhang mit der »braunen« Hilfsschulpädagogik auch den Münchener Hilfsschulpädagogen Erwin Lesch an. An seinen Publikationen zu den heilpädagogischen Ausbildungskursen in München vor 1945 und danach zeigt sie auf, dass die Sonderpädagogik der Nachkriegszeit keinen wirklichen Bruch mit der Nazi-Vergangenheit vollzogen habe. Dies scheint bis in die Gegenwart hinein zu gelten, ist Erwin Lesch trotz seiner Nazi-Vergangenheit doch bis vor kurzem Namensgeber bayerischer Förderschulen gewesen und war Ehrenvorsitzender des Verbandes Sonderpädagogik (vds) in Bayern. In München-Unterhaching war bis 2013 sogar eine Straße nach ihm benannt.[59] Zugleich wird an dem Umgang mit der »braunen« Vergangenheit von Erwin Lesch deutlich, dass es in der bayerischen Sonderpädagogik kaum Literatur oder historische Forschung zur Nazi-Vergangenheit gibt. Die Monographie von Manfred Höck »Die Hilfsschule im Dritten Reich« (1979) ist da nach wie vor die Ausnahme. Das zeigt, wie dringend eine kritische Auseinandersetzung mit der Nazi-Vergangenheit in der bayerischen Sonderpädagogik ist (vgl. Vernooij 2000), die der vorliegende Beitrag unternimmt.[60]

---

58 Adorno 1971, 88.
59 Die Gemeinde Unterhaching hat die Straße wegen Leschs »Verstrickung mit dem NS-Regime« in Perlacher Forstweg umbenannt (https://www.unterhaching.de/ortsplan/Adresse?view=publish&item=publicLocation&id=132; Zugriff am 12.03.2025).
60 Der Beitrag beruht auf meinen Aufsätzen in der Zeitschrift »spuren« das Verbandes Sonderpädagogik, Landesverband Bayern (vgl. Heimlich 2013; 2014).

II.4.2 Erwin Lesch – Leben und Werk

Erwin Lesch wurde am 1.7.1893 geboren. Ab 1921 war er in München als Hilfsschullehrer tätig, 1937 wurde er zum Hauptlehrer an der Hilfsschule Kirchenstraße in München befördert. Er arbeitete fast 30 Jahre als Schulleiter dieser Hilfsschule, später auch als stellvertretender Stadtschulrat. In den Jahren 1922/23 absolvierte er den ersten, einjährigen heilpädagogischen Ausbildungslehrgang in München bei Rupert Egenberger. Im Jahre 1922 wurde er außerdem Nachfolger von W. Geopfert als Geschäftsführer der Gesellschaft für Heilpädagogik in München. Lesch wirkte bei der Durchführung der Heilpädagogischen Kongresse 1924 und 1926 in München mit, ebenso 1928 in Leipzig und 1930 in Köln. Auch die Kongressberichte gab er mit heraus. Von 1925 bis 1943 war er als pädagogischer Mitarbeiter der Münchener Universitätsklinik und später in der Heckscher Klinik – eine 1929 gegründete und bis heute existierende Klinik für Kinder- und Jugendpsychiatrie – tätig. Die heilpädagogischen Ausbildungslehrgänge von 1935/36 sowie 1941/42 leitete Lesch selbst – hauptsächlich zuständig für die Erbgesundheitslehre und die Rassenhygiene. Am 1. Mai 1937 wurde er Mitglied der NSDAP.[61] Am 1. November 1933 trat er in den Nationalsozialistischen Lehrerbund (NSLB) ein.[62] Ab 1935 war er in der Nationalsozialistischen Volkswohlfahrt (NSV) in leitender Stelle im Ortsgruppenstab tätig. Dies wird in einem Begleitschreiben zu seiner Beförderung zum Oberlehrer bezogen auf seine politische Zuverlässigkeit im gleichen Jahr zunächst bestätigt.[63] Bei der formellen Bestellung zum Oberlehrer wird dann allerdings die NSDAP-Mitgliedschaft verneint, Mitgliedschaften im NSLB und in weiteren Nazi-Organisationen werden hingegen bestätigt. Zur gleichen Zeit wird in den historischen Quellen auch ein Philipp Lesch als Hilfsschullehrer und Hilfschulleiter in München erwähnt. Dieser Umstand ist bei der Prüfung der Quellen besonders berücksichtigt worden. Es werden deshalb nur solche Quellen in die Analyse einbezogen, die sich ausdrücklich auf Erwin Lesch beziehen und eindeutig zuordnen lassen. Wenn von Lesch im vorliegenden Zusammenhang gesprochen wird, ist also immer Erwin Lesch gemeint. Zu bedenken ist ebenfalls, dass Schulleiter – auch von Hilfsschulen – stets Mitglied der Partei sein mussten.

Lesch war maßgeblich an der Abfassung der »Richtlinien für Erziehung und Unterricht in der Hilfsschule« von 1942 beteiligt. Er hat dazu mit dem Sonderpädagogen Karl Tornow zusammengearbeitet. Dies wird auch in einem Brief von Karl Tornow an Adolf Schulte (Dortmund) aus dem Jahre 1950 bestätigt (vgl.

---

61 Vgl. Bundesarchiv 1937: NSDAP-Gaukartei vom 1.5.1937, Mitglieds-Nr.: 5015996.
62 Vgl. Bundesarchiv 1933: Mitgliedskarte des Nationalsozialistischen Lehrerbundes (NSLB) vom 1.11.1933, NSLB-Nr.: 114179.
63 Vgl. Bundesarchiv 1940a: Brief des Regierungspräsidenten an die Gauleitung München-Oberbayern der NSDAP vom 9.2.1940 mit dem Betreff »Ernennung zum Oberlehrer«; Bundesarchiv 1940b: Brief der Nationalsozialistischen Deutschen Arbeiterpartei, Gauleitung München-Oberbayern vom 19.2.1940; Bundesarchiv 1940c: Ausführliches Gesamturteil über die politische und menschliche Zuverlässigkeit von Erwin Lesch vom 7.3.1940; Bundesarchiv 1940d: Ausführliches Gesamturteil über die politische und menschliche Zuverlässigkeit von Erwin Lesch vom 13.3.1940.

Möckel 2001, 143 f.). Lesch starb am 25. April 1974 in München (alle Angaben zur Biografie, wenn nicht anders erwähnt: vgl. Speck 1974).

Ab 1930 publizierte Lesch über seine Arbeit als Hilfsschullehrer und späterer Schulleiter zunächst eher bezogen auf unterrichtspraktische Probleme – wie zum Beispiel Kenntnis der Farben. Er beschäftigte sich in einem Schwerpunkt mit der Frage, welche Schülerinnen und Schüler in die Hilfsschule gehören, und veröffentlichte dazu Aufsätze in den Zeitschriften »Die Deutsche Sonderschule« und »Die Scholle«. Neben dem Aufnahmeverfahren beschrieb er das von ihm entwickelte »Münchener Sichtungsverfahren« (vgl. Lesch 1941, 111 f.). Dabei bezog er die Schülerinnen und Schüler mit ein, die:

- eine Klasse der Volksschule wiederholten;
- aus höheren Klassen der Volksschule gemeldet wurden, die sogenannten »verschleppten Fälle«;
- vom Schulbesuch zurückgestellt oder befreit worden waren, unter denen er auch »schul- und bildungsunfähige« Kinder vermutete;
- Erziehungsschwierigkeiten zeigten;
- durch ihre Familie (»Sippschaft«, a.a.O., 112) vorbelastet waren, obwohl sie selbst nicht versagten, gleichwohl »erbbiologische und volksgesundheitliche Gesichtspunkte« (ebd.) eine rechtzeitige Prüfung angezeigt erscheinen ließen.

Die Aufgabensammlung mit den Rubriken »Erfahrungswissen«, »Sprechen«, »Nachsprechen«, »Zeichnen«, »Schreiben«, »Lesen« und »Rechnen« konkretisierte das Sichtungsverfahren.[64]

Eine verzögerte Meldung der Schulversagerinnen und -versager an die Sonderschule wurde besonders »in jugend- und rassepflegerischer Hinsicht« (Lesch 1941a, 113) als bedenklich kritisiert. Lesch stellte also die Funktion der Hilfsschule, zur »erbbiologischen Gesundheit« und »Rassepflege« beizutragen, nicht in Frage. Das »Münchener Sichtungsverfahren« diente offensichtlich auch diesem Zweck. Die Erfassung der »schul- und bildungsunfähigen Kinder« durch dieses Verfahren war ebenfalls mit weitreichenden Folgen verbunden, wurden diese Kinder doch häufig in Anstalten überwiesen. Dies beschrieb Lesch mit der »Anstaltsunterbringung« (Lesch 1941, 114), die durch familiäre Probleme oder eine »abartige Veranlagung« (ebd.) notwendig erschien, auch an anderer Stelle als ein mögliches Ergebnis der Sichtung. Für viele dieser Kinder war die Überweisung in eine Anstalt gleichbedeutend mit einer tödlichen Bedrohung, denn nur wenn sie das »Kriterium der wirtschaftlichen Brauchbarkeit« erfüllten, hatten sie eine Chance der Ermordung im Rahmen der »Aktion T4«[65] zu entgehen (vgl. Ellger-Rüttgardt 2024, 253). Auch diese Folgen müssen Lesch bekannt gewesen sein, sodass er sich über die Konse-

---

64 Archiv der Schule an der Kirchenstrasse, München: Lesch, E.: Aufgabensammlung zur Prüfung der Schulversager nach dem Münchener Sichtungsverfahren.

65 Die »Aktion T4« ist eine nach 1945 gebräuchlich gewordene Bezeichnung für den systematischen Massenmord an mehr als 70.000 Menschen mit körperlichen, geistigen und seelischen Behinderungen in Deutschland von 1940 bis 1941 unter Leitung der Zentraldienststelle T4.

quenzen einer solchen Charakterisierung im Klaren sein musste. Es ist davon auszugehen, dass über das Sichtungsverfahren eine nahezu vollständige Erfassung aller Schulversagerinnen und -versager in Volksschulen erreicht wurde, wie Lesch am Beispiel eines Münchener Bezirks aufzeigte (vgl. Lesch 1941, 115).

Lesch stellte dabei das Ziel in den Vordergrund, die Hilfsschule aus einer »Schwachsinnigenschule« in eine »Leistungsschule« umzuwandeln. Dabei nahm er allerdings in Kauf, dass »Schul- und Bildungsunfähige« in Anstalten abgeschoben wurden, und distanzierte sich in keiner Weise von den »erbbiologischen« und »rassepflegerischen« Aufgaben der Hilfsschulen zur Nazizeit. Von besonderer Bedeutung ist zu dieser Zeit die Unterscheidung von »angeborenem und erworbenem Schwachsinn«. Ersterer führt – nach ärztlicher Diagnose – in der Regel zur Zwangssterilisation von Hilfsschülerinnen und -schülern. In dem Beitrag »Welche Kinder gehören in die Hilfsschule?« aus der Zeitschrift »Die Scholle« (vgl. Lesch 1943) beschrieb er mögliche Einwände von Volksschullehrkräften gegen eine rechtzeitige Meldung von leistungsschwachen Schülerinnen und Schülern zur Überprüfung an die »Hilfsschule«. Der Behauptung, dass alle Schülerinnen und Schüler der Hilfsschule sterilisiert würden und Volksschulehrkräfte dafür keine Verantwortung übernehmen möchten, entgegnete Lesch: »Aus solchem freilich nur selten gehörten Einwurf spricht völlig mangelnde Sachkenntnis« (a. a. O., 265). Mit Sachkenntnis sind in diesem Fall »erbbiologische und volksgesundheitliche Gesichtspunkte« (a. a. O., 268) gemeint.

Lesch veröffentlichte ebenfalls regelmäßig Berichte zur Entwicklung des Bayerischen Sonderschulwesens und zu den heilpädagogischen Kursen, die von ihm in München geleitet wurden. In seinen Publikationen wird bereits deutlich, dass er keineswegs als Mitläufer oder Minderbelasteter der Nazi-Bewegung eingestuft werden kann. Er hat die Behindertenpolitik der Nazis mitgetragen und dabei geholfen, deren Inhalte öffentlich zu vertreten und an die Hilfsschulkräfte weiterzugeben. Zusammen mit Karl Tornow, einem führenden Vertreter der NS-Sonderpädagogik (vgl. Hänsel 2008), arbeitete er an den Richtlinien für die Hilfsschule und stand dabei in engem Kontakt zum Ministerialrat Georg Kohlbach aus dem Reichserziehungsministerium. Insofern kann kein Zweifel daran bestehen, dass Erwin Lesch die Nazi-Behindertenpolitik mit all ihren Konsequenzen in Richtung Zwangssterilisation und »Euthanasie« mitgetragen hat. Das berichtete auch Theodor Dierlamm, ein Hilfsschullehrer aus Baden-Württemberg, als 1935 in München Hilfsschullehrkräfte als Gasthörer zu Veranstaltungen der »Staatsmedizinischen Akademie« zur Ausbildung Nationalsozialistischer Amtsärzte zugelassen wurden. Erwin Lesch fordert Hilfschullehrkräfte auf, pünktlich zu erscheinen und nicht mitzuschreiben (vgl. Ellger-Rüttgardt 2004, 256). Neben nationalsozialistischer Propaganda wird in diesen Vortragsveranstaltungen von »reinen Nazis« sehr offen über »Euthanasie« und Zwangssterilisation gesprochen. Den Teilnehmenden war es verboten, Notizen zu machen oder mitzuschreiben. Zusammen mit Mathilde Eller, einer Münchener Hilfsschullehrerin, fertigte Dierlamm aber doch heimlich Protokolle an, die er u.a. an Vertreter der Evangelischen Kirche weitergab. Dierlamm wurde daraufhin von der Gestapo verhaftet und mit einer Gefängnisstrafe belegt, Eller musste ebenso bei der Gestapo aussagen, entging aber einer Haftstrafe knapp.

II.4.3 Heilpädagogische Kurse in München zwischen 1933 und 1945

Auf der Basis eigener Recherchen im Münchener Stadtarchiv und durch freundliche Leihgaben der Leitung der Schule an der Kirchenstraße in München ist eine genaue Rekonstruktion der Inhalte der »Staatlichen heilpädagogischen Ausbildungslehrgänge für Hilfsschullehrkräfte« in München möglich.[66] Die Kurse unter der Leitung von Erwin Lesch fanden 1935/36 und 1941/42 statt. Inhaltliche Schwerpunkte und organisatorischer Ablauf werden nunmehr anhand des von Lesch bearbeiteten und benutzten Kursmaterials zum Lehrgang 1941/42 vorgestellt: Es gab einen Not- beziehungsweise Sonderlehrgang für 38 Teilnehmende und einen Grund- beziehungsweise Hauptlehrgang für 13 Teilnehmende.[67] Die Teilnehmenden kamen aus ganz Bayern und in Einzelfällen aus Württemberg. Für den Grund- beziehungsweise Hauptlehrgang wurden die Teilnehmenden ein Schuljahr lang beurlaubt. Der Not- beziehungsweise Sonderlehrgang umfasste sieben Studienwochen in der Zeit von Oktober 1941 bis Juli 1942 (vgl. Lesch 1942a). Die Zahl der Anwesenden variierte jeweils geringfügig. Die Eröffnung des Lehrgangs erfolgte unter Beteiligung von Vertretern des Bayerischen Unterrichtsministeriums und des Bayerischen Innenministeriums sowie Vertretern das NSLB.

Der Studienplan umfasste in der I. Abteilung die »Heilpädagogische Praxis« mit den Themen: Heilpädagogik – Pädagogische Psychopathologie, heilpädagogische Diagnostik – Untersuchungstechnik, Schülerbeschreibung – Gutachtertätigkeit, Sonderschulpädagogik – Hilfsschulmethodik, hilfsschulpraktische Lehr- und Behandlungsbeispiele, Handfertigkeiten – Leibesertüchtigungen, Phonetik – Sprachheilkunde, Berufsversorgung ehemaliger Hilfsschüler, Erziehung und Unterricht an anderen Sonderschulen, Jugendpflege – Jugendfürsorge und Organisation des deutschen Sonderschulwesens.[68] Die II. Abteilung bestand aus Vorlesungen an der Universität. Ergänzt wurde das Kursangebot durch Vorträge weiterer Fachleute (Abteilung III). Die psychiatrische Erblehre stellte beispielsweise der psychiatrische Erbforscher Hans Luxenburger vor, der in seinen Vorträgen zum »Schwachsinn« die Unterscheidung zwischen »angeborenem und erworbenem Schwachsinn« »erbbiologisch« zu beweisen suchte (vgl. a.a.O., 71 ff.). Die Allgemeine Erblehre verantwortete Lesch selbst. Die »rassehygienische Bedeutung der Hilfsschule« wurde von Lesch in einem Thesenpapier mit Datum vom 26. September 1935 zusammengefasst und seinem Lehrgangsunterlagen beigefügt (vgl. a.a.O., 25). Auf der Basis des »Erbgesundheitsgesetzes« (gemeint ist das Gesetz zur

---

66 Ich bedanke mich recht herzlich beim Münchener Stadtarchiv für die umfassende Unterstützung. Ebenfalls gilt mein Dank Gertrud Staudinger, der Rektorin des Sonderpädagogischen Förderzentrums München-Mitte II – An der Isar (Standort: Kirchenstr.) und dem Kollegium für den freundlichen Hinweis auf das reiche Quellenmaterial der Schule an der Kirchenstraße sowie dessen großzügige Überlassung.
67 Vgl. Archiv der Schule an der Kirchenstrasse, München: Lesch, E.: Staatlicher heilpädagogischer Ausbildungslehrgang für Hilfsschullehrkräfte München 1941/1942, 9 f.
68 Vgl. a.a.O., 2 f.

Verhütung erbkranken Nachwuchses vom 14. Juli 1933, in Kraft getreten am 1. Januar 1934) benannte er die Aufgabe der Hilfsschule in Bezug auf »rassenbiologische Untersuchungen« und »Unfruchtbarmachung« von Schülerinnen klar: Alle Schülerinnen und Schüler der Hilfsschulen müssten individuell »erbbiologisch gewertet werden«. Und es hieß weiter:

> »Zu diesen rassenbiologischen Untersuchungen, Bewertungen und Begutachtungen bietet die Hilfsschule, die die Fälle jahrelang zu beobachten Gelegenheit hat, wertvollere Unterlagen als je eine andere Stelle. Die sorgfältige, umfassende und zuverlässige Bearbeitung der Schulpapiere durch die Hilfsschullehrkräfte vermag die Arbeit des Amtsarztes und des Erbgesundheitsgerichtes zu erleichtern und zu vereinfachen, zu verbilligen und zu beschleunigen« (ebd.).

Die Hilfsschule bot nach Lesch die Gewähr, dass Kinder und Jugendliche rechtzeitig erfasst werden, deren »Erbgesundheit« nicht sicher ist. Bei »Erbkranken« garantiert sie, dass diese »von anfang an fachmännisch und streng betreut« (ebd.) werden.

Zur Hilfsschullehrerprüfung dieses Lehrgangs im Juli 1942 wurden 47 Teilnehmende zugelassen. Erwin Lesch war ebenso wie Hans Luxenburger an allen Prüfungsfächern beteiligt: praktische Hilfsschulpädagogik einschließlich Jugendpflege, theoretische Heilpädagogik, Psychopathologie des Hilfsschulkindes einschließlich Erblehre und Erbgesundheitslehre, Phonetik und Sprachheilkunde (a.a.O., 147). 1943 folgte noch eine »Hilfsschul-Fortbildungswoche« des Bayerischen Staatsministeriums für Unterricht und Kultus in München für 188 Hilfsschullehrkräfte (vgl. Lesch 1943d). Neben den gesetzlichen Grundlagen der Hilfsschularbeit, wie sie das Reichsschulpflichtgesetz vom 1938 regelte, und erneuten Hinweisen auf die »rassenhygienische« und »erbgesundheitspflegerische« Bedeutung der Hilfsschule standen in dieser Fortbildung besonders medizinische Aspekte im Vordergrund.

Damit kann durch Quellenmaterial, das u.a. von Erwin Lesch bearbeitet und benutzt worden ist, gezeigt werden, dass die heilpädagogischen Ausbildungslehrgänge unter seiner Leitung angehende Hilfsschullehrkräfte auf ihre »erbbiologischen« und »rassehygienischen« Aufgaben umfassend vorbereitet haben und deren Verantwortung bei der Umsetzung der Nazi-Behindertenpolitik nachdrücklich hervorgehoben wurde. Es erfolgte zu keiner Zeit in den vorliegenden Publikationen und Quellen eine Distanzierung von diesen Lehrgangsinhalten.

II.4.4 Die Nachkriegszeit: Vom Umgang mit der Vergangenheit

Erstaunlich ist der ungebrochene Karrierefortschritt Erwin Leschs nach 1945. Bereits 1949 ist er erneut Schulbuchautor und Leiter einer Arbeitsgemeinschaft zur

Erstellung des Lesebuchs »Am Tor zum Leben«, das von der US-Militärbehörde zum Einsatz in Schulen genehmigt wurde und 1950 erschien (vgl. Lesch 1950).

Am Ende des Zweiten Weltkrieges befand sich Erwin Lesch im Kinderlandverschickungslager des Klosters Wies in der Gemeinde Tüntenhausen. Aus diesem Grunde war die Spruchkammer Freising-Land für sein Entnazifizierungsverfahren zuständig.[69] Im September 1945 entließ ihn die Militärregierung München aus dem Schuldienst, weil er seine Mitgliedschaft in der SA (Sturmabteilung) der NSDAP geleugnet habe. Lesch beantragte am 16. Dezember 1945 seine Wiedereinstellung in den Schuldienst und distanzierte sich in diesem Schreiben deutlich von seiner Nazi-Vergangenheit. Außerdem führte er eine Reihe von Entlastungszeugen – darunter auch die erklärte Nazi-Gegnerin Mathilde Eller – an. Deren Aussagen sprachen insgesamt davon, dass Lesch zwar nach außen hin als Nazi wahrgenommen wurde, aber innerlich kein überzeugter (»nomineller«) Nazi gewesen sei. Im Meldebogen aufgrund des Gesetzes über die Befreiung von Nationalsozialismus und Militarismus vom 5. März 1946 stufte sich Lesch im Rahmen einer Selbstauskunft am 25. April 1946 als Mitläufer mit wesentlichen Entlastungsgründen ein.[70] Am 31. Mai 1946 erfolgte seine Wiederzulassung zum Unterricht durch die Militärregierung. Das Verfahren der Spruchkammer Freising-Land wurde daraufhin mit einem Sühnebescheid vom 9. Oktober 1946 entschieden und eine Geldsühne von 400 Reichsmark festgesetzt. Als Mitläufer im Sinne von Art. 12 des Gesetzes über die Befreiung von Nationalsozialismus und Militarismus galt, »wer nicht mehr als nominell am Nationalsozialismus teilgenommen oder ihn nur unwesentlich unterstützt und sich nicht als Militarist erwiesen hat«. Zu den »Entlasteten« hingegen zählte, wer trotz seiner formellen Mitgliedschaft oder Anwartschaft oder eines anderen äußeren Umstandes, sich nicht nur passiv verhalten, sondern nach dem Maß seiner Kräfte aktiv Widerstand gegen die nationalsozialistische Gewaltherrschaft geleistet und dadurch Nachteile erlitten hat« (Art. 13). Im Unterschied zu den Entlasteten konnten Mitläufer, die Beamte waren, neben der Sühnezahlung in den Wiedergutmachungsfond auch in den Ruhestand, in ein Amt mit niedrigerem Rang oder eine andere Dienststelle versetzt werden. Auch eine Kürzung der Bezüge oder Rückgängigmachung einer Beförderung war möglich (Art. 18).

Am 21. November 1946 wurde die Wiederaufnahme des Entnazifizierungsverfahrens gegen Erwin Lesch beantragt, da er nunmehr als Aktivist eingestuft und der Sühnebescheid vom 9. Oktober 946 als unzulässig angesehen wurde. Lesch soll als Ortsgruppen-Hauptstellenleiter der NSDAP tätig gewesen sein, einen »Politischen Leiterausweis« besessen und dies im Meldebogen verschwiegen haben. Auch seine SA-Mitgliedschaft (sog. »SA-Landsturm bzw. SA-Reserve II«) habe er nicht korrekt angegeben. Wegen Fälschung des Meldebogens kam es am 2. Dezember 1946 zur Anzeige bei der Staatsanwaltschaft. Erst im Jahre 1948 konnte das Verfahren abgeschlossen werden, nachdem zunächst versucht wurde, das Verfahren nach München abzugeben. Letztlich entschied die Spruchkammer Freising-Land am

---

69 Staatsarchiv München: Spruchkammerakt Erwin Lesch, SpkA K 3260.
70 Vgl. Gesetz zur Befreiung von Nationalsozialismus und Militarismus v. 5. März 1946. www.verfassungen.de/de/bw/wuertt-b-befreiungsgesetz46.htm, Zugriff am 06.02.2014.

12. April 1948, Erwin Lesch als Mitläufer einzustufen und mit einer Geldsühne von 2.000 Reichsmark zu belegen. Aufgrund des Sühnebescheids vom 9. Oktober 1946 galt diese Sühne als erledigt. Bestätigt werden in diesem Urteilsspruch erneut die Mitgliedschaften von Erwin Lesch in der NSDAP (seit 1937), in der Nationalsozialistischen Volkswohlfahrt (NSV, seit 1934), im Nationalsozialistischen Lehrerbund (NSLB, seit 1933), im Nationalsozialistischen Reichskriegerbund (NSRKB, seit 1934) und in der SA (seit 1934). Die SA-Mitgliedschaft wurde mit einem Schreiben vom 18. Mai 1948 seitens der Spruchkammer in »SAR II (also SA-Reserve II) umgewandelt. Angesichts dieser Liste von Mitgliedschaften in Nazi-Organisationen bleiben mehrere offene Fragen:

- War es möglich, trotz der Mitgliedschaft in mehreren Nazi-Organisationen nicht mit der Nazi-Politik identifiziert zu werden?
- Ist es glaubwürdig, wenn Lesch behauptet, er habe die Bedeutung des »Politischen Leiterausweises« nicht gekannt?
- Kann es sein, dass seine Mitgliedschaft in der SA ihm nicht bewusst gewesen ist?
- Wenn Lesch innerlich kein Nazi war, warum hat er dann seine SA-Mitgliedschaft und den »Politischen Leiterausweis« im Meldebogen verschwiegen?
- Konnte man sich so weit auf die Nazis einlassen und sich zugleich innerlich von ihnen distanzieren?
- War es zum Beispiel möglich, in den schriftlichen Unterlagen zu den heilpädagogischen Kursen die Erbgesundheitslehre als Bestandteil der NS-Rassenlehre zu beschreiben und diese dann nicht in den Kursen im Wortlaut zu behandeln oder in den Prüfungen zum Abschluss abzufragen?

Möglicherweise stößt die historische Forschung zur Nazizeit bei der Beantwortung dieser Fragen aber auch an Grenzen, da die Zeugenaussagen in ihrem jeweiligen historischen Kontext betrachtet und interpretiert werden müssen. Es bleibt festzuhalten, dass Lesch in der Nazizeit Schulleiter wurde, fortlaufend in Nazi-Organen publizierte, die heilpädagogischen Kurse übernahm und an der Abfassung der »Richtlinien für Erziehung und Unterricht in der Hilfsschule« zusammen mit dem führenden Nazi-Hilfsschulpädagogen Karl Tornow gearbeitet hat. Vor diesem Hintergrund ist es nur folgerichtig, dass alle Erwin-Lesch-Schulen in Bayern diesen Schulnamen inzwischen abgelegt haben.[71] Diesem Entscheidungsprozess lag in den Schulen eine differenzierte Debatte der verschiedenen Schulgremien zugrunde, an denen auch Schülerinnen und Schüler in angemessener Weise beteiligt wurden. Insofern ist Charlotte Knobloch in ihrer Stellungnahme zur Diskussion über das Wernher-von-Braun-Gymnasium in Friedberg zuzustimmen, wenn sie in der Süddeutschen Zeitung vom 13. Dezember 2013 fordert, sich »von den Akteuren, Profiteuren und Mitläufern des größten Zivilisationsbruchs in der Geschichte der

---

71 2013 legte die Erwin-Lesch-Schule Neumarkt ihren Namen ab. Nachdem sie danach »Förderzentrum Förderschwerpunkt geistige Entwicklung« hieß, benannte sie sich 2022 in »Thea-Diem-Schule« um – nach einem Opfer der »Euthanasie« (Süddeutsche Zeitung, 21.10.2022; https://www.sueddeutsche.de/muenchen/landkreismuenchen/unterhaching-thea-diem-ns-diktatur-opfer-euthanasie-1.5678847, Zugriff am 03.03.2025).

Menschen als Namensgeber insbesondere im pädagogischen Bereich zu verabschieden«(Mayr 2013). Auch das Wernher-von-Braun-Gymnasium hat inzwischen den Namen abgelegt.

Auf Leschs Anregung wurden auch die heilpädagogischen Ausbildungslehrgänge ab 1947 wieder aufgenommen. Bis 1964 war Lesch deren Geschäftsführer, die Leitung übernahm Karl Anton Ederer. Den Aufsatz »Welche Kinder gehören in die Hilfsschule?« aus der Zeitschrift »Die Scholle« (Lesch 1943b) veröffentlichte Lesch – wahrscheinlich in Verbindung mit der Neuauflage der heilpädagogischen Ausbildungskurse – 1951 erneut in der Zeitschrift »Heilpädagogik« in teilweise wörtlicher Übernahme mit nur geringen sprachlichen Änderungen, die v. a. die Anmerkungen zur »Erbbiologie« und »Rassenhygiene« betreffen (vgl. Lesch 1951).

Nach der Wiedergründung des Bayerischen Hilfsschullehrerverbandes 1949 wurde Lesch dessen Vorsitzender (vgl. Möckel 2001, 187). Als er 1957 seinen Rücktritt vom Verbandsvorsitz erklärte, erfolgte eine ausführliche Würdigung durch den damaligen Vorsitzenden des Verbandes Deutscher Sonderschulen August Kreimeyer:

> »Ihre gründliche Sachkenntnis auf dem weiten Gebiet des Sonderschulwesens, Ihre stete Bereitschaft, immer das große Ziel des Ganzen zu sehen, und ihm sich unterzuordnen, Ihre Treue zum Verband Deutscher Sonderschulen haben uns ebenso tief beeindruckt wie Ihre ausgewogene Art, gründlich durchdachte Entscheidungen zu treffen. Schwerer aber als all das wiegt Ihre menschliche stets lautere Art, Ihr rastloser Einsatz, Ihre große Gabe der Menschenkenntnis und Menschenbildung« (zitiert nach Speck 1974, 497).

Seine Nazi-Vergangenheit erwähnt er nicht. Und auch Otto Speck fand in seinem Nachruf auf Erwin Lesch 1974 kein kritisches Wort zu seiner Vergangenheit – im Gegenteil. Er schrieb unter anderem: »Erwin Leschs Persönlichkeit war im besonderen durch einen rastlosen Eifer für die Sache der Heilpädagogik und der Hilfsschule gekennzeichnet. Ihr hatte er sich mit Leib und Seele verschrieben. Sie vertrat und verteidigte er über schwere und wechselvolle Epochen hinweg« (Speck 1974, 496).

In der Zeitschrift für Heilpädagogik wird Lesch als Ehrenvorsitzender des Verbandes Bayerischer Sonderschulen genannt (vgl. Lesch 1959, 379). Insofern hat es bis weit in die Nachkriegszeit hinein in der bayerischen Sonderpädagogik keine Auseinandersetzung mit Erwin Leschs »brauner Vergangenheit« stattgefunden. Wie Geralf Gemser für Sachsen zeigt, ist es in Deutschland offenbar ohne weiteres möglich, Pädagogen aus der Nazizeit als Namensgeber für Schulen zu benutzen, eine höchst zweifelhafte Praxis gerade im Hinblick auf die Behindertenpolitik der Nazis (vgl. Gemser 2009). Das Gesetz über das Bayerische Erziehungs- und Unterrichtswesen (BayEUG) stellt den Schulen in Bayern in Art. 29 frei, zusätzlich zur amtlichen Bezeichnung einen Namen zu wählen. Gleichwohl sollte der Namensgeber einer Schule nach allgemeinem Verständnis eine besonders anerkannte Persönlichkeit sein. Personen mit einer Nazi-Vergangenheit wie Erwin Lesch sind hingegen als Namensgeber für Schulen – zumal für Förderschulen beziehungsweise Sonderpädagogische Förderzentren – nicht geeignet.

Am Beispiel des Umgangs mit Erwin Leschs Nazi-Vergangenheit lässt sich so für die bayerische Sonderpädagogik zeigen, dass ein erheblicher Bedarf an Regionalforschung zur Sonderpädagogik in der Nazizeit in Bayern besteht. Das »Handbuch zur Geschichte des Bayerischen Bildungswesens« enthält zwar eine ganze Reihe regionalgeschichtlicher Untersuchungen zum »Schulwesen im NS-Staat« (vgl. Liedtke 1997, 173 ff.). Die Hilfsschulen beziehungsweise Sonderschulen werden hier jedoch kaum erwähnt. Nur in einem Beitrag über Niederbayern erscheinen einige Hinweise auf die kriegsbedingte Schließung von Hilfsschulen ab 1939. Auch die Befürchtungen von Eltern, die Hilfsschule sei eine reine »Sterilisierungsschule«, sind hier dokumentiert (vgl. Buchinger 1997, 257). Ein historischer Überblick zur Geschichte der Hilfsschulen und später Sonderschulen (vgl. Speck 1997, 914 ff.) geht jedoch erst vom Jahr 1950 aus. Die Zeit des Nationalsozialismus wird für die Hilfs- und Sonderschulen als Zeit des Zusammenbruchs nur kurz angesprochen. Dieser regionalgeschichtliche Forschungsbedarf zur Sonderpädagogik in der Nazizeit besteht ebenfalls für andere Bundesländer wie Baden-Württemberg, wie Andreas Möckel eindrucksvoll aufzeigt (vgl. Möckel 2002).

Eine Ausnahme bilden lediglich die historischen Studien von Marcus Mühlnikel, die sich besonders auf den fränkischen Landesteil von Bayern beziehen (vgl. Mühlnikel 2002; 2004). Die Studien von Mühlnikel weisen aber zugleich den Weg zur Erschließung der durchaus noch vorhandenen Quellen. Wenn dieser Weg nicht beschritten wird, wird weiterhin offen bleiben, welche Lehren wir aus diesem dunklen Kapitel der bayerischen Sonderpädagogik ziehen. Das gilt im Übrigen nicht nur für die Zeit zwischen 1933 und 1945, sondern ebenso für die vorbereitenden Entwicklungen in den Jahren davor, wie Monika A. Vernooij bereits betont hat (vgl. Vernooij 2000, 103 f.).

II.4.5 Schlussbemerkung

Margarete und Alexander Mitscherlich sprechen angesichts der Gräueltaten der Nazis und des Umgangs damit in der Nachkriegszeit von der »Unfähigkeit zu trauern« (vgl. Mitscherlich/Mitscherlich 2011). Die Beschäftigung mit der Rolle der Hilfsschulehrkräfte in der Nazizeit ist aus heutiger Sicht mindestens auch ein Anlass zu trauern. Diese Trauerarbeit hat in der deutschen Sonderpädagogik erst spät eingesetzt (vgl. Gamm 1983). Gleichwohl kommen wir nicht umhin, den Blick auf diese Zeit zurückzuwenden und uns mit ihr zu konfrontieren. Nur so können wir verstehen, wie es dazu kommen konnte. Und nur so können wir versuchen, Tendenzen entgegenzuwirken, die diese Zeiten wieder aufleben lassen wollen. Dies gilt insbesondere angesichts der Aufgabe, im Rahmen der Lehrerbildung neue Generationen von sonderpädagogischen Lehrkräften auf die zukünftigen Anforderungen in ihrem Beruf in möglichst umfassender Weise vorzubereiten (vgl. Heimlich 2022).

Literatur

Quellen

Lesch, E. (1930): Die Kenntnis der Farben bei Hilfsschulkindern und Kindern im vorschulpflichtigen Alter. Die Hilfsschule, 23(4), Sonderabdruck.
Lesch, E. (1934): 6. Kongreß für Heilpädagogik. Die Deutsche Sonderschule, 1 (3), 222–224.
Lesch, E. (1940): Das Hilfsschulwesen in Bayern. Ergebnisse einer Umfrage vom 15.4.1940. Die Deutsche Sonderschule, 7, 439–443.
Lesch, E. (1941a): Sichtung der Schulversager – eine heilpädagogische Aufgabe. Zeitschrift für Kinderforschung, 49 (1), 111–115, Sonderabdruck.
Lesch, E. (1941b): Hilfsschule in Zahlen. Die Deutsche Sonderschule, 8 (9), 439–440.
Lesch, E. (1941c): Sonderschulen 1938 in Zahlen. Die Deutsche Sonderschule, 11, 517.
Lesch, E. (1942a): Bericht über den Staatlichen Ausbildungslehrgang für Hilfsschullehrkräfte München 1941/42. Die Deutsche Sonderschule, 9, 364–367.
Lesch, E. (1942b): Mein Kind soll in die Hilfsschule? Mitteilungsblatt der NSD-Schulgemeinde, 8, 4–5.
Lesch, E. (1943a): Einfachstschulung und Hilfsschule. Die Deutsche Sonderschule, 10, 87–90.
Lesch, E. (1943b): Welche Kinder gehören in die Hilfsschule? Die Scholle (April/Mai), 264–268.
Lesch, E. (1943c): Zur Druckschrift-Ausgabe der Fibel für Hilfsschulen. Die Deutsche Sonderschule, 10, (8–10), 231–235.
Lesch, E. (1943d): Hilfsschul-Fortbildungswoche 1943. Die Deutsche Sonderschule, 10 (11–12), 271–277.
Lesch, E. (o.J.): Staatlicher heilpädagogischer Ausbildungslehrgang für Hilfsschullehrkräfte München 1941/1942. München: Archiv der Schule an der Kirchenstraße.
Lesch, E. (1950): Am Tor zum Leben. München: Bayerischer Schulbuchverlag.
Lesch, E. (1951): Welche Kinder gehören in die Hilfsschule? Heilpädagogik, 11, 14–27.
Lesch, E. (1952): Das Münchener Sichtungsverfahren. Zeitschrift für Heilpädagogik, 3, 317–339.
Lesch, E. (1959): Rupert Egenberger, geboren 1878, gestorben 1959. Zeitschrift für Heilpädagogik, 10, 377–379.
Lesch, E. (1960): Wir lernen malen, lesen und schreiben. Fibel für Hilfsschulen. München: Bayerischer Schulbuchverlag.

Darstellungen

Adorno, T. W. (2008): Erziehung zur Mündigkeit. Vorträge und Gespräche mit Hellmut Becker 1959–1969. Frankfurt a. M.: Suhrkamp.
Buchinger, H. (1997): Niederbayern. In: M. Liedtke (Hrsg.), Handbuch der Geschichte des Bayerischen Bildungswesens. Dritter Band. Geschichte der Schule in Bayern. Von 1918 bis 1990 (S. 250–262). Bad Heilbrunn: Klinkhardt.
Ellger-Rüttgardt, S. (Hrsg.) (2003): Lernbehindertenpädagogik. Studientexte zur Geschichte der Behindertenpädagogik. Bd. 5. Weinheim, Basel: Beltz.
Ellger-Rüttgardt, S. (2004): Sonderpädagogen im Dritten Reich. Der Versuch einer Annäherung. Vierteljahresschrift für Heilpädagogik und ihre Nachbargebiete 73 (4), 350–364.
Ellger-Rüttgardt, S. L. (2024): Geschichte der Sonderpädagogik: Eine Einführung (3. Auflage). München: Ernst Reinhardt Verlag.
Gamm, H. J. (1983): Der Faschismuskomplex und die Sonderpädagogik. Zeitschrift für Heilpädagogik, 34 (12), 789–797.
Gemser, G. (2009): »Unser Namensgeber«. Widerstand, Verfolgung und Konformität 1933–1945 im Spiegelbild heutiger Schulnamen. Sachsen. München: Martin Meidenbauer Verlagsbuchhandlung.
Hänsel, D. (2008): Karl Tornow als Wegbereiter der sonderpädagogischen Profession. Die Grundlegung des Bestehenden in der NS-Zeit. Bad Heilbrunn: Klinkhardt.
Heimlich, U. (2013): Bayerische Sonderpädagogik in der Nazizeit – dargestellt am Beispiel des Münchener Hilfsschullehrers Erwin Lesch. In: Spuren, 56 (3), 37–42.
Heimlich, U. (2014): Erwin Lesch: Aktivist oder Mitläufer? Offene Fragen und Forschungsperspektiven. Spuren, 57 (3), 44–46.

Heimlich, U. (2022): Pädagogik bei Lernschwierigkeiten. Sonderpädagogische Förderung im Schwerpunkt Lernen (3. Auflage). Bad Heilbrunn: Klinkhardt.

Höck, M. (1979): Die Hilfsschule im Dritten Reich. Berlin: Marhold.

Mayr, S. (2013): Schülerpreis – benannt nach einem SS-Mann. https://www.sueddeutsche.de/bayern/streit-um-wernher-von-braun-gymnasium-ein-schuelerpreis-benannt-nach-einem-ss-mann-1.1842468, Zugriff am 06.06.2023.

Mitscherlich, A. u. M. (2011): Die Unfähigkeit zu trauern. Grundlagen kollektiven Verhaltens (22. Auflage). München: Piper.

Möckel, A. (2001): Die besondere Grund- und Hauptschule (4. Auflage). Heidelberg: Edition S.

Möckel, A. (2002): Sonderpädagogische Einrichtungen. Sonderpädagogik 1993–1945 – Akten, Fakten, offene Fragen. Pädagogische Impulse. Zeitschrift des Fachverbandes Behindertenpädagogik in Baden-Württemberg, 35 (1), 50–62.

Mühlnikel, M. (2002): Die Bayreuther Hilfsschule im Dritten Reich. Ein Beispiel für die Durchsetzung nationalsozialistischer Pädagogik an einer fränkischen Sonderschule. In: Zentralinstitut für Regionalforschung an der Universität Erlangen-Nürnberg (Hrsg.), Jahrbuch für Fränkische Landesforschung (S. 305–333). Neustadt: Kommissionsverlag Degener.

Mühlnikel, M. (2004): Hilfsschüler in Ober- und Mittelfranken zwischen 1933 und 1945. Theorie und Praxis der nationalsozialistischen Rassenhygiene. In: Historischer Verein für Oberfranken (Hrsg.), Archiv für Geschichte von Oberfranken. 84. Band (S. 185–276). Bayreuth: Historischer Verein für Oberfranken.

Mühlnikel, M. (2006): Die Rolle der Hilfsschule für die nationalsozialistische Rassenhygiene. Sonderpädagogik, 36 (3), 139–149.

Speck, O. (1974): Erwin Lesch †. Zeitschrift für Heilpädagogik, 25, 496–497.

Speck, O. (1997): Sonderschulen. In: M. Liedtke (Hrsg.), Handbuch der Geschichte des Bayerischen Bildungswesens. Dritter Band. Geschichte der Schule in Bayern. Von 1918 bis 1990 (S. 914–924). Bad Heilbrunn: Klinkhardt.

Vernooij, M. A. (2000): Sonderschule zwischen Bildungsauftrag und Rassenhygiene. Sonderpädagogik 30 (2), 102–110.

II.5 Taubstummenpädagogen im »Dritten Reich« – zwischen Opposition, Geltungsdrang und Überzeugung

Frank A. Brodehl

»Wo liegen die Grenzen zwischen Schuld und Unvermeidlichkeit? Mit welchem Schritt, wann, begann der Sündenfall [...]. Es gibt solche [Fragen], über die man nachdenken *muß*, auch wenn sie keine Lösung zulassen, und das können die allerernstesten sein.«[72]
Golo Mann

II.5.1 Einleitung

Mit der Machtübergabe an die Nationalsozialisten wurde der traditionelle Anspruch der Taubstummenlehrer[73] [74], sich ihren Schülern als Freund und Anwalt auch über den Unterricht hinaus ein Leben lang verbunden und mitverantwortlich zu fühlen (vgl. Löwe 1992, 85), in sein Gegenteil verkehrt: Nunmehr müsse er »sowohl Anwalt des Taubstummen als auch zugleich des ganzen deutschen Volkes« sein, wie in der ersten Ausgabe der gleichgeschalteten Fachzeitschrift »Die deutsche Sonderschule« befohlen wurde (Maeße 1934, 22 f.). Die Aufforderung, »verantwortlich zu handeln«, bezog sich nicht mehr auf die anvertrauten Schüler, sondern darauf, »die Taubstummenbildung nach drei Seiten hin zu überprüfen: A. nach der wirtschaftlichen, B. nach der pädagogischen, C. nach der eugenisch-rassenhygienischen« (ebd.).

In den Vordergrund rückte vor allem die Frage der Funktion der Taubstummenschule bei der Umsetzung des Gesetzes zur Verhütung erbkranken Nachwuchses (GzVeN) vom 14. Juli 1933, in dessen Folge 15.000 Gehörlose zwangssterilisiert wurden (vgl. Nowak 1978, 102); gleichzeitig wurden hunderte

---

72 Mann 1986, 563, Hervorh. i. Orig.
73 In dieser Arbeit finden historisch belastete Begriffe Verwendung, weil sie im heutigen Sprachgebrauch nicht ohne Bedeutungsverlust umschrieben werden können. Als »taubstumm« wurden bis in die 1960er Jahre hinein Personen bezeichnet, die vorsprachlich ertaubt waren; in Abgrenzung hierzu sprach man von »gehörlos«, wenn die Taubheit erst nach dem Spracherwerb eingetreten war. Beide Gruppen wurden von Taubstummenpädagogen in Taubstummenschulen oder -anstalten unterrichtet. Während der Begriff »Taubstummenschule« bereits seit den späten 1930er Jahren mehr und mehr durch »Gehörlosenschule« ersetzt wurde, blieb es offiziell noch bis in die 1990er Jahre bei der Berufsbezeichnung »Taubstummenpädagoge«, bis diese durch Gehörlosen-, Schwerhörigen- oder Hörgeschädigtenpädagoge ersetzt wurde.
74 Anmerkung der Herausgeberin: Es ist der Wunsch des Autors, seinen Beitrag nicht paritätisch zu gendern.

leistungsschwächere Kinder und Jugendliche ihrer Schulen als »bildungsunfähig« verwiesen.

II.5.2 Fragestellung dieser Arbeit, Quellen, Forschungsstand

Die Frage, wie sich die damals verantwortlichen Taubstummenpädagogen, insbesondere Schulleiter, angesichts dieser widerstreitenden Ansprüche verhalten haben, kann nicht pauschal beantwortet werden. Allgemeine Darstellungen der Taubstummenpädagogik, wie sie sich vor allem in zeitgenössischen Fachzeitschriftenartikeln finden, sowie damals erlassene Gesetze und Verordnungen liefern zwar wichtige Erkenntnisse, aber sie lassen die Fragen unbeantwortet, wie sich einzelne Pädagogen tatsächlich verhielten und warum sie so und nicht anders gehandelt haben. Eine Erörterung der Frage, welche Funktion den rund 70 deutschen Taubstummenanstalten nach 1933 in den sogenannten Erbgesundheitsverfahren zugedacht war, und ein Überblick darüber, wie die dort tätigen Pädagogen den konkreten Anforderungen, die sich aus dem GzVeN ergaben, in ihrem spezifischen Umfeld begegneten, erfordern die Auswertungen relevanter nicht veröffentlichter Quellenbestände einzelner Taubstummenanstalten.

Für drei Schulen in Schleswig, Langenhorst und Homburg/Efze konnten entsprechende Archivalien eingesehen und im Rahmen einer umfangreichen Darstellung erstmals systematisch analysiert werden (Brodehl 2014). Im Einzelnen handelt es sich um Schülerakten und -verzeichnisse, Schriftverkehr zwischen Schulen und vorgesetzten Verwaltungsbehörden, Briefwechsel zwischen Schulen und Gesundheitsämtern und Erbgesundheitsgerichten (EGG), Berichte über erbbiologische Reihenuntersuchungen und um Konferenzprotokolle. Für die Schleswiger Schule konnten ergänzend Aktenbestände von Gesundheitsämtern und EGG eingesehen werden, sodass ein Abgleich mit den in der Schule geführten Akten möglich war. Wenn auch die Bestände nicht für alle drei Schulen gleichermaßen vollständig erhalten geblieben sind – so fehlen in Langenhorst die Konferenzbücher und in Homberg sind die Berichte der Reihenuntersuchungen nur in Fragmenten überliefert –, kann insgesamt dennoch von einer ausreichend guten Quellenlage ausgegangen werden.

Es ist zunächst auffällig, dass bislang nur wenige entsprechende Forschungsarbeiten über einzelne Taubstummenschulen vorliegen, die zu divergenten Ergebnissen kommen: Während Losch (2002) und Bing-von Häfen (2010) für die Taubstummenanstalten in Heiligenbronn und in Wilhelmsdorf übereinstimmend Fälle passiver Widerstandshandlungen seitens der Schulleitungen konstatieren, die die Zwangssterilisationen zwar letztlich nicht verhindern, wohl aber die Verfahren künstlich in die Länge ziehen konnten, kommt die ältere Studie des Bremer Gehörlosenlehrers Horst Biesold zu einem pauschalen, vernichtenden Urteil:

> »Die Verstrickung von Gehörlosenpädagogen in die NS-Rassenhygiene und ihr konsequentes Eintreten für die Zwangssterilisation, auch ihrer eigenen Klientel, konnte […] nachgewiesen werden. Mit dem Ergebnis unserer Befragung, daß 28,72% der Respondenten vor dem Erreichen des 18. Lebensjahres, also im Schulalter, zwangssterilisiert wurden und daß insgesamt 34,04% der Respondenten sich durch die Gehörlosenpädagogik der Selektion ausgeliefert fühlten, gelang der Nachweis, daß sich die Deutsche Gehörlosenpädagogik von ihrem einst humanitären Bildungsanspruch entfernt und sich der Ideologie des Nationalsozialismus verschrieben hatte und somit heute als NS-Gehörlosenpädagogik definiert werden muß« (Biesold 1988, 223).

Biesold kommt das Verdienst zu, im Rahmen eines Entschädigungsprogramms erstmals sowohl das Ausmaß als auch die Spätfolgen der Zwangssterilisationen Gehörloser beschrieben zu haben; seine Forschungsarbeit basiert auf einer schriftlichen Befragung von rund 1.800 Opfern (in die Veröffentlichung flossen hiervon 1.215 ein) und auf einer ergänzenden Auswertung von Schülerakten. In der wissenschaftlichen Diskussion wird Biesolds Werk »Klagende Hände« von einzelnen Autoren der Status einer Primärquelle eingeräumt, ohne dass eine quellenkritische Interpretation erfolgte. Mit Blick auf die Taubstummenanstalten in Schleswig, Langenhorst und Homberg soll nun der Versuch unternommen werden, ein differenzierteres Bild der Gehörlosenpädagogen im »Dritten Reich« zu zeichnen.

II.5.3 Zur Konfrontation der Taubstummenpädagogik mit dem GzVeN

Sowohl der Gesetzestext als auch die als Ausführungsbestimmung fungierende, Anfang Dezember 1933 erschienene »Verordnung zur Ausführung des GzVeN (VO)«, kurz GRR genannt (vgl. Gütt et al. 1934), enthielten teils missverständliche, teils ungenaue Angaben, die erhebliche Irritationen und Nachfragen auslösten. So wurde etwa nicht klar zwischen angeborener und ererbter Taubheit unterschieden. Unsicher darüber, ob die eigene Arbeit und die eigenen Schüler in irgendeiner Form vom GzVeN betroffen sein könnten, wandte sich der Schulleiter der Schleswiger Taubstummenanstalt Otto Taube Mitte August 1933 an seinen Vorgesetzten in der Provinzialverwaltung, der ihm jedoch nur eine Abschrift einer allgemeinen Abhandlung als Antwort zurückschickte, was bei Taube den Eindruck hinterließ, dass es sich entsprechend der Formulierung »kann unfruchtbar gemacht werden« des § 1 um ein »Kann-Gesetz« handele.

Der Einschätzung, dass Taubstumme allenfalls in besonderen Ausnahmefällen vom GzVeN betroffen seien, entsprach eine spontan verfasste Stellungnahme evangelischer Taubstummenseelsorger, die im Beisein von Taube Ende August in der Schleswiger Anstalt tagten. In dieser wurde erklärt, »daß in bestimmten Fällen, vor allem bei Sexualverbrechern und idiotisch Veranlagten […] eine Sterilisation oft notwendig« sei und dass »ein Gesetz zur Verhütung erbkranken Nachwuchses

Abb. 31: Das Kollegiums der Schleswiger Taubstummenschule mit Abschlussschülern 1932. Der Direktor Otto Taube (4. Reihe, Mitte) wurde im Spätsommer 1933 von den Nazis entlassen. Seinen Platz nahm der in rassenhygienischer und politischer Hinsicht zuverlässig erscheinende Gustav Heidbrede (3. Reihe 3. v. l.) ein.

[selbst bei tauben Eheleuten] nur in Ausnahmefällen Anwendung findet« (Stubbe 1933, 207). Vergleichbare Aussagen hatte über Jahre hinweg auch der Berufsverband Bund Deutscher Taubstummenlehrer (BDT) getroffen. Dieser fasste die Ergebnisse der damals nicht nur in akademischen Kreisen akzeptierten Vererbungslehre als fortschrittliche Möglichkeit für diejenigen Gehörlosen auf, die bewusst auf eigene Nachkommen verzichten wollten. Eine offene Diskussion dieser Frage war im Spätsommer 1933 bereits unmöglich geworden: Der BDT war im Mai zwangsaufgelöst und die Vorstandsmitglieder auf Reichs- und Regionalebene ihrer Ämter enthoben worden (vgl. Brodehl/Hillenbrand 2013). Da die Ausführungsbestimmungen noch nicht vorlagen, herrschte ein beträchtliches Informationsdefizit, sodass auch vorgesetzte Stellen keinerlei Auskünfte geben konnten; die – noch – erscheinende Berufsverbandszeitung »Blätter für Taubstummenkunde« fiel den Umständen entsprechend als Diskussionsforum aus. Bereits im Sommer 1933 wurden zahlreiche Schulleiter, die den Machthabern unzuverlässig erschienen, aus ihren Ämtern entfernt: Felix Zillmann in Ratibor, Ernst Schorsch in Berlin, Georg Schilling in Halberstadt; viele weitere folgten in den nächsten Monaten und Jahren, wie etwa Norbert Menke in Trier oder Wilhelm Becker in Braunschweig. Gegen Otto Taube wurde eine Woche nachdem die Schleswiger Stellungnahme der Taubstummenseelsorger veröffentlicht worden war, unter fadenscheinigen Gründen ein Disziplinarverfahren eingeleitet; ab dem 19. September 1933 durfte er seine Schule nicht mehr betreten.

Die Leitung der Schleswiger Einrichtung wurde zunächst vom dienstältesten Kollegen Paul Leuchsenring weitergeführt; erst ein Jahr später, im Herbst 1934, wurde die Schulleitung Gustav Heidbrede (Jahrgang 1900), dem jüngsten Kollegiumsmitglied, auf Probe übertragen. In diesen Zeitraum fielen zwar bereits die ersten Anfragen und Anordnungen hinsichtlich des GzVeN, aber zugleich erfolgten tiefgreifende Einschränkungen in der Taubstummenpädagogik, die den Lebensraum gehörloser Schüler in der Folge massiv beschnitten: Leistungsschwächere Schüler wurden ab Oktober 1933 systematisch in amtsärztlichen Reihenuntersuchungen als »bildungsunfähig« erfasst und nach Hause entlassen oder erst gar nicht eingeschult; Klassen wurden zusammengelegt, was wiederum mit der Streichung von Planstellen einherging, und Pflegeplätze von gehörlosen Schülern bei hörenden Mitbürgern wurden zugunsten der kostengünstigeren Heimunterbringung aufgelöst. Zwar waren Leuchsenring »von Staats wegen [befohlene] generelle Einschnitte in die Taubstummenbildung«[75] durch die Provinzialverwaltung angekündigt worden, dennoch entsetzten ihn die nun unvermittelt durchgeführten Maßnahmen – zu frisch waren die Erinnerungen an die Zeit der Weltwirtschaftskrise, in der der Schulkindergarten, die Berufsschulabteilung und das Schullandheim geschlossen, Gehälter gekürzt worden waren und Stimmen aus der Schleswiger Bevölkerung laut wurden, die in der Schule »Luxus und Verschwendung« (Blau 1955, 51) sahen.

In der damaligen Lage, in der immerzu das Gesunde und Starke propagiert wurde, entstand zudem der Eindruck, dass gehörlose Kinder in der Taubstummenanstalt lediglich als Minderwertige betreut und nicht unterrichtet würden, womit nicht nur die Herabminderung Gehörloser, sondern auch die der Arbeit der Pädagogen einherging. Zugleich erhöhte sich mit den rigorosen Schließungen von Taubstummenanstalten – bis zum Sommer 1934 traf dies Stade, Bensheim, Wriezen und Petershagen – und dem Rückgang der Schülerzahlen (siehe Tab. 1), der Legitimationsdruck auf die Arbeit der Gehörlosenpädagogen.

Tab. 1: Entwicklung der reichsweiten Schüler-, Schul- und Klassenzahlen an Taubstummenanstalten und der Schülerzahlen der Taubstummenanstalt Schleswig .

Jahr	1926	1930	1933	1936	1937	1938
Schülerzahl in Schleswig	110	111	109	93	95	82
Schülerzahl reichsweit	6.149	6.110	6.120	5.716	5.655	5.183
Schulen reichsweit	73	72	72	67	66	61
Klassen reichsweit	573	(?)	(?)	586	579	520

Aus nationalsozialistischer Sicht ließ sich die verhältnismäßig teure Sonderbeschulung nur mit der Begründung der »Brauchbarmachung« und der »Auslese« rechtfertigen[76]; um dieses Ziel zu verwirklichen, wurden nicht nur unzuverlässige

---

75 Landesarchiv Schleswig (LAS), 460/1055, Bl. 56 f.
76 Bundesarchiv, NS 12/1357.

Schulleiter ausgetauscht, sondern auch entscheidende Positionen in der Exekutive neu besetzt. Mit dem Mediziner Erich Straub als neuem Landesrat bzw. Anstaltsdezernenten hatten die Machthaber der Schule im November 1933 einen überzeugten Rassenhygieniker vorgesetzt, der die dort beschulten bzw. behandelten »Erbkranken […] bedingungslos in unseren Händen« und damit »leicht zu erfassen« wusste (Straub 1935, 68) und »den Anteil unseres Volkes, dessen Erbanlagen unterdrückt und ausgemerzt werden müssten, auf ein Drittel und darüber« schätzte.[77] Wie weit der Fanatismus Straubs, Parteimitglied bereits seit 1922, bei der verwaltungstechnischen Umsetzung des GzVeN ging, zeigt sich in seinem weiteren Werdegang: Ende 1934 wurde er Mitglied des Erbgesundheitsobergerichts Kiel und ab 1941 war er als »T4-Mitarbeiter der Zentrale«[78] unmittelbar an den Euthanasieverbrechen beteiligt. Obwohl Straub als Landesrat bekannt war, dass Taubstummenanstaltsleiter im Gegensatz zu Leitern geschlossener Heilanstalten weder anzeigepflichtig noch antragsberechtigt waren, forderte er zunächst beides wiederholt ein. Hierzu strich er in Anschreiben, die ursprünglich an die unter das Gesetz fallenden Einrichtungen adressiert waren, das Wort »Kranke« und ersetzte es durch »Gehörlose«. Eine weitere Variante war, dass Straub Anzeige- und Antrags-Verfügungen an die Heilanstalten für die Gehörlosenschule kopierte und mit dem Zusatz »in derselben Weise zu verfahren« versah.[79]

Vor diesem Hintergrund ist auffällig, dass es von der Schulleitung bis Ende 1935, also zwei Jahre nach Inkrafttreten des Gesetzes, weder Anzeigen noch Anträge bei Gesundheitsämtern, sondern lediglich zwei Meldungen erbkrankverdächtiger Schulabgänger an Straub gegeben hat, wie das Protokoll der Direktorenkonferenz vom 18. November 1935 belegt.[80] Nach anfänglichem Aktionismus verfuhr Straub jedoch entsprechend der Gesetzeslage, die im April 1934 durch eine Weisung aus Berlin nochmals betont und öffentlich publiziert wurde, nach der Leiter von Gehörlosenanstalten nicht zur Meldung verpflichtet waren.[81]

---

77 Schleswiger Nachrichten vom 7.6.1933.
78 Die »Aktion T4« ist eine nach 1945 gebräuchlich gewordene Bezeichnung für den systematischen Massenmord an mehr als 70.000 Menschen mit körperlichen, geistigen und seelischen Behinderungen in Deutschland von 1940 bis 1941 unter Leitung der Zentraldienststelle T4.
79 Landesarchiv Schleswig, 64.2/291.
80 Vgl. Landesarchiv Schleswig, 64.2/291. Die Leitungen sämtlicher Provinzial-Anstalten mussten regelmäßig einen zahlenmäßigen Überblick über die Umsetzung des GzVeN geben.
81 Vgl. Bundesarchiv, R. 4901/3266a, Bl. 79; Die deutsche Sonderschule (1934), 1, 157. Eine Ausnahme bildete Baden, wo Schulleiter einer gesetzlich verankerten Anzeigepflicht unterlagen (vgl. Singer 1934, 573).

II.5.4 Erfassung erbkrankverdächtiger Schüler durch Reihenuntersuchungen

Nachdem sich auf den provinzialen Verwaltungsebenen die Erkenntnis durchgesetzt hatte, dass die Taubstummenlehrerschaft sowohl von der Anzeigepflicht als auch vom Antragsrecht gesetzlich ausgeschlossen war, entwickelte man dort Strategien, mit denen eine Erfassung sämtlicher erbkrankverdächtiger Schüler gewährleistet sein sollte. Äußerst rigoros ging hierbei die Provinz Westfalen vor, unter deren Verwaltungshoheit die Taubstummenanstalt in Langenhorst fiel.

Ähnlich den Umständen in Schleswig besetzten die Machthaber die 1933 freigewordene Schulleiterstelle mit einem jungen, ihnen politisch zuverlässig erscheinenden Pädagogen, Karl Steinig, der nicht davor zurückschreckte, eine »andauernde Überwachung« der eigenen Kollegen zu fordern[82]; der ursprünglich für die Direktorenstelle vorgesehene Oberlehrer Otto Lux wurde hingegen nach einem fingierten Dienststrafverfahren entlassen. Und nicht anders als in Schleswig wurden leistungsschwächere Schüler nach »Untersuchungen abnormer Zöglinge« systematisch ausgeschult.[83] Der andauernde Schülerrückgang hatte zur Folge, dass sich bis 1942 die Schülerzahl um 40 Prozent reduzierte, womit Klassenschließungen und Stellenstreichungen einhergingen.[84]

Obwohl Steinig ein überzeugter Rassenhygieniker war, der »das Gesamtschicksal unseres Volkes […] durch Auslese und Ausmerzung in unserer Schülerschaft« sichern wollte[85], wurde er von einer qualitativen Mitarbeit in Erbgesundheitsangelegenheiten seiner Schüler konsequent herausgehalten. Die Provinzialverwaltung konzentrierte sich stattdessen darauf, alleiniger Herr des Geschehens zu sein und wies die Schule bereits am 3. Februar 1934 an, binnen 14 Tagen unterschiedslos für alle Schüler einen zweiseitigen Fragebogen »zur Beschaffung der erforderlichen Unterlagen für die Durchführung des GzVeN« auszufüllen, wobei die Personalien der Schüler bereits eingetragen waren.[86] Neben weiteren Formalien wurden Daten über behandelnde Ärzte und der Schule bekannte Erbleiden von Verwandten abgefragt.

Im Herbst 1934 erfolgte erstmals die bis 1942 nunmehr jährlich in den Schulräumlichkeiten durchgeführte Reihenuntersuchung der gesamten westfälischen Schülerschaft hinsichtlich der Durchführung des GzVeN durch einen HNO-Arzt. Dieser brachte jeden Fall, bei dem er die Hörschädigung nicht zweifelsfrei als erworben diagnostizierte, zur Anzeige, was zu außerordentlich hohen Anzeigequoten führte: So belegt der Jahresbericht für 1934 68 Anzeigen bei 100 untersuchten Schülern, drei Jahre später waren es sogar 19 Anzeigen bei 24 Untersuchten.[87]

---

82 Landesarchiv Westfalen-Lippe , 132/912.
83 a.a.O., 558/96.
84 a.a.O., 558/15.
85 Ebd.
86 a.a.O., 558/868.
87 a.a.O., 558/15.

Weder die Schulleitung noch einzelne Lehrkräfte wurden in die Reihenuntersuchungen einbezogen; im Falle einer Anzeige kam ihnen lediglich die Aufgabe zu, die entsprechenden Personalien in die vorgesehene Anlage 5 der VO einzutragen und entsprechende Aktennotizen anzufertigen. Diese belegen wiederum zwei Aspekte: Erstens entstammten Anzeigen gegen damalige Schüler zweifelsfrei der Sphäre der Mediziner, denn die Daten der Anzeigen deckten sich stets mit dem Zeitraum der Reihenuntersuchungen.[88] Zweitens wird anhand der weiteren Aktenvermerke deutlich, wie zielgerichtet das Vorgehen der Verwaltung war. Exemplarisch sei auf den Fall der am 23. Dezember 1919 geborenen Schülerin Agnes S. verwiesen: 1927 wurde Agnes in Langenhorst eingeschult; am 28. Februar 1934 wurde sie von der Verwaltung generalverdachtsmäßig als erbkrankverdächtig erfasst. Nach der Reihenuntersuchung im Oktober wurde sie »von dem Anstaltsarzt Dr. Neukirch« beim Gesundheitsamt angezeigt, was in Agnes' Akte unter »Am 15.10.1934 Anzeige erstattet an Kreisarzt Olpe« vermerkt wurde.[89] Dieser stellte ohne weitere Prüfung am gleichen Tag beim EGG Siegen einen Antrag auf Sterilisation. Im Zuge der Ermittlungen forderte das Gericht Ende November Agnes' Schulakte in Langenhorst an, die die Schulleitung daraufhin kommentarlos versandte. Den Abschluss des Erbgesundheitsverfahrens bildete eine Verhandlung des EGG, das, wie aus dem Aktenvermerk »Verhandlung in hiesiger Anstalt« hervorgeht, am 29. Januar 1935 in den Schulräumlichkeiten der Taubstummenanstalt Langenhorst tagte.[90]

Dass sich der gleiche Vermerk auch in zahlreichen weiteren Schülerakten findet, belegt die Regelmäßigkeit, mit der das Gericht in der Schule tagte und dass die einzelnen Fälle fließbandmäßig abgearbeitet wurden – die Verhandlungen dauerten meist nur wenige Minuten.[91] Noch am gleichen Tag berichtete Agnes ihren Eltern postalisch von dem gegen sie ergangenen Urteil »ist unfruchtbar zu machen«; denn nur als solches konnte sie den Beschluss des EGG auffassen. Dem daraufhin von Agnes' Vater verfassten Brief an die Schule – »ich bin entschieden dagegen, denn daß kein Erbfehler vorliegt, ist vor Jahren, als eine taubstumme Schwester heiraten wollte, nachgeprüft worden« – antwortete man zwei Wochen später ambivalent und ohne wirkliche Anteilnahme: »Ihren Brief vom 31.1. des Jahres habe ich dem Gericht zugesandt. […] Ja, das ist auf den ersten Blick wohl schon so, daß man mit Gewalt sein Kind schützen möchte, aber das geht so nicht. Sie können Einspruch erheben. Wenn Sie durch ärztliches Attest nachweisen können, daß Agnes durch Zahnkrämpfe die Taubheit erhalten hat, dann ist ja alles gut. Wenden Sie sich weiterhin an die Anstalt hier, dort werden Sie nach Möglichkeit Auskunft und Hilfe erhalten«.[92]

Dass sich das EGG als Reaktion auf den weitergeleiteten Brief inzwischen erneut an die Schule gewandt hatte und von dort wiederum die Auskunft erhalten hatte, dass zwei weitere Schwestern von Agnes taub seien und es blutsverwandte Groß-

---

88 a.a.O., 558/829 ff.
89 a.a.O., 558/854.
90 Ebd.
91 a.a.O., 558/829 ff.
92 a.a.O., 558/854.

eltern gäbe, wurde indes nicht erwähnt. In den überlieferten Akten finden sich keine Hinweise darauf, dass Agnes' Vater vor einem Erbgesundheitsobergericht Einspruch gegen den ergangenen Beschluss eingelegt hat, sodass davon ausgegangen werden muss, dass Agnes bald darauf, mit 15 Jahren, zwangssterilisiert worden ist. Nach demselben Muster verfuhr die westfälische Provinzialverwaltung in allen ihr unterstellten Anstalten, was in den benachbarten Taubstummenschulen Soest und Büren zu ähnlich hohen Anzeigequoten führte[93] und vom Direktor der Blindenanstalt Soest als »energische Durchführung des Sterilisierungsgesetzes von der Provinzialverwaltung« gewürdigt wurde (Grasermann 1935, 905).

Auch an der Taubstummenanstalt Bad Homberg, die Anfang 1933 neben 89 gehörlosen auch 51 sprachentwicklungsgestörte Kinder beschulte, wurden bald nach der Machtergreifung der Nationalsozialisten sämtliche Schüler regelmäßigen Reihenuntersuchungen unterzogen. Zunächst zielten diese auf die Ausschulung leistungsschwächerer, bereits ein halbes Jahr nach Inkrafttreten des GzVeN aber ebenso auf die Erfassung erbkranker Schüler ab. Bis zur ersten vornehmlich erbbiologischen Reihenuntersuchung, die vom Landesfürsorgeverband als der der Schule vorgesetzten Behörde am 23. April 1934 verfügt und im Juni durch den Anstaltsarzt Theodor Höpfner durchgeführt wurde, waren bereits 29 Kinder mit einer Sprachbehinderung und acht gehörlose Kinder als »bildungsunfähig« der Anstalt verwiesen worden. Hierbei wurden sie lediglich »zu den Eltern entlassen« und nicht, wie vor 1933 üblich, an andere heilpädagogische Einrichtungen überwiesen (vgl. Brodehl 2014, 250ff.). Durch die Rekonstruktion von Lebensläufen einzelner dieser Schüler konnte nachgewiesen werden, dass das behördliche Urteil »Bildungsunfähigkeit« in der Konsequenz deren Ermordung im Rahmen der sogenannten »Euthanasie« bedeutete (vgl. a.a.O., 259ff.).

Über die Diagnosen der verbliebenen Schüler entbrannte zwischen Höpfner und dem Anstaltsdirektor ein massiver und andauernder Streit, wie aus der Rückmeldung Rönigks an den Fürsorgeverband vom 5. Juli hervorgeht: »Der Schülerbestand der Landestaubstummenanstalt ist von dem Anstaltsarzt, den Klassenlehrern und dem Direktor durchgeprüft worden. In erbbiologischer Beziehung sind die Verhältnisse in vielen Fällen noch ungenügend geklärt. [...] Von 81 taubstummen Zöglingen wurden 38 notiert – 47%. Dieser Prozentsatz ist m.E. zu hoch. Von 22 Schülern der Sprachheilklassen sind 6 notiert – 27%. Dieser Prozentsatz ist entschieden viel zu niedrig«.[94]

Während im Dunkel bleiben muss, warum Rönigk die von Höpfner diagnostizierte Zahl von sechs »erbkranken sprachbehinderten« Kindern als zu niedrig einstufte, dürfte seine Kritik an dem zu hohen Prozentsatz der erbkranken gehörlosen Kinder darin begründet sein, dass man innerhalb der Taubstummenpädagogik von allenfalls 25 Prozent erblicher Taubheit ausging (vgl. Lindner/Weinert 1928, 118); Höpfners Quote deckte sich hingegen mit den Angaben der Ausführungsbestimmungen (vgl. Gütt et al. 1934, 115). Rönigk informierte die Verwaltung wiederholt darüber, dass er »betreffs Anwendung des GzVeN besonderen Wert darauf lege, über die anzeigepflichtigen [...] Kinder vorher mit Herrn

---

93 a.a.O., 560/5.
94 Privatarchiv des Autors, VeN/6.

Höpfner eingehend Rücksprache nehmen zu können«, stieß aber sowohl bei Höpfner als auch bei seinem Dienstvorgesetzen auf Zurückweisung.[95] Statt inhaltlich auf Rönigks Anliegen einzugehen, wurde der Druck auf ihn erhöht: Die Schulleitung möge »zur Kenntnis nehmen, [dass] der Anstaltsarzt Anzeige beim zuständigen Amtsarzt zu stellen habe. […] Wenn die Taubstummenanstalt auch nicht als Pflege- oder Erziehungsanstalt im Sinne des Gesetzes angesehen werden könne«, so die Fürsorgestelle weiter, »besteht eine Meldepflicht […] ohne Rücksicht darauf, ob es sich um ein Kind unter 10 Jahren oder eine Person im hohen Alter handelt [oder] ob der Eingriff aus irgendeinem Grunde unterbleiben muß.« Der Anstaltsleiter »wird deshalb gut tun, alle zweifelhaften Fälle möglichst bald dem Anstaltsarzt vorzustellen. […] Ich ersuche, mir zu berichten, welche Kinder Ihrerseits voraussichtlich zur Anzeige kommen werden«.[96]

Der Aufforderung, zu »berichten«, Rönigk unterstrich das Wort dick, kam er am 7. Juli nach und schickte der Fürsorgestelle eine Liste mit 20 Namen von Schülern zu, die gehörlose Verwandte hatten; zum Teil ergänzte er »erworben«, »Masern« oder »angeboren«. Nachdem von dort der Druck auf Rönigk abermals erhöht wurde – »Meldung umgehend nachholen« –, kopierte Rönigk die Liste am 12. September auch für das zuständige Gesundheitsamt: »Auf Veranlassung des Herrn Oberpräsidenten überreiche ich hiermit ein Verzeichnis der Schüler und Schülerinnen der Landestaubstummenanstalt, die hinsichtlich der Anwendung des GzVeN möglicherweise infrage kommen«.[97]

Höpfner, der die von ihm mittels eines selbst entwickelten Audiometers diagnostizierten 38 erbkranken Schüler bereits Wochen zuvor formal angezeigt hatte, intrigierte in der Folgezeit gegen das gesamte Kollegium. Außerdem verstärkte er die Ausschulung weiterer schwachbefähigter Schüler, und damit ausgerechnet jener Schüler, für deren Beschulung er sich noch wenige Jahre zuvor intensiv eingesetzt hatte.[98] Von Seiten der Landesfürsorgestelle wurde die Einschüchterung Rönigks auch in den Folgejahren in harschem Ton fortgesetzt; wiederholt konfrontierte man ihn mit der vermeintlichen Anzeigepflicht und verfügte, dass er bereits Zehnjährige melden solle. Mit der Auflösung der Anstalt 1937 wurde Rönigk vorzeitig in den Ruhestand versetzt, während Höpfner unter den wohlwollenden Augen des stellvertretenden Reichsärzteführers Fritz Bartels im Hauptamt für Volksgesundheit Karriere machte.[99]

In Schleswig herrschte hingegen ein geradezu kollegiales Verhältnis zwischen Heidbrede und dem HNO-Arzt Heinz-Gerhard Riecke, der im Juni 1935 die erste erbbiologische Reihenuntersuchung an der Taubstummenanstalt durchführte. Heidbrede, noch nicht als Direktor, sondern lediglich als kommissarischer Schulleiter eingesetzt, war durch zahlreiche für ihn verpflichtende erbbiologische Schulungsveranstaltungen inzwischen hinreichend indoktriniert. Bereits 1934

---

95 a.a.O., VeN/5.
96 Ebd.
97 Ebd.
98 Vgl. Biesold-Archiv im Institut für Deutsche Gebärdensprache Hamburg, Befragungsbogen, Forschungsaufzeichnungen, Konferenzbuch der Taubstummenanstalt Homberg 26.2.1936.
99 Vgl. Bundesarchiv, R. 4901/3266a, Bl. 481.

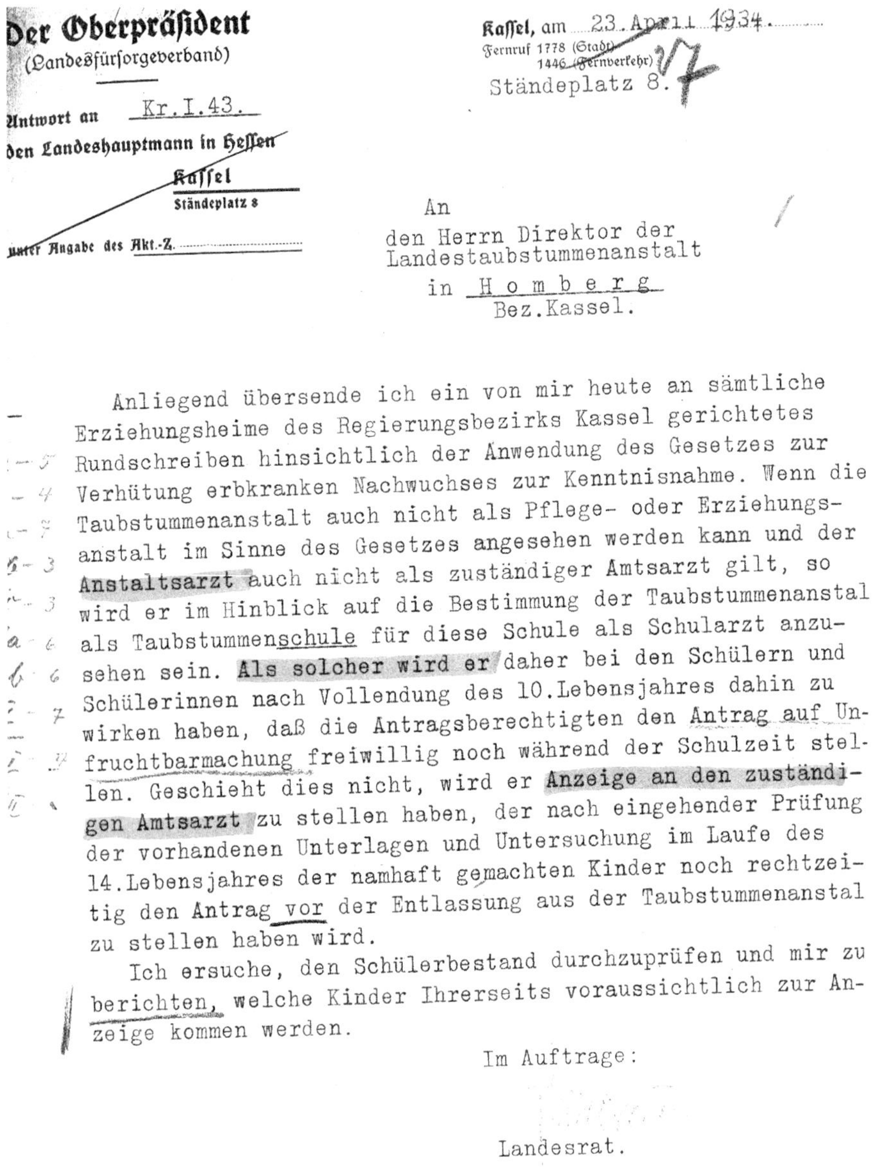

Der Oberpräsident
(Landesfürsorgeverband)

Antwort an __Kr.I.43.__
den Landeshauptmann in Hessen
__Kassel__
Ständeplatz 8

unter Angabe des Akt.-Z. _____

Kassel, am 23. April 1934.
Fernruf 1778 (Stadt)
1446 (Fernverkehr)
Ständeplatz 8.

An
den Herrn Direktor der
Landestaubstummenanstalt
in __H o m b e r g__
Bez. Kassel.

    Anliegend übersende ich ein von mir heute an sämtliche Erziehungsheime des Regierungsbezirks Kassel gerichtetes Rundschreiben hinsichtlich der Anwendung des Gesetzes zur Verhütung erbkranken Nachwuchses zur Kenntnisnahme. Wenn die Taubstummenanstalt auch nicht als Pflege- oder Erziehungsanstalt im Sinne des Gesetzes angesehen werden kann und der Anstaltsarzt auch nicht als zuständiger Amtsarzt gilt, so wird er im Hinblick auf die Bestimmung der Taubstummenanstal als Taubstummenschule für diese Schule als Schularzt anzusehen sein. Als solcher wird er daher bei den Schülern und Schülerinnen nach Vollendung des 10. Lebensjahres dahin zu wirken haben, daß die Antragsberechtigten den Antrag auf Unfruchtbarmachung freiwillig noch während der Schulzeit stellen. Geschieht dies nicht, wird er Anzeige an den zuständigen Amtsarzt zu stellen haben, der nach eingehender Prüfung der vorhandenen Unterlagen und Untersuchung im Laufe des 14. Lebensjahres der namhaft gemachten Kinder noch rechtzeitig den Antrag vor der Entlassung aus der Taubstummenanstal zu stellen haben wird.
    Ich ersuche, den Schülerbestand durchzuprüfen und mir zu berichten, welche Kinder Ihrerseits voraussichtlich zur Anzeige kommen werden.

                         Im Auftrage:

                          Landesrat.

Abb. 32: Anschreiben der Bezirksregierung Kassel an den Leiter der Homburger Taubstummenschule. Obwohl dem Absender bewusst war, dass Taubstummenschulen keine »Anstalten im Sinne des GzVeN« waren, wurde der dort tätige Schularzt einem anzeigepflichtigen Amtsarzt gleichgestellt.

veröffentlichte er entsprechende Aufsätze, wobei diese ihn ebenso wenig wie seine Vortragstätigkeit als völkisch denkenden Rassenanthropologen, sondern vielmehr als streng wissenschaftlich vorgehenden Eugeniker kennzeichnen, der sowohl sachlich als auch moralisch argumentierte: Es gehe um die Vermeidung unnötiger Leiden und man dürfe nicht vorurteilsbeladen oder übereifrig vorgehen (vgl. Heidbrede 1934a, b, c).

Eine erste Zusammenarbeit mit Riecke ergab sich für Heidbrede ab Herbst 1934, nachdem dieser durch den Nationalsozialistischen Lehrerbund (NSLB) zur Aufstellung weitreichender Ahnentafeln der Schleswiger Schülerschaft, zurückreichend bis 1860, aufgefordert worden war. Beim Entwurf eines entsprechenden von den Eltern auszufüllenden »Familien-Fragebogens« hielt Heidbrede wiederholt Rücksprache mit Riecke, bis dieser der »Anforderung weiterer ärztlicher Erhebungen entsprach«.[100] Die sich im Briefverkehr zwischen Riecke und Heidbrede findenden Formulierungen »Lieber Herr Doktor«, »danke ich nochmals herzlich für die freundliche Aufnahme, die ich bei Ihnen gefunden« und »enge Zusammenarbeit« lassen auf eine harmonische Zusammenarbeit während der zwei Tage dauernden Untersuchung 1935 und einer Wiederholung zwei Jahre später schließen.[101]

In der 1935 durchgeführten Reihenuntersuchung von 92 Schülern wurde auf einer tabellarischen Übersicht dreißigmal ein rotes »E« für »Erbleiden« vermerkt. 1937 waren es von 88 Schülern – darunter 17 inzwischen neu eingeschulte Kinder – mit 16 deutlich weniger, wobei es sich um vier neue und zwölf bekannte Fälle handelte; die für 1939 geplante Untersuchung fand kriegsbedingt nicht mehr statt. Um seine Untersuchungsbefunde abzusichern, forderte Riecke von der Schule in einigen Fällen die in den Schülerakten befindlichen ärztlichen Unterlagen sowie die von Heidbrede aufgestellten Ahnentafeln an. Die Ergebnisse, deren Quoten im Vergleich zu Langenhorst und Homberg deutlich moderater waren, fasste Riecke in Berichten an die Provinzialverwaltung samt der erstellten Listen zusammen. Während den Lehrkräften die eigentliche Absicht der Reihenuntersuchungen verborgen blieb – in den Konferenzen wurden sie lediglich über akute Entzündungen und diagnostizierte Krankheiten einzelner Schüler informiert[102] –, ließ Heidbrede die erfolgten Anzeigen in den Schülerakten vermerken.

II.5.5 Zu den Auskünften der Taubstummenanstalten über ihre Schüler

Leiter von Taubstummenschulen waren als Beamte, aber auch nach den Ausführungsbestimmungen des GzVeN zur Auskunftserteilung in Erbgesundheitsverfahren verpflichtet (Gütt et.al. 1934, 148 ff.). Hierzu zählte neben der Mitteilung des

---

100 Landesarchiv Schleswig-Holstein, 64.2/291.
101 Ebd.
102 Vgl. Landesförderzentrum Hören und Kommunikation Schleswig, Archiv Konferenzbuch, Bl. 41.

Krankheitsbefundes und dem Überlassen von Akten ab 1936 auch die Übergabe vorhandener Familienbögen oder Ahnentafeln sowohl von damaligen als auch von bereits entlassenen Schülern. Auf Anfrage von Gesundheitsämtern oder Erbgesundheitsgerichten wurde in der Regel lediglich die Schülerakte des Betroffenen mit der Bitte um Rückgabe nach Gebrauch versandt; war diese nicht mehr vorhanden, wurde auf Grundlage der Eintragungen im Aufnahmebuch der Schule ein kurzer standardisierter Text formuliert. Einschätzungen darüber, ob die Taubheit erworben oder ererbt sei, wurden überwiegend dann – aber hier auch nicht durchgehend – abgegeben, wenn danach gefragt wurde. Bereits die hohen Zahlen von Anfragen an die Taubstummenanstalten in Schleswig (mindestens 397), Langenhorst (mindestens 200) und Homberg (mindestens 150; die geringere Zahl erklärt sich durch die Auflösung der Schule 1937) belegen zweierlei: Erstens verdeutlichen sie, wie verbreitet der Generalverdacht gegenüber Taubstummen, erbkrank zu sein, war; Blau schreibt rückblickend: »So sahen sich bald alle Gehörlosen, ohne Rücksicht auf Art und Ursprung ihres Leidens, auf eine Stufe gestellt mit Idioten […], die man höchstens noch als Forschungsobjekt, aber nicht mehr als Menschen gelten lassen wollte« (Blau 1955, 113; Hervorh. i. Orig.). Zweitens zeigen die Anfragen, dass die Rolle der Taubstummenanstalten bei der Erfassung Erbkranker eher marginal war. Denn bis auf die wenigen Anfragen von Privatpersonen – in Schleswig meldeten sich 19 ehemalige Schüler oder deren Angehörige –, waren alle Auskunftsersuchen Bestandteile bereits laufender Erbgesundheitsverfahren von Gesundheitsämtern – diesen muss in jedem Einzelfall eine Anzeige durch Dritte vorausgegangen sein.

Sowohl der Pflicht zur Auskunftserteilung als auch zur Aufstellung von Ahnentafeln wurde ab 1934 ein beständig wachsendes Gewicht eingeräumt, was sich in zahlreichen Tagungsberichten und Aufsätzen auf Ebene des NSLB niederschlug. In diesen finden sich sowohl Hinweise darauf, dass Schulleiter Betroffene durch Ahnenforschung vor ungerechtfertigter Sterilisation schützen wollten (vgl. Jankowski 1939, 37), als auch solche, die Anleitungen für die Begründung sozialrassistischer Sterilisationen, also für die Fälle gaben, in denen »das ganze Persönlichkeitsbild die Unfruchtbarmachung als dringend wünschenswert erscheinen [lässt], die aktenmäßigen Unterlagen aber nicht zur [gehörlosenspezifischen, F. B.] Antragsbegründung« ausreichten (Singer 1934, 575).

Eine umfassende Analyse der fast 400 Schleswiger Antwortschreiben und von jeweils 30 zufällig gezogenen Stichproben aus Langenhorst und Homberg ist zudem der Frage nachgegangen, ob Schulleiter auch Auskünfte gaben, die den ihnen vorliegenden Informationen widersprachen und sich im weiteren Verlauf des Erbgesundheitsverfahrens deshalb negativ belastend auswirken mussten (vgl. Brodehl 2014, 306ff.). Im Ergebnis zeigt sich, dass die erteilten Auskünfte zu annähernd hundert Prozent formal und sachlich korrekt waren und den in den Schülerakten und Aufnahmebüchern vorhandenen Aufzeichnungen entsprachen. Zwar finden sich sehr vereinzelt Abweichungen, diese sind in der Summe jedoch zu gering, um auf Muster schließen zu können oder Aussagen über dahinterstehende Motivationen machen zu können (siehe Tab. 2).

Tab. 2: Qualität der Auskünfte von Schulleitern an Gesundheitsämter und Erbgesundheitsgerichte

Ort, Anzahl der Auskünfte oder der Stichproben	Formal und sachlich korrekte Auskünfte durch Übernahme vorhandener Angaben aus Schülerakten	Unvollständige oder den Angaben der Schülerakten widersprechende Auskünfte zulasten der Betroffenen	Unnötig wertende, belastende Ergänzungen im Sinne eines Nachweises der Minderwertigkeit der Betroffenen	Verschweigen belastender Angaben aus den Schülerakten zugunsten der Betroffenen
Schleswig, 397	390	3	2	2
Langenhorst, 30	30	0	0	0
Homberg, 30	29	0	1	0

Die Antwortschreiben der Schulleiter in Schleswig, Homberg und Langenhorst gleichen sich in ihrer Form, ihrem Aufbau und den distanziert wirkenden Ausführungen zu den erbetenen Auskünften nicht nur untereinander, sondern stehen exemplarisch für die Antworten zahlreicher weiterer Taubstummenanstalten. Zu erklären ist dies sicherlich nicht allein mit dem Pflichtbewusstsein der Beamten, sondern mit den äußerst geringen Spielräumen, die die Pädagogen hatten. Denn obwohl wiederholt postuliert wurde, sämtliche Daten und »Kenntnisse [...] der Rassenpflege in einer Hand vereinigen«[103] zu wollen, geschah in der Praxis das Gegenteil: Immer mehr Stellen arbeiteten nebeneinanderher und etablierten so eine doppelte und mehrfache Aktenführung, was mit dazu beitrug, dass kein Schulleiter das Risiko einer unvollständigen oder gar falschen Auskunft eingehen wollte.

Die einzigen Hinweise auf eine möglicherweise nicht systemkonforme Einstellung der Pädagogen hinsichtlich ihrer zugedachten Rolle finden sich in vereinzelten Antwortschreiben der Schleswiger Schule, die von Vertretern des zum Kriegsdienst einberufenen Heidbrede als Begleitschreiben zu den Akten verfasst wurden: Auf die Frage, »ob es sich um eine Erbkrankheit im Sinne des Gesetzes handele«, lautete die Antwort: »Wir als Schule sind nicht zuständig für Feststellung [...] von Erbkrankheiten unserer Schüler.«[104] In weiteren Antwortschreiben finden sich Formulierungen wie »die Frage nach dem Vorhandensein einer Erbkrankheit kann nicht von der Landesgehörlosenschule, sondern nur durch das zuständige Gesundheitsamt entschieden werden« oder schlicht »für die Klärung dieser Frage ist das Gesundheitsamt zuständig«.[105] Die letzte Anfrage im Rahmen eines Erbsundheitsverfahrens erreichte Schleswig im November 1944. Danach sind bis Mai 1945 lediglich vier weitere Anfragen von Gesundheitsämtern eingegangen, die in

---

103 Bundesarchiv, R. 4901/3266a, Bl. 196f., Bl. 367ff.
104 Landesarchiv Schleswig-Holstein, 64.2/293.
105 Ebd.

Hinblick auf eine Ehetauglichkeitsuntersuchung gestellt wurden. Wie tief rassenhygienisches Denken und Vorbehalte gegenüber Gehörlosen jedoch inzwischen verankert waren, belegen vereinzelte Auskunftsersuchen, die die Schule noch nach Kriegsende erreichten. So fragte das Gesundheitsamt Bremen 1949 »wegen Ehetauglichkeitsbescheinigung« nach den Ursachen der Taubheit eines damals 27-jährigen ehemaligen Schülers.[106] Die Schulleitung ließ die Anfrage unbeantwortet.

II.5.6 Zusammenfassung

Die Einbeziehung erblicher Taubheit in das GzVeN markierte einen Bruch mit der traditionellen Taubstummenpädagogik. Nach der Gleichschaltung des Bundes Deutscher Taubstummenlehrer ersetzten die Nazis politisch unzuverlässig erscheinende Pädagogen durch manipulierbare Nachwuchslehrkräfte, die sich unter Verleugnung des bis dahin geltenden Wertmaßstabes, »Freund und Anwalt der Taubstummen« zu sein, dem Staat aus Karrierestreben anbiederten oder sich von diesem missbrauchen ließen. Die skizzierten Fallvignetten spiegeln hierbei die Bandbreite zwischen Taubes Aufbegehren, Steinigs Übereifer aus Überzeugung und Röniks Inferioritätsgefühl gegenüber Medizinern wider. Die Motivation Heidbredes bleibt indes unklar. Auch wenn der so oft formulierte und von Heidbrede nach dem Krieg in Anspruch genommene »Rettungsgedanke« (Bleidick 1973, 827; Blau 1955, 57) tatsächlich zutreffen sollte, belegt dies nur, dass auch innerhalb der Taubstummenpädagogik die Bereitschaft bestand, Teile der Schülerklientel zu opfern, um die Institution erhalten zu können.

Es bleibt festzuhalten, dass die Machthaber zur Erreichung ihrer Ziele nicht auf die unkalkulierbare Mithilfe der Lehrerschaft setzten, sondern sich auf die von ihnen neu geschaffenen amtsärztlichen Strukturen verließen. Die mit dem Ziel der Ausschulung Gehörloser mit einer Mehrfachbehinderung durchgeführten Reihenuntersuchungen fungierten hierbei als Vorlage für die systematische Erfassung vermeintlich erbkranker Gehörloser nach Inkrafttreten des GzVeN. Auf sie folgten Anzeigen, die zwar in den Schülerakten vermerkt wurden, aber nicht der Tätigkeit der Pädagogen zuzurechnen sind. Analog hierzu sind auch die von den Schulen erteilten Auskünfte über ihre damaligen und ehemaligen Schüler zu bewerten: Erstens bestand eine gesetzlich festgelegte umfassende Auskunftspflicht. Zweitens existierten keine Spielräume, Auskünfte über die Ursachen einer Hörschädigung oder den familiären Hintergrund eines Schülers abweichend vom tatsächlichen Kenntnisstand zu erteilen. Und drittens muss daran erinnert werden, dass sämtlichen Auskunftsersuchen der Gesundheitsämter bei den Taubstummenanstalten Ermittlungsschritte im Rahmen bereits laufender Erbgesundheitsverfahren waren.

---

106 Landesförderzentrum Hören und Kommunikation Schleswig, Archiv Schülerakte 1181.

Deren Zahlen belegen das enorme Ausmaß der Verfolgung: Gegen jeden zweiten Gehörlosen wurde ermittelt.

Taubstummenanstalten spielten bei der Umsetzung des GzVeN eine unbedeutendere und passivere Rolle als bislang angenommen wurde. Zwar bildeten sie Räder in der Maschinerie der Erbgesundheitsverfahren, die zu deren Effizienz beitragen sollten, aber die totale Erfassung und die massenhaften Anzeigen wären auch ohne die Taubstummenanstalten in dem bekannten Ausmaß zustande gekommen, weil der NS-Staat sich auf die treibenden Kräfte seiner Medizinal- und führenden Verwaltungsbeamten verlassen konnte. Dies erklärt, warum auch hunderte Gehörlose zwangssterilisiert wurden, die keine Taubstummenanstalt, sondern eine reguläre Volksschule besucht haben, wie sich aus den archivierten Forschungsunterlagen Biesolds unzweifelhaft ergibt (vgl. Brodehl 2014, 49 f.).

Die Biesold gegenüber geschilderten Einzelheiten der Zwangssterilisationen – Operationen ohne Narkose, Zwangsabtreibungen, Berichte über Selbstmorde, jahrzehntelange Einsamkeit – führten bei ihm zu einer nachvollziehbaren moralischen Entrüstung, die ihn bewog, Taubstummenpädagogen unisono zu verurteilen. Angesichts der inzwischen einsehbaren Aktenbestände verschiedener Taubstummenanstalten kann das von ihm formulierte Postulat, wonach die »NS-Gehörlosenpädagogik« ihre Schüler »der Selektion auslieferte« somit nicht länger aufrechterhalten werden. Der künftigen Forschung bleibt es vorbehalten, den von Biesold überlieferten Nachlass neu zu befragen und in einen Kontext mit Quellenbeständen weiterer Schulen, aber ebenso mit denen aus Gehörlosenvereinen und Wohlfahrtsverbänden zu stellen.

Literatur

Quellen

Grasermann, P. (1935): Jahresbericht der Provinzial-Blindenanstalt. Die deutsche Sonderschule, 2, 905–908.
Gütt, A., Rüdin, E. & Ruttke, F. (1934): Zur Verhütung erbkranken Nachwuchses. Gesetz und Erläuterungen. München: Lehmann.
Heidbrede, G. (1934a): Sterilisierungsgesetz und Taubstummheit. Schleswig-Holsteinische Blätter für Volkswohlfahrt, 9, 9–10.
Heidbrede, G. (1934b): Über die Ursachen der Taubheit insbesondere über die Vererbung. Schleswig-Holsteinische Blätter für Volkswohlfahrt, 9, 67–68.
Heidbrede, G. (1934c): Die Taubstummenbildung im neuen Staat. Schleswig-Holsteinische Blätter für Volkswohlfahrt, 9, 208–211.
Jankowski, P. (1939): Die Mitarbeit des Taubstummenlehrers bei der Durchführung des Gesetzes zur Verhütung erbkranken Nachwuchses. In: Gauwaltung des NS-Lehrerbundes (Hrsg.), Gehörgeschädigte und sprachgestörte Schulkinder. Beiträge Hamburger Lehrer (S. 33–38). Hamburg: Selbstverlag.
Lindner, R. & Weinert, H. (1928): Untersuchungen über die Vererbung der Taubheit aus dem phonetischen und psychologischen Laboratorium der Taubstummenanstalt zu Leipzig. In: F. Wegwitz (Hrsg.), Die staatliche Taubstummen-Anstalt zu Leipzig 1778–1928 (S. 116–126). Leipzig: Selbstverlag.
Maeße, H. (1934): Taubstummenbildung und -fürsorge im nationalsozialistischen Staat. Die deutsche Sonderschule, 1, 21–31.
Singer, E. (1934): Das Gesetz zur Verhütung erbkranken Nachwuchses und die Taubstummenanstalten. Die deutsche Sonderschule, 1, 571–578.

Straub, E. (1935): Die Verantwortung des Arztes als Mitglied des Erbgesundheitsgerichtes. Psychiatrisch-Neurologische Wochenschrift, 37, 68–69.
Stubbe, C. (1933): Das Gesetz zur Verhütung erbkranken Nachwuchses. Wegweiser für Taubstumme, 33, 207–208.

Darstellungen

Bing-von Häfen, I. (2010): Die Verantwortung ist schwer… Euthanasiemorde an Pfleglingen der Zieglerschen Anstalten. Wilhelmsdorf: Selbstverlag.
Blau, A. (1955): 150 Jahre Taubstummenbildung in Schleswig-Holstein. Ausführliche Fassung für den internen Schulgebrauch. Nicht veröffentlichte Festgabe, Landesgehörlosenschule, Schleswig: Selbstverlag.
Bleidick, U. (1973): Die Entwicklung und Differenzierung des Sonderschulwesens von 1898 bis 1973 im Spiegel des Verbandes Deutscher Sonderschulen. Zeitschrift für Heilpädagogik, 24, 824–845.
Brill, W. (2011). Pädagogik der Abgrenzung. Die Implementierung der Rassenhygiene im Nationalsozialismus durch die Sonderpädagogik. Bad Heilbrunn: Klinkhardt.
Brodehl, F. & Hillenbrand, C. (2013): Gleichschaltung: Zur Auflösung des Bundes Deutscher Taubstummenlehrer 1933. Hörgeschädigtenpädagogik, 67, 226–233.
Brodehl, F. (2014): Widerstand, Anpassung, Pflichterfüllung? Zur Konfrontation der Taubstummenpädagogik mit dem Gesetz zur Verhütung erbkranken Nachwuchses vom 14. Juli 1933. Hamburg: Dr. Kovac.
Brodehl, F. (2017): Zwischen Widerstand und Anpassung – die Rolle der Sonderpädagogik bei der Durchführung des Gesetzes zur Verhütung erbkranken Nachwuchses. In: Zeitschrift für Heilpädagogik, 68 (Beiheft), 7–28.
Ellger-Rüttgardt, S. (1998): Der Verband der Hilfsschulen Deutschlands auf dem Weg von der Weimarer Republik in das »Dritte Reich«. In: A. Möckel (Hrsg.), Erfolg, Niedergang, Neuanfang. 100 Jahre Verband Deutscher Sonderschulen – Fachverband für Behindertenpädagogik (S. 50–95). München: Reinhardt.
Ellger-Rüttgardt, S. (2004): Sonderpädagogen im Dritten Reich. Der Versuch einer Annäherung. Vierteljahresschrift für Heilpädagogik und ihre Nachbargebiete, 73, 350–364.
Ellger-Rüttgardt, S. (2017): Sonderpädagogen im Dritten Reich zwischen Überzeugung, Anpassung und Opposition. In: Zeitschrift für Heilpädagogik, 68 (Beiheft), 61–69.
Ellger-Rüttgardt, S. L. (2024): Geschichte der Sonderpädagogik: Eine Einführung (3. Auflage). München: Ernst Reinhardt Verlag.
Löwe, A. (1992): Hörgeschädigtenpädagogik international. Heidelberg: HVA.
Losch, H.-J. (2002): »zwecks Unfruchtbarmachung«. Die NS-Zwangssterilisierung dargestellt am Beispiel der Opfer in der Erziehungsanstalt Heiligenbronn. Freiburg: Lambertus.
Mann, G. (1986): Erinnerungen und Gedanken. Eine Jugend in Deutschland. Frankfurt a. M.: Fischer.
Nowak, K. (1978): »Euthanasie« und Sterilisation im »Dritten Reich«. Göttingen: Vandenhoeck & Ruprecht.
Schnitzler, T. (2018): Die Zwangssterilisationsopfer der Provinzial-Taubstummenanstalt Trier. Nordhausen: Bautz.

II.6 Die Hamburger Hilfsschule im »Dritten Reich«

Sieglind Luise Ellger-Rüttgardt

II.6.1 Einleitung

Als die Schulbehörde der Freien und Hansestadt Hamburg 1967 anlässlich des 75-jährigen Bestehens des hamburgischen Hilfsschulwesens eine Festschrift herausgab (Bleidick/Ecker 1967), wurde das »rosarote« Bild einer erfolgreichen Geschichte dieses Zweiges des hamburgischen Schulsystems gezeichnet, indem vor allem ihre Lehrkräfte als vorbildliche Pädagoginnen und Pädagogen charakterisiert wurden. Und nach damaliger Lesart waren die Hilfsschulen und ihre Lehrer und Lehrerinnen Opfer der NS-Politik, der sie, soweit es möglich war, zu widerstehen versuchten:

> »Die Hilfsschulen sollten ›erbkrank-verdächtige‹ Kinder melden und mußten jahrgangsweise die Hilfsschul-Personalbögen der Schulabgänger dem Gesundheitsamt überstellen. Umfangreiche Sippentafeln mussten dazu von der Schule für die Hilfsschüler angelegt werden. Zum Glück erforderte das eine so unmögliche Arbeitsbelastung der Lehrer, dass der jahrelange hinhaltende Widerstand der Schulen gegen die Sterilisationsmaßnahmen mit plausiblen Erklärungen getarnt werden konnte« (Grosse 1967, 11).

Weiter heißt es:

> »Erfolgreichen Widerstand gegen die Benachteiligung der Schüler leisteten damals vor allem einige Schullehrer, die als ›Parteigenossen‹ innerhalb der allmächtigen Nazipartei höhere Parteiführer davon überzeugen konnten, daß Hilfsschüler doch ›brauchbar‹ für das Volk seien. Diese Lehrer verhüteten Schlimmstes, es war auch für sie in jener Zeit nicht ungefährlich, Naziideologien zu widerlegen. Ihnen ist u. a. zu verdanken, dass die Sterilisation von Kindern 1938 eingestellt wurde (!), daß Hamburgs Hilfsschulwesen fortbestand, daß manch ein Lehrer oder Schulrat nicht ins Konzentrationslager kam, daß Hamburgs Hilfsschulkinder von den Lehrern allein evakuiert werden durften« (a. a. O., 12).

Abgesehen von den falschen beziehungsweise einseitigen Aussagen sind diese Sätze bemerkenswert, da sie – ungeachtet der offensichtlichen Nichtbefassung mit der jüngsten Vergangenheit – ein einstimmiges Loblied auf die damaligen pädagogischen Akteurinnen und Akteure anstimmen. Das Ignorieren, Verdrängen und Beschönigen der NS-Zeit in Hamburg währte bis Ende der 1970er beziehungsweise Anfang der 80er Jahre, als eine jüngere, kritische Generation Fragen hinsichtlich der jüngsten Geschichte stellte.

1980 legte ich meine ideologiekritische Untersuchung der Berufsrolle der Hilfsschullehrer von 1880–1933 vor, die sich perspektivisch auch auf die NS- und Nachkriegszeit richtete: »Die vorherrschende demokratiefeindliche, nationalistische und völkische Grundeinstellung (der Hilfsschullehrer, E.-R.) und die Affinität zu den diese Orientierung repräsentierenden Parteien ist als ungebrochene Linie vom Kaiserreich bis zur Ära des Nationalsozialismus zu verfolgen« (Ellger-Rüttgardt 1980, 221). 1983 konstituierte sich in Hamburg die »Projektgruppe für die vergessenen Opfer des NS-Regimes«, die sich des Schicksals bislang vernachlässigter Randgruppen annahm, zu denen auch Menschen mit Behinderung zählten. Als Hochschullehrerin des Instituts für Behindertenpädagogik der Universität Hamburg beteiligte ich mich an der Arbeit der Projektgruppe und konnte im Rahmen von Forschungsseminaren 1984 und 1985 mehrere Examensarbeiten anleiten, die zum Teil auch in Veröffentlichungen einflossen (vgl. Christiansen 1986; Schröder 1986; Joost 1986).

Im Folgenden knüpfe ich an einige Erkundungen aus den 1980er Jahren an (Ellger-Rüttgardt 1982; 1983; 1986; 1987), die ich um Forschungen der Folgejahre bis in die Gegenwart ergänzt habe. Der Schwerpunkt soll dabei auf der alltagsgeschichtlichen Perspektive liegen.

II.6.2 Das hamburgische Hilfsschulwesen vor 1933

Die Hamburger Hilfsschule, die den Status einer besonderen Volksschule innehatte – also schulrechtlich zum Volksschulwesen gehörte –, ist nur vor dem Hintergrund des allgemeinen Volksschulwesens der Hansestadt angemessen zu betrachten. Dieses war frühzeitig durch Reformbestrebungen seitens der organisierten Volksschullehrerschaft geprägt worden (vgl. Daschner/Lehberger 1990). So wurde nach der Novemberrevolution 1918/19 – in Anknüpfung an die Forderungen der Deutschen Revolution 1848/1849 – am 16. Mai 1919 das »Gesetz betreffend die Einheitsschule« verabschiedet. Dieses hatte die Abschaffung der Vorschulen, der Schulgeld- und Lernmittelfreiheit sowie die Einführung der vierjährigen Grundschule zum Inhalt. Weitgehend unangetastet, da politisch nicht durchsetzbar, blieb die durch äußere Differenzierung gekennzeichnete Sekundarstufe des Schulsystems.

Der reformpädagogische Geist in weiten Teilen der hamburgischen Volksschullehrerschaft war sicherlich mit ein Grund für die späte Einrichtung einer ersten Hilfsschule 1892 im Stadtteil St. Pauli. Dort wurde »unter der Leitung einer Lehrerin eine ›Hülfsklasse für schwachsinnige Kinder‹ mit 18 meist verwahrlosten und unterernährten Mädchen im Alter von acht bis zwölf Jahren eingerichtet« (Fiege 1970, 89). Auch wenn es sich nur um eine Minderheit der hamburgischen Volksschullehrerschaft handelte, war doch kurz zuvor in der linksliberalen Zeitschrift »Pädagogische Reform« ein heftiger Streit um die Eröffnung einer Hilfsschule entbrannt. Der Wortführer der Kritiker, Lehrer Armack, lehnte die Einrichtung von Hilfsschulen in Hamburg aus pädagogischen und politischen Gründen kategorisch ab. Er sprach sich gegen jedes »Sortieren« von Kindern aus, verwies auf die sozialen Ursachen für die Entstehung des sogenannten »Schwachsinns« und plädierte für eine Reform der Volksschule, in der auch langsam Lernende einen Platz finden sollten (vgl. Ellger-Rüttgardt 2024, 168 f.).

Ungeachtet der kritischen Stimmen begrüßten die große Mehrheit der Hamburger Volksschullehrerschaft sowie die politisch Verantwortlichen die Einrichtung des auf Reichsebene so erfolgreichen neuen Schultyps »Hilfsschule«, was zur Folge hatte, dass bereits Ostern 1900 fünf vier- bis sechsklassige Hilfsschulen mit 25 Lehrkräften und insgesamt 450 Schülerinnen und Schülern bestanden (vgl. Fiege 1970, 89). Wie rasant die weitere Entwicklung erfolgte, belegt die Tatsache, dass 1914 nun 1.595 Kinder eine der zwölf Hilfsschulen der Hansestadt besuchten, das waren 1,27 Prozent der Gesamtschülerschaft (vgl. ebd.).

Die Verankerung der Hilfsschule als fester Bestandteil des hamburgischen Schulwesens veränderte sich auch während der Weimarer Republik nicht. Aufschlussreich ist in diesem Zusammenhang, dass selbst die sogenannten »Versuchsschulen«, die 1919 gewissermaßen als Kompensation für die gescheiterte Einheitsschule mit einer sechsjährigen Grundschule eingerichtet worden waren und ein »sozialistisch-reformpädagogisches Programm« vertraten (vgl. Milberg 1970, 273), nicht auf die Hilfsschule als entlastenden Schultypus für überbordende Problemlagen verzichteten. Diese Versuchsschulen waren nicht an den Hamburger Lehr- und Stundenplan gebunden und hatten sich auf die Fahnen geschrieben, keines ihrer Kinder auf die Hilfsschule zu überweisen. Aber genau dies geschah 1923 an der »Versuchsschule Berliner Tor«. Unter den 576 Schülerinnen und Schülern waren viele, »die bereits mehrfach sitzengeblieben waren« (Fiege 1970, 98). Ein heftiger Streit zwischen Lehrer- und Elternschaft entbrannte 1923, als die Schule 15 Kinder an die Hilfsschule überwies, eine Maßnahme, die von den Pädagoginnen und Pädagogen mit nicht zu lösenden Problemen des schulischen Alltags begründet wurde (vgl. Ellger-Rüttgardt 2003, 219 ff.). Caesar Hagener schreibt über die »Versuchsschule«: »Daß am Berliner Tor jeder Schüler – sowohl der schwierigere als auch der lernbehinderte – wie jedes normale Kind höchst willkommen war, ließ sie für manche Betrachter von außen als ›Hilfsschule‹ erscheinen« (Hagener 1990, 38).

Auch wenn die Hilfsschule während der Weimarer Republik unangefochten einen festen Platz im hamburgischen Schulwesen einnahm, blieb sie doch schulorganisatorisch stets ein Teil der Volksschule und praktizierte durch diese Verbundenheit auch reformpädagogische Ansätze wie Arbeits- und Gesamtunterricht sowie eine »Pädagogik vom Kinde aus«. Erwähnt sei an dieser Stelle Frieda Buchholz, die an ihrer Schule in Bergedorf-Lohbrügge einen Unterrichtsversuch nach dem Reformpädagogen Peter Petersen durchführte (vgl. Ellger-Rüttgardt 1997, 47 ff.). 1932 gab es im hamburgischen Stadtgebiet elf Hilfsschulen, für die der Heilpädagoge Fritz Rössel 1928 neue Richtlinien entwickelt hatte, die an zwei Hilfsschulen erprobt, aber nicht mehr flächendeckend eingeführt werden konnten (vgl. Fiege 1970, 112; Grosse 1967, 64 ff.).

II.6.3 Hilfsschule im Nationalsozialismus

Die Machtübertragung an die Nazis vollzog sich im Hamburger Schulwesen am 3. März 1933, als der bisherige Schulsenator Emil Krause, Parteimitglied der SPD, aus dem Senat austrat und an seine Stelle Karl Witt rückte (vgl. Fiege 1970, 121; Schmidt 2010, Bd. 1, 45). Einhundert Lehrkräfte wurden aufgrund des »Gesetzes zur Wiederherstellung des Berufsbeamtentums« vom 7. April 1933 aus politischen oder »rassischen« Gründen sofort aus dem Schuldienst entlassen. Ihre Zahl erhöhte sich bis Ende 1935 auf 637 Personen, zu denen auch verheiratete Lehrerinnen gehörten, da »Doppelverdienerinnen« ausscheiden sollten (vgl. Schmidt 2010, Bd. 1, 50).

Auch in der Schulverwaltung traten gravierende Veränderungen ein, auch wenn die »Säuberung« von den alten Kräften nicht vollständig gelang, da die Nazis nicht genügend geeignetes Personal für die Besetzung von Funktionsstellen hatten. Ein prominentes Beispiel ist Fritz Köhne, SPD-Mitglied, der 1933 entlassen, aber schon bald wieder eingestellt wurde, da seine Fachkompetenz in der Schulbehörde unverzichtbar war. Genötigt durch äußeren Druck und begleitet von zustimmender Akzeptanz seitens der Volksschullehrerschaft trat Köhne 1937 in die NSDAP ein. Er übernahm 1940 auch das Ressort für die Hilfsschulen und blieb bis in die Nachkriegszeit im Amt (vgl. Fiege 1986; de Lorent 2016, 61 ff.).

In der hamburgischen Schulbehörde vertrat ab 1933 der Leiter einer Volksschule, Alfred Mansfeld, das Ressort »Hilfsschule«. Mansfeld, NSDAP-Mitglied seit 1928, wurde nach der Gleichschaltung der Lehrerverbände 1933 wichtiger Repräsentant des Nationalsozialistischen Lehrerbundes (NSLB) in Hamburg und avancierte in der Behörde 1934 zum Oberschulrat des Hamburger Volksschulwesens, zu dem nach wie vor die Hilfsschulen gerechnet wurden (de Lorent 2016, 118 ff.).

Eine weitere wichtige Person für das Hilfsschulwesen in Hamburg war Elwin Kludas, Mitglied der NSDAP seit dem 1. Mai 1933, Leiter einer Hilfsschule und zugleich verantwortlich für den Bereich »Hilfsschule« im NSLB (de Lorent 2017, 397 ff.). In der Hamburger Lehrerzeitung veröffentlichte Kludas im April 1936 einen Leitartikel mit dem Titel »Die Hilfsschule im Dritten Reich«, in dem er die Existenzberechtigung der Hilfsschule auch im neuen Staat hervorhob und ihre spezifischen Aufgaben beschrieb. Neben der Qualifikations- und Entlastungsfunktion unterstrich Kludas als wichtigste Funktion die der Rassenhygiene. Er schreibt: »Ihre erste und zugleich größte Aufgabe liegt auf volksbiologischem Gebiet. Die Hilfsschule ist mehr als jede andere Erziehungseinrichtung berufen, dem Erbgesundheitsgericht bei seinen verantwortungsschweren Entscheidungen Hilfe zu leisten, bzw. an ihnen mitzuarbeiten; haben wir doch in ihr das erste große Sammelbecken all derjenigen, die von den eugenischen Maßnahmen des Staates betroffen werden« (Kludas 1936, 146).

Wie stark die im Sinne des Nationalsozialismus versuchte ideologische Neuausrichtung der Hilfsschule auch in Hamburg war, belegt ein nicht namentlich gekennzeichneter Beitrag aus der Hamburger Lehrerzeitung von 1937 mit der Überschrift »Rassenpolitische Grundsätze in den Sonderschulen. Zusammenarbeit zwischen NSLB und Rassenpolitischem Amt – Ausmerzung liberalistischer Prinzipien«. Dort lesen wir im Hinblick auf das neu geschaffene »Referat für negative Auslese und Sonderschulfragen«:

> »Die Einrichtung des im Rassenpolitischen Amt geschaffenen neuen Referates ist deshalb so bedeutend, weil es gilt, auch im Sonderschulwesen die letzten alten aus liberal-marxistischer Zeit stammenden Umweltprinzipien durch die nationalsozialistischen abzulösen. Früher glaubte man, dass körperliche und geistige Unvollkommenheiten eine Folge ungünstiger Umwelteinflüsse oder mangelhafter Erziehung seien. Heute ist das Wissen um die Gültigkeit der Erblichkeitsgesetze der entscheidende Faktor in allen völkischen Fragen – auch in denen der Erziehung – geworden. Die Sonderschulen haben deshalb heute in erster Linie die Forderungen der Bevölkerungs- und Rassenpolitik zu erfüllen« (o. V., 186 f.).

Es war die Hamburger »Gesundheits- und Fürsorgebehörde«, die sich 1934 anschickte, das reichseinheitliche »Gesetz zur Verhütung erbkranken Nachwuchses« mit besonderem Eifer umzusetzen und Hamburg damit zu einem »nazistischen Mustergau« in der Sterilisationspolitik werden ließ (vgl. Ebbinghaus et al., 1984). Nach Pfäfflin zeichnete sich die Hamburger Gesundheits- und Fürsorgepolitik durch die Faktoren Schnelligkeit, Systematik und eine verschärfte Auslegung und Anwendung des Sterilisationsgesetzes aus: »In den ersten acht Monaten seit Inkrafttreten des Gesetzes waren von 172 Erbgesundheitsgerichten im Deutschen Reich 2.860 Sterilisationsbeschlüsse ergangen und von Ärzten bereits ausgeführt worden. Davon entfielen auf Hamburg 706, das heißt Hamburg konnte ein Viertel der Reichsleitung verbuchen« (1984, 28).

Angesichts der langjährigen linken und liberalen Traditionen der Hamburger Volksschullehrerschaft verwundert es allerdings nicht, dass die Unterrichtsbehörde und ihre Lehrkräfte auf die versuchte forcierte Einflussnahme der Gesundheitsbehörde auf den Schulbereich mehrheitlich eher verhalten bis ablehnend reagierten. Ein Beispiel aus der Praxis fällt in die Anfangszeit der Sterilisationsmaßnahmen des Jahres 1934. Am 9. Oktober 1934 richtete der Leiter der Gesundheits- und Fürsorgebehörde, Dr. Peters, ein Schreiben an die Unterrichtsbehörde, in dem er sich über mangelnde Kooperation seitens der Hilfsschulen beklagte:

> »Bei der Bearbeitung der Hilfsschulbögen, zwecks Einleitung des Sterilisationsverfahrens bei Hilfsschulkindern, ist in letzter Zeit hier aufgefallen, dass Kinder verängstigt zur Untersuchung kamen. Ein Mädchen wurde auch heulend mit Gewalt des Vaters gebracht, und die Nachforschung ergab, dass diese Kinder in der Hilfsschule aufgehetzt und verängstigt worden waren. So soll unter anderem den Kindern dort erzählt werden, sie würden bei der Untersuchung hier gleich zurückbehalten und operiert, und demzufolge hätten sie sich gegenseitig verabredet, auf die Vorladungen nicht ins Gesundheitsamt zu gehen. Es handelt sich im wesentlichen um Hilfsschülerinnen des Jahrgangs 1919. Es sind auch tatsächlich weiterhin nur sehr wenige Hilfsschülerinnen zur Untersuchung gekommen, während der ganz überwiegende Teil ferngeblieben ist.
> Einerseits wird dieser Erschwerung der ärztlichen Arbeit diesseits kurzerhand durch die Anordnung polizeilicher Vorführung begegnet werden können, andererseits scheint es doch im Interesse der großen Aufgabe, welche in der Durchführung des Sterilisationsgesetzes liegt, geboten, dass von geeigneter Seite aus auf die Hilfsschulkinder und deren Angehörige aufklärend und beruhigend eingewirkt wird. Im Gesundheitsamt findet nur die Untersuchung zum Antragsgutachten statt, dann wird der fertige Antrag dem Erbgesundheitsgericht übergeben, wo gesetzliche Berufungsmöglichkeiten vorhanden sind. Eine derartige Beunruhigung ist daher absolut unbegründet. Sie wird jedoch unter Umständen von üblen Elementen systematisch betrieben, um die Durchführung des Sterilisationsge-

setzes zu erschweren.
(gez. Dr. Peters)«[107]

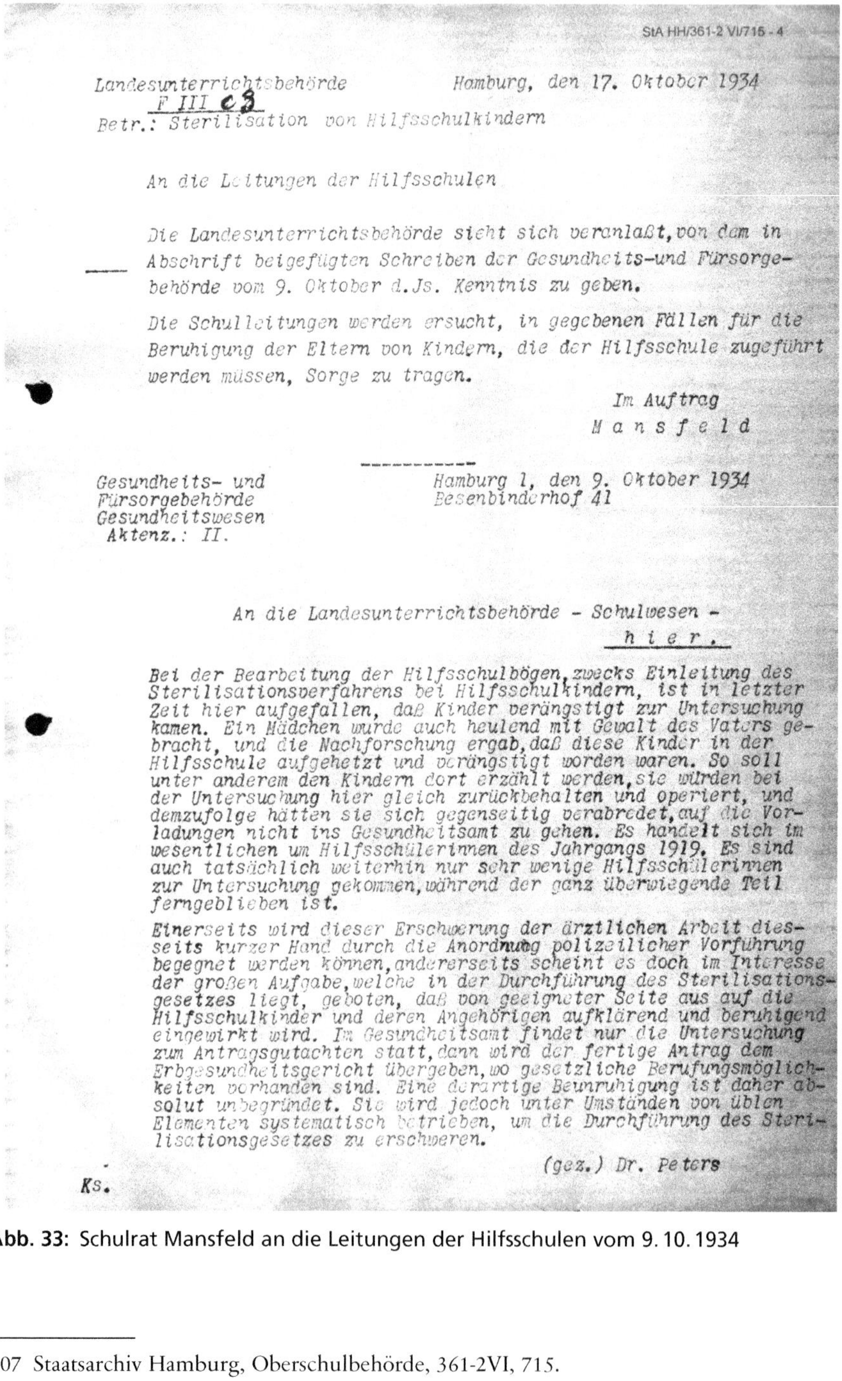

> StA HH/361-2 VI/715 - 4
>
> Landesunterrichtsbehörde   Hamburg, den 17. Oktober 1934
> F III c3
> Betr.: Sterilisation von Hilfsschulkindern
>
> An die Leitungen der Hilfsschulen
>
> Die Landesunterrichtsbehörde sieht sich veranlaßt, von dem in Abschrift beigefügten Schreiben der Gesundheits-und Fürsorgebehörde vom 9. Oktober d.Js. Kenntnis zu geben.
>
> Die Schulleitungen werden ersucht, in gegebenen Fällen für die Beruhigung der Eltern von Kindern, die der Hilfsschule zugeführt werden müssen, Sorge zu tragen.
>
> Im Auftrag
> M a n s f e l d
>
> Gesundheits- und   Hamburg 1, den 9. Oktober 1934
> Fürsorgebehörde   Besenbinderhof 41
> Gesundheitswesen
> Aktenz.: II.
>
> An die Landesunterrichtsbehörde - Schulwesen -
> h i e r .
>
> Bei der Bearbeitung der Hilfsschulbögen, zwecks Einleitung des Sterilisationsverfahrens bei Hilfsschulkindern, ist in letzter Zeit hier aufgefallen, daß Kinder verängstigt zur Untersuchung kamen. Ein Mädchen wurde auch heulend mit Gewalt des Vaters gebracht, und die Nachforschung ergab, daß diese Kinder in der Hilfsschule aufgehetzt und verängstigt worden waren. So soll unter anderem den Kindern dort erzählt werden, sie würden bei der Untersuchung hier gleich zurückbehalten und operiert, und demzufolge hätten sie sich gegenseitig verabredet, auf die Vorladungen nicht ins Gesundheitsamt zu gehen. Es handelt sich im wesentlichen um Hilfsschülerinnen des Jahrgangs 1919. Es sind auch tatsächlich weiterhin nur sehr wenige Hilfsschülerinnen zur Untersuchung gekommen, während der ganz überwiegende Teil ferngeblieben ist.
> Einerseits wird dieser Erschwerung der ärztlichen Arbeit diesseits kurzer Hand durch die Anordnung polizeilicher Vorführung begegnet werden können, andererseits scheint es doch im Interesse der großen Aufgabe, welche in der Durchführung des Sterilisationsgesetzes liegt, geboten, daß von geeigneter Seite aus auf die Hilfsschulkinder und deren Angehörigen aufklärend und beruhigend eingewirkt wird. Im Gesundheitsamt findet nur die Untersuchung zum Antragsgutachten statt, dann wird der fertige Antrag dem Erbgesundheitsgericht übergeben, wo gesetzliche Berufungsmöglichkeiten vorhanden sind. Eine derartige Beunruhigung ist daher absolut unbegründet. Sie wird jedoch unter Umständen von üblen Elementen systematisch betrieben, um die Durchführung des Sterilisationsgesetzes zu erschweren.
>
> (gez.) Dr. Peters
>
> Ks.

Abb. 33: Schulrat Mansfeld an die Leitungen der Hilfsschulen vom 9.10.1934

---

107 Staatsarchiv Hamburg, Oberschulbehörde, 361-2VI, 715.

Schulrat Mansfeld verschickte dieses Schreiben an die Leitungen der Hilfsschulen mit dem Vermerk: »Die Schulleitungen werden ersucht, in gegebenen Fällen für die Beruhigung der Eltern von Kindern, die der Hilfsschule zugeführt werden müssen, Sorge zu tragen.«[108] Wie sehr der überzeugte Nationalsozialist Mansfeld um eine gute Kooperation mit der Gesundheitsbehörde bemüht war, belegt ein Schreiben, das er am 19. Dezember 1934 an die Leitungen der Hilfs- und Sonderschulen sowie zur Kenntnis an die Gesundheitsbehörde versandte, in dem er um die Mitarbeit der Hilfsschullehrkräfte bei den Sterilisationsverfahren warb:

> »Die Anfrage, ob alle Hilfsschulkinder sterilisiert werden oder ob von Fall zu Fall entschieden wird, ist dahin zu beantworten, daß selbstverständlich von Fall zu Fall entschieden werden muß, um die wirklich erbgefährlichen Fälle von angeborenem Schwachsinn und evtl. sonstigen Erbkrankheiten zu erfassen. Eine unterstützende Mitarbeit der Hilfsschullehrer ist dringend wünschenswert, weil Hilfsschulkinder und deren Angehörige erfahrungsgemäß viel Schwierigkeiten bereiten.«[109]

Das konfliktgeladene Verhältnis zwischen Unterrichts- und Gesundheitsbehörde fand seine Fortsetzung auch im Jahre 1935. Letztere beschwerte sich im November 1935, dass vielen Hilfsschulkindern die Inhalte der Intelligenzprüfung bekannt seien und die Hilfsschullehrer keine ausreichend unterstützende Rolle in dem Verfahren spielten. In leichter Abwandlung des Textes und in Absprache mit Schulrat Mansfeld wurde der Beschwerdebrief vom leitenden Oberschulrat Oberdörffer[110], nachrichtlich an den »Herrn Prof. Dr. Peters, Staatliches Gesundheitsamt«, am 23. November 1935 an die Leitungen aller Hamburger Hilfsschulen übermittelt. Der Text lautet:

> »Das Staatliche Gesundheitsamt teilt der Landesunterrichtsbehörde folgende Beobachtung mit:
> Bei der Begutachtung erbkranker Kinder zur Vorbereitung des Verfahrens der Unfruchtbarmachung findet in Fällen von angeborenem Schwachsinn durch das Staatliche Gesundheitsamt eine Intelligenzprüfung statt, deren Fragen vom Reich auf einem sogenannten Intelligenzprüfungsbogen vermerkt sind. Der Inhalt dieses Intelligenzprüfungsbogens ist namentlich in den Kreisen der Hilfsschüler bereits dermaßen bekannt, daß die Hilfsschulkinder sich gegenseitig seine Fragen abhören. Das Staatliche Gesundheitsamt hat daraufhin einen anderen Intelligenz-Prüfungsbogen entworfen, der aber ebenfalls nach kurzer Zeit in den Kreisen der Hilfsschüler bekannt war. Besonders auffällig und verwerflich ist folgender Vorfall:
> Ein Lehrer, der wußte, daß ein ihm verwandtes Mädchen wegen Schwachsinns zur Begutachtung beim Staatlichen Gesundheitsamt erscheinen sollte, hatte keine Bedenken, diesem Kinde die auf beiden Fragebögen verzeichneten Fragen und ihre Beantwortung einzupauken.
> Die Schulleitungen der Hilfsschulen werden ersucht, darauf hinzuwirken, daß die Maß-

---

108 Ebd.
109 Ebd.
110 De Lorent charakterisiert Wilhelm Oberdörffer »als eine der widersprüchlichsten Personen im Hamburger Schulwesen der NS-Zeit« (2016, 528). Vormals DVP-Mitglied blieb er als Schulaufsichtsbeamter 1933 im Amt und trat am 1. Mai 1933 in die NSDAP ein. »Sein Amt«, so de Lorent, »versah er ähnlich wie Fritz Köhne durchaus mit Blick für die Nöte von Lehrern, die keine Nationalsozialisten wurden« (ebd.). 1941 verließ Oberdörffer den Staatsdienst und wechselte zum Zigarettenkonzern Reemtsma.

nahmen des Staatlichen Gesundheitsamts in jeder Hinsicht unbeeinflußt vor sich gehen können. Auffällige Tatsachen sind dem Staatlichen Gesundheitsamt sofort mitzuteilen.«[111]

Wie sehr die Gesundheitsbehörde versuchte, gegen oppositionelle Lehrkräfte vorzugehen, belegt ihr Schreiben – wiederum an Oberschulrat Oberdörffer gerichtet – vom 4. Dezember 1935, in dem sie in Bezug auf die Vorgänge vom November des Jahres einen namentlich genannten Hilfsschullehrer denunzierte:

»Unter Hinweis auf mein Schreiben vom 9.11.35 […] gebe ich zur vertraulichen Kenntnis einen Ausschnitt aus einem ärztlichen Gutachten über eine Erbkranke.
›Die Pat. gibt zu, dass ihr die Fragen des Staatl. Intelligenzprüfbogens von ihrem Vater eingepaukt worden sind, damit sie sie bei der Prüfung besser beantworten könne. Interessant ist auch, dass ein Onkel der Pat. (Bruder der Mutter), Karl Fabel, Leiter der Hilfsschule Hübbesweg ist. Wenn die Pat. auch bestreitet, mit ihrem Onkel die Fragen durchgegangen zu sein, so wird er doch der Familie mit Rat und Tat zur Seite gestanden haben. Beweisen wird sich das jedoch kaum lassen […].‹«[112]

Die Frage, wie sich die einzelnen hamburgischen Hilfsschulpädagoginnen und -pädagogen tatsächlich verhielten, wird aus naheliegenden Gründen niemals genau zu klären sein. Es steht außer Frage, dass es neben den hervorgehobenen Funktionsträgern auch weitere Hilfsschullehrkräfte gab, die überzeugte Anhängerinnen und Anhänger der NS-Rassentheorie waren, was sich in ihrer Gutachtertätigkeit niederschlug. Der erwähnte Rektor Möller aus Altona, der sich für eine Kinderlandverschickung von Hilfsschulkindern stark gemacht hatte, verfasste eindeutig negative Urteile über jene Kinder, die als »asozial«, »rassisch fremd« oder »geistig tiefstehend« klassifiziert wurden. So schrieb Möller in einem Gutachten für das Jugendamt am 23. Juni 1936: »G. ist unbedingt schwachsinnig, bei dem unbedingt eine Sterilisation notwendig ist« (Ellger-Rüttgardt 1986, 30).

Die geschilderten Vorkommnisse der Jahre 1934/35 im Hinblick auf die Einleitung von Sterilisationsverfahren sind allerdings ein Hinweis darauf, dass es nicht nur eine kleine Minderheit der Hilfsschullehrkräfte war, die die NS-Rassenpolitik ablehnte und unterschiedliche Formen des Widerstandes praktizierte. Ein prominentes Beispiel ist Frieda Buchholz, die den Mut aufbrachte, sich bei ihrem Einsatz für eine ehemalige Hilfsschülerin mit dem Leiter des hamburgischen Erbgesundheitsgerichts, Dr. Deutsch, anzulegen. Dass Frieda Buchholz den Schuldienst nicht verlassen musste, verdankte sie ihren Vorgesetzten in der Behörde, vermutlich Fritz Köhne (vgl. Ellger-Rüttgardt 1997, 100 ff.).

Am Fall von Gertrud Meier wird deutlich, dass die Einflussmöglichkeiten von Hilfsschulpädagoginnen und -pädagogen in den Sterilisationsverfahren eher begrenzt waren. Obwohl positive pädagogische Gutachten vorlagen und die junge Frau sich beruflich bewährte, wurde Gertrud Meier noch im April 1944 nach einem Revisionsverfahren zwangssterilisiert. Der entscheidende Gutachter war der Mediziner Dr. Kreyenberg, Oberarzt der Alsterdorfer Anstalten, der in akribischer Fleißarbeit sein Urteil zu untermauern suchte, dass die gesamte »Sippe« von Gertrud Meier an »angeborenem Schwachsinn« leide (a.a.O., 109 ff.). Die Aussage der Wissenschaftlerin Christiane Rothmaler, dass die Schülerbögen in den Verhand-

---

111 Staatsarchiv Hamburg, Oberschulbehörde 361–2 VI, 715.
112 Ebd.

II.6 Die Hamburger Hilfsschule im »Dritten Reich«

Abb. 34: Frieda Buchholz (vorn links) in der »Kinderlandverschickung« 1941

Abb. 35: Strümpfestopfen an der Friedhofsmauer 1941

lungen des Erbgesundheitsgerichts eine ausschlaggebende Rolle spielten (vgl. Rothmaler 1986, 113), ist somit zu relativieren. Pädagogische Urteile hatten durchaus Bedeutung, aber sie waren nicht ausschlaggebend – entscheidend waren in Konfliktfällen die medizinischen Urteile. Das zeigt das Verfahren gegen Gertrud Meier.

Der nahezu unglaublich anmutende Umstand, dass der »halbjüdische« Volksschüler Klaus W. Schutz in der »Hilfsschule Bundesstraße« fand, ist ein weiterer Fingerzeig auf oppositionelles Verhalten im hamburgischen Hilfsschulwesen. Klaus W., Jahrgang 1932, entstammte einer sogenannten »Mischehe« – seine Mutter war Jüdin, sein Vater »Arier«. Die Familie bewohnte gemeinsam mit einer befreundeten Familie eine Wohnung im Grindelviertel, einem bevorzugten Wohngebiet Hamburger Juden. Der Vater von Klaus, von Beruf Gerichtsvollzieher, weigerte sich, sich von seiner Frau scheiden zu lassen, und wurde daraufhin auf dem Friedhof Ohlsdorf zwangsinterniert, wo er Leichen aus Konzentrationslagern beerdigen musste. Er kam nur an den Wochenenden nach Hause. Die Mutter, von Beruf Näherin, wurde im Januar 1942 abgeholt und nach Theresienstadt deportiert. Sie arbeitete als Krankenschwester in der Baracke der Typhuskranken, erhielt daher eine bessere Verpflegung, konnte so die Strapazen des Konzentrationslagers überleben und kehrte am 25. Juni 1945 nach Hamburg zurück.

Abb. 36: KZ-Entlassungsschein für Erna W. vom 22. August 1945

Klaus blieb während der Abwesenheit der Eltern bei der befreundeten Familie, galt als deren zweiter Sohn. Da der Junge wegen der jüdischen Mutter viel in der Volksschule gehänselt wurde, verschaffte ihm die Nachbarin einen Platz in der nahe gelegenen Hilfsschule, wo er sich angenommen fühlte und wieder lernen konnte. In einem Gespräch am 21. Mai 1986 äußerte er sich wie folgt zu seinem

Besuch der Hilfsschule: »Die Bundesstraße hatte an und für sich einen guten Ruf. Und es waren sehr gute Lehrer da. Ich habe eine ganz alte Lehrerin gehabt, circa 60. Die strahlte eine Ruhe aus […] toll! Mir hat es da gut gefallen. Besser als gehänselt zu werden.«[113] Inwieweit dieses positive Urteil des ehemaligen Schülers den Tatsachen entspricht, lässt sich im Nachhinein nicht überprüfen.[114] Das Abtauchen des jüdischen Jungen in die »Hilfsschule Bundesstraße« wirft nicht nur ein Bild auf die aufnehmende Schule und das nachbarschaftliche Umfeld, sondern auch auf die Unterrichtsbehörde selbst, die die Aufnahme eines »halbjüdischen« Volksschülers in die Hilfsschule offenbar tolerierte beziehungsweise schweigend ignorierte.

Die reichseinheitliche Gesetzgebung – wie etwa der Hilfsschul-Runderlass von 1935 oder die Allgemeine Anordnung über die Hilfsschulen von 1938 – galt selbstredend auch für Hamburg, aber es gab doch nicht unerhebliche Spielräume in der jeweiligen konkreten Umsetzung und Ausgestaltung. So reagiert die Schul- und Hochschulabteilung der Staatsverwaltung am 11. Januar 1939 als Antwortschreiben an das Reichsministerium im Hinblick auf die Allgemeine Anordnung von 1938 mit einem selbstbewussten Bericht über ein »vollausgebautes Hilfsschulsystem«, dem seit dem Groß-Hamburg-Gesetz vom 1. April 1937 insgesamt 19 Hilfsschulen, drei Einzelklassen, 3.905 Schülerinnen und Schüler sowie 181 Lehrkräfte angehören. Bemerkenswert ist, dass lediglich die Entlastungs- und Qualifikationsfunktion der Hilfsschule erwähnt wird, nicht jedoch ihre rassenhygienischen Aufgaben. Dabei hatte NS-Schulrat Mansfeld in einem Rundschreiben an alle öffentlichen Volks- und Hilfsschulen vom 8. Februar 1938 unmissverständlich auch die rassenhygienische Aufgabe der Hilfsschule benannt. Er führte aus, dass die Hilfsschule »a) die ihr zugewiesenen Kinder in einem besonderen heilpädagogisch unterbauten Bildungsgang zu brauchbaren Gliedern der Volksgemeinschaft zu erziehen; b) die allgemeine Volksschule zu entlasten und ihr zu ermöglichen, alle Arbeit auf die höchstmögliche Förderung und Bildung der in ihr verbleibenden Kinder auszurichten; c) wirksame Unterstützung und Handreichung bei den erb- und rassenhygienischen Maßnahmen des Staates zu leisten«.[115] Damit entsprach Mansfeld exakt dem vom Reichsministerium formulierten Aufgabenkatalog.

Auch bei der 1940 beschlossenen Einführung eines neuen Personalbogens für die Hilfsschule zeigte Hamburg keine besondere Eile. In einem Rundschreiben an die Hilfs-, Berufs- und Volksschulen vom 19. März 1942 teilte Oberschulrat Köhne den Schulen mit, »daß die Hilfsschulbogen alter Art noch für die im Schuljahr 1942/43 in die unterste Hilfsschulklasse eintretenden Hilfsschüler zu verwenden

---

113 Gespräch der Herausgeberin mit Klaus W. am 21. Mai 1986, abgedruckt in: Quaß 1987, 73 ff.
114 Erwähnenswert ist, dass eine Lehrerin der »Hilfsschule Bundesstraße« in der »Deutschen Sonderschule«, dem Fachorgan der Fachgruppe »Sonderschulen« im NSLB, 1936 einen Aufsatz veröffentlichte mit dem Titel »Umwelt- und Erbschädigung. Eine Untersuchung an einer Hamburger Hilfsschule«, in dem sie anhand von Schulakten zu dem Urteil gelangte, »daß von 193 Familien 103 durch erblichen Schwachsinn belastet sind, also mehr als die Hälfte« (Hieronymus 1936, 33).
115 Staatsarchiv Hamburg, Oberschulbehörde 361–2 VI, 711.

und den Restbestand für Einzelfälle [...] aufzugebrauchen [seien]. Vom Schuljahr 1942/43 an ist der reichseinheitliche Hilfsschulbogen [...] einzuführen«.[116]

Die Überweisung an die Hilfsschule in Hamburg folgte tatsächlich sehr weit gefassten Kriterien, die Schulrat Mansfeld am 5. Dezember 1937 folgendermaßen festgelegt hatte:

»Als hilfsschulbedürftig sind anzusprechen:

Kinder, die nach 2-jährigem Besuch der 8. Klasse das Klassenziel nicht erreicht haben. In Ausnahmefällen können bei klar erkennbarer Minderbegabung Meldungen schon nach einem Jahr erfolgen.

Kinder mit schweren Charakterfehlern, die im Rahmen der Volksschule als schuluntüchtig anzusehen sind (ausgesprochene Willensschwäche, mangelnder Gemeinschaftssinn).

Durch Umwelteinflüsse derart geschädigte Kinder, die schulisch so in Rückstand geraten sind und voraussichtlich bleiben, daß sie aus den 4., bezw. 3. Klassen der Volksschule entlassen werden müßten.«[117]

Es ist davon auszugehen, dass die weite, schwammige Definition von »Hilfsschulbedürftigkeit« von einigen Schulen genutzt wurde, um auffällige, störende Kinder loszuwerden. Beispielsweise meldete die Volksschule Fischbek (ländliches Gebiet) am 19. Dezember 1938 der Schulverwaltung zur Überprüfung insgesamt 17 Schülerinnen und Schüler, die verschiedenen Klassenstufen angehörten.[118] Und auch innerhalb des übrigen Sonderschulwesens gab es die Tendenz, unliebsame, leistungsschwache Kinder an die Hilfsschule abzuschieben. Einen derartigen Antrag stellte die Sehschwachenschule am 13. Juli 1943 und war damit erfolgreich.[119]

Die Hilfsschule, die im Volksmund häufig als »Eunuchenanstalt« verschrien war, hatte in der Öffentlichkeit zwangsläufig ein beschädigtes Ansehen, und die überlieferten Akten belegen, dass sich viele Eltern gegen eine Überweisung ihres Kindes in die Hilfsschule zu widersetzen suchten. Diese Versuche blieben in der Regel erfolglos und wurden mit »dürren«, bürokratischen Sätzen, gelegentlich auch mit der Androhung von Zwangsmaßnahmen, zurückgewiesen. Eine Ausnahme bildet ein empathisches und um Argumentation bemühtes Schreiben von Schulrat Fritz Köhne vom 15. Februar 1940 an eine Mutter, die gegen die Überweisung ihrer Tochter an die Hilfsschule Einspruch eingelegt hatte (siehe Abb. 37).

Dennoch ist festzuhalten, dass die Hilfsschulen und ihre Schülerschaft tendenziell ein negatives Image hatten und auch seitens behördlicher Stellen abwertend behandelt wurden. Am 1. März 1944 verwies die Schulverwaltung auf die Möglichkeit der Kinderlandverschickung (KLV) im Gau Bayreuth auch für die Sonderschulen: »schwerhörige, gehörlose, blinde, sehschwache und sprachkranke« wurden benannt – Hilfsschülerinnen und -schüler waren ausgeschlossen. Dagegen protestierten einzelne Hilfsschulpädagogen, wie etwa Rektor Ernst Möller von der »Hilfsschule Hafenstraße« (vgl. Schmidt 2010, Bd. 1, 627) mit dem Ergebnis, dass

---

116 Staatsarchiv Hamburg, Oberschulbehörde 361–2 VI, 711.
117 Ebd.
118 Vgl. ebd.
119 Vgl. ebd.

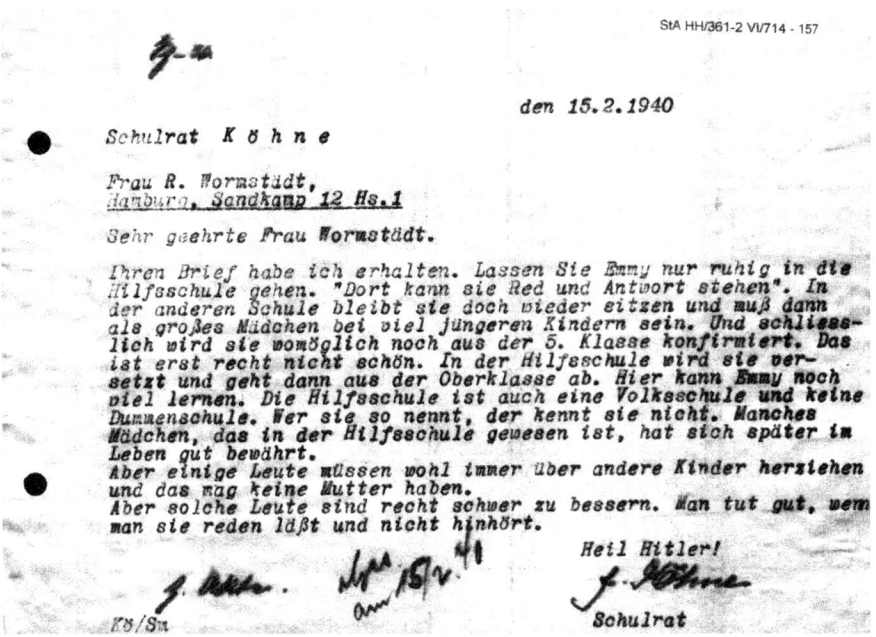

Abb. 37: Schulrat Köhnes Brief an eine Mutter vom 15.2.1940

eine Kinderlandverschickung für Hilfsschülerinnen und -schüler genehmigt wurde, wenn Lehrkräfte ihrer Schule sie begleiteten. Frieda Buchholz war eine jener Hilfsschullehrkräfte, die von 1940 bis Mai 1945 in der KLV tätig war, zunächst nur als Klassenlehrerin, ab Mai 1944 dann auch als Leiterin des KLV-Lagers in Bayrisch Eisenstein (vgl. Ellger-Rüttgardt 1997, 118 ff.).

Die verstärkten Bombenangriffe auf Hamburg trafen auch das Schulwesen. Nach dem Hamburger Feuersturm – der »Operation Gomorrha« vom 24. Juli bis 3. August 1943 – wurden die Schulen des Stadtgebietes geschlossen, eine Wiedereröffnung des Unterrichts in den Randgebieten diskutiert, die Zahl der nicht beschulten Kinder auf etwa 20.000 geschätzt (vgl. Schmidt 2010, Bd. 1, 605 ff.). Besonders desolat war offenbar die schulische Betreuung der Hilfsschülerinnen und -schüler, obwohl am 1. September 1943 immerhin sieben Hilfsschulen ihre Arbeit wieder aufnahmen (vgl. a.a.O., 615). Aber ein beträchtlicher Teil der Hilfsschülerschaft blieb ohne jede Betreuung. So wendet sich das Landesjugendamt am 10. Februar 1944 mit folgendem Schreiben an die Gemeindeschulverwaltung:

»Der Abschnitt Jugendertüchtigung und Jugendhilfe im Ortsamt Niendorf macht darauf aufmerksam, dass seit den Terrorangriffen in Lokstedt, Niendorf und Schnelsen eine erhebliche Anzahl von Hilfsschülern sich befindet. Während die Volksschüler in diesen drei Stadtteilen beschult werden, fehlt es an einer schulischen Betreuung dieser Hilfsschüler [...] Ich stelle anheim, ob die Schulverwaltung nicht ein oder zwei Hilfsschulklassen in jener Gegend einrichten kann«[120]

---

120 Ebd.

Die Schulbehörde folgte dem Vorschlag und richtete zum 1. September 1944 eine Hilfsschulklasse in Hamburg-Niendorf ein.

Der Zusammenbruch des Schulwesens der Hansestadt war in den Folgemonaten nicht aufzuhalten. Am 3. Mai 1945 kapitulierte die Stadt.

II.6.4 Ausblick

Die Situation des hamburgischen Schulwesens nach Kriegsende schildert der Chronist Hartwig Fiege in knappen, eindrücklichen Sätzen:

> »Von 463 Schulgebäuden waren 97 total zerstört, 60 schwer, 62 mittelschwer und 65 leicht beschädigt. Von den 341 Schulhäusern, die noch für den Unterricht brauchbar gewesen wären, dienten 217 als Krankenhäuser, Behördendienststellen oder Notwohnungen, und 64 waren mit englischen Truppen belegt. Nur 60 standen ganz oder teilweise für den Unterricht zur Verfügung. Jedoch das Mobiliar und die übrige Ausstattung waren vielfach entwendet oder schwer mitgenommen. Anhand der Lebensmittelkartei stellte die Schulbehörde fest, daß sich rund 100 000 Schulkinder in der Stadt befanden. Viele Lehrkräfte waren gefallen, vermißt oder bei Bombenangriffen umgekommen. Noch befand sich eine größere Gruppe in der Kinderlandverschickung und in der Kriegsgefangenschaft. Ein Teil der in Hamburg lebenden Lehrkräfte mußte erst in der nur langsam anlaufenden Entnazifizierung auf seine politische Zuverlässigkeit überprüft werden […] Die Arbeit in der Schule mußte von einer hungernden Lehrerschaft mit hungernden Kindern geleistet werden, die durch die überstandenen Alarme und Bombennächte unruhig und konzentrationsschwach geworden waren und teilweise seit Jahren keinen geregelten Unterricht erhalten hatten. In den ersten drei Wintern nach dem Kriege machte der Kohlenmangel viele Wochen hindurch den Unterricht unmöglich« (1970, 138 f.).

Bereits Ende Juli 1945 genehmigte die englische Militärregierung die Wiederaufnahme des Unterrichts in Hamburg, die am 6. August 1945 erfolgte, zunächst für die Grundschule und wenig später auch für die Oberstufe. Aber noch am 1. Oktober 1948 waren von den 170.592 schulpflichtigen Kindern in Hamburg 46.980 Kinder unbeschult. Erst am 31. März 1949 berichtet die Schulbehörde, dass nun alle Kinder beschult seien (vgl. Grosse 1967, 90). Es ist davon auszugehen, dass insbesondere Hilfsschülerinnen und -schüler zu jenen Kindern zählten, die lange Zeit keinen Unterricht hatten (vgl. Ellger-Rüttgardt 2024, 298 ff.). Und dennoch hat sich die Hamburger Schulbehörde sehr frühzeitig für die Beschulung von Kindern mit Behinderungen eingesetzt. Am 15. Dezember 1947 schickte Oberschulrat Köhne folgende Mitteilung an die Leitungen der Volksschulen:

> »Betrifft: Einschulung in Hilfs- und Sonderschulen
>
> Alle Kinder, die in Hilfs- oder Sonderschulen eingeschult werden müssen, sind diesen Schulen bis zum 15. Januar 1948 zu melden […] Falls die Volksschulen keine Personalbogen mehr besitzen, sind die Schüler den Hilfsschulen in einer Liste aufzugeben, die den Namen, den Geburtstag, die Klasse und die Wohnung enthält.«[121]

---

121 Staatsarchiv Hamburg, Oberschulbehörde 361–2 VI, 712.

Die massive Benachteiligung der Hilfsschülerinnen und -schüler seitens des Staates während der NS-Zeit war zweifelsfrei mit ein entscheidender Grund für den raschen, expansiven Ausbau des Sonderschulwesens im Deutschland der Nachkriegszeit und damit auch in Hamburg – gewissermaßen verstanden als versuchte Kompensation vergangenen Unrechts. Aus heutiger Sicht betrachtet geschah dies allerdings in überholten, zum Teil fragwürdigen alten Bahnen, denn die Hilfsschule wurde nun zur »Sonderschule für Lernbehinderte« und damit losgelöst vom Regelschulbereich. Dieser zum damaligen Zeitpunkt als pädagogischer Fortschritt bezeichnete Schritt wurde in den 1970er Jahren von der sich formierenden »Integrationsbewegung« als Irrweg betrachtet. Durch die Proklamation einer gemeinsamen Erziehung von Kindern mit und ohne Behinderung wurde die Bahn der Separation verlassen. Hamburg war eine der ersten Städte der alten Bundesrepublik, die – letztlich getreu ihren reformpädagogischen Traditionen – 1983 an drei Grundschulen die neuen sogenannten »Integrationsklassen« eröffneten (vgl. Ellger-Rüttgardt 2016, 80 ff.).

Literatur

Quellen

Hieronymus, K. C.– (1936): Umwelt- und Erbschädigung. Eine Untersuchung an einer Hamburger Hilfsschule. Die deutsche Sonderschule, 3(1), 25–37.
Kludas, E. (1936): Die Hilfsschule im Dritten Reich. Hamburger Lehrerzeitung (HLZ), (15)14.
O. V. (1937): Rassenpolitische Grundsätze in den Sonderschulen. Zusammenarbeit zwischen NSLB und Rassenpolitischem Amt – Ausmerzung liberalistischer Prinzipien. Hamburger Lehrerzeitung, (16)39/40, 186 f.

Darstellungen

Bleidick, U. & Ecker, H. K. (1967) (Hrsg.): Das Hamburger Hilfsschulwesen. Festschrift zum 75-jährigen Bestehen der Hilfsschulen in Hamburg am 13. Juni 1967. Hamburg: Schulbehörde der Freien und Hansestadt Hamburg.
Christiansen, U. (1986): Das Krüppelheim »Alten Eichen«. In: Projektgruppe für die vergessenen Opfer des NS-Regimes (Hrsg.), Verachtet – Verfolgt – Vernichtet: Zu den »vergessenen« Opfern des NS-Regimes (S. 125–127). Hamburg: VSA.
Daschner, P. & Lehberger, R. (Hrsg.) (1990): Hamburg – Stadt der Schulreformen. Hamburg: Curio Verlag.
de Lorent, H.-P. (2016): Täterprofile. Die Verantwortlichen im Hamburger Bildungswesen unterm Hakenkreuz. Bd. 1. Hamburg: Landeszentrale für politische Bildung
de Lorent, H.-P. (2017): Täterprofile. Die Verantwortlichen im Hamburger Bildungswesen unterm Hakenkreuz und in der Zeit nach 1945. Bd. 2. Hamburg: Landeszentrale für politische Bildung.
Ebbinghaus, A., Kaupen-Haas, H. & Roth, K. H. (Hrsg.) (1984): Heilen und Vernichten im Mustergau Hamburg. Bevölkerungs- und Gesundheitspolitik im Dritten Reich in Hamburg. Hamburg: Konkret Literatur Verlag.
Ellger-Rüttgardt, S. (1980): Der Hilfsschullehrer. Sozialgeschichte einer Lehrergruppe (1880–1933). Weinheim & Basel: Beltz Verlag.
Ellger-Rüttgardt, S. (1982): Die Hamburger Hilfsschule in der pädagogischen Diskussion. Eine historische Dokumentation. Hrsg. V. der GEW Hamburg.
Ellger-Rüttgardt, S. (1983): Hilfsschullehrerschaft und Nationalsozialismus. In: Verband Deutscher Sonderschulen e. V. Landesverband Hamburg. Mitteilungen 28/1983, 39–49.

Ellger-Rüttgardt, S. (1997): Frieda Stoppenbrink-Buchholz (1897–1993): Hilfsschulpädagogin, Anwältin der Schwachen, soziale Demokratin (2. überarbeitete Auflage). Weinheim: Deutscher Studienverlag.
Ellger-Rüttgardt, S. (Hrsg.) (2003): Lernbehindertenpädagogik. Studientexte zur Geschichte der Behindertenpädagogik, Bd. 5. Weinheim, Basel & Berlin: Beltz.
Ellger-Rüttgardt, S. L. (2016): Inklusion. Vision und Wirklichkeit. Stuttgart: Kohlhammer
Ellger-Rüttgardt, S. L. (2024): Geschichte der Sonderpädagogik: Eine Einführung (3. Auflage). München: Ernst Reinhardt Verlag.
Fiege, H. (1970): Geschichte der hamburgischen Volksschule. Bad Heilbrunn: Julius Klinkhardt.
Grosse, R. (1966): Die Entwicklung des Hilfsschulwesens in Hamburg. Hamburg (unveröffentlicht).
Grosse, R. (1967): Zur Geschichte der Hamburger Hilfsschule. In: U. Bleidick & H. K. Ecker (Hrsg.), Das Hamburger Hilfsschulwesen. Festschrift zum 75-jährigen Bestehen der Hilfsschulen in Hamburg am 13. Juni 1967 (S. 9–14). Hamburg: Schulbehörde der Freien und Hansestadt Hamburg.
Hagener, C. (1990): Die Hamburger Versuchsschulen der Weimarer Jahre – ihre Programmatik und Realität im Umfeld. In: P. Daschner & R. Lehberger, R. (Hrsg.), Hamburg – Stadt der Schulreformen (S. 26–41). Hamburg: Curio Verlag.
Joost, H. (1986): Die Grundlagen der NS-Schulpolitik in Bezug auf die Sonderschule. In: R. Lehberger & H.-P. de Lorent (Hrsg.), »Die Fahne hoch«. Schulpolitik und Schulalltag in Hamburg unterm Hakenkreuz (S. 214–218). Hamburg: Ergebnisse Verlag.
Milberg, H. (1970): Schulpolitik in der pluralistischen Gesellschaft. Die politischen Aspekte der Schulreform in Hamburg 1890–1935. Hamburg: Leibniz Verlag.
Pfäfflin, F. (1984): Zwangssterilisation in Hamburg. Ein Überblick. In: A. Ebbinghaus, H. Kaupen-Haas & K. H. Roth (Hrsg.), Heilen und Vernichten im Mustergau Hamburg. Bevölkerungs- und Gesundheitspolitik im Dritten Reich in Hamburg (S. 26–29). Hamburg: Konkret Literatur Verlag.
Quaß, E. (1987): Zur Alltagsgeschichte der Hilfsschule Bundesstraße 94 in Hamburg in den Jahren 1900–1933 unter besonderer Berücksichtigung reformpädagogischer Tendenzen. Hamburg (unveröffentlicht).
Rothmaler, C. (1986): Die »Volksgemeinschaft« wird ausgehorcht und wichtiges Material der Zukunft zusammengetragen. In: Projektgruppe für die vergessenen Opfer des NS-Regimes (Hrsg.), Verachtet – Verfolgt – Vernichtet: Zu den »vergessenen« Opfern des NS-Regimes (S. 109–117). Hamburg: VSA.
Schmidt, U. (2010). Hamburger Schulen im »Dritten Reich«, Bd. 1 u. 2. Hamburg: Hamburg University Press.
Schröder, T. (1986): Die Hamburger Blindenanstalt. In: Projektgruppe für die vergessenen Opfer des NS-Regimes (Hrsg.), Verachtet – Verfolgt – Vernichtet: Zu den »vergessenen« Opfern des NS-Regimes (S. 121–124). Hamburg: VSA.

II.7 Die Praxis der nationalsozialistischen Zwangssterilisation in der Hilfsschulanstalt Neudüsseltal

Uwe Kaminsky

Heimerziehung, wie sie auch Menschen mit Behinderungen betraf, hatte sowohl ausgrenzende als auch inkludierende Aspekte. Die Ausgrenzung überwog historisch in vielerlei Hinsicht, insbesondere in autoritären und durch christliche Disziplinpädagogik bestimmten Einrichtungen (vgl. Kaminsky 2015; Nicolay-Fischbach 2022; Schmuhl/Winkler 2013; Siebert et al. 2016). Dennoch stellte die Beschulung von Kindern mit Behinderungen einen im Hinblick auf gesellschaftliche Teilhabe durchaus anerkennenswerten Versuch dar, ihnen Bildungschancen zu eröffnen. Dies geschah allerdings in »Sonder«-Einrichtungen, die ihrerseits die Ausgliederung von Menschen mit Behinderungen aus der Gesellschaft förderten. Das nachfolgend beschriebene Beispiel einer »Hilfsschulanstalt« markiert diesen Prozess in der Zeit des Nationalsozialismus im Rheinland. Hier imponiert die Betroffenheit von sogenannten »Hilfsschülern« durch die rassenhygienische Ausrichtung der Fürsorge. In Form der Zwangssterilisation reichte die Diskriminierung bis zum Eingriff in Leib und Leben.[122]

II.7.1 Die Düsseltaler Anstalten in der Zeit der Weimarer Republik

Die Düsseltaler Anstalten stellten die größte Fürsorgeerziehungseinrichtung und Hilfsschulanstalt für Kinder und Jugendliche auf evangelischer Seite im Rheinland dar. Die Einrichtung bestand in den 1920er Jahren aus verschiedenen Heimen: den »Kinderanstalten« Altdüsseltal für Kinder von drei bis 14 Jahren, den Heimen Zoppenbrück und Neudüsseltal für Hilfsschülerinnen und -schüler, dem Lindenhof für schulentlassene »Burschen« mit einer angeschlossenen Landwirtschaft und der Handwerkerbildungsanstalt Reckestift. Zudem existierte der Benninghof in Mettmann, der für ein Drittel sogenannte »Psychopathen« und zwei Drittel »nor-

---

[122] Der Beitrag stellt die überarbeitete Fassung meines Beitrags »Sittlichkeitsdenken und Zwangssterilisation: die Hilfsschulanstalt Neudüsseltal im Nationalsozialismus« (Kaminsky 2005) dar.

male« Jugendliche eingerichtet war (vgl. Hundinger 1931, 16 f.) Dieser Verbund aus unterschiedlichen Heimen beherbergte 1931 rund 700 Kinder.[123]

Handwerkerbildungsanstalt Reckestift.

Abb. 38: Die Handwerkerbildungsanstalt Reckestift

Die Entwicklung der Düsseltaler Anstalten seit den ausgehenden 1920er Jahren ist ohne die allgemeine Krise der Fürsorgeerziehung in jenen Jahren nicht zu verstehen. Als Stichworte seien hier nur die »Revolte im Erziehungshaus« (Misshandlungen in den Fürsorgeerziehungsanstalten Scheuen und Rickling) sowie die in der Folge anhebende Debatte über die »Grenzen der Erziehung« genannt (Peukert 1986, 240–252; Dickinson 1996, 204–210, Blum-Geenen 1998, 393–439, Steinacker 2007, 278–289). Zur manifesten pädagogischen trat auch die finanzielle Krise ab 1930. Endgültig zunichte gemacht wurden alle Anstrengungen durch die Weltwirtschaftskrise und die finanzielle Schieflage aller öffentlichen Haushalte.

Die Düsseltaler Anstalten hatten schon Anfang 1930 aufgrund ungenügender Pflegesatzgewährung seitens der rheinischen Provinzialverwaltung Schulden von 170.000–180.000 Mark aufgebaut (vgl. Kaminsky 1995, 76 ff.; Hammerschmidt 2003, 100–106, 155–167, 231–239, 298–310). Durch die Pflegegeldkürzungen in den folgenden Jahren wuchsen diese Schulden auf rund 600.000 Mark. Anfang 1933 drohte die Zahlungseinstellung; große Anstalten der Inneren Mission in Rheinland und Westfalen traten zu einer Hilfsaktion für Düsseltal zusammen und es sollte eine Umstellung der Erziehungsarbeit von »normalen« Kindern auf »Hilfsschulkinder« erfolgen. Ein Hemmnis stellte dabei der alte Leiter Emil Schlegtendal (1866–1941) dar, der von 1913 bis 1933 in der Leitung gestanden hatte und eine solche Umstellung nicht befürworten wollte. Er verabschiedete sich

---

123 Vgl. Archiv der Graf-Recke-Stiftung (AGRS). Der Bestand ist mittlerweile neu geordnet, wird hier aber nach ihrer alten Ordnung zitiert. Zu den Belegungszahlen AGRS 33.1.3.

II.7 Die Praxis der Zwangssterilisation in der Hilfsschulanstalt Neudüsseltal

Schreinerei im neuen Reckestift.

Abb. 39: Schreinerei in der Handwerkerbildungsanstalt Reckestift

deshalb bereits im Mai 1933 und ging im September 1933 in den Ruhestand. Neuer, zunächst nur kommissarischer Leiter, wurde Pfarrer Robert Horning, der bereits seit 1927 die Zentralstelle für evangelische Familienerziehung in Oberbieber (Neuwied) führte. Die Finanzschwierigkeiten wurden dann vorerst im November 1933 durch den Verkauf eines ersten Teils des Geländes von Altdüsseltal behoben. Weitere Grundstücksverkäufe schlossen sich an. Die Umstellung der Erziehungsarbeit 1933 in den Düsseltaler Anstalten auf »Lernbehinderte« war durch die Finanzkrise der öffentlichen Kassen befördert worden. Die kostenträchtige Fürsorgeerziehung wurde nur noch für die schwersten Fälle von Lernbehinderung oder Verwahrlosung angeordnet. So wies zum Beispiel ein Rundschreiben Schlegtendals im April 1932 auf eine Art in die Anstalten verlegte Triage hin, da nur noch zwei Drittel der Zöglinge behalten werden könnten: »Im Großen und ganzen wird man gut tun, die verhältnismäßig hoffnungslos erscheinenden Fälle zu opfern, und den einigermaßen Erziehungsbereiten die Erziehung zu sichern, wenn die vorzeitige Entlassung grosse Gefahren zu bringen droht.«[124] Die hier zum Ausdruck kommende Unterscheidung zwischen Unerziehbaren und Erziehbaren entsprach ganz der Debatte der Zeit über die »Grenzen der Erziehung«. Durch die Konzentration auf den Anstaltskomplex in Wittlaer kam es in Neu-Düsseltal zu einer Zusammenlegung von vermeintlich »normalen« oder als »gesund« angesehenen Kindern mit den dort befindlichen »schwachen« Kindern und Jugendlichen. Dies wurde in einem zeitgenössischen Zeitungsartikel Ende 1931 beklagt, da nicht, wie behauptet, ein »erzieherischer, heilender Einfluß auf die Beschränkten zu erwarten sei«.[125]

---

124 AGRS 01.1.2. Rundschreiben vom 2.4.1932.
125 Weinberg, H.: Fürsorgekinder in Gefahr! In: Generalanzeiger für Dortmund und das gesamte rheinische-westfälische Industriegebiet (29.12.1931), zitiert nach Archiv Evan-

Vielmehr wurde ein zeitgenössisches pädagogisches Urteil der Dresdner Reformpädagogin Elisabeth Rotten vom Autor eingeholt, die meinte, dass »die Zahl der Gesunden« die der »Kranken« oder »Abnormen« überwiegen müsse, damit sich eine Anregung für letztere ergebe. In Neudüsseltal betrug aber der Anteil der »Normalschüler« laut des Artikels rund ein Fünftel. Die in einem modernen Sinne als eine Art Inklusion verkaufte Zusammenlegung hatte letztlich nur Kostengründe im Hintergrund und setzte kein neues konzeptionelles Denken in Gang.

II.7.2 Die rheinische Fürsorgeerziehung ab 1933

Drei Elemente waren für die Entwicklung der Fürsorgeerziehung in der Rheinprovinz während der NS-Zeit charakteristisch: erstens eine pädagogische Differenzierung, die mit Ausgrenzung einherging, zweitens die rassistische Überformung bisheriger pädagogischer Theorie und Praxis und drittens die Entkonfessionalisierung (vgl. Kaminsky 1999). Die rheinische Fürsorgeerziehungsbehörde bemühte sich anfangs aus einem Ressortegoismus heraus gegen die Einbeziehung der eigenen Klientel »in den scharfen Kampf gegen die Minderwertigenfürsorge und ihren zu hohen Aufwand« (Hecker 1933, 351). Fürsorgedezernent Walther Hecker argumentierte mit den preußischen Statistiken der Fürsorgeerziehung aus den Jahren 1926 bis 1928, wonach »doch wenigstens 68,9 Prozent der Kinder als gesund zu bezeichnen waren« (ebd.). »Die Gefährdung und Verwahrlosung der Fürsorgezöglinge war auch in der Vergangenheit weniger in anlagemäßig bedingter Minderwertigkeit begründet als darin, daß die überwiesenen Jugendlichen in starkem Umfange a) der vollständigen Familie und b) der rechten Erzieher entbehrten. […] Diese Jugend ist darum nicht minderwertig in sich, sondern nur irregeleitet« (a. a. O., 352). Zudem konstatierte Hecker neben den ungünstigen Familienverhältnissen als Ursachen der Verwahrlosung »schädigende Einflüsse in der Öffentlichkeit« wie die »öffentliche Duldung der Prostitution«, »die Selbstverständlichkeit des außerehelichen Geschlechtsverkehrs«, den »fast schrankenlosen Vertrieb von Verhütungsmitteln«, »die Propaganda zur Verringerung der Kinderzahl«, »das Gerede von der sexuellen Not«, die den »religiösen Halt« beseitigende »Gottlosenbewegung« sowie die allgemeine Arbeitslosigkeit und wirtschaftliche Not. (ebd.)

Diese traditionellem Sittlichkeitsdenken entspringende Situationsanalyse des katholischen Landesrats führte jedoch nicht zu einem Widerstand gegen das Sterilisationsgesetz (vgl. zu »Sittlichkeitsvorstellungen als Grundlage sozial-caritativen Wirkens« Nicolay-Fischbach 2022, 48–59). Im Gegenteil versuchte die Fürsorgeerziehungsbehörde durch die Gleichsetzung der ohnehin durch die Notverord-

---

gelische Kirche im Rheinland, 5WV 051 Diakonisches Werk – Bestand Ohl, Nr. 1863 (alt 71.2.2).

nung des Reichspräsidenten vom 4. November 1932 aufgrund von Erfolglosigkeit aus der Fürsorgeerziehung zu entlassenden Kinder und Jugendlichen mit den vermeintlich »Erbkranken« das Stigma der »Minderwertigkeit« abzustreifen und den zukünftigen Erfolg der Fürsorgeerziehung zu beschwören. Dieser recht eindeutige Versuch, die Zwangssterilisationspolitik des NS-Staates für das Ansehen des eigenen Ressorts zu instrumentalisieren, blieb nicht ohne Rückwirkungen auf die Fürsorgeerziehung selbst. Die Parallelisierung von Erbkrankheit mit Erziehungsschwierigkeit führte zu Versuchen der verstärkten Aussonderung der »Erbkranken« aus der Fürsorgeerziehung, wenngleich die Inkongruenz immer wieder aufschien.

Die evangelischen Heime in der Rheinprovinz — und hierfür ist insbesondere das Hilfsschulheim Neudüsseltal ein Beispiel — zeichneten sich durch eine recht rigide Erziehungspraxis aus. Dies entsprach einem konservativen Verständnis der pädagogischen Einflussnahme, das letztlich auf Gewissensbildung durch religiöse Erziehung setzte. Die Düsseltaler Anstalten traten zum Beispiel bereits in den zwanziger Jahren mit häufigen Übertretungen des offiziellen Züchtigungsverbotes hervor (vgl. Kaminsky 1995, 76ff.). Neuerungen, die eine Differenzierung der Kinder und Jugendlichen vorsahen, stand man eher skeptisch gegenüber. Die Machtübertragung an die Nationalsozialisten wurde allgemein im protestantischen Milieu begrüßt, so auch im Sommer 1933 in Neudüsseltal:

> »In unserm Hilfsschulkinderheim hat der nationale Umbruch bis in die jüngsten Hilfsschulkinder hinein einen gewaltigen Gesinnungsumschwung bewirkt [...] In allen Kindergruppen sind Hittlerfahnen [sic!], Wimpel, die sie bei ihren Ausflügen begeistert mitnehmen, Hittlerlieder [sic!], Lieder seiner Bewegung werden von allen Kindern gern u. oft gesungen und im Chorsingen bewußt gepflegt.«[126]

Bei der Auswertung dieser Lobeshymne an den Nationalsozialismus fällt auf, dass »Hitler« in allen Erwähnungen im Text falsch geschrieben wird. Dieser wiederholte Fehler lässt einen unwillkürlich stutzen, bezeichnete sich doch die Heimleitung als langjährigen »Vorkämpfer in erster Front« im Sinne des Nationalsozialismus, konnte aber nicht einmal den Namen des »Führers« der NS-Bewegung richtig schreiben. Die Auflösung hierzu gibt das Ende des Textes: Die Fürsorgeerziehungsbehörde lehnte die angeregte Ausdifferenzierung einer »Hitlerjugend« aus der Schar der Kinder ab: »Es erscheint uns pädagogisch nicht richtig, solche besonderen Gruppen zu schaffen« (ebd.). Die Betonung der vermeintlich langjährigen eigenen nationalsozialistischen Ausrichtung sollte also die Ablehnung dieser pädagogisch wie politischen Differenzierung stützen. Die Vermutung, dass es zu diesem Zeitpunkt zumindest in der Anstaltsleitung weniger weit her war mit dem Vorkämpfertum für den Nationalsozialismus, drängt sich auf. Darin spiegelt sich jenes klassische Missverständnis nationalprotestantischer Kreise, die 1933 in der Machtübernahme durch die NS-Bewegung nur eine Spielart der ersehnten autoritären Staatsform erblickten.

Die hier geäußerte Ablehnung eines politisch-pädagogischen Differenzierungsbemühens war eben kein politischer Widerstand. Es ging darum, die Freiheit des eigenen Arbeitsfeldes gegen Einflussnahmen zu behaupten, auch gegen national-

---

126 AGRS 33.1.2.: Neudüsseltal an Fürsorgeerziehungsbehörde 31.7.1933.

sozialistische. Auf dem Lindenhof der Düsseltaler Anstalten war zudem seit 1919 Theodor Uttke (Jg. 1883) als Obergärtner tätig. Uttke war seit 1930 Mitglied der NSDAP, wurde 1933 Bürgermeister in Wittlaer und 1939 Ortsgruppenleiter der NSDAP (vgl. Kaminsky 2002, 69 ff.). Auf seine Vermittlung hin kam es während des Zweiten Weltkrieges auch zum Einsatz von 21 Zwangsarbeiterinnen und -arbeiter in den Düsseltaler Anstalten, darunter auch Frauen mit ihren Kindern. Die Anstaltsleitung musste sich mit ihm ins Benehmen setzen. Dies gelang in den Folgejahren recht gut, denn am Kriegsende galten die Düsseltaler Anstalten als eine »Hochburg des Nationalsozialismus«. Gartenmeister Uttke und der Rektor der Hilfsschulanstalt Neudüsseltal, Kiel, wurden von den Alliierten in Internierungshaft genommen.[127]

Abb. 40: Erziehungsanstalt Neudüsselthal

Die verstärkte äußere Differenzierung in der Fürsorgeerziehung ging einher mit einer verschärften inneren Differenzierung der Kinder und Jugendlichen nach dem Grad ihrer Bildungsfähigkeit beziehungsweise der wahrscheinlich erreichbaren Leistungsfähigkeit. Unter dem Argument der Kostenersparnis ließ die Fürsorgeerziehungsbehörde seit 1934 einen Pilotversuch in den rheinischen Hilfsschulanstalten durchführen. »Stark beschränkte« Hilfsschülerinnen und -schüler wurden in einer Kurzbeschultengruppe zu einem geringeren Pflegesatz zusammengefasst. Sie wurden nun noch weniger theoretisch unterrichtet (höchstens zwei Stunden am Tag) und vielmehr direkt zu Handreichungen im Haushalt der Angestellten her-

---

127 Vgl. AGRS 0.2.1.1.3.: Niederschrift der Sitzung des Kuratoriums vom 8.8.1945.
 Zudem berichteten zwei in den Düsseltaler Anstalten beschäftigte Diakone in ihren Entnazifizierungsverfahren, dass ihnen der Eintritt in die NSDAP seitens der Anstaltsleitung nahegelegt worden sei (Landesarchiv NRW, NW 1003–00750 und NW 1003–03187).

angezogen, da sie »vermutlich nur beschränkt arbeitsfähig, aber nicht voll existenzfähig werden«.[128] In der Hilfsschulanstalt Neudüsseltal, die bisher aus fünf Hilfsschulklassen, einer Förderklasse und einer Normalschulklasse bestand (vgl. Kinnius 1951, 39), fasste man ab der Jahreswende 1934/35 neun Mädchen in solch einer Kurzbeschultengruppe zusammen. Dies geschah erst nach ausdrücklicher Ermahnung durch die Fürsorgeerziehungsbehörde, die bereits seit Mai 1934 auf die Bildung solcher Gruppen gedrängt hatte.[129] Diese »einfachere und billigere Schulung und Anleitung zur Arbeit« war von Neudüsseltal abgelehnt worden — unter ausdrücklicher Hervorhebung der Möglichkeit einer Nachreife der Betreffenden und der Leistung der Anstalt bei der praktischen Anleitung im Rahmen der Anstaltserziehung. Hierbei ging es den Anstaltsverantwortlichen in erster Linie darum, die Senkung des Pflegegeldes für einen Teil der Zöglinge zu verhindern. In den Urteilen über die einzelnen Zöglinge bestand keine Differenz.

Der Gedanke des Neuaufbaus des Systems der öffentlichen Erziehung beruhte darauf, dass die Fürsorgeerziehung das Kernstück sein sollte – mit der bereits 1927 im Rheinland eingeführten »freiwilligen Fürsorgeerziehung« am oberen und der Bewahrungsfürsorge am unteren Ende (Hecker auf einer Sitzung der Landesjugendämter am 9./10.2.1943, zitiert nach Hansen 1991, 271). Unter der »Bewahrung« stand nur noch die Ausgrenzung der Fürsorgezöglinge in eine Strafanstalt oder in die Psychiatrie. Die im Rheinland durchgeführte »Bewahrung« für die »sog. Grenzfälle zwischen der Erfolgserziehung und der Unerziehbarkeit« hatte im zeitgenössischen Bewusstsein nur den Charakter einer »Behelfseinrichtung«, die in ein erwartetes »kommendes Bewahrungsgesetz« einzugliedern sei (Hecker 1936, 256 u. 258). Die rheinische Fürsorgeerziehungsbehörde verfolgte – wie es die politische Leitlinie der NSDAP vorsah – die »Entkonfessionalisierung der Fürsorgeerziehung« und begann 1937, ihre Zöglinge aus den Heimen für männliche Schulentlassene in die provinziellen Heime zurückzuziehen. Die damit ihrer Existenzgrundlage beraubten konfessionellen Heime wurden allerdings an die Träger zurückverpachtet. Diese Entkonfessionalisierungen mit gleichzeitiger Rückverpachtung an die ursprünglichen Träger stellten wohl einen Kompromiss zwischen der ideologisch geforderten Entkonfessionalisierung und der Undurchführbarkeit der staatlichen Regie in der bislang konfessionell dominierten Fürsorgeerziehung im Rheinland dar. Weltliches Personal ohne konfessionelle Bindung stand nicht in ausreichendem Maße zur Verfügung.

Auch im Bereich der Familienunterbringung von Zöglingen wurde das bislang geltende Prinzip der konfessionell bestimmten Betreuung unterminiert. Insbesondere im Feld der offenen Jugendfürsorge verdrängte die NS-Volkswohlfahrt (NSV) zunehmend die konfessionellen Verbände. Die NSV setzte dabei die Kriterien der »Erbgesundheit« der Zöglinge und der Parteizugehörigkeit bei den zu bestellenden Pflegerinnen und Pflegern durch. Die Einschaltung der NSV bei der Bestellung der Fürsorgenden führte langfristig zu einer Ausschaltung der konfes-

---

128 AGRS 33.1.2: Vermerk Neudüsseltals vom 18.2.1935.
129 Vgl. AGRS 33.1.2.: Niederschrift der Besprechung über Lebensertüchtigung von Hilfsschülern am 3.5.1934 und Neudüsseltal an Fürsorgeerziehungsbehörde 8.10.1934.

sionellen Vermittlungsstelle.[130] Am 1. April 1939 mussten die Zentralstelle für Evangelische Familienfürsorge in Neuwied und die Geschäftsstelle für katholische Familienerziehung in Dormagen ihre Vermittlungen einstellen. Die »erbgesunden, nicht aus asozialen Verhältnissen stammenden Zöglinge« sollten durch die NSV und die »erbkranken« und »asozialen« Zöglinge, die »wegen ihrer subjektiven Verwahrlosung, einer besonderen Anlehnung an die bisherige Erziehungsstelle bedürfen«, sollten durch die Heime selbst untergebracht werden.[131]

II.7.3 Zwangssterilisierungen in der rheinischen Fürsorgeerziehung

In den evangelischen Einrichtungen war eine repressive Sittlichkeitserziehung weit verbreitet. Die geringe Verankerung des Ideals der freien Selbstbestimmung begünstigte am Ende der Weimarer Republik die Neigung, auf repressive Krisenlösungen zu setzen und stellte eine Voraussetzung für die relativ reibungslose Übernahme der Zwangssterilisationspolitik des Nationalsozialismus dar. Das traditionelle Ideal der Volkssittlichkeit förderte die Meinung, die nationalsozialistische Erbgesundheitspolitik sei nur eine Spielart der bisherigen autoritären Bevormundung der Bewohnerinnen und Bewohner der Anstalten und Heime. Das Ideal der Volkssittlichkeit stimmte nicht mit dem der Erbgesundheit überein, ließ sich aber, was die Ein- und Unterordnung des Individuums unter das Volksganze betraf, damit harmonisieren. Dies waren die Vorbedingungen, als im Sommer 1933 die in Fürsorgeerziehungsanstalten befindlichen Kinder und Jugendlichen zur Zielgruppe des »Gesetzes zur Verhütung erbkranken Nachwuchses« wurden.

Das Gesetz sah im Unterschied zum ursprünglichen preußischen Entwurf von 1932 auch eine Sterilisation gegen den Willen der Betroffenen unter Anwendung unmittelbaren Zwanges vor (§ 12). Vor dem Hintergrund dieser Drohung bedeutete jede Sterilisation eine Zwangssterilisation, denn Zwang konnte von einer vorenthaltenen Entlassung oder Beurlaubung für Anstaltspatientinnen und -patienten oder Fürsorgeerziehungszöglinge bis zur direkten körperlichen Gewalt der Polizei bei einer Zwangsvorführung zum Amtsarzt oder zum Operationstisch reichen.[132] Die Fürsorgeerziehung insgesamt wurde durch das Zwangssterilisationsgesetz in Misskredit gebracht. Hier waren die Fürsorgeerziehungsanstalten zu-

---

130 Noch Ende 1936 betonte der Leiter der ZEF im Rheinland (Horning) in einem internen Schreiben an den Leiter des Stephansstifts in Hannover (Wolff) vom 31.8.1936 (AGRS 31.1.16), dass nicht alle Familienpflege »NSV-Sache« sei. Die Betreuung der »Minderwertigen«, wozu im Rheinland danach 90 Prozent der Zöglinge gehörten, sei nach wie vor Sache der konfessionellen Verbände.
131 Vgl. AGRS 31.1.17.: Oberpräsident (Fürsorgeerziehungsbehörde) an Zentralstelle für Evangelische Familienfürsorge, 7.2.1939.
132 Siehe allgemein zur Zwangssterilisation: Bock 1986; Ganssmüller 1987; Blum-Geenen/ Kaminsky 1995; Kaminsky 1995; Daubach 2008.

sammen mit psychiatrischen Einrichtungen und Alkoholikerheimen als »Anstalten« genannt worden, die ihre Bewohnerinnen und Bewohner anzeigen sollten.

Im Rheinland beauftragte die Fürsorgeerziehungsbehörde (FEB) im Herbst 1933 den für die medizinische Untersuchung der Jugendlichen zuständigen Landespsychiater, die Heime zwecks Feststellung der »erbkrankverdächtigen« Zöglinge zu bereisen. Die Fürsorgebehörde wies ihn dabei vor allem auf die Hilfsschulheime der Rheinprovinz in Mayen, Föhren und Neudüsseltal hin. Die daraufhin zu erstattenden Vorschläge sollten in Anlehnung an das ähnliche Verfahren in Heil- und Pflegeanstalten zu einer listenmäßigen Erfassung führen, wobei die dringlichen Fälle besonders zu kennzeichnen waren.[133] Der Landespsychiater besuchte im Oktober, November und Dezember 1933 die Heime der Düsseltaler Anstalten. Im Hilfsschulheim Neudüsseltal charakterisierte er rund 90 Prozent der 165 Minderjährigen als »erbkrankverdächtig«.[134]

> »In einer Hilfsschulanstalt sind so ziemlich alle Kinder schwachsinnig — in der Regel leicht schwachsinnig, debil —. Grade diese Debilen stellen im Sinne des Gesetzes eine große Gefahr dar, ihr schlechtes Erbgut auf die Nachkommenschaft zu übertragen, denn sie sind fast immer triebhaft, von wenig Hemmungen beschwert« (ebd.).

Bedauernd fügte er hinzu: »Leider sind die Fürsorgeerziehungsakten bisher wenig geeignet zur Klärung erbbiologischer Fragen.«[135] Dass sich der Landespsychiater diese Akten gründlich angesehen hat, kann angesichts der von Neudüsseltal monierten »Irrtümer« bezweifelt werden. So war ein Mädchen schon seit Jahren in der Anstalt Bad Kreuznach und eine andere als »Normalschülerin« in Neudüsseltal. Zwei Fälle wurden dann auch von der Anzeigeliste gestrichen. Hier wird klar, wie sich der Landespsychiater schlicht der Etikettierung »Hilfsschüler« bediente, um die Begutachtungen schnell durchführen zu können. Die in den Erziehungslisten ungenügenden Angaben über die Familienverhältnisse und die vermeintliche Erblichkeit mussten in zahlreichen Einzelfällen nachrecherchiert werden.[136]

Die Sterilisationsdiagnostik war eine in Biologie umgesetzte Sozialdiagnostik. Kriminalität, soziale Auffälligkeit und »Unsittlichkeit« der Eltern ersetzten dabei oftmals den aufgrund des geringen Alters nur mangelhaft erfassbaren »Charakter« der Betroffenen, der als vererbter Wesenszug angesehen wurde. Die Diagnose lautete fast ausnahmslos auf »angeborenen Schwachsinn«. Das Wirken des Landespsychiaters im Rheinland markierte eine zunehmende Psychiatrisierung des Feldes der Fürsorgeerziehung, die unter anderem mit der Anwendung der Diagnose »Psychopathie« pädagogische Erfolglosigkeit kaschierte (vgl. Kölch 2006; Rose et al. 2016; Beddies 2017). Die Durchführung des Sterilisationsgesetzes war von der

---

133 Vgl. Archiv des Landschaftsverbandes Rheinland (nachfolgend: ALVR) 14064 (Bl. 119).
134 Vgl. ALVR 14063: Berichte Lückeraths.
135 ALVR 14063: Bericht über den Besuch des Erziehungsheims Neu Düsseltal zu Kaiserswerth am 24. u. 25.10.1933.
136 Auch im Rahmen der im Rheinland umfangreich durchgeführten »Erbbestandsaufnahme« wirkte die Heimleitung mit. Im Januar 1937 gab sie an, dass bisher rund 2.100 Kinder (1.450 Jungen und ca. 680 Mädchen) durch das Heim Neudüsseltal »gegangen« wären. Für die nachträgliche Verkartung forderte sie entsprechende Karteikarten an (vgl. AGRS 33.1.3: Neudüsseltal an Provinzialinstitut für psychiatrisch-neurologische Erbforschung, 20.1.1937).

rheinischen Fürsorgeerziehungsbehörde folgendermaßen geplant: Die Anstaltsleiter oder -leiterinnen, Hausärzte der Heime oder der Landespsychiater zeigten die erbkranken Zöglinge dem zuständigen Amtsarzt an, der wiederum die Anträge auf Unfruchtbarmachung an das zuständige Erbgesundheitsgericht stellte. Die Anstaltsleiter beziehungsweise -leiterinnen oder die Fürsorgeerziehungsbehörde sollten die Anträge nicht von sich aus stellen, um eine mögliche Vertrauenskrise zu den Zöglingen zu vermeiden.[137] Dies traf auch das Interesse der evangelischen Einrichtungen, die mit Blick auf die für richtig gehaltene Sterilisation die Betroffenen zu der eigenhändigen Stellung des Antrages als »Opfer für die Volksgemeinschaft« überreden wollten.

Die den Amtsgerichten angegliederten Erbgesundheitsgerichte tagten zum Teil in den Anstalten, wo sie über eine mögliche Unfruchtbarmachung befanden. In der Zweiganstalt Benninghof der Düsseltaler Anstalten, in der Landespsychiater Lückerath im November 1933 rund 60 Prozent von 43 Zöglingen für eine mögliche Sterilisation vorgesehen hatte, tagte im September 1934 das Erbgesundheitsgericht und beschloss bei zehn von der Anstaltsleitung vorgeschlagenen Fällen die Sterilisation. Bei den weiteren von Lückerath angezeigten Fällen waren drei von Anstaltsarzt oder Kreisarzt von der Anzeige ausgenommen worden, und bei drei weiteren Jungen wollte der Anstaltsarzt noch prüfen, »ob es unbedingt nötig ist, sie dem immerhin peinlichen Untersuchungsverfahren auszusetzen«.[138]

Durchgeführt wurde die Sterilisation in dafür bestimmten Krankenanstalten, ausnahmslos städtische und evangelische Einrichtungen mit chirurgischer Abteilung. Dies sollte auch dazu dienen, dass die Betroffenen in einem »sittlich« reinen Milieu blieben und zum Beispiel nicht mit Prostituierten zusammenkamen.

II.7.4 Opfer in der Hilfsschulanstalt

In der Hilfsschulanstalt Neudüsseltal lag das Alter der 1933 vom Landespsychiater zur Sterilisation angezeigten Kinder zwischen acht und 17 Jahren (Jahrgänge 1916–1925). Sterilisationsanträge konnten nach dem Gesetz für Kinder ab einem Alter von zehn Jahren gestellt werden. In einer Besprechung bei der Fürsorgeerziehungsbehörde Ende 1934 war man sich einig, dass bei rheinischen Fürsorgeerziehungszöglingen die Sterilisierung erst zum Zeitpunkt der Geschlechtsreife erfolgen sollte.[139]

Für die Kinder und Jugendlichen war die Etikettierung als Hilfsschülerinnen und -schüler ausreichend, um in die Mühlen der Erbgesundheitsjustiz zu gelangen

---

137 Vgl. ALVR 14061 (Bl. 106–108): Fürsorgeerziehungsbehörde an Erziehungsheime, 20. 2. 1934.
138 ALVR 14063: Meldungen der Heime vom Frühjahr 1934.
139 Vgl. ALVR 14061 (Bl. 407): Besprechung von Lückerath, Pfarrer Fangmeier (Oberbieber) und Pfarrer Prüßmann (Neudüsseltal) bei Hecker, 28. 12. 1934.

(vgl. Höck 1979, 78–118; Bock 1986 409–410; Reyer 1991, 155–157; Ellger-Rüttgardt 1997). Abwertende Charakterisierungen dienten dabei als Ersatz für die oft nicht aufklärbaren »Erblichkeitsverhältnisse« der betroffenen Kinder und Jugendlichen. Bei Mädchen und Frauen hoben die Beurteilungen bevorzugt auf die Sexualität ab: »unsittlich«, »hemmungslos«, »sexuell erregbar« oder »moralisch schwachsinnig«. Bei Jungen und Männern waren es dagegen überwiegend psychiatrische Kennzeichnungen und solche, die Gewalttätigkeit und mangelnde Triebkontrolle unterstrichen wie »triebhaft«, »jähzornig«, »zanksüchtig«, »haltlos«, »schwachsinnig« oder – ohne Umschweife – »minderwertig«. Ein Beispiel aus dem Bericht der Schule Neudüsseltal Ende 1936 hob zum Beispiel neben einem »verschlagenen Blick« hervor: »Er ist sittlich belastet durch einen hartnäckigen Hang zum Lügen. Trotz aller guten Ansätze bleibt der Junge eine Kümmerform, deren Lebensbrauchbarkeit problematisch ist.«[140]

Die Anlagebedingtheit oder Erblichkeit wurde somit zu einem bevorzugten Argument zur Erklärung pädagogischer Erfolglosigkeit. Wenn bei einem Zögling »Fortpflanzungsgefährlichkeit« festgestellt wurde, konnte die Entlassung aus der geschlossenen Heimerziehung erst erfolgen, wenn das Sterilisationsverfahren abgeschlossen war oder der Amtsarzt seine ausdrückliche Zustimmung hierzu gab. Dies führte in manchen Kreisen der Rheinprovinz zu einem Entlassungsstau in den Heimen. So kam es im Jahr 1934 wegen der langen Verfahrensdauer zu keiner einzigen Sterilisation an Zöglingen in Düsseltaler Einrichtungen. Bis Mitte 1936 gab es 21 unerledigte Sterilisationsfälle und bis Mitte 1937 gar 48. Die Fürsorgeerziehungsbehörde ging bei der Bearbeitung der Fälle für eine Antragstellung dem überlasteten Amtsarzt durch den dafür eigens beauftragten Landespsychiater zur Hand.

Diese Nachprüfung fiel für viele Betroffene wesentlich milder aus als die ursprünglichen Charakterisierungen. Dies lag zum einen an der Person des nunmehr zuständigen »provinzialärztlichen Beraters«, der die Sterilisationsdiagnostik weniger ausufernd handhabte als sein Vorgänger.[141] Zum anderen galt seit 1936 eine neue Durchführungsverordnung des Zwangssterilisationsgesetzes, die mittels der einschränkenden Kriterien »Lebensbewährung« und »Nachreifung« den Sterilisationseifer der Jahre zuvor etwas bremste. Bei 14 von 39 durch den Landespsychiater untersuchten Kindern und Jugendlichen wurde eine Sterilisierung nicht mehr für erforderlich gehalten.[142] Der Konflikt um die »Entlassung Erbkranker aus der Anstaltserziehung« wurde vorerst durch die Stellungnahme des Reichsinnenministeriums am 13.8.1934 dahingehend geregelt, dass nur Insassinnen und Insassen »geschlossener Anstalten« der amtsärztlichen Zustimmung zu ihrer Entlassung bedürfen (vgl. N.N. 1934, 39). Die rheinische Fürsorgeerziehungsbehörde legte daraufhin in einem Verzeichnis fest, dass alle Heime für schulentlassene Mädchen

---

140 AGRS: Akten sterilisierter Zöglinge (unverzeichnet).
141 Landespsychiater Lückerath ging 1936 in Pension. Die Fürsorgeerziehungsbehörde teilte die provinzialärztliche Beratung zwei beamteten Ärzten der Provinzial-Erziehungsheime zu; vgl. Bericht der Rheinischen Provinzialverwaltung über ihre Tätigkeit während des Rechnungsjahres 1937 (1938), S. 503.
142 Vgl. ALVR 14064 (Bl. 136–137, 140–142, 148–149): Berichte über die Untersuchungen zwischen April und Juli 1937.

als »geschlossen«, für schulentlassene Jungen und für Schulkinder mit Ausnahme der Hilfsschulheime als dagegen »offene Anstalten« zu betrachten seien.[143]

Die Praxis in Neudüsseltal und anderen Erziehungsheimen spielte sich so ein, dass immer dann, wenn eine Entlassung in eine Dienststelle oder nach Hause anstand, die Frage der Sterilisation genauer geprüft wurde. Im Selbstverständnis der Erzieherinnen und Erzieher sowie der Heimleitung sollte also die Sterilisation sogar eine gesellschaftliche Reintegration und Teilhabe ermöglichen. Die Einstellung der Betroffenen in den Erziehungsheimen zu ihrer Sterilisation war dagegen durchaus nicht positiv. Einen Unterschied meinte die Fürsorgeerziehungsbehörde jedoch zwischen männlichen und weiblichen Fürsorgeerziehungszöglingen ausgemacht zu haben:

> »Die schulentlassenen Burschen kannten alle das Gesetz und nahmen die Sachlage im allgemeinen als unabwendbar hin, fühlten sich jedoch in ihrem Ehrgefühl herabgesetzt. […] In fast allen Fällen hielten sie die Tatsache der Unfruchtbarmachung vor ihren Kameraden geheim« (Saarbourg 1937, 42).

Der Rektor der Düsseltaler Hilfsschule meinte »auf Grund längerer Erfahrung am Hilfsschulkind« sagen zu können, »daß sich der männliche Hilfsschüler schneller mit der Sterilisationsforderung abfinden wird als das Hilfsschulmädchen. Aber auch in den Fällen, in denen es kaum zu nennenswerten Schwierigkeiten kommt, werden innere Auseinandersetzungen später kaum ganz ausbleiben«.[144] Nicht nur eine Aufklärung der Hilfsschülerinnen und Hilfsschüler über Vererbungslehre und Rassenhygiene erschien ihm wichtig, sondern auch persönliche Besprechungen mit den Eltern. In Einzelfällen wurde jedoch von großer Scham und Angst berichtet, wie von einem Jungen, der, um sein Schicksal den anderen Heimbewohnern gegenüber zu verbergen, schon wenige Stunden nach der Operation vom Krankenlager aufstand. Die Heime machten die Erfahrung, dass sich die pädagogischen Schwierigkeiten und der Widerspruch der Betroffenen bei frühzeitiger Sterilisation in Grenzen hielten. Zudem sicherten sich die Heime damit eine weitere Betreuung, wodurch sie hofften, die Gefahren vermeintlicher sexueller Promiskuität begrenzen zu können.

Das durch die Berichte gezeichnete Bild über die Zwangssterilisation in den evangelischen Fürsorgeerziehungseinrichtungen im Rheinland zeigt die loyale Mitwirkung der Verantwortlichen in den Heimen. Die Geringschätzung und Unterordnung des individuellen Schicksals unter das Volksgemeinschaftskonzept werden auf dieser Ebene genauso deutlich wie die aktive Mitwirkung im Rahmen der allgemeinen Vorgaben (vgl. Kaminsky 1995, 206 ff.).

---

143 Seit 1935 wurden auch »halboffene« Heime als »offene« Heime im Sinne des Sterilisationsgesetzes geführt. Vgl. ALVR 14062 (Bl. 16): Fürsorgeerziehungsbehörde an Erziehungsheime, 5. 4. 1935.
144 ALVR 14065 (Bl. 17): Reckestift an Fürsorgeerziehungsbehörde, 30. 9. 1936.

II.7.5 Resümee

Die Geschichte der Anstaltserziehung in der Zeit des Nationalsozialismus umfasst neben einer repressiven Disziplinpädagogik in der konfessionellen Variante der Sittlichkeitserziehung auch die rassistische Ausgrenzung von als erblich »minderwertig« und »rassisch auszumerzenden« Menschen. Das Ideal der Volkssittlichkeit sahen viele Fürsorgende mit dem der »Bekämpfung erbkranken Nachwuchses« in Harmonie. Die individuelle Fürsorge trat dabei stark hinter die rassistisch bestimmte Vorstellung des »Volkskörpers« zurück. Kinder und Jugendliche, um deren Wohl es gehen sollte, wurden insbesondere in den Jahren der nationalsozialistischen Herrschaft repressiv behandelt.

Im Rheinland standen bis zum April 1939 1.236 Sterilisationsbeschlüssen an rheinischen Fürsorgezöglingen – fast sechs Prozent aller seit 1933 in Fürsorge betreuten Jugendlichen – 205 Ablehnungen gegenüber (vgl. Kaminsky 1995, 53). Eine Gesamtbilanz der an Bewohnerinnen und Bewohnern der Düsseltaler Heime durchgeführten Sterilisationen ist nur unter dem Vorbehalt zu ziehen, dass die in den Akten der Fürsorgeerziehungsbehörde befindlichen Meldungen zumindest bis zum Kriegsbeginn vollständig erstattet wurden. Nach vorliegenden Quellen können bis zum Oktober 1939 – für die Kriegszeit gibt es keine weiteren Berichte mehr – 71 durchgeführte Sterilisationen an Heimbewohnerinnen und -bewohnern der Düsseltaler Einrichtungen nachgewiesen werden, davon 56 (30 weiblich, 26 männlich) aus der Hilfsschulanstalt Neudüsseltal.[145] Wie viele Fürsorgezöglinge, die sich bereits in Stellen außerhalb der Düsseltaler Häuser befanden, vor Ort von entsprechenden Maßnahmen betroffen waren oder vor einer Antragstellung in andere Heime oder eine Heil- und Pflegeanstalt verlegt wurden, ist nicht überliefert.

An dieser letzten Möglichkeit – der Ausgrenzung in einer Heil- und Pflegeanstalt – wird auch die Verbindung zur im sich radikalisierenden NS-Staat der Kriegszeit durchgeführten »Euthanasie« deutlich. Die Verbindung liegt nicht in einem direkt nachweisbaren Fall der Ausgrenzung aus der Fürsorgeerziehung in den Düsseltaler Anstalten in eine Anstalt für Geistigbehinderte und dort in den Strudel der »Euthanasie«. Sie liegt vielmehr in einem beiden – Zwangssterilisation und Kranken- beziehungsweise Behindertenmord – zugrunde liegenden Aussonderungsdiskurs, der schon in der Krisenzeit der Weimarer Republik einsetzte, im Nationalsozialismus einen radikalisierenden Schub erhielt und in der Vernichtung der »Ballastexistenzen« zur Praxis wurde. Dabei existierte keine automatische Radikalisierung von der Eugenik zur »Euthanasie«, wie sie verschiedentlich gerne konstruiert wird.

---

145 Die überlieferten Sterilisationszahlen für Neudüsseltal lauten: 1934: keine und 1935 sechs weibliche und vier männliche Jugendliche (vgl. AGRS 33.1.2: Antwort auf Rundschreiben Nr. 10 der Auskunftsstelle des Centralausschusses für Innere Mission, 1.8.1935) 1936: 18 (vgl. ebd: Fragebogen betr. Krankenkosten in Erziehungsheimen im Kalenderjahr 1936) bis zum September 1937: 19 weibliche und 20 männliche Jugendliche (vgl. ALVR 14065 (Bl. 161 f.): Neudüsseltal an Fürsorgeerziehungsbehörde, 27.9.1937) September 1937 bis Oktober 1939: elf weibliche und sechs männliche Jugendliche (vgl. ebda. (Bl. 310): Neudüsseltal an Fürsorgeerziehungsbehörde, 16.10.1939)

Hier gilt es sehr viel stärker, die politischen Rahmenbedingungen des Nationalsozialismus im Blick zu behalten (vgl. Kaminsky 1995, 315 ff).

In einem indirekten und doch konkreten Sinne hatte auch das Erziehungsheim Neudüsseltal Berührung mit in den Krankenmord führenden Verlegungen. Als ab 1943 die Räumung des Hauses aus Luftschutzgründen versucht wurde, bekamen 100 Kinder bis zehn Jahre als Ausweichunterkunft die Asbacher Hütte, eine Zweigeinrichtung der Diakonieanstalten Bad Kreuznach, zugewiesen. Auf landesbehördliche Anweisung verdrängten sie dabei 98 Mädchen und Frauen mit einer geistigen Behinderung, die von der gefürchteten »gemeinnützigen Krankentransportorganisation« 1944 zu der Sterbeanstalt Meseritz-Obrawalde transportiert wurden. In der Logik der Ausgrenzung lag die Verdrängung der Schwächsten durch die weniger Schwachen (vgl. Kaminsky 1995, 490 ff.).

Dennoch lässt sich die NS-Zeit als eine rassistisch überwölbte Phase in die Kontinuität der Geschichte der Fürsorgeerziehung einordnen. Viele der Ausgrenzungen und Repressionen waren bereits in der Krisenphase der Weimarer Zeit grundgelegt und dauerten auch nach 1945 weiter an, wie Forschungen zur Heimerziehung nach 1945 zeigen.

Literatur

Blum-Geenen, S. (1998): Fürsorgeerziehung in der Rheinprovinz von 1871–1933, Pulheim: Rheinland-Verlag.
Blum-Geenen, S. & Kaminsky, U. (1995): Reinigung von der Last der Erbkranken – Fürsorgeerziehung und Zwangssterilisation. In: Landschaftsverband Rheinland (Hrsg.), Folgen der Ausgrenzung. Studien zur Geschichte der NS-Psychiatrie in der Rheinprovinz (S. 1–40). Köln: Rheinland-Verlag.
Bock, G. (1986): Zwangssterilisation im Nationalsozialismus. Studien zur Rassenpolitik und Frauenpolitik. Opladen: Westdeutscher Verlag.
Daubach, H. (2008): Justiz und Erbgesundheit. Zwangssterilisation, Stigmatisierung, Entrechtung. Das »Gesetz zur Verhütung erbkranken Nachwuchses« in der Rechtsprechung der Erbgesundheitsgerichte 1934–1945 und seine Folgen für die Betroffenen bis in die Gegenwart. Düsseldorf: Juristische Zeitgeschichte NRW.
Dickinson, E.R. (1996): The Politics of German Child Welfare from the Empire to the Federal Republic, London: Harvard Historical Studies.
Ellger-Rüttgardt, S. (1997): Frieda Stoppenbrink-Buchholz (1897–1993). Hilfsschulpädagogin, Anwältin der Schwachen, soziale Demokratin. (2., überarb. Auflage). Weinheim: Deutscher Studien Verlag.
Ganssmüller, Chr. (1987): Die Erbgesundheitspolitik des Dritten Reiches. Planung, Durchführung und Durchsetzung. Köln, Wien: Böhlau Verlag.
Hammerschmidt, P. (2003): Finanzierung und Management von Wohlfahrtsanstalten: 1920 bis 1936, Stuttgart: Steiner.
Hansen, E. (1991): Wohlfahrtspolitik im NS-Staat. Motivationen, Konflikte und Machtstrukturen im »Sozialismus der Tat« des Dritten Reiches. Augsburg: Maro-Verlag.
Hecker, W. (1933): Zur Frage der Minderwertigkeit der Fürsorgezöglinge. Die Wohlfahrtspflege in der Rheinprovinz, 9, 351–352.
Hecker, W. (1936): Zur Bewahrung Jugendlicher. Die Rheinprovinz, 12, 255–258.
Höck, M. (1979): Die Hilfsschule im Dritten Reich. Berlin: Marhold Verlag.
Hundinger, I. (Hrsg.) (1931): Verzeichnis der deutschen evangelischen Erziehungsheime und Waisenhäuser. Schriften des Evangelischen Reichs-Erziehungs-Verbandes/Evangelischer Reichserziehungsverband 4. Eckartsberga: Eckartshaus.

Kaminsky, U. (1995): Zwangssterilisation und »Euthanasie« im Rheinland. Evangelische Erziehungsanstalten sowie Heil- und Pflegeanstalten 1933–1945. Köln: Rheinland Verlag.

Kaminsky, U. (1999): Erbgesunde Erfolgsfälle und erbkranke Nichterfolgsfälle. Die Entwicklung der Fürsorgeerziehung im Rheinland während des Nationalsozialismus. Jugendhilfe Report extra, Juni 1999, 25–29.

Kaminsky, U. (2002): Dienen unter Zwang: Studien zu ausländischen Arbeitskräften in Evangelischer Kirche und Diakonie im Rheinland während des Zweiten Weltkriegs. Schriftenreihe des Vereins für Rheinische Kirchengeschichte/Verein für Rheinische Kirchengeschichte. Bonn: Habelt.

Kaminsky, U. (2005): Sittlichkeitsdenken und Zwangssterilisation: die Hilfsschulanstalt Neudüsseltal im Nationalsozialismus. In: E. Welkerling & F. Wiesemann (Hrsg), Unerwünschte Jugend im Nationalsozialismus (S. 177–190). Essen: Klartext-Verlag.

Kaminsky, U. (2015): Heimerziehung als Exklusions-/Inklusionsprozess (1878–1975). Westfälische Forschungen, 65, 169–191.

Kinnius, W. (1951): Neu-Düsselthal in der Zeit von 1936 bis 1951. Erinnerungen ernster und froher Art, o. O. [Düsseldorf], o. D. [1951] (Ms.).

Kölch, M. (2006): Theorie und Praxis der Kinder- und Jugendpsychiatrie in Berlin 1920–1935: Die Diagnose »Psychopathie« im Spannungsfeld von Psychiatrie, Individualpsychologie und Politik. https://refubium.fu-berlin.de/handle/fub188/6534, Zugriff am 04.10.2020.

Nicolay-Fischbach, F. (2022): Erziehung zur »Sittlichkeit«. Schutz und Ausgrenzung in der katholischen Jugendarbeit in Bayern 1918–1945, München.

N.N. (1934): Fürsorgeerziehung und Sterilisierung. Entlassung Erbkranker aus der Anstaltserziehung. Die Rheinprovinz, 10 (11), 39.

Peukert, D. (1986): Grenzen der Sozialdisziplinierung. Aufstieg und Krise der deutschen Jugendfürsorge von 1878 bis 1932. Köln: Bund-Verlag.

Reyer, J. (1991): Alte Eugenik und Wohlfahrtspflege. Entwertung und Funktionalisierung der Fürsorge vom Ende des 19. Jahrhunderts bis zur Gegenwart. Freiburg: Lambertus Verlag.

Rose, W., Fuchs, P. & Beddies, T. (2016): Diagnose »Psychopathie«. Die urbane Moderne und das schwierige Kind. Berlin 1918–1933. Kulturen des Wahnsinns (1870–1930), Bd. 3. Wien, Köln, Weimar: Böhlau Verlag.

Saarbourg, F. (1937): Erfahrungen mit unfruchtbar gemachten Fürsorgezöglingen nach ihrer Entlassung aus der Heimerziehung. Die Rheinprovinz, 13, 41–43.

Schmuhl, H-W. & Winkler, U. (Hrsg.) (2013): Welt in der Welt: Heime für Menschen mit geistiger Behinderung in der Perspektive der Disability History, Behinderung – Theologie – Kirche: Beiträge zu diakonisch-caritativen Disability Studies, Bd. 6, Stuttgart: Kohlhammer.

Seiffert-Strausberg, P. (Hrsg.) (1912): Deutsche Fürsorge-Erziehungsanstalten in Wort und Bild, Band 1. Halle: Marhold Verlag.

Siebert, A., Arnold, L. & Kramer, M. (2016): Heimkinderzeit. Eine Studie zur Situation von Kindern und Jugendlichen in Einrichtungen der katholischen Behindertenhilfe in Westdeutschland (1949–1975). Freiburg: Lambertus.

Steinacker, S. (2007): Der Staat als Erzieher: Jugendpolitik und Jugendfürsorge im Rheinland vom Kaiserreich bis zum Ende des Nazismus. Stuttgart: ibidem Verlag.

II.8 Verantwortlich für Zwangssterilisation und »Euthanasie«? Lehrkräfte an Hilfsschulen in Ober- und Mittelfranken

Marcus Mühlnikel

II.8.1 Einleitung

> »Allgemein darf man wohl sagen, daß der Lehrer der Hilfsschule ein viel größeres Maß an Geduld und Liebe zu seinen Pflegebefohlenen aufbringen muß als der Lehrer an Normalklassen.«[146]
> »Da sie einen Antrag ans Erbgesundheitsgericht gestellt haben und mich als geistesschwachsinnig hergestellt haben, kann ich die Schule leider nicht mehr besuchen. Denn eine Geistesschwachsinnige kann nicht arbeiten und es hat auch keinen Wert, daß ich in die Schule gehe und weiter lerne. Ich bin nicht geistesschwachsinnig, wie sie vermuten. Sie waren auch 14 Tage lang krank und da hätten wir auch einen Antrag stellen können [...]. Sie ließen es sich bestimmt auch nicht gefallen und genauso lassen es wir uns auch nicht bieten. Sie werden es noch lernen, denn ich räche mich an jedem, der mein Glück zerstört, Heil Hitler.«[147]

Beide Texte stammen aus den Beständen ehemaliger Hilfsschulen. Beim ersten Zitat handelte es sich um ein wohl für den Jahresbericht 1938/39 der Hilfsschule Erlangen verfasstes Manuskript des Schulleiters Hermann Haas. Es enthält unter anderem Notizen zur Schulgeschichte, zum Schüler- und Personalstand sowie zu den Bildungszielen und den Anforderungen an die Lehrkräfte. Sieht man von einigen wenigen systemkonformen Formulierungen[148] ab, finden sich im Text keine nationalsozialistischen Markierungen. Das Mitwirken beziehungsweise Unterstützen rassehygienischer Maßnahmen durch die Hilfsschullehrkräfte wird mit keinem Wort erwähnt.

Das zweite Zitat ist einem Brief der 16-jährigen Hilfsschülerin Anna L. aus Bayreuth entnommen. Kurze Zeit vorher hatte das Erbgesundheitsgericht Bayreuth die Zwangssterilisation des Mädchens angeordnet und Anna L. vermutete dahinter die Initiative eines Lehrers. Schulleiter Justinus reagierte auf die Vorwürfe der Schülerin mit einem scharfen Brief an die Eltern. Mit dem Erbgesundheitsverfahren, das »nach Ihrer Meinung« gegen die Tochter laufe, hätte die Schule nichts zu tun und er verbitte sich derartige Angriffe. Tatsächlich wusste der Mann sehr genau von dem Verfahren, hatte er doch den Gesundheitsbogen und alle weiteren rele-

---

146 Archiv der Jean-Paul-Schule Erlangen, Bericht des Leiters der Hilfsschule mit Förderklassen Hermann Haas, 1939.
147 Archiv der Dietrich-Bonhoeffer-Schule Bayreuth, Schülerbogen Anna L., Text leicht überarbeitet; das Erbgesundheitsverfahren begann im Herbst 1936.
148 Hass schrieb, dass die Hilfsschüler zu »brauchbaren Gliedern der Volksgemeinschaft geformt« und zu einer »ganz bestimmten deutsch-völkischen Haltung« erzogen werden sollten.

> 2. <u>Frequenz und Auswahl der Schüler.</u>
>
> Im Schuljahr 1938/39 besuchten 67 Schüler die Hilfsschule, davon waren in
> der ersten(unteren Klasse) 20,
> in der zweiten(mittleren Kl.) 25 u.
> in der oberen(dritten Klasse) 22
>
> <u>Auswahl</u>: Genau festgestellte Prinzipien für die Auslese der Schüler sind nicht gegeben, die Zuweisung findet gegenwärtig in der Weise statt, daß der Lehrer der Normalklasse ein Gutachten über den Schüler aufgrund seiner Dauerbeobachtung abgibt. Er füllt zu diesem Zweck eine einen Aufnahmebogen aus, der einfache und klare konkrete Angaben über das Kind enthält. Die Feststellung der geschwächten geistig-seelischen Funktionen erfolgt außerdem noch durch einen Hilfsschullehrer auf dem Wege der experimentellen Prüfung (nach Bobertag oder nach Bartsch-psychologisches Profil!).
>
> 3. <u>Anforderung an die Lehrer.</u>
>
> Der Lehrer der Hilfsschule muß noch mehr, als der der Normalklassen das Grundwesen seiner Zöglinge zu erkennen trachten, seine erzieherischen Maßnahmen werden nur dann wirksam sein, wenn er einen genauen Einblick in die psychischen Funktionen seiner Schüler gewonnen. Er muß vor allem zu erforschen suchen, welche psychischen Funktionen gestört sind, denn nur dann kann er die Maßnahmen auswählen, mit denen sie ev. zu heilen sind. Ist z.B. bei einem Schüler das Gedächtnis für das Wort gering und die Vergeßlichkeit groß, dann muß eben in seinem Unterricht an die Stelle des Wortes mehr die Anschauung treten, sei es durchs Bild, durch den Gegenstand oder durch ein selbst erarbeitetes Werkstück. Wird für die Normal-Volksschule schon Arbeitsunterricht verlangt, wie notwendig ist er erst dann in der Hilfsschule. Kennt der Hilfsschullehrer das psychologische Profil seines Zöglings, dann nur ist es ihm möglich, eine vorhandene Anlage zu Gunsten einer anderen auszunutzen und durch sie günstig auf alle übrigen Anlagen einzuwirken, eben zu heilen. Der abnorme Zustand seines Schülers wird den Hilfsschullehrer veranlassen des Entwicklungsgeschichte des Kindes nachzugehen und wird dadurch nicht selten Aufschluß über die Ursachen der krankhaften Zustände erhalten.
>
> Daß der Hilfsschullehrer über die Grundlagen der Sprachheilkunde Bescheid weiß, um Sprachstörungen beseitigen zu können, ist selbstverständlich.
>
> Allgemein darf man wohl sagen, daß der Lehrer der Hilfsschule ein viel größeres Maß an Geduld und Liebe zu seinen Pflegebefohlenen aufbringen muß, als der Lehrer an Normalklassem   *Haas.*

Abb. 41: Bericht des Leiters der Hilfsschule Erlangen, Hermann Haas, über die Anforderungen an die Lehrkräfte in Förderklassen, 1939

vanten Aufzeichnungen über den Hilfsschulbesuch dem Erbgesundheitsgericht zugesandt, nachdem er am 30. Oktober 1936 dazu aufgefordert worden war. Parallel dazu wandte sich Justinus auch an die Stadtschulbehörde, die entschieden gegen »diese unverschämte Art und Weise, wie sie in diesem Fall gezeigt wurde«, einschreiten solle. »Würde ein solcher Fall nicht entsprechend gestraft werden, so würde unser ohnehin schon nicht leichter Stand in ähnlich gelagerten Fällen (Einsendung des Schülerakts an das Gesundheitsamt oder das Erbgesundheitsgericht) nur noch mehr erschwert werden.« Um der Sterilisation zu entgehen, flüchtete die Schülerin vorübergehend aus Bayreuth. Bei ihrer Rückkehr wurde Anna L. sofort aufgegriffen und zur Unfruchtbarmachung ins städtische Krankenhaus gebracht. Dies teilte der Bayreuther Stadtschulrat der Hilfsschulleitung am 5. März 1937 mit.[149]

Die Texte zeigen das Spannungsverhältnis, in dem die Hilfsschullehrerschaft in der NS-Zeit stand und in dem sie heute in der wissenschaftlichen Forschung steht: War sie bereitwillige Unterstützerin des NS-Staates oder Anwältin der Schülerinnen und Schüler? Wie standen die Lehrkräfte zur verlangten Beteiligung bei rassenhygienischen Aufgaben und welche Relevanz hatte ihr Handeln in Zeiten von Zwangssterilisation und »Euthanasie«? Die Forschungsmeinungen oszillieren zwischen zwei Polen: den Hilfsschulpädagoginnen und -pädagogen als willige Mithelfende der nationalsozialistischen Rassenhygiene (vgl. Hänsel 2006, 146) und den Lehrkräften, die »mit Anteilnahme und Empathie« (Hofmann-Mildebrath 2004, 320) für die Schülerinnen und Schüler eintraten, um sie vor rassehygienischen Maßnahmen zu schützen. Dies konnte sich auch in offenem Widerstand äußern (vgl. Ellger-Rüttgardt 2024, 274).

Dieser Aufsatz möchte für fünf ober- und mittelfränkische[150] Hilfsschulen Antworten auf diese Fragen geben. Als wichtige Quellengrundlage dient hierfür das Aktenmaterial der ehemaligen Hilfsschulen in Bamberg, Bayreuth, Erlangen, Nürnberg (Reutersbrunnenstraße) und Selb. Die Bestände sind in den Nachfolgeeinrichtungen der früheren Hilfsschulen überliefert.[151]

II.8.2 Zwangssterilisation in Ober- und Mittelfranken

Der Besuch der Hilfsschule war (und ist) seit Anbeginn mit Stigmatisierungen verbunden. Die hier beschulten Kinder und Jugendlichen konnten die Anforderungen einer Regelschule nicht erfüllen. Sie fielen durch ein Raster, wurden separat

---

149 Zitate aus: Archiv der Dietrich-Bonhoeffer-Schule Bayreuth, Schülerbogen Anna L.; zum Schicksal der Schülerin vgl. Mühlnikel 2004, 235–237.
150 Damit behandelt die Studie fünf in einem bayerischen Regierungsbezirk liegende Einrichtungen. Die heute eigenständigen Regierungsbezirke Oberfranken und Mittelfranken bildeten zwischen dem 1. Januar 1933 bis zum 1. April 1948 eine Verwaltungseinheit.
151 Für Bamberg: Pestalozzi Schule; Bayreuth: Dietrich-Bonhoeffer-Schule; Erlangen: Jean-Paul-Schule; Nürnberg: Förderzentrum Sielstraße; Selb: Siebensternschule

beschult und dienten nicht selten als Projektionsfläche für Spott und Hänseleien.[152] Während der NS-Zeit standen Hilfsschülerinnen und -schüler unter besonderem Druck, bekamen die Ausgrenzungen doch mit der Durchsetzung rassehygienischer Vorstellungen eine neue Dimension. 1934 trat das Gesetz zur Verhütung erbkranken Nachwuchses in Kraft, das die rechtliche Grundlage für die Sterilisation von etwa 350.000 Menschen in Deutschland bildete (vgl. Schmuhl 1987, 130). 1939 begann die sogenannte »Kindereuthanasie«, wenig später die – durch »Führererlass« scheinlegitimierte – Ermordung erwachsener Menschen mit Behinderung (vgl. a.a.O., 182–239). Unter den Opfern dieser im Dienst der Rassehygiene gegangenen Verbrechen finden sich zahlreiche Hilfsschülerinnen und -schüler.

Die Situation der Hilfsschülerinnen und -schüler war demnach denkbar ungünstig: »Angeborener Schwachsinn« war der hauptsächliche Grund für die ab 1934 durchgeführten Zwangssterilisationen, und Hilfsschülerinnen und -schüler galten mehr oder weniger pauschal als »schwachsinnig«. Zudem schienen die Standesvertreter der Lehrkräfte, die ihre Meinung in den Verbandsblättern publizierten, die neue Funktion der Hilfsschule als Mithelferin bei der nationalsozialistischen Rassenhygiene bereitwillig mitzutragen. Doch wie verhielten sich die Lehrkräfte vor Ort und welche Auswirkungen hatte ihre Einstellung auf die Anwendung des Gesetzes und den Ausgang der laufenden Verfahren?

Nachweislich haben die Lehrkräfte an ober- und mittelfränkischen Hilfsschulen sich der Aufgabe angenommen und – im weitesten Sinne – den Erbgesundheitsgerichten zugearbeitet. Sie sandten die Schülerakten ein, wenn die Erbgesundheitsgerichte dies verlangten, und fertigten darüber hinaus Hinweise zu erbbiologischen Einschätzungen an: So finden sich in den Schülerbögen[153] mehrmals die Hinweise »Unfruchtbarmachung erforderlich« oder »Fortpflanzung unerwünscht«.[154] Zuweilen sind den Schülerbögen auch Sippentafeln beigefügt, die über eventuelle Krankheiten der näheren Verwandten Auskunft geben.

Gerade die letzten beiden Punkte zeigen, dass einige Lehrkräfte den Gesundheitsämtern oder Erbgesundheitsgerichten offensichtlich bereitwillig zuarbeiteten. Schließlich waren sie nicht dazu gezwungen, unaufgefordert Urteile zu »Fortpflanzungsprognosen« zu geben. Diese Hinweise sind aber nicht die Regel. Welche Rolle spielten diesbezügliche Hinweise der Lehrkräfte und der Hilfsschulbesuch generell vor Gericht? Wie viele (ehemalige) Hilfsschülerinnen und -schüler waren betroffen?

Um die zweite Frage zu beantworten, ist ein großer Aufwand erforderlich. Zunächst sind die Namen und Geburtsdaten der Schülerinnen und Schüler zu erfassen, die eine Hilfsschule besucht haben. Diese Daten müssen anschließend mit den Unterlagen der Erbgesundheitsgerichte abgeglichen werden. Nur so lässt sich ermitteln, wer tatsächlich in ein Verfahren verwickelt war (vgl. ausführlicher zum

---

152 Die Bayreuther Hilfsschule war zeitweise in einem Anbau an das Neue Schloss am Hofgarten untergebracht und wurde gemeinhin als »Hofgartengymnasium« bezeichnet.
153 Umfangreiche Schülerbögen liegen nur für die ehemaligen Hilfsschulen in Bamberg, Bayreuth und Erlangen vor. Für Selb und Nürnberg existieren lediglich Schülerverzeichnisse.
154 Kommentare dieser Art finden sich immer wieder in den Schülerakten.

methodischen Vorgehen Mühlnikel 2004, 219f.). Dieses Vorgehen birgt einige Fehlerquellen: So bleiben Personen, die bereits vor Aufnahme der Tätigkeit der Erbgesundheitsgerichte (1934) verstorben sind und deren Tod nicht im Schülerbogen verzeichnet ist, in der Grundgesamtheit der Schülerschaft enthalten. Gleiches gilt für Personen, die nach der Schulzeit in einen anderen Amtsgerichtsbezirk verzogen sind und deren Verfahren möglicherweise auch in diesem Bezirk liefen. Schließlich läuft der Namensabgleich bei Frauen, die ihren Namen nach einer Eheschließung ändern ließen, ins Leere. (vgl. ebd.).

Das Verfahren ist mühsam, es ist aber der einzige Weg, um einigermaßen valide Daten zu ermitteln. Für fünf ober- und mittelfränkische Hilfsschulen in Nürnberg (Hilfsschulklassen seit 1894), Bayreuth (1905), Bamberg (1911), Erlangen (1919) und Selb (1921) wurde dieses Verfahren angewendet. Dabei wurden über 2.500 (ehemalige) Hilfsschülerinnen und -schüler erfasst, deren Daten anschließend mit den Akten der Erbgesundheitsgerichte von Bamberg, Bayreuth, Hof (zuständig für Selb) und Erlangen (für Erlangen und Nürnberg) verglichen wurden.[155] Aufgrund dieser quantitativen Untersuchung sowie aus der Betrachtung der Verfahrensakten lassen sich einige Erkenntnisse ziehen:

Hilfsschülerinnen und -schüler waren weit weniger von Sterilisationsverfahren betroffen, als es der für das Gesetz zur Verhütung erbranken Nachwuchses angefertigte Kommentar und andere Publikationen zu diesem Thema erwarten ließen. Nicht die große Mehrheit wurde sterilisiert, die Unfruchtbarmachung war vielmehr die Ausnahme. Der Anteil der Schülerinnen und Schüler, für die ein Verfahren an einem Erbgesundheitsgericht eröffnet wurde, liegt zwischen 2,91 (Hilfsschule Selb) und 13,43 Prozent (Hilfsschule Bamberg). Die Werte an den anderen Schulen betrugen: Erlangen 6,73 Prozent und Bayreuth 13,21 Prozent. Für Nürnberg ließen sich nur Schülerinnen und Schüler der Geburtsjahrgänge 1921–1930 ermitteln. Für 1,89 Prozent dieser Personen ließ sich ein Kontakt mit dem Erbgesundheitsgericht nachweisen (vgl. Mühlnikel 2004, 220–227).

Ehemalige Hilfsschülerinnen und -schüler – also diejenigen, die 1933 die Schule bereits verlassen hatten, – waren weit häufiger von Verfahren betroffen als Kinder und Jugendliche, die zwischen 1933 und 1945 die Schule besuchten. Der größte Unterschied zeigt sich in Bamberg, wo 18,01 Prozent der Schülerinnen und Schüler, die bis 1932 ausgeschult wurden, aber nur 8,71 Prozent der Schulabgängerinnen und -abgänger der Jahre 1933–1945 in ein Verfahren verwickelt waren (vgl. ebd.). Der Hilfsschulbesuch in Zeiten der Zwangssterilisation erhöhte demnach nicht das Risiko, in ein Erbgesundheitsverfahren verwickelt zu werden.

Diese Ergebnisse sind insofern überraschend, als dass die Forschung zum Teil von ganz anderen Verhältnissen ausgeht. Hänsel zufolge wurde der »Besuch der Hilfsschule zum ›harten‹ Entscheidungskriterium« (2006, 44) für eine Sterilisation. Wie viele Hilfsschülerinnen und -schüler tatsächlich betroffen waren, ließe sich zwar »nicht genau bestimmen, weil Akten im Krieg zerstört oder von denen, die daran Interesse hatten, vernichtet wurden« (a.a.O., 41). Veröffentlichungen aus der

---

155 Die Akten der Erbgesundheitsgerichte Bamberg, Bayreuth und Hof liegen heute im Staatsarchiv Bamberg. Die Bestände des Erbgesundheitsgerichts Erlangen befinden sich im Staatsarchiv Nürnberg.

NS-Zeit würden jedoch nahelegen, dass etwa die Hälfte aller Hilfsschulkinder sterilisiert worden sei. Dieser Einschätzung folgt auch Marietherese Triebe. Demnach führte »Dagmar Hänsel […] aus der NS-Zeit stammende Aussagen an, aus denen zu schließen wäre, dass circa die Hälfte aller Hilfsschulinder zwangssterilisiert wurde« (Triebe 2017, 42). Als Grundlage für diese Aussage dient Hänsel ein Artikel von Max Bittrich aus dem Jahr 1942. Bei Durchsicht des Textes wird allerdings deutlich, dass Hänsel die Aussage des Textes falsch wiedergibt. Bittrich schrieb nicht, wie von Hänsel behauptet, dass »wegen angeborenen Schwachsinns ›bisher etwa 50 v. H. aller Hilfsschüler sterilisiert wurden‹« (Hänsel 2006, 44), sondern dass die Hälfte aller sterilisierten Hilfsschulkinder wegen angeblich »angeborene[n] Schwachsinn[s]« sterilisiert worden sei (1942, 77). Auf den genauen Anteil der sterilisierten Hilfsschülerinnen und -schüler an der Gesamtheit der Schülerschaft geht Bittrich überhaupt nicht ein.

Inwiefern die für die fünf ober- und mittelfränkischen Hilfsschulen erzielten Ergebnisse die Ausnahme oder die Regel waren, müsste anhand weiterer Mikrostudien geprüft werden. Die von Hänsel unterstellte gezielte Aktenzerstörung ist schon allein deshalb unwahrscheinlich, weil das Erbgesundheitsgesetz – und folglich auch das Mitwirken bei der Anwendung des Gesetzes – nach 1945 nicht als nationalsozialistisches Unrecht eingestuft wurde.

War ein Sterilisationsantrag beim zuständigen Erbgesundheitsgericht gestellt, dann führte die Tatsache des Hilfsschulbesuchs nicht zwangsläufig zur Anordnung einer Unfruchtbarmachung (vgl. Möckel 2007, 201). Auch lagen die Gründe für die Antragstellung in den meisten Fällen nicht im Schulbesuch. Diese erfolgte vielmehr aus der aktuellen Lebenssituation der Angezeigten heraus. Ob die betroffene Person die Hilfsschule besucht hatte, zeigte sich meist erst im Verfahren. Lediglich bei den Personen, die bei der Antragstellung noch schulpflichtig waren, wird der Hilfsschulbesuch ein (Mit-)Grund für die Antragstellung gewesen sein.

Sowohl die in der Schule erbrachten als auch die beruflichen Leistungen spielten bei der Urteilsbegründung eine Rolle und der Wortlaut der angeforderten Hilfsschulgutachten beeinflusste den Verfahrensgang. Positive Wortgutachten wie das für den ehemaligen Bamberger Hilfsschüler Georg U., der »in der Hilfsschule niemals sitzen geblieben«[156] war, konnten – neben anderen Faktoren – zur Ablehnung einer Sterilisation, negative Gutachten zur Bestätigung des Antrags führen. Zu ähnlichen Ergebnissen kommt auch Hofmann-Mildebrath, die einen klaren Zusammenhang zwischen positiver Begutachtung und der »Chance des Betroffenen, der Sterilisation zu entgehen«, sieht (2002, 20).

Positive pädagogische Gutachten waren jedoch keine Garantie für die Ablehnung der Sterilisation. Dies gilt für Ober- und Mittelfranken, dies gilt aber auch für die Entscheidungen in anderen Regionen, wie das Verfahren der Hamburger Hilfsschülerin Gertrud M. zeigt, die trotz wohlwollender Beurteilung seitens zweier Hilfsschulpädagogen zwangssterilisiert wurde (vgl. Ellger-Rüttgardt 1997; 2024, 286 ff.). Wichtiger als der Hilfsschulbesuch und die Beurteilung der Lehrkräfte war jedoch die Lebensbewährung der angezeigten Personen (vgl. Irmer 2022,

---

156 Staatsarchiv Bamberg, Erbgesundheitsgericht Bamberg, Beschluss zum Fall XIII 132/37.

65). Konnte diese nachgewiesen werden – etwa durch einen geregelten Verdienst, stabile Lebensverhältnisse, ein positives Auftreten vor Gericht etc. –, konnten auch schlechte Hilfsschulbeurteilungen ohne negative Folgen bleiben. Unbedingten Schutz boten aber auch diese Gutachten nicht – wie das Beispiel Gertrud Meier belegt (vgl. Ellger-Rüttgardt 2014, 289).

Wie viele Hilfsschülerinnen und -schüler auch immer vor ein Erbgesundheitsgericht zitiert wurden und welchen Anteil die Gutachten der Hilfsschule am Ausgang der Verfahren hatten – all dies ändert nichts an der Tragik jedes einzelnen Falles. Zum gesellschaftlich geächteten Hilfsschulbesuch kam ein körperlicher Eingriff, der den Betroffenen den Stempel der Minderwertigkeit aufdrückte und besonders bei Kindern und Jugendlichen schwere physische und psychische Folgen nach sich gezogen haben dürfte: »Durch die im vorangegangenen Jahr vorgenommene Unfruchtbarmachung ist die Schülerin recht scheu geworden«, notierte eine Lehrkraft der Hilfsschule Bayreuth in den Schülerboten der fünfzehnjährigen Frieda R.[157] Diese Bemerkung lässt die ganze Tragik eines derartigen Eingriffs erahnen. Menschen, die gerade ins zeugungsfähige Alter gekommen waren und – davon ist auszugehen – Erwartungen an das Leben hatten (Partnerschaft, Ehe und Kinderwunsch), wurden all dieser Möglichkeiten durch die Sterilisation beraubt.

II.8.3 Hilfsschule und »Euthanasie«

Während die Nationalsozialisten mit dem Sterilisationsgesetz die Fortpflanzung angeblich »Erbkranker« verhindern wollten, sprachen die ab 1939 anlaufenden »Euthanasie«-Aktionen über 200.000 Menschen das Existenzrecht ab. Unter den Opfern der Mordaktionen finden sich auch ehemalige Hilfsschülerinnen und -schüler. In welchem Ausmaß war diese Gruppe betroffen? Welche Rolle spielten die Hilfsschulen bei diesen Vorgängen?

Solange die Kinder und Jugendlichen die Schulen besuchten, galten sie offiziell als »bildungsfähig«. Waren die Erfolgsaussichten der Ausbildung jedoch zweifelhaft, war das Lehrpersonal zur Ausschulung angehalten. Das Reichspflichtschulgesetz von 1938 bot, zusammen mit der Allgemeinen Anordnung über die Hilfsschulen in Preußen, die rechtliche Grundlage zur Aussonderung »bildungsunfähiger« Schülerinnen und Schüler (vgl. Mühlnikel 2004, 240f.). Mit der Ausschulung und der eventuellen Anstaltseinweisung in eine Heil- und Pflegeanstalt liefen die Zöglinge Gefahr, von den nationalsozialistischen Mordaktionen erfasst zu werden.

An den untersuchten ober- und mittelfränkischen Hilfsschulen wurde von der Ausschulungsmöglichkeit ganz unterschiedlich Gebrauch gemacht (zur genauen Aufschlüsselung der Zahlen vgl. a.a.O., 241 ff.). Es kam häufig vor, dass Schüle-

---

157 Archiv der Dietrich-Bonhoeffer-Schule Bayreuth, Schülerbogen Frieda R.

rinnen und Schüler die Einrichtung verließen, weil sie in eine Fürsorgeeinrichtung überwiesen wurden. Die Schulzeit war für diese Kinder und Jugendlichen nicht beendet, sie besuchten eine andere Schule und kamen manchmal wieder an die Hilfsschule zurück (vgl. a. a. O., 243 ff.). Fokussiert man die Ausschulungsgründe auf die in den Akten genannte »Bildungsunfähigkeit« und die Überweisungen in Heil- und Pflegeanstalten, zeigen sich folgende Verhältnisse:

Tab. 3: Ausgeschulte Schülerinnen und Schüler aus ober- und mittelfränkischen Hilfsschulen (n=Größe der Grundgesamtheit)

Hilfsschule[158]	Wegen »Bildungsunfähigkeit« ausgeschult bzw. in eine Heil- und Pflegeanstalt überwiesen	
	bis 1932	1933–1945
Bayreuth	7,14 Prozent (23), n = 322	4,08 Prozent (8), n = 196
Bamberg	3,85 Prozent (10), n = 260	6,05 Prozent (15), n = 248
Erlangen	3,3 Prozent (3), n = 91	2,11 Prozent (3), n = 142
Selb	2,38 Prozent (1), n = 42	5,48 Prozent (4), n = 73

Während an den Schulen in Selb und Bamberg die Ausschulungsquote ab 1933 stieg, gingen die Ausschulungen in Bayreuth und Erlangen prozentual zurück. Wie lassen sich diese unterschiedlichen Entwicklungen erklären? Sind die sinkenden Zahlen in Bayreuth und Erlangen ein Indiz dafür, dass die Lehrkräfte möglichst viele Kinder an der Schule halten und damit vor Gefahren schützen wollten? Kam die Schulleitung in Bamberg dem staatlichen Wunsch nach, möglichst großzügig vom Instrument der Ausschulung Gebrauch zu machen und damit die rassehygienischen Vorgaben zu erfüllen? Auf diese Fragen lassen sich keine eindeutigen Antworten finden. Es ist gut möglich, dass sich in Bamberg die räumliche Situation verändert hatte und ein Teil der Ausschulungen erfolgte, weil die Kapazitäten im Schulgebäude nicht mehr ausreichten. Mit dem Anlaufen der »Euthanasie«-Maßnahmen ab 1939 musste den Lehrkräften allerdings bewusst gewesen sein, dass für die Ausgeschulten, die in Heil- und Pflegeanstalten kamen, Lebensgefahr bestand.

Das weitere Schicksal nach Verlassen der Hilfsschule – ob regulär nach Vollendung der Schulpflicht oder schon vorher durch Ausschulung – liegt bei den meisten Personen im Ungewissen. Hinweise zum weiteren Lebenslauf finden sich nur punktuell in den Schulakten. Oft steht dies in Zusammenhang mit Anfragen von Behörden, die Auskunft über die ehemaligen Hilfsschülerinnen und -schüler einzogen. So erfahren wir etwa, dass der neunjährige Bayreuther Schüler Gustav Adolf L. 1941 wegen »Bildungsunfähigkeit« in eine Anstalt überwiesen worden ist.[159] Gleiches gilt für den gleichaltrigen Walter R. aus Bayreuth. Der Schüler war

---

158 Für Nürnberg ist eine Angabe nicht möglich, da nur Schülerlisten, nicht aber die Schülerbögen, die detailliert über den Werdegang der Schülerinnen und Schüler Auskunft geben würden, vorliegen.
159 Archiv der Dietrich-Bonhoeffer-Schule Bayreuth, Schülerbogen Gustav Adolf L.

sich aufgrund der beruflichen Tätigkeit der Eltern »meist selbst überlassen«[160]. Laut Schülerbogen zeigte er ein aggressives und kriminelles Verhalten (»Er stiehlt seiner Mutter das Geld und zeigt dabei eine staunenswerte Schnelligkeit und Verschlagenheit.«), konnte kaum zum Schulbesuch und noch weniger zur Teilnahme am Unterrichtsgeschehen bewegt werden (»Der Schüler macht keine Hausaufgaben, ist arbeitsscheu, sitzt teilnahmslos im Unterricht und macht keine Fortschritte. Er kann nicht lesen.«). Offensichtlich im Einvernehmen mit der Mutter beantragte die Hilfsschulleitung die Aufnahme des Jungen in die Diakonissenanstalt Neuendettelsau, Abteilung Pflegeanstalten, von wo aus im August 1942 die Übersendung der Schulpapiere angefordert wurde. Das genaue Schicksal der Schülerinnen und Schüler lässt sich aus den Schulunterlagen nicht ermitteln.

In Erlangen und Selb wurden Schülerjournale geführt, die auch Notizen über den Schulbesuch hinaus enthalten. In den Akten zeigen sich bei den von der Hilfsschule ausgeschulten Schülerinnen und Schüler ganz unterschiedliche Verläufe (vgl. Mühlnikel 2004, 243 ff.). Bei einigen Personen besteht der Verdacht, dass sie im Rahmen der »Euthanasie«-Aktionen ermordet wurden. So sind zum Beispiel im Erlanger Schülerjournal die Todesfälle von ehemaligen Schülerinnen und Schüler in der Registerspalte zu den »Beobachtungen nach der Schulzeit«[161] verzeichnet, bei denen dies vermutet werden kann. Diese Sterbenotizen beziehen sich, mit einer Ausnahme, allein auf Personen, die – laut Schulunterlagen – an schweren Behinderungen litten. Das gilt unter anderem für Elisabeth H. und Luise Z., denen von der Schulleitung »mongoloide Idiotie«[162] bescheinigt worden war. Beide hatten die Schule bereits Ende der 1920er Jahre verlassen. Auch bei dem an »sensorischer Aphasie«[163] und Gehörlosigkeit leidenden Schüler Michael R. ist eine Sterbenotiz in dieser Spalte hinterlegt. Ist in diesen und ähnlich gelagerten Fällen nicht mit Sicherheit zu sagen, ob es sich um Morde handelte, sind andere Einträge deutlicher. So verstarb Herbert K., der die Bayreuther Hilfsschule wegen »Bildungsunfähigkeit« nicht besuchen durfte, im August 1944 in der Ansbacher »Kinderfachabteilung« (vgl. Aas 2000).

Josef Fischer, der 1960 der Frage nach der Bewährung ehemaliger Hilfsschüler aus Bamberg nachging und dazu neben den Schulunterlagen auch die Akten von Einwohnermeldeamt sowie Arbeits- und Fürsorgeamt einsah, kam zu dem Ergebnis, dass fünf ehemalige Schüler »wahrscheinlich durch sog. eugenische Maßnahmen« (Fischer 1960, 10) ums Leben gekommen sind.

Wenn auch nicht alle Einzelheiten der »Euthanasie«-Morde in der Öffentlichkeit bekannt waren, so ist doch anzunehmen, dass die Bevölkerung starke Zweifel an der offiziellen Lesart hatte und ahnte, was sich hinter den Mauern der Vernichtungsorte abspielte (vgl. Benzenhöfer 2009, 113). Spätestens ab 1940 muss den Lehrkräften an den Hilfsschulen bewusst gewesen sein, dass die wegen »Bildungsunfähigkeit« ausgeschulten bzw. in Heil- und Pflegeanstalten überwiesenen Kinder und Jugendlichen Gefahr liefen, ermordet zu werden.

---

160 A.a.O., Schülerbogen Walter R. Die folgenden Zitate stammen ebenfalls aus dieser Akte.
161 Archiv der Jean-Paul-Schule Erlangen, Schülergrundbuch.
162 A.a.O., Schülerbögen Luise Z. und Elisabeth H.
163 A.a.O., Schülerbogen Michael R.

II.8.4 Die Position der Lehrkräfte

Anders als die wenigen publizierenden Pädagogen machte die große Zahl der Hilfsschullehrkräfte ihre Meinung nicht öffentlich bekannt. Die Einstellung dieser Personen zu den Aufgaben der Hilfsschule im NS-Staat findet sich weder in der Verbandszeitschrift »Die deutsche Sonderschule« noch in anderen zeitgenössischen Veröffentlichungen. Es ist daher nicht einfach, Aussagen darüber zu treffen, wie sich die Lehrkräfte »in konkreten Lebensvollzügen und zu bestimmten Zeitpunkten [...] tatsächlich verhalten haben« (Ellger-Rüttgardt 2005, 143).

Aus den in Schularchiven liegenden Akten lassen sich zumindest Hinweise darauf finden, wie Pädagoginnen und Pädagogen ihre Tätigkeiten ausübten. Es zeigt sich hier, und es war nicht anders zu erwarten, eine breite Palette an Handlungen und Positionen.

Auf der einen Seite verwundern, ja schockieren die Urteile, die die Lehrkräfte den Schülerinnen und Schüler ausstellten. Andreas L. sei ein »schwer schwachsinniger Knabe mongoloiden Typs«[164], diagnostizierte eine Lehrkraft aus Bamberg im Jahr 1928. Begriffe wie »dumm«, »stumpf«, »blödsinnig«, »idiotisch« oder auch »lügenhaft« und »diebisch« begegnen uns zuhauf in den Akten. Das Jahr 1933 bildete hierbei keine Zäsur. In der Bayreuther Hilfsschule ist jedoch während der NS-Zeit die Tendenz zu erkennen, dass bei der Bewertung von Intelligenztests ein klares Votum bezüglich des vorhandenen »Schwachsinns« abgegeben wurde. Dies kann als vorauseilende Bereitschaft zur Mitwirkung bei eventuell angestoßenen Erbgesundheitsverfahren gedeutet werden.

Auf der anderen Seite zeigt sich bei einigen Lehrkräften ein großes Engagement für die Schülerschaft. Nach Meinung des Schulleiters der Hilfsschule Erlangen, Hermann Haas, müsse der Hilfsschullehrer – die Passage wurde eingangs bereits zitiert – »ein viel größeres Maß an Geduld und Liebe zu seinen Pflegebefohlenen aufbringen [...], als der Lehrer an Normalklassen«. Das eigentliche Ziel der Hilfsschule sei es, »schwachbegabten Kindern, die in der Normalklasse nicht Schritt halten können, eine ihrer Veranlagung, ihrer Arbeitskraft und Arbeitsweise entsprechende Schule zu geben«. Die Befreiung der »Normalklassen von den leistungsschwächeren Schülern«[165] sei lediglich eine Folgeerscheinung. Haas setzte sich offensichtlich stark für die Schülerschaft ein und bemühte sich, seinen eigenen Ansprüchen gerecht zu werden. 1938 trat er mehrfach dafür ein, dass auch Hilfsschülerinnen und -schüler an den zu Erholungszwecken für Stadtschulkinder durchgeführten Kinderlandverschickungen teilnehmen durften. Das an die Gauleitung Franken angeschlossene Amt für Volksgesundheit verwahrte sich jedoch gegen dieses Anliegen. Die Mittel der NSV sollten »nur erbbiologisch Wertvollen zugute kommen«. Den Hilfsschulen würden aber keine »geistig, charakterlich und

---

164 Archiv der Pestalozzi Schule Bamberg, Schülerbogen Andreas L.
165 Archiv der Jean-Paul-Schule Erlangen, Bericht des Leiters der Hilfsschule mit Förderklassen Hermann Haas, 1939.

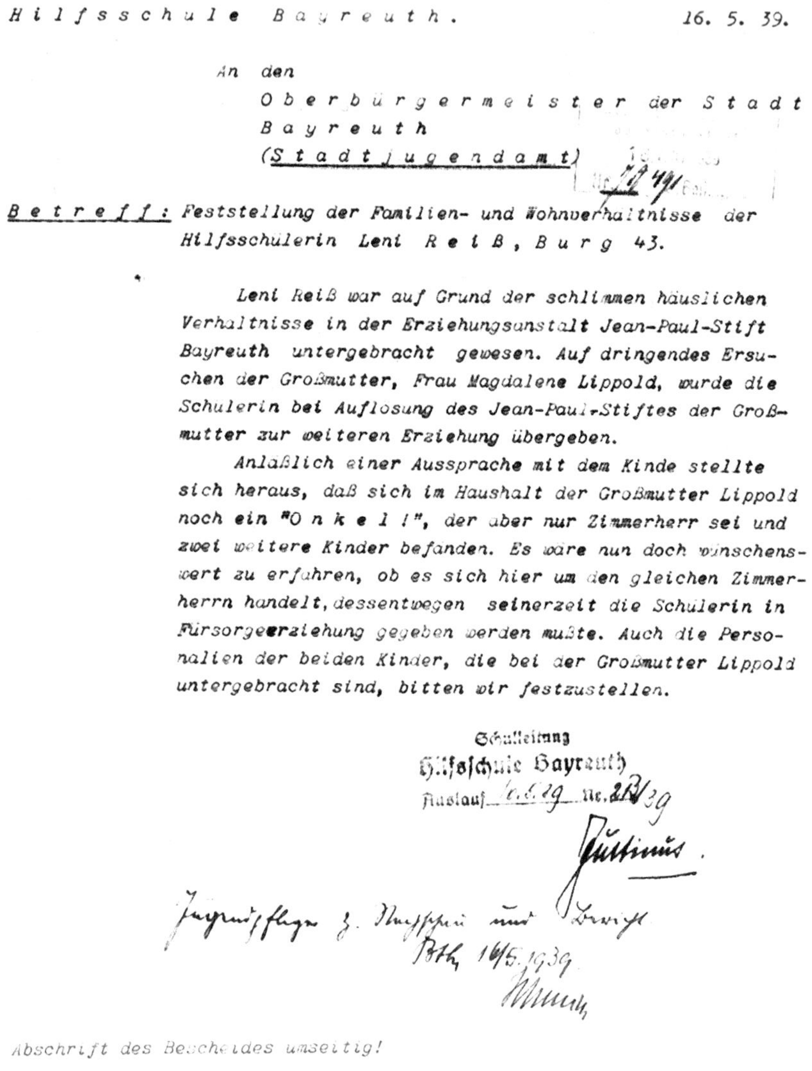

Hilfsschule Bayreuth. 16. 5. 39.

An den
   Oberbürgermeister der Stadt
   Bayreuth
   (Stadtjugendamt)

B e t r e f f : Feststellung der Familien- und Wohnverhältnisse der
Hilfsschülerin Leni R e i ß , B u r g 43.

   Leni Reiß war auf Grund der schlimmen häuslichen
Verhältnisse in der Erziehungsanstalt Jean-Paul-Stift
Bayreuth untergebracht gewesen. Auf dringendes Ersu-
chen der Großmutter, Frau Magdalene Lippold, wurde die
Schülerin bei Auflösung des Jean-Paul-Stiftes der Großmutter zur weiteren Erziehung übergeben.
   Anläßlich einer Aussprache mit dem Kinde stellte
sich heraus, daß sich im Haushalt der Großmutter Lippold
noch ein "O n k e l !", der aber nur Zimmerherr sei und
zwei weitere Kinder befanden. Es wäre nun doch wünschenswert zu erfahren, ob es sich hier um den gleichen Zimmer-
herrn handelt, dessentwegen seinerzeit die Schülerin in
Fürsorgeerziehung gegeben werden mußte. Auch die Personalien der beiden Kinder, die bei der Großmutter Lippold
untergebracht sind, bitten wir festzustellen.

Schulleitung
Hilfsschule Bayreuth
Auslauf

Abschrift des Bescheides umseitig!

Abb. 42: Schulleiter Justinus an das Stadtjugendamt Bayreuth: Aufforderung zur Feststellung der Wohnsituation der Schülerin Leni R.

erbbiologisch einwandfreie[n] Kinder [...] überweisen werden. Irgend ein Defekt liegt immer vor«, so die Ansicht des Amtes.[166]

Auch andere Lehrkräfte zeigten über das Notwendige weit hinausgehendes Engagement. Sei es, dass sie Schülerinnen und Schüler gegenüber Behörden äußerst positiv beurteilten, sei es, dass sie sich für die Verbesserung der Wohnverhältnisse von Schülerfamilien einsetzen (vgl. Mühlnikel 2004, 260). Für die Schülerin Leni R. aus Bayreuth regte die Schulleitung einen Besuch durch das Jugendamt an. Das Mädchen war nach Schließung einer Fürsorgeeinrichtung, in der es gelebt hatte, bei der Großmutter untergekommen. Bei einer Aussprache mit dem Kind stellte der Schulleiter fest, »daß sich im Haushalt der Großmutter [...] noch ein ›Onkel!‹, der aber nur Zimmerherr sei und zwei weitere Kinder befänden« (siehe Abb. 42).[167] Die Schulleitung befürchtete eine sittliche Gefährdung des Mädchens, zumal der damaligen Einweisung in die Fürsorgeanstalt offenbar auch ein Missbrauch vorausgegangen war. Der städtische Jugendpfleger kam dem Ansinnen der Hilfsschule nach und machte sich ein Bild von der häuslichen Situation des Mädchens.

Am deutlichsten zeigt sich eine Ablehnung der offiziellen, eugenisch motivierten Normen in der NS-Zeit bei der Behandlung von »Grenzfällen«. Damit sind Schülerinnen und Schüler gemeint, die wegen mangelnder intellektueller Leistungen oder aufgrund ihres auffälligen Verhaltens durchaus der Schule hätten verwiesen werden können. Der Bayreuther Schüler Ewald L. kam 1942 an die Hilfsschule, obwohl seine Entwicklung im Lesen und Schreiben »geradezu irre« war, wie die testende Lehrkraft zusammenfasste. Auch die Tatsache, dass der Junge »beim Beantworten der Fragen Anfälle«[168] bekam, hinderte die Schulleitung nicht daran, Ewald L. aufzunehmen. Er verließ die Schule 1946. Zahlreiche weitere, ähnlich gelagerte Fälle zeigen, dass die Lehrerschaft nicht die harte Linie verfolgte, die in den zeitgenössischen Publikationen vorgezeichnet wurde (vgl. Mühlnikel 2004, 259 ff.).

II.8.5 Fazit

»Es ist unklar, wie weit die Sonderschullehrerinnen und -lehrer sich in die Umsetzung des Gesetzes vom 14. Juli 1933 einbinden ließen, wie viele freiwillig und diensteifrig mitmachten, wie viele nur das taten, was sie mussten, wie viele im Kollegenkreis das Gesetz offen ablehnten oder die Anwendung in Einzelfällen verhinderten« (Möckel 2007, 200).

Dieser Einschätzung Andreas Möckels ist zuzustimmen. Auch nach intensiver Beschäftigung mit den heute noch vorhandenen Quellen bleiben Unsicherheiten.

---

166 Archiv der Jean-Paul-Schule Erlangen, Gauleitung Franken, Amt für Volksgesundheit, an die Schulleitung der Hilfsschule Erlangen, Erlangen 10. August 1938.
167 Archiv der Dietrich-Bonhoeffer-Schule Bayreuth, Schülerbogen Leni R.
168 Archiv der Dietrich-Bonhoeffer-Schule Bayreuth, Schülerbogen Ewald L.

Fest steht, dass Hilfsschülerinnen und -schüler von eugenischen Maßnahmen des NS-Regimes betroffen waren. Fest steht auch, dass Hilfsschullehrkräfte – gerade bei den Sterilisierungsverfahren – eine Funktion zu übernehmen hatten. Sie mussten die Schulunterlagen an die Erbgesundheitsgerichte schicken, wenn diese angefordert wurden. Welche Auswirkungen die Gutachten der Hilfsschule hatten, lässt sich nicht mit Sicherheit sagen. Der Hilfsschulbesuch war aber definitiv kein hartes Entscheidungskriterium (vgl. Hänsel 2006, 44) für die Zwangssterilisation, bei weitem nicht die komplette Schülerschaft wurde von den Erbgesundheitsgerichten erfasst. Wurden (ehemalige) Hilfsschülerinnen und -schüler vor das Gericht zitiert und kam der Hilfsschulbesuch zur Sprache, dann wurden auch die an der Schule erbrachten Leistungen berücksichtigt. Die Urteile der Lehrerschaft – positive wie negative – dienten zur Entscheidungsbegründung. Die Lehrkräfte hatten damit definitiv einen Einfluss auf den Ausgang der Verfahren.[169] Sehr groß dürfte dieser allerdings nicht gewesen sein, da die jeweilige »Lebensbewährung« eine größere Rolle bei der Entscheidungsfindung gespielt zu haben scheint. Aber selbst die war keine Garantie für ein positives Urteil seitens der Erbgesundheitsgerichte, wie unter anderem das Beispiel Gertrud Meier zeigt (vgl. Ellger-Rüttgart 1997).

Die Einschätzung einer Mitverantwortung für die »Euthanasie«-Morde ist noch schwieriger. Wenn die Schulleitungen von diesen Mordaktionen etwas ahnten – und davon ist ab 1940 auszugehen –, dann mussten sie sich der Tatsache bewusst gewesen sein, dass die wegen »Bildungsunfähigkeit« Ausgeschulten beziehungsweise die in Heil- und Pflegeanstalten Verwiesenen in höchster Gefahr schwebten. Ob ein Verbleib dieser Kinder und Jugendlichen an den Schulen und in einem Klassenverband möglich gewesen wäre, muss offenbleiben. Einiges spricht für die Annahme, dass Schülerinnen und Schüler, die aufgrund mangelnder intellektueller Fähigkeiten durchaus hätten ausgeschult werden können, an den Schulen behalten wurden.

Die Ergebnisse der Untersuchung von fünf ober- und mittelfränkischen Hilfsschulen machen deutlich, wie elementar wichtig die grundlegende Quellenarbeit zum Thema Hilfsschule im Nationalsozialismus ist. Generalisierende Urteile über »die« Hilfsschullehrerschaft, die allein auf normativen Texten oder in Verbandszeitschriften publizierten Artikeln fußen, sind unseriös.

Sie zeigen zugleich, dass sich das eingangs angesprochene Spannungsfeld, in dem die Hilfsschullehrerschaft stand und steht, nicht auflösen lässt. Die große Mehrheit bestand weder aus bereitwilligen Unterstützerinnen und -unterstützern des NS-Staates noch aus Anwältinnen und Anwälten der Schülerschaft. Vielmehr scheinen Graustufen auf der Skala zwischen Anpassung und Resilienz die Regel gewesen zu sein. Weitere Regionalstudien könnten dieses Bild weiter schärfen.

---

169 Vgl. auch die Fälle, die Brigitte Hofmann-Mildebrath (2004) in ihrer sehr akribischen Studie zu Zwangssterilisationen an (ehemaligen) Hilfsschülerinnen und -schüler im Raum Krefeld aufführt. Sie kommt dabei zu dem Ergebnis, dass eine »Korrelation zwischen dem Lehrerbericht und der Urteilsbegründung« am Erbgesundheitsgericht nachgewiesen werden kann. Die Hilfsschulpädagoginnen und -pädagogen begegneten ihren Schülerinnen und Schüler dabei »mehrheitlich mit Empathie und Verständnis« (Hofmann-Mildebrath 2004, 430 f.)

Literatur

Aas, N. (Hrsg.) (2000): Erb- und Rassenhygiene in Bayreuth 1933–1945. Eine Dokumentation über Selektion in der Hilfsschule, Zwangssterilisierung und »Euthanasie«-Tötungen, mit Texten von Heike Götschel und Heike Schulz. Bayreuth 2000: Bumerang.

Benzenhöfer U. (2009): Der gute Tod? Geschichte der Euthanasie und Sterbehilfe. Göttingen: Vandenhoeck & Ruprecht.

Bittrich, M. (1942): Das Hilfsschulwesen in Großdeutschland. In: Weltanschauung und Schule, 6(4), 76–85.

Ellger-Rüttgardt, S. (1997): Frieda Stoppenbrink-Buchholz. Hilfsschulpädagogin, Anwältin der Schwachen, Soziale Demokratin (2. Auflage). Weinheim: Deutscher Studien Verlag.

Ellger-Rüttgardt, S. (2005): Hilfsschule im »Dritten Reich«. Konformes und nicht konformes Verhalten von Hilfsschullehrern. In: E. Welkering & F. Wiesemann (Hrsg.), Unerwünschte Jugend im Nationalsozialismus. »Jugendpflege« und Hilfsschule im Rheinland 1933–1945 (S. 141–154). Essen: Klartext Verlag.

Ellger-Rüttgardt, S. L. (2024): Geschichte der Sonderpädagogik: Eine Einführung (3. Auflage). München: Ernst Reinhardt Verlag.

Fischer, J. (1960): Über die Bewährung ehemaliger Hilfsschüler. Eine Untersuchung an 75 männlichen ehemaligen Schülern der Hilfsschule Bamberg aus den Geburtsjahrgängen 1895–1925. Erlangen: Dissertation.

Hänsel, D. (2006): Die NS-Zeit als Gewinn für die Hilfsschullehrer. Bad Heilbrunn: Verlag Julius Klinkhardt.

Hofmann-Mildebrath, B. (2004): Zwangssterilisation an (ehemaligen) Hilfsschülerinnen und Hilfsschülern im Nationalsozialismus – Fakten/Akten gegen das Vergessen – regionalgeschichtliche Studie im Raum Krefeld. Dortmund: Dissertation.

Irmer, L. (2022): Gene vs. Lebenstauglichkeit. Die Arbeitsweise des Erbgesundheitsgerichts Bamberg bei Zwangssterilisationen im Nationalsozialismus anhand ausgewählter Akten. Schriftliche Hausarbeit (Zulassungsarbeit), Otto-Friedrich-Universität Bamberg [unveröffentlicht].

Möckel, A. (2007): Geschichte der Heilpädagogik oder Macht und Ohnmacht der Erziehung. Stuttgart: Klett-Cotta.

Mühlnikel, M. (2004): Hilfsschüler in Ober- und Mittelfranken zwischen 1933 und 1945. Theorie und Praxis der nationalsozialistischen Rassenhygiene. Archiv für Geschichte von Oberfranken, 84, 185–276.

Schmuhl, H.-W. (1987): Rassenhygiene, Nationalsozialismus, Euthanasie. Von der Verhütung zur Vernichtung »lebensunwerten Lebens«, 1890–1945. Göttingen: Vandenhoeck & Ruprecht.

Triebe, M. (2017): NS-Ideologie in der NSLB-Zeitschrift »Die deutsche Sonderschule« 1934–1944. Eine dokumentarische Analyse. Die schulspezifische Ausrichtung der Lehrkräfte in der NS-Zeit, Teil 1. Frankfurt a. M.: Protagoras Academicus.

II.9 Der vergessene Friedhof der Karl-Bonhoeffer-Klinik in Berlin Wittenau

Irmela Orland

II.9.1 Einleitung

Als 1980 das 100-jährige Bestehen der Karl-Bonhoeffer-Nervenklinik gefeiert wurde, blieben die Festgäste mit dem beunruhigenden Gefühl zurück, dass in der Rückschau etwas nicht ausgesprochen worden war. In der Festschrift fehlten die Jahre 1933–1945. Die Feierlichkeiten blieben nicht unwidersprochen. 1984 rief der Ärztliche Leiter Dr. Michael Becker eine Arbeitsgruppe aus Mitarbeitenden der Klinik zusammen, um die allgemein bekannte Erzählung, Angehörige der sowjetischen Streitkräfte hätten im April 1945 alle Akten zu einem Stapel zusammengeworfen und vor dem Verwaltungsgebäude verbrannt, zu widerlegen. Problemlos fand Dr. Becker den Aktenbestand aus der NS-Zeit im Keller eben jenes Verwaltungsgebäudes. Bald zeigte die »Arbeitsgruppe zur Erforschung der Geschichte der Karl-Bonhoeffer-Nervenklinik« in einer Ausstellung ihre Ergebnisse und veröffentlichte sie 1988 in dem Band »Totgeschwiegen 1933–1945. Die Geschichte der Karl-Bonhoeffer-Nervenklinik«. Das Cover ähnelte nicht unabsichtlich der beanstandeten Festschrift. Heute führt die Dauerausstellung »Totgeschwiegen – 1933–1945« die Präsentation fort. 1994 setzte die Klinik auch nach außen ein Zeichen. Am Haupteingang, genauer am Pförtnerhaus, wurde durch den ärztlichen Direktor und den Bürgermeister Reinickendorfs eine Gedenktafel eingeweiht.

II.9.2 Die Geschichte der Wittenauer Heilstätten und ihres Friedhofs bis 1945

Die Anfänge des Berliner »Irrenwesens« liegen in verschiedenen Gebäuden der Innenstadt, die jeweils zu klein oder ungenügend waren, sodass die Berliner Stadtverordneten im Jahr 1869 das Gut Dalldorf im Norden der Stadt für einen Neubau ankauften. Stadtbaumeister Hermann Blankenstein entwarf die Anlage aus zehn Pavillonbauten mit Wirtschaftsteil in der Mitte. Das vorgelagerte schlossähnliche Verwaltungsgebäude war in Höhe der Beletage mit Medaillons verziert, die fortschrittliche Ärzte porträtierten. Die »Irrenanstalt Dalldorf« erwies sich für den aufstrebenden Industrievorort jedoch als entwicklungshemmend, denn ihr

II.9 Der vergessene Friedhof der Karl-Bonhoeffer-Klinik in Berlin Wittenau

Name wurde von der Berliner Bevölkerung mit einem gewissen Unterton verwendet, ja verspottet.[170] Dalldorf verblieb daher länger in bäuerlichen Strukturen als das benachbarte Borsigwalde. Die Dalldorferinnen und Dalldorfer setzten energisch durch, dass Kaiser Wilhelm II ihnen die Umbenennung nach Bürgermeister Witte gestattete, was 1905 in einem Fest gefeiert wurde. Die Verbindung zur Irrenanstalt schien damit beendet. Doch 1920, Groß-Berlin war entstanden, änderte sich der Name in »Wittenauer Heilstätten« und stellte die Verbindung zum Ortsteil wieder her.

Abb. 43: Die Mauern des vergessenen Friedhofs, aufgenommen im Sommer 2021.[171]

Die Gebäude waren eingebettet in einen 45 Hektar großen Landschaftspark. Das Wasser des Kranichpfuhls konnte man von einer künstlich angelegten Grotte aus beobachten. Daneben lag am südlichen Ende des Grundstücks ein Begräbnisplatz – ein geometrisch angeordneter Waldfriedhof, der aber auch verspielte Ecken, Rondelle und Plätze wie auf einem Parkfriedhof besaß. Die heute noch erkennbaren Brunnen deuten die Abzweigungen der Nebenwege an. Der Friedhof war von einer Mauer aus gelben und roten Backsteinen umschlossen, deren Pfeiler durch eingelassene Kreuze verziert waren. An der äußersten Ecke rundete sich die Mauer ähnlich einem Pavillon. Als Anstaltsfriedhof wurde er formlos mit der ersten Beerdigung eingeweiht. Den Reihengräbern der Patientinnen und Patienten standen die Wahlgräber auf der anderen Seite des Hauptweges gegenüber. Denn auch Pflegekräfte und Ärztinnen und Ärzte konnten sich hier bestatten lassen. Das »Wartepersonal« lebte zum großen Teil mit seinen Familien auf dem Gelände und im Verwaltungsgebäude lagen die Wohnung für den Direktor und weitere für

---

170 Vgl. dazu auch Klaue, R. (1957): Zur Umbenennung der »Wittenauer Heilstätten«. In: »Karl-Bonhoeffer-Heilstätten«, Berliner Medizin. Organ für die gesamte praktische und theoretische Medizin, Heft 10, 228.
171 Ein herzlicher Dank für die Kreativität und Ausdauer bei den Fotobearbeitungen geht an Thomas Englisch.

Assistenz- und Oberärzte. Die Heilstätten waren ihr Hauptwohnsitz; hier ließen sie sich auch beerdigen. Das klassizistisch anmutende Grabmal von Direktor Dr. Kortum und seiner Familie war noch bis in die 1990er Jahre zu sehen.

In der Festschrift von 1980 wird bewusst ungenau berichtet, der Friedhof sei durch eine »stimmungsvolle Allee« zu erreichen und es befänden sich dort »naturgemäß besonders anrührende Spuren der Vergangenheit«. Der Anblick der Grabsteine, die »von verwehten Schicksalen künden«, ließen den Betrachter »nachdenklicher zurückgehen als er gekommen war«, ja der Autor behauptet hier, dass Patientinnen und Patienten beigesetzt wurden, »die ohne Angehörige verstorben waren oder deren Angehörige keinen besonderen Bestattungsplatz gewählt hatten«.[172] Die erste Festschrift war 1883 der prachtvolle Großband »Die Staedtische Irren-Anstalt zu Dalldorf«.[173] Baumeister Blankenstein selbst erläuterte die Häuser und ihre Funktionen – ergänzt durch mehrere Bildtafeln. Dr. Ideler bestritt den wissenschaftlichen Teil. 1929 folgte eine weitere Festschrift. Direktor Emil Braatz beschrieb die nun bald 50 Jahre alte Anstalt, um dann Fachkolleginnen und -kollegen Platz zu geben für wissenschaftliche Aufsätze.[174] Der Band von 1980 bezieht sich vorwiegend auf den Neubeginn nach 1945. So wird das 1953 in Betrieb genommene Röntgenhaus in einem eigenen Kapitel beschrieben, ohne zu erwähnen, dass es in den Räumlichkeiten einer ehemaligen Zwangsarbeiterbaracke Platz gefunden hatte. Dass Zwangsarbeiterinnen und -arbeiter hier gelebt haben mussten, erkannten die Ehrenamtlichen des »Freundeskreises Gedenkort alter Anstaltsfriedhof« erst 2014. Kyrillische Schriftzeichen und die Jahreszahlen 1944 und 1945 in der Rinde von Buchen unweit des Friedhofs künden bis heute von ihnen. Auch Einige Namen von Zwangsarbeitenden, die auf dem Friedhof ruhen, konnte dieser Freundeskreis finden.

II.9.3 Geschichte des Friedhofs nach 1945

In der Nachkriegszeit gab es keinen Neubeginn für den Friedhof. Im Oktober 1959 wurde er durch den Direktor geschlossen, ohne dass irgendein Schritt zur Aufarbeitung versucht worden wäre. Lapidar wurde die zuständige Mitarbeiterin angewiesen: »Mit sofortiger Wirkung werden Bestattungen auf dem Anstaltsfriedhof nicht mehr vorgenommen. Dr. Klaue, Ärztl. Direktor«.[175] Ergänzend wird als neuer Bestattungsort der städtische Friedhof Heiligensee festgelegt.

---

172 Festschrift 1980, 56.
173 Magistrat zu Berlin (Hrsg.) (1888): Die staedtische Irren-Anstalt zu Dalldorf. Berlin: Julius Springer.
174 Wittenauer Heilstätten (Hrsg.) (1929): Festschrift zum 50jährigen Bestehen der Anstalt Dalldorf (Hauptanstalt der Wittenauer Heilstätten). Sonderabdruck aus: Allgemeine Zeitschrift für Psychiatrie, Band 92. Berlin: Walter de Gruyter.
175 Landesarchiv Berlin (LAB) A-Rep. 003–04–04, Nr. 8756.

Wer war Direktor Dr. Rudolf Klaue? Er hatte 1956 seinen Dienst an den Heilstätten angetreten und galt bis zu seinem Ausscheiden 1970 als Reformer. Umfassende Sanierungsarbeiten, die auch unbedingt nötig geworden waren, da 1880 alles aus einer Hand hochgezogen worden war, wurden ihm zugeschrieben. Therapeutische Fortschritte dieser Jahre machten es auch in Wittenau möglich, Fenstergitter und Mauern zu entfernen; das Leben der Patientinnen und Patienten verbesserte sich. Das Diagnostikum und eine Krankenpflegeschule kamen auf das Gelände. Doch unter Dr. Klaue erfolgte keinerlei Aufarbeitung der NS-Vergangenheit.[176] Das lag auch in ihm als Person begründet. Keiner wusste, dass sich das Dokumentationszentrum des Bundes Jüdischer Verfolgter des Naziregimes seit 1966 darum bemühte, ihn in West-Berlin ausfindig zu machen. Er sollte zu seinem Einsatz als Facharzt in der NS-Zeit vernommen werden. Der Verdacht lautete auf Beteiligung an »Euthanasie«-Maßnahmen. Bei der Vernehmung am 14. Juni 1967 gab Klaue an, am Kaiser-Wilhelm-Institut für Hirnforschung sowie am Luftwaffenlazarett in Wien gearbeitet zu haben. Wenn er tatsächlich an »Euthanasie«-Maßnamen beteiligt gewesen wäre, dann wäre er gar nicht zur Vernehmung erschienen, gab er zum Schluss verärgert zu Protokoll.[177] Gleich nach seinem Amtsantritt hatte sich Dr. Klaue für die Umbenennung der Klinik in »Karl-Bonhoeffer-Heilstätten« eingesetzt. Als sie im Jahre 1967 in »Karl-Bonhoeffer-Nervenklinik« umbenannt wurde, wirkten auch Mitglieder der Familie Bonhoeffer als Ehrengäste an der Enthüllung seiner Büste mit.

Prof. Karl Bonhoeffer hatte bis zu seiner Emeritierung im Jahr 1938 als Ordinarius für Psychiatrie und Neurologie an der Berliner Charité gewirkt und erst nach dem Krieg für einige Stunden in der Woche in den Wittenauer Heilstätten Dienst getan. Seit dem 1. Februar 1946 bis zu seinem Tod 1948 war er Dirigierender Arzt (vgl. Neumärker 2017, 302). Wie ein Versuch, die NS-Vergangenheit zuzudecken, wirkt diese Umbenennung heute – Karl Bonhoeffers Name war untrennbar mit dem Widerstand seiner Familie gegen das NS-Regime verbunden.

Die Schließung des Friedhofes führte zu dessen zunehmenden Verfall. Angehörige durften zwar weiterhin die Gräber besuchen, doch ihre Erlebnisse und Fragen, ihre Kenntnisse und Zeitzeugenschaft nahm niemand wahr. Als Drogenkranke in den 1970er Jahren in die Klinik einzogen, etablierte sich auf dem Friedhof der sogenannte »Ho Chi Minh-Pfad«, ein Trampelpfad, der bis zum Pavillon an der südlichen Ecke führte. Dort kletterten immer wieder Patientinnen und Patienten hinüber, die sich im nahegelegenen Supermarkt Alkohol kaufen wollten. Eine bekannte Patientin dieser Zeit war Christiane F. Die Berlinerinnen und Berliner kannten die Nervenklinik nun als »Bonnies Ranch«. Die Anwohnerschaft setzte durch, dass der obere Teil der Friedhofsmauer, also die Sockel mit den eingearbeiteten Kreuzen, entfernt und mit einem hohen Metallzaun gesichert wurde. Die Kreuze im Fußteil der Friedhofsmauer wurden zugemauert. In den 1980er Jahren wurde dann das gesamte Parkgelände der Klinik zum »Naturlehr-

---

176 Ebenso bei Thomas Beddies: »Eine grundsätzliche Erneuerung der Anstalten im Sinne einer Auseinandersetzung mit der Vergangenheit und eines auch konzeptionellen Neubeginns fand in dieser Zeit jedoch nicht statt« (Beddies/Dörries 1999, 174).
177 Vgl. LAB B-Rep. 058, Nr. 6364.

pfad« ausgestaltet. Auch der Friedhof war durch Aufsteller mit der Beschreibung von Bäumen und Vögeln einbezogen.

Abb. 44: 1980 wurde das gesamte Parkgelände der Klinik ein Naturlehrpfad.

II.9.4 Auf den Spuren der Geschichte des Friedhofs

Den Anstoß zur Aufarbeitung der Geschichte des Friedhofs gab die Kirchengemeinde Alt-Wittenau. Zur 500-Jahr-Feier der Dorfkirche im Jahr 1988 wurde eine Chronik erarbeitet, welche die Zeit des Nationalsozialismus erstmals umfassend darstellen sollte. Dem Pfarramt oblag seit 1880 die seelsorgerliche Betreuung der Anstalt. Die Amtshandlungen wurden in die Kirchenbücher eingetragen. Aber auch die Gemeinde nahm durch die jährliche Statistik, die in der Januar-Ausgabe des Gemeindeblattes angegeben war, Anteil. Wurden die Wittenauer jeweils mit Namen genannt, so erschienen die Pfleglinge der Heilstätten lediglich in der Gesamtzahl. Diese wiesen Taufen, Konfirmationen, Abendmahlsteilnehmende und Beerdigungen aus. Die jeweils zehn bis zwanzig Teilnehmenden am Konfirmandenunterricht erhielten diesen in der Erziehungsanstalt und wurden in dem großen Bet-und Festsaal im Verwaltungsgebäude eingesegnet. Von 1932 bis 1957 hatte Willi Boesler das Amt des Pfarrers inne, er war Parteigenosse und aktiv bei den

»Deutschen Christen«, die sich als »evangelische Nationalsozialisten« verstanden. Während der NS-Zeit hatte Boesler hunderte Patientinnen und Patienten auf dem Anstaltsfriedhof beerdigt. Die Behauptung der Festschrift von 1980, dass nur »verwehte Spuren« aus der NS-Zeit aufzufinden wären und auf dem Friedhof vor allem »Patienten ohne Angehörige« lägen, fiel seinem Nachfolger, Pfarrer Zierep, auf. Waren hier nur Alleinstehende beerdigt worden? Die Kirchenbücher vermerkten im Gegenteil stets ausführlich die »hinterlassenen Familienglieder«. Zierep fragte deshalb in der Klinik-Verwaltung nach und erfuhr, dass auf dem Friedhof neben mit Grabsteinen und Namen versehenen Gräbern auch Massengräber für »Opfer von Krieg und Gewaltherrschaft«, also Bombenopfer, Fremdarbeiter, Soldaten und Anstaltsinsassen zu finden seien. Zum Kriegsende sei es wichtig gewesen, die Toten überhaupt zu beerdigen. Der Friedhofscharakter solle gewahrt bleiben.[178]

Das »Zentralnachweiseamt für Kriegerverluste und Kriegergräber« hatte unmittelbar nach 1945 angefangen, nach den Beerdigten des Anstaltsfriedhofs zu suchen, um eine Grundliste zu erstellen. In den damaligen Unterlagen fällt aber auf, dass lediglich der jeweilige Friedhofsaufseher Auskunft gab; die Direktion äußerte sich nicht.[179] So fragte das Zentralnachweiseamt 1951 nach dem Sammelgrab längs des Hauptweges. Es ging davon aus, dass unter den zehn Hügeln jeweils zehn bis elf Tote, also insgesamt 350 bis 400 ruhen müssten. Der Friedhofsaufseher wies die Frage ab. So notierte das Zentralnachweiseamt 1951: »Bei der Erfassung der im Massengrab beigesetzten Toten sind wir von der Friedhofsverwaltung aufmerksam gemacht worden, dass es sich um Patienten handelt, die vor und während der Kampftage von 1945 eines natürlichen Todes verstorben sind. Aus diesem Grunde unterblieb eine Erfassung der dort beigesetzten Toten.«[180]

Durch die mangelnde Kooperation seitens der Wittenauer Heilstätten blieb die Aufarbeitung der Geschichte des Friedhofes bis zu seiner Aufhebung 1994 bruchstückhaft. Nur die Verstorbenen der Kriegsgräberliste waren bekannt. Die Anzahl von 75 Personen reduzierte sich bis 1955 sogar noch um etwa die Hälfte, da der Senat von Berlin mehrfach neue Kriterien für die Anerkennung als Opfer herausgab. Viele galten dann deshalb nicht mehr als Kriegsopfer und ruhen bis auf den heutigen Tag ohne Grabzeichen auf dem Anstaltsfriedhof. Ein Beispiel ist Rosalie R. aus Russland, die 1953 von der Grundliste gestrichen worden war, da sie an einem Darmkathar verstorben war.[181] 2020 suchte ein Verwandter aus den USA nach ihr und erfuhr, dass sie nach heutigem Stand zur Opfergruppe 6 (Flucht und Vertreibung) gerechnet würde und ihr Grab erhalten wäre. Die sowjetischen Soldaten, welche nahe des Klinikeingangs in einem extra angelegten Birkenwäldchen bestattet worden waren, wurden noch 1945 zum Ehrenmal nach Schönholz um-

---

178 Vgl. Evangelische Kirchengemeinde Alt-Wittenau, Brief Pfarrer Zierep, 21.7.1989, Tgb.-Nr. (unausgefüllt).
179 Vgl. Zentralnachweiseamt für Kriegerverluste und Kriegergräber: Grundliste der Gräber der während des Krieges 1939–1945 gefallenen oder verstorbenen Soldaten und Zivilpersonen. Friedhof der Wittenauer Heilstätten, Wittenau Oranienburger Str. 285. Berlin: Senatsverwaltung für Umwelt, Mobilität, Verbraucher- und Klimaschutz.
180 Ebd.
181 Vgl. a.a.O., Lfd.Nr. 24.

gebettet, französische Staatsbürgerinnen und -bürger nach Frohnau, Zwangsarbeiterinnen und -arbeiter aus den Niederlanden in ihre Heimatländer überführt.

Letzlich galten 1959 nur 40 Menschen als »Opfer von Krieg und Gewaltherrschaft«. Sie erhielten ein Grabzeichen und der Friedhof bekam die Kriegsgräbernummer 20W. Die vielen Patientinnen und Patienten auf dem Friedhof blieben unerwähnt und unbekannt. Weder unter Dr. Klaue noch unter den späteren ärztlichen Leitern hat je eine Aufarbeitung stattgefunden. Das Friedhofsbuch lagerte noch lange in der Verwaltung der Klinik, seit den 1990er Jahren gilt es als unauffindbar. Nach der Enthüllung der Gedenktafel am Haupteingang im Jahr 1994 sollte der ehemalige Anstaltsfriedhof endgültig aufgelassen werden. Doch zuvor mussten die vorhandenen Kriegsgräber auf die zentrale Gedenkstätte des Bezirks verlegt werden.

Bei diesen Arbeiten kam es zu einer Überraschung. Zwischen den verwitterten Kriegsgräberplatten fiel eine auf, die in besserem Zustand war und herausgehoben lag. Auf dieser stand der Name G. A. Waetzold. Waetzold war von 1933 bis 1945 Ärztlicher Direktor der Klinik. In seinem Buch »Aufartung durch Ausmerzung« von 1936 trat er deutlich für die Zwangssterilisierung ein. Durch diesen Fund kam bei den Beteiligten der Umbettungsmaßnahme Unsicherheit auf: Sollte man auch andere Flächen des Friedhofs in Augenschein nehmen? Nachfragen im Bezirksamt blieben jedoch ergebnislos. Letztendlich wurden die Verlegungen wie geplant abgeschlossen. Die bis 1959 anerkannten »Opfer von Krieg und Gewaltherrschaft«, nun also 39 Personen, wurden auf die Gedenkstätte Freiheitsweg verlegt. Dr. G. A. Waetzolds Grab ist ohne Grabzeichen bis heute erhalten. Der Friedhof verlor damit seinen Status als Kriegsgräberstätte. Das neue Leitsystem auf dem Klinikgelände wies ihn nicht mehr aus. Das Gelände verwilderte, abgeladener Baum- und Strauchschnitt und liegengelassener Müll markierten diesen Unort.

II.9.5 Das Schülerprojekt »Friedhof«

Eine Gruppe Gymnasiastinnen und Gymnasiasten machte sich 1990 mit mir, ihrer Religionslehrerin, auf, den »vergessenen Friedhof« zu besichtigen. Erst nach einigem Suchen entdeckten wir auf dem Gelände Reste von Grabsteinen, Kriegsgräber und Brunnen. Die Schülerinnen und Schüler fotografieren die alte Friedhofsmauer und notierten die Inschriften der Grabsteine. Pfarrer Zierep stellte die Wittenauer Kirchenbücher zur Verfügung und bei der anschließenden Archivarbeit in der Küsterei suchten sie die ermittelten Namen im Sterberegister. Das Gemeindeblatt »Der Gruss« beschrieb den Friedhof anlässlich des Schülerbesuchs zum ersten Mal der Öffentlichkeit.[182]

---

182 Siegrid Born: Schülerbesuch im Archiv. Gemeindeblatt der Kirchengemeinde Alt-Wittenau »Der Gruß«, 4 /1992.

II.9 Der vergessene Friedhof der Karl-Bonhoeffer-Klinik in Berlin Wittenau

Erst langsam wurde klar, dass hunderte, ja tausende Verstorbene aus der NS-Zeit auf dem Friedhof ruhen müssten. 2006 fanden Schülerinnen und Schüler den unter Efeu verborgenen Grabstein von Minna B. und ihren Eintrag im Kirchenbuch. Sie war die erste Patientin, die ihre Geschichte bekam. Zwei Jahre später lag auch die Krankenakte im Landesarchiv vor[183], denn erst 2008 konnten die rund 90.000 Patientenakten aus dem Archiv der Karl-Bonhoeffer-Nervenklinik übernommen werden.

Für die Jugendlichen bildete sich schnell die leitende Frage heraus: Was hätte man damals tun können, um die Morde zu verhindern? Es gab offensichtlich Entscheidungsspielräume, wie die Strafanzeige des Juristen Kreyssig (vgl. Willems 1995) und die Predigten des Bischofs von Münster, Clemens Graf von Gahlen, zeigten. Exkursionen zu authentischen Orten wie Bernburg, zur »Führerschule der Deutschen Ärzteschaft Alt-Rehse« oder Sachsenhausen veranschaulichten die Täterseite. Im Gegensatz dazu stand die Hoffnungsthaler Stiftung Lobetal bei Bernau. Hier hatte im »Haus Gottesschutz« die Oberin Elisabeth Schwartzkopff erfolgreich dem Abtransport der Bewohnerinnen in die Tötungsanstalt widerstanden. Der Anstaltsleiter, Pfarrer Paul Gerhardt Braune, verfasste im Lobetaler Pfarrhaus 1940 seine Denkschrift »Betrifft: Planwirtschaftliche Verlegung von Insassen der Heil- und Pflegeanstalten«. Im Auftrag der Inneren Mission und als deren Vizepräsident hatte Braune Fakten gesammelt. Vertrauensvoll hatten ihm die Einrichtungen ihre Beobachtungen zu »Verlegungen« mitgeteilt. Seine für Reichskanzler Adolf Hitler bestimmte Denkschrift konnte dann durch Vermittlung Hans von Dohnanyis an Justizminister Gürtner übergeben werden (vgl. Gerrens 1996, 105).

Abb. 45: Diesen Brunnen entdeckten die Schülerinnen und Schüler bei ihrer Suche nach dem vergessenen Friedhof 1990.

Im Religionsunterricht erarbeiteten die Schülerinnen und Schüler Braunes Denkschrift, einschließlich ihrer Quellen. Die Briefe aus allen Teilen Deutschlands zeigten, welche Kenntnisse über die Mordaktion von Anfang an vorhanden waren. Intensiv diskutierten sie, welche Form von Widerstand möglich gewesen wäre. Hilfreich waren dabei Quellen aus dem Hauptarchiv Bethel. Der Anstaltsleiter Friedrich von Bodelschwingh hatte – gemeinsam mit den leitenden Psychiatern

---

183 Vgl. LAB A-Rep. 003–04–04, Nr. 6437, Akte Minna B.

und dem Anstaltsvorstand – das Ausfüllen der Meldebögen aus der T4-Zentrale[184] verweigert und versucht, durch Verhandlungen die Maßnahmen des NS-Staates gegen Bethels Pfleglinge zu verhindern.[185] Wurden die Angehörigen in Bethel zu Besuchen ausdrücklich eingeladen und fortlaufend informiert, betrachtete man sie in Wittenau eher als Störfaktor. Verstarb eine Patientin oder ein Patient in Bethel, sollte die Beerdigung unter Einbeziehung der Familie stattfinden. Wenn das in den letzten Wochen des Bombenkrieges nicht möglich war, so wurde brieflich Kontakt gehalten: »[…] am Grabe Ihres Mannes hat Hausvater Schulze vom Haus Neu-Ebenezer in Ihrem und der Angehörigen Namen einen Kranz niedergelegt«, schrieb Pastor Wöhrmann an die Witwe eines Verstorbenen.[186]

Nach Exkursionen zu den Gräbern der Kinder von Zwangsarbeiterinnen auf dem russischen Friedhof Wittenau begannen die Schülerinnen und Schüler, auf eigene Initiative in ihrer Umgebung nach Zwangsarbeiterlagern zu suchen. Sie führten Interviews mit Zeitzeuginnen, die in den Rüstungsbetrieben Reinickendorfs gearbeitet hatten. Weitere Friedhofsbesichtigungen wie die der Kriegsgräberstätte Freiheitsweg und des Friedhofs in Lobetal erschlossen einen wertschätzenden Umgang mit den Verstorbenen. Obwohl im August 1941 die Einstellung der »Aktion T4« durch Adolf Hitler persönlich veranlasst worden war – zu viel war in der Bevölkerung bekannt geworden –, wurde das Töten dezentral bis 1945 weitergeführt. Wittenau war nur eine dieser »Heil- und Pflegeanstalten«, in denen durch Nahrungsentzug, Vernachlässigung und zweifelhafte Behandlung mit Medikamenten bis zum letzten Kriegstag gemordet wurde.

Zwischen 1939 und 1945 führte das zum Tode von Tausenden von Patientinnen und Patienten. Das zeigten auch die stetig ansteigenden Sterbeeinträge der Patientinnen und Patienten im Wittenauer Kirchenbuch. Sollte auch hier bewusst getötet worden sein? fragten die Schülerinnen und Schüler. Auch mit den Einweisungsgründen taten sie sich schwer, als sie entdeckten, dass die Heilstätten zunehmend Patientinnen und Patienten aufgenommen hatten, die mit den Lebensverhältnissen im Krieg nicht zurechtkamen. Fliegeralarme, Entbehrungen, der Verlust von Angehörigen, erzwungener Wohnungswechsel und stetig anhaltende Existenzsorgen hatten sie mürbe gemacht. Nicht selten hatten linientreue Nachbarn sie wegen nur kleiner Verhaltensauffälligkeiten angezeigt und die Klinikeinweisung veranlasst. Ein Schüler formulierte während der Gruppenarbeit im Landesarchiv: »Waren das gar keine ›Erbkranken‹? War das hier so etwas wie ein KZ?«

Die Wittenauer Heilstätten hatten seit jeher mit Vertragsheimen und Provinzialanstalten zusammengearbeitet. Doch seit 1942 hatte sich zum Beispiel die Heil- und Pflegeanstalt Meseritz-Obrawalde zu einem Ort der »dezentralen Euthanasie« entwickelt, an dem hunderte Wittenauer Patientinnen und Patienten durch Medikamente getötet wurden (vgl. Beddies 2002). Vier Stolpersteine sind zu ihrem

---

184 »Aktion T4« ist eine nach 1945 gebräuchlich gewordene Bezeichnung für den systematischen Massenmord an mehr als 70.000 Menschen mit körperlichen, geistigen und seelischen Behinderungen in Deutschland von 1940 bis 1941 unter Leitung der Zentraldienststelle T4.
185 Vgl. Hauptarchiv Bethel (HAB) 2/39–187.
186 Hauptarchiv Bethel (HAB), Kanz. Post 71/1107 zu Friedrich B.

Gedenken vor dem Haupteingang der Klinik verlegt worden. Sie signalisieren aber auch: Gemordet wurde an einem anderen Ort!

2001 fragten einige Oberstufenschülerinnen und -schüler auf eigene Faust bei der Reinickendorfer Bürgermeisterin an, ob eine Gedenktafel an der Mauer des ehemaligen Anstaltsfriedhofes angebracht werden könne. Die Antwort fiel zu ihrer Enttäuschung abschlägig aus: »Dazu möchte ich Ihnen mitteilen, dass der Friedhof entwidmet wurde«, antwortete sie, »die Opfer aus den sog. Ehrengräbern wurden 1995/96 umgebettet auf den Friedhof Freiheitsweg. Es existieren noch sog. anonyme Grabfelder, von denen aber unbekannt ist, welche Opfer dort bestattet und wie sie umgekommen sind. Es kann sich hier sowohl um Zwangsarbeiter, ›Euthanasie‹-Opfer, Soldaten, Patienten oder auch Pflegepersonal handeln, die durch Kriegshandlungen, Ermordung oder durch Krankheit umgekommen sind«.[187] Der Widerspruch fiel den Schülerinnen und Schülern auf, jedoch offensichtlich nicht der Bürgermeisterin. Kriegsopfer lagen also immer noch auf dem Anstaltsfriedhof! Nicht alle waren auf die Kriegsgräberstätte verlegt worden.

II.9.6 Die historische Aufklärung über den Friedhof

Der Friedhof erzählt noch einmal eine andere, eigene Geschichte. Die Bestattung steht im Mittelpunkt, aber es gibt ein Davor und Danach. Die Verstorbenen wurden zunächst auf der Station gewaschen, umgekleidet und auf eine Trage gelegt. Lag die Station nicht ebenerdig, wurden diese über eine Treppe ins Erdgeschoss getragen. Ehemalige Krankenschwestern berichten, dass ihnen die Toten dabei manchmal verrutschten und darum die erste auf der Treppe mit der Schulter gegenhalten musste. Es folgte der Weg über das Gelände bis zur Leichenhalle am südwestlichen Rand des Klinikgeländes, die zugleich Friedhofskapelle war. Als antikes Tempelchen gestaltet mit Arkadengang und Kreuz auf dem verzierten Giebel bot sie einen würdigen Ort für Trauerfeiern. Ein »Secier-Zimmer« und eines für Präparate gehörten schon zum Bau von 1880.[188] Bei späteren Erweiterungen entstand ein Mikroskopierraum, ein chemisches Laboratorium und eine Präpraliensammlung. In der NS-Zeit wurde Letzteres immer wichtiger. Das zeigt die Notiz über eine Patientin, die jahrelang in der Charité gelegen hatte. Am 7. April 1936 erläuterte Dr. Bormann in seinem ärztlichen Bericht den Grund der Verlegung nach Wittenau: »[…] wurde der Klinikaufenthalt der Patientin mit Hilfe von Freibett und Kostenübernahme durch das Wohlfahrtsamt immer wieder verlängert, obwohl auf diese Weise im Laufe der Jahre große Summen für die Pat. aufgebraucht wurden. Da wir nun gezwungen sind, die Pat. zu Ihnen zu verlegen, bitten wir Sie dringend,

---

187 Die Bezirksbügermeisterin von Berlin-Reinickendorf Marlies Wanjura in einem Brief vom 17.12.2001 an die Religionsgruppe der 10. und 11. Klasse der Georg-Herwegh-Oberschule in Berlin.
188 Vgl. Die Staedtische Irren-Anstalt zu Dalldorf, Karteiteil Blatt 11.

uns von dem etwaigen Tode der Pat. zu benachrichtigen und uns das Gehirn zur Untersuchung zu überlassen. Wir werden es gerne von uns aus abholen.«[189] Der Pathologe Berthold Ostertag[190] sezierte sowohl hier als auch in dem kleinen Sektionsraum am Eichborndamm 238.

Der Weg zum Begräbnisplatz war lang. Durch eine Allee führte der Leichenzug vom bebauten Teil der Klinik über die ehemaligen Rieselfelder, die nun als Streuobstwiese genutzt wurden, bis zum gusseisernen Friedhofstor. Leichenträger und Friedhofsgärtner stellten die Heilstätten aus ihrer eigenen Friedhofsgruppe. Das Sägewerk Hobrechtsfelde lieferte die Särge, die in einem Sargbuch geführt wurden. Während des Zweiten Weltkrieges und danach wurde das immer schwieriger. Eine Zeitzeugin berichtet aus den ersten Wochen nach Kriegsende: »Die zogen von der Leichenhalle Richtung Friedhof. Und dann kamen sie mit dem Sarg wieder zurück. Der war leer. Er wurde dann wieder gebraucht. Die Toten wurden hinten auf dem Friedhof nur in Werg gewickelt.«[191] Tatsächlich finden sich Kostenrechnungen an Angehörige über drei Reichsmark für eine Leichen-Tüte.[192]

Über Pfarrer Boesler aus Wittenau berichtete die »Nordberliner Tagespost« des Öfteren, etwa darüber, wie er den Wittenauer Sturmbannführers Katerbau auf dem städtischen Friedhof Thiloweg beerdigte. Mit dem Bibelwort aus Jesaja 55,8 legte er Katerbaus Leben aus, das der Volksgemeinschaft und dem Nationalsozialismus gedient habe.[193] Dies ist die einzige erhaltene Grabrede von Willi Boesler. Was er an den Gräbern auf dem Anstaltsfriedhof sagte, ist unbekannt. Wegen der vielen Sterbefälle wurde er augenscheinlich nur zu einem Bruchteil der Beerdigungen hinzugezogen und nur diese konnte er im Sterberegister der Kirchengemeinde dokumentieren. Aus den katholischen Nachbargemeinden St. Rita und St. Marien waren jeweils verschiedene Priester zuständig. In den Kirchenbüchern wurde mehrfach vermerkt, dass sie das Sterbesakrament gespendet hatten. Jüdische Verstorbene wurden auf dem Jüdischen Friedhof Weißensee beerdigt.

Die Geistlichen wurden ungewollt zu Zeugen. Dass manche ihre Kenntnisse nicht auf sich beruhen lassen wollten, zeigt ein Brief von Pfarrer Johannes Schwartzkopff aus der Immanuel-Gemeinde in Berlin Prenzlauer Berg. Am 27. Mai 1940 schrieb er an seinen Amtsbruder Paul Gerhard Braune nach Lobetal: »Lieber Bruder Braune! Am 29.5. habe ich eine Urnenbeisetzung, über die ich Ihnen berichten will.« Er zitierte das fingierte Trostschreiben an die Ehefrau, den Sterbeort Grafeneck und berichtet, was die Familie über die Einäscherung dort erfahren habe.[194] Schwartzkopff wusste, das Braune an einem Protestschreiben arbeitete und dafür Fakten sammelte. In Wittenau tat Pfarrer Boesler nichts dergleichen.

---

189 LAB A-Rep. 003–04–04, Nr. 7606.
190 Der Pathologe Berthold Ostertag kooperierte mit dem »Reichsausschuß zur wissenschaftlichen Erfassung von erb- und anlagebedingten schweren Leiden« im Zuge der Kinder-Euthanasie. Er obduzierte Kinder, die in Wittenau ermordet wurden (vgl. Schmuhl 2003, 337). 1945 wurde er entnazifiziert.
191 Mündlicher Bericht der Zeitzeugin Edith R. vom 5.9.2015.
192 Vgl. LAB A-Rep. 003–04–04, Nr. 7265, Akte Maria G., Kostenrechnung Beerdigung.
193 Vgl. Nord-Berliner Tagespost , LAB NBT Rep Nr. 143 vom 22.6.1933
194 Vgl. Archiv der Hoffnungstaler Anstalten, AHA-Akte »Euthanasie«.

II.9 Der vergessene Friedhof der Karl-Bonhoeffer-Klinik in Berlin Wittenau

Um die Teilnahme der Angehörigen an der Beerdigung waren die Heilstätten nicht sehr bemüht. Schon auf den Todesmeldungen waren sie oft nicht sorgfältig aufgeführt. Bis zum heutigen Tage suchen Angehörige, häufig aus der Enkelgeneration, nach den Grabstätten und Umständen des Todes ihrer Verwandten. Erst nach Jahren oder Jahrzehnten begannen sie zu überlegen, ob es sich um »Euthanasie« gehandelt haben könnte. Dass es Menschen aus der Nachbarschaft waren, die ihre Angehörigen in die Heilstätten hatten verbringen lassen, war in den Familien noch bruchstückhaft bekannt. Zuweilen handelten aber auch Luftschutzwarte, die NS-Frauenschaft oder niedergelassene Ärzte entsprechend. Karin R., deren Mutter 1945 verstorben war, erfuhr erst Jahre später von den Umständen. In einem Brief fragte sie 1958 an: »Ist dieselbe dort oder wo anders beigesetzt worden?«[195]

Im Standesamt Reinickendorf wurden die Sterbefälle größtenteils auf die mündliche Anzeige des Angestellten Willi Qualitz hin eingetragen. Er gab stets an, »aus eigener Wissenschaft und Kenntnis von dem Sterbefalle unterrichtet zu sein«. Von Beruf Zimmermann war er 1912 in den Krankendienst eingetreten, wurde NSDAP-Mitglied und blieb bis zu seinem Renteneintritt 1952 in einer Vertrauensstellung. Das benachbarte Polizeirevier 295 übernahm die Todesursachen aus der Todesmeldung. Diese waren von der Stationsschwester oder dem -pfleger unterschrieben worden, die Stationsärzte schlossen sich mit dem Eintrag der Diagnose an. Die polizeiliche Freigabe und der Beerdigungsschein sind fast vollständig in den Verwaltungsakten enthalten. In zahlreichen Fällen übernahm das Wohlfahrtsamt die Beerdigungskosten für Patientinnen und Patienten, deren Angehörige übergangen worden waren.

Das Totenfürsorgerecht der Angehörigen war ignoriert worden. Die Ehefrau von Ernst L. bat erst 1951 erfolgreich darum, die Liegefrist ihres Mannes im Massengrab bis zum Jahre 1995 zu verlängern, »da ich den Wunsch habe, meine Urne auf dem Grab meines Mannes beisetzen zu lassen«.[196] Aber auch bei Angehörigen, die noch rechtzeitig reagieren konnten, verhinderte das Vorgehen der Heilstätten die Umsetzung ihrer Wünsche und Rechte. Ein Merkblatt regelte die Besichtigung der Leiche werktags und am Sonnabendvormittag, verfügte die Einäscherung sowie die Abholung in einem sehr engen Zeitraum.

In einem Einschreiben schrieb die Schwester von Erwin W., dass sie erst mit ihrer Mutter über die »von uns gewünschte Beerdigung« sprechen müsse und dann käme, »um die Angelegenheit zu regeln«.[197] Doch die Beerdigung beraumten die Heilstätten bereits zehn Tage vor dem angekündigten Besuch an. Pfarrer Boesler hielt die Beerdigung. An den Kosten musste sich die Schwester beteiligen und stimmte zu, den Nachlass im Anstaltsinteresse verwenden zu lassen.[198] Die Verwaltungsakten der Patientinnen und Patienten zeichnen deren letzten Lebensstationen nach. Besonders lebendig erzählen die Briefe ihrer Angehörigen. So erfahren wir, wie ihnen die Besuchsmöglichkeiten so rar wie möglich gemacht wurden, wie ihre Beobachtungen des rüden Umgangs mit den Patientinnen und Patienten nicht

---

195 LAB A-Rep. 003-04-04, Nr. 7176, Karin R. über ihre Mutter Frieda G.
196 LAB A-Rep. 003-04-04, Nr. 7545, Akte Ernst L.
197 LAB A-Rep. 003-04-04, Nr. 7562, Akte Erwin W.
198 Vgl. ebd.

ernst genommen wurden und wie die Versuche scheiterten, ihre Lieben zu sich nach Hause oder wenigstens in eine nahegelegene Anstalt zu holen. Die Mutter des Soldaten Karl G. schrieb beharrlich an die Klinikleitung und machte Vorschläge, wie ihr Sohn nach Hause in die Steiermark gebracht werden könnte. Sie erkannte seinen körperlichen Verfall und schrieb: »Es ist ja gestattet Pakete mit Eßbarem zu senden, nur bekommt mein Sohn keine Pakete [...]. Nur eins mit Medikamenten hat er ja erhalten aber leider lassen sich Medikamente nicht verzehren. [...] Mein Sohn, wenn er schreibt, dann immer nur dass er Hunger hat. Ersuche sie daher nochmals Einsicht zu haben und meinen Sohn baldigst frei zu geben.«[199] Dr. Behrendt willigte schließlich ein, die Sache zu prüfen. Aber nicht die Anstalt in der Steiermark in der Nähe der Mutter hatte er im Sinne, sondern er bat bei der Generalstaatsanwaltschaft um die Zustimmung zur Verlegung in die Landesanstalt Obrawalde.[200]

Im Juli 1944 schrieb ein beunruhigter Ehemann an die Heilstätten, dass seine Frau »klagte [...], das Essen sei ungenügend [...]. Sie hatte blutunterlaufene Stellen [...] sie sei geschlagen worden mit einem ledernen Pantoffel«[201] und endete mit der Aufforderung, den Täter zu ermitteln.[202] Für die Angehörigen waren die Todesursachen der Patientinnen und Patienten zumeist nicht nachvollziehbar. Immer wieder sprachen sie dieses in ihrer Korrespondenz an: »Ich möchte sie herzlich bitten mir die Todesursache, wovon mein lieber Mann gestorben ist, noch einmal mitzuteilen«, schrieb am 24. März 1944 Alma G. an Dr. Behrendt.[203] Kurt G. fragte nach dem »vorzeitigen Ableben« seines Bruders und fährt fort: »Ist Ihnen bekannt, ob mein Bruder eine letztweilige Verfügung hinterlassen hat?«[204]

Der herablassende Umgang mit den Angehörigen setzte sich auch nach der Beerdigung fort. »In jedem Jahr war es mir, da ich im Ostsektor wohne und arbeite, nur immer am 8. Mai möglich, für das Grab meines Vaters den Betrag von DM 10,50 Ost für Gießgeld einzuzahlen. Leider fällt in diesem Jahr der 8. Mai auf einen Sonntag, an dem Ihre Verwaltung geschlossen ist«, schrieb Hilde G. 1960.[205] Der Sohn von Minna B. wurde aufgefordert, das Gießgeld ein zweites Mal einzuzahlen, da es der Bruder aus dem Spreewald in Ost-Mark entrichtet habe; das könne als Zahlung nicht gelten.[206] 1990 waren noch einige Grabsteine auf dem Friedhof erkennbar, obwohl er 1958 aufgelassen worden war. Gepflegt wurde er dennoch durch die Gartengruppe der Klinik. In der Nachkriegszeit fehlte es an allem, so diente schon mal eine ehemalige Waschtischplatte als Grabplatte. Auf dem Sammelgrab längs des Hauptweges – im Sterbebuch mit »M« gekennzeichnet – waren für mehr als 350 Begrabene 35 Hügel errichtet worden, auf denen die Familien versuchten, mit Blumen, Steckschildern oder selbstgefertigten Holzkreuzen Individualität herzustellen.

---

199 LAB A-Rep. 003–04–04, Nr. 8796, Akte Grenadier Karl G.
200 Vgl. ebd.
201 LAB A-Rep. 003–04–04, Nr. 7320, Akte Ernestine G.
202 Vgl. ebd.
203 LAB A-Rep. 003–04–04, Nr. 7338, Akte Peter G.
204 LAB A-Rep. 003–04–04, Nr. 7190, Akte Erich G.
205 LAB A-Rep. 003–04–04, Nr. 7182 Akte Hilde G.
206 Vgl. LAB A-Rep. 003–04–04, Nr. 6437, Akte Minna B.

II.9 Der vergessene Friedhof der Karl-Bonhoeffer-Klinik in Berlin Wittenau

Abb. 46: Der Grabstein von Friedrich Wilhelm Kortum, dem Direktor der Wittenauer Heilstätten

Lange blieben die Angehörigen mit ihrer Trauer allein und sprachen weder in der Öffentlichkeit noch in der eigenen Familie über den Verlust.

II.9.7 Der Gedenkort

Als sich 2011 eine Gruppe der Fraktion Bündnis 90/Die Grünen den Friedhof angesehen hatte, war schnell klar: Hier ist keine grüne Wiese, wie wohl alle im Rathaus annehmen! Nein, eine Friedhofsmauer, verschiedene Brunnen und zugewachsene alte Wege zeigen, dass hier einst ein Friedhof war. Die Bezirksverordnetenversammlung griff das Thema auf; mehrere Ausschüsse setzten es auf die Tagesordnung. Trotzdem verlief ein Runder Tisch ergebnislos. Man könne keine Opfer namentlich feststellen und wolle auch die Totenruhe nicht stören, indem das Bezirksamt die Kriegsgräberfürsorge hinzuzöge, lautete das Ergebnis. Eigentlich sei »hinten auf dem Friedhof doch nur alles Torf«. Die Aktenlage sei eindeutig, argumentierte auch der Krankenhausträger.39 »Opfer von Krieg und Gewaltherrschaft« seien auf die bezirkliche Kriegsgräberstätte verlegt worden, damit sei er nicht mehr historisch belastet. Der Anstaltsfriedhof sei nie als öffentlicher Friedhof gewidmet worden, ja dem »Ansinnen der Pflege des Friedhofs« könne nicht entsprochen werden, da »die ehemalige Begräbnisstätte heute bewaldet und als solche nicht mehr auffindbar ist«.[207]

---

207 Drucksachen der Bezirksverordnetenversammlung Reinickendorf von Berlin XIX. Wahlperiode, Drucksache-Nr. 0015/XIX vom 25.1.2013.

Doch es war zu spät, um aufzuhören. Die Anteilnahme für den vergessenen Friedhof war über die Jahre gewachsen. Aus den angeblich »verwehten Spuren« der 1980er Jahre waren Namen, Biografien und Tatsachen geworden. Die Schülerinnen und Schüler des Georg-Herwegh-Gymnasiums wollten ein Zeichen setzen. »Ist um diese Toten jemals öffentlich getrauert worden?«, fragte eine Abiturientin in ihrer Abschlussarbeit. Für die Passionszeit 2014 wurde eine Gedenkfeier geplant. Die Zustimmung des Grundstückseigentümers war schwer zu bekommen, weil sich niemand für den aufgelassenen Friedhof zuständig fühlte. Da die Presse Interesse zeigte, wurden dann doch Bezirksamt und Krankenhausträger einbezogen. In dem Gedenkgottesdienst mit dem Klinikpfarrer lasen Schülerinnen und Schüler die Namen von Verstorbenen vor, die zwischen 1933 und 1945 auf dem Anstaltsfriedhof durch das Pfarramt Wittenau beerdigt worden waren. Ein Angehöriger sprach erleichtert aus, was die Anwesenden dachten: »Das wurde jetzt aber auch Zeit!«

Noch im September 2014 gründete sich der »Freundeskreis Gedenkort alter Anstaltsfriedhof«. Angehörige, ehemalige Mitarbeitende, Anwohnerinnen und Anwohner sowie Interessierte wollten diesen authentischen Ort bewahren.[208] Aber ein Schülerworkshop mit Künstlerinnen und Künstlern hatte gezeigt, dass selbst temporäre Zeichen durch Blumen, Schriftbänder und einfache Holzkreuze den Widerspruch des Eigentümers hervorriefen. Immer noch gab es Verkaufsabsichten für das Gelände und das Sichtbarmachen eines Friedhofes stand dem völlig entgegen.

2015 fand im Rathaus überraschend ein Perspektivwechsel statt. Eine Bezirksverordnete sagte während einer Sitzung: »Wir müssen diesen Friedhof neu bewerten!«. Der Friedhof solle vor dem endgültigen Verfall bewahrt und zunächst die Reste der alten Friedhofsmauer gesichert werden, forderte die eine Seite. Das Grundstück gehöre dem Klinikkonzern, deshalb seien der Kommunalpolitik die Hände gebunden, argumentierte die andere. Schließlich beschloss die Bezirksverordnetenversammlung im Herbst 2019, den Friedhof gemeinsam mit dem Freundeskreis zu einem Gedenkort zu machen. Doch erst durch die Intervention einzelner Bezirksverordneter wurden im nächsten Haushalt Mittel für den Friedhof eingestellt. Doch die Auszahlung stockte. Dem Freundeskreis wurde nun angeraten, zunächst die Gründung als Verein anzustreben, um das Geld in Empfang nehmen zu können. Ein nächster Vorschlag war, Fördermittel zu beantragen, wie das auch Sportvereine im Bezirk täten, hierbei müsse aber auch Eigenkapital eingesetzt werden. Die Haushaltsmittel drohten zu verfallen. Durch das erneute Engagement von Bezirksverordneten konnten die Mittel wenige Monate vor Ablauf der Haushaltsperiode doch noch ausgezahlt und damit die alte Friedhofsmauer gesichert werden. Die beauftragte Steinmetzfirma schaffte es gerade noch kurz vor der Frostperiode, die Friedhofsmauer instand zu setzen.

Am 28. Januar 2022 wurde in einer feierlichen Veranstaltung der »Gedenkort alter Anstaltsfriedhof« eingeweiht. Der lange Weg vom gewollten Vergessen bis hin zu einem Gedenkort war nur durch die Beharrlichkeit der Angehörigen und vieler

---

208 Vgl. Reinickendorfer Allgemeine Zeitung 8/17 vom 27.4.2017.

engagierter Bürgerinnen und Bürger möglich. Erst zuallerletzt vollzog sich in der Politik ein Umdenken. Der Krankenhauskonzern hatte zwar die geschichtliche Verantwortung benannt, sie in diesem Fall aber nicht erkennen lassen.

Heute sind die Beerdigten endlich auch als Patientinnen und Patienten zu erkennen und damit auch als Opfer der Krankentötungen der NS-Zeit auffindbar. Die in den Heilstätten Verstorbenen, die auf anderen Friedhöfen der Stadt begraben wurden, haben damit jedoch ihre Leidensgeschichte verloren. In Kirchen- und Friedhofsbüchern ist nicht vermerkt, wie sie zu Tode gekommen sind. Heute hat der Friedhof seinen Platz zwischen einer Kriegsgräberstätte einem aufgelassenen Friedhof und einer Parkanlage eingenommen.

Literatur

Arbeitsgruppe zur Erforschung der Geschichte der Karl-Bonhoeffer-Nervenklinik (Hrsg.) (1988): Totgeschwiegen 1933–1945. Die Geschichte der Karl-Bonhoeffer-Nervenklinik. Reihe Deutsche Vergangenheit »Stätten der Geschichte Berlins«, Bd. 17. Berlin: Edition Hentrich.

Beddies, T. & Dörries, A. (Hrsg.) (1999): Die Patienten der Wittenauer Heilstätten in Berlin 1919–1960. Husum: Matthiesen.

Hübener, K. (Hrsg.) (2002): Brandenburgische Heil- und Pflegeanstalten in der NS-Zeit. Schriftenreihe zur Medizin-Geschichte des Landes Brandenburg, Bd.3. Berlin: be.bra wissenschaft.

Beddies, T. (2002): Die Heil- und Pflegeanstalt Meseritz-Obrawalde im Dritten Reich. In: K. Hübener (Hrsg.), Brandenburgische Heil- und Pflegeanstalten in der NS-Zeit. Schriftenreihe zur Medizin-Geschichte des Landes Brandenburg. 3 (S. 231–258). Berlin: be.bra wissenschaft.

Harms, I. (2008): »Wat mööt wi hier smachten…«. Hungertod und »Euthanasie« in der Heil- und Pflegeanstalt Wehnen 1936–1945 (3., vollst. überarbeitete Auflage). Oldenburg: BIS-Verlag.

Neumärker, K.-J. (2017): Karl Bonhoeffer. Biografie. Berlin: Steffen Verlag.

Gerrens, U. (1996): Medizinisches Ethos und theologische Ethik. Karl und Dietrich Bonhoeffer in der Auseinandersetzung um Zwangssterilisation und »Euthanasie« im Nationalsozialismus. Schriftenreihe der Vierteljahreshefte für Zeitgeschichte. München: R. Oldenbourg.

Schmuhl, H.-W. (Hrsg.) (2003): Rassenforschung an Kaiser-Wilhelm-Instituten vor und nach 1933. Geschichte der Kaiser-Wilhelm-Gesellschaft im Nationalsozialismus, 4. Göttingen: Wallstein Verlag.

Schulze, D. (2021): »Es wäre doch die verdammte Pflicht und Schuldigkeit der Anstalt, die Angehörigen des Patienten zu verständigen…«. Familien von »Euthanasie«-Opfern und ihr Schriftwechsel mit der Heil- und Pflegeanstalt Kaufbeuren-Irsee. Irsee: Grizeto Verlag.

Wernicke, I. (2010): Berliner Friedhofsspaziergänge. Berlin: Jaron Verlag.

Willems, S. (1995): Lothar Kreyssig: Vom eigenen verantwortlichen Handeln. Eine biographische Studie zum Protest gegen die Euthanasieverbrechen in Nazi-Deutschland. Berlin: Aktion Sühnezeichen Friedensdienste.

Willm, H. (1995): Geliebte Gräber. Der Alte Friedhof in Bethel. Gedanken, Erinnerungen, Plaudereien. Bethel: Bethel-Verlag.

III Eugenik und Rassenhygiene in der internationalen Diskussion – Ein Einblick in ausgewählte Länder

III.1 Im Souterrain des Volksheims: Menschen mit geistiger Behinderung in Schweden in der ersten Hälfte des 20. Jahrhunderts

Thomas Barow

III.1.1 Schweden im Wandel

Die schwedische Gesellschaft hat sich in der ersten Hälfte des 20. Jahrhunderts von Grund auf geändert. Aus einem rückständigen Agrar- und Auswandererland entstand eine prosperierende, seit den 1950er Jahren durch Einwanderung geprägte Industrie- und schließlich Dienstleistungsgesellschaft. Auf der politischen Ebene wandelte sich Schweden nach Ende des Ersten Weltkriegs in eine konstitutionelle Monarchie, mit einer vom Parlament gewählten Regierung als zentraler Machtposition. Das allgemeine und freie Wahlrecht wurde 1921 eingeführt, allerdings mit gewissen Einschränkungen. So waren etwa Menschen mit geistiger Behinderung bis 1989 davon ausgeschlossen. In der Zwischenkriegszeit und dem wachsenden Einfluss der Sozialdemokratie verbreitete sich die Vorstellung eines Volksheims, das dem sozialdemokratischen Parteivorsitzenden Per Albin Hansson zufolge »keine Privilegierten oder Zurückgesetzten, keine Hätschel- und keine Stiefkinder« (Hansson, zitiert nach Götz 2001, 220) kenne. Außenpolitisch gelang es Schweden während der beiden Weltkriege, seine Neutralität zu bewahren – im Zweiten Weltkrieg ungeachtet mancher Zugeständnisse an das nationalsozialistische Deutschland.

Während dieser Jahrzehnte haben sich auch die Lebensbedingungen von Menschen, die als »schwachsinnig« kategorisiert worden waren, grundlegend gewandelt. Erste Anstaltsschulen und »Arbeitsheime für Schwachsinnige« waren in der zweiten Hälfte des 19. Jahrhunderts entstanden. Anfangs gingen diese aus philanthropisch beziehungsweise religiös motivierten Initiativen hervor. Schon bald zeigte sich jedoch staatliches Engagement, anfangs durch die Gewährung von finanzieller Unterstützung, deren Höhe sich nach der jeweiligen Personenanzahl in den Einrichtungen richtete. Damit einher ging eine Aufteilung in »bildungsfähige« und vermeintlich »bildungsunfähige Schwachsinnige«. Kindern und Jugendlichen in Anstaltsschulen wurde bereits seit 1878 staatliche Unterstützung zuteil (vgl. Förhammar 1991). Hingegen gab es eine eng begrenzte finanzielle Förderung für Personen, die als bildungsunfähig galten, erst ab 1904. Durch diese staatliche Förderung, wenn auch im Ausmaß gering, ergaben sich Impulse für den weiteren Ausbau des Anstaltswesens. Der hier darzustellende Untersuchungszeitraum der ersten Hälfte des 20. Jahrhunderts folgte auf eine Pionierphase und entsprach in der Entwicklung der Fürsorge einer Experten- und Differenzierungsphase (vgl. Bengtsson 2004). Gekennzeichnet war diese durch eine gezielte staatliche Sozialpolitik, den Ausbau von spezialisierten Institutionen und eine markante Professionalisierung. Etwa seit den 1960er Jahren schloss sich daran eine Integrationsphase an.

Dieser Beitrag verfolgt das Ziel, die Lebensbedingungen von Menschen, die in der Terminologie der ersten Hälfte des 20. Jahrhunderts in Schweden als »schwachsinnig« und somit normabweichend wahrgenommen wurden, darzustellen und zu analysieren. In den Blick genommen werden dabei die Kategorisierung »Schwachsinn« als gesellschaftliches Problem, der Niederschlag in der Pädagogik und in sozialpolitischen Maßnahmen. Damit soll zudem eine Grundlage für eine international-vergleichende Betrachtungsweise gelegt werden, welche die schwedischen Entwicklungen denen in Dänemark und Deutschland gegenüberstellt.

Drei übergreifende Fragestellungen stehen dabei im Zentrum der historischen Darstellung. Gefragt wird erstens nach den Charakteristika der Situation von als »schwachsinnig« bezeichneten Menschen in Schweden in der ersten Hälfte des 20. Jahrhunderts. Dieses Kapitel bildet somit – zweitens – einen Diskussionsbeitrag zu der Frage, ob repressive Praktiken gegenüber dieser Personengruppe ungeachtet der Ideale des sich etablierenden Wohlfahrtsstaates oder gar als Voraussetzung für dessen Entwicklung zu verstehen sind (vgl. Hamre & Kragh 2023). Darüber hinaus wird drittens der Frage nachgegangen, welche Gemeinsamkeiten und Unterschiede sich im Verhältnis zu den Entwicklungen in Dänemark und Deutschland erkennen lassen.

In methodischer Hinsicht wird vor allem auf die Historiographie von Menschen mit geistiger Behinderung zurückgegriffen (vgl. u. a. Areschoug 2000; Grunewald 2008; Barow 2009a). Der historische Vergleich basiert auf der Beobachtung, dass sich international zwar ähnliche Problemlagen erkennen lassen, die jedoch sozial und institutionell unterschiedlich angegangen wurden (vgl. Haupt & Kocka 1996; Eisenstadt 1999). Aufgegriffen werden in diesem Kapitel die Ebenen der professionellen Diskussion, der Sozial- und Bildungspolitik sowie der Gesetzgebung und Implementierung. Vor dem Hintergrund der angestrebten Authentizität der Quellen und Veränderungen innerhalb der beschriebenen Zielgruppe wird in diesem Text – abgesehen von der Kapitelüberschrift – überwiegend die zeitgenössische Terminologie verwendet, auch wenn es sich hierbei um soziale Zuschreibungen handelte.

III.1.2 Die Kategorisierung »Schwachsinn« als soziales Problem

Die Zuschreibung »Schwachsinn« war während des Untersuchungszeitraums höchst uneinheitlich. Es handelte sich dabei im Wesentlichen um drei Abweichungen von einem gedachten gesellschaftlichen Mittelmaß, die sich als Schulversagen, Intelligenzminderung und Verletzung sozialer Normen zusammenfassen lassen. Gemeinsam war all diesen Kategorisierungen jedoch, dass sie – wie auch aus internationalen Zusammenhängen bekannt (vgl. Ryan & Thomas 1987, 13) – immer von anderen vorgenommen wurden, niemals von den Betroffenen selbst. In den Definitionsansätzen spiegeln sich zudem unterschiedliche Sichtweisen von Pädagogik einerseits sowie Psychologie und Psychiatrie andererseits wider.

In der bildungsadministrativen Zuschreibung von »Schwachsinn« als Schulversagen und historisch naheliegenden beziehungsweise nachfolgenden Begriffen, zum Beispiel Geistesschwäche und geistiger Behinderung, zeigt sich bis heute eine bemerkenswerte Kontinuität. Hervorgehoben wurde das vermeintliche Scheitern in der allgemeinen Schule, wobei die Ursachen dafür in der Person der beziehungsweise des Betroffenen gesucht wurden. So beschrieb ein staatlicher Bericht bereits zum Ende des 19. Jahrhunderts, es handele sich bei »Geistesschwachen« um diejenigen, die »aufgrund von mangelnder Auffassungsgabe sich nicht den Unterricht der Volksschule zunutze machen können« (Underdånigt betänkande och förslag till ordnande af andesvagas undervisning[209] 1894, 9). Zu Beginn des 20. Jahrhunderts wurden in Schweden nach deutschem Vorbild erste Hilfsklassen gegründet, sodass es in der ersten Gesetzgebung über den Unterricht von »Schwachsinnigen« aus dem Jahr 1944 (vgl. Areschoug 2000; Grunewald 2008) zwar eine terminologische Anpassung vorgenommen, der grundlegende Gedanke des Schulversagens jedoch beibehalten wurde. Beschrieben wird die infrage kommende Person als eine, die aufgrund »einer unzulänglichen Verstandesentwicklung sich den gewöhnlichen Unterricht der Volksschule oder der Hilfsklasse nicht zunutze machen« könne (SFS 1944:477, zitiert nach Barow 2009a, 106). Damit wurden die Leistungsnormen der allgemeinen Schule unhinterfragt übernommen. Das Streben nach einer einheitlichen Schule war begleitet von dem Paradox, gewisse Kinder auszugrenzen (vgl. Börjesson & Palmblad 2003).

Eine zweite Abweichung von einer angenommenen schulischen Norm lag in der Bestimmung von Intelligenztestwerten. Insbesondere hier spiegelte sich der wachsende Einfluss von Psychologie und Psychiatrie wider. In der jüngeren skandinavischen Historiographie wurde diese Entwicklung zuweilen aus einer durch die Schriften Foucaults geprägten Machtperspektive interpretiert. Dabei werden Bezüge zur Professionalisierung und Akademisierung (vgl. Ydesen et al. 2018) sowie zur Bevölkerungsoptimierung im Zuge einer »Biopolitik« hergestellt (vgl. Hamre et al. 2019).

Die Anfänge der Psychometrie in Schweden wurden durch die Arbeiten der französischen Psychologen Alfred Binet und Théodore Simon inspiriert. Während des Ersten Weltkriegs erschienen Übersetzungen und Schriften zur Anwendung von Intelligenztests. Analog zur internationalen Entwicklung setzte sich die Dreiteilung Debilität, Imbezillität und Idiotie und die Einteilung in Intelligenzalter durch. Die innerhalb der »Schwachsinnigenfürsorge« und Hilfsschulpädagogik einflussreiche Ärztin Alfhild Tamm betonte dabei die Verbindung zur sozialen Herkunft und Armut der betreffenden Kinder (vgl. Barow, 2009a, 102). Als erfahren im Umgang mit der Binet-Simon-Methode warnte sie, Intelligenztestwerte

---

209 Diese und alle folgenden Übersetzungen aus dem Schwedischen und Dänischen erfolgten durch den Verfasser.

und Schulleistungen gleichzusetzen. Zwar sprach sie sich für Testdurchführungen aus, doch sei diese Information durch Schülerbeobachtungen zu ergänzen. Tamms Kollegin Alice Hellström, die eine schwedische Fassung der Stanford-Revision des amerikanischen Psychologen Lewis M. Terman entwickelt hatte, sprach von diesen Tests als einem »Hilfsmittel« (a.a.O., 103), als einer Methode unter vielen zum Verständnis der menschlichen Psyche.

Ungeachtet dieser differenzierten Betrachtung mehrten sich jedoch in den Folgejahren Stimmen, die hinsichtlich der Intelligenztests einen Wandel von einem Instrument des Erkennens von Hilfebedarf zu einem Mittel der Abgrenzung und Absonderung sahen (vgl. Axelsson 2007; Barow 2009a), etwa wenn es sich um die Überweisung in eine Hilfsklasse oder die Durchführung von Sterilisationen handelte.

Ein dritter Topos in der Debatte um »Schwachsinn« bezog sich auf die Abweichung von gesellschaftlichen Verhaltensnormen. Dieser drückte sich in Vorstellungen vom sittlichen und sozialen Verfall aus, wobei deren Ursachen in den individuellen Eigenschaften der Betroffenen gesehen wurden. Grundlegend waren in diesem Zusammenhang geschlechtsspezifische Stereotype: das Bild von der ausschweifenden weiblichen Sexualität und der ausgeprägten männlichen Kriminalität. Beide Vorstellungen waren schon zu Beginn des Untersuchungszeitraums verbreitet und bildeten eine wichtige Grundlage der Sozialpolitik. Dazu gehörte einerseits der Ausbau der nachgehenden Fürsorge, vielfach verbunden mit zwangsweiser Internierung in verschiedenen Anstaltsformen. Andererseits wurde damit eine Legitimationsbasis für das ganze Spektrum eugenischer Maßnahmen geschaffen: Eheverbot, Sterilisation und Kastration. Die Verbindung von »Schwachsinn« und Normabweichung unterstreicht die gesellschaftliche Randstellung von Menschen, die als »schwachsinnig« galten.

Besonders augenfällig wurde die Fokussierung auf Normverletzungen bei der »Erfindung des entarteten Schwachsinnigen« (Barow 2009a, 110). Internationale Parallelen ergeben sich bei den Debatten um »moralische Imbezillität«, wobei Bezüge zu US-amerikanischen Vorbildern existierten (vgl. Rappe 1904). In Schweden empfahlen in den 1920er Jahren offizielle Kommissionen die Errichtung staatlicher Anstalten für »entartete schwachsinnige« Jugendliche und Erwachsene. Solche Einrichtungen entstanden schließlich 1922 in Salbohed für Jungen und 1924 in Vänersborg für Mädchen. Staatliche Institutionen für Erwachsene sollten nach dänischem Vorbild ursprünglich auf Inseln eingerichtet werden, wovon jedoch aus pragmatischen Gründen abgesehen wurde (vgl. Barow 2024). Stattdessen wurden 1930/31 nicht mehr genutzte Kasernen zu Anstalten für »asoziale Imbezile« umgebaut. In Örebro entstand eine solche psychiatrisch geprägte Einrichtung für Frauen (vgl. Engwall 2000), in Salberga eine vergleichbare Institution für Männer. All diese Einrichtungen wurden seit den 1960er Jahren schrittweise reformiert und schließlich aufgelöst.

III.1.3 Eugenik in Pädagogik und »Schwachsinnigenfürsorge«

Rassenhygiene und Eugenik waren internationale Phänomene (vgl. Kühl 1997), die nicht zuletzt in Schweden erheblichen Einfluss auf die soziale Stellung und die konkreten Lebensbedingungen von Menschen hatten, die von der Mehrheitsgesellschaft als »anders« wahrgenommen wurden. Dazu gehörten in erster Linie »Schwachsinnige«, aber auch andere gesellschaftliche Außenseiterinnen und Außenseiter.

In den vergangenen Jahrzehnten wurde die schwedische Geschichte der Rassenhygiene und Eugenik umfassend erforscht (vgl. u. a. Weindling 1999; Tydén 2002; Tydén & Broberg 2005; Björkman & Widmalm 2010). Dabei ist deren Historie der internationalen Entwicklung entsprechend vielschichtig und komplex. Seit Beginn des 20. Jahrhunderts und verstärkt seit Ende des Ersten Weltkriegs entwickelte sich die »Rassenbiologie« in Schweden, basierend auf einer Allianz von Wissenschaft, Intellektuellen und Politik, zu einer starken gesellschaftlichen Strömung. Bereits 1909 war die Schwedische Gesellschaft für Rassenhygiene gegründet worden, deren Mitglieder vielfach auch der Internationalen Gesellschaft für Rassenhygiene angehörten. In Uppsala entstand 1922 das Staatliche Institut für Rassenbiologie, dessen erster Leiter Herman Lundborg enge Kontakte zu Rassenhygienikern in Deutschland pflegte. Die weitere Entwicklung des Instituts verdeutlicht jedoch auch die Wandelbarkeit des Eugenik-Konzeptes. Mit Gunnar Dahlberg übernahm 1935 ein Arzt die Institutsleitung, wodurch eine Ausrichtung an Genetik und Sozialmedizin in den Vordergrund trat. Zugleich spiegelte sich in dieser Veränderung eine Abgrenzung zur Rassenhygiene in Deutschland wider.

Als erstes eugenisch motiviertes Gesetz trat 1916 das Eheverbot für »Schwachsinnige« in Kraft. In jenen Jahren setzten auch Überlegungen zur Einführung eines Sterilisationsgesetzes ein, das vom schwedischen Reichstag schließlich 1934 mit großer Mehrheit beschlossen wurde und ab 1935 galt. Demnach konnten »Schwachsinnige« aufgrund einer medizinischen oder sozialen Indikation sterilisiert werden. Vor dem Hintergrund der wenigen Eingriffe in den Folgejahren erfolgte 1941 eine Gesetzesreform mit dem Ziel, die Zahl der Operationen zu erhöhen. Die Gründe für eine Unfruchtbarmachung wurden nun ausgeweitet, etwa indem die fehlende Rechtsunmündigkeit der Betroffenen nicht mehr dauerhaft sein musste. Weitergehende Initiativen in den 1940er Jahren, einen formalen Zwang einzuführen, scheiterten jedoch. Bei rund 63.000 Sterilisationen im Zeitraum 1935–1975 entfielen vor allem in den 1940er Jahren etwa 13.600 auf Menschen, die als »schwachsinnig«, zurückgeblieben usw. eingestuft wurden: rund 10.200 Frauen und 3.400 Männer (vgl. Tydén 2002, 64). Erst 1999 kam es nach intensiven öffentlichen Debatten zu einem Entschädigungsgesetz, in dessen Folge die Betroffenen 175.000 schwedische Kronen Kompensation erhielten (vgl. Barow 2004), was in etwa 18.700 Euro entsprach.

Ein Gesetz aus dem Jahr 1944 regelte die Kastration, die in der Praxis gelegentlich bereits seit 1941 vorkam (vgl. Barow 2009a, 265 ff.). Betroffen von diesem

Eingriff waren vor allem Männer, die als »schwachsinnig« kategorisiert waren und zum Teil Sexualstraftaten begangen hatten. Voraussetzung für den Eingriff war eine »kriminalpolitische« oder »humanitäre« Indikation. Für die Jahre 1944–1955 wird insgesamt von etwa 400 bis 500 Eingriffen ausgegangen.

Eugenische Denkmuster spiegelten sich auch in der Pädagogik wider. Im Schweden der 1920er Jahre existierte eine »relativ breite Akzeptanz, verschiedene gesellschaftliche Phänomene aus einer Rassenperspektive zu betrachten« (Samuelsson 2023, 82). Vor diesem Hintergrund überrascht es nicht, dass sich solche Denkmuster auch im pädagogischen Schrifttum jener Zeit finden. Zu den Klassikern der pädagogischen Literatur gehört Ellen Keys »Jahrhundert des Kindes«, auf dessen rassenhygienische Verankerung von der deutschsprachigen Forschung bereits in den 1990er Jahren hingewiesen wurde (zusammenfassend vgl. Barow 2009a, 65; Ellger-Rüttgardt 2024, 137). Interessanterweise wurde dieser Aspekt im Werk Keys in Schweden lange Zeit außer Acht gelassen und erst in jüngerer Zeit von der bildungshistorischen Forschung aufgegriffen (vgl. Vikström 2021). Eine Erklärung für diese Verzögerung liegt in der im internationalen Vergleich geringen Rezeption Keys durch die schwedische Pädagogik.

Für pädagogische Periodika der Zwischenkriegszeit verweist Samuelsson (2023) auf Beiträge, die eugenisches Gedankengut enthalten. Dazu gehören zum Beispiel die wohlwollende Besprechung der »Rassenkunde des deutschen Volkes« des deutschen Rassenhygienikers Hans F. K. Günther und einzelne Artikel von Herman Lundborg, bis 1935 Chef des Rassenbiologischen Instituts in Uppsala. Allerdings waren solche Beiträge keineswegs zentraler Bestandteil der pädagogischen Fachliteratur und verschwanden Mitte der 1930er Jahre weitgehend (vgl. ebd.). Dies kann sowohl eine Abgrenzung gegenüber dem Nationalsozialismus als auch ein Aufkommen von sozialwissenschaftlichen Sichtweisen bedeuten.

Es gab aber auch Entwicklungen auf der Ebene der pädagogischen Praxis. In den frühen 1940er Jahren wurde in Göteborg eine umfangreiche Untersuchung an »Tattare« vorgenommen (vgl. Axelsson 2007; 2024; Ericsson 2015). Der Begriff »Tattare« ist eine »ethnisierende Bezeichnung für den sozialen Bodensatz der schwedischen Gesellschaft, mit ähnliche[n] Assoziationen wie der Begriff Zigeuner« (Götz 2001, 521). Treibende Kraft hinter dieser Studie war der Göteborger Hilfsschullehrer Manne Ohlander. Dieser sah in geringen Intelligenztestwerten und dem gehäuften Vorkommen jener Kinder in Hilfsklassen einen Nachweis für die »rassische Minderwertigkeit« dieser Menschen und forderte deren Sterilisation. Allerdings fand er mit dieser antiziganistischen Forderung kaum sozialpolitisches Gehör und traf vereinzelt auf Widerspruch (vgl. Axelsson 2007).

Die Eugenik hatte eine besondere Bedeutung in der Entwicklung der schwedischen »Schwachsinnigenfürsorge«. Letztere existierte nicht als einheitliche Bewegung, sondern es lassen sich zwei unterschiedliche Traditionen erkennen. Eine ältere, bis ins 19. Jahrhundert zurückreichende Ausrichtung war philanthropisch-pädagogisch geprägt. Sie war charakterisiert durch die Einrichtung von Anstaltsschulen, Arbeits- und Pflegeheimen. Zu dieser Tradition gehört auch das Lehrerinnenseminar Slagsta mit seiner reformpädagogischen Orientierung. Eine neuere Entwicklung war die vor allem in der Zwischenkriegszeit zu beobachtende Psychiatrisierung, die an anderer Stelle mit dem zeitgenössischen Begriff der rationalen Fürsorge näher umschrieben wurde (vgl. Barow 2009a). Kennzeichnend dafür war vor allem die Gründung psychiatrisch geprägter, staatlicher Anstalten. Beide Flügel waren sich doch darin einig, dass eine Nachkommenschaft der ihr Anvertrauten zu verhindern sei (vgl. Areschoug 2000).

Abb. 47: Die Schule und das Lehrerinnenseminar Slagsta waren deutlich reformpädagogisch geprägt.

Rassenhygienische Positionen, ausgedrückt in einem markanten Degenerationsdiskurs, lassen sich bereits vor dem Ersten Weltkrieg nachweisen. Die Impulse dazu kamen überwiegend aus den USA und verbreiteten sich beim Nordischen Treffen für Abnormenangelegenheiten 1912 wie ein Lauffeuer. Angelegt ist darin bereits die Allianz aus Eugenik und »Schwachsinnigenfürsorge«, die in ihrem Tätigkeitsfeld nicht mehr nur eine philanthropische, sondern zunehmend eine sozialpolitische Aufgabe sah. Im Untersuchungszeitraum ließ die Eugenik »die Aufgaben der Anstalten – Unterricht, Erziehung und nachgehende Fürsorge – nicht nur unangetastet, sondern bestätigte ausdrücklich deren Bedeutung« (Barow 2009a, 283). Weite Teile der »Schwachsinnigenfürsorge« unterstützten ihrerseits die Sterilisationsgesetzgebung. Die Haltungen bewegten sich »zwischen Duldung, Billigung, Akzeptanz und aktiver Befürwortung« (ebd.). Die Umsetzung jener Gesetzgebung erfolgte regional unterschiedlich, doch vor allem während des Zweiten Weltkrigs (vgl. Tydén 2002) – und unter aktiver Beteiligung zahlreicher Fürsorgevertreterinnen und -vertreter. Deutlich wird an der engen Verbindung von Eugenik und »Schwachsinnigenfürsorge« deren Einbettung in den ambivalenten Kontext des sich entwickelnden Wohlfahrtsstaates, der zwar die Einbeziehung vieler anstrebte, dabei jedoch den Ausschluss derer betrieb, die als außerhalb der Norm liegend wahrgenommen wurden.

Besonders beachtet werden in diesem Beitrag Haltungen zur »Euthanasie«, also der euphemistisch umschriebenen Ermordung von Kranken und Menschen mit Behinderung. Quellen dazu existieren in Schweden nur wenige. Bekannt sind vereinzelte Aussagen schwedischer Persönlichkeiten des öffentlichen Lebens, die

Diskussion des einschlägigen deutschen Schrifttums und Äußerungen und Aufzeichnungen von wenigen Professionellen innerhalb der »Schwachsinnigenfürsorge«.

Die bereits oben erwähnte Ellen Key gehört zu den bekannten schwedischen Persönlichkeiten, die die Tötung von »psychisch und physisch unheilbar kranken und mißgestalteten« (Key 1992, 30) Kindern in Erwägung zogen. In ähnlicher Form äußerten sich in den 1920er Jahren Elise Ottesen-Jensen, eine namhafte Sexualpädagogin, und der spätere Kultusminister Arthur Engberg (vgl. Barow 2009a, 277). Bei all diesen Stellungnahmen lassen sich jedoch keine konkreten Auswirkungen erkennen. Unter dem Eindruck des Dritten Reiches änderte Engberg seine Einstellung und drückte seine Abscheu aus (vgl. ebd.).

Einzelne Fürsorgevertreterinnen und -vertreter thematisierten unter Rückgriff auf ungesicherte mittelalterliche Quellen die Tötung von Menschen mit Behinderung, hielten diese jedoch in der Gegenwart für ausgeschlossen. Die einschlägigen deutschsprachigen Schriften zur »Euthanasie«, allen voran Bindings und Hoches 1920 erschienenes Werk »Die Freigabe der Vernichtung lebensunwerten Lebens«, waren in schwedischen Fachkreisen zwar bekannt, deren praktische Umsetzung wurde aber abgelehnt.

Eine Sonderrolle spielen in diesem Zusammenhang Gedankengänge von Hugo Fröderberg, dem Leiter des »Spezialkrankenhauses« Vipeholm. Mit Blick auf die ihm anvertrauten Menschen mit schweren Behinderungen schrieb der Oberarzt vermutlich 1944: »Wenn ein Euthanasieverfahren zugelassen wäre, würde es mutmaßlich ohne größeren Widerstand aus irgendeiner Richtung durchgeführt werden können« (Fröderberg, zitiert nach Barow 2009a, 281). Vergleicht man diese Aussage mit anderen Quellen, in denen Fröderberg den Schutz dieser Menschen anmahnte, so lässt sich ungeachtet der technokratischen Sichtweise keine eindeutige Forderung nach einer »Euthanasie« interpretieren. Fröderbergs Perspektive ist von besonderem Interesse, da es in den Jahren 1941 bis 1943 in der von ihm geleiteten Anstalt zu einer deutlich erhöhten Sterberate kam. In jener Zeit starben jährlich zwischen 65 und 88 Menschen, und damit ungefähr doppelt so viele wie in den Jahren vor dem Krieg (vgl. Engwall 2005; Barow 2009a, 334). Lediglich ein Journalist (Kanger 2021) sieht darin einen Beleg, dass es in Schweden zur Tötung durch Unterlassung gekommen sei. Es bleibt abzuwarten, ob ein aktuelles Forschungsprojekt (https://www.vipeholm.lu.se, Stand Mai 2024) in dieser Frage neue Erkenntnisse hervorbringt.

III.1.4 Vereinzelte Bemühungen um Eingliederung

Ungeachtet starker eugenischer Strömungen innerhalb der schwedischen Gesellschaft in der ersten Hälfte des 20. Jahrhunderts existierten vereinzelt Anstrengungen, die auf eine Akzeptanz und Eingliederung von »Schwachsinnigen« abzielten. Dabei wurde diese soziale Kategorisierung zwar nicht grundlegend infrage gestellt, doch gab es Auswirkungen auf die konkreten Lebensbedingungen jener Menschen. Dies spiegelt sich in frühen Bemühungen um Normalisierung und Eingliederung ins Arbeitsleben wider.

Abb. 48: Das bereits 1900 gegründete Externat in Norrköping war die erste Schule, deren Schülerinnen und Schüler zu Hause wohnten.

Eine Verbesserung der Lebensbedingungen von Menschen mit geistiger Behinderung wird in Schweden gemeinhin mit der Formulierung des Normalisierungsprinzips durch Bengt Nirje (1969) verbunden. Historisch betrachtet existierten jedoch bereits weit früher Vorstellungen über die Vorteile einer »normalen« Umgebung in der Erziehung und Bildung von Menschen, die als »schwachsinnig« wahrgenommen wurden. In einem Artikel über das Aufkommen von Normalisierungsvorstellungen finden sich zahlreiche Quellen aus der ersten Hälfte des 20. Jahrhunderts, die solche Haltungen und Praktiken belegen (vgl. Barow 2009b). Zentral ist dabei die Frage nach den Vor- und Nachteilen einer Anstaltsunterbringung. Die Entwicklungsmöglichkeiten der betroffenen Menschen werden bei einem »Kontakt zum Leben« (a. a. O., 6) als besser beschrieben. Es gehe darum, »den Schwachsinnigen zu helfen, als Menschen unter Menschen« (ebd.) zu leben. Die Nachteile eines Aufwachsens in einer Anstalt wurden deutlich benannt: Diese bedeute ein »anormales Leben« und enthalte etwas »Künstliches«, was die Möglichkeit der Kinder verschlechtere, sich »später draußen im Leben zurechtzufinden« (a. a. O., 7). Konkret spiegelte sich diese Perspektive in der Einrichtung von Externatsschulen wider, von denen eine bereits 1900 in Norrköping gegründet worden war. Drei weitere entstanden in der Zwischenkriegszeit in Stockholm, Göteborg und Malmö. Zwar waren die Motive zur Gründung überwiegend ökonomisch gelagert, doch kam es bald zu positiven Einschätzungen bezüglich deren Pädagogik. Im Kontext der Schulpflichteinführung für »bildungsfähige Schwachsinnige« 1944 wurden Konflikte zwischen Pädagogik und Psychiatrie über die zukünftige Stellung der Externate sichtbar (vgl. Barow 2009a, 168 ff.). Bis Mitte des Jahrhunderts blieben jene Schulen die Ausnahme. Ein Durchbruch der Organisationform Externat – und damit zugleich die zunehmende Infragestellung der Anstaltsbeschulung – lässt sich seit den 1950er Jahren ausmachen.

Ein Aspekt von Normalisierung besteht darin, Beschäftigung als Teil des Alltags zu begreifen. Das Ziel, als »schwachsinnig« kategorisierten Menschen eine Erwerbstätigkeit und damit zumindest in Teilen ein eigenes Auskommen zu ermöglichen, lässt sich bereits in den Anfängen fürsorgerischer Bemühungen Mitte des 19. Jahrhunderts erkennen. Plakativ ausgedrückt wurde dies verschiedentlich durch den Sinnspruch »vom Zehrenden zum Ernährenden« (auf Schwedisch: »från tärande till närande«), der auf das Jahr 1857 und den Arzt Carl Ulrik Sondén zurückgeht (vgl. Förhammar 1991, 173). In der ersten Hälfte des 20. Jahrhunderts wurden Schule und Unterricht durch das Ziel der Arbeitsfähigkeit legitimiert, jedoch beschränkt auf einfache praktische Tätigkeiten.

Abb. 49: Das Erlernen praktischer Tätigkeiten war zeitlich übergreifend ein zentrales Ziel der Fürsorge.

Bedeutsam in diesem Zusammenhang war die Arbeit des »Allgemeinen schwedischen Verbandes für die Fürsorge Schwachsinniger und Fallsüchtiger«, insbesondere seines Vorsitzenden Johan Ambrosius, einem pensionierten Volksschulinspektor. Dieser formulierte um 1920 das Ziel, dass »die Schwachsinnigen aus ihrer hilflosen Isolierung in geistiger Finsternis und Ohnmacht befreit werden, so dass sie im Umgang mit anderen Menschen ein menschliches Leben führen können« (Ambrosius, zitiert nach Barow 2009b, 5). Basierend auf Ambrosius' Untersuchungen zum Lebensweg von Absolventinnen und Absolventen der Anstaltsschulen ergab sich ein Bild, das im Widerspruch zu dem in jener Zeit sich ausbreitenden Degenerationsdiskurs stand. Ambrosius konnte zeigen, dass viele dieser jungen Menschen ein Auskommen hatten und nur wenige dem »sittlichen Verfall« preisgegeben waren (Barow 2009a, 176). Als Schlussfolgerung forderte Ambrosius den Ausbau der nachgehenden Fürsorge und der kontrollierten Familienpflege, bei der Absolventen der Anstaltsschulen einfachen Tätigkeiten nachgingen, etwa auf Bauernhöfen.

Allerdings waren diese Bestrebungen kaum erfolgreich, der Ausbau dieser Fürsorgeform verlief schleppend und konnte nicht mit der Entwicklung von eher geschlossenen Anstalten schritthalten. Zudem wurde für eine Aufnahme in freiere Fürsorgeformen vielfach die Sterilisation der beziehungsweise des Betroffenen vorausgesetzt. Bemerkenswerterweise ist bislang keine Quelle bekannt, in der sich der 1932 im hohen Alter verstorbene Ambrosius zur Frage der Sterilisation geäußert hätte, ungeachtet des damals nicht zu übersehenden Degenerationsdiskurses, nicht zuletzt innerhalb des von ihm vertretenen Verbandes. Für Ambrosius waren Bildung und Erziehung zur Arbeit die Antwort auf die soziale Frage des gesellschaftlichen Umgangs mit »Schwachsinnigen«.

III.1.5 Schweden im Vergleich zu Dänemark und Deutschland

Für die historische Einordnung der schwedischen Situation ist der Vergleich mit den Nachbarländern Dänemark und Deutschland von besonderem Interesse. Bei einer Gegenüberstellung der Entwicklungen in Dänemark und Schweden lassen sich zwar im Detail unterschiedliche Entwicklungen, im Wesentlichen jedoch große Übereinstimmungen erkennen. Zentral für den dänisch-schwedischen Vergleich ist die Existenz eines gemeinsamen Diskussionsraumes. So waren die Periodika jener Zeit länderübergreifend angelegt und umfassten außer Dänemark und Schweden auch Norwegen und Finnland. Gleiches gilt für gesamtnordeuropäische Fachtagungen, die bereits seit 1872 in allen vier genannten Ländern stattfanden. Erkennbar werden dabei gemeinsame Konturen der sich in Entwicklung befindenden nordischen Wohlfahrtsstaaten, wie sie im Nachgang von Esping-Andersen (1990) beschrieben worden sind.

Dänemark war in unterschiedlicher Hinsicht ein Vorbild für Schweden. Die geographische Nähe zu Mitteleuropa ließ Entwicklungen zunächst nach Dänemark und erst mit gewisser Verzögerung nach Schweden gelangen. Dies lässt sich insbesondere bei der Institutionalisierung ablesen, etwa der Entwicklung von Anstalten und Hilfsklassen. Verschiedentlich reisten schwedische Fachleute nach Dänemark und ließen sich inspirieren; Berichte über Reisen in die Gegenrichtung gibt es kaum.

Mit Blick auf die Entwicklung eugenischer Vorstellungen lassen sich ebenfalls Ähnlichkeiten zwischen Dänemark[210] (vgl. Hansen 2005) und Schweden konstatieren. Bereits vor rund zwei Jahrzehnten charakterisierte Schwartz (2005) die Entwicklungen in Skandinavien als »Radikalvariante demokratischer Eugenik« (12). Bei der Vorbereitung und Implementierung von Sterilisationsgesetzen existieren deutliche Parallelen; Dänemark war für Schweden auch in diesem Bereich ein Modell. Debatten über »Euthanasie« existieren seit den 1920er Jahren und mit Bezug zu deutscher Literatur sowohl in Dänemark (vgl. Kragh 2019) als auch in Schweden (vgl. Barow 2009a). Gleichwohl kam es nach aktuellem Kenntnisstand in den beiden nordeuropäischen Ländern zu keiner praktischen Umsetzung solcher Überlegungen.

Nicht zuletzt mit Blick auf das Aufkommen von Normalisierungskonzeptionen finden sich Gemeinsamkeiten zwischen Dänemark und Schweden. In beiden Ländern existierten bereits vor dem Zweiten Weltkrieg vereinzelte Vorstellungen von Normalisierung (vgl. Kirkebæk 2001; Barow 2009b). Zu einschneidenden Sozialreformen kam es aber erst in der zweiten Hälfte des 20. Jahrhunderts, vor allem verbunden mit den Namen des Dänen Niels Erik Bank-Mikkelsen und des Schweden Bengt Nirje.

Auch deutsche Vorbilder haben in den ersten drei Dekaden des 20. Jahrhunderts Entwicklungen in Schweden in vielerlei Hinsicht angeregt, etwa bei der Gründung von »Schwachsinnigenanstalten« und Hilfsklassen. Allerdings kam es zu keinem Zeitpunkt, bedingt vor allem durch die geographischen und politischen Bedingungen, zu einer vergleichbaren Expansion wie in Deutschland. Großanstalten waren in Schweden die Ausnahme, statt Hilfsschulen etablierten sich Hilfsklassen. Mit Blick auf die Eugenik haben neben amerikanischen vor allem deutsche Vorbilder die schwedische Diskussion der 1920er Jahre beeinflusst. Diese Vorstellungen waren in Schweden von einem breiten gesellschaftlichen Konsens getragen. Die gemeinsamen Wurzeln drückten sich in der sozialen Abwertung von Menschen aus, die als »schwachsinnig« kategorisiert waren. Im schwedischen Schrifttum der 1930er Jahre wird dann jedoch eine zunehmende Distanzierung gegenüber Deutschland deutlich.

In der Sterilisationspolitik und -praxis der 1930er und 1940er Jahre treten unübersehbar große Unterschiede zwischen den beiden Ländern auf. Die deutsche Gesetzgebung von 1934 enthielt ein erhebliches höheres Maß an Zwang und umfasste eine größere Zielgruppe (vgl. Ellger-Ruettgardt 2024) als die schwedischen Gesetze von 1934/35 beziehungsweise 1941 (vgl. Tydén 2002; Tydén & Broberg 2005). Dementsprechend war – auch unter Berücksichtigung der größeren Einwohnerzahl Deutschlands – die Zahl der Operationen dort deutlich höher. Zu einer staatlichen geplanten »Euthanasie« kam es in Schweden nicht.

---

210 Siehe dazu auch den Beitrag III.2 Eugenische Ideen in Dänemark vor, während und nach der deutschen Besetzung Bjørn Hamre, Christian Ydesen und Simon Holleufer in diesem Buch.

III.1.6 Resümee

Eingangs dieses Beitrags wurden Fragen nach der Stellung von Menschen mit geistiger Behinderung in Schweden, zum Bezug zur Wohlfahrtsstaatsentwicklung und zum Vergleich zu Dänemark und Deutschland aufgeworfen. »Schwachsinnigen« wurde in der schwedischen Gesellschaft der ersten Hälfte des 20. Jahrhunderts eine Randstellung zugewiesen. Ausgedrückt mit Rückgriff auf die vielverwendete Volksheim-Metapher bedeutet dies: Menschen mit geistiger Behinderung mussten mit dem Souterrain jenes Hauses Vorlieb nehmen. Ein sozialer Aufstieg in bessere Wohneinheiten war so gut wie ausgeschlossen. Dies äußerte sich im begrenzten Zugang zu Bildung, der einigen Menschen aufgrund der Zuschreibung von Bildungsunfähigkeit bis Ende der 1960er Jahre vollends verwehrt war. »Schwachsinn« wurde als gesellschaftliche Bedrohung verstanden, die sich in Normabweichungen äußerte: Schulversagen, Intelligenzminderung und Verletzung von sozialen Normen. Für eine Beschulung blieben fast ausschließlich Anstaltsschulen, nur vereinzelt Externate, die in der Nachkriegszeit einen Aufschwung erlebten. In der ersten Hälfte des 20. Jahrhunderts boten jedoch auch die Bereiche Arbeit und Wohnen kaum Möglichkeiten einer tiefergehenden gesellschaftlichen Teilhabe.

Eingebunden waren diese Entwicklungen in ambivalente Modernisierungsprozesse. Einerseits bestand vor allem seit der Zwischenkriegszeit die Ambition, eine fortschrittliche, gerechte und demokratische Gesellschaft zu entwickeln; der prägnante Ausdruck dafür war das Volksheim. Andererseits war Schweden wichtiger Teil eines international zu beobachtenden Degenerationsdiskurses. Eugenische Überzeugungen waren in unterschiedlichen Ausprägungen gesellschaftlich akzeptiert. Die Einführung einer Sterilisationsgesetzgebung Mitte der 1930er Jahre erfolgte im weitgehenden gesellschaftlichen Konsens. Unter diesen Umständen wurde ausgeblendet, dass sich der zu entwickelnde Wohlfahrtsstaat an gesellschaftlichen Normvorstellungen ausrichtete, denen Teile der Bevölkerung nicht entsprachen (vgl. Tydén & Broberg 2005). Somit konnten Tendenzen der sozialen Inklusion und Exklusion parallel existieren.

Im internationalen Kontext – in diesem Beitrag begrenzt auf eine Gegenüberstellung von Schweden, Dänemark und Deutschland – werden Gemeinsamkeiten und Unterschiede deutlich. Im schwedisch-dänischen Vergleich dominieren die Gemeinsamkeiten, unabhängig von Differenzen auf der Detailebene, beispielsweise in der Anstaltsorganisation. In beiden Ländern wurden Menschen mit geistiger Behinderung zwar in vielfacher Form marginalisiert, aber ihr Lebensrecht als solches nicht infrage gestellt. Bei aller partiellen Überschneidung in der konzeptionellen Entwicklung der »Schwachsinnigenfürsorge« zeigt der schwedisch-deutsche Vergleich zugleich die Begrenzungen. Das Eingriffsrecht des Staates war in Deutschland wesentlich stärker ausgeprägt als in Schweden, wo Sterilisationen auf der Basis von juristischem Zwang und die Ermordung von Menschen mit Behinderung nicht möglich waren. Dessen ungeachtet bleibt in Schweden in der historischen Rückschau ein fader Beigeschmack – die Erkenntnis, dass soziale Ausgrenzung auch im Volksheim zum Alltag gehörte.

Literatur

Areschoug, J. (2000): Det sinnesslöa skolbarnet: undervisning, tvång och medborgarskap 1925–1954 (Das schwachsinnige Schulkind: Unterricht, Zwang und Staatsbürgerschaft). Diss. Linköping: Linköpings universitet.

Axelsson, T. (2007): Rätt elev i rätt klass: skola, begåvning och styrning 1910–1950 (Der richtige Schüler in die richtige Klasse: Schule, Begabung und Steuerung). Diss. Linköping: Linköpings universitet.

Axelsson, T. (2024): From Discipline Power to Pastoral Care: »Tattare«, »Gypsies«, and Education in Sweden, 1923–1960. Journal of the History of Childhood and Youth, 17(1), 60–84.

Barow, T. (2004): Die Debatte um die Entschädigung von Zwangssterilisierten in Schweden. Geistige Behinderung, 43(1), 57–65.

Barow, T. (2009a): Kein Platz im Volksheim? Die »Schwachsinnigenfürsorge« in Schweden 1916–1945. Bad Heilbrunn: Klinkhardt.

Barow, T. (2009b): Die Ursprünge der Normalisierung in Schweden: Ein Beitrag zur Geschichte der Sonderpädagogik in Europa. Zeitschrift für Heilpädagogik, 60(1), 2–10.

Barow, T. (2024): »Excluded from the Outside World«: Planning and Discarding Island Institutions for ›Degenerate Feeble-Minded (Asocial Imbeciles)‹ in 1920 s Sweden. In: B. Hamre & L. Villadsen (Hrsg.), Islands of Extreme Exclusion: Studies on Global Practices of Isolation, Punishment, and Education of the Unwanted (S. 107–119). Leiden & Boston: Brill.

Bengtsson, S. (2004): Anstalternas utveckling och innebörd (Die Entwicklung und Bedeutung von Anstalten). In: S. Förhammar & M. C. Nelson (Hrsg.), Funktionshinder i ett historiskt perspektiv (S. 67–85). Lund: Studentlitteratur.

Björkman, M. & Widmalm, S. (2010): Selling Eugenics: the Case of Sweden. Notes and Records of the Royal Society of London, 64(4), 379–400.

Börjesson, M. & Palmblad, E. (2003): Introduktion (Einleitung). In: dies. (Hrsg.), Problembarnets århundrade: normalitet, expertis och visioner om framsteg (S. 7–15). Lund: Studentlitteratur.

Eisenstadt, S. (1999): Die Dimensionen komparativer Analyse und die Erforschung sozialer Dynamik. Von der vergleichenden Politikwissenschaft zum Zivilisationsvergleich. In: H. Kaelble & J. Schriewer (Hrsg.), Diskurse und Entwicklungspfade. Der Gesellschaftsvergleich in den Geschichts- und Sozialwissenschaften (S. 3–28). Frankfurt a. M. & New York: Campus.

Ellger-Rüttgardt, S. L. (2024): Geschichte der Sonderpädagogik: Eine Einführung (3. Auflage). München: Ernst Reinhardt Verlag.

Engwall, K. (2000): »Asociala och imbecilla«: kvinnorna på Västra Mark 1931–1967 (»Asoziale und Imbezile«: Die Frauen von Västra Mark 1931–1967). Diss. Örebro: Örebro universitet.

Engwall, K. (2005): Starved to death? Nutrition on asylums during the world wars. Scandinavian Journal of Disability Research, (7)1, 2–22.

Ericsson, M. (2015): Exkludering, assimilering eller utrotning? »Tattarfrågan« i svensk politik 1880–1955 (Exklusion, Assimilation oder Ausrottung? Die »Tattarefrage« in der schwedischen Politik). Diss. Lund: Lunds universitet.

Esping-Andersen, G. (1990): The three worlds of welfare capitalism. Cambridge: Polity.

Förhammar, S. (1991): Från tärande till närande: handikapputbildningens bakgrund och socialpolitiska funktion i 1800-talets Sverige (Vom Zehrenden zum Ernährenden: Der Hintergrund und die sozialpolitische Funktion der Bildung Behinderter im Schweden des 19. Jahrhunderts). Stockholm: Almqvist & Wiksell International.

Götz, N. (2001): Ungleiche Geschwister: Die Konstruktion von nationalsozialistischer Volksgemeinschaft und schwedischem Volksheim. Baden-Baden: Nomos.

Grunewald, K. (2008): Från idiot till medborgare: de utvecklingsstördas historia (Vom Idioten zum Staatsbürger: Die Geschichte der Geistigbehinderten). Stockholm: Gothia.

Hamre, B., Axelsson, T. & Ludvigsen, K. (2019): Psychiatry in the sorting of schoolchildren in Scandinavia 1920–1950: IQ testing, child guidance clinics, and hospitalisation. Paedagogica historica, 55(3), 391–415.

Hamre, B. F. & Kragh, J. V. (2023): Writing the history of Nordic disability and mental disorders. In: R. J. Tierney, F. Rizvi & K. Erkican (Hrsg.), International Encyclopedia of Education, vol. 9, Elsevier.

Hansen, B. S. (2005): Something rotten in the State of Denmark: Eugenics and the Ascent of the Welfare State. In: G. Broberg & N. Roll-Hansen (Hrsg.), Eugenics and the welfare state: sterilization policy in Denmark, Sweden, Norway, and Finland (2. Auflage, S. 9–76). East Lansing: Michigan State University Press.

Haupt, H.-G. & Kocka, J. (1996): Historischer Vergleich: Methoden, Aufgaben, Probleme: Eine Einleitung. In: dies. (Hrsg.), Geschichte und Vergleich: Ansätze und Ergebnisse international vergleichender Geschichtsschreibung (S. 9–45). Frankfurt a. M.: Campus.

Kanger, T. (2021): Idiotanstalten: reportage om ett brott (Die Idiotenanstalt: Reportage über ein Verbrechen). Stockholm: Kaunitz-Olsson.

Key, E. (1992): Das Jahrhundert des Kindes (2. Auflage). Weinheim & Basel: Beltz.

Kirkebæk, B. (2001): Normaliseringens periode: dansk åndssvageforsorg 1940–1970 med særligt fokus på forsorgschef N.E. Bank-Mikkelsen og udviklingen at Statens Åndssvageforsorg 1959–1970 (Das Zeitalter der Normalisierung: Die dänische Geistesschwachenfürsorge 1940–1970 mit besonderem Fokus auf dem Fürsorgedirektor N. E. Bank-Mikkelsen und der Entwicklung der staatlichen Geistesschwachenfürsorge 1959–1970). Holte: SOCPOL.

Kragh, J. V. (2019): The final step: the issue of euthanasia of people with mental disabilities in Denmark. Disability & Society, 34(1), 143–161.

Kühl, S. (1997): Die Internationale der Rassisten: Aufstieg und Niedergang der internationalen Bewegung für Eugenik und Rassenhygiene im 20. Jahrhundert. Frankfurt a. M.: Campus.

Nirje, B. (1969): The Normalization Principle and Its Human Management Implications. In: R. B. Kugel & W. Wolfensberger (Hrsg.), Changing Patterns in Residential Services for the Mentally Retarded (S. 179–195). Washington: President's Committee on Mental Retardation.

Rappe, T. (1904): Über Pflege, Erziehung und Unterricht schwachsinniger (idiotischer) Kinder: Ratschläge und Anweisungen. Kiel: Lipsius & Tischer.

Ryan, J. & Thomas, F. (1987): The politics of mental handicap (2. Auflage). London: Free Association Books.

Samuelsson, J. (2023): Från rashygien till rasproblem: Skolan, pedagogiken, kunskapsdelningen och »ras« kring 1920–1970 (Von der Rassenhygiene zum Rassenproblem: Schule, Pädagogik, Wissensaustausch und »Rasse« 1920–1970). In: T. Hübinette & P. Wikström (Hrsg.), Sveriges avrasifiering: Svenska uppfattningar om ras och racism under efterkrigstiden (S. 81–110). Karlstad: Karlstad University Press/Kriterium.

Schwartz, M. (2005): Medizinische Tyrannei: Eugenisches Denken und Handeln in international vergleichender Perspektive (1900–1945). Vortrag, gehalten beim Symposium NS-Euthanasie am 10./11.10.2005 in der Justizakademie Recklinghausen, Manuskript (unveröffentlicht).

Tydén, M. (2002): Från politik till praktik: de svenska steriliseringslagarna 1935–1975 (Von der Politik zur Praxis: Die schwedischen Sterilisationsgesetze 1935–1975). Stockholm: Almqvist & Wiksell International.

Tydén, M. & Broberg, G. (2005): Eugenics in Sweden: Efficient Care. In: G. Broberg & N. Roll-Hansen (Hrsg.), Eugenics and the welfare state: sterilization policy in Denmark, Sweden, Norway, and Finland (2. Auflage, S. 77–149). East Lansing: Michigan State University Press.

Underdånigt betänkande och förslag till ordnande af andesvagas undervisning (Untertäniger Bericht und Vorschlag zur Regelung des Unterrichts für Geistesschwache) (1894). Stockholm: Kungl. boktr. Online: https://weburn.kb.se/riks/tv%C3%A5kammarriksdagen/pdf/web/1897/web_kombet_1897____2_8/kombet_1897____2_8.pdf, Zugriff am 06.05.2024.

Vikström, E. (2021): Skapandet av den nya människan: eugenik och pedagogik i Ellen Keys författarskap (Die Schaffung des neuen Menschen: Eugenik und Pädagogik im Werk von Ellen Key). Diss. Örebro: Örebro universitet.

Weindling, P. (1999): International Eugenics: Swedish Sterilization in Context. Scandinavian Journal of History, 24(2), 179–197.

Ydesen, C., Hamre, B. & Andreasen, K. E. (2018): Differentiation of Students in the Early Danish Welfare State: Professional Entanglements Between Educational Psychologists and Psychiatrists. Nordic Journal of Educational History, 5(1), 73–96.

III.2 Eugenische Ideen in Dänemark vor, während und nach der deutschen Besetzung[211]

Bjørn Hamre, Christian Ydesen & Simon Holleufer

III.2.1 Einleitung

Die skandinavischen Wohlfahrtsstaaten werden vielfach mit der Entwicklung von Demokratie, Integration, universellen Rechten und Bürgerrechten in Verbindung gebracht (vgl. Esping-Andersen 1998; Kolstrup 2014). Sowohl in Dänemark als auch in Schweden und Norwegen wird davon ausgegangen, dass die dortigen sozialdemokratischen Parteien diese Entwicklung maßgeblich beeinflusst haben (vgl. Christiansen/Petersen 2013). Gleichzeitig sind alle drei Länder dafür bekannt, dass sie auf Grundlage eugenischer Ideologien frühzeitig Sterilisationsgesetze eingeführt haben. 1929 wurde im dänischen Parlament ein Sterilisations- und Kastrationsgesetz verabschiedet – das erste in einem europäischen Land. 1934 und 1935 wurden Gesetze beschlossen, welche die Zwangssterilisation und Kastration von »Geistesschwachen« und anderen Gruppen erlaubten (vgl. Koch 1996). Laut Tydén (2010) wurden in Dänemark zwischen 1929 und 1960 ca. 11.000 Sterilisationen durchgeführt. Eugenisches Gedankengut drückte sich auch in der Entscheidung aus, sogenannte »geistesschwache« Männer und Frauen in Inselanstalten zu internieren.

Seit den 1990er Jahren wurden in allen drei skandinavischen Ländern umfangreiche historische Studien zu den Ideen der Eugenik und ihrer praktischen Umsetzung durchgeführt. Dabei wurde untersucht, ob eugenische Konzepte eine Voraussetzung für die Entwicklung des Wohlfahrtsstaates waren. In der Forschung wird argumentiert, dass es keinen direkten Zusammenhang zwischen der ideellen Grundlage der Eugenik und dem Wohlfahrtsstaat gab, dass aber die Umsetzung eugenischer Ideen die Errichtung des dänischen Wohlfahrtsstaates unterstützte (vgl. Møller 2002). Diese Interpretation wurde bereits Mitte des 20. Jahrhunderts von einem der führenden dänischen Eugeniker, dem Arzt Tage Kemp (1896–1964) vertreten, der auf die enge Verbindung zwischen Fortpflanzung, Eugenik, wirtschaftlichem Denken und der dänischen Sozialgesetzgebung verwies (vgl. Kemp 1951).

Die Eugenik war ein in vielerlei Hinsicht mehrdeutiger Begriff (vgl. Koch 2006), der sowohl erb- als auch sozialhygienische Fragestellungen umfasste, wurde aber zugleich von kulturellen, politischen und ideologischen Strömungen geprägt. Die Mehrdeutigkeit des Eugenik-Begriffs ist auf die unterschiedlichen Kontexte zu-

---

211 Aus dem Dänischen übersetzt von Thomas Barow.

rückzuführen, in denen dieser seit seiner Einführung durch Francis Galton 1883 existiert (vgl. Koch 1996; 2006).

Dabei kommt den dänisch-deutschen Beziehungen ein besonderes Gewicht zu. Zwischen Ärzten, Genetikern und Biologen beider Länder bestand nämlich ein enger Kontakt vor, während und nach der deutschen Besetzung Dänemarks 1940–1945 (vgl. Koch 2002). Einer der führenden Akteure in diesen Beziehungen war Kemp, der in vielerlei Hinsicht als Vermittler bei der transnationalen Verankerung und Entwicklung der Eugenik in Dänemark fungierte. Koch (2002) betont, dass dänische Eugeniker – und nicht zuletzt Kemp – enge Verbindungen zu deutschen Kollegen wie Ernst Rüdin, Fritz Lenz und Otmar von Verschuer pflegten (vgl. Kühl 1997).

Zwar gab es deutliche Ähnlichkeiten zwischen den dänischen und deutschen Entwicklungen auf dem Gebiet der Eugenik – nicht zuletzt bei den Verabschiedungen von Sterilisationsgesetzen sowie in Form der Rockefeller Foundation als gemeinsamer Quelle der finanziellen Unterstützung der Eugenik-Forschung in beiden Ländern. Allerdings existierten auch grundlegende Unterschiede. So argumentiert Koch (2002), dass dänische Eugeniker nicht als Nationalsozialisten charakterisiert werden können.

In diesem Kapitel konzentrieren wir uns auf die dänische Geschichte der Eugenik als einen Kontext, der in vielerlei Hinsicht eng mit der deutschen Entwicklung verbunden war, sich aber gleichzeitig auch an der angelsächsischen Welt und vor allem der Konstruktion des skandinavischen Wohlfahrtsstaates orientierte. Eugenik als Sammelbegriff für unterschiedliche Vorstellungen von Humanbiologie und Vererbung formte sich in diesen Kontexten in Abhängigkeit von historischen Trends, Akteuren, Technologien und nicht zuletzt von Gemeinwohlvorstellungen. Ausgehend von der dänischen Forschungsliteratur befassen wir uns mit der Zeit vor, während und nach der deutschen Besetzung neu. Dieser Ansatz strebt an, Kontinuitäten und Brüche in der dänischen Eugenik-Geschichte zu sehen.

Vor diesem Hintergrund stellen wir folgende Forschungsfragen: Was waren die Bedingungen für die Entstehung, Etablierung und Entwicklung der Eugenik im entstehenden dänischen Wohlfahrtsstaat im Zeitraum 1920–1950? Und wie wirkten sich eugenische Praktiken auf die Lebensumstände von Menschen aus, die als »geistesschwach« kategorisiert wurden?

III.2.2 Theoretischer und methodischer Ausgangspunkt

In unserem Kapitel verwenden wir die Konzepte der Problematisierung, des dispositiven und des biologischen Kapitals, die es ermöglichen, Eugenik als vielschichtiges und komplexes Phänomen zu verstehen. Wir argumentieren, dass Eugenik als Sammelbegriff für eine Reihe von Phänomenen verstanden werden kann, die dazu führten, dass Humanbiologie und Reproduktion in der damaligen Zeit unter staatlicher Zuständigkeit als eugenische Fragen verstanden wurden (vgl. Bauman 1989; Rose 2007).

Eugenik betrachten wir als diskursive Verwissenschaftlichung, die zur Legitimierung einer bestimmten Praxisform beigetragen hat. Das Konzept der Problematisierung (vgl. Foucault 1985; 1997) erlaubt uns, Eugenik als Antwort auf ein vielschichtiges Problem zu untersuchen. Wie Foucault betonte, handelt es sich bei der Arbeit um Problematisierungen.

> »It is problematization that responds to these difficulties, but by doing something quite other than expressing them or manifesting them: in connection with them, it develops the conditions in which possible responses can be given; it defines the elements that will constitute what the different solutions attempt to respond to. This development of a given into a question, this transformation of a group of obstacles and difficulties into problems to which the diverse solutions will attempt to produce a response, this is what constitutes the point of problematization and the specific work of thought« (Foucault 1997, 118f.).

Vor diesem Hintergrund betont Dikötter (1998) eine gewisse Beliebigkeit, die mit dem Eugenik-Begriff verbunden sei. Politiker mit entgegengesetzten Überzeugungen und Wissenschaftler mit unterschiedlichen Interessen hätten sich die Eugenik zunutze gemacht, wobei nach übereinstimmender Auffassung die Gesellschaft sich an biologischen Gesetzen orientieren müsse.

Eugenik kann somit als Reaktion auf gesellschaftliche Probleme verstanden werden und dazu führen, Bevölkerungsgruppen als »ungeeignet« zu betrachten – und daraus bestimmte Praktiken abzuleiten. Diese Problematisierung findet auf der Ebene des Individuums und der Gruppe statt (vgl. Hamre 2014). Die evaluative Komponente, die mit dem Konzept der Eugenik verbunden ist, stellen Levine und Bashford (2010) heraus: »Eugenics always had an evaluative logic at its core. Some human life was of more value – to the state, the nation, the race, future generations – than other human life« (3f.). Nicht-biologische Probleme, die mit dem Funktionieren des Staates und der Nation zu tun hatten, wurden somit mit dem Begriff der Eugenik als biologisch problematisiert. Unter Verwendung des Konzepts des biologischen Kapitals (vgl. ebd.) untersucht diese Studie, ob – ungeachtet von Brüchen in Diskursen und Praktiken – in Bezug auf Eugenik eine historisch übergreifende Optimierung des Menschen identifiziert werden kann. Dies bezieht sich einerseits auf diejenigen, die gefördert werden sollten, und andererseits auf diejenigen, die als Hemmnis für die Optimierung der Nation wahrgenommen wurden. Betrachtet wird dies im Kontext der Entwicklung des skandinavischen Wohlfahrtsstaates.

Um mögliche Querschnittslogiken zwischen den verschiedenen Wirkungen in die historische Analyse einzubeziehen, beziehen wir den Begriff des »Dispositivs« mit ein, der auch als Apparat oder Mechanismus aufgefasst werden kann (vgl. Foucault 1980). Zum Dispositiv gehören Diskurse, Praktiken, Institutionen, wissenschaftliche Aussagen, Gesetze sowie moralische und philosophische Annahmen und »das Gesagte sowie das Ungesagte« (a.a.O., 194). Elemente, Wirkungen und Praktiken, die sehr unterschiedlich erscheinen, können sich durch die historische Analyse als transversale Mechanismen herausstellen. Nach Foucault (1980) stellt das Dispositiv ein Netz von Verbindungslinien zwischen Elementen dar. Wir argumentieren in diesem Kapitel, dass Eugenik ungeachtet der Mehrdeutigkeit und der verschiedenen Brüche, die in unserer Analyse identifiziert werden, eine übergreifende Logik enthält, die sinnvoll und mithilfe von Dispositiven analysiert werden kann.

Im Folgenden legen wir zunächst die Rahmenbedingungen der Eugenik in Dänemark dar, gefolgt von drei Entwicklungslinien, die für das Verständnis unserer Forschungsfragen wesentlich sind. Mit dem Begriff »Entwicklungslinie« betonen wir, dass Eugenik nicht als spezifisches Phänomen auftrat, sondern als ein Gefüge, das transnationale Beziehungen und die institutionelle Entwicklung neuer spezifischer Praxisformen einbezog.

III.2.3 Rahmenbedingungen: Die Grundlagen der Eugenik in Dänemark

Die Eugenik, deren konzeptionelle Grundlagen im 19. Jahrhundert Gestalt annahmen, war stark verwandt mit anderen internationalen Denkströmungen, die Skandinavien prägten: Darwins Evolutionstheorie von 1859, die Degenerationstheorie Morels aus dem Jahr 1857 und die Erbgesetze Mendels, veröffentlicht 1866. Vor allem die Eugenik-Theorie des britischen Psychologen Galton von 1869 gewann großen Einfluss in Skandinavien.

Zu Beginn des 20. Jahrhunderts nahmen eugenische Theorien in enger Verbindung mit sozialen und politischen Argumenten für die Entwicklung des skandinavischen Wohlfahrtsstaates Gestalt an. Ein Bündnis von Forschern und Politikern entstand, geeint durch die Sorge um die vermeintliche Degeneration der Bevölkerung. In der Praxis spiegelte sich dies in Bereichen Eherecht, Sterilisationsrecht und der Absonderung von »geistesschwachen« Menschen wider – Initiativen, die der dänische Arzt August Wimmer (1929) als »rassenverbessernde Initiativen« zusammenfasste.

Viele führende dänische Sozialdemokraten dieser Zeit ließen sich von der britischen Labour Party und ihrer 1884 gegründeten »Fabian Society« inspirieren. Die »Fabian Society« war eine intellektuelle Bewegung, basierend auf Meritokratie, Sozialtechnik und Sozialdarwinismus (vgl. Banke 1999). Der Sozialminister Karl Kristian Steincke (1880–1963) war ein maßgeblicher Akteur bei der umfassenden Sozialreform ab 1933. Mit dieser wurde die Verwaltung der öffentlichen Dienste formalisiert und damit das Recht auf finanzielle und soziale Hilfe. In einigen neuen Gesetzesabschnitten tauchen Elemente auf, die zeigen, dass Eugenik zu dieser Zeit ein aktives Instrument war, um die dänische Bevölkerung zu »verbessern«.

Die Historikerin Birgit Kirkebæk hat gezeigt, wie geistige Behinderung und ein Mangel an Moral auf Grundlage der Evolutionstheorie miteinander verknüpft wurden, wodurch Menschen mit einer geistigen Behinderung als Kriminelle betrachten wurden. Ab den 1890er Jahren etablierte sich der Begriff des »moralisch

Schwachsinnigen«, der von Fachleuten auf eine große Gruppe der Bevölkerung angewendet wurde (vgl. Kirkebæk 1993). Geistige Behinderung galt als gefährlich für die Entwicklung und Zukunft der »Rasse«. Darauf gründeten das Eheverbot für »Geistesschwache« und vor allem die später erlassenen Sterilisationsgesetze. »Moralische Schwäche« sollte nicht als etwas Isoliertes angesehen werden, das verlernt oder behandelt werden könnte, »sondern als Mangel in der gesamten Entwicklung des Individuums« (a.a.O., 17).

Die Kategorie »moralische Schwäche« wurde von dem italienischen Arzt und forensischen Anthropologen Lombroso (1835–1909) in die Diskussion eingeführt. Basierend auf der Evolutionstheorie glaubte dieser, dass Menschen in einem primitiveren Stadium der menschlichen Entwicklungsgeschichte geboren werden könnten. Verbrechen bedeuteten nach dieser Sichtweise eine Regression auf eine primitivere Ebene. Diese Ansicht wurde Anfang des 20. Jahrhunderts in den dänischen Anstalten in die Praxis umgesetzt. Bildete Mitte des 19. Jahrhunderts die Förderung der Arbeitsfähigkeit von »Geistesschwachen« den Mittelpunkt der Fürsorge, so wandelte sich nun der Fokus auf deren vermeintliche Kriminalität und gefährliche Sexualität (vgl. ebd.). Deren vermeintliche Gefährlichkeit führte dazu, dass sie nach Ansicht der Eugeniker durch Gesetze eingeschränkt und isoliert werden müssten.

Rassenforschung stieß in Dänemark nicht auf das gleiche Interesse wie in Deutschland. Laut Duedahl (2017) lag dies daran, dass es vor dem Zweiten Weltkrieg in Dänemark keine ausreichend großen Minderheitengruppen gab. Die einzige Ausnahme war eine Untersuchung 1942/43, der zufolge die mangelnde Integration und Arbeitslosigkeit der dänischen »Zigeuner« auf Vererbung zurückzuführen sei. Wie Duedahl betonte, wusste niemand über den biologischen Ursprung der »Zigeuner« Bescheid und daher stützte sich die Untersuchung auf eine Theorie des deutschen Kriminalanthropologen Robert Ritter, der zu dieser Zeit für die NS-Sicherheitspolizei mit dem Ziel der Ausrottung der »Zigeuner« arbeitete. Das Ergebnis der dänischen Studie war hingegen, dass die Mehrheit der »Zigeuner« in Dänemark anscheinend nicht an körperlichen oder geistigen Defekten leide und sich daher im Laufe der Zeit ganz natürlich in die dänische Gesellschaft integrieren könnte.

Maßgeblich für die dänische Eugenik war die Beteiligung am Permanent International Eugenics Committee. Auf dessen Kongress 1912 in London war von der Sterilisierung von Gehörlosen die Rede gewesen und als Erweiterung dazu verpflichtete sich das Dänische Anthropologische Komitee in Zusammenarbeit mit dem Race Biology Laboratory, eine Übersicht über alle Gehörlosen in Dänemark zu erstellen. Darin werden die Bestrebungen deutlich, Gehörlose zusammen mit anderen Gruppen als problematisch einzustufen. Zu diesen gehörten als »Psychopathen« charakterisierte Menschen, aber auch Prostituierte und Homosexuelle (vgl. Kirkebæk 1993; Duedahl 2017).

III.2.4 Drei Entwicklungslinien der dänischen Eugenik

Entwicklungslinie 1: Die dänisch-deutschen Verbindungen auf dem Gebiet der Eugenik

Für die Beziehungen der dänischen Eugenik zu internationalen Entwicklungen, speziell zu jenen in Deutschland, war Tage Kemp eine zentrale Figur. Er unternahm zwischen 1925 und 1934 mehrere Studienreisen durch Europa und in die USA und knüpfte zahlreiche internationale Kontakte. Kemp erschien als einziger Däne auf der Mitgliederliste der British Eugenics Society (vgl. Ydesen 2011). Er hatte zahlreiche Verbindungen zu Deutschland und ein Studium seiner Werke bietet Gelegenheit, eine diskursive Entwicklung in der Beziehung zwischen deutscher und dänischer Eugenik-Forschung vor, während und nach dem Zweiten Weltkrieg zu verfolgen.

Kemps Arbeiten geben einen Einblick in den diskursiven Einfluss, den der Zweite Weltkrieg und die deutsche Besetzung Dänemarks auf den Diskurs über Eugenik hatten. Er veröffentlichte unter anderem »Prostitution: eine Untersuchung ihrer Ursachen, insbesondere im Hinblick auf erbliche Faktoren« (1936), »Erblehre« (1943) und »Hereditäre Hygiene« (1951). Allen drei Arbeiten gemeinsam ist der Versuch, die dänische Theorie und Praxis der Eugenik mit anderen Ländern zu vergleichen. Die Studien belegen Kemps starke internationale Verbindungen und Informationsquellen.

In seinem Lehrbuch von 1943 trat Kemp für eine »qualitative Eugenik« ein, die er auch »negative Eugenik« nennt (Kemp 1943, 258f.). In der Diskussion über die »beste« Eugenikforschung referierte Kemp auch die »positive« Eugenik und die Erschaffung des »Übermenschen«. Dieses Janusgesicht der Eugenik entspricht Levine und Bashfords Definition über die zwei Seiten der eugenischen Medaille: »efforts to improve the fertility of some (positive eugenics) while curbing the fertility of others (negative eugenics), depending on which population and which socio-biological problem was being addressed« (Levine/ Bashford 2010, 5).

In den Ländervergleichen Kemps stach Deutschland hervor. Ein gutes Beispiel findet sich in der Arbeit von 1943, wo er bei dem Versuch, den Ursprung und die Entwicklung der Eugenik zu beschreiben, auch eine Parallele zwischen der dänischen und der deutschen Forschung zieht:

> »Die Eugenik wurde bald in andere Länder getragen, bekam neue Namen und veränderte teilweise auch ihren Inhalt. Sie sprachen über Familien- oder Einrichtungshygiene; bei uns zu Hause wird heute in der Regel das Wort Erbhygiene verwendet. In Deutschland, wo eugenische Ideen in den frühen 1890er Jahren eingeführt wurden, wurde der Begriff Rassenhygiene verwendet« (Kemp 1943, 257).

Als Oberbegriff verwendete Kemp 1943 den einheitlichen Begriff Eugenik. Demgegenüber betonte er 1951, dass die dänische Politik grundlegend anders als die deutsche gewesen sei. Infolge der Augustrevolte – der von den Besatzern verhängte militärische Ausnahmezustand im August 1943 (Skov 2021)[212] – hatte Kemp als

---

212 Die Deutschen übernahmen im August 1943 die Kontrolle über das Land. Werner Best, der deutsche Bevollmächtigte, übernahm faktisch die Führung des Landes.

Arzt flüchtenden Juden eine arische Herkunft attestiert und sie somit gerettet (vgl. Koch 2002), was als Widerstand gegenüber den Besatzern gesehen werden kann. In seinem Buch von 1951 konstatierte Kemp, dass die deutsche Rassenhygiene unter dem Einfluss von Nietzsches Übermenschengedanken und der Einbeziehung des anthropologischen Rassenbegriffs in die Rassenhygiene auf Abwege geraten sei, was zu »einer höchst unglücklichen Entwicklung, einer vollständigen Metamorphose« (Kemp 1951, 16) der Rassenhygiene geführt habe. Rassengesetze, Rassenverfolgungen und Zwangssterilisationen beschrieb er als einen Missbrauch der Eugenik. In seinem Distanzierungsbemühen betonte er, dass die Sterilisationen in Dänemark immer freiwillig gewesen seien, in Deutschland hingegen zwangssterilisiert werden konnte.[213] Kemp war jedoch bereits 1936 ein starker Befürworter eugenisch begründeter Eingriffe und hatte Vorschläge zur Ausweitung von Sterilisationspraktiken bei geringbegabten Frauen unterbreitet, was mit »gründlich durchgeführter Psychohygiene im ganzen Land und [...] eugenischer Erfassung aller schweren Erbkrankheiten und Anomalien« (Kemp 1936, 61) einhergehen sollte. Es darf angenommen werden, dass Kemp von seinen deutschen Kollegen inspiriert wurde, da er die eugenischen Interventionen betonte, die in Deutschland eingesetzt hatten.

Entwicklungslinie 2: Eugenisches Gedankengut in der Pädagogik und im Bildungssystem

Ende des 19. Jahrhunderts wurde in Dänemark der Gedanke eines einheitlichen Bildungssystems propagiert, der im Parlament vor allem von den Sozialdemokraten vorangetrieben und 1903 in Teilen realisiert wurde (vgl. Christiansen et al. 2000). Diese Entwicklung verstärkte die Heterogenität der Schülerschaft und den Wunsch der Lehrkräfte nach organisatorischer Differenzierung (vgl. Windmar 1969). Nach deutschen Vorbildern wurde 1891 in Frederiksberg eine Sonderschule gegründet, in Kopenhagen wurden 1900/01 Hilfsklassen eingerichtet und 1913 eine Hilfsschule gegründet (vgl. Olsen 1912; Bro/Mohr, 2008). Damit zeigte sich innerhalb der Volksschule die Problematik, gewisse Kinder als »abweichend« zu betrachten. Entscheidend für die Empfänglichkeit des Bildungssystems für eugenisches Gedankengut und Intelligenzmessungen war die zunehmende Zahl von Kindern, die eine Klasse wiederholten (vgl. Coninck-Smith 2000).

Das Bildungssystem stand im 19. und zu Beginn des 20. Jahrhunderts vor Herausforderungen, die sich in deutlichen Leistungsunterschieden und Maßnahmen zu einem Umgang mit diesen widerspiegelten. Gefördert durch die reformpädagogische Bewegung fanden Intelligenztests (IQ-Tests) in der dänischen Volksschule jedoch erst in der Zwischenkriegszeit Verbreitung. Erst infolge der Anstellung von Skandinaviens erstem Schulpsychologen Henning Meyer in Frederiksberg 1934 verbreitete sich in Dänemark die Praxis der Sortierung von Kindern auf Grundlage von schulpsychologischen Untersuchungen im Allgemeinen und IQ-Tests im Besonderen (vgl. Ydesen 2011). Meyer hatte bereits 1929 einen viermonatigen Stu-

---

213 Auf dem Papier waren die Sterilisationen freiwillig, aber man konnte durch sie einige Vorteile erlangen, nicht zuletzt durch die Wiedereingliederung in die Gesellschaft. Man kann also von indirektem Zwang sprechen.

dienaufenthalt in London absolviert, wo er Child Guidance Clinics und Burts Arbeit studiert hatte. Burt war ein prominentes Mitglied der British Eugenics Society und stark von der Arbeit von Francis Galton inspiriert. Für die reformpädagogische Bewegung waren IQ-Tests ein objektives Instrument, das eine kindzentrierte Pädagogik unterstützen konnte.

Sozialdemokratische Politiker strebten danach, die Bildungschancen von Arbeiterkindern zu verbessern (vgl. Jensen 1998). Dazu wurden wissenschaftlich fundierte Instrumente wie IQ-Tests als vielversprechend angesehen, da sie nicht mit den Privilegien der Klassengesellschaft verbunden waren. Der IQ-Test entpuppte sich so als effektive Technologie, um einerseits das begabte Arbeiterkind und andererseits das hilfsbedürftige Kind zu identifizieren. Beide Aspekte passten gut zu dem Bestreben, die Ressourcen der Arbeiterklasse zu mobilisieren. Das Konzept passte ferner gut zu leistungsorientierten Normen und Werten, die von vielen liberalen Politikern geteilt wurden.

Der politische Wille, die Bevölkerung durch Kategorisierungen und Interventionen zu verwalten, drückte sich unter anderem in der Entwicklung der Hilfsschulen aus. Zwar existierten erst wenige solcher Schulen und es gab noch keine entsprechende Gesetzgebung, jedoch wuchs in der Zwischenkriegszeit das Problembewusstsein für den Umgang mit sogenannten schwierigen Kindern (vgl. Nøhr 1992). Dies lag nicht zuletzt an der Verabschiedung neuer Gesetze. Die Sozialreform von 1933 enthielt die Verpflichtung, »rückständige« Kinder im Hinblick auf ihre Entfernung aus dem öffentlichen Schulsystem zu melden. Das neue Schulgesetz von 1937 sah die Einteilung der Kinder in Klassen nach Alter, Bildung und Reife vor. Kinder, die der »normalen« Schulbildung nicht folgen konnten, sollten in eine sonderpädagogische Einrichtung im Rahmen des öffentlichen Schulsystems überführt werden, wenn die örtlichen Verhältnisse dies zuließen.

In Bezug auf die Konzepte der Problematisierung und des biologischen Kapitals ist bemerkenswert, dass sich an der Schnittstelle zwischen Volksschule, Berufsschule und der Betreuung »Geistesschwacher« allmählich eine Praxis der starken Sortierung der Kinder anhand von IQ-Tests und den damit verbundenen biologischen Vorstellungen herauskristallisierte. Die Volksschule musste Kinder mit einem IQ über 90 aufnehmen, während die Hilfsschule zur Aufnahme von Kindern mit einem IQ zwischen 70 und 90 verpflichtet wurde. Kinder mit einem IQ unter 70 galten als »Geistesschwache« (vgl. Kaalund-Jørgensen 1942; Meyer 1939). Laut einem Rundschreiben von 1943 waren Volksschullehrkräfte verpflichtet, Kinder zu melden, die möglicherweise »geistesschwach« waren und in der Folge in der Hilfsschule zu unterrichten waren oder in die Obhut der Geistesschwachenfürsorge gegeben wurden (vgl. Kirkebæk 1993). Die Anwendung von IQ-Tests galt dabei als effiziente und nützliche Methode, um Kinder gemäß ihrer angenommenen angeborenen »Begabungen« einzuordnen. Das wissenschaftliche Emblem der pädagogischen Psychologie gab dieser Sortierung von Kindern die begehrte Begründung und das Gefühl der Legitimität. Dies drückt sich auch in der Etablierung einer Zusammenarbeit zwischen Lehrkäften, Psychologinnen und Psychologen sowie Psychiaterinnen und Psychiatern aus (vgl. Hamre et al. 2019). Eugenische Bestrebungen, der Gedanke der Differenzierung und die Einführung vom IQ-Tests waren miteinander verbunden und zielten letztlich auf eine Optimierung der Bevölkerung.

Entwicklungslinie 3: Die Einrichtung von Inselanstalten als eugenische Strategie

Livø und Sprogø waren zwei dänische Inselanstalten für Männer und Frauen, die als »geistesschwach« galten (vgl. Duedahl/Hagstrup 2023; Hamre/Kragh 2023; Kragh/Hamre 2023). Klassifikation und Diagnose boten laut Christian Keller, dem führenden dänischen Arzt in der Pflege »Geistesschwacher«, die Möglichkeit, das Problem in den Griff zu bekommen, indem die Anstalt verhinderte, dass die »Abnormalen« mit den Versuchungen der sie umgebenden Gesellschaft in Kontakt kamen – wie etwa Alkoholkonsum, das Risiko sexuellen Missbrauchs und Gesetzesübertretungen (vgl. Kirkebæk 1997). Die Einweisungen erfolgten auf Grundlage einer Diagnose, die die Anwendung von Zwang legitimierte. »Moralischer Schwachsinn« als Grundlage für eine Internierung war eine eugenisch abgeleitete soziale Konstruktion, die half, ein als dringend wahrgenommenes soziales Problem zu lösen, die dabei jedoch gleichzeitig einen eindeutig geschlechtsspezifischen Charakter hatte.

Abb. 50: Internierte Frauen im Gefängnis von Sprogø in den 1950er Jahren.[214]

Die Einrichtung für Männer auf Livø, gelegen im Limfjord, existierte von 1911 bis 1962. Ihr Ziel war es, die Gesellschaft vor den Männern zu schützen, die als »kriminell geistesschwach« galten (a.a.O., 9). Im Zeitraum ihres Bestehens wurden dort aus disziplinarischen oder strafrechtlichen Gründen – meist auf unbestimmte Zeit – etwa 700 Männer interniert, die als leicht »geistesschwach« und arbeitsfähig galten. Entsprechend der Diagnose »moralisch geistesschwach« wurde bei den Betroffenen ein »Vagabundieren« vermutet, dem durch Abschottung auf der Insel entgegengewirkt werden sollte. Das Verhalten der Männer wurde aus einer euge-

---

214 Die Abbildungen dieses Beitrages wurden freundlicherweise von Henning Jahn vom Dänischen Museum für Sozialgeschichte [Dansk Forsorgshistorisk Museum] zur Verfügung gestellt.

nischen Denkweise heraus interpretiert und die Insel wurde als entscheidende präventive Maßnahme angesehen (vgl. ebd.). Aus zeitgenössischer Sicht war die Unterbringung zugleich fortschrittlich und human, da sie sowohl die Männer selbst als auch die Gesellschaft schützte. Die angenommene »Degeneration« der Bewohner umfasste auch ihre sozialen Eigenschaften, die in der Diagnose »asoziale Geistesschwäche« zusammengefasst wurden. Die isolierte Inselunterbringung unterband nicht zuletzt die Möglichkeit zur Fortpflanzung, worauf immer wieder hingewiesen wurde. Zu den Argumenten der Ärztinnen und Ärzten für eine Inseleinrichtung gehörten auch die Forderungen von Frauenorganisationen nach einem besseren Schutz vor Sexualstraftätern.

In Bezug auf die Internierung von Frauen auf Sprogø, gelegen im Großen Belt, weist Kirkebæk (2004) darauf hin, dass diese in Fortsetzung der Diagnose »moralischer Schwachsinn« als »frivol und locker« galten. Von 1923 bis 1961 beherbergte Sprogø rund 500 Frauen. In einer Studie von 152 Patientenjournalen wurde festgestellt, dass 26 von ihnen einen IQ von über 75 hatten und damit nicht den von Keller aufgestellten Kriterien für »Geistesschwäche« entsprachen (vgl. Kragh 2022). Die »Behandlung« basierte auf Ergotherapie, insbesondere Gartenarbeit, landwirtschaftlicher Arbeit und Hausarbeit.

Christian Keller hatte sich ab 1918 um die Unterstützung der Behörden für die Gründung der Anstalt mit dem Argument bemüht, die Internierung verhindere die Verbreitung von Geschlechtskrankheiten. Anfang der 1920er Jahre hatte er sowohl den Schutz der jungen Frauen als auch die Verhinderung der Fortpflanzung im Auge, als er schrieb: »Diese Mädchen müssen, für die Gesellschaft und um ihrer selbst willen für kürzere oder längere Zeit aus dem freien Leben entfernt werden, dessen erotischen Versuchungen sie nicht widerstehen können, solange sie noch so jung und unreif sind« (Keller 1921, 1). Sozialhygiene und Eugenik vereinigten sich hier in der Reproduktionshygiene (vgl. Kirkebæk 2004). Internierung und die spätere Gesetzgebung zur Sterilisation wurden zu zwei Praktiken, die zur Lösung des sozialen Problems »Schwachsinn« beitragen sollten.

Darüber hinaus existierten weitere Argumente für die Einrichtung von Inselanstalten. Sie würden Armutsprobleme lösen und der Ausschluss sei – wie bei der Gründung der Inselanstalt Livø – ein humaner Akt zum Schutz der Gesellschaft als auch der Betroffenen. Schließlich wurde die befürchtete Degeneration zum stärksten Rechtfertigungsargument für die Institution. Wenn den »frivolen und lockeren« Frauen die Möglichkeit zur Fortpflanzung gegeben würde, könnte dies den Wohlstand und den Fortschritt der Nation bedrohen. In der Diagnose lag die Vorstellung, dass Prostitution ein Zeichen moralischer Schwäche sei. Ein »Sprogø-Mädchen« zu sein, stellte eine gesundheitliche und moralische Bedrohung dar, die durch Internierung gelöst werden könnte, was sowohl die Ausbreitung von Geschlechtskrankheiten als auch das gesellschaftliche Problem der Prostitution lösen würde. In den Aufzeichnungen über die Frauen wurde deren vermeintliche moralische Schwäche oft mit Nymphomanie und pathologischer Hypersexualität in Verbindung gebracht (vgl. Kirkebæk 2005, 196) – und damit ein Gegenbild zur zeitgenössischen Sicht auf Sexualität gezeichnet.

Im Zweiten Weltkrieg wurde Sprogø auf Grundlage eines Evakuierungsbefehls der Wehrmacht vom 3. Mai 1940 geräumt (vgl. Kragh 2022). Die Bewohnerinnen wurden zum Teil in andere Anstalten überführt, zum Teil entlassen. Der Chefarzt von Sprogø Hans Otto Wildenskov merkte in einem Brief an, dass die Deutschen zunächst dachten, es sei ein dänisches Konzentrationslager (vgl. Kruse 2009). Die Evakuierung verlief friedlich und nach dem Krieg fungierte Sprogø wieder als Inselanstalt (vgl. Kragh 2022). Anhand von Patientenakten und Interviews mit einigen Menschen, die in den Inseleinrichtungen Sprogø und Livø untergebracht waren, wurden Menschen porträtiert, die als »geistesschwach« galten (Kirkebæk/ Lihme 2017; Kragh 2022). Diese Beschreibungen geben einen einzigartigen Einblick in das Schicksal jener Menschen. Der Aufenthalt in den Inseleinrichtungen wurde sehr unterschiedlich erlebt – bis hin zu Berichten, die den Aufenthalt positiv bewerteten. Überwiegend werden jedoch Lebensgeschichten skizziert, die von Trennungen, dem Verlust familiärer Beziehungen und verschiedenen Heimaufenthalten geprägt sind. Ein Beispiel für viele ist Karoline, die 1951 als junge Frau nach Sprogø kam (vgl. Kragh 2022, 51). Sie wurde als widerspenstig wahrgenommen und deshalb in einem Isolierzimmer untergebracht. Ein Jahr später wurde Karoline entlassen, als man glaubte, dass sie sich nun beruhigt hatte. Nach Kragh war für Karoline die Zeit in der Inselanstalt zwar traumatisch, enthielt aber auch positive Aspekte: Das Essen war besser und die Tagesstruktur etwas entspannter als in den Anstalten für »Geistesschwache« auf dem Festland (vgl. ebd.). Die Frauen arbeiteten in der Anstalt und es gab gewisse Freiheiten. Zum Beispiel konnten die Bewohnerinnen eigene Kleidung tragen, im Gegensatz zu den größeren Festlandanstalten, wo Patientenkleidung vorgeschrieben war. Anders als auf der Männerinsel Livø im Limfjord gab es in Sprogø weniger Fluchtversuche und keine Ertrinkungsunfälle (vgl. a. a. O., 50).

Abb. 51: Das Sprogø-Gefängnis um 1935

Demgegenüber bestätigen die Erzählungen des auf Livø internierten Christian Bonde (1937–2001), dass es dort solche Unglücke gegeben hat. Er berichtete in einem Interview mit der Historikerin Birgit Kirkebæk von Fluchtversuchen mit einfachen Flößen aus leeren Ölfässern und Holz. »Viele flohen auch über das Eis – einige töteten sich selbst. Ein junger Mann von 21 Jahren ertrank. Bei dieser Ge-

Abb. 52: Das Gebäude des ehemaligen Sprogø-Gefängnisses heute

legenheit [...] sagte einer der Mitarbeiter: ›Wir haben mehr von dem schlechten Zeug‹« (Bonde, zitiert nach Kirkebæk 1997, 174f.). Bonde selbst war ab seinem fünften Lebensjahr über einen Zeitraum von 26 Jahren in Anstalten für »Geistesschwache« interniert, einschließlich eines Aufenthalts auf Livø von 1955 bis 1957, da er als »geistesschwach« und kriminell galt (vgl. Kirkebæk/Lihme 2017). Während seiner Anstaltsaufenthalte flüchtete Bonde mehrfach, beging auf der Flucht Diebstähle, wurde jedoch immer wieder eingefangen und erneut interniert. Von seiner Zeit auf Livø berichtete er von einem Fluchtversuch über das Eis, der aber ebenfalls scheiterte (vgl. a.a.O., 47). Durch schriftliche Anfragen an die Sozialverwaltung versuchte Bonde mehrfach erfolglos, aus der Fürsorge entlassen zu werden, was erst viele Jahre später geschah. Sein Beispiel zeigt, dass die Diagnose »Geistesschwäche« die Internierung und Entmündigung auf unbestimmte Zeit rechtfertigte. Alle internierten Menschen haben gemeinsam, dass sie mit zunehmendem Alter die traumatisierenden Erfahrungen jener Aussonderung verarbeiten mussten.

III.2.5 Abschließende Diskussion

In diesem Beitrag wurden die Bedingungen für die Entstehung, Etablierung und Entwicklung der Eugenik im aufstrebenden dänischen Wohlfahrtsstaat im Zeitraum von 1920 bis 1950 skizziert. Am Beispiel von Dänemark wird so einmal mehr die Vielschichtigkeit der Eugenik deutlich, die mit Darwinismus und Degenerationstheorien verbunden ist. Die Optimierung der Humanressourcen wurde mit diesen Diskursen im Blick auf die menschliche Entwicklung weiter biologisch begründet. Im Gegensatz zum Darwinismus und zur Degenerationstheorie erschien die Eugenik in ihrer Vieldeutigkeit besonders prädestiniert für die Problematisierung der Kompetenz des Menschen als soziales Individuum. Diese Ambiguität ermöglichte es der Eugenik als biologischem Diskurs auch, Raum für Verbindungen zum politischen Feld zu schaffen, wie zum Beispiel in den Ehe- und Sterilisationsgesetzen, den Rechtfertigungen für die Inselanstalten und bei eugenischen Begründungen der Sozialreform. Die Eugenik bot die wissenschaftliche Legitimation sowohl für die Förderung der als geeignet Betrachteten als auch für die Aussonderung der Unerwünschten. Es existierte damit eine wissenschaftlich begründete Problematisierung bestimmter Bürgerinnen und Bürger, die Interventionen und Selektionen rechtfertigte und ermöglichte.

Die Eugenik in Dänemark muss auch in ihrer Unterschiedlichkeit zu Deutschland verstanden werden, vor allem in Fragen der »Rassenförderung«. Als Akteur hatte Kemp seine eigene Interpretation des deutschen Einflusses auf die dänische Entwicklung der Eugenik entwickelt, insbesondere hinsichtlich der Unterscheidung zwischen »positiver« und »negativer« Eugenik. Kemps häufige Bezugnahme auf die deutsche Entwicklung weist auf starke Verbindungen zwischen den Eugenik-Verständnissen beider Länder hin, wobei er sich nach dem Krieg mit dem Begriff der Erbhygiene von der Rassenhygiene in Deutschland abzugrenzen versuchte. Kemp sah die deutsche Entwicklung als vom Weg abgekommen an, die dänische Eugenik habe sich auf rein medizinischer Basis entwickelt. Ungeachtet unterschiedlicher Auffassungen kann jedoch die wissenschaftliche Eugenik in beiden Ländern als Ausdruck des Strebens nach Optimierung der Humanressourcen gewertet werden. Gemeinsam ist der Entwicklung eugenischer Ideen ihre weitreichende Verzweigung in der Gesetzgebung und in Segregationstechniken.

Eugenisches Gedankengut wirkte sich in vielfältiger Form auf die Lebensbedingungen von Menschen aus, die als »abweichend« und insbesondere als »geistesschwach« wahrgenommen wurden. Das dänische Bildungssystem hat – vergleichbar mit dem anderer nordischer Länder – eine lange Tradition der organisatorischen Differenzierung. Im 19. Jahrhundert mussten sich die Schulen zunehmend auf die Nutzung von Ressourcen konzentrieren, wobei utilitaristisches Denken auch für die Bildungsorganisation für Schülerinnen und Schüler mit Behinderung wichtig wurde. Wo dieses zunächst philosophisch begründet war, legitimierten schließlich biologische Erklärungsrahmen die Problematisierung von Teilen der Schülerschaft. Die Analyse hat die zunehmende Bedeutung des biologischen Kapitals der Bevölkerung gezeigt, wie sie in der Eugenik und den damit verbundenen biologischen Diskursen zum Ausdruck kommt. Der politische Wille für ein öffentliches Bildungssystem betonte auch die Notwendigkeit einer wissenschaftlichen Legitimation der Differenzierung, die ebenso wie Psychologie und Psychiatrie für die Eugenik empfänglich war. Hinweise auf »Geistesschwäche« und »Rassenhygiene« waren im pädagogischen Diskurs häufig. Schließlich bestand eine starke Verbindung zwischen Schulpsychologie, Eugenik und kindzentrierter Pädagogik, was sich am deutlichsten in der Entwicklung von Intelligenztests zeigt. Der Schnittpunkt in der Sortierung der Schülerinnen und Schüler zwischen der Grundschule, der Berufsschule und der Betreuung »Geistesschwacher«, mit dem IQ-Test als wichtigster Technik, spricht für eine Form der übergreifenden Logik, die die Schülerin beziehungsweise den Schüler als Individuum inszenierte. Dessen

Kompetenz wurde nach biologischen, medizinischen und pädagogisch-psychologischen Begriffen beurteilt. Insgesamt kann die Bewegung als eine Biologisierung der Differenzierung gesehen werden, bei der die Problematisierung von Schülerinnen und Schülern Verbindungen zur Ideologie der Eugenik und ihrer Praxis der Segregation hatte, vor allem bei vermeintlicher »Geistesschwäche«.

In Bezug auf den eugenischen Umgang mit dem erwachsenen Teil der Bevölkerung waren die Inselanstalten von zentraler Bedeutung, wobei rassenhygienische mit sozialhygienischen Argumenten verschmolzen. Ähnlich den Sterilisationen waren die Anstalten eine Form der Präventivtechnologie, nach zeitgenössischem Verständnis Ausdruck der »negativen« Eugenik schlechthin. Wo die »positive« Eugenik vor allem durch die Optimierung der Schülerinnen und Schüler und die Entwicklung des Schulwesens realisiert werden sollte, war die »negative« Eugenik mit restriktiven Maßnahmen wie dem Eherecht, Sterilisationen und Institutionen verbunden. Hinzu kamen die Differenzierungsmechanismen des Schulsystems, allen voran die IQ-Tests, die aber auch als Bestrebungen verstanden werden müssen, die am besten Geeigneten so weit wie möglich zu optimieren. Im nordischen Kontext ist bemerkenswert, dass die eugenischen Praktiken nur in Dänemark die Form von Inselinstitutionen annahmen. Für die als »asozial«, »geistesschwach« oder »moralisch geistesschwach« definierten Menschen konnten die eugenischen Praktiken weitreichende Folgen in Form von Ehe- und Kinderlosigkeit sowie Internierung haben. Obwohl die Anstalten 1961 geschlossen wurden, war die eugenische Praxis für den Menschen mit geistiger Behinderung noch viele Jahre von Bedeutung.

Die analytische Struktur von drei separaten, aber miteinander verbundenen Entwicklungslinien hat es ermöglicht, Kontinuitäten und Brüche in der dänischen Eugenikgeschichte zu erkennen. Wir haben Brüche mit einer Reihe von Praktiken identifiziert: 1. Eugenik als Bruch mit anderen wissenschaftlichen Diskursen wie dem Sozialdarwinismus, der Degenerationstheorie und der Problematisierung ausgewählter Bevölkerungsgruppen auf der Grundlage rassenhygienischer Verständnisse, 2. Kemps Bemühungen, 1951 mit dem deutschen Verständnis von Rassenhygiene zu brechen und 3. die Einführung neuer wissenschaftlicher Differenzierungstechniken in Form von IQ-Tests durch das Bildungssystem sowie die Anfälligkeit für eugenisches Gedankengut und sozialhygienischen Theorien. Unter den Ärztinnen und Ärzten wurde Eugenik als abgegrenzter wissenschaftlicher Diskurs wahrgenommen. Dies bestätigt den Eindruck der Eugenik als einer mehrdeutigen Problematisierung, die Verbindungslinien zu Sozialhygiene, Sozialtechnik sowie wirtschaftlichen und politischen Bestrebungen zur Bevölkerungsoptimierung hatte. Seit Ende des 19. Jahrhunderts wurde eine solche optimierte Bevölkerungsreproduktion diskutiert. Dabei ist es sinnvoll, die später eingeführten eugenischen Maßnahmen als Versuch einer Optimierung der Gesellschaft und des individuellen biologischen Kapitals zu verstehen.

Sowohl die »positive« als auch die »negative« Eugenik basierten auf Vorstellungen von wünschenswerten Subjekten als auch auf Strategien sicherheitsschaffender Technologien. Kemps Verbindung zu Deutschland zeigt: 1. den offensichtlichen Unterschied in der Entwicklung der Eugenik-Praktiken in den beiden Ländern, 2. Kemps persönliches Bedürfnis, die dänische Eugenik von der deutschen zu unterscheiden, und 3. dass es – hinter den beiden unterschiedlichen Linien der Eugenik – in beiden Ländern um eine Theorie und Praxis ging, die weitreichende Eingriffe gegen als unerwünscht empfundene Bevölkerungsgruppen zu legitimieren versuchten. Die Eugenik bedeutete eine Problematisierung, die sehr unterschiedliche Praktiken in Bezug auf Gesetzgebung, Internierung und Freiheitsentzug ermöglichte. Ihre unterschiedliche Ausrichtung ist zum Teil darauf zurückzuführen, dass sie im Nationalsozialismus radikal umgesetzt wurde, hingegen in Dänemark an den Universalismus der nordischen Wohlfahrtsstaaten angepasst wurde. Die nordischen Wohlfahrtsstaaten entwickelten sich auf einem fruchtbaren Boden für Praktiken, die von der Eugenik inspiriert wurden (vgl. Møller 2002).

Eugenik war nicht nur eine begrenzte wissenschaftliche Theorie, sondern führte in sozioökonomischen Debatten, Politik und Gesetzgebung zu Praktiken, die sich auf das Sozial- und Bildungssystem auswirkten. Betroffen waren davon vor allem Menschen, die als »geistesschwach« kategorisiert wurden. Diese Mehrdeutigkeit war mit Vorstellungen biologischen Humankapitals verbunden. Hinter den scheinbaren Brüchen erscheint das Dispositiv, das die mehrdeutigen Formen der Eugenik orchestriert: in der Gesetzgebung, in der Verwaltung, in der staatlichen Wohlfahrts- und Bildungspolitik und in Praktiken, die zunächst mit »positiver« und »negativer« Eugenik assoziiert wurden, sich aber in weitaus umfassenderen Mechanismen manifestierten, die, befruchtet durch die eugenische Theorie, auch für die Etablierung späterer Differenzierungspraktiken wichtig wurden.

Zum Verständnis der Eugenik gehört somit weit mehr als das, was gemeinhin als Eugenik bezeichnet wurde: ein Gesamtapparat, ein Mechanismus, der sowohl in der deutschen als auch in der dänischen Form weitreichende Konsequenzen für die Optimierung des Menschen als kompetentes biologisches Individuum hatte. Die Eugenik war damit ein Optimierungsdispositiv auf mehreren Ebenen: Sie zielte auf höchstmögliche soziale Effizienz durch Optimierung von Humanressourcen ab – sowohl auf der individuellen als auch auf der politökonomischen Ebene (vgl. Hamre 2014).

Literatur

Banke, C. F. (1999): Den sociale ingeniørkunst i Danmark – familie, stat og politik fra 1900 til 1945 (Soziale Ingenieurskunst in Dänemark – Familie, Staat und Politik von 1900 bis 1945). Roskilde: Roskilde Universitetscenter.
Bauman, Z. (1989): Modernity and the holocaust. Cambridge: Polity Press.
Bro, H. & Mohr, H. (2008): Frederiksberg kommune 1858-2008 (Gemeinde Frederiksberg 1858–2008). Frederiksberg: Historisk-topografisk Selskab for Frederiksberg.
Christiansen, J. W., Thomsen, M. S. & Walter, J. (2000): Hans Christian Johannesen og hjælpeklasserne (Hans Christian Johannesen und die Hilfsklassen). Handicaphistorisk tidsskrift, 9–26.
Christiansen, N. F. & Petersen, K. (2003): Socialdemokratiet og den danske velfærdsstat (Die Sozialdemokratie und der dänische Wohlfahrtsstaat). In: K. Petersen (Hrsg.), 13 historier om den danske velfærdsstat (S. 137–148). Odense: Syddansk Universitetsforlag.
Coninck-Smith, N. d. (2000): For barnets skyld – Byen, skolen og barndommen 1880–1914 (Dem Kind zuliebe – Die Stadt, die Schule und die Kindheit 1880–1914). Copenhagen: Gyldendal.

Dikötter, F. (1998): Race culture: Recent perspectives on the history of eugenics. The American Historical Review, 103(2), 467–478.

Duedahl, P. (2017): Fra overmenneske til UNESCO-menneske: Racebegrebet i Danmark 1890–1965 (Vom Übermenschen zum UNESCO-Menschen: Das Rassenkonzept in Dänemark 1890–1965). Odense: Syddansk Universitetsforlag.

Duedahl, P. & Hagstrup, M. C. (2023): Afvigernes ø (Die Insel der Abweichler). København: Gads forlag.

Esping-Andersen, G. (1998): The three worlds of welfare capitalism. Princeton, NJ: Princeton University Press.

Foucault, M. (1980): »The Confession of the Flesh« interview. In: C. Gordon (Hrsg.), Power/Knowledge Selected Interviews and Other Writings (1972–1977), (S. 194–228). London and New York: Pantheon Books.

Foucault, M. (1985): The History of Sexuality. Vol. 2, The Use of Pleasure, translated by Robert Hurley. London: Penguin.

Foucault, M. (1997): Politics, Polemics, and Problematizations. In The Essential Works of Michel Foucault, 1954–1984, Vol. I, Ethics: subjectivity and truth, ed. by P. Rabinow. London: Allen Lane.

Hamre, B. F. (2014): Optimization as a Dispositive in the Production of Differences in Denmark Schools, European Education, 45:4, 7–25.

Hamre, B. F., Axelsson, T. & Ludvigsen, K. (2019): Psychiatry in the sorting of schoolchildren in Scandinavia 1920–1950: IQ testing, child guidance clinics, and hospitalisation. Paedagogica Historica, 55(3), 391–415.

Hamre B. F. & Kragh, J. V. (2023): Writing the history of Nordic disability and mental disorders. In: R. J. Tierney, F. Rizvi & K. Erkican (Hrsg.), International Encyclopedia of Education, vol. 9. Elsevier.

Jensen, N. R. (1998): Kampen for enhedsskolen – forsøget på Emdrupborg (Der Kampf um die Einheitsschule – das Experiment in Emdrupborg). Arbejderhistorie (2), 45–59.

Kaalund-Jørgensen, F. C. (1942): Hvad gør vi for de Børn, der ikke kan følge Folkeskolens almindelige Undervisning? (Was tun wir für die Kinder, die nicht am regulären Unterricht der Volksschule teilnehmen können?) Hjälpskolan, 87–95.

Keller, C. (1921): Sprogø (Sprogø). Særtryk af Nyt Tidsskrift for Abnormvæsenet 4. hefte.

Kemp, T. (1943): Arvelighedslære for Studerende og Læger (Vererbungstheorie für Studenten und Ärzte). Instituttet for human arvebiologi ved Københavns Universitet.

Kirkebæk, B. (1993): Da de åndssvage blev farlige (Als die Schwachsinnigen gefährlich wurden). Holte: SocPol.

Kirkebæk, B. (1997): Defekt og deporteret. Ø-anstalten Livø 1911–1961 (Defekt und deportiert. Inselinstitution Livø 1911–1961). Holte: Forlaget SocPol.

Kirkebæk, B. (2004): Letfærdig og løsagtig. Kvindeanstalten Sprogø 1923–1961 (Frivol und locker. Frauenanstalt Sprogø 1923–1961). Holte: Forlaget SocPol.

Kirkebæk, B. (2005): Sexuality as Disability: The Women on Sprogø and Danish Society, Scandinavian Journal of Disability Research, 7(3–4), 194–205.

Kirkebæk, B. & Lihme, B. (2017): Bonde – gal mand på rette vej: en biografi, (Bauer – Verrückter auf dem richtigen Weg: eine Biografie). København: Social Kritik.

Koch, L. (1996): Racehygiejne i Danmark 1920–56 (Rassenhygiene in Dänemark 1920–1956). København: Gyldendal.

Koch, L. (2002): The Ethos of Science. Scandinavian Journal of History, 27(3), 167–173.

Koch, L. (2006): Eugenic Sterilisation in Scandinavia. The European Legacy, 11(3), 299–309.

Kolstrup, S. (2014): Den danske velfærdsmodel, 1891–2011 — sporskifter, motiver, drivkræfter (Das dänische Wohlfahrtsmodell, 1891–2011 – Veränderungen, Motive, treibende Kräfte). Frederiksberg: Frydenlund.

Kragh, J. V. (2022): IQ 75: Erling og åndssvageforsorgen (IQ 75: Erling und die Geistesschwachenfürsorge). København: Gad.

Kragh, J. V. & Hamre, B. (2023): The Women's Island: Internment of Female Patients with Intellectual Disabilities in Denmark, 1923–1961, In: B. Hamre & L. Villadsen (Hrsg.), Islands of Extreme Exclusion (S. 120–136), Leiden & Boston: Brill.

Kruse, L. A. (2009): Åndssvage tyskerpiger – en undersøgelse af tyskerpigers ophold på Sprogø Kvindehjem (Geistesschwache deutsche Mädchen – eine Studie über den Aufenthalt von deutschen Mädchen im Sprogø-Frauenheim). Københavns Universitet: unveröffentlichte Masterarbeit.

Kühl, S. (1997): Die Internationale der Rassisten: Aufstieg und Niedergang der internationalen Bewegung für Eugenik und Rassenhygiene im 20. Jahrhundert. Frankfurt a. M., New York: Campus.

Levine, P. & Bashford, A. (2010): Introduction: Eugenics and the modern world. The Oxford Handbook of the History of Eugenics. https://10.1093/oxfordhb/9780195373141.013.0001, Zugriff am 31.01.2024.

Meyer, H. (1939): Hjælpeskolen for svagt begavede børn (Die Hilfsschule für minderbegabte Kinder), Børn, 23, 28–29.

Møller, J. F. (2002): Socialistisk Eugenik (Sozialistische Eugenik). Arbejderhistorie. Tidsskrift for historie, kultur og politik, 1, 1–15.

Olsen, J. (1912): Værneskolens Udvikling og Organisation i Udlandet og hos os (Die Entwicklung und Organisation der Hilfsschule im Ausland und bei uns). Vor Ungdom, 6, 241–254.

Nøhr, K. (1992): Fra før verden gik i terapi – om behandlingsområdets opkomst (Bevor die Welt in Therapie ging – über die Entstehung des Behandlungsbereichs). Dansk Pædagogisk Tidsskrift, 5, 221–223.

Rose, N. S. (2007): Politics of life itself: Biomedicine, power, and subjectivity in the twenty-first century. Princeton: Princeton University Press.

Skov, A. (2021): Oprør: Da danskerne sagde nej til den tyske besættelsesmagt (Aufruhr: Als die Dänen Nein zur deutschen Besatzungsmacht sagten). SAGA Egmont.

Tydén, M. (2010): The Scandinavian States: Reformed Eugenics Applied. In: A. Bashford & P. Levine (Hrsg.), The Oxford Handbook of the History of Eugenics (S. 363–376). Oxford: Oxford University Press.

Windmar, T. H. (1969): Det skolepsykologiske arbejde – empiri og essay (Die Arbeit der Schulpsychologie – Empirie und Essay). Copenhagen: Danmarks Pædagogiske Bibliotek.

Ydesen, C. (2011): The Rise of High-Stakes Educational Testing in Denmark, 1920–1970. Frankfurt a. M.: Peter Lang.

III.3 Der heilpädagogische Opfermythos: Zur verdrängten NS-Vergangenheit der österreichischen Heilpädagogik

Christian Stöger

III.3.1 Einleitung: NS-Aufarbeitung in Österreich

Aus heilpädagogischer Perspektive wurde der historische Zusammenhang von Faschismus und Behinderung in Österreich bislang kaum bearbeitet. Zwischen 1978 und 2019 entstanden nur wenige wissenschaftliche Aufsätze, die sich diesem Themenfeld zuordnen lassen (z. B. früh: Zehethofer 1978; wichtig: Gstach 2019; im weiteren Sinn relevant: Holub 2011/12; leider unabgeschlossen: Schaukal-Kappus 2005, 2008). Monografien oder Sammelbände fehlen gänzlich. Dieser Befund steht in deutlichem Kontrast zur diesbezüglichen Forschungsgeschichte in der Bundesrepublik Deutschland – auch wenn deutsche Einschätzungen diesbezüglich immer noch von heftiger Selbstkritik geprägt sind. Denn dort wurde das Verhältnis der deutschen Sonderpädagogik zum Nationalsozialismus nach zögerlichen Anfängen in den 1970er Jahren kontinuierlich bearbeitet (z. B. Höck 1979, Ellger-Rüttgardt 1988; Berg/Ellger-Rüttgardt 1991; Biesold 1988; Rudnick 1985, 1990; Möckel 1998, Brill 2011). Auch der Verlust der durch den Nationalsozialismus zerstörten jüdischen Heilpädagogik wurde für Deutschland sichtbar gemacht (Ellger-Rüttgardt 1996). Ein deutsches Charakteristikum ist zudem die in scharfer Kontroverse geführte pädagogische Fachdiskussion, die sich nicht auf sonderpädagogische Autorinnen und Autoren beschränkt (Gamm 1983; Hänsel 2006, 2008, 2014).

Wie die folgenden Ausführungen zeigen wollen, erklärt sich der im Vergleich zu Deutschland dürftige Forschungsstand nicht allein aus Besonderheiten der österreichischen Bildungspolitik (vgl. Stöger 2020, 555 f.) heraus, sondern aus einer bis heute nachwirkenden Verdrängung des Nationalsozialismus durch zentrale Akteure der österreichischen Heilpädagogik[215] der Nachkriegszeit. Aus den hierfür angewandten Strategien ragt eine Geschichtskonstruktion hervor, mit der sich die österreichische Heilpädagogik zu einer in Opposition zum Nationalsozialismus stehenden moralischen Kraft stilisierte, die 1938 gewaltsam zum Erliegen gebracht worden sei. Die Überzeugungskraft dieser einflussreichsten Verdrängungsstrategie resultierte, wie zu zeigen ist, wesentlich aus der Instrumentalisierung eines jüdischen NS-Opfers – des Wiener Heilpädagogen Theodor Heller (1869–1938). Diesen heilpädagogischen Opfermythos zu skizzieren und einer Kritik zu unterziehen, ist das Anliegen des vorliegenden Beitrags.

---

215 Darunter wird hier die organisatorisch wie publizistisch unter diesem Begriff agierende Kooperationsstruktur, insbesondere die 1948 gegründete Österreichische Arbeitsgemeinschaft für Heilpädagogik, verstanden.

Mit der Rede vom Opfermythos soll deutlich gemacht werden, dass die heilpädagogische Abwehr einer NS-Aufarbeitung in Analogie zur gesamtösterreichischen Reaktion auf den Nationalsozialismus zu verstehen ist: Denn bekanntlich berief sich Österreich in der Zweiten Republik auf die militärische Besetzung durch das nationalsozialistische Deutschland – den sogenannten »Anschluss« von 1938 –, um sich nach der Befreiung 1945 zu »Hitlers erstem Opfer« (vgl. Uhl 2001) zu erklären. Mit dieser fest im entstehenden Nationalbewusstsein eingegrabenen Behauptung konnte über Jahrzehnte hinweg der unangenehmen Frage nach österreichischen Beteiligungsformen am NS-Regime ausgewichen werden.

Die Ausblendung der NS-Vergangenheit war ein gesamtgesellschaftliches Phänomen, auch bei Berufsgruppen, deren Handlungsfelder in besonderer Weise in die Verbrechensdimension des Nationalsozialismus involviert waren – etwa durch ihre Verbindungen zur Rassen- oder Gesundheitspolitik des Dritten Reichs. Die Heilpädagogik des Landes machte diesbezüglich keine Ausnahme. Es liegt jedoch ein markanter Unterschied zur österreichischen Gesamtentwicklung vor: Die etablierte Opferfiktion (vgl. Rathkolb 2017) verlor auf nationaler Ebene ab den 1980er Jahren sukzessive an Überzeugungskraft, wie die »Waldheim-Debatte« des Jahres 1986 zeigte. Die Wahlkampf-Auseinandersetzung um die NS-Vergangenheit des damaligen Präsidentschaftskandidaten, einstigen Außenministers und UN-Generalsekretärs Kurt Waldheim (1918–2007) machte die in Österreich gepflogene Verdrängung des Nationalsozialismus unübersehbar und mündete in eine vor den Augen der Weltöffentlichkeit ausgetragene gesamtgesellschaftliche Kontroverse, die als Zäsur bezeichnet werden kann: Von da an begann sich die österreichische Gesellschaft im Dreieck von »Täter, Opfer, Zuschauer« (vgl. Hilberg 1992) neu zu verorten. Die Involvierung einer Vielzahl von Österreichern in den Holocaust oder die Beteiligung an der Ausplünderung der jüdischen Bevölkerung – um nur zwei Beispiele zu nennen – ließen sich nicht länger aus der Landesgeschichte auslagern. Weitere Opfergruppen rückten sukzessive in den Fokus der Aufmerksamkeit. Offiziell verabschiedet wurde die Opferthese 1991 mit einer im österreichischen Nationalrat gehaltenen Rede des Bundeskanzlers Franz Vranitzky, der eine Mitverantwortung Österreichs für den Nationalsozialismus anerkannte (vgl. Uhl 2001).

Diese Entwicklung hat die österreichische Heilpädagogik nicht mitvollzogen, obwohl sich seit den 1990er Jahren die wissenschaftlichen Bemühungen zur Aufarbeitung der NS-Verbrechen an Kindern und Jugendlichen mit Behinderung auch in Österreich intensivierten. Die fortdauernde Verdrängung der NS-Vergangenheit wandelte sich mit dem Generationenwechsel der ausgehenden 1970er jedoch zu einer weitgehenden Geschichtsvergessenheit der österreichischen Heilpädagogik, die schließlich damit zufrieden war, im Blick auf den Nationalsozialismus bislang »kein schlechtes Zeugnis« (vgl. Gruber 2006, 4) ausgestellt bekommen zu haben. Sie war also völlig unvorbereitet, als 2018 die Debatten um Hans Asperger schlagartig einsetzten: Dem Wiener Pionier der Autismusforschung wurde in zwei englischsprachigen Publikationen (Czech 2018; Sheffer 2018) vorgeworfen, in seiner Funktion als Leiter der heilpädagogischen Station der Universitäts-Kinderklinik mit der NS-»Kindereuthanasie« (der Kinderfachabteilung »Am Spiegelgrund«) kooperiert zu haben. Die unterstellte Mitwisserschaft und indirekte Mitwirkung an NS-Verbrechen rief ein weltweites Echo hervor, weil Asperger bislang als Gegner des Nationalsozialismus, ja als Verteidiger der vom NS-System bedrohten Kinder im Autismus-Spektrum galt.[216] Der Vorwurf erschütterte auch die österreichische Heilpädagogik schwer, weil Asperger zeitlebens ihr zentraler Repräsentant gewesen war und ihre moralische Integrität zu verbürgen schien. Bis 2018 wurde ihm einhellig zugeschrieben, »nach dem menschlichen Niederbruch der Jahre 1938 bis 1945 mit einigen getreuen Helfern« (Leiter 1970, 102) die österreichische Heilpädagogik wieder aufgebaut zu haben. Von daher erklärt sich die Heftigkeit der nach wie vor unabgeschlossenen Auseinandersetzung (vgl. z. B. Lechner et al. 2020; Tatzer et al. 2023; Tatzer/Maleczek 2025), die darauf hindeutet, dass die österreichische Heilpädagogik mit ziemlicher Verspätung nun doch in ihre »Waldheim-Debatte« eingetreten sein könnte.

III.3.2 Theodor Heller (1869–1938): Zentrale Figur des heilpädagogischen Opfermythos

Dieser Text versteht sich als Beitrag zur Asperger-Debatte, richtet seine Aufmerksamkeit primär aber auf die Nachkriegsjahre. In dieser Zeit prägte Asperger gemeinsam mit der von ihm 1948 gegründeten und bis zu seinem Tod 1980 gelenkten österreichischen Fachgesellschaft – der Arbeitsgemeinschaft für Heilpädagogik – das historische Selbstverständnis des gesamten Feldes auch im Hinblick auf die NS-Zeit. Weitere Akteure des etablierten Netzwerks wären in dieser Hinsicht zu erwähnen, aber lediglich auf Hans Radl (1894–1973), einen Wiener »Pionier« der Körperbehindertenpädagogik, kann hier verwiesen werden. Radl trug wesentlich zur Formung jener heilpädagogischen Opfererzählung bei, durch die eine selbstkritische Befassung mit den Jahren des Nationalsozialismus innerhalb der österreichischen Heilpädagogik als überflüssig empfunden werden musste.

Ins Zentrum dieser Konstruktion wurde der Wiener Heilpädagoge Theodor Heller (1869–1938) gerückt. Dafür gaben mindestens drei Gründe den Ausschlag: 1. Der im Dezember 1938 an den Folgen eines Suizidversuchs verstorbene Heller war ein jüdisches Opfer des Nationalsozialismus. 2. Heller positionierte sich eindeutig gegen den Nationalsozialismus. 3. Er personifizierte – wie niemand sonst – Traditionen und Leistungen der österreichischen Heilpädagogik des 20. Jahrhunderts (vgl. Schaukal-Kappus 2008).

Heller war von Kindesbeinen an mit der österreichischen Heilpädagogik verbunden. Sein Vater Simon Heller war ein bedeutender Blindenpädagoge und Direktor der weltbekannten Israelitischen Blindenanstalt Hohe Warte in Wien.

---

216 Vgl. z. B. New York Times vom 18. April 2018: Hans Asperger Aided Nazi Child Euthanasia, Study Says. https://www.nytimes.com/2018/04/19/world/europe/hans-asperger-nazis.html, Zugriff am 13.05.2025.

Theodor Heller wuchs dort gemeinsam mit blinden Kindern auf und wollte sich später beruflich der damit verbundenen speziellen Pädagogik widmen, bis er während seines Studiums bei Wilhelm Wundt in Leipzig mit der sogenannten »Schwachsinnigenpädagogik« in Berührung kam. Im Gegensatz zu Hans Asperger, dessen weltweiter Ruhm sich erst posthum einstellte, war Theodor Heller bereits zu Lebzeiten eine internationale Größe: Dafür waren seine wissenschaftlichen Leistungen – etwa im Feld der experimentellen Psychologie oder in der Erstbeschreibung psychiatrischer Störungsbilder – genauso bedeutsam wie seine weit über den deutschen Sprachraum hinausstrahlende pädagogische Arbeit in der von ihm 1895 gegründeten und auch als Forschungseinrichtung geführten »Erziehungs-Anstalt für geistig abnorme und nervöse Kinder« in Wien-Grinzing.

Abb. 53: Theodor Heller, anlässlich seines 60. Geburtstages

Mit dem Titel seines Standardwerks »Grundriss der Heilpädagogik« vermochte Heller dem zu diesem Zeitpunkt weitgehend aus der Mode gekommenen Begriff der Heilpädagogik neues Leben einzuhauchen. Dazu trugen auch seine Bemühungen um Institutionalisierung bei: Heller war Initiator und Mitbegründer von mindestens vier heilpädagogischen Gesellschaften und erwies sich dabei als »hervorragender Kommunikator« und »integrierende Persönlichkeit« (Schaukal-Kappus 2008, 158). Die Gründung der Österreichischen (1935) und der Internationalen Gesellschaft für Heilpädagogik (1937) – letztere in engster Zusammenarbeit mit Heinrich Hanselmann (Zürich) – waren aber bereits Reaktionen auf den Rassismus des Nationalsozialismus, der den Juden Heller »aus der deutschen Wissenschaftsgemeinschaft« (Hoyningen-Süess 2006, 23) ausschloss.

Die national wie international erfolgreiche heilpädagogische Aufbauarbeit seiner letzten drei Lebensjahre wurde von der politischen Entwicklung jedoch konterkariert: Österreich – in diesen Jahren selbst eine Diktatur mit faschistischem Charakter – brach im März 1938 unter dem politischen und militärischen Druck des nationalsozialistischen Deutschland zusammen. Damit setzte eine Entwicklung ein, die für Heller und »sein Werk, seine Einrichtung, die Heilpädagogik und die Menschen, denen seine Bemühungen gegolten haben, ein unvorstellbar leidvolles Ende« (Schaukal-Kappus 2008, 158) nahm. Nach dem sogenannten »Anschluss« wurden Hellers Vermögen sowie seine Erziehungsanstalt schnell zum Ziel nationalsozialistischer Bereicherungsversuche. In diesem Zusammenhang wollte er sich im Frühsommer 1938 durch Gift das Leben nehmen; er starb sechs Monate später an den Folgen des Suizidversuchs (vgl. Hoyningen-Süess 2006, 23).

Bis kurz vor seinem Tod nahm Heller Anteil an der Planungsarbeit für den ersten Internationalen Kongress für Heilpädagogik, der 1939 in Genf stattfand. Auf dem Kongress, den Heinrich Hanselmann im Gedenken an Theodor Heller eröffnete (vgl. Hanselmann 1940, 9), wurde seine Frau Ella Heller (1875–1941) zum Ehrenmitglied der Gesellschaft ernannt. Als Jüdin wurde ihr die Teilnahme aber verwehrt. Ella Heller und ihre Tochter Franziska Heller (1900–1941) lebten bis 1941 im Gebäude der Erziehungsanstalt in Grinzing. Beide wurden am 23. November 1941 aus Wien deportiert und am 29. November in Kaunas Opfer von Massenerschießungen (vgl. Scheffler 2003). Hellers Anstalt war zu diesem Zeitpunkt bereits geschlossen. Im Mai 1941 wurden mindestens 23 Kinder und Jugendliche aus der Einrichtung abgeholt, sehr wahrscheinlich nach Hartheim deportiert und dort ermordet (vgl. Neugebauer 2002, 104; Häupl 2008, 179–181).

III.3.3 Die Tabuisierung des NS-Opfers Theodor Heller

Die österreichische Heilpädagogik der Nachkriegszeit sollte die zuvor angedeuteten Anstrengungen Hellers in seinen letzten Lebensjahren nutzen, um sich selbst zu einem widerständigen Opfer des Nationalsozialismus zu stilisieren. Dieser – eindrucksvoll anlässlich von Hellers 20. Todestag in Szene gesetzte – Geschichtsmythos war allerdings ein Produkt der späten 1950er Jahre. Bis dahin war Theodor Hellers Schicksal weit mehr als ein Jahrzehnt lang beschwiegen worden. Im Gegensatz zu anderen während des Nationalsozialismus verstorbenen Größen des Faches wurde nach 1945 nicht an ihn erinnert. Die von Asperger gegründete Arbeitsgemeinschaft für Heilpädagogik präsentierte sich zwar schon 1949, also ein Jahr nach ihrer Gründung, als Nachfolgerin der von Theodor Heller 1935 gegründeten Gesellschaft, erwähnte ihn in diesem Zusammenhang jedoch nicht (vgl. N.N. 1949, 5).

Dieses Vergessen korrespondierte mit der landesweiten Tabuisierung des Nationalsozialismus: Die expandierende Opferbehauptung reduzierte den Nationalsozialismus auf den Schrecken eines durch Deutschland erlittenen Weltkriegs. Wie Politik und Gesellschaft insgesamt wandte sich auch die österreichische Heilpädagogik dem Wiederaufbau zu und fokussierte auf die Beseitigung der Kriegsschäden: in ihrem Fall der moralischen, die nicht in den eigenen Reihen, sondern in einer verwahrlosten Jugend gefunden wurden (ebd.). Neben diesem nationalen Fokus ihrer Arbeit bemühte sich die Arbeitsgemeinschaft für Heilpädagogik von Beginn an um Vernetzung über die Landesgrenzen hinaus. 1954 erreichte sie dieses Ziel, als der (dritte) Kongress der Internationalen Gesellschaft für Heilpädagogik in Wien ausgerichtet werden konnte. Die Gesellschaft tagte also erstmals an jenem Ort, an dem Theodor Heller ihre Entstehung angestoßen hatte. Aber das Wiener Kongresskomitee um Hans Asperger rief ihn auch in diesem Zusammenhang nicht in Erinnerung und vergab so die sonst gern genutzte Gelegenheit, den österreichischen Anteil am Aufbau der Internationalen Gesellschaft für Heilpädagogik bei der Kongresseröffnung hervorzuheben (vgl. auch Heeger 1954). Mit dem Heilpädagogen Anton Maller (1891–1964) wäre sogar ein Gründungsmitglied der Österreichischen sowie der Internationalen Gesellschaft für Heilpädagogik vor Ort gewesen. Das Schweigen hatte aber seine Gründe (▶ Kap. III.3.5).

Auch die Thematisierung des Nationalsozialismus wurde auf dem Kongress tunlichst vermieden. Wenige verklausulierte Bezugnahmen erfolgten, wenn Ausweichen nicht möglich war. So war in Hans Aspergers Eröffnungsansprache von »schicksalshaften Tagen« (vgl. Asperger et al. 1955, 11) die Rede, wenn er den politischen Zusammenbruch von 1938 meinte. Die Verbrechen, die an Kindern und Jugendlichen mit Behinderung begangen wurden, brachte einzig der österreichische Unterrichtsminister Ernst Kolb indirekt-andeutend zur Sprache, als er sich auf die »mit Schaudern und Schrecken« erlebten Folgen eines Regimes bezog, das im »armen Gehemmten« nicht mehr »ein Kind Gottes und einen Mitmenschen« sehen wollte (a.a.O., 16).

Im Kontrast dazu vermochte sich das österreichische Opferbewusstsein auf dem Kongress deutlich zu artikulieren, wenn etwa beklagt wurde, dass »[u]ns Österreichern und Wienern […] der unselige Krieg unermeßliche Wunden geschlagen« und »während langer Jahre von jedem wissenschaftlichen Gedankenaustausch mit der Welt ausgeschlossen« (a.a.O., 14) habe. Damit wurde implizit ein heilpädagogischer Stillstand für die NS-Jahre behauptet. Die Unrichtigkeit des erweckten Eindrucks war den maßgeblichen (nationalen wie internationalen) Akteuren von 1954 natürlich bewusst. 1940 war zum Beispiel in Wien die Deutsche Gesellschaft für Kinderpsychiatrie und Heilpädagogik (vgl. Schepker/Fangerau 2017, 18–186) gegründet worden – das nationalsozialistische Konkurrenzprojekt der Internationalen Gesellschaft für Heilpädagogik. Auf dieser Wiener NS-Tagung hatte Karl Tornow, der wichtigste Funktionär nationalsozialistischer Sonderpädagogik, die von ihm entworfene erbbiologisch fundierte und rassenhygienisch ausgerichtete »[v]ölkische Sonderpädagogik« (Tornow 1943; vgl. Hänsel 2017) vorgestellt.

Es war für den damaligen, nicht nur österreichischen Umgang mit der NS-Zeit bezeichnend, dass eben jener Tornow auf dem Wiener Kongress von 1954 erneut mit einem Plenarvortrag bedacht wurde. In zweifacher Hinsicht ist der Vergleich von Tornows Vorträgen von 1940 und 1954 bemerkenswert: Tornow würdigte 1940 erstens die Psychoanalyse herab. Er sprach mit ausdrücklicher Bezugnahme auf Wien von ihren, »deutschen Kindern« aufgezwungenen »widerwärtigen und blutsfremden Heilmethoden« (Tornow 1943, 84). Zweitens attackierte er 1940 das

Projekt einer vermeintlich im Absterben begriffenen »individualistischen, liberalistischen und humanitären Heilpädagogik« (a.a.O., 82), die er damals in der Internationalen Gesellschaft für Heilpädagogik verkörpert sah (vgl. a.a.O., 87). Vierzehn Jahre später nutzte der zum Psychoanalytiker gewandelte Tornow (vgl. Tornow 1955) den Kongress der damals von ihm verächtlich gemachten Gesellschaft, um auf das internationale heilpädagogische Parkett zurückzukehren. Aber auch die Wiener Akteure hatten – vielfach aus persönlicher Befangenheit – den Wunsch, nicht an die heilpädagogischen Aktivitäten der NS-Zeit erinnert zu werden (▶ Kap. III. 3.5).

Kaum jemand wusste über all das besser Bescheid als Heinrich Hanselmann, Gründungspräsident der Internationalen Gesellschaft für Heilpädagogik: Er hatte eng mit Theodor Heller zusammengearbeitet und ihm und seiner Familie vergeblich die Emigration in die Schweiz ermöglichen wollen (vgl. Hoyningen-Süess 2006, 23). Doch die Zusammenhänge rund um Theodor Heller zu thematisieren, stellte auf dem Kongress 1954 auch für ihn eine Hürde dar. Und so vermochte selbst Heinrich Hanselmann, der an Theodor Hellers Schicksal bis zuletzt Anteil nahm, 1954 in Wien keinen angemessenen Ton anzuschlagen. Er erwähnte Heller im Zusammenhang eines »schwarz umrandeten Jahrhunderts« lediglich als »gelehrte[n] und warmherzige[n] Pädagoge[n]«, der mit anderen wesentlich für die »Weiterentwicklung der Heilpädagogik auf der ganzen Welt« (Hanselmann 1955, 32) wirkte. Hanselmanns zweite Bezugnahme auf Heller mündete gar in eine kollektive Würdigung der österreichischen Heilpädagogik. Es hatten sich nämlich für Hanselmann die »heute lebenden, in Wien und in Österreich tätigen Forscher und Praktiker [...] den Dank der ganzen Kulturwelt erworben dafür, daß sie während, zwischen und nach zwei Weltkriegen unentwegt [!] die Fahne des Kampfes für die Förderung [...] des sogenannten ›anormalen‹ Kindes und jugendlichen Menschen« (a.a.O., 32 f.) hochgehalten hatten. Und er setzte fort:

> »Die großen wirtschaftlichen und namentlich die heute schon schier unvorstellbaren seelisch-geistigen Schwierigkeiten, unter denen sie gekämpft haben, ringen uns aufrichtige Hochachtung ab. Und wir verneigen uns in Andacht und Dankbarkeit vor jenen Männern und Frauen Österreichs, welche diesen ihren Arbeitsmut mit dem Tode haben bezahlen müssen« (a.a.O., 33).

Ohne Zweifel handelte es sich hier um eine Verneigung vor Theodor Heller, die aber konturlos in einer pauschalen Ehrung aller während der NS-Zeit wirkenden österreichischen Heilpädagogen verschwamm. Durch diese Gleichsetzung ging der Schweizer Hanselmann mit seiner NS-Entlastung also weiter, als es die österreichischen Akteure zu diesem Zeitpunkt selbst wagten.

III.3.4 Die Instrumentalisierung des NS-Opfers Theodor Heller

1958 rückte die österreichische Heilpädagogik von der Tabuisierung der Person Theodor Heller und des Nationalsozialismus ab. Die Erörterung der Gründe für diesen Umschwung muss hier aus Platzgründen unterbleiben: Sie stehen in Zusammenhang mit einer Legitimationskrise, die – wie so oft – durch die Berufung auf »Geschichte« überwunden werden sollte. Im Rahmen dieser Neudeutung der heilpädagogischen Geschichte wurde auch jener NS-Geschichtsmythos hervorgebracht, der an Theodor Hellers Schicksal anknüpfte und seinen Widerstand und seinen Status als NS-Opfer auf die österreichische Heilpädagogik übertrug, die so als moralisch lautere, aber scheiternde Kraft erscheinen konnte, die keine Berührungspunkte mit dem Nationalsozialismus aufzuweisen hätte.

Systematisch stellt sich der Mythos so dar:

- Ideologische Unvereinbarkeit
  Die österreichische Heilpädagogik sei gegen die rassenhygienisch orientierte Heilpädagogik des Nationalsozialismus eingestellt gewesen.
- Widerstand
  Mit der Gründung der Österreichischen und der Mitbegründung der Internationalen Gesellschaft für Heilpädagogik sei man bis zur letzten Möglichkeit gegen den Nationalsozialismus aufgetreten.
- Opferstatus
  Der Nationalsozialismus habe die österreichische Heilpädagogik überwältigt und sei als Bruch zu verstehen.

Die Verbindung der drei Komponenten ergibt als Konklusion den vermeintlich moralisch unbelasteten Neuanfang der österreichischen Heilpädagogik nach 1945.

Der erste Schritt zur Verankerung dieser Auffassung war eine Gedenkfeier, die die Österreichische Arbeitsgemeinschaft für Heilpädagogik zum 20. Todestag Theodor Hellers im Dezember 1958 veranstaltete. Die Feier schlug sich im Folgejahr in einer 24-seitigen Publikation nieder, die als Sonderheft der Zeitschrift »Heilpädagogik« dem Andenken an »Dr. Theodor Heller« gewidmet war. Im Gedenkheft ist mehr dokumentiert als lediglich der Text der Gedenkreden. So trug zum Beispiel ein Porträtbild Theodor Hellers zur emotionalen Tönung des Gedenkens bei: Es berührte bereits auf der Feier zutiefst und wurde – im Eingang der Publikation ganzseitig positioniert – von den Herausgebern deutlich hervorgehoben. Das Bild aus seinen späten Lebensjahren zeigt einen warmherzig, aber müde wirkenden Heller, dessen verschattete Augen vielleicht den Schmerz ahnen ließen, der mit seinem Lebensende verbunden war.

Es steht hier nicht der Raum zur Verfügung, dieses Ereignis und insbesondere die drei nur von Medizinern gehaltenen Gedenkreden zu erörtern: Einzig auf Hans Aspergers Rede kann hier auf den in Frage stehenden Zusammenhang eingegangen werden. Ihre Bedeutung liegt unter anderem in der ungewöhnlichen Deutlichkeit,

Abb. 54: Theodor Heller – das berühmte Porträt, das auf der Gedenkfeier für Heller aufgestellt und in der Gedenkpublikation abgedruckt wurde.

mit der Asperger das Schweigen zu Theodor Hellers Todesumständen brach (vgl. kontrastierend Radl 1954/55). Dabei bezeugte Asperger, dass Hellers versuchte Selbsttötung von Ereignissen ausgelöst wurde, die im Zusammenhang mit der sogenannten »Arisierung« der heilpädagogischen Erziehungsanstalt in Wien-Grinzing standen. Die streng nach dramaturgischen Regeln konzipierte Rede setzte den wie eine Naturgewalt hereinbrechenden Nationalsozialismus als dramatischen Wendepunkt in Hellers Biografie, die Asperger zufolge von nichts anderem erfüllt war als der Hingabe an die österreichische Heilpädagogik. Heller habe durch jahrzehntelange Anstrengungen für die Heilpädagogik schließlich alle Widerstände überwunden und Anerkennung gefunden:

> »Bis sich dann freilich jene Bewegung erhob, die nach dem Gesetz, nach dem sie angetreten gleichermaßen in Heller den Juden verfolgte wie auch seine Arbeit, weil sie Schwachen, in einem von rein materiellem Gesetz gesteuerten System nicht voll brauchbaren, ja, ›lebensunwerten‹ Geschöpfen gewidmet war, zu vernichten sich anschickte« (Asperger 1959, 21).

Die Botschaft der Rede ist klar. Der nicht namentlich genannte Nationalsozialismus zerstörte die zwischen Heller und der österreichischen Heilpädagogik bestehende Einheit gewaltsam: Asperger betonte ausdrücklich, dass Heller als »gebrochener Mann« starb, und fährt dann – eine Versöhnung ankündigend – so fort: »Mochte Heller glauben, alles sei vergeblich gewesen, was er tat und wollte – wir wissen es besser« (a.a.O., 22). Der angebotene Trost sollte dann in der an Heller gerichteten Zusicherung liegen, dass dessen Lebenswerk gar nicht untergegangen sei, sondern von der österreichischen Heilpädagogik der Gegenwart bewahrt und weiterentwickelt werde. Die zerbrochene Einheit zwischen Heller und der österreichischen Heilpädagogik war so auf einer neuen Ebene wiederhergestellt. Asperger glaubte, über das moralische Gewicht zu verfügen, dieses Versprechen öffentlich geben zu dürfen.

Aspergers Rede enthielt Motive, die in der Gedenkpublikation zu einer (scheinbar) konsistenten Opfererzählung ausgebaut wurden. Dazu gehörten erstens die Externalisierung des Nationalsozialismus, der »von außen« über Theodor Heller hereinbrach, und zweitens die Identifikation Hellers mit der österreichischen Heilpädagogik. Es fällt jedoch auch ein markanter Unterschied zwischen der literarischen Konventionen folgenden Gedenkrede Aspergers und der Gedenkpublikation auf. So berichtete Asperger folgendermaßen von einem Treffen in Hellers Grinzinger Anstalt:

> »Nach dem, was ich selber von Heller weiß, hat er sich über diese apokalyptische Situation keine Illusionen gemacht; dieser Eindruck steht mir von einem Besuch in Grinzing – es muß aus dem Jahr 1936 oder 1937 gewesen sein – unauslöschlich im Gedächtnis –, der Eindruck einer großen Resignation, der Einsicht in die Unabwendbarkeit des Kommenden, dem er, zu sehr verwurzelt in der Heimat und in der hier gewachsenen Arbeit, nichts entgegensetzen konnte, dem gegenüber er nicht mehr neu anfangen zu können glaubte« (vgl. Asperger 1959, 21).

Aspergers Rede, die darauf angelegt war, Heller als wehrloses Opfer darzustellen, das schon geraume Zeit vor dem »Anschluss« resigniert hätte, enthielt ein wesentliches Element des heilpädagogischen Opfermythos noch nicht: den Aspekt des Widerstands. In der Gedenkpublikation, deren entscheidende Passagen sehr wahrscheinlich von Hans Radl stammen (vgl. Radl 1954/55), sollte nun wesentlich dieses Motiv als Charakteristikum der österreichischen Heilpädagogik modelliert werden. Darum unterstrich Radl – im Gegensatz zu Asperger – die Tatkraft, die Heller in seinen letzten Lebensjahren als Mitbegründer der Österreichischen (1935) und Internationalen Gesellschaft für Heilpädagogik (1937) bewiesen hatte (▶ Kap. III.3.2). Dabei ging es entscheidend um Hellers Motivation für diese Anstrengungen: die Ablehnung der rassenhygienisch orientierten Heilpädagogik NS-Deutschlands. In diesem Zusammenhang wurde ein bislang unveröffentlichter Text aus Theodor Hellers Nachlass in der Gedenkschrift publiziert: Es handelte sich um die Rede, die er 1935 anlässlich der Gründung der Österreichischen Gesellschaft für Heilpädagogik gehalten hatte (vgl. Heller 1959 [1935]). Diese Rede und Hellers Briefwechsel mit Heinrich Hanselmann hob Hans Radl hervor, um Hellers letzten Antrieb für die Gesellschaftsgründungen zu belegen:

> »Die Rede beleuchtet eindringlich die Tragik, die Dr. Heller für die Entwicklung der Heilpädagogik durch die in den Dreißigerjahren in Deutschland aufkommenden Schlagworte vom ›lebensunwerten Leben‹ entstehen sah. Aus dem Briefwechsel mit Prof. Hanselmann ist zu ersehen, wie ihn diese Entwicklung beeindruckt hat und wie er sich bemüht hat, sein Lebenswerk vor dem Untergang zu retten« (Asperger et al. 1959, 5).

Dieser Gründungsvortrag ist seither aus guten Gründen zu einem klassischen Text der Behindertenpädagogik geworden (vgl. Möckel 1999, 90–95; Ellger-Rüttgardt 2003, 308–314). Denn Heller sprach darin in ungekannter Schärfe von einem

»Zusammenbruch der Heilpädagogik in Deutschland«, den er auf »Anschauungen eugenischer und biologischer Art« und ihr Ziel der »Ausmerzung alles Minderwertigen« (Heller 1959 [1935], 7) zurückführte. Er wandte sich offensiv und wissenschaftlich souverän gegen die NS-Gesundheitspolitik und ihre theoretische Grundlage, die Rassenhygiene (a.a.O., 8). Besonders mit der scharfen Verurteilung von Zwangssterilisation (a.a.O., 7,10) ragte Heller aus dem Kreis der führenden Heilpädagogen seiner Zeit: Denn eine prinzipielle Ablehnung fand sich weder bei Heinrich Hanselmann noch bei Paul Moor, die beide Sterilisation als äußerstes Zwangsmittel zur sogenannten »Verhütung erbkranken Nachwuchses« zuließen, wenn sich Fortpflanzung durch »nachgehende Fürsorge« nicht verhindern ließ (vgl. Wolfisberg 2002, 233; 238). Heller schien eine strikte Grenze zu ziehen, wenn er darauf hinwies, dass Zwangssterilisation »als entehrend, als gewaltsamer Eingriff in die Familienrechte« (Heller 1959 [1935], 7) wahrgenommen werde. Wesentlich ist auch eine zweite ethische Positionierung: Heller bekräftigte das Lebensrecht der sogenannten »Bildungsunfähigen«, die allerdings auch er in seiner Konzeption aus dem Aufgabenkreis der Heilpädagogik ausschloss und der Caritas überantwortete (vgl. Heller 1959 [1935], 8f.):

> »Überlegungen rein rechnerischer oder volkswirtschaftlicher Natur erscheinen da [in der sog. »Idiotenfürsorge«, C.S.] kaum am Platz. Rationale Methoden lassen uns im Stiche; hier haben wir ein Problem vor uns, das nur aus den edelsten Gesinnungen des Menschen, aus dem Gefühl des Mitleids, der Nächstenliebe, aus dem Helferwillen heraus gelöst werden kann« (a.a.O., 8).

Den Deutungsabsichten der 1950er Jahre lieferte Hellers Rede willkommenes Belegmaterial: Seine Leistung als Kritiker negativer Eugenik und als Verteidiger des Lebensrechts wurde auf das österreichische Kollektiv übertragen. Es konnte suggeriert werden, dass eine grundlegende Differenz zwischen der österreichischen Heilpädagogik und der NS-Sonderpädagogik bestand: Radl und Kollegen erklärten Hellers Grundsatzrede zum ideologischen Grundkonsens von »Heilpädagogik in Österreich« – denn unter diesem, kaum von Heller selbst stammenden Titel wurde der Text abgedruckt.[217] Der Frage nach dem historischen Verhältnis Hellers beziehungsweise der österreichischen Heilpädagogik zu Eugenik beziehungsweise eugenischen Positionen kann hier nicht nachgegangen werden. Es sei lediglich auf einen weiteren diesbezüglich relevanten Texteingriff verwiesen, den die Herausgeber des Gedenkhefts an Theodor Hellers Rede von 1935 vorgenommen haben müssen. Der Rede fehlen nämlich die Begrüßungsworte – und das aus gutem Grund: Die 1935 gegründete Österreichische Gesellschaft für Heilpädagogik war eine vom austrofaschistischen Herrschaftssystem geförderte Vereinigung. Der Abdruck der Begrüßung zahlreicher Funktionäre des damaligen Regimes hätte 1959 an das – neben dem Nationalsozialismus – zweite Tabu der österreichischen Geschichte des 20. Jahrhunderts gerührt. Darum entfiel dieser Textteil in der Veröffentlichung. Die Feststellung, dass Hellers Gesellschaftsgründung unter diesen politischen Bedingungen erfolgte, ist möglicherweise bedeutsam für die historische Einordnung seiner Ablehnung negativer Eugenik. Die diesbezüglich eindeutige

---

217 Ein Vergleich mit Hellers Manuskript ist leider nicht möglich, weil sein Nachlass seit den 1980er Jahren verschollen ist.

katholische Sittenlehre war nämlich Staatsdoktrin des Austrofaschismus (vgl. Gstach 2019, 37). Hier kann nur davor gewarnt werden, Hellers Rede als Garantie einer von eugenischem Denken unbeeinflussten österreichischen Heilpädagogik zu verstehen.

Zur Modellierung der Widerstandsbehauptung wurde vor allem auf die organisatorischen Bemühungen Hellers verwiesen. Wie bereits ausgeführt, hatte er 1937 die Internationale Gesellschaft für Heilpädagogik mitgegründet. Die gemeinsam mit Hanselmann geleistete Organisationsarbeit erstreckte sich bis zum März 1938 (vgl. Hoyningen-Süess 2006, 22ff.; Radl 1954/55): Heinrich Hanselmann traf sich diesbezüglich mit Theodor Heller just am 9. März 1938 in Wien – als der damalige Bundeskanzler Schuschnigg die Abhaltung einer Volksabstimmung zur politischen Unabhängigkeit Österreichs verkündete, die durch NS-Deutschland mehr und mehr in Frage gestellt wurde. Dieser Schlüsseltag der österreichischen Geschichte des 20. Jahrhunderts löste eine Ereigniskette aus, deren letzte Konsequenz der Einmarsch deutscher Truppen am 12. März 1938 war. Im Geleitwort heißt es dazu:

> »Mit zäher Beharrlichkeit haben Dr. Heller und die Österreichische Gesellschaft für Heilpädagogik auch weiterhin die Propagierung der Gedanken einer einheitlichen Heilpädagogik fortgesetzt. Ja, noch am 9. März 1938 hielt Professor Hanselmann auf Einladung der Gesellschaft in Wien im Großen Hörsaal der Psychiatrischen Klinik einen Vortrag über Probleme der Heilpädagogik, den Dr. Heller mit einer Würdigung des Vortragenden einleitete. [Abs.] Wir gedenken in tiefer Rührung dieser Veranstaltung, die schon im Schatten der bevorstehenden Besetzung und Gleichschaltung Österreichs stattfand, die dann Dr. Heller zum tragischen Entschluss des freiwilligen Todes geführt haben« (Asperger et al. 1959, 6; H.i.O.).

Mit der im Zitat betonten Gemeinsamkeit des Einsatzes war die Gleichsetzung Hellers mit der österreichischen Heilpädagogik vollzogen. Diese Einheit wurde durch den Hinweis bekräftigt, den Widerstand bis zur letzten Möglichkeit fortgesetzt zu haben, ehe sich »Schatten« über Österreich legten und man der deutschen Gewalt zum Opfer fiel. Die nachfolgende Katastrophe thematisierte das hauptsächlich von Radl verfasste Geleitwort dann aber lediglich im Hinblick auf Theodor Heller und die Seinen. Der Versuch der Familie, in die Schweiz auszureisen, wurde genauso erwähnt wie Hellers Tod und Begräbnis. Auch das Schicksal von Ella und Franziska Heller konnte ausgesprochen werden: Sie wurden »im Zuge der Zwangsmaßnahmen gegen die Juden nach Riga[218] abtransportiert und getötet« (ebd.). Die Ermordung der Kinder und Jugendlichen aus Hellers Anstalt wurde hingegen nur indirekt thematisiert. Lediglich Eingeweihte konnten wissen, was es bedeutete, dass die Anstalt »unter den schwierigsten Verhältnissen bis zum Jahre 1941 weitergeführt« (ebd.) wurde.

Gänzlich offen blieb in der Gedenkpublikation die Frage nach den Auswirkungen der Annexion für die Protagonisten der österreichischen Heilpädagogik. In einem anderen Artikel beschrieb Radl das Geschehen als radikalen Einschnitt, denn »in diesen Tagen wurde durch die Besetzung Österreichs und den folgenden Krieg die Verbindung mit den ausländischen Freunden zerrissen« (Radl 1954/55, 357). Es habe sozusagen Funkstille geherrscht.

---

218 Der Deportationszug war für Riga bestimmt, wurde aber nach Kaunas umgeleitet.

III.3.5 Zur Kritik des heilpädagogischen Opfermythos

Was wurde nach dem »Anschluss« von 1938 aus der Österreichischen Gesellschaft für Heilpädagogik? Nach allem, was zu ihrer antinazistischen Ausrichtung im Gedenkheft von 1959 niedergelegt war, muss angenommen werden, dass Hellers Tod auch das Ende der Gesellschaft bedeutet hatte. Diese Vorstellung hatte Asperger bereits 1949 nahegelegt, als er bei der Vorstellung seiner neu gegründeten Arbeitsgemeinschaft darauf hinwies, dass die frühere Gesellschaft »bis [!] 1938 an der großen Aufgabe arbeitete, Kindern und Jugendlichen mit Körperfehlern, Erziehungsschwierigkeiten, gestörten Umweltverhältnissen usw. zu helfen« (N.N. 1949, 5). Diese Darstellung stellte bis in die jüngste Vergangenheit die Quintessenz des historischen Bewusstseins seiner Fachgesellschaft dar, die heute unter dem Namen Heilpädagogische Gesellschaft Österreich (HGÖ) aktiv ist: Sie führte ihre Geschichte zwar auf Theodor Heller zurück, das Wissen um den Ahnherrn wurde im Lauf der Jahre aber zunehmend instabil. In Selbstdarstellungen der HGÖ wurde er fälschlicherweise als »bekannte[r] Kinderarzt«[219] oder »Thomas [!] Heller« (vgl. Strachota et al. 2009, 7) bezeichnet. Die Annahme – die Vorgängergesellschaft sei im Nationalsozialismus aufgelöst[220], ja sogar »verboten« (ebd.) worden – blieb bis vor kurzem unhinterfragter Konsens.

Diese, letztlich von Radl und Asperger suggerierte Annahme ist jedoch falsch, wie der im Wiener Stadt- und Landesarchiv befindliche Vereinsakt der Österreichischen Gesellschaft für Heilpädagogik belegt[221]: Es zeigen sich Kontinuitäten, wo Brüche behauptet wurden. Die Gesellschaft wurde nach dem »Anschluss« weder verboten noch aufgelöst. Auch eine Selbstauflösung, die sich aus der bisher insinuierten ideologischen Unvereinbarkeit der österreichischen Heilpädagogik mit dem Nationalsozialismus nahelegen würde, ist angesichts der Reibungslosigkeit der Vorgänge wohl keinen Augenblick ernsthaft erwogen worden: Heller wurde unmittelbar nach dem Anschluss zum Rücktritt gedrängt. Es folgten die Umbenennung in Wiener Gesellschaft für Heilpädagogik und die Aufnahme des »Arierparagraphen« in die Statuten. All das geschah nicht durch eine Riege neuer NS-Funktionäre, sondern durch Hellers Weggefährten: Im Zentrum stand dabei der weiter oben erwähnte Heilpädagoge Anton Maller (1891–1964), der als Mitbegründer sowohl der Österreichischen als auch der Internationalen Gesellschaft für Heilpädagogik eng mit Theodor Heller und Heinrich Hanselmann zusammenar-

---

219 So zu finden auf der Homepage der Gesellschaft im November 2003; heute noch zu finden im Internet Archive: http://web.archive.org/web/20030205143016/http://www.heilpaedagogik.at/entstehung/entstehung.htm, Zugriff am 24.02.2025.
220 Bis 2023 fand sich diese Information noch auf der Webseite der HGÖ; heute noch zu finden im Internet Archive: https://web.archive.org/web/20231211033736/https://www.heilpaedagogik.at/ueberuns/, Zugriff am 24.02.2025.
221 Wiener Stadt- und Landesarchiv (WStLA), MAbt. 119: Verein 4820/1935. Vereinsakt: Österreichische Gesellschaft für Heilpädagogik. Gesellschaft zur Förderung der Erziehung, des Unterrichtes, der medizinischen Behandlung und Befürsorgung geistig, moralisch und körperlich defekter Kinder und Jugendlicher.

beitete (▶ Kap. III.3.3) – auch nach dem März 1938 (vgl. Hoyningen-Süess 2006, 34).

Daher ist die vielfach anzutreffende Behauptung falsch, dass mit dem »Anschluss« alle Kontakte ins Ausland abrissen. Denn Maller war zum Beispiel Referent auf dem ersten Kongress der Internationalen Gesellschaft für Heilpädagogik (Genf 1939) und nutzte die gemeinsam mit Theodor Heller und Heinrich Hanselmann vorbereitete Veranstaltung für die Ablegung seines Bekenntnisses zum Nationalsozialismus: Im Vortrag »Gedanken zur Schwachsinnigenfürsorge in Oesterreich (Ostmark)« (Maller 1940) erläuterte Maller dem internationalen Publikum die Fortschritte, die sich seit der NS-Machtübernahme »zum Nutzen des deutschen Volkes« (a. a. O., 202) für die Heilpädagogik der nunmehrigen »Ostmark« ergeben hätten. Er begrüßte die Sterilisationsgesetzgebung als Werkzeug der NS-Gesundheitspolitik und die Neuausrichtung der Heilpädagogik, die »wirksamer Schutz der Volksgemeinschaft vor dem Überhandnehmen antisozialer und asozialer Menschen« (a. a. O. 200 f.) sein sollte. Mallers Bruch »mit allen Prinzipien, welche rein vom Standpunkte des Mitleides und der Caritas ausgingen« (a. a. O., 201), war die öffentliche Verabschiedung jener ethischen Grundlagen, die Theodor Heller und Heinrich Hanselmann der Internationalen Gesellschaft für Heilpädagogik noch im März 1938 zu geben versucht hatten (vgl. Hoyningen-Süess 2006, 22 f.). Seine Hinwendung zum Nationalsozialismus zeigte sich auch im Engagement für die 1940 in Wien gegründete Deutsche Gesellschaft für Kinderpsychiatrie und Heilpädagogik (▶ Kap. III.3.3), deren zweiter Schriftführer er werden sollte (Schepker/Fangerau 2017, 135 f.).

Daran sollte nie jemand Anstoß nehmen – auch nicht Heinrich Hanselmann. Maller blieb während und nach dem Nationalsozialismus Generalsekretär der Internationalen Gesellschaft für Heilpädagogik. Noch auf ihrem dritten Kongress 1954 in Wien war er Vorstandsmitglied (vgl. Stokvis 1955, 426). Aspergers Arbeitsgemeinschaft für Heilpädagogik ernannte ihn 1961 – also noch in zeitlicher Nähe zur Gedenkfeier für Theodor Heller – für seine Verdienste zum Ehrenmitglied. Als Maller starb, würdigte ihn Hans Radl und zählte ausdrücklich auch seine Kongressteilnahme in Genf zu seiner Lebensleistung für die österreichische Heilpädagogik (vgl. Radl 1964, 46*).

Über die NS-Aktivitäten der Wiener Gesellschaft für Heilpädagogik ist sehr wenig bekannt. Fest steht, dass Maller sie die gesamte NS-Zeit hindurch als Geschäftsführer administrierte. Aber es lassen sich weit bedeutendere österreichische Heilpädagogen benennen, die sich in der NS-Gesellschaft engagierten: Unter ihnen ist Hans Asperger. Er war ihr Vizepräsident, als sie ihren nicht mehr unterschreitbaren moralischen Tiefpunkt erreichte. Asperger, der Anfang 1942 zum Thema »›Kinderpsychiatrie‹ und ›Heilpädagogik‹« (Asperger 1942) referierte, unterstrich in seinem programmatischen Vortrag die Bedeutung der »Erblehre« in der Heilpädagogik. Zu ihr sollten Heilpädagogen »Entscheidendes beitragen« (vgl. Asperger 1942, 353). Neben der Zuweisung dieser theoretischen Aufgabe forderte er auch praktische Beiträge der Heilpädagogen ein:

> »Wir haben auch voranzustehen in der praktisch-eugenischen Arbeit vor allem in den mit dem Gesetz zur Verhütung erbkranken Nachwuchses zusammenhängenden Problemen –

und zwar nicht nur die Aerzte sondern auch die in unserer Arbeit stehenden Sonderschullehrer« (ebd.).

Dies ist nur eines von mehreren Beispielen, in denen Asperger seit 1938 Zustimmung zur NS-Erbgesundheitspolitik signalisierte (vgl. Czech 2024, 23–37). Die Frage nach der richtigen Auslegung seiner Bekenntnisse fällt bereits in den Bereich der seit 2018 laufenden Debatte um Aspergers Verhältnis zum Nationalsozialismus. In ihrem Zentrum steht bislang die Frage nach seiner Mitwisserschaft um die Mordpraxis der Wiener NS-»Kindereuthanasie« (vgl. a. a. O., 87–101) – und damit auch die Frage nach seinem Verhältnis zum NS-Verbrecher Erwin Jekelius, der die Kinderfachabteilung Am Spiegelgrund leitete und Ende 1941 (faktisch für kurze Zeit) die Präsidentschaft der Wiener Gesellschaft für Heilpädagogik innehatte. Auch wenn diesbezüglich noch erhebliche Unklarheiten (Tatzer et al. 2023, Tatzer/Maleczek 2025) bestehen, steht außer Frage, dass Asperger 1942 klar sein musste, im Dienst eines Regimes zu stehen, das organisierten Massenmord an Menschen mit Behinderungen beziehungsweise psychischen Erkrankungen verübte. Mehr als ein halbes Jahr nach der Schließung von Theodor Hellers Erziehungsanstalt und der Deportation eines Großteils der Kinder schloss er seinen Vortrag vor der Wiener Gesellschaft für Heilpädagogik mit den Worten:

> »Unsere Arbeit ist schön. Sie führt in die Tiefen des Lebens. Wir schauen offenen Auges in die Fülle der Offenbarungen der kindlichen Persönlichkeit. Wir führen vom Rande der Gemeinschaft Menschen in diese hinein, die ohne verstehende Hilfe an ihr scheitern würden. Es geht uns nicht um eine besondere, aus anderen Gebieten herausgehobene Stellung; es geht uns um eine besondere Leistung. Die Leistung aber trägt ihren Lohn in sich« (Asperger 1942, 356).

III.3.6 Schlussbemerkung

Die Wirkmacht des hier dargestellten heilpädagogischen Opfermythos führte dazu, dass sich die österreichische Heilpädagogik heute wie ein eigentümliches Relikt ausnimmt, denn die Kritik an der gesamtösterreichischen Opferbehauptung war bereits vor einem Vierteljahrhundert abgeschlossen (vgl. Hanisch 2000, 13). Die heilpädagogische Version dieses Mythos ist zugegeben schwerer zu erkennen als seine landläufige Form: Während seine traditionelle Variante die wahren Opfergruppen des Nationalsozialismus schlicht marginalisierte (vgl. Rathkolb 2017, 29), verbarg sich die österreichische Heilpädagogik hinter dem Leiden eines wirklichen NS-Opfers: Die Instrumentalisierung Theodor Hellers macht den heilpädagogischen Opfermythos weniger leicht fassbar und gleichermaßen problematischer. Diese Instrumentalisierung enthob die österreichische Heilpädagogik als weiteres Folgeproblem von jeder Verpflichtung zur Bearbeitung ihrer NS-Vergangenheit. Die Arbeit wurde in weitgehender Geschichtsvergessenheit anderen überlassen: Zur wissenschaftlich von Zeithistorikerinnen und -historikern getragenen Aufarbeitung (z. B. Malina/Neugebauer 2000; Neugebauer et al. 2008; Kepplinger et al. 2008; Hoffmann 2012, Friedmann 2022) trugen die Überlebenden der NS-Erziehung durch ihr autobiographisches Zeugnis (z.B. Gross 2000; Cervik 2004; Kaufmann 2007), die Angehörigen der Opfer der »Kindereuthanasie« mit Gedenkdokumentationen (Häupl 2006, 2008, 2012), die Selbstbestimmt-Leben-Bewegung (vgl. LOS 1986; BIZEPS 2012) und Sprachwissenschaftlerinnen (Krausneker/Schalber 2009) bei. Unterstützt haben diese Aufarbeitung außerdem Berufsgruppen, die – durch ihre NS-Geschichte herausgefordert – einer berufsethischen Verpflichtung folgten: Beispielhaft sei auf die Arbeiten zur Wiener NS-Psychiatrie (Gabriel/Neugebauer 2000, 2002, 2005), zur NS-Fürsorge und -Erziehung (Berger 2007) oder zur NS-Geschichte der Krankenpflege (Fürstler/Malina 2004) verwiesen.

Ob sich die österreichische Heilpädagogik aus ihrem, zwischen Verdrängen und Vergessen angesiedelten Zustand lösen wird, hängt auch von der Weiterentwicklung der laufenden Debatten um Hans Asperger ab. In der Einleitung vorliegender Arbeit wurde ein Zusammenhang zur Waldheim-Debatte des Jahres 1986 hergestellt, womit sich die Hoffnung verbindet, dass sich die weitere Diskussion von der Einzelperson ablöst und der gesamte Handlungszusammenhang in den Blick genommen wird, für den die österreichische Heilpädagogik historische Verantwortung trägt: Dazu gehören Fragen nach den personellen, institutionellen und ideologischen Kontinuitäten und Brüchen der österreichischen Heilpädagogik vor, während und nach der NS-Zeit. Und dazu gehört wesentlich auch die Erweiterung der Perspektive, die bislang einzig auf den heilpädagogischen Akteuren lag, hin zu den Opfern der Verbrechen und Gewaltstrukturen.

Literatur

Quellen

Asperger, H. (1942): »Jugendpsychiatrie« und »Heilpädagogik«. Münchener Medizinische Wochenschrift, 89 (16), 352–356.
Asperger, H. (1959): Theodor Heller, der Heilpädagoge. Heilpädagogik 2 (Sonderheft Dr. Theodor Heller). (Beiblatt der Zeitschrift »Erziehung und Unterricht«), 17–22.
Asperger, H., Heeger, J. & Radl, H. (Hrsg.) (1955): Bericht des Dritten Internationalen Kongresses für Heilpädagogik. Wien: Verlag für Jugend & Volk.
Asperger, H., Heeger, J. & Radl, H. (1959): Geleitwort. Heilpädagogik 2 (Sonderheft Dr. Theodor Heller). (Beiblatt der Zeitschrift »Erziehung und Unterricht«), 5f.
Ellger-Rüttgardt, S. (2003) (Hrsg.): Lernbehindertenpädagogik. Studientexte zur Geschichte der Behindertenpädagogik. Band 5. Weinheim: Beltz Verlag.
Hanselmann, H. (1940): Begrüßungsansprache des Präsidenten. In: Ders. & Th. Simon (Hrsg.), Bericht über den I. Internationalen Kongreß für Heilpädagogik. Genève, 24–26 VII 1939 (S. 9–12). Zürich: Leemann & Co.
Hanselmann, H. (1955): Heilpädagogik – Wesen, Möglichkeiten und Grenzen. In: H. Asperger, J. Heeger & H. Radl (Hrsg.), Bericht des Dritten Internationalen Kongresses für Heilpädagogik (S. 31–43). Wien: Verlag für Jugend & Volk.
Heeger, J. (1954): Die Kongresse für Heilpädagogik in den Jahren 1922–1930. Erziehung und Unterricht 104 (6), 349–352.
Heller, Th. (1904): Grundriss der Heilpädagogik. Leipzig: Engelmann Verlag.
Heller, Th. (1959 [1935]): Heilpädagogik in Österreich. Heilpädagogik 2 (Sonderheft Dr. Theodor Heller). (Beiblatt der Zeitschrift »Erziehung und Unterricht«), 7–11.

Leiter, J. (1970): Die Wiener Hilfsschule. Eine selbst erlebte Chronik. Wien: Jugend & Volk Verlag.
Maller, A. (1940): Gedanken zur Schwachsinnigenfürsorge in der Ostmark (Österreich) und in Wien. In: H. Hanselmann & Th. Simon (Hrsg.), Bericht über den I. Internationalen Kongreß für Heilpädagogik (S. 200–203). Zürich: Verlag Leemann & Co.
Möckel, A. & Adam, H. & Adam, A. (Hrsg.) (1999): Quellen zur Erziehung von Kindern mit geistiger Behinderung. Band 2: 20. Jahrhundert. Würzburg: Edition Bentheim.
N.N. (1949): Heilpädagogik hilft der Jugend. Die neue Zeit. Organ des schaffenden Volkes von Kärnten 4 (148), 5.
Radl, H. (1954/55): Heinrich Hanselmann und die Heilpädagogik in Österreich. Pro Infirmis, 13 (12), 356–360.
Radl, H. (1964): In memoriam Direktor Anton Maller. Heilpädagogik 7 (3). (Beiblatt der Zeitschrift »Erziehung und Unterricht«), 46*.
Stokvis, B. (1955): Zweck und Organisation der Internationalen Gesellschaft für Heilpädagogik. In: H. Asperger, J. Heeger & H. Radl (Hrsg.), Bericht des Dritten Internationalen Kongresses für Heilpädagogik (S. 425–427). Wien: Verlag für Jugend & Volk.
Tornow, K. (1943): Völkische Sonderpädagogik und Kinderpsychiatrie. Zeitschrift für Kinderforschung 49 (1), 76–86.
Tornow, K. (1955): Psychotherapie und Heilpädagogik aufgezeigt an zwei Fällen von Pseudoschwachsinn. In: H. Asperger, J. Heeger & H. Radl (Hrsg.), Bericht des Dritten Internationalen Kongresses für Heilpädagogik (S. 106–115). Wien: Verlag für Jugend & Volk.

Darstellungen

Berg, Ch. & Ellger-Rüttgardt, S. (Hrsg.) (1991): »Du bist nichts, Dein Volk ist alles.« Forschungen zum Verhältnis von Pädagogik und Nationalsozialismus. Weinheim: Deutscher Studien Verlag.
Berger, E. (Hrsg.) (2007): Verfolgte Kindheit. Kinder und Jugendliche als Opfer der NS-Sozialverwaltung. Wien & Köln: Böhlau Verlag.
Biesold, H. (1988): Klagende Hände. Betroffenheit und Spätfolgen in Bezug auf das Gesetz zur Verhütung erbkranken Nachwuchses, dargestellt am Beispiel der »Taubstummen«. Solms-Oberbiel: Jarick Oberbiel Verlag.
BIZEPS – Zentrum für Selbstbestimmtes Leben (Hrsg.) (2012): Wertes unwertes Leben. Wien: Eigenverlag.
Brill, W. (2011): Pädagogik der Abgrenzung. Die Implementierung der Rassenhygiene im Nationalsozialismus durch die Sonderpädagogik. Bad Heilbrunn: Klinkhardt Verlag.
Cervik, K. (2004): Kindermord in der Ostmark. Kindereuthanasie im Nationalsozialismus 1938–1945. Münster: Lit Verlag.
Czech, H. (2018): Hans Asperger, National Socialism and »race hygiene« in Nazi-era Vienna. Molecular Autism, 9 (28). https://doi.org/10.1186/s13229-018-0208-6, Zugriff am 09.12.2024.
Czech, H. (2024): Hans Asperger und der Nationalsozialismus. Geschichte einer Verstrickung. Gießen: Psychosozial Verlag.
Ellger-Rüttgardt, S. (1988): Hilfsschulpädagogik und Nationalsozialismus – Traditionen, Kontinuitäten, Einbrüche. Zur Berufsideologie der Hilfsschullehrerschaft im Kaiserreich und in der Weimarer Republik. In: U. Herrmann & J. Oelkers (Hrsg.), Pädagogik und Nationalsozialismus (S. 147–165). Weinheim & Basel: Beltz Verlag (= Zeitschrift für Pädagogik; 22. Beiheft).
Ellger-Rüttgardt, S. (Hrsg.) (1996): Verloren und Un-Vergessen. Jüdische Heilpädagogik in Deutschland. Weinheim: Deutscher Studien Verlag.
Friedmann, I. (2022): Abnormalität (de-)konstruiert. Die Heilpädagogische Abteilung der Wiener Universitäts-Kinderklinik und ihre Patient*innen in der ersten Hälfte des 20. Jahrhunderts. Wien & Köln: Böhlau Verlag.
Fürstler, G. & Malina, P. (2004): »Ich tat nur meinen Dienst«. Zur Geschichte der Krankenpflege in Österreich in der NS-Zeit. Wien: Facultas Verlag.

Gabriel, E. & Neugebauer, W. (Hrsg.) (2000): NS-Euthanasie in Wien. Wien: Böhlau Verlag.
Gabriel, E. & Neugebauer, W. (Hrsg.) (2002): Von der Zwangssterilisation zur Ermordung. Wien: Böhlau Verlag.
Gabriel, E. & Neugebauer, W. (Hrsg.) (2005): Vorreiter der Vernichtung? Eugenik, Rassenhygiene und Euthanasie in der österreichischen Diskussion vor 1938. Wien: Böhlau Verlag.
Gamm, H.-J. (1983): Der Faschismuskomplex und die Sonderpädagogik. Zeitschrift für Heilpädagogik 34, 789–797.
Gross, J. (2000): Spiegelgrund. Leben in NS-Erziehungsanstalten. Wien: Ueberreuter Verlag.
Gstach, J. (2019): Heilpädagogik in der Zeit zwischen den zwei Weltkriegen. In: G. Biewer & M. Proyer (Hrsg.), Behinderung und Gesellschaft: Ein universitärer Beitrag zum Gedenkjahr 2018 (S. 22–44). Wien: Open Access Publikation. https://uscholar.univie.ac.at/detail/o:924774, Zugriff am 14.05.2025.
Gruber, Heinz (2006): Reminiszenzen zu Heilpädagogik und Schulentwicklung. Heilpädagogik 49 (1), 2–11.
Hänsel, D. (2006): Die NS-Zeit als Gewinn für Hilfsschullehrer. Bad Heilbrunn: Klinkhardt Verlag.
Hänsel, D. (2008): Karl Tornow als Wegbereiter der sonderpädagogischen Profession. Die Grundlegung des Bestehenden in der NS-Zeit. Bad Heilbrunn: Klinkhardt Verlag.
Hänsel, D. (2014): Sonderschullehrerausbildung im Nationalsozialismus. Bad Heilbrunn: Klinkhardt Verlag.
Hänsel, D. (2017): Die Deutsche Gesellschaft für Kinderpsychiatrie und Heilpädagogik im Nationalsozialismus als verkappte Gesellschaft für Sonderpädagogik. In: H. Fangerau, S. Topp & K. Schepker (Hrsg.), Kinder- und Jugendpsychiatrie im Nationalsozialismus und in der Nachkriegszeit. Zur Geschichte ihrer Konsolidierung (S. 253–276). Berlin: Springer Verlag.
Häupl, W. (2006): Die ermordeten Kinder vom Spiegelgrund. Gedenkdokumentation für die Opfer der NS-Kindereuthanasie. Wien: Böhlau Verlag.
Häupl, W. (2008): Der organisierte Massenmord an Kindern und Jugendlichen in der Ostmark 1940–1945. Wien: Böhlau Verlag.
Häupl, W. (2012): Spuren zu den ermordeten Kindern von Hartheim und Niedernhart. Gedenkdokumentation für die Opfer der NS-Euthanasie. Wien: Böhlau Verlag.
Hanisch, E. (2000): Der Ort des Nationalsozialismus in der österreichischen Geschichte. In: E. Tálos, E. Hanisch, W. Neugebauer & R. Sieder (Hrsg.), NS-Herrschaft in Österreich. Ein Handbuch (S. 11–24). Wien: öbv & hpt.
Hilberg, R. (1992): Täter, Opfer, Zuschauer. Die Vernichtung der Juden 1933–1945. Frankfurt: S. Fischer Verlag.
Höck, M. (1979): Die Hilfsschule im Dritten Reich. Berlin: Marhold Verlag.
Hoffmann, B. (2012): Zwischen Integration, Kooperation und Vernichtung. Blinde Menschen in der »Ostmark« 1938–1945. Innsbruck: Studienverlag.
Holub, F. (2011/12): Sonder- und Heilpädagogik im Nationalsozialismus. Heilpädagogik 54 (5), 20–27; 55 (1), 15–22.
Hoyningen-Süess, U. (2006): Der Kongress der Internationalen Gesellschaft für Heilpädagogik in Genf 1939 als Wegscheide einer historischen Disziplinierung. In: Berufsverband der Heilpädagogen BHP e.V. (Hrsg.), Heilpädagogik in Praxis, Forschung und Ausbildung. Aktuelle Beiträge zum Profil einer Handlungswissenschaft (S. 20–35), Berlin: BHP-Verlag.
Kaufmann, A. (2007): Totenwagen. Kindheit am Spiegelgrund. Wien: Mandelbaum Verlag.
Kepplinger, B., Marckhgott, G. & Reese, H. (Hrsg.) (2008): Tötungsanstalt Hartheim (2., erweiterte Auflage). Linz: Oberösterreichisches Landesarchiv.
Krausneker, V. & Schalber, K. (2009): Gehörlose Österreicherinnen und Österreicher im Nationalsozialismus: Acht Kurzfilme in österreichischer Gebärdensprache (ÖGS) mit deutschen Untertiteln. Wien: Institut für Sprachwissenschaft. https://gehoerlos-im-ns.univie.ac.at//, Zugriff am 10.02.2025.
Malina, P. & Neugebauer, W. (2000): NS-Gesundheitswesen und Medizin. In: E. Tálos, E. Hanisch, W. Neugebauer & R. Sieder (Hrsg.), NS-Herrschaft in Österreich. Ein Handbuch (S. 696–720). Wien: ÖBV und hpt Verlag.

Möckel, A. (Hrsg.) (1998): Erfolg – Niedergang – Neuanfang. 100 Jahre Verband Deutscher Sonderschulen – Fachverband für Behindertenpädagogik. München & Basel: Ernst Reinhardt Verlag.

Lechner, C., Beddies, T., Breu, M., Kerbl, R. & Karall, D. (2020): Hans Asperger und die Heilpädagogik. Monatsschrift Kinderheilkunde 168 (3), 151–153. https://doi.org/10.1007/s00112-020-01013-8, Zugriff am 03.03.2025.

Neugebauer, W. (2002): Juden als Opfer der NS-Euthanasie in Wien von 1940–1945. In: E. Gabriel & W. Neugebauer (Hrsg.), Von der Zwangssterilisierung zur Ermordung. Zur Geschichte der NS-Euthanasie in Wien. Teil II. (S. 99–111). Wien: Böhlau.

Neugebauer, W. & Czech, H. & Schwarz, P. (2008): Die Aufarbeitung der NS-Medizinverbrechen und das DOEW. In: Bewahren – Erforschen – Vermitteln. Das Dokumentationsarchiv des österreichischen Widerstands (S. 109–123). Wien: Dokumentationsarchiv des österreichischen Widerstandes.

Rathkolb, O. (2017): Fiktion »Opfer«. Österreich und die langen Schatten des Nationalsozialismus und der Dollfuß-Diktatur. Innsbruck, Wien & Bozen: Studienverlag.

Rudnick, M. (1985): Behinderte im Nationalsozialismus. Von der Ausgrenzung und Zwangssterilisation zur »Euthanasie«. Weinheim & Basel: Beltz Verlag.

Rudnick, M. (Hrsg.) (1990): Aussondern, Sterilisieren, Liquidieren. Die Verfolgung Behinderter im Nationalsozialismus. Berlin: Edition Marhold.

Schepker K. & Fangerau H. (2017): Die Gründungsgeschichte der Deutschen Gesellschaft für Kinderpsychiatrie und Heilpädagogik (DGKH) und ihr Wirken. In: H. Fangerau, S. Topp & K. Schepker (Hrsg.), Kinder- und Jugendpsychiatrie im Nationalsozialismus und in der Nachkriegszeit. Zur Geschichte ihrer Konsolidierung (S. 18–186). Berlin: Springer Verlag.

Schaukal-Kappus, H. (2005): »Ein Kulturland ohne Heilpädagogik ist nicht zu denken«. Zu den Anfängen der modernen Heilpädagogik in Österreich. In: Arbeitsgruppe Sonder- und Heilpädagogik (Hrsg.), Leben mit Behinderung. Ein Bilder- und Lesebuch aus Wissenschaft und Praxis (2. Auflage, S. 178–180). Wien: Empirie Verlag.

Schaukal-Kappus, H. (2008): Verdrängte und verschüttete Ressourcen der Geschichte – Pioniere aus den Anfängen der modernen Heilpädagogik. In: G. Biewer, M. Luciak & M. Schwinge (Hrsg.), Begegnung und Differenz: Menschen – Länder – Kulturen (S. 147–165). Bad Heilbrunn: Klinkhardt Verlag.

Scheffler, W. (2003): Massenmord in Kowno. In: Volksbund Deutsche Kriegsgräberfürsorge & Riga-Komitee der deutschen Städte (Hrsg.), Buch der Erinnerung: Die ins Baltikum deportierten deutschen, österreichischen und tschechoslowakischen Juden (S. 83–87). Berlin & Boston: K. G. Saur Verlag.

Sheffer, E. (2018): Asperger's Children. The Origins of Autism in Nazi-Vienna. New York: W. W. Norton & Comp.

Strachota, A., Biewer, G. & Datler, W. (2009): Vorwort. In: Dies. (Hrsg.), Heilpädagogik: Pädagogik bei Vielfalt. Prävention – Interaktion – Rehabilitation (S. 7f.). Bad Heilbrunn: Klinkhardt.

Stöger, C. (2020): »Aber Österreich darf nicht zurückbleiben!«. Zur Wiener Hilfsschulentwicklung um 1900. In: I. van Ackeren et al. (Hrsg.), Bewegungen. Beiträge zum 26. Kongress der Deutschen Gesellschaft für Erziehungswissenschaft (S. 555–566). Opladen, Berlin & Toronto: Barbara Budrich Verlag.

Tatzer, E., Maleczek & Waldhauser, F. (2023): An assessment of what Hans Asperger knew about child euthanasia in Vienna during the Nazi Occupation. Acta paediatrica 112 (5), 1109–1119.

Tatzer, E. & Maleczek, W. (2025): Was Hans Asperger Complicit in the Nazi Child Euthanasia by Participating in the Gugging Commission? Zeitschrift für Kinder- und Jugendpsychiatrie und Psychotherapie 53 (3), 126–136. https://doi.org/10.1024/1422-4917/a001001, Zugriff am 14.05.2025.

Uhl, H. (2001): Das »erste Opfer«. Der österreichische Opfermythos und seine Transformationen in der Zweiten Republik. Österreichische Zeitschrift für Politikwissenschaft, 30 (1), 19–34.

Wolfisberg, C. (2002): Heilpädagogik und Eugenik. Zur Geschichte der Heilpädagogik in der deutschsprachigen Schweiz (1800–1950). Zürich: Chronos Verlag.

Zehethofer, F. (1978): Das Euthanasieproblem im Dritten Reich am Beispiel Schloß Hartheim (1938–1945). Oberösterreichische Heimatblätter 32 (H. 1/2), 46–62.

III.4 Spuren eugenischen Gedankenguts in der ungarischen Heilpädagogik in der ersten Hälfte des 20. Jahrhunderts

Ilona Ruzsics-Genfer

III.4.1 Deutschsprachige Einflüsse in der ersten Hälfte des 20. Jahrhunderts

Die Wurzeln der ungarischen Heilpädagogik reichen bis in das 18. Jahrhundert zurück (vgl. Klein/Zászkaliczky 2009; Roboz 1898). Zu Beginn des 20. Jahrhunderts entwickelte sich eine Heil- und Sonderpädagogik, die auch außerhalb der ungarischen Landesgrenzen Anerkennung fand (vgl. Erdélyi 2002; Klein/ Zászkaliczky 2009) und einen intensiven länderübergreifenden fachlichen Austausch pflegte. Beeinflusst war die ungarische Heilpädagogik vor allem vom deutschsprachigen Raum (vgl. Gordosné Szabó/Lányiné Engelmeyer 1994; Gordosné Szabó 2000; Illyés 1990), insbesondere in den Publikationen Anfang des 20. Jahrhunderts. International anerkannte Wissenschaftlerinnen, Wissenschaftler und Heilpädagogen – wie Pál Ranschburg, Lipót Szondi, András Vértes O. oder Zoltán Tóth – publizierten häufig auf Deutsch. Quellenangaben und Fachartikel der damaligen Zeit erwecken den Eindruck, dass die ungarischen Heilpädagogen bestens über die neuesten Theorien und wichtigen Erkenntnisse ihrer deutschen Kollegen informiert waren.

Die Eugenik breitete sich ab Ende des 19. Jahrhundert überraschend rasant in der Welt aus. Die Auswirkungen der »eugenischen Bewegung« waren auf politischer und gesellschaftlicher Ebene, aber auch in der Medizin, Pädagogik und damit auch in der neu entstandenen Heilpädagogik verheerend. Im nationalsozialistischen Deutschland erhielten die Rassenhygiene und -ideologie einen besonders hohen Stellenwert. »Die NS-Behindertenpolitik war ein bedeutsamer Teil der NS-Gesellschaftspolitik« (Ellger-Rüttgardt 2008, 242). Historische Forschungen aus den letzten Jahrzehnten zeugen davon, wie stark die deutsche Heilpädagogik in die praktische Umsetzung dieser Rassenideologie verstrickt war, auch wenn die Beurteilung der damaligen Diskurse heute zum Teil kontrovers diskutiert wird (vgl. Brill 2011; Hänsel 2006; Ellger-Rüttgardt 2024).

In der ungarischen Literatur wird in Bezug auf die Eugenik gerne auf Deutschland verwiesen (vgl. Gordosné Szabó/ Lányiné Engelmeyer 1994; Ficsurné Kurunczi 2009). Bei den deutlichen Verbindungen zur deutschsprachigen Heilpädagogik erstaunt es hingegen, dass in den heutigen Publikationen kaum Hinweise auf eine »eugenische Bewegung« innerhalb der ungarischen Heilpädagogik zu finden sind. Es scheint, als hätte diese in Ungarn nicht existiert. Hinweise aus historischen Publikationen der heutigen Zeit deuten sogar darauf hin, dass diese

Zeitepoche für Menschen mit Behinderungen in Ungarn angeblich in keiner Weise bedrohlich war und dementsprechend auch kein eugenischer Diskurs existierte. Haben Menschen mit Behinderungen in der damaligen Zeit ausschließlich eine beschützende Haltung erfahren oder waren sie doch auch negativen Strömungen der Eugenik ausgesetzt? Dieser Frage geht dieser Beitrag nach. Den historischen Diskurs vollständig nachzuzeichnen, würde den Rahmen des Artikels sprengen, sodass er sich als eine erste Annäherung an das Thema versteht und zukünftige Forschungsarbeiten anregen möchte. Um die mit exemplarischen Geschichten erzählten historischen Wahrheiten aufzubrechen (vgl. Landwehr 2018), legt diese Forschung ihren Fokus auf die Befürworterinnen und Befürworter negativer eugenischer Maßnahmen in der ungarischen Heilpädagogik der damaligen Zeit. Bei der Spurensuche liegt der Schwerpunkt auf der damaligen Fachzeitschrift »Ungarische Heilpädagogik« und zwar ab deren Gründung 1898 bis 1944, als die Zeitung aufgrund des Krieges vorübergehend eingestellt wurde.

III.4.2 Aktueller Forschungsstand zur ungarischen Heilpädagogik

Historisch ausgerichtete Arbeiten über die ungarische Heilpädagogik schenken der Eugenik und dem eugenischen Diskurs bisher wenig bis gar keine Beachtung. Die historischen Rückblicke werden vom Anfang des 20. Jahrhundert bis hin zum Ende des Zweiten Weltkriegs durch zwei wesentliche Aspekte dominiert: (1) die bedeutenden Erkenntnisse im Rahmen der heilpädagogischen Forschungen, die auch international Anklang finden, und (2) die humanistische Haltung der ungarischen Heilpädagogik. Kritische Betrachtungsweisen sind in diesem Rahmen hingegen selten bis gar nicht vorzufinden.

So gibt es Arbeiten wie die deutschsprachige Dissertation von Erdélyi (2002), die sich umfassend mit der Geschichte der ungarischen Heilpädagogik beschäftigt, auf das Thema Eugenik aber nicht eingeht. Gordosné Szabó (2000) widmet sich in seinem umfassenden Werk der Geschichte der Heilpädagogischen Hochschule in Budapest. Die Autorin beschreibt die Zeit nach dem Ersten Weltkrieg als eine sehr produktive Zeit, in der die Bedeutung der Heilpädagogik erkannt und in ihrer Position bestärkt wurde. Sie untermauert diese Behauptung mit der Wiederaufnahme der Ausbildung, mit drei Landessitzungen zwischen 1923 und 1929 der Ungarischen Heilpädagogischen Gesellschaft sowie mit der internationalen Anerkennung der Forschungstätigkeit ungarischer Heilpädagogen, die auch an den Münchener Heilpädagogischen Kongressen (1922, 1924 und 1926) teilnahmen – was erneut die Verbundenheit der ungarischen Heilpädagogen mit dem deutschsprachigen Raum unterstreicht. Einen der wenigen Hinweise in Bezug auf die Eugenik findet man bei Gordosné Szabó in der Erwähnung des Staatlichen Heilpädagogischen Pathologie- und Heil-Laboratoriums[222], die als organisatorische Einheit, als das so genannte Laboratorium, unter anderem die »Geneanalogie und Eugenik« beherbergte. Gordosné Szabó schreibt in ihrer Arbeit dem Anschluss des Laboratoriums an die Heilpädagogische Ausbildungsstätte einen hohen Stellenwert zu. Die Forschungsergebnisse des Laboratoriums verhalfen der Hochschule und dem dort arbeitenden Fachpersonal zu internationalem Ansehen (vgl. Gordosné Szabó 2000, 66).

In den Rückblicken erfährt neben dieser internationalen Anerkennung die humanistische Haltung der ungarischen Heilpädagogen der damaligen Zeit ein starkes Echo. Als besonderer Vertreter wird Zoltán Tóth hervorgehoben. Als Pädagoge und späterer Leiter der Heilpädagogischen Hochschule in Budapest war er über die Landesgrenzen hinaus bekannt. Besonders seine Bemühungen um die akademische Ausbildung in der Heilpädagogik erfuhren viel Anerkennung und galten im deutschsprachigen Raum als Vorbild (vgl. Hoyningen-Süess 2006). Sein Werk »Allgemeine Heilpädagogik« aus dem Jahr 1933 zeugt von dieser Haltung (vgl. Zászkaliczky 2015).

Abb. 55: Zoltán Tóth, Pädagoge und späterer Leiter der Heilpädagogischen Hochschule in Budapest

Die humanistische Haltung der damaligen Zeit lässt sich auch aus den Publikationen der Zeitschrift »Ungarische Heilpädagogik«[223], einem Sprachrohr der da-

---

222 Auf Ungarisch: Állami Gyógypedagógia Kórtani und Gyógytani Laboratórium.
223 Auf Ungarisch: Magyar Gyógypedagógia; ab 1939: Magyar Gyógypedagógiai Tanárok Közlönye.

maligen ungarischen Heilpädagogik, entnehmen. Die dort beschriebenen Ansichten können auch heute noch als Kernhaltung der Heilpädagogik gelten, etwa das Kind mit Beeinträchtigung in den Mittelpunkt zu stellen, sodass es seine Fähigkeiten optimal entfalten kann. In dieser Fachzeitschrift finden sich auch zahlreiche – meist auf den Unterricht bezogene – Publikationen über Methoden, die das Kind in seiner Entwicklung unterstützen und fördern. Dabei findet man immer wieder Hinweise auf ein gesellschaftliches Interesse, Bürgerinnen und Bürger heranwachsen zu lassen, die der Gesellschaft nicht zur Last fallen. Zwar lässt sich in solchen Ansichten bereits deutlich eugenisches Gedankengut erkennen, jedoch schreibt die Geschichtsforschung der ungarischen Heilpädagogik diesem Aspekt keine Bedeutung zu. Vielmehr entsteht der Eindruck, Eugenik habe in Ungarn nie existiert, so als habe sich Ungarn in dieser Hinsicht vom Weltgeschehen nahezu abgekoppelt: »Im Gegensatz zur deutschen Reichsideologie gibt es in Ungarn keine offenen behindertenfeindlichen Anschauungen« (Klein/ Zászkaliczky 2009, 13). »In Kriegszeiten versorgte und schützte man in heilpädagogischen Institutionen die Kinder« (Gordosné Szabó/ Lányiné Engelmeyer 1994, zitiert nach: Klein/ Zászkaliczky 2009, 13).

Diese schützende Haltung wird mit exemplarischen Geschichten belegt, wie etwa die von 60 jüdischen Kinder, die in einer Sonderschule versteckt wurden und so überlebten.[224] Wie ein gehörloser Mann anstelle eines jüdischen Mannes zur Deportation geschickt und nach der Entdeckung des Tausches nach Hause geschickt wurde, beschreiben Hegedüs et al. (2009).

Die bisherigen Forschungen vermitteln den Eindruck, dass in Ungarn eine vom Staat organisierte Verfolgung, wie man sie aus anderen Ländern kennt, nicht existiert habe (vgl. Hegedüs et al. 2009; Siró 2003). Eugenik und eugenische Gedankengut waren dennoch in Ungarn vorhanden – wie populäre Zeitschriften, medizinische Fachzeitschriften und Bücher aus dieser Zeit zeigen (vgl. Turda 2007).

III.4.3 Eugenik in Ungarn

Eugenik war bis in die 2000er Jahre ein wenig beachtetes Forschungsthema in Ungarn (vgl. Turda 2007), erst seitdem erfährt die Thematik besonders aus Sicht der Medizingeschichte mehr Interesse (vgl. Turda/Weindling 2007). Der aktuelle Forschungsstand zeigt, dass die Eugenik in Ungarn in der ersten Hälfte des 20. Jahrhunderts auf großes Interesse gestoßen war und ungarische Vertreter der Eugenik auch international aktiv waren (vgl. Kühl 2014; Siró 2003). Turda beschreibt die Phase zwischen 1910 bis 1918 in Ungarn als »Vorhut der eugenischen Gedanken in Europa« (Turda 2007, 186).

---

[224] Gusztáv Bárczi erhielt für die Rettung der Kinder 2016 die Auszeichnung »Gerechter unter den Völkern« des Yad Vashem Instituts.

Die intensiven Diskussionen führten dazu, dass 1914 im Ungarischen Verband der Sozialwissenschaften eine eigene Sektion für Eugenik gegründet wurde. Diese Gesellschaft hatte sich unter anderem zum Ziel gesetzt, »die Fortpflanzung von erwünschten Personen zu unterstützen, die Fortpflanzung nicht geeigneter Personen dagegen zu verhindern«. Explizit wurde hier auch »die Unfruchtbarmachung von Degenerierten« genannt (Magyar Társadalomtudományi Szemle 1914, 5). Zwar wurde die Umsetzung der Ziele der eugenischen Sektion durch den Ersten Weltkrieg verhindert, nach dem Krieg erlebte die Eugenik hingegen einen internationalen Aufschwung (vgl. Kühl 2014; Turda 2007). So wurde 1917 die »Gesellschaft für Ungarische Rassenhygiene und Bevölkerungspolitik«[225] gegründet. Ihre Bestrebung lag auf dem »qualitativen Wachstum« der ungarischen Nation, um vor allem der enormen Zahl an menschlichen Verlusten durch den Ersten Weltkrieg zu begegnen. Die Gesellschaft verfolgte im Wesentlichen drei Ziele: »(1) die Erforschung der Schäden, die den Volkskörper der ungarischen Nation bedrohen – besonders die niedrige Geburtenrate, (2) die Steigerung der Geburtenrate und (3) Förderung von Maßnahmen, die das Gedeihen der ungarischen Rasse unterstützen« (Turda 2007, 209).

III.4.3.1 Mediziner und eugenische Bestrebungen

Besonders großes Interesse an der Eugenik hatten die Mediziner der damaligen Zeit, was sich an einer Vielzahl von Publikationen in medizinischen Fachzeitschriften zeigt (vgl. Siró 2003; Turda 2007). Siró (2003) beschreibt zwei Hauptströmungen in medizinischen Kreisen: eine radikale Strömung, die die negative Eugenik in Form von Sterilisationen unterstützte – diese Ansichten wurden unter anderem von Magyar, Naményi, Benedek, Donát und Páll vertreten. Das zweite Lager sah hingegen keine wissenschaftliche Grundlage für die Sterilisation und unterstützte diese Bestrebungen nicht. Zu dieser Gruppe gehörten unter anderen Schaffer und Csörsz.

In diesem Zusammenhang stellt sich die Frage, wie die heilpädagogischen Mediziner zur Eugenik standen. Die starke Verflechtung zwischen Medizinern und Heilpädagogen betont beispielsweise Erdélyi (2002). Ranschburg, selbst Arzt, betonte 1909 die gleichen wissenschaftlichen Grundlagen von Medizin und Heilpädagogik. Einer der bedeutendsten Mediziner in der Heilpädagogik war Lipót Szondi. Im Jahr 1925 erschien sein Werk »Der behinderte Verstand«[226] – herausgegeben von der Ungarischen Heilpädagogischen Gesellschaft – mit einem eigenen Teil zur Eugenik. Dieses Buch wurde in Fachkreisen als Grundlagenliteratur angesehen (vgl. Révész 1926) und vom Bildungsministerium für die Bibliotheken der Volkslehrer empfohlen (vgl. Pogány 1925). Szondi setzte die Aufgaben und Ziele der »normalen Erziehung« mit denen der »heilenden Erziehung« gleich. Diese »werden die große Arbeit der Volkserziehung nur dann erfolgreich verwirklichen, wenn der leitende Gedanke der Erziehung mit den Wörtern unseres großen An-

---

225 Auf Ungarisch: Magyar Fajegészségtani-és Népesedéspolitikai Társaság.
226 Auf Ungarisch: A fogyatékos értelem.

führers Széchenyi[227] die Veredelung unseres Blutes sein wird«[228] (Szondi 1925, 317). Szondi nannte als eine Aufgabe die Verhinderung der Fortpflanzung durch »schwachsinnige Eltern«. Hierfür zählte er drei Möglichkeiten auf:

1) Internierung oder Deportation in Kolonien: Dies sah er aber als nicht umsetzbar an, da es zu jener Zeit nicht möglich war, entsprechende Anstalten zu errichten (er geht nicht auf die Gründe ein) und das Land über keine Kolonien verfügte.
2) Verhinderung der Heirat von »Schwachsinnigen«: Diese Option nannte er als partielle Lösung, »da illegitime Beziehungen kinderreich sind«.
3) Sterilisation bzw. Kastration: Dies war für ihn der einzige Weg, um die Nation vor der Bedrohung des »Schwachsinns« zu bewahren. Die Möglichkeit eines Gesetzes sah er nicht, weil hierfür erst die Techniken und der ideale Zeitpunkt der Sterilisation erforscht werden müssten (vgl. ebd).

Szondis Werk wurde auch von der Fachzeitschrift »Ungarische Heilpädagogik« empfohlen (Révész 1926). Er erachtete es zum Beispiel als notwendig, »Büros für Behinderungen« zu eröffnen, die neben Beratungsaufgaben auch eine offizielle Registrierung von »Behinderten« vornehmen und somit als Ausgangspunkt für zukünftige Programme zur Vorbeugung von »behindertem Verstand« fungieren sollten (Szondi 1925, 338). Révész (1926) äußerte in der Rezension zwar einige Kritikpunkte, die sich aber lediglich auf sprachliche Formulierungen innerhalb des Buches bezogen.

Szondis Standpunkt ist in seinem Werk eindeutig, im Laufe seiner Karriere hat er seine Ansichten jedoch abgemildert. So stellte er 1939 auf dem I. Internationalen Kongress für Heilpädagogik in Genf in seinem Vortrag »Heilpädagogik in der Prophylaxe der Nerven- und Geisteskrankheiten« die damals gängigen Methoden (Belastungsstatistik, Mendelsche Regeln) in Frage und zeigte anhand von Statistiken, dass sich Sterilisationen wissenschaftlich nicht begründen lassen und daher auch keine gesetzlichen Maßnahmen rechtfertigen (vgl. Szondi 1939).

III.4.3.2 Das Staatliche Heilpädagogische Pathologie- und Heil-Laboratorium

1927 wurde das Staatliche Heilpädagogische Pathologie- und Heil-Laboratorium durch eine Verordnung des Religions- und Bildungsministeriums als »erste organisatorische Einheit der Heilpädagogischen Hochschule« gegründet (vgl. Gordosné Szabó 2000). Die Leitung übernahm Szondi. Das Laboratorium wurde in der Hilfsschule in der Mosonyi-Straße einquartiert und hatte für Forschungszwecke auch Zugang zu Schülerinnen und Schülern. Das Laboratorium beteiligte sich aktiv an eugenischen Forschungen. So war beispielsweise die Stammbaumfor-

---

227 Széchenyi István (1791–1860) war ein bedeutender ungarischer Politiker und Staatsreformer.
228 Im Original: »A pedagógiai, úgy mint a normális, mint a gyógyító nevelés csak akkor fogja valóban egyúttal nemzetnevelés nagy munkáját sikeresen elvégezni, ha a nevelés vezető gondolata Széchenyi szavaival élvén: ›vérünk nemesítése lesz‹.«

schung eine gängige Methode der Eugeniker. Bis 1930 wurden von mehr als 1.000 Familien mit Behinderungen Stammbäume erstellt (vgl. ebd.). Die untersuchten Kinder stammten sowohl aus den heilpädagogischen Instituten als auch aus der ambulanten Versorgung des Laboratoriums (vgl. Lőrincz Ákosné Sófalvy 1939, 328). Die registrierten Stammbäume sollten als »Kataster der Familien mit Behinderung aus Volksgesundheitsgründen« erstellt werden und als Grundlage für die zukünftigen eugenischen Gesetze dienen (vgl. Hrabovszkyné Révész 1935, 12). Die heilpädagogische Ausbildungsstätte war somit an den eugenischen Forschungen aktiv beteiligt und ihre Forschungsergebnisse wurden in zahlreichen Artikeln und auf Konferenzen veröffentlicht.

Abb. 56: Hörsaal des Staatlichen Heilpädagogischen Pathologie- und Heil-Laboratoriums

III.4.3.3 Das Streben nach eugenischen Gesetzen

Dass es im Land eugenische Bestrebungen gab, spiegelte sich in der Gesetzeslage der damaligen Zeit nicht wider. Die Forderungen der Anhängerinnen und Anhänger der Eugenik nach einem Sterilisationsgesetz mündeten lediglich in einem Gesetzesvorschlag. Benedek, ein Arzt und radikaler Anhänger der Eugenik, arbeitete diesen Gesetzesvorschlag zur freiwilligen Sterilisation aus und legte ihn den Behörden vor. Dieser wurde jedoch vom Parlament nicht diskutiert (vgl. Siró 2003). Ein Sterilisationsgesetz, wie man es in dieser Zeit aus anderen Ländern wie den USA oder Deutschland kannte, hat in Ungarn nie existiert.

Ebenso verhielt es sich mit den Forderungen nach einem Eheschließungsverbot für Menschen mit Behinderungen, das in eugenischen Fachkreisen immer wieder diskutiert wurde.[229] Das 1941 verabschiedete, antisemitische Gesetz »Über die verpflichtende Untersuchung vor der Eheschließung« verbot die Eheschließung von Juden mit Nicht-Juden sowie von TBC- und Syphilis-Kranken, aber es enthielt kein explizites Verbot für Menschen mit Behinderungen. Die Forschungen von Szegedi (2015) zeigen aber, dass die untersuchenden Ärzte mit detaillierten Anamnesen

---

229 Die heilpädagogische Zeitschrift berichtete über einen geplanten Kongress mit diesem Thema (vgl. Magyar Gyógypedagógia 1935, 29).

und Aufzeichnungen von Stammbäumen bei möglichen »Erbkranken« von Eheschließungen abgeraten haben. Ebenso wurde damit begonnen, unter starker Beteiligung der heilpädagogischen Ausbildungsstätte ein Familienkataster für zukünftige Gesetze zu erstellen (vgl. Hrabovszkyné Révész 1935; Lőrincz 1939). Da kein entsprechendes Gesetz vorlag, kann angenommen werden, dass die Handlungen dieser Ärzte aus starken Überzeugungen heraus erfolgten.

Somit gab es in Ungarn also durchaus Bestrebungen zur Sterilisation und zum Verbot von Eheschließungen von Menschen mit Behinderungen. Mit ihren starken Verbindungen zur Medizin bot die Heilpädagogik in Ungarn mit ihrer damaligen Fachzeitschrift »Ungarische Heilpädagogik« auch ein Medium zur regelmäßigen Veröffentlichung von Artikeln der »radikalen Strömung der Eugenik der Mediziner«. Eugenische Gedanken waren also auch in den Fachkreisen der Heilpädagogik präsent. Mitglieder dieser Strömung schrieben zudem Literaturempfehlungen für Publikationen der Eugenik, in erster Linie aus dem deutschsprachigen Raum.

III.4.4 Eugenisches Gedankengut in der Zeitschrift »Ungarische Heilpädagogik«

Die Erstauflage der Zeitschrift »Ungarische Heilpädagogik« erschien 1898. Die von Roboz gegründete Fachzeitschrift erschien, mit einigen Unterbrechungen, sechsmal im Jahr und landesweit. Sie bildete ein Forum für Heilpädagogen und wird im Folgenden von ihren Anfängen bis 1944 (letzte Ausgabe vor Kriegsende) untersucht.

Die ersten Spuren des Themas Eugenik in der Zeitschrift reichen bis in das Jahr 1909 zurück. In der Rubik »Auslandsrundschau« wurde nur beiläufig von einem französischen Gesetzesvorschlag zur Schulbildung von »Degenerierten« nach deutschem Vorbild berichtet, der in Frankreich auf großen Widerstand stieß. Die Gegner dieses Gesetzvorschlages in Frankreich wollten diese »Degenerierten« von der allgemeinen Gesellschaft nicht getrennt wissen. Die ungarische Zeitschrift gab ihnen recht: »Wenn sie nur so viel erreichen, dass die geerbte und erworbene Behinderung unter eine andere Beurteilung fallen würde, wäre das schon ein Ergebnis, über das sich jeder Heilpädagoge und Menschenfreud freuen würde«[230] (Karnay 1909, 178).

Diese Rubrik blieb auch in den späteren Jahrgängen ein Bestandteil der Zeitschrift. Es wurde immer wieder über eugenische Gesetze, Sterilisationsgesetze und dazu gehörende Untersuchungen und Begründungen berichtet. Viele davon schrieb Lajos Naményi, ein radikaler Vertreter der Eugenik (vgl. Siró 2003). Bis

---

230 Im Original: »De ha csak annyit is érnek el vele, hogy a szerzett és öröklött fogyatkozás ezentúl külön elbánás alá kerül, ez magába oly eredmény lenne, aminek minden gyógypedagógus és emberbarát csak örülne. A degeneráltak kiválasztása, elkülönítése által a munkánk minden esetre könnyebb és eredményesebb lenne.«

1939 erschienen von ihm mehr als 30 Literaturempfehlungen zum Thema Eugenik. Er schrieb auch über Publikationen, die sich mit der deutschen Gesetzeslage beschäftigten.

III.4.4.1 Die erste Konferenz der Heilpädagogischen Gesellschaft

Das Interesse an der Eugenik beschränkte sich aber nicht nur auf Berichte aus dem Ausland. Auch landesintern schien das Engagement groß zu sein. Im Oktober 1923 fand die I. Konferenz der Heilpädagogischen Gesellschaft statt (Bericht über den Kongress in der Zeitschrift »Ungarische Heilpädagogik« 1923, 41–97), die sich der Vorbeugung von Behinderungen widmete. In den Vorträgen tauchte das Motiv der »Rettung der Nation« auch immer wieder auf (siehe im Bericht unter anderem Imre; Rottenbiller). Diese »Rettung«, die durchaus eugenisches Gedankengut darstellte, befürworteten die Vortragenden mit verschiedenen Mitteln. Neben den präventiven Ansichten forderten einige Vortragende eine wesentlich radikalere Umsetzung der Eugenik. Adolf Schulmann, Direktor der Taubstummenanstalt Budapest, hob die Dringlichkeit der Forschung über die Vererbung der Gehörlosigkeit und Körperbehinderung hervor und schlug ein Heiratsverbot für »Erbkranke« vor. Dies forderten mehrere Vortragende, so auch Ignác Fischer. Er maß den endogenen Faktoren eine größere Bedeutung bei der Entstehung von geistiger Behinderung zu als den Umweltfaktoren. Heiraten sollte seiner Meinung nach aus eugenischen Gründen reguliert werden. Ebenso sprach er über die Kastration als einer Möglichkeit, die man nicht verwerfen solle. Auch die Forderung nach einer Registrierung von Menschen mit Behinderungen fand sich häufig. So schlug beispielsweise Pál Angyal eine Pflichtmeldung vor. Die lebenslange Registrierung erachtete auch Szondi als wichtig, unterstützt von Gusztáv Bárczi, der ebenfalls ein Eheverbot im Blick hatte.

Die von der Heilpädagogischen Gesellschaft angeregte »Prävention von Behinderungen«, die mit der Zeit auch die heilpädagogische Arbeit überflüssig machen würde (vgl. Bericht über den Kongress in der Zeitschrift »Ungarische Heilpädagogik«, 75–76), stieß auf großes Interesse und die Vortagenden sparten nicht mit lobenden Worten. Dabei wurde auch die Pionierarbeit der Heilpädagogischen Gesellschaft in dieser Angelegenheit betont.

Zoltán Tóth bezog sich 1924 in seinem Artikel »Kampf gegen die Behinderung und die Gesellschaft« nochmals auf diese Konferenz und lobte die Initiative der Heilpädagogik, die Aufgabe der Vorbeugung von Behinderung wahrgenommen zu haben. Er sah dies als eine sehr wichtige gesellschaftliche Aufgabe an, um die Kraft der Gesellschaft zu schützen und den »Fall der menschlichen Kultur« zu verhindern (vgl. Tóth 1924).

III.4.4.2 Weitere heilpädagogische Konferenzen

Drei Jahre später setzte sich die II. Heilpädagogische Konferenz 1926 das Ziel des »Schutzes der Behinderten«. In den Beiträgen dieser Konferenz ging es in erster Linie um die Bedeutung der Heilpädagogik und die Wichtigkeit einer heilpädagogischen Erziehung. Ihr Schwerpunkt lag also auf den humanistischen Aufgaben der Heilpädagogik. Vor diesem Hintergrund ist es überraschend, dass Lajos Naményi – Nervenarzt und radikaler Vertreter der Eugenik – seinen Vortrag »Eugenik und Heilpädagogik«[231] dennoch halten konnte (vgl. Naményi 1926), denn seine Ansichten waren im Vergleich zur Zielsetzung der Konferenz radikal. Er argumentierte für eine negative Eugenik. Sein Vortrag baute auf der Idee der Verhinderung der Fortpflanzung »Schwachsinniger« auf und begründete diese mit Beispielen einzelner Familien, in denen »Schwachsinn« vererbt worden sei. Er betonte, dass »Eugenik mit eugenischen Maßnahmen die Gesundheit des Volkes fördern solle«[232] (a. a. O., 705). Als eine praktische Lösung schlug er geschlossene Einrichtungen oder die Sterilisation vor. Neben der Forderung einer »Fortpflanzungsverhinderung« schreckte er nicht vor Überlegungen zurück, welche die Tötung von »lebensunwertem Wesen« befürworteten. So prophezeite er, dass die Zeit kommen werde, in der die Tötung zu einer gesellschaftlichen Pflicht werden würde (vgl. ebd.).

Es scheint, dass solche radikalen Gedanken anschließend für einige Jahre aus der Zeitschrift verbannt wurden und der Schutz von Menschen mit Behinderung eine Priorität der Heilpädagogischen Gesellschaft darstellte. Inhaltlich erhielten pädagogische Aufgaben und methodische Überlegungen mehr Gewicht. Das zeigt sich auch im Bericht über die III. Heilpädagogische Konferenz (1929) mit dem Schwerpunkt »Prävention von Behinderungen und Schutz von Behinderten«, in dem die pädagogischen Tätigkeiten betont wurden.

III.4.4.3 Der eugenische Diskurs ab den 1930ern Jahren

Ab den 1930er Jahren häuften sich Artikel, die sich mit der Eugenik befassten, und die Diskussion um das Thema intensivierte sich erneut. Das zeigte sich auch in der Rubrik »Auslandsrundschau« – in den zahlreichen Literaturbesprechungen ebenso wie in den Artikeln. Auch in der Redaktion gab es personelle Veränderungen. Mátyás Éltes, ein bedeutender Heilpädagoge seiner Zeit, führte die Redaktion der Zeitung ab 1924. 1934 übernahm Zoltán Tóth diesen Posten und betonte, dass er die Zeitschrift »im Geiste seiner Vorgänger weiterführen werde und Publikationen veröffentlichen möchte, die die gemeinsame Entwicklung unterstützen«[233] (Tóth 1934, 41). Er leitete die Redaktion bis 1939.

---

231 Auf Ungarisch: Eugenika és gyógypedagógia.
232 Im Original: »Az eugenika, mint fajvédelem, nem akarja megakadályozni az egyén védelmét, csak a faj egészségét akarja megvédeni azzal, hogy az értelmükben fogyatékosok hasonló utódok nemzői ne lehessenek.«
233 Im Original: »Amikor a «Magyar Gyógypedagógia» ideiglenes szerkesztését átveszem, lapunk olvasóival közlöm, hogy azt az eddigi szellemben kívánom szerkeszteni.«

III Eugenik und Rassenhygiene in der internationalen Diskussion

1934 erschien ein zweiteiliger Artikel von Gábor Páll, einem Gynäkologen aus dem staatlichen Krankenhaus Gyula: der Abdruck eines Vortrages mit sehr radikalen Ansichten aus einer Sitzung der Heilpädagogischen Gesellschaft. Im ersten Teil (Páll, 1934a) gab der Autor einen Überblick über die Entstehung und Bedeutung der Eugenik, besonders bei der Verhinderung der Fortpflanzung von »Schwachsinnigen«: »Wir tun für unsere Nachkommen und die Gesellschaft nur Gutes, indem wir die gesunde Entwicklung der zukünftigen Generation sichern«[234] (a. a. O., 54). Im zweiten Teil (Páll 1934b) betonte er, dass die eugenische Regulation in ärztlichen Händen sein sollte. Er beschreibt den Fall einer jungen Frau mit »Idiotie«, die nach mehreren Schwangerschaften sterilisiert wurde: »Aber jetzt haben das Gemeindepräsidium und wir auch von der ungewollten, aber häufigen Fortpflanzung genug gehabt, und nach einer Beratung mit einem Psychiater haben wir bei der idiotischen Schwangeren eine Abtreibung und endgültige Sterilisation auf medizinisch-eugenischer Grundlage durchgeführt, und sie von der ungewollten Fortpflanzung ausgeschlossen«[235] (a. a. O., 82). Er führte weiter aus: Solange die »Schwachsinnigen« in heilpädagogischen Einrichtungen untergebracht würden und sich unter Aufsicht entwickeln können, bestehe die Chance, dass sie nützliche Mitglieder der Gesellschaft sein können. Sobald sie jedoch nicht mehr unter dieser Aufsicht seien, vermehren sie sich, bilden die unterste Schicht der Gesellschaft und ihre Kinder seien erneut auf Unterstützung angewiesen und besuchten die heilpädagogischen Einrichtungen. Gerade diese Einrichtungen sollten die eugenischen Gedanken propagieren und ihre Schützlinge, sobald gesetzlich möglich, unterstützend zur Sterilisation begleiten (vgl. a. a. O., 84). Eugenische Maßnahmen auf der gesetzlichen Ebene waren zwar immer wieder ein Thema, ein entsprechendes Gesetz existierte in Ungarn aber zu keiner Zeit. Daher war eine derartige Positionierung in der ungarischen heilpädagogischen Fachzeitschrift sehr überraschend.

Besonders interessant ist, dass Lajos Naményi im selben Jahr in der »Auslandsrundschau« die wichtigsten deutschen Erkenntnisse bezüglich der Eugenik vorstellte – mit dem Ziel, Fehlinterpretationen zu korrigieren, um die eugenischen Ziele nicht zu gefährden (vgl. Naményi 1934). Seine größten Bedenken betrafen die deutsche »Arier-Ideologie«. Während Naményi aus seiner Sicht Missverständnisse bezüglich der Eugenik zu klären versuchte, verteidigte er die Sterilisation als ein Mittel der Eugenik. Dabei besprach er in den Literaturempfehlungen auch die deutschen Sterilisationsgesetze ausführlich und sparte nicht mit lobenden Worten.

Die Sterilisation wurde jedoch aus unterschiedlichen Gründen nicht von allen unterstützt. Einige sahen den medizinischen Eingriff als noch nicht ausgereift und ausreichend untersucht an oder die Auswahl des betreffenden Personenkreises nicht anhand wissenschaftlicher Kriterien sichergestellt. Wieder andere fürchteten sich vor den moralischen Folgen einer Sterilität im Sinne einer dadurch ermög-

---

234 Im Original: »Főképen utódainkkal és a társadalommal teszünk jót, midőn a jövő generációnak egészséges fejlődését kívánjuk biztosítani.«

235 Im Original: »De most a közösségi előljáróság és mi is megsokaltuk nem kivánatos de gyakori szaporodását és az idióta terhesnőnél elmeorvossal történt tanácskozás alapján orvosi-eugenikai alapon a terhesség megszakítását és definitív sterilizálását végeztük, kizártuk a nem kivánatos szaporodásból.«

III.4 Spuren eugenischen Gedankenguts in der ungarischen Heilpädagogik

lichten freizügigeren Sexualität und einer daraus resultierenden möglichen Ausbreitung von Geschlechtskrankheiten wie beispielsweise der Syphilis. Als eugenische Maßnahme wurden auch ein Heiratsverbot und zur praktischen Umsetzung eine teilweise Internierung bzw. lebenslange Betreuung durch heilpädagogische Einrichtungen in Betracht gezogen.

Ein Gegner der Sterilisation, aber Befürworter eines Heiratsverbots, war Gusztáv Bárczi, Arzt und späterer Direktor der Heilpädagogischen Hochschule. Er präsentierte 1936 seine Recherchen mit 220 Stammbäumen von Familien mit Gehörlosigkeit. Er betonte die Wichtigkeit der Forschung und die Aufstellung eines zentralen Familienkatasters, auf dem aufbauend weitere, allerdings nicht näher spezifizierte Schritte eingeleitet werden könnten (vgl. Bárczi 1936). Ein Heiratsverbot sah er bei einer vererbbaren Behinderung vor; bei der Weigerung, das Verbot einzuhalten, sollten die Familien die Kosten, welche durch die Erziehung und Unterbringung der Kinder entstehen, selbst tragen müssen. Sterilisation lehnte er hingegen ab, da er weitere Forschungen bei rezessiv vererbter Gehörlosigkeit als notwendig erachtete und die Sterilisation die Verbreitung von Syphilis seiner Meinung nach begünstigt hätte (vgl. ebd.).

Abb. 57: Gusztáv Bárczi, Arzt und späterer Direktor der Heilpädagogischen Hochschule in Budapest

Bárczi (1939) betonte in einem Vortrag auf einer Sitzung der Taubstummen- und Sprachheilpädagoginnen und -pädagogen, dass die Bestimmung der Heilpädagogik in der Prävention von Behinderungen liege und somit auch in der Verhinderung von Geburten von Menschen mit Behinderung.[236] »Am wichtigsten ist es meiner

---

236 Vgl. Protokoll der ersten öffentlichen Sitzung der Taubstummen- und Sprachheilpädagogen (Auf Ungarisch: A siketügyi és beszédpedagógiai osztály első nyilvános ülése, Jegyzőkönyv). Magyar Gyógypedagógiai Tanárok Közlönye 1939, 4. szám, 144–150.

Meinung nach nicht, wie man diese Gruppen[237] lehren oder erziehen kann. Die große Gruppe der Menschheit interessiert sich dafür, dass solche Gruppen nicht existieren, dass solche Kinder nicht geboren werden können«[238]. Der Schwerpunkt der heilpädagogischen Aufgabe liege daher auf der nationalen Ebene und nicht in der täglichen pädagogischen Arbeit, so gesehen wären die täglichen Bemühungen der Heilpädagoginnen und -pädagogen nutzlos. Er sieht das Mittel zu diesem Ziel in der moralisch-religiösen Erziehung. Seine Worte lösten eine Welle von empörten Reaktionen aus, auch über die Fachkreissitzung hinaus. Immer wieder erschienen in der Zeitung Stellungnahmen zu diesem Vortrag. Diesen Stellungnahmen und dem Protokoll ist deutlich zu entnehmen, dass sich viele Zuhörerinnen und Zuhörer sowie Kolleginnen und Kollegen angegriffen fühlten. Ihre Empörung bezog sich aber nur auf die mangelnde Wertschätzung ihrer Arbeit und weniger auf die eugenische Zielsetzung von Bárczis Vortrag.

Ab den 1940er Jahren erschien die Zeitung trotz des Krieges, aber mit stark reduziertem Umfang. Publikationen zum Thema Eugenik und eugenische Forderungen gingen stark zurück. Gelegentlich fand man Hinweise in diese Richtung. So änderten zum Beispiel die wissenschaftlichen Beiträge von Kozmutza (1941) und Bárczi (1941a, 1941b) bezüglich der »Erblehre« inhaltlich ihre Richtung hin zur Genetik. Der Krieg und seine Auswirkungen fanden immer mehr Einzug in die Inhalte der Zeitschrift. Die letzten Ausgaben vor Kriegsende erschienen 1944.

III.4.5 Fazit

In Ungarn gab es immer wieder Bestrebungen, die Eugenik allgemein in der Gesellschaft populär zu machen und eugenische Maßnahmen praktisch umzusetzen. So fanden sich beispielsweise in der Zeitschrift »Ungarische Heilpädagogik« nicht nur behindertenfeindliche Äußerungen, sondern auch konkrete Aufrufe zu eugenischen Handlungen.

Auch in Ungarn gab es Strömungen, die ein Sterilisationsgesetz und ein Eheschließungsverbot für Menschen mit Behinderungen befürworteten. Ebenso beteiligte sich das Laboratorium der heilpädagogischen Ausbildungsstätte an Stammbaumforschungen, um eugenische Gesetze vorzubereiten, wodurch auch die heilpädagogische Welt zu einem Teil dieser Bestrebungen wurde. Die Fachzeitschrift für Heilpädagogik gab diesen Ansichten in zahlreichen Publikationen nicht nur eine Bühne, sondern veröffentlichte auch einen Artikel über eine

---

237 Er stellte in seinem Vortrag drei verschiedene Gruppen von Kindern mit verschiedenen Behinderungen vor, unter anderem »taubstumme« und Kinder, die blind und »taubstumm« sind.

238 Im Original: »A lényeg azonban szerintem nem az, hogy e csoport bármelyike hogyan és mi módon tanítható vagy nevelhető. Az emberi nagy közösséget az érdekli, hogy ilyen csoportok ne lehessenek, hogy ilyen gyermekek ne születhessenek« (a. a. O., 148).

durchgeführte Sterilisation einer Frau. Auch wenn ein Programm wie »T4«[239] in Ungarn nicht existierte, widersprechen die gefundenen Spuren der These einer allumfassenden schützenden Haltung gegenüber Menschen mit Behinderungen. Die Vertreter der Eugenik hatten in Ungarn, ebenso wie in der übrigen heilpädagogischen Welt, keine einheitlichen Ansichten. Der Diskurs in Ungarn war differenzierter, als es dieser kurze Beitrag darzustellen vermag. Wie vielseitig er tatsächlich war, welche Ansichten von welchen Gruppen vertreten wurden oder welche Umstände dazu geführt haben, dass ein Sterilisationsgesetz letztendlich doch nicht implementiert wurde, sind Fragestellungen der zukünftigen Forschung.

Literatur

Bachmann, W., Gordos-Szabó, A. & Lányi-Engelmeyer, À. (1977): Biographien ungarischer Heilpädagogen. Rheinstetten-Neu: Schindele Verlag.

Bárczi, G. (1936): A siketség átöröklődése és az ezzel kapcsolatos preaventio (Die Vererbung der Gehörlosigkeit und ihre Prävention). Magyar Gyógypedagógia, 24 (7–10), 80–87.

Bárczi, G. (1941a): Öröklestáni alapfogalmak (Grundbegriffe der Vererbungslehre). Magyar Gyógypedagógiai Tanárok Közlönye, 3 (9), 170–174.

Bárczi, G. (1941b): Öröklestáni alapfogalmak II (Grundbegriffe der Vererbungslehre II). Magyar Gyógypedagógiai Tanárok Közlönye, 3 (10), 200–202.

Brill, W. (2011): Pädagogik der Abgrenzung. Die Implementierung der Rassenhygiene im Nationalsozialismus durch die Sonderpädagogik. Bad Heilbrunn: Verlag Julius Klinkhardt.

Ellger-Rüttgardt, S. L. (2024): Geschichte der Sonderpädagogik: Eine Einführung (3. Auflage). München: Ernst Reinhardt Verlag.

Erdélyi, A. (2002): Ungarische Heilpädagogik im Wandel. Entwicklung und Situation der Heilpädagogik in Ungarn angesichts des politischen Systemwandels unter besonderer Berücksichtigung der Geistigbehindertenpädagogik. Würzburg: Ergon Verlag.

Ficsurné Kuruncczi, M. (2009): Az intellektuális fogyatékossággal élő emberek mozgalmának hazai története (Geschichte von Menschen mit intellektueller Beeinträchtigung in Ungarn). In: L. Hegedüs, M. Ficsorné Kuruncczi, D. Szepessyné Judik, E. Pajor & G. Könczei (Hrsg.), A fogyatékosság hazai és nemzetközi története. Jegyzet (S.34–66), ELTE Gyógypedagógiai Kar. https://mek.oszk.hu/09900/09972/09972.pdf, Zugriff am 04.01.2022.

Gordosné Szabó, A. (2000): A magyar gyógypedagógus-képzés története (Die Geschichte der ungarischen Heilpädagogik-Ausbildung). Budapest: Bárczi Gusztáv Gyógypedagógiai Főiskolai Kar Eötvös Loránd Tudományegyetem.

Gordosné Szabó, A. & Lányiné Engelmeyer, Á. (1994): Wissenschaftliche Beziehungen in der deutschen und ungarischen Heil- und Sonderpädagogik im 20. Jahrhundert. In: C. Amrein & P. Zászkaliczky (Hrsg.), Die Sonderpädagogik im Prozess der europäischen Integration. Vierteljahrsschrift für Heilpädagogik und ihre Nachbargebiete. VHN-Sonderheft, 63, 167–180.

Hänsel, D. (2006): Die NS-Zeit als Gewinn für Hilfsschullehrer. Bad Heilbrunn: Verlag Julius Klinkhardt.

Hoyningen-Süess, U. (2006): Der Kongress der Internationalen Gesellschaft für Heilpädagogik in Genf 1939 als Wegscheide einer historischen Disziplinierung. In: Berufsverband der Heilpädagogen BHP e.V. (Hrsg.), Heilpädagogik in Praxis, Forschung und Ausbildung. Aktuelle Beiträge zum Profil einer Handlungswissenschaft (S. 20–35). Berlin: BHP-Verlag.

---

239 Die »Aktion T4« ist eine nach 1945 gebräuchlich gewordene Bezeichnung für den systematischen Massenmord an mehr als 70.000 Menschen mit körperlichen, geistigen und seelischen Behinderungen in Deutschland von 1940 bis 1941 unter Leitung der Zentraldienststelle T4.

Hrabovszkyné Révész, M. (1935): A magyar gyógypedagógia tíz éve (Zehn Jahre ungarische Heilpädagogik). Az új nevelés magyar földön, A »jővő útjain« Pedagógiai Folyóirat Kiadása, Budapest, 11–14.
Illyés, S. (1990): Kontinuität und Diskontinuität in der Theoriebildung der Heilpädagogik. In: W. Bachmann & Zs. Mesterházi (Hrsg.), Trend und Perspektiven der gegenwärtigen ungarischen Heilpädagogik – Beitrag zur europäischen Geschichte der Heilpädagogik (S. 13–43). Gießen: Institut für Heil- und Sonderpädagogik.
Karnay Á. (1909): Külföldi Szemle. (Auslandschau). Magyar Gyógypedagógia 1909, 1, 178.
Klein, F. & Zászkaliczky, P. (2009): Entwicklung und Perspektiven der ungarischen Heilpädagogik im europäischen Kontext. Zeitschrift für Heilpädagogik, 60 (1), 11–19.
Kozmutza F. (1941): Az öröklestudomány fejlődéstörténete és eredményei (Geschichte und Erkenntnisse der Erblehre). Magyar Gyógypedagógiai Tanárok Közlönye, 3 (8), 154–158.
Kühl, S. (2014): Die Internationale der Rassisten. Aufstieg und Niedergang der internationalen Bewegung für Eugenik und Rassenhygiene im 20. Jahrhundert (2., aktualisierte Auflage). Frankfurt/Main: Campus Verlag.
Landwehr, A. (2018): Historische Diskursanalyse (2., aktualisierte Auflage). Frankfurt/Main: Campus Verlag.
Lőrincz Ákosné Sófalvy, R. (1939): Az állami gyógypedagógiai kórtani és gyógytani laboratórium munkássága (Die Arbeit des Staatlichen Heilpädagogischen Pathologie- und Heil-Laboratoriums). Magyar Gyógypedagógiai Tanárok Közlönye, 1 (9), 328–340.
Magyar Gyógypedagógia (1935): Vegyesek, IV. Gyógypedagógiai Kongresszus. (Sonstiges, IV. Heilpädagogischer Kongress – Ankündigung), (1) 29.
Magyar Gyógypedagógiai Tanárok Közlönye (1939): A siketügyi és beszédpedagógiai osztály első nyilvános ülése, Jegyzőkönyv. (Protokoll der ersten öffentlichen Sitzung der Taubstummen- und Sprachheilpädagogen), (4), 144–150.
Magyar Társadalomtudományi Egyesület. A fajegészségügyi (eugenikai) szakosztály megalakulása (Die Gründung der eugenischen Sektion). Sonderausgabe (Különlenyomat). Magyar Társadalomtudományi Szemle 1914. https://adatbank.ro/vendeg/htmlk/pdf8645.pdf, Zugriff am 08.02.2022.
Naményi, L. (1926): Eugenika és gyógypedagógia (Eugenik und Heilpädagogik). Gyógyászat, 66 (30), 702–705.
Naményi, L. (1934): Eugenikai irodalomszemle (Eugenische Literaturrundschau). Magyar Gyógypedagógia, 22 (7–8), 133–138.
Páll, G. (1934a): Fajegészségügy és gyógypedagógia (Rassenhygiene und Heilpädagogik). Magyar Gyógypedagógia, 22 (4–6), 51–54.
Páll, G. (1934b): Fajegészségügy és gyógypedagógia (Rassenhygiene und Heilpädagogik). Magyar Gyógypedagógia, 22 (7–8), 82–86.
Pogány (1925): A 111. kir. vallás- és közoktatásügyi miniszternek 1925. évi 96.254 VIII. a. sz. rendelete dr. Szondi Lipót »A fogyatékos értelem« című művének ajánlása tárgyában. (Empfehlung von Szondis Buch durch die Religions- und Bildungsminister.) Néptanítók, 58 (13–14), 54.
Ranschburg, P. (1909): Elmélkedések a gyógypedagógia jelenéről és jövőjéről (Überlegungen zu Gegenwart und Zukunft der Heilpädagogik). Magyar Gyógypedagógia, 1 (1), 40–50.
Révész, M. (1926): Szondi Lipót: A fogyatékos értelem (Der behinderte Verstand). Buchbesprechung. Magyar Gyógypedagógia, 14 (1–4), 2–15.
Roboz, J. (1898): Beköszöntő (Begrüßung). Magyar Gyógypedagógia, 1 (1), 1–3.
Schnell, János (Hrsg.) (1929): Psychologische Studien, Arbeiten über theoretische und praktische Fragen der Psychologie und ihrer Grenzgebiete. Festschrift gewidmet Herren Professor Dr. Pál Ranschburg, von seinen Schülern, ausländischen u. ungarischen Verehrern und Mitarbeitern. Budapest: Ungarische Gesellschafft für Heilpädagogik.
Siró B. (2003): Eugenikai törekvések az ideg és elmegyógyászatban Magyarországon a két világháború között (Eugenische Bestrebungen in der ungarischen Nervenheilkunde zwischen den zwei Weltkriegen). Orvosi Hetilap, 144 (35), 1737–1742.
Szegedi, G. (2015): Tisztaság, tisztesség, fajgyalázás: Szexuális és faji normalizáció a Horty-korban (Reinheit, Ehre, Rassenschande: Sexuelle und Rassennormalisierung in der Horty-

Zeit). In: J. Takács (Hrsg.), Szexualitás és társadalom. Társadalomtudományi Szemle különszám, 57–76.

Szepessyné Judik, D. (2009): A hallássérült emberek magyarországi mozgalmának története nemzetközi kitekintéssel (Die Geschichte der Gehörlosenbewegung in Ungarn mit internationalem Ausblick). In: L. Hegedüs, M. Ficsorné Kurunczi, M., D. Szepessyné Judik, E. Pajor & G. Könczei (Hrsg.), A fogyatékosság hazai és nemzetközi története. Jegyzet (S.3–33), ELTE Gyógypedagógiai Kar.
https://mek.oszk.hu/09900/09972/09972.pdf, Zugriff am 04.01.2022.

Szondi, L. (1925): A fogyatékos értelem (Der behinderte Verstand). Budapest: Magyar Gyógypedagógiai Társaság.

Szondi, L. (1939): Heilpädagogik in der Prophylaxe der Nerven- und Geisteskrankheiten. In: Bericht über den I. Internationalen Kongreß für Heilpädagogik. Zürich: Ag. Gebr. Leemann & Co.

Tóth, Z. (1924): A fogyatékosság elleni küzdelem és a társadalom (Die Gesellschaft und der Kampf gegen die Behinderung). Magyar Gyógypedagógia, 12 (8), 25–27.

Tóth, Z. (1934): Olvasóinkhoz (An unsere Leser). Magyar Gyógypedagógia, 22 (4–6), 41.

Turda, M. (2007): The First Debates on Eugnics in Hungary, 1910–1918. In: M. Turda & J. P. Weindling (Hrsg.), Blood and Homeland. Eugenics and Racial Nationalism in Central and Southeast Europe, 1900–1940. Budapest, New York: Central European University Press.

Zászkaliczky, P. (2015): Adalék a normalitás fogalmához a magyar gyógypedagógiai Tradícióban (Normalität in der Tradition der ungarischen Heilpädagogik). Pedagógiatörténeti Szemle. Jg. 1, Blatt 1, 12–19. http://www.jgypk.hu/pedtort/wp-content/uploads/2014/12/2015_01.pdf, Zugriff am 01.08.2022.

III.5 Eugenische Strömungen in der Schweizer Heilpädagogik

Carlo Wolfisberg

III.5.1 Einleitung

Faschistisches Gedankengut spielte in der Schweizer Geschichte eine im Vergleich zu anderen Ländern untergeordnete Rolle, faschistische Parteien gelangten nie an die Macht. Entsprechend schwierig ist es, die Auswirkung des Faschismus auf das Leben von Menschen mit einer Behinderung nachzuweisen. Anders sieht es hingegen bei der Eugenik aus. Geprägt von Psychiatern wie August Forel und einiger seiner Nachfolger am Burghölzli in Zürich, etablierte sich schon früh ein psychiatrischer Eugenikdiskurs, der weit über die Landes- und Disziplingrenzen rezipiert wurde. Auch die damals junge Disziplin und Profession der Heilpädagogik wurde dadurch beeinflusst. In diesem Kapitel geht es darum, die eugenischen Strömungen in der deutschschweizer Heilpädagogik in den 30er und 40er Jahren des 20. Jahrhunderts und deren Auswirkungen auf Menschen mit einer Behinderung aufzuzeigen. Dabei ist zu bedenken, dass es in der viersprachigen, konfessionell gespaltenen (katholisch/reformiert) und sehr föderalen Schweiz ganz unterschiedliche Diskurse und Praxen gab.

Der Forschungsstand zur Eugenik in der Schweiz hat sich in den letzten Jahren wesentlich verbessert. Dabei lag der Fokus bei der Eugenik in der Psychiatrie, Fürsorge und Verwaltung (Heller et al. 2002; Ritter 2009; Hauss et al. 2012; Huonker 2003). Insbesondere das eugenisch geprägte Programm »Kinder der Landstrasse« der parastaatlichen Kinderhilfsorganisation Pro Juventute wurde eingehend erforscht (vgl. Galle & Meier 2009). Auch die Verbindung von Heilpädagogik und Eugenik wurde bereits umfassend untersucht (vgl. Wolfisberg 2002).

Dieser Beitrag fokussiert auf die erste Hälfte des 20. Jahrhunderts. Nach einem Überblick über die eugenischen Diskurse in der Schweiz wird dargestellt, wie sich die Heilpädagogik als Disziplin und Profession in der deutschsprachigen Schweiz etablierte. Darauf wird das Verhältnis von Eugenik und deutschschweizerischer Heilpädagogik, insbesondere in den 30er und 40er Jahren des 20. Jahrhunderts, detailliert beschrieben, deren Auswirkungen auf Menschen mit einer Beeinträchtigung dargestellt und ein Fazit formuliert.

III.5.2 Eugenik in der Schweiz

Der Ende des 19. Jahrhunderts aufkommende Eugenikdiskurs fand in der Schweiz bis in die 40er Jahre eine weite Verbreitung über Disziplin- und Parteigrenzen hinweg. Schweizer Wissenschaftler wie Auguste Forel, Eugen Bleuler oder Ernst Rüdin rezipierten diesen aber nicht nur, sondern prägten diesen über die Schweizer Grenzen hinaus (vgl. Mottier 2005). Bei gewissen eugenischen Anliegen nahm die Schweiz sogar eine Vorreiterrolle ein: So führte beispielsweise der Kanton Waadt 1927, beeinflusst von Auguste Forels Wirken, europaweit das erste Sterilisationsgesetz ein, das explizit eine Sterilisation aus eugenischen Gründen zuließ (vgl. Heller et al. 2002).

Der Schweizerische Eugenikdiskurs kann als Verknüpfung verschiedener Diskurse rekonstruiert werden, welche um die Themen Alkoholismus, Degeneration, Vererbung, Vorsorge und Bevölkerungspolitik kreisen. Diese lassen sich nicht auf den Eugenikdiskurs beschränken und wurden je nach Autorin beziehungsweise Autor und Zeit unterschiedlich miteinander verknüpft. In der ersten Hälfte des 19. Jahrhunderts sind verschiedene Phasen unterscheidbar, bei denen einzelne dieser Spezialdiskurse dominierten, ohne die anderen aber ganz zu verdrängen. So stand zu Beginn dieser Zeit der Alkoholdiskurs im Vordergrund, der aufgrund der »Blastophtorie«-Theorie, wonach der Alkoholkonsum zur Vergiftung der Keime führe, unter anderem auch eugenische Maßnahmen forderte. Das 1912 in Kraft getretene Zivilgesetzbuch, das ein Eheverbot für Urteilsunfähige und »Geisteskranke« zuließ, warf ebenfalls Fragen auf, die aus eugenischer Sicht relevant sein konnten. Ab den Zwanzigerjahren dominierte ein erbbiologisch geprägter Vererbungsdiskurs, der von der Vererbung der meisten körperlichen und geistigen Merkmale ausging. Dieser nahm sowohl in der Herleitung wie auch bezüglich der Maßnahmen direkten Bezug auf das heilpädagogische Handlungsfeld und wurde von diesem auch rezipiert. In den Vierzigerjahren schließlich gewann der bevölkerungspolitische Diskurs für kurze Zeit an Bedeutung, den er aber bei Kriegsende wieder verlor, während der Vorsorge- und Vererbungsdiskurs mit dessen eugenischen Implikationen weiterwirkten.

Die Periodisierung kann auf wissenschaftliche Hintergründe zurückgeführt werden, wie beispielsweise der Formulierung und Widerlegung von Forels Blastophorietheorie oder den aufkommenden Arbeiten zur Vererbungslehre beim Menschen. Wichtig war aber auch die zunehmende Verpolitisierung der Eugenik. So löste das 1934 in Kraft getretene nationalsozialistische »Gesetz zur Verhütung erbkranken Nachwuchs« zunächst eine intensivere gesellschaftliche Auseinandersetzung mit der Eugenik aus. Als Folge dessen radikaler Umsetzung und der in der Schweiz in den 30er Jahren einsetzenden Abgrenzung vom nationalsozialistischen Regime wurde diese zunehmend problematisiert und ein »schweizerischer« Weg der Eugenik propagiert, der sich von der Propagierung von Zwangsmaßnahmen abwandte. Eine wesentliche Rolle spielte v. a. in katholischen Kantonen ab 1930 die in der päpstlichen Enzyklika »De Casti connubii« (»Über die christliche Ehe im Hinblick auf die gegenwärtigen Lebensbedingungen und Bedürfnisse von Familie und Gesellschaft und auf die diesbezüglich bestehenden Irrtümer und Missbräuche«) formulierte Eugenikkritik und deren Ablehnung von Zwangsmaßnahmen. Mit Ausbruch des Zweiten Weltkrieges und der Kenntnis des Euthanasieprogramms wurde der Eugenikdiskurs schließlich politisch diskreditiert.

Das Spektrum der propagierten und durchgeführten negativen eugenischen Maßnahmen reichte von erbbiologischer Aufklärung und Propaganda, »freiwilliger« Kinderlosigkeit bis zu persönliche Rechte verletzenden Maßnahmen wie Eheverboten, eugenisch indizierte Internierungen, Sterilisationen und Kastrationen. Diskutiert wurden aber auch positive eugenische Maßnahmen, die darauf abzielten, die Kinderzahl der als höherwertig verstandenen Bevölkerungskreise zu erhöhen. Mit zunehmender Abgrenzung von der nationalsozialistischen Eugenik rückte im Schweizerischen Eugenikdiskurs die Betonung der »Freiwilligkeit« der Maßnahmen in den Vordergrund. Wie verschiedene Untersuchungen gezeigt haben, verfügten Psychiatrie und Fürsorge aber über eine Reihe von Möglichkeiten wie manipulative Beratungen, vormundschaftliche Regelungen, Androhung von Internierungen oder der Verweigerung von Entlassungen aus eugenischen Gründen, um im Schatten dieser »Freiwilligkeit« Zwang auszuüben und eugenisch induzierte Sterilisationen vorzunehmen (vgl. Wolfisberg 2002, 327 f.).

Das Ausmaß von negativ eugenisch motivierten Eingriffen ist nur schwer abzuschätzen, da diese in den Quellen häufig auch anders begründet wurden. Im bevölkerungsreichsten Kanton Zürich wurden beispielsweise zwischen 1929 und 1931 480 Frauen (im Zusammenhang mit einer Abtreibung) und 15 Männer aus eugenischen Gründen sterilisiert. Im Kanton Waadt, wo die Sterilisation auch aus eugenischen Gründen zwischen 1928 und 1985 gesetzlich zulässig war, kam es über die ganze Zeit zu insgesamt 187 Sterilisationen, von denen zu ca. 90 Prozent Frauen betroffen waren. Der fehlende gesetzliche Rahmen, so machen es diese Zahlen deutlich, erlaubte es Eugenikerinnen und Eugenikern, durch erzwungene Freiwilligkeit ihre Anliegen durchzusetzen (vgl. Mottier & Gerodetti 2007, 43).

III.5.3 Die Heilpädagogik als Disziplin und Profession in der Deutschschweiz

Die Entwicklung der Heilpädagogik in der deutschsprachigen Schweiz bis zur Mitte des 20. Jahrhunderts lässt sich in drei Phasen einteilen. In einer ersten Phase im 19. Jahrhundert entstanden eine Reihe von privat finanzierten Institutionen für Kinder und Jugendliche mit einer Behinderung. In der ersten Hälfte des 19. Jahrhunderts waren dies Schulen und Institutionen für Blinde und »Taubstumme«. Gegen Mitte des Jahrhunderts gründete dann Johann Jakob Guggenbühl »Europas erste Kolonie für Heilung des Kretinismus« auf dem Abendberg. Die Institution wirkte – trotz ihres Scheiterns – wie auch Guggenbühls Schriften weit über die Landesgrenzen hinaus; sie waren wichtige Impulse zur Schaffung von Institutionen für »schwachsinnige« und »blödsinnige« Kinder, weniger in der Schweiz als in anderen Ländern (vgl. Wolfisberg 2003).

Eine zweite Phase führte um 1900 zu einer umfassenden Institutionalisierung heilpädagogischer Angebote im Schulbereich mit einer je nach Kanton unterschiedlich stark geprägten Differenzierung der Angebote. Diese orientierte sich an den neu geschaffenen Kategorien von bildungsfähig – erziehbar – bildungsunfähig. So entstand beispielsweise im Kanton Zürich ein System mit staatlich finanzierten Hilfs-, bzw. Spezialklassen, eine staatlich subventionierte private Erziehungsanstalt für »Schwachsinnige« sowie eine ebenfalls staatlich subventionierte »Pflegeanstalt für Bildungsunfähige« (Wolfisberg 2002, 67). Der relativ rasche Auf- bzw. Ausbau dieser Angebote lässt sich einerseits auf neue Volksschulgesetze zurückführen, welche die Schulpflicht zunehmend auf alle Kinder ausdehnten, indem sie frühere Dispense für Kinder mit Behinderungen aufhoben. Andererseits wird von Beginn an die Entlastungsfunktion der neuen Angebote sichtbar: Die für die Schülerinnen und Schüler, welche den Anforderungen der Volksschule nicht genügten, konzipierten Hilfsschulen entlasteten ebendiese. Die Erziehungsanstalt wiederum hatte in Bezug auf die Hilfsschulen eine Entlastungsfunktion. Schließlich wirkte auch die Pflegeanstalt in Bezug auf die Erziehungsanstalt entlastend. Diese Entwicklung führte dazu, dass gegen 1920 in vielen Schweizer Kantonen heilpädagogische Angebote bestanden, welche eine Gruppe von Kindern und Jugendlichen sichtbar werden ließ, die vorher kaum Beachtung fand und vor einem eugenischen Hintergrund von Relevanz sein konnte. Schon in dieser Zeit wurde versucht, heilpädagogische Angebote auch über das Jugendalter hinaus zu etablieren. Doch gelang dies aufgrund der fehlenden staatlichen Finanzierung nur vereinzelt in Form von privaten Institutionen.

Vor diesem Hintergrund kam es in einer dritten Phase ab 1920 zu einer Professionalisierung und Verwissenschaftlichung des entstandenen heilpädagogischen Handlungsfeldes. Die Grundlagen dafür wurden mit der 1924 erfolgten Gründung des Heilpädagogischen Seminars (HPS) in Zürich und des im gleichen Jahr geschaffenen Lehrauftrags für »spezielle Pädagogik« für den Seminarleiter Heinrich Hanselmann gelegt. Mit der Umwandlung des Lehrauftrags in eine zunächst außerordentliche Professur ad personam gelang es 1931 schließlich – zum ersten Mal im deutschsprachigen Raum Europas – die Heilpädagogik als universitäre Disziplin zu etablieren. Heinrich Hanselmann prägte in den 30er und 40er Jahren weit über die Schweiz hinaus die Entwicklung der Heilpädagogik als Disziplin und Profession. Aufgrund der konfessionellen Spaltung der Schweiz wurde diese Entwicklung in den katholischen Kantonen mit Argwohn beobachtet. In Reaktion darauf wurde 1930 das Institut für Heilpädagogik in Luzern gegründet, dessen Leitung dem deutschen Josef Spieler übertragen wurde. Zwei Jahre später erfolgte dessen Berufung auf den an der Universität Fribourg neu geschaffenen Lehrstuhl für »Pädagogik in deutscher Sprache und Heilpädagogik«. Damit standen sich in den 30er und 40er Jahren eine finanziell wesentlich besser gestellte Zürcher Heilpädagogik mit einer interkonfessionellen medizinisch-pädagogischen Ausrichtung einer antimodernistisch eingestellten katholischen Heilpädagogik mit theologisch-pädagogischer Orientierung gegenüber (vgl. a.a.O., 325 f.).

1920 wurde die »Schweizerische Vereinigung für Anormale« (SVfA) als private Organisation gegründet, mit dem Ziel, »die Bestrebungen der einzelner Erziehung, Pflege und Fürsorge körperlich, geistig oder sittlich Anormaler sich widmenden Gesellschaften und Institutionen zu unterstützen« (vgl. a.a.O., 94). Diese wurde vom Bund finanziell unterstützt und wurde in den folgenden Jahren zu einer wichtigen Plattform, auf der die verschiedenen Akteurinnen und Akteure sowie Institutionen Fragen im Zusammenhang mit der Eugenik diskutierten und entsprechende Maßnahmen ergriffen.

III.5.4 Heilpädagogik und Eugenik

Vor diesem Hintergrund lässt sich nun das Verhältnis von Heilpädagogik und Eugenik in der ersten Hälfte des 20. Jahrhunderts rekonstruieren. Mit der Etablierung des heilpädagogischen Handlungsfeldes wurden nicht nur Fragen der Bildung und Fürsorge für Menschen mit Behinderung, sondern auch der Vorsorge, das heißt des Verhinderns von Behinderung, diskutiert. So findet man seit Jahrhundertbeginn immer wieder Vorträge und Schriften, welche die Bedeutung der Vorsorge hervorheben. Ging es zunächst vor allem um die Bekämpfung des Alkoholismus, der als Ursache vieler Behinderungen gesehen wurde, rückte mit der Zeit die sich ausbreitende Vererbungslehre in den Vordergrund. Von besonderer Relevanz war dabei die im Artikel 97 des Zivilgesetzbuches von 1912 definierte fehlende »Ehefähigkeit« bei Vorliegen einer »Geisteskrankheit«, denn »Geistesschwäche«, um den in jener Zeit verwendeten heilpädagogischen Leitbegriff zu verwenden, wurde nach damaligem Verständnis als Form der Geisteskrankheit interpretiert. Schon 1905 machte sich die »Schweizerische Idiotenkonferenz«, der erste Zusammenschluss von Praktikerinnen und Praktikern aus dem heilpädagogischen Handlungsfeld, für ein Eheverbot für Geistesschwache stark (vgl. Wolfisberg 2002, 189). Darüber hinaus zeichnete sich schon bald eine weitere Argumentationslinie ab: Vorsorge durch Fürsorge, das heißt die sich etablierenden Angebote der Bildung, Erziehung und Fürsorge für Menschen mit Behinderungen gaben sich mitunter auch einen »Vorsorge«-Auftrag, der mit verschiedenen Mitteln die Kinderlosigkeit ihrer Klientel anstrebte. Nichtsdestotrotz: Bis in die Zwanzigerjahre des 20. Jahrhunderts spielte diese Diskussion nur eine untergeordnete Rolle (vgl. Wolfisberg 2002, 192f.).

Eine stärkere Betonung erfolgte gegen Ende der Zwanzigerjahre durch die SVfA, welche die Funktion der Vorsorge stärker in den Vordergrund rückte. Diese wurde weit gefasst und verlangte eine Schulpflicht für alle »bildungsfähigen Anormalen«, den Ausbau der heilpädagogischen Angebote, die Schaffung von Angeboten für erwachsene »Anormale«, aber auch wirksame Maßnahmen zur Verhütung von Anomalien. Darunter wurden sowohl medizinische (Kampf gegen den Alkoholismus und Geschlechterkrankheiten) wie auch soziale (schlechte Wohnverhältnisse, mangelhafte Schwangerenberatung) Maßnahmen verstanden. Weiter wurde die

»Gleichgültigkeit gegenüber der Eugenik und der Rassenhygiene« sowie die mangelnde Erfassung aller »Anormalen« beanstandet. Zwar lag der Fokus der Bemühungen klar im pädagogischen Bereich, es wurde für mehr Vorbeugung durch Frühbehandlung plädiert, doch werden hier schon eugenische Argumente sichtbar. Die SVfA prägte, beeinflusst auch durch Heinrich Hanselmann, für die vielfältigen von ihr angestrebten Angebote im Erwachsenenbereich, und inspiriert vom psychiatrischen Konzept der »geistigen Hygiene« den Begriff der »nachgehenden Fürsorge«, der in den 30er und 40er Jahren zu einem heilpädagogischen Leitbegriff wurde (vgl. Wolfisberg 2002, 211 f.).

III.5.4.1 Die Zürcher Heilpädagogik

Erst mit der Verwissenschaftlichung des Handlungsfeldes kam es zu einer systematischeren Auseinandersetzung mit Fragen der Vorsorge und der Eugenik (vgl. a.a.O., 206 f.). Heinrich Hanselmann, der die deutschschweizer Heilpädagogik in dieser Phase wie kein Zweiter prägte, entwickelte dazu über die Jahre eine Position, die er in vielen Schriften und Referaten vertrat, wobei sich die Akzente mit der Zeit änderten. Da die »Zürcher Heilpädagogik« um Hanselmann zwischen Medizin und Pädagogik angesiedelt war, erstaunt es nicht, dass er sich für die medizinischen Ursachen von Behinderung interessierte. Die damalige Vererbungslehre rezipierte er insbesondere in Bezug auf Geistesschwäche und »Schwererziehbare« im engeren Sinne mit einer gewissen Zurückhaltung. Ebenso grenzte er sich vom aufkommenden Degenerationsdiskurs ab. Entscheidend war aber, basierend auf seiner heilpädagogischen Theoriebildung, die Verknüpfung von Anlage und Umwelt. So formulierte er 1930 in seiner breit rezipierten »Einführung in die Heilpädagogik« »das Gesetz der gleichsinnig ungünstigen Wirkung von Umwelt und Anlage […] schlechte Erzieher waren oft auch schlechte Erzeuger« (Hanselmann 1930, 388). Mit dieser Gleichsetzung verstärkte er gleichsam die Behauptungen der damaligen Vererbungslehre. Gleichwohl blieb er gegenüber eugenischen Postulaten, wie der Sterilisation mit Verweis auf ungenügende Befunde der Erbbiologie, skeptisch.

Das 1934 in Kraft getretene nationalsozialistische »Gesetz zur Verhütung erbkranken Nachwuchses« führte auch in der deutschschweizer Heilpädagogik zu einem wachsenden Interesse an der Eugenik. Verschiedene Ärzte und Psychiater publizierten und referierten zu eugenischen Fragestellungen im heilpädagogischen Kontext. Der Basler Schularzt und Schüler von Ernst Rüdin, Carl Brugger, wurde zum prominentesten Vertreter der Eugenik im heilpädagogischen Kontext. Ausgehend von Forschungen von Vertretern der deutschen Rassenhygiene und von eigenen, auf deren Methodik beruhenden Untersuchungen, schlug er alarmistische Töne an. Er ging davon aus, dass der Ausbau der ärztlichen und fürsorgerischen Tätigkeit zu einer »Gegenauslese« führe. Dabei argumentierte er mit der differentiellen Fruchtbarkeit, wonach die »minderwertigen« Bevölkerungsschichten (definiert über tiefere Bildungsabschlüsse) eine höhere Fruchtbarkeit hätten als die »höherwertigen«. Vor diesem Hintergrund plädierte er in erster Linie für negativeugenische Maßnahmen, ohne die es gemäß ihm zu einer »Verdummung des ganzen Volkes kommen muss«. Unter Rückgriff auf Eugen Fischer, einem führenden deutschen Rassenhygieniker, der seinerseits Galton zitierte, legitimiert er diese als »Fernstenliebe«, um welche die Fürsorge (verstanden als Nächstenliebe) ergänzt werden müsse. Die Sterilisation von »Schwachsinnigen« und »Schizophrenen« hielt er vor diesem Hintergrund für geboten, betonte aber, dass diese freiwillig sein müsse. Auch wenn sich Brugger in der Wortwahl und in den Forderungen vom radikaleren nationalsozialistischen Eugenikdiskurs unterschied, waren die wissenschaftlichen Grundlagen und die Intentionen die gleichen. Als Schularzt und Mitglied des Arbeitsausschusses des Heilpädagogischen Seminars war er im heilpädagogischen Kontext bestens vernetzt und nutzte diese Möglichkeit mit großem Eifer zur Propagierung eugenischen Gedankenguts. So ließ er beispielsweise Schautafeln eugenischen Inhaltes erarbeiten, die für die Verwendung in Schulen genutzt werden konnten (vgl. Wolfisberg 2002, 157 f.).

Diese Debatte zwang die Heilpädagogik zur intensiveren Auseinandersetzung mit eugenischen Fragestellungen. Schon 1934 wurde an der Jahresversammlung des HPS eine Diskussion über eugenische Prämissen und Forderungen geführt, deren Ergebnisse in der Schriftenreihe des HPS publiziert wurden (Brugger 1934). Dabei entwickelte Hanselmann folgende Argumentationslinie: Er stellte die erbbiologischen Prämissen des Eugenikdiskurses nicht grundsätzlich in Frage, versuchte diese aber vor dem rassenhygienischen Hintergrund zu lösen und zu relativieren. Er verwies darauf, dass bei einem erheblichen Teil von Behinderungen die Ursache nicht oder nicht ausschließlich in der Vererbung nachzuweisen sei. Zudem betonte er, dass eine Sterilisation nichts an der Fürsorgebedürftigkeit der betroffenen Person ändere. Schließlich nahm er das alte heilpädagogische Desiderat des Ausbaus der nachgehenden Fürsorge auf und verknüpfte dieses mit den negativeugenischen Forderungen: Eine gut ausgebaute und lebenslang nachgehende Fürsorge für »Geistesschwache mittleren Grades« und einen großen Teil der »Psychopathen«, die ja ohnehin nötig sei, könne, das zeige die Erfahrung, deren Fortpflanzung in den meisten Fällen verhindern. Zudem verwies er auf die Gefahr, dass sterilisierte »geistesschwache« oder »psychopathische« Mädchen Gefahr liefen, zur Freibeute »Normaler« zu werden, wenn sie nicht durch eine umfassende nachgehende Fürsorge davor geschützt würden. Er nutzte also den Eugenikdiskurs, um das alte heilpädagogische Desiderat der nachgehenden Fürsorge als Lösung für die von Eugenikern dargestellten Probleme zu präsentieren.

Bei allen Unterschieden in den vertretenen Positionen zeichnete sich schon früh ein Konsens in Bezug auf die Sterilisation ab. Diese, da war man sich einig, sollte freiwillig sein. Allerdings wurde nicht erörtert, wie die Freiwilligkeit bei den von negativ-eugenischen Maßnahmen bedrohten Personen festzustellen sei. Damit grenzte man sich von der nationalsozialistischen eugenischen Praxis ab. Gleichzeitig ermöglichte diese angebliche Freiwilligkeit den Eugenikdiskurs in die heilpädagogische Praxis zu bringen (vgl. Wolfisberg 2002, 219 ff.).

Hanselmann verfeinerte und präsentierte seine Position zur Eugenik während den Dreißigerjahren in einer Vielzahl von Publikationen und Referaten. Die nachgehende Fürsorge wurde dabei, je nach Kontext, stark auch in einem eugenischen Sinne legitimiert. So skizzierte er ein Modell, wonach eine Fürsorgerin beziehungsweise ein Fürsorger für je fünfzig »Zöglinge« zuständig sei und im Rahmen der fürsorgerischen Tätigkeit »jede sexuelle Gefährdung und Gefährdetheit unwirksam« machen könne. Er teilte damit das eugenische Ziel, wonach die »Verhinderung der Fortpflanzung Geistesschwacher« anzustreben sei, begründete dies aber mit der Annahme, dass diese »untüchtige, gänzlich unzureichende Erzieher und Umweltgestalter« seien. Die Sterilisation betrachtete er als Ultima Ratio, wenn dieses Ziel trotz nachgehender Fürsorge nicht erreicht werden könne. Anders als bei Eugenikern orientierte sich Hanselmann dabei nicht an einem übergeordneten rassenhygienischen Konzept, sondern betonte die Einzelsituation und die potenzielle Gefährdung des Kindswohls (vgl. a. a. O., 230 ff.).

III.5.4.2 Die katholische Heilpädagogik

In der ab 1931 sich entwickelnden katholischen Heilpädagogik wurde der Eugenikdiskurs später und weniger stark rezipiert. Der theologische Primat in der Theorieentwicklung führte generell zu einer geringeren Beachtung von medizinisch-psychiatrischen Diskursen. Zudem setzte die 1930 verfasste päpstliche Enzyklika »Casti connubii«, die sich Fragen der Ehe und Fortpflanzung widmete, eugenischen Maßnahmen enge Grenzen. Staatlich angeordnete Sterilisationen wie auch Eheverbote wurden verurteilt, die freiwillige Sterilisation abgelehnt. So blieb als negativ eugenische Maßnahmen bloß die Eheberatung zur sexuellen Abstinenz sowie fürsorgerische Maßnahmen, die auf die Unterbindung einer Fortpflanzung zielten. Eugenisches Gedankengut wurde aber durchaus rezipiert, wie dies unter anderem verschiedene Publikationen des Caritas-Sekretärs Willhelm Kissling zeigen. Und auch hier wurde daraus abgeleitet, dass der Ausbau der Fürsorge dringend nötig sei (vgl. a. a. O., 271 ff.).

Josef Spieler, die zentrale Figur in der katholischen Heilpädagogik jener Jahre, hielt sich bezüglich der Eugenik sehr bedeckt. Dies mag überraschen, denn wie nach Kriegsende bekannt wurde, war Spieler ab 1940 Mitglied der NSDAP. Zudem besuchte er Schulungen zur Erb- und Rassenhygiene in Berlin. Dort wurde er 1940 auch aufgefordert, das Amt für Erbhygiene der Deutschen Kolonie in der Schweiz zu übernehmen. In seinen Schreiben, mit denen er um Wiedererwägung des 1945 angeordneten Landesverweises bat, stellte er sich als Opfer nationalsozialistischer Druckversuche dar, da er bei Nichtbefolgen der Weisung jederzeit mit der Einberufung in den Krieg rechnen musste. Gleichwohl gibt es Hinweise darauf, dass er sich mit eugenischem Gedankengut durchaus anfreunden konnte. So betreute er die 1942 in der Schriftenreihe des Heilpädagogischen Instituts Luzern publizierte Dissertation von Othmar Englert zur »Abnormenzählung«, die in ihrer Methodologie stark eugenisch geprägt war. Ebenso rezensierte er in der Publikation »Heilpädagogische Werkblätter«, dem Organ der katholischen Heilpädagogik, Veröffentlichungen deutscher Rassenhygieniker durchaus positiv und würdigte beispielsweise den schweizerisch-deutschen Rassenhygieniker Ernst Rüdin noch 1945 als »ein[en] wohlwollende[n] Förderer heilpädagogischer Fragen« (a. a. O., 282.) Spieler, dessen Position als Deutscher und Nichttheologe in der schweizerischen katholischen Heilpädagogik ohnehin nicht stark war und mit Kriegsbeginn prekärer wurde, dürfte sich hier also bewusst zurückgehalten haben (vgl. a. a. O., 121 ff.).

Wohl veranlasst durch die Diskussionen und Aktivitäten der Zürcher Heilpädagogik fanden im Verlauf der Dreißigerjahre trotz dieser Umstände Fragen der Vererbung Eingang in die katholische Heilpädagogik. Es fanden verschiedene Kurse zur Vererbungslehre statt, bei denen zwar die eugenischen Prämissen wiedergegeben wurden, aber deutlich gemacht wurde, dass die meisten negativ eugenischen Maßnahmen abzulehnen seien (vgl. a.a.O., 281 ff.).

III.5.4.3 Krise, Aufklärung und Abgrenzung gegenüber der Nazi-Eugenik

Wurde die Eugenik zu Beginn der 30er Jahre noch in erster Linie als wissenschaftliches Programm gelesen, so verschob sich die Wahrnehmung gegen Ende des Jahrzehntes unter Eindruck des nationalsozialistischen Eugenikprogramms und des erstarkenden rassenhygienischen Diskurses. Die Gleichschaltung der deutschen und österreichischen Heilpädagogik, ökonomische Schwierigkeiten sowie die Wahrnehmung grundsätzlicher Widerstände gegen die heilpädagogische Arbeit ließen ab 1938 eine Krisenstimmung in der schweizerischen Heilpädagogik aufkommen. Daher beschloss die SVfA, auch mit strategischer Absicht, der Vorsorge mehr Gewicht zu geben, um dem kritisierten »Überborden der Fürsorgearbeit« argumentativ entgegentreten zu können – auch wenn man sich letztlich nicht zu viel davon versprach. So wurde 1938 eine »Vorbeugekommission« gegründet, der unter anderem Carl Brugger, Heinrich Hanselmann, aber auch Vertreter der katholischen Heilpädagogik angehörten. Begründet wurde dies damit, dass das Ziel aller Fürsorge sei, sich selber überflüssig zu machen, und dies bedinge in erster Linie eine gründliche Vorsorge. Das Arbeitsprogramm war eine Ansammlung alter Desiderata der Mitglieder. Carl Brugger machte sich für Erhebungen zur erbbiologischen Situation in der Schweiz stark und formulierte eine Eingabe zur Errichtung eines erbbiologischen Forschungsinstituts an der Universität Basel (die aber nach Kriegsausbruch abgelehnt wurde). Ein weiterer Punkt war das »Studium menschenwürdiger Wege zur Behinderung und Verhinderung der Fortpflanzung solcher Personen, die nach dem heutigen Stand der Wissenschaft nur minderwertige Nachkommen haben würden« (a.a.O., 245), wobei die nachgehende Fürsorge in den Vordergrund gerückt und die Sterilisation als Ultima Ratio dargestellt wurde. Als Pendant wurde auch auf katholischer Seite eine Vorbeugekommission gegründet, die im katholischen Kontext auf die Wichtigkeit der Vorsorge aufmerksam machen sollte, unter Ausschluss der Möglichkeit von Empfängnisverhütung und Sterilisation.

Die Kommission wirkte Ende der 30er Jahre in der ganzen deutschsprachigen Schweiz und bot insbesondere Carl Brugger neue Möglichkeiten, sein eugenisches Programm mit Publikationen, in Referaten sowie in der Lehre in Ausbildungsinstitutionen der Heilpädagogik und der Fürsorge zu verbreiten. Bruggers Handschrift trägt auch das erbhygienische Merkblatt »Gesunde Kinder, gesundes Volk!«, das in Zusammenarbeit mit anderen, auch katholischen Organisationen erarbeitet und herausgegeben und wiederholt aufgelegt wurde und auf die Sensibilisierung der breiten Bevölkerung abzielte. In diesem werden die wesentlichen Punkte des

III.5 Eugenische Strömungen in der Schweizer Heilpädagogik

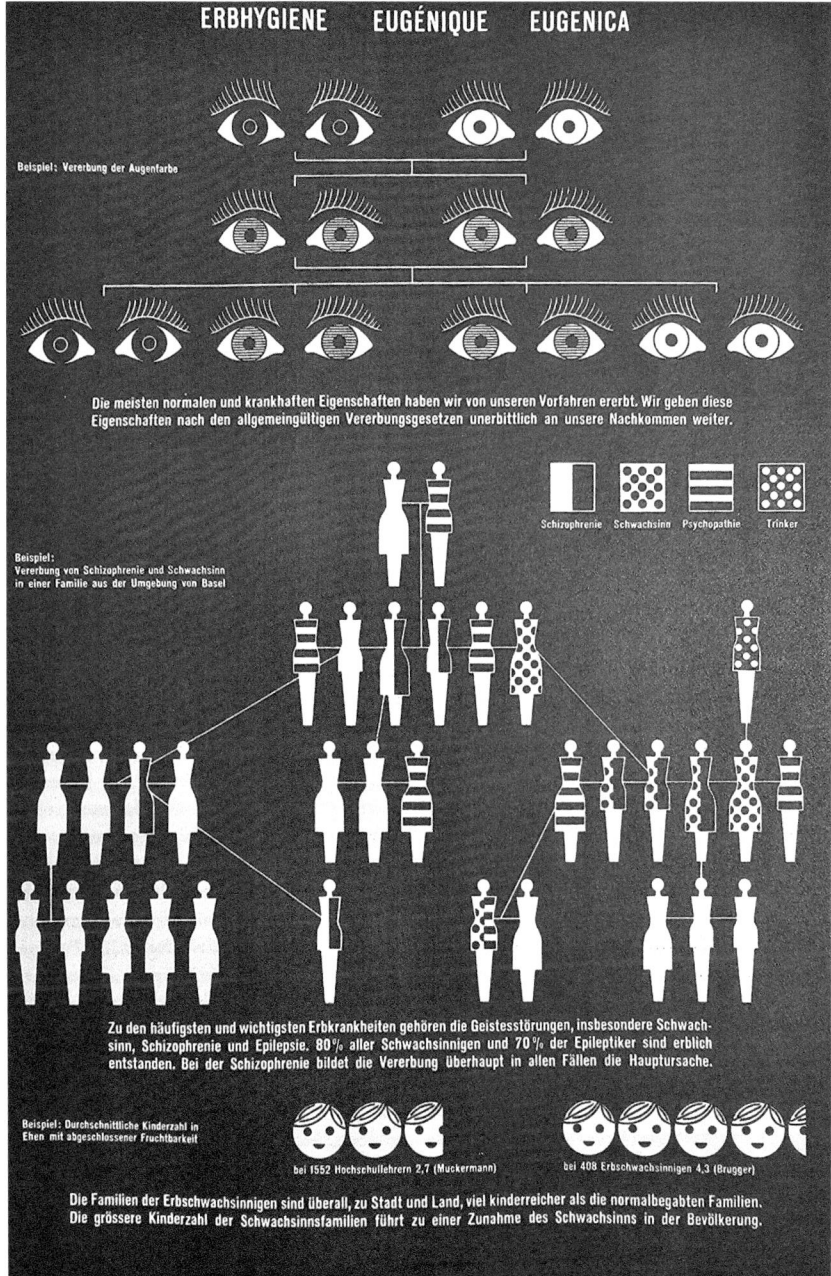

Abb. 58: Eugenische Schautafel der Landesausstellung 1939.

schweizerischen Eugenikdiskurses (differentielle Fruchtbarkeit, Degenerationsgefahr, Wichtigkeit der Vorsorge und bevölkerungspolitischer Maßnahmen) wiedergegeben. Unter Berücksichtigung der katholischen Position werden aus den eugenischen Prämissen aber nicht die üblichen eugenischen Forderungen abgeleitet: »Gegen die Weitergabe der Anlagen zu Erbkrankheiten hilft demnach bei Belasteten nur der Verzicht auf Nachkommenschaft, der nach christlicher Auffassung am besten durch den Verzicht der Ehe gewährleistet ist« (a. a. O., 246.). Dieses Merkblatt wurde auch an der vielbesuchten Landesausstellung 1939 in Zürich im Pavillon »Ärztliche Fürsorge« aufgelegt, neben einer eugenischen Schautafel, in der Brugger seine Position grafisch und vereinfacht dargestellt hatte (a. a. O., 159).

Auf die Krisenwahrnehmung wurde aber nicht nur durch die Betonung der Vorsorgearbeit reagiert. Die SVfA stellte an der erwähnten Landesausstellung die Leistungsfähigkeit »Anormaler« in den Vordergrund: »Es gibt Anormale – man tut etwas für sie – sie leisten etwas!« (a. a. O., 242). Die Abgrenzung zum nationalsozialistischen Nachbar gewann zunehmend an Bedeutung und wurde unter dem Konzept der »geistigen Landesverteidigung« geführt. So hielt Paul Moor, der spätere Nachfolger von Heinrich Hanselmann auf dem Lehrstuhl für Heilpädagogik und Leiter des Heilpädagogischen Seminars, schon 1938 fest: »Das Wort von der ›geistigen Landesverteidigung‹ darf für keinen weniger als für den Heilpädagogen ein leeres Schlagwort bleiben« (a. a. O., 257) und stellte der totalitären Lebensform die demokratische mit ihren Erziehungszielen entgegen. Vor diesem Hintergrund geriet der Eugenikdiskurs, wie ihn Brugger propagierte, in den nachfolgenden Jahren unter erheblichen Legitimationsdruck (vgl. a. a. O., 241 f.).

Dieser verschärfte sich durch das Bekanntwerden des deutschen Euthanasieprogramms ab 1941, das seitens der Heilpädagogik einhellig als Gefährdung betrachtet und bekämpft wurde. Die SVfA startete mit einer »Gegenpropaganda«, für die sie 1942 die Zeitschrift »Pro Infirmis« schuf. Die Ablehnung der »Euthanasie« war eine totale; beim Eugenikdiskurs hingegen ist ab diesem Zeitpunkt eine Veränderung feststellbar. Dieser wurde stiller, nicht zuletzt, weil sein prominentester Vertreter in der deutschschweizerischen Heilpädagogik, Carl Brugger, 1944 verstarb. Von Sterilisation als Ultima Ratio ist kaum mehr die Rede, vielmehr wird für »einwandfreie Mittel« in der Vorsorge plädiert. Was bleibt, ist aber die Verknüpfung von Fürsorge und Vorsorge als Aufgabe der Heilpädagogik – und die leistet sie, so wird Hanselmann nicht müde zu wiederholen, durch den Ausbau der nachgehenden Fürsorge (vgl. a. a. O., 264 ff.).

III.5.4.4 Auswirkungen des Eugenikdiskurses im heilpädagogischen Arbeitsfeld

Welche Auswirkungen der Eugenikdiskurs im heilpädagogischen Arbeitsfeld hatte, ist aus dieser zeitlichen Distanz kaum zu rekonstruieren. Zu Sterilisationen kam es in erster Linie, wenn Menschen mit einer Behinderung aufgrund bestimmter Vorfälle in Kontakt mit der Psychiatrie und/oder den Fürsorgebehörden kamen. Da die »Geistesschwäche« in der damaligen Zeit in den Zuständigkeitsbereich der Psychiatrie gehörte, waren demnach vor allem Menschen mit einer kognitiven und/oder psychischen Beeinträchtigung davon betroffen. Fallbeispiele zeigen, dass Sterilisationen nicht systematisch, sondern »ereignisorientiert«, vor allem im Zusammenhang mit Abtreibungen oder nach Geburten vorgenommen wurden und deshalb in erster Linie Frauen davon betroffen waren. Die konfessionelle Spaltung der Schweiz führte dazu, dass dies in protestantischen Gegenden, insbesondere in Städten mit einer stark ausgebauten psychiatrischen und fürsorgerischen Versorgung häufiger vorkam, während dies in katholischen Gegenden aufgrund des grundsätzlichen Widerstands gegen Abtreibung und Sterilisation kaum der Fall gewesen sein dürfte.

Noch schwieriger ist es, die Auswirkungen der heilpädagogischen Praxis und der nachgehenden Fürsorge zu rekonstruieren. Es kann davon ausgegangen werden, dass sowohl im Kontext der Zürcher wie der katholischen Heilpädagogik aufgrund der Annahme der »gleichsinnig ungünstigen Wirkung von Umwelt und Anlage« die Kinderlosigkeit von Menschen mit Beeinträchtigungen angestrebt wurde. In der katholischen Heilpädagogik kam noch dazu, dass die Ehelosigkeit auch in einem theologischen Kontext positiv bewertet werden konnte und zur damaligen Zeit vor allem Ordensschwestern in der Fürsorge tätig waren, die sich selber für die Ehelosigkeit entschieden hatten, was deren Haltung durchaus beeinflusst haben dürfte. Dabei standen verschiedene Mittel zur Verfügung. Menschen, die in heilpädagogischen Institutionen lebten, wurden am Ausleben ihrer Sexualität und an der Fortpflanzung gehindert. Durch manipulative erzieherische Maßnahmen und Eheberatungen konnte auf einen »freiwilligen« Kinderverzicht hingearbeitet werden. Allerdings sind solche Maßnahmen kaum quellenmäßig zu fassen. Eine Ausnahme bildet die »Taubstummenfürsorge« jener Zeit, bei der die Beratung zum Eheverzicht (und damit implizit zum Kinderverzicht) und die Unterstützung zur »freiwilligen« Sterilisation weit oben auf der Traktandenliste stand (vgl. Wyss 2011).

Dass die heilpädagogischen Maßnahmen zur Erreichung der Kinderlosigkeit von »Geistesschwachen« wirkten, zeigt eine Studie der Heilpädagogin Eleonora Brauchlin aus dem Jahr 1952 über den Lebensverlauf von Hilfsschülerinnen. Nur die Hälfte von ihnen war verheiratet und 20 Prozent der Ehen blieben kinderlos. Die Kinderzahl pro Ehe war im Vergleich zu Ehen in der Gesamtbevölkerung wesentlich kleiner. Die Autorin der Studie konnte Sterilisationen nur in Einzelfällen nachweisen. Sie folgerte daraus, dass diese Zahlen auf die Wirkung der nachgehenden Fürsorge zurückzuführen sind: »Man kann […] von einer gewissen Geburtsregelung sprechen […] Es entzieht sich unserer Kenntnis, wie weit diese von den Betreffenden selbst, wie weit sie von der Fürsorge ausgeht« (Brauchlin 1952, 41f.). Dieses Beispiel zeigt, wie schwierig es ist, den Effekt des Eugenikdiskurses in der heilpädagogischen Praxis nachzuweisen. So konnte die nachgehende Fürsorge gerade dazu beitragen, dass es nicht zu den »Ereignissen« kam, bei denen häufig Sterilisationen durchgeführt wurden. Gleichzeitig hatte sie die Möglichkeit, die ehemaligen Hilfsschülerinnen durch »Aufklärung« so zu beeinflussen, dass sie keine oder nur wenige Kinder wollten. Eines zeigte die Studie aber deutlich: Die von Eugenikern wie Brugger postulierte starke Vererbung der Geistesschwäche (definiert über den Besuch der Hilfsschule) war falsch: Von den 76 Kindern im Schulalter der untersuchten Gruppe besuchten nur deren 12 die Hilfsschule (vgl. Wolfisberg 2002, 313ff.).

III.5.5 Fazit

Eugenisches Gedankengut wurde in der deutschschweizerischen, vor allem in der Zürcher Heilpädagogik in der ersten Hälfte des 20. Jahrhunderts, insbesondere in den Dreißiger- und frühen Vierzigerjahren, stark rezipiert. Erst die vor Kriegsbeginn einsetzende deutliche Abgrenzung von der nationalsozialistischen Rassenhygiene begann die eugenische Strömung zu diskreditieren. Doch auch wenn man sich in der deutschschweizerischen Heilpädagogik nach 1945 kaum mehr mit eugenischen Themen beschäftigte, blieb die Haltung, dass Menschen mit einer Beeinträchtigung keine Kinder haben sollten, meist implizit bestehen. Denn auch ohne Vererbungslehre konnte diese Kinderlosigkeit aufgrund der Annahme, dass Menschen mit Beeinträchtigungen »schlechte Erzieherinnen« beziehungsweise »schlechte Erzieher« seien, mit Verweis auf das potenzielle Kindswohl gerechtfertigt werden. Ein Denkmuster, das bis heute anzutreffen ist.

Literatur

Quellen

Brauchlin, E. (1952): Über das Schicksal von hundert ehemaligen Hilfsschülerinnen. Bern: Paul Haupt.
Brugger, C. (1934): Medizinisch-biologische Grundlagen der modernen eugenischen Bestrebungen. Arbeiten aus dem Heilpädaogischen Seminar Zürich, Bd. 5. Erlenbach: Rotpunkt.
Hanselmann, H. (1930): Einführung in die Heilpädagogik. Praktischer Teil. Für Eltern, Lehrer, Anstaltserzieher, Jugendfürsorger, Richter und Ärzte. Erlenbach: Rotpunkt.

Darstellungen

Galle, S. & Meier, T. (2009): Von Menschen und Akten. Die Aktion »Kinder der Landstrasse« der Stiftung Pro Juventute. Zürich: Chronos.
Hauss, G., Ziegler, B., Cagnazzo, K. & Gallati, M. (2012): Eingriffe ins Leben. Fürsorge und Eugenik in zwei Schweizer Städten (1920–1950). Zürich: Chronos.
Heller, G., Jeanmonod, G. & Gasser, J. (2002): Refjetées, rebelles, mal adaptées. Débats sur l'eugénisme, pratiques de la stérilisation non volontaire en Suisse romande au XXe siècle. Genève: Georg Editeur.
Huonker, T. (2003) : Diagnose: »moralisch defekt«. Kastration, Sterilisation und Rassenhygiene im Dienst der Schweizer Sozialpolitik und Psychiatrie 1890–1970. Zürich: Orell Füssli.
Mottier, V. (2005): From Welfare to Social Exclusion: Eugenic Social Policies and the Swiss National Order. In: D. Howarth & J. Torfing (Hrsg.), Discourse Theory in European Politics: Identity, Politics, Governance (S. 255–274). London: Palgrave MacMillan.
Mottier, V. & Gerodetti, N. (2007): Eugenics and Social Democracy: Or, How the European Left Tried to Eliminate the »Weeds« from Its National Gardens. London: New Formations.
Ritter, H-J. (2009): Psychiatrie und Eugenik. Zur Ausprägung eugenischer Denk- und Handlungsmuster in der schweizerischen Psychiatrie (1850–1950). Zürich: Chronos.
Wolfisberg, C. (2002): Heilpädagogik und Eugenik. Zur Geschichte der Heilpädagogik in der deutschsprachigen Schweiz (1800–1950). Zürich: Chronos.
Wolfisberg, C. (2003): Die Heilung des Kretinismus. Eine folgenreiche (Miss)-Erfolgsstory aus den Alpen. Historische Anthropologie, 22, 193–207.

Wyss, M. (2011): Der Eugenikdiskurs in der Fürsorge und Bildung von Gehörlosen und Schwerhörigen in der Schweiz in der ersten Hälfte des 20. Jahrhunderts. Ein Beitrag zur Schweizer Gehörlosengeschichte. Arbeiten zur Sprache, Kultur und Geschichte Gehörloser, Bd. 48. Zürich: VUGS.

III.6 Zur Lage von Menschen mit Behinderung in Frankreich während der deutschen Besatzung (1940–1944)

Sieglind Luise Ellger-Rüttgardt & Dominique Lerch

III.6.1 Einleitung

Medienwirksam richtete die bekannte französische Psychoanalytikerin und Schriftstellerin Julia Kristeva 2002 einen Brief an den damaligen französischen Staatspräsidenten Jacques Chirac, in dem sie Klage führte gegen die gesellschaftliche Randposition von Menschen mit Behinderung in Frankreich (Kristeva 2003). In diesem Brief erinnerte Kristeva an die hoffnungsvollen Anfänge einer Gleichberechtigung von Menschen mit und ohne Behinderung im Zeitalter der französischen Aufklärung, um zugleich den gegenwärtigen Rückstand Frankreichs im Vergleich zu anderen europäischen Ländern zu beklagen. Kristeva kritisierte die gesellschaftliche Isolation von Menschen mit Behinderung, die sich manifestiere in einer unzureichenden finanziellen Unterstützung für ein unabhängiges Leben der Betroffenen, in fehlenden Arbeitsplätzen und Barrierefreiheit sowie dem Mangel an persönlicher Begleitung, die eine selbständige Lebensführung erst ermögliche.

Für den Bildungsbereich beklagte Kristeva die fehlende Schulpflicht für Kinder und Jugendliche mit einer Behinderung sowie das Fehlen von Schulplätzen, was zum damaligen Zeitpunkt dazu führte, dass ca. 3.000 betroffene Kinder aus dem nördlichen Frankreich in Belgien beschult wurden (vgl. a. a. O., 43). Und schließlich erinnerte sie daran, dass überall im Land ausgebildete, spezialisierte Pädagoginnen und Pädagogen fehlen. Julia Kristeva propagierte einen fundamentalen kulturellen Wandel, ja eine kulturelle Revolution (vgl. a. a. O., 52), deren Ziel es sei, Menschen mit einer Behinderung als gleichwertig und gleichberechtigt anzuerkennen, ein gesellschaftliches Klima zu schaffen, in dem die Zugehörigkeit zur Spezies Mensch für jede und jeden gilt und Verletzlichkeit eine uns alle verbindende menschliche Eigenschaft ist.

Dieser Brief wirft, nicht zuletzt in vergleichender Perspektive, Fragen auf: In welchem Kontext wurde dieser Brief geschrieben und wie gestaltete sich der Umgang mit Menschen mit Behinderung in der Vergangenheit in Frankreich und insbesondere zur Zeit des Faschismus? Wir versuchen im Folgenden, uns diesen Fragen zu nähern, indem wir einen Blick auf die Geschichte des Umgangs mit Menschen mit Behinderung in Frankreich werfen, wobei der Schwerpunkt auf der Zeit der deutschen Besatzung liegen soll.

III.6.2 Historische Aspekte der Situation von Menschen mit Behinderung in Frankreich

Die Klage Julia Kristevas hat eine lange Tradition – und erstaunt dennoch angesichts der Tatsache, dass in Frankreich zur Zeit der Aufklärung die ersten Pioniere für eine Bildung und Erziehung Gehörloser (Charles-Michel de l'Epée), Blinder (Valentin Haüy) und Kinder und Jugendlicher mit einer geistigen Behinderung (Jean Itard, Edouard Séguin) auf den Plan traten (vgl. Ellger-Rüttgardt 2024, 20 ff.). Die Erziehungsversuche des Mediziners Itard mit Victor, dem »wilden Kind« aus dem Aveyron, und sein 1801 verfasster Bericht (vgl. Malson et al. 1972) atmen den Geist von Sensualismus und Aufklärung, wonach auch »sinnesbehinderte« beziehungsweise »idiotische« Kinder bildungsfähig sind, wenn sie denn menschliche Zuwendung und sozialen Austausch erfahren. Hofer-Sieber unterstreicht: »Im Gegensatz zu Rousseau […] lässt sich bei Itard […] in Anlehnung an Condorcet ein ausgeprägter Optimismus hinsichtlich zivilisatorischer Auswirkungen auf den Menschen ausmachen. Erfolgreiche menschliche Entwicklung war somit notwendig verwiesen auf zwischenmenschlich angeleitete Erfahrungen« (2000, 251).

Aber schon zur Zeit der Revolution verblasste der Gedanke der Bildbarkeit. Stattdessen gewann das Ziel der sozialen Kontrolle und Ausbildung zur gesellschaftlichen Nützlichkeit Oberhand und dominierte die gesellschaftliche Debatte um Menschen mit einer Sinnesbehinderung oder einer geistigen Behinderung. Dieses Ziel wurde beherrschend nach dem Machtantritt Napoleons und zur Zeit der Restauration, als es darum ging, die Pariser Taubstummen- und Blindenanstalt dem rigorosen Diktat von nützlicher Arbeit und strenger Disziplin zu unterwerfen und den Anspruch auf Bildung immer weiter einzuschränken. Eine entscheidende Ursache für den Niedergang der Bildungsinstitute für Menschen mit einer Sinnesbehinderung lag zweifellos in der zur Zeit der Revolution gefallenen Entscheidung, diese Institute nicht dem Erziehungsministerium zu unterstellen, sondern sie als Einrichtungen der Wohlfahrt dem Zuständigkeitsbereich des Innenministeriums zuzuordnen. Damit war eine folgenreiche bildungspolitische Strukturentscheidung getroffen, die bis zum heutigen Tag im Bereich der Sondererziehung in Frankreich nachwirkt, denn der Großteil der »klassischen« Behinderungen gehört nach wie vor nicht zum Ressort des Erziehungsministeriums, sondern zum Gesundheits- beziehungsweise Arbeits- und Sozialministerium. Das späte Gesetz über die allgemeine Schulpflicht von 1882 erwähnte zwar zum ersten Mal Bildungsmaßnahmen für blinde und gehörlose Schülerinnen und Schüler, enthielt sich aber jeder weiteren organisatorischen Konsequenz; Menschen mit geistigen Behinderungen, die sogenannten »Idioten«, fanden in diesem Gesetz überhaupt keine Erwähnung.

Ein Pionier einer Pädagogik für Menschen mit einer geistigen Behinderung war der Pädagoge Edouard Séguin (1812–1880), der bahnbrechende Methoden für die Erziehung dieser Personengruppe entwickelte. Er geriet in Konflikt mit den tonangebenden Psychiatern seiner Zeit, errichtete eine kleine Schule in der Rue Pigalle in Paris und verließ schließlich als Republikaner Frankreich nach der 1848er Revolution und fand in den USA Aufnahme. Dort setze er seine pädagogische Arbeit mit Menschen mit einer geistigen Behinderung fort, errichtete mehrere Institutionen an der amerikanischen Ostküste und reiste 1873 als amerikanischer Delegierter zur Weltausstellung in Wien (vgl. Pellicier/Thuillier 1996; Rohrmann 2011).

Ungeachtet der unermüdlichen Kämpfe einzelner Persönlichkeiten – wie etwa des Mediziners Bourneville, der in der Nachfolge Séguins stand, und des Pädagogen Gustave Baguer – blieben Kinder mit einer Behinderung im engeren Sinne auch weiterhin von einer Beschulung im Rahmen des nationalen französischen Erziehungswesens ausgeschlossen. Die Fürsorge für junge Menschen mit einer geistigen oder körperlichen Behinderung, Blinde oder Gehörslose wurde lange Zeit nicht als eine pädagogische, sondern primär als eine medizinische beziehungsweise soziale Aufgabe betrachtet, die zunächst nahezu ausschließlich der privaten Initiative überlassen blieb (vgl. Vial & Hugon 1998; Vial et al. 2000; Prost 2008).

Etwas anders gestaltete sich allerdings die Frage nach der pädagogischen Förderung sogenannter »arriérés« – der »Zurückgebliebenen«, »Schwachbegabten«[240] der französischen Schule. Die deutsche Hilfsschule galt vielen französischen Fachleuten um die Wende zum 20. Jahrhundert zwar als nachahmenswertes Beispiel, konnte sich aber als besondere Schulform in Frankreich nicht wirklich durchsetzen. 1909 erließ die französische Nationalversammlung ein Gesetz über die Einrichtung von Hilfsklassen beziehungsweise -schulen, was in der Folgezeit zu einer vereinzelten und eher zögerlichen Einrichtung von Hilfsklassen führte, die in der Regel im Gebäude der Grundschule untergebracht wurden (vgl. Ellger-Rüttgardt 1994). Erst während der deutschen Besatzung sollte ein nennenswerter Ausbau des Systems von Hilfsklassen und -schulen erfolgen (vgl. Chauvière 1980).

Die unzureichende und zugleich gesellschaftlich isolierte Betreuung von Kindern und Jugendlichen mit Behinderung galt auch für die Welt der Erwachsenen, die traditionell in großen Anstalten, ohne Kontakte zur Außenwelt und unter der Leitung von Psychiatern untergebracht waren (vgl. Foucault 1995; 1999). In diesem Zusammenhang nahm das Elsass eine Sonderstellung ein. Nach dem Deutsch-Französischen Krieg 1870/71 war es erneut deutsches »Reichsland« geworden und übernahm damit auch die Strukturen des deutschen Bildungssystems für Schülerinnen und Schüler mit Behinderung. In größeren Städten wie Straßburg, Metz und Mühlhausen befanden sich Sonderschulen (Dodalaschule) beziehungsweise Sonderklassen, wobei allein Straßburg 1939 31 Hilfsschulklassen mit 731 Schülerinnen und Schülern zählte, was einem Anteil von 5,16 Prozent an der Gesamtschülerzahl entsprach (vgl. Lerch 2007).

Für Kinder mit einer geistigen Behinderung gründeten katholische Ordensschwestern 1891 eine Anstalt in Cernay (Sennheim), das Institut Saint-André. Im September 1939, noch vor der deutschen Besatzung, wurden 600 Schülerinnen und Schüler dieser Anstalt unter der Aufsicht von vier Laien und 80 Ordensschwestern in das Landesinnere von Frankreich evakuiert. Im Januar 1941 wird Saint-André von der Waffen-SS in Besitz genommen, die dort das »Ausbildungslager Sennheim« für die internationalen Freiwilligen der Waffen-SS einrichtet; im Mai 1944 stattet

---

240 Alle französischen Begriffe, Zitate und Buchtitel wurden von der Herausgeberin übersetzt.

der Reichsführer der SS, Heinrich Himmler, dem Ausbildungslager Sennheim einen Besuch ab (vgl. Rouby 1991, 194; Hoffbeck 2009). Ähnliches widerfuhr dem Centre Hospitalier Spécialisé de Rouffach (Haut-Rhin), das aufgrund militärischer Anweisung vom 6. September 1939 1.512 Kranke und Menschen mit Behinderung in verschiedenen Einrichtungen Frankreichs evakuierte; lediglich 650 der Betroffenen haben überlebt und sind in ihre ursprüngliche Heimstatt zurückgekehrt. Nach der Besetzung und Annexion des Elsass wurde in der ehemaligen Anstalt von Rouffach im Oktober 1940 eine »nationalpolitische Erziehungsanstalt« (Napola) eröffnet (vgl. Wesner 1989, 23 f.).

III.6.3 Die eugenische Debatte in Frankreich

Das Phänomen einer internationalen eugenischen Bewegung, repräsentiert durch Namen wie Chamberlain, Galton, Lombroso, Forel, Ploetz, Jost, Morel und Mönkemöller, lässt sich auch für Frankreich gut dokumentieren. So weist Anne Carol nach, dass bereits zu Beginn des 19. Jahrhunderts französische Mediziner radikale Vorschläge zur Verbesserung der »menschlichen Rasse« formulierten (1995, 71 ff.). Schon vor der Jahrhundertwende untersuchte und begutachtete der Psychiater Paul Moreau Kinder in Pariser Hospitälern und Erziehungsanstalten und veröffentlichte darüber 1888 einen Bericht, in dem er diese Kinder als durch Strafe und Erziehung unbeeinflussbar schilderte und ihnen einen »Genius des Bösen« attestierte (Moreau 1889) – eine Begrifflichkeit, die ihre Nähe zu dem »geborenen Verbrecher« des italienischen Mediziners Cesare Lombroso verrät.

Geradezu ein Prototyp des internationalen eugenischen Diskurses ist der mehrfach ausgezeichnete Chirurg und Physiologe Alexis Carrel (1873–1944), der nach seinen Medizinstudien in Frankreich 1904 in die USA ging, wo er lange Jahre am Rockefeller-Institute for Medical Research in New York forschte. Carrel erhielt 1912 den Nobelpreis für Medizin. 1935 veröffentlichte er sowohl in englischer als auch französischer Sprache sein Buch »Man, the Unknown« beziehungsweise »L'homme, cet inconnu«, das bereits 1936 in deutscher und italienischer Übersetzung erschien. In diesem Buch geißelte Carrel mit zivilisationskritischem Pathos die Vernachlässigung der biologischen Wissenschaften und rief zur Schaffung eines »neuen Menschen« auf – eines Menschen, der »stark« und »rasserein« durch die Beachtung eugenischer Grundsätze werde und der nichts mehr gemein habe mit jenen Schwachen, die als Produkte einer nicht mehr funktionierenden natürlichen Auswahl zur Hypothek für die menschliche Gesellschaft geworden seien. Carrel schrieb:

> »Es bleibt noch das ungelöste Problem der zahllosen Minderwertigen und verbrecherisch Veranlagten. Sie bedeuten eine unerhörte Belastung für den normal gebliebenen Teil der Bevölkerung. Wir haben schon einmal davon gesprochen, dass gegenwärtig ungeheure Summen dafür verwendet werden, Gefängnisse und Irrenanstalten zu unterhalten und die

Öffentlichkeit vor unsozialen Elementen und Geisteskranken zu schützen. Wozu erhalten wir alle diese unnützen und schädlichen Geschöpfe am Leben?« (Carrel 1950, 420f.).

Seine Hoffnung richtete Carrel auf das nationalsozialistische Deutschland, wo eine eugenische Politik ihre ersten Früchte trug. Er plädierte unmissverständlich für die Tötung durch Gas all jener, die kriminell und »minderwertig« seien. Er schrieb:

> »In Deutschland hat die Regierung energische Maßnahmen gegen die Vermehrung der Minderwertigen, Geisteskranken und Verbrecherischen ergriffen. Die ideale Lösung wäre es, wenn jedes derartige Individuum ausgemerzt würde, so wie es sich als gefährlich erwiesen hat. Verbrechertum und Geisteskrankheit lassen sich nur verhüten durch ein fundiertes Wissen vom Menschen, durch Eugenik, durch Verbesserung der sozialen und der Erziehungsverhältnisse, und schließlich dadurch, dass man keinerlei sentimentale Rücksichten mit sprechen lässt« (a.a.O., 421).

Und weiter führt er aus:

> »Es wäre vielleicht angebracht, unsere heutigen Gefängnisse aufzulösen und an ihrer Stelle kleinere, billigere Anstalten zu errichten. Bei kleineren Verbrechen könnte man den Übeltätern eine heilsame Lektion mit der Peitsche oder einem etwas wissenschaftlicher arbeitenden Züchtigungsmittel angedeihen lassen [...] Wer aber gemordet, mit Selbstladepistolen und Maschinengewehren bewaffnet, einen Raubüberfall begangen, wer Kinder entführt, den Armen ihre Ersparnisse abgeknöpft, die Menschen in wichtigen Dingen fehlgeleitet hat, mit dem sollte in humaner und wirtschaftlicher Weise Schluß gemacht werden: in kleinen Anstalten für schmerzlose Tötung, wo es die dazu geeigneten Gase gibt. Ebenso müsste man zweckmäßigerweise mit jenen Geisteskranken verfahren, die sich ein Verbrechen haben zuschulden kommen lassen. Die moderne Gesellschaft muß endlich entschlossene grundsätzliche Maßnahmen treffen, und zwar mit dem Endziel, dem normalen Individuum zu seinem Recht zu verhelfen« (a.a.O., 421f.).

1939 kehrte Carrel nach Frankreich zurück und übernahm eine leitende Funktion im Gesundheitsministerium der Vichy-Regierung. 1941 wurde er Vorsitzender der französischen Stiftung für das Studium der Probleme der Menschen (Fondation Francaise pour l'Etude des problèmes humains). Nach der Befreiung von Paris im August 1944 wurde er aus dem Gesundheitsministerium entlassen und in einem Gefängnis interniert. Er starb am 5. November 1944 in Paris.

Erschreckend aus heutiger Perspektive ist die Tatsache, dass die Deutsche Verlagsanstalt 1950 das Buch in unveränderter Fassung auf den Markt brachte, dem allerdings ein Vorwort voranstellte. Da dieser Text symptomatisch ist für den Umgang weiter Teile der deutschen Nachkriegsgesellschaft mit der jüngsten Vergangenheit, sei er hier in voller Länge wiedergegeben:

> »Vorwort des Verlages zum Neudruck
> Das weltberühmte Buch des Arztes und Naturforschers Alexis Carrel, der 1945 als Opfer der politischen Leidenschaften unseres Zeitalters nach seiner Entlassung aus einem französischen Gefängnis gestorben ist, wird hier in einem unveränderten Neudruck vorgelegt. Die unvermindert starke Nachfrage beweist die Bedeutung, die man diesem Buch, das, an der Schwelle des Zweiten Weltkrieges geschrieben, in seiner Art ein Warnungsruf war und nun ein mahnendes Vermächtnis des Verfassers wurde, heute noch und gerade heute wieder beimisst. Hätte der Verfasser diese neue deutsche Ausgabe noch selbst beaufsichtigen können, so hätte er wohl an wenigen Stellen das Bedürfnis gehabt, neue Ergebnisse seiner eigenen und anderer Forschungen, vornehmlich in den Grenzgebieten, zu berücksichtigen; er hätte von den praktischen Vorschlägen, die er für die Erneuerung des menschlichen Lebens macht, wohl keinen fallen lassen, aber unzweifelhaft hätte er sich angesichts der politischen Entwicklung des autoritären Staates, die er nicht vorausgesehen

hat, zu gewissen Korrekturen veranlasst gesehen; jedenfalls hätte er die Empfehlung eugenischer Maßnahmen, wie sie etwa auf Seite 422 dieser Ausgabe zu lesen ist, nicht stehen gelassen, nachdem am deutschen Beispiel offenbar geworden war, was aus solchen Prinzipien unter der Herrschaft von Diktatoren werden kann.

Nachdem er selbst zu solchen Ergänzungen und Hinweisen nicht mehr gekommen ist, wäre es uns unerlaubt erschienen, eigenmächtig auch nur ein Wort an seinem Buch zu ändern – unerlaubt und auch unnötig, denn von der ersten bis zur letzten Zeile beweist sein Buch eine wahrhaft menschliche Gesinnung, die keiner Berichtigung, keiner Verteidigung und keiner Rechtfertigung im ganzen wie im einzelnen bedarf« (Carrel 1950, 7 f.).

Abb. 59: Das Cover von Alexis Carrel »Der Mensch, das unbekannte Wesen« der Ausgabe von 1955

Pikant und aus heutiger Sicht zugleich skandalös ist der Umstand, dass derselbe Verlag 1955 das Buch erneut verlegt – mit nahezu dem wortgleichen Verlagsvorwort von 1950. Verschwiegen wird aber, dass die besonders belastenden Seiten 420 bis 422 der Ausgabe von 1950 weggelassen wurden. In dem Vorwort heißt es nun leicht verändert: »Er (der Verfasser, E.-R.) hätte von den praktischen Vorschlägen, die er für die Erneuerung des menschlichen Lebens macht, wohl keinen fallen lassen, aber unzweifelhaft hätte er sich angesichts der politischen Entwicklung des autoritären Staates, die er nicht vorausgesehen hat, zu gewissen Korrekturen veranlasst gesehen; jedenfalls hätte er sich bei der Empfehlung eugenischer Maßnahmen etwas zurückgehalten, nachdem am deutschen Beispiel offenbar geworden war, was aus solchen Prinzipien unter der Herrschaft von Diktatoren werden kann« (Carrel 1955a, 7).

Rätselhaft bleibt ferner, dass im selben Jahr 1955 im Paul List Verlag München die Schrift Carrels als Taschenbuch erscheint, anstelle eines Vorworts sind Auszüge zweier Rezensionen vorangestellt, die in überschwänglicher Weise Mensch und Werk preisen. Ein Dozent Dr. F. Hollwich schrieb in der »Medizinischen Wissenschaft«: »Für Alexis Carrel waren Werk und Tat eines: Er stand zu seinem Wort, zu seiner Überzeugung und hat schließlich sein Leben dafür gelassen. Carrels Lebenswerk galt alles in allem dem menschlichen Individuum, und sein Ziel war, einen neuen Menschen zu schaffen« (Carrel 1955b).

Diese Neuausgabe wurde acht Jahre nach dem Nürnberger Ärzteprozess von 1946/47 auf den Markt gebracht. Die Dokumentation des Nürnberger Prozesses war in 10.000 Exemplaren an die Arbeitsgemeinschaft der Westdeutschen Ärztekammern verschickt worden, allerdings nahezu ohne eine Resonanz. Alexander Mitscherlich schrieb im Jahre 1960:

> »Nahezu nirgends wurde das Buch bekannt, keine Rezensionen, keine Zuschriften aus dem Leserkreis; unter den Menschen, mit denen wir in den nächsten zehn Jahren zusammentrafen, keiner, der das Buch kannte. Es war und blieb ein Rätsel – als ob das Buch nie erschienen wäre […] Und dann schien alles vergessen. Es begann der erstaunliche Wiederaufstieg der Bundesrepublik, der psychologisch betrachtet sich unter dem Begriff des ›Ungeschehenmachens‹, einer gigantischen Beseitigung der Spuren, einordnen lässt« (Mitscherlich & Mielke 1993, 15).

III.6.4 Staat und Gesellschaft während der deutschen Besatzung

Bis auf den heutigen Tag ist der Erste Weltkrieg, »la grande guerre«, fester Bestandteil des kollektiven Gedächtnisses Frankreichs, und es gibt wohl kaum eine Ortschaft, die nicht eine »Rue du 11 novembre« hat. Der Tag des Waffenstillstands von 1918 ist bis heute ein Feiertag in Frankreich und erinnert an das millionenfache Sterben französischer Soldaten, aber auch an den errungenen Sieg der französischen Nation. Ganz anders die Erinnerung an den Zweiten Weltkrieg, den »komischen Krieg oder Scheinkrieg« (»drole de guerre«) (vgl. Bloch 1992), der zunächst gar nicht stattfand und dann 1940 mit der plötzlichen katastrophalen Niederlage Frankreichs endete und zu einer vierjährigen Besatzung und Kollaboration führen sollte.

Die europäische Katastrophe des Ersten Weltkriegs hatte auch in Frankreich massive innenpolitische Folgen gehabt, die nicht zuletzt mit dem Erstarken eugenischen Gedankenguts einhergingen und somit Einfluss auf die Lage von Menschen mit Behinderung haben sollten. Die nach Ende des Ersten Weltkriegs gebildete Dritte Französische Republik wurde durch zahlreiche innenpolitische Krisen erschüttert, die ihren unmittelbaren Ausdruck in einem Erstarken extrem linker und rechter Sammlungsbewegungen (Croix de feu; Action Francaise) fanden. Nach einer Regierung des Nationalen Blocks (1920–1924) kam es 1936 zur Regierung der Volksfront (Leon Blum), die 1938 von wechselnden Regierungen unter Daladier abgelöst wurde.

Nach dem Einmarsch deutscher Truppen, der Besetzung Frankreichs 1940 und dem Abschluss eines Waffenstillstands am 22. Juni 1940 wurde die Regierung Pétain in Vichy eingesetzt. Das Elsass und Lothringen wurden von Frankreich abgetrennt und dem Großdeutschen Reich eingegliedert – dasselbe Schicksal erlitt Luxemburg –, der nördliche und westliche Teil des Landes besetzt, während der Süden (bis November 1942) unter Verwaltung der französischen Regierung blieb. Das Vichy-Regime strebte zwar nicht danach, eine faschistische Ordnung in Frankreich zu errichten, aber wandte sich vehement gegen »das alte Regime, die Dritte Republik, der alle Schuld zugeschrieben wird«; sie gilt es, »zu zerschlagen und einen neuen autoritären, reaktionären und ›sittlich erneuernden‹ Staat aufzubauen« (Frank 1994, 89f.) – ein Staat, der den Slogan propagierte: »Arbeit, Familie, Vaterland!«

Die Vichy-Regierung unter Pétain, dem Helden von Verdun und einer Identifikationsfigur für die Mehrheit der Franzosen, suchte die Kollaboration mit Nazi-Deutschland, das als zukünftige europäische Macht, so die gravierende Fehleinschätzung, angesehen wurde. Im Oktober 1940 kam es zu einer Begegnung von Adolf Hitler und Pétain in Montoire-sur Loire; kurz danach erklärte Pétain im französischen Rundfunk: »Eine Kollaboration zwischen unseren beiden Ländern wurde ins Auge gefasst. Ich habe im Prinzip zugestimmt« (zitiert nach Hirschfeld & Marsh 1991, 8).

Die Kollaboration beschränkte sich keineswegs auf die staatliche Ebene, sondern prägte weitere Bereiche der französischen Gesellschaft wie Kultur und Wirtschaft (vgl. Frank 1994, 87 ff.). Dabei überließ die deutsche Besatzung den französischen Organen durchaus Freiheiten bei der Umsetzung innenpolitischer Ziele, etwa bei der Einrichtung der circa 100 Internierungslager für »Fremde« und »Ausländer«, deren Insassinnen und Insassen in der Nord- und Südzone auf mehr als 60.000 geschätzt und für die eine erhöhte Sterbeziffer registriert wurde. Es versteht sich von selbst, dass die Versorgungssituation in diesen Lagern sehr viel schlechter war als für die Gesamtbevölkerung. Und wie in der französischen Gesellschaft überall hatten jene Lagerinsassinnen und -insassen bessere Lebensperspektiven, die wie der Schriftsteller Lion Feuchtwanger (2018) vermögend waren und sich mithilfe des Schwarzmarktes die notwendigen Mittel für das Überleben sichern konnten. Berüchtigt war das Lager »Les Milles« bei Aix-en- Provence, in dem mehrheitlich deutschsprachige Intellektuelle und Schriftsteller wie Golo Mann, Lion Feuchtwanger und Walter Hasenclever, aber auch bildende Künstler wie Max Ernst, Robert Liebknecht und Max Lingner interniert waren (vgl. Fontaine 1989; Gausmann 1995). Ab Juli 1942, nach der Besetzung der bislang freien Zone, wurde »Les Milles« auch zu einem Deportationslager, aus dem mehr als 2.000 jüdische Menschen über das Lager Drancy in die Vernichtungslager im besetzten Polen abtransportiert wurden.

Ein Blick auf die französische Gesellschaft während der Besatzungszeit bliebe unvollständig, wenn man nicht daran erinnerte, dass die Mehrheit der Französinnen und Franzosen während der Jahre 1940 bis 1944 eine Notzeit des großen Mangels erlebte, denn es fehlte vor allem an ausreichend Nahrungsmitteln, da große Mengen der landwirtschaftlichen Produktion, aber auch der Rohstoffe an Deutschland abgegeben werden mussten. So wurden 1941 10 Prozent des Weizens, 15 Prozent des Fleischs, 80 Prozent des Champagners, 25 Prozent des Öls aus Frankreich und den Kolonien sowie 55 Prozent Aluminium, 40 Prozent des Bauxits und 90 Prozent des Zements requiriert (Burrin 1995, 145; vgl. auch Nestler/Schulz 1990, 73). In den Folgejahren erhöhten die Deutschen den Druck auf die Vichy-Regierung, um höhere Lebensmittelraten zu requirieren.

Kasten 1: Aus einem Schreiben des Militärbefehlshabers für Frankreich, Karl-Heinrich v. Stülpnagel, an das deutsche Oberkommando des Heeres vom 3. September 1942.

Der Militärbefehlshaber für Frankreich, Karl-Heinrich v. Stülpnagel, richtete am 3. September 1942 ein Schreiben an das Oberkommando des Heeres (OKH) über die Auswirkung erhöhter französischer Lebensmittellieferungen an Deutschland mit folgendem Wortlaut:

»Mit Schreiben vom 16.8. hat der Reichsmarschall des Großdeutschen Reiches [...] die gegenüber dem Vorjahre stark erhöhten Forderungen des Reichsernährungsministeriums an Frankreich auf Lieferung landwirtschaftlicher Erzeugnisse nochmals beträchtlich erhöht...

	Lieferungen 1941/42	Bisherige Forderungen d. Ernähr.Ministeriums für 1942/43	Neue Forderungen für 1942/43
Weizen	500.000 t	800.000 t	1.200.000 t
Hafer	460.000 t	800.000 t	1.000.000 t
Fleisch	135.000 t	200.000 t	350.000 t
Fett	25.000 t	26.000 t	60.000 t
Kartoffeln	20.000 t	250.000 t	300.000 t
Käse	4.000 t	10.000 t	25.000 t
Gemüse & Obst	150.000 t		450.000 t
Wein	3.200.000 hl*		6.000.000 hl

*hl=Hektoliter

Die franz. Regierung hat die bisherigen Forderungen nur unter stärkstem Druck angenommen, zudem hat sich infolge der ungünstigen Ernte in Südfrankreich die Ernährungslage Frankreichs nicht verbessert. Die Aufbringung der Lieferung kann daher nur aus dem besetzten Gebiet, wo wir Zwang anwenden können, erfolgen. Das Absinken der Versorgung der Bevölkerung unter das Existenzminimum wird dadurch unvermeidlich sein. Selbst wenn für die Versorgung der Bevölkerung die Erzeugnisse des unbesetzten Gebiets mit zur Verfügung ständen, würden die wöchentlichen Verbrauchssätze nur folgende Höhe haben:

770 g Brot (gegenüber 2450 g im Reich)
   150 g Fleisch (« 300 g « «)
    60 g Fett (« 206 g « «)

Bei Beschränkung auf das besetzte Gebiet müssen auch diese Sätze bei Fleisch und Fett weiter gesenkt werden. Die Folge wird naturgemäß ein weiterer erheblicher Leistungsrückgang in der kriegswichtigen Produktion sein. Schon jetzt ist aber der Leistungsabfall auf Grund nicht ausreichender Ernährung beträchtlich. […] In diesem Zusammenhang muß auch die so oft gehörte Behauptung zurückgewiesen werden, daß weite Kreise des franz. Volkes sich auf dem Wege des schwarzen Marktes zusätzlich versorgen könnten. Für die arbeitenden Massen, auf die es alleine hier ankommt, scheidet eine solche Möglichkeit schon im Hinblick auf ihre niedrigen Löhne völlig aus. […] Handelt es sich darum, für eine nur noch begrenzte Kriegsdauer das Letzte aus den besetzten Gebieten herauszuholen, so müssen die angedeuteten Maßnahmen ergriffen und ihre Folgen getragen werden. Will man die besetzten Gebiete für längere Zeit als Teil der gesamten Kriegs- und Ernährungswirtschaft erhalten, so muß ein solcher Eingriff in die Substanz vermieden werden.«

Von den neuen Forderungen nach weiteren Lebensmittelkürzungen wurde nach interner Beratung auf deutscher Seite schließlich Abstand genommen, da nicht kalkulierbare Folgen wie der Rücktritt oder Sturz der Regierung oder »schwere Revolten« zu erwarten waren (a. a. O., 229).

Erschwerend für das Alltagsleben im besetzten Frankreich kam hinzu, dass ein Großteil der Männer im arbeitsfähigen Alter als Zwangsarbeiter in Deutschland beziehungsweise als Gefangene der französischen Wirtschaft fehlten; für 1944 schätzt man die Zahl auf mehr als vier Millionen, das heißt 37 Prozent der männlichen Bevölkerung zwischen 18 und 60 Jahren waren dem französischen Wirtschaftskreislauf entzogen.

Zweifellos gab es auch in Frankreich einen weit verbreiteten Antisemitismus, der das Wegschauen und gar die Zusammenarbeit mit der Besatzungsmacht begünstigten. Es geschah aufgrund der Initiative der Vichy-Regierung, dass bereits im Juli 1940 per Gesetz die »Säuberung« des öffentlichen Dienstes von Jüdinnen und Juden erfolgte. Im Winter 1940/41 begann die »Arisierung«, also die zwangsweise Verdrängung von Jüdinnen und Juden aus der französischen Wirtschaft und ab der Verordnung vom 28. Mai 1942 wurden Angehörige der jüdischen Bevölkerung verpflichtet, den »Judenstern« zu tragen.

Unstrittig ist heute die aktive Rolle, die die französische Regierung und Polizei bei der Vertreibung der jüdischen Bevölkerung spielten. Die Mitwirkung am Genozid, aber auch die mehrheitliche Kollaboration der Bevölkerung zur Sicherung der eigenen Interessen, erzeugten nach Ende des Zweiten Weltkriegs ein Gefühl des schlechten Gewissens, das in der Nachkriegsgeneration zu Verdrängung und Stillschweigen führte:

> »Der vorherrschende Zug des Vichy-Nachlebens war die Schaffung einer gespaltenen Erinnerung [...] Sobald die Momente der Abrechnung vorbei und die Amnestiegesetze beschlossen waren (1951–1953), verlor die Erinnerung an Vichy ihren Platz im öffentlichen Diskurs, ja manchmal im Bewusstsein der Französinnen und Franzosen überhaupt. Sie ist dann nach 1968 wieder brutal in das Gedächtnis zurückgekehrt« (Rousso 2009, 135).

III.6.5 Psychisch Kranke und Menschen mit Behinderungen in den Anstalten während der Okkupation

1945 wollte die französische Gesellschaft mehrheitlich die Zeit der jüngsten Vergangenheit gerne vergessen – nicht anders als in Deutschland. So verwundert es nicht, dass das Schicksal von Menschen mit Behinderung zur Zeit der deutschen Besatzung kein Thema der wissenschaftlichen und öffentlichen Debatten war. Symptomatisch hierfür ist der internationale Kongress, den das Institut für Zeitgeschichte 1987 in Paris veranstaltete und dessen Thema die Vernichtungspolitik der Nazis war (vgl. Bédarida 1989). Aufschlussreich war, dass kein französischer Forscher zum Thema Behinderung sprach, sondern Willi Dressen von der Zentralen Stelle der Landesjustizverwaltungen zur Aufklärung nationalsozialistischer Verbrechen in Ludwigsburg, der den damaligen Forschungsstand zum Thema »Euthanasie« referierte (Dressen 1989).

Aber noch in den 1980er Jahren veränderte sich die Situation grundlegend, als 1981 in Frankreich eine medizinische Dissertation erschien, die den Titel « L'extermination douce » (Die sanfte Auslöschung) trug und schon bald großen Widerhall in den französischen Medien fand.

Der Autor der wissenschaftlichen Arbeit, der Mediziner Max Lafont, machte zum ersten Mal öffentlich, dass während der Zeit der deutschen Besatzung etwa 40.000 Patientinnen und Patienten in den großen psychiatrischen Anstalten Frankreichs an Kälte und Hunger gestorben sind. Diese Ungeheuerlichkeit verfehlte nicht ihre Wirkung und löste auch eine Debatte um die »Schuld« Frankreichs an dieser Katastrophe aus.

Was sind die Ergebnisse seiner Untersuchung? Gestützt auf Aussagen von Zeitzeuginnen und Zeitzeugen und umfangreiches Archivmaterial belegt Lafont am Beispiel der Anstalt von Vinatier bei Lyon, dass 1940–1944 allein in dieser Anstalt etwa 2.000 Patientinnen und Patienten an den Folgen von Unterernährung und Kälte ihr Leben verloren. Lafont zitiert französische Psychiater, denen – ähnlich wie Bruno Bettelheim – durch ihre Erlebnisse und Erfahrungen in deutschen Konzentrationslagern die Augen geöffnet wurden für jene Mechanismen, die zur Zerstörung der Persönlichkeit und jeglicher Humanität gerade auch in dem Prototyp der überbevölkerten und schlecht versorgten psychiatrischen Anstalt führen, wie er in Frankreich vor dem Zweiten Weltkrieg bestand. So bemerkt Dr. Balvet in einem Gespräch: »Der Psychiater musste dort (in die Konzentrationslager, E.-R.), nicht hingehen [...] Die Atmosphäre des Elends, in dem wir gelebt haben, das wir ganz aus der Nähe erlebt haben [...] hat uns endlich das große Elend der Anstalt gezeigt« (Lafont 1981, 97).

Lafont zitiert den Psychiater Dr. Requet, der in einer südfranzösischen Anstalt alleine 800 Patientinnen und Patienten zu betreuen hatte und sich in einem Interview über die Zeit des Krieges wie folgt äußerte:

> »Sie können sich vorstellen, wie schwierig es war, sich um alle zu kümmern, die Lebensbedingungen waren entsetzlich. Die Insassen lebten wie die Tiere, hatten immer häufiger statt Bettwäsche nur Stroh, Belüftung und Heizung waren kaum vorhanden. Zur Zeit der Besatzung nun wurde diese Welt eines Konzentrationslagers ein regelrechtes Todeslager. Das, was wir erhielten, war völlig unzureichend, um 3000 Leute zu ernähren, selbst wenn man einige zusätzliche Lebensmittel durch den Bauernhof mit berücksichtigt. Ich kann entsetzliche Erlebnisse bezeugen: Kranke aßen ihre eigenen Finger; sie aßen alles, was in ihrer Reichweite war, die Rinde von Bäumen z.B. Es war allgemein bekannt, dass die Insassen ihre Fäkalien aßen oder ihren Urin tranken; alle hatten Träume mit Essensfantasien; ein Kranker, der ein Paket erhielt, stürzte sich darauf und starb an einem Magendurchbruch« (a.a.O., 59).

Wie sehr das Leben in manchen französischen Anstalten während der Besatzungszeit der Situation in den Konzentrationslagern glich, belegt der in Erzählform erschienene Bericht über die größte französische Anstalt von Clermont in der Nähe von Paris, die am 1. Januar 1940 4.484 Insassinnen und Insassen zählte. »Le train des fous« (»Der Zug der Verrückten«) wurde von dem französischen Schriftsteller Pierre Durand verfasst, der als ehemaliger Häftling des Konzentrationslagers Buchenwald mehr zufällig in die Psychiatrie geraten war und der in seinem Buch den bislang totgeschwiegenen Tod von 40.000 Geisteskranken als eine bislang unbeachtete Form des Rassismus anklagt. Über das erbärmliche, von Vernichtung bedrohte Leben in der Anstalt von Clermont erzählt seine Hauptfigur:

> »In dem Aufenthaltsraum zusammengepfercht, waren wir mehr als dreihundert. Das war wie ein Knäuel von Schlangen. Das Gebrüll der Aufseher konnte das Getöse der Schreie nicht übertönen, die wie schwere Brecher brandeten. Die Epileptiker vermehrten durch ihre heftigen Krisen das allgemeine Durcheinander. Ein schrecklicher Gestank verpestete das gesamte Gebäude. Es gab keine Heizung mehr und die abgestumpften Kranken starben nackt auf ihrem elenden Lager. Das Essen war so knapp, dass die Stärksten sich der Position der Schwächsten bemächtigten. Da wir über keine Gabeln und natürlich auch keine Messer verfügten, schlürften wir die entsetzliche Flüssigkeit aus unseren Näpfen und zerrissen mit den Fingern die wenigen Stücke holziger Steckrüben, die uns als feste Nahrung dienten. Man musste sich vor allem in acht nehmen. Am Ende des Winters hatte die Hälfte des Bestandes den Weg vom Leben in den Tod angetreten. Arme Skelette mit verstörtem Blick. Die meisten waren derart abgemagert, daß man bis zu drei Leichen in einen Sarg legte. Die Zahl der Toten war so groß, daß man einen Moment daran dachte, sie ohne den Schutz eines Sarges beizusetzen« (Durand 1988, 94).

Während in den französischen psychiatrischen Anstalten die wahren Todesursachen allzu oft kaschiert wurden, weist Lafont für die Anstalt Vinatier bei Lyon

III Eugenik und Rassenhygiene in der internationalen Diskussion

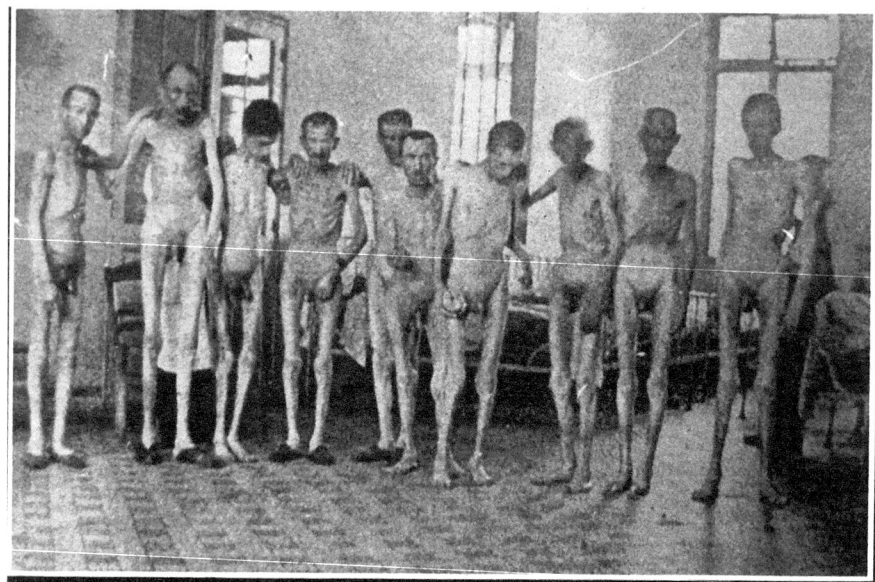

Cette photographie a été prise après la fin de la Seconde Guerre mondiale. Elle figure dans le rapport de la direction de l'hôpital psychiatrique de Clermont où il est précisé que l'état squelettique des malades ici représentés n'est pas exceptionnel. On comparera avec la photo de la page suivante prise au camp de concentration nazi de Belsen-Bergen.

Abb. 60: Patienten der Anstalt von Clermont de l' Oise, 1945

nach, dass während der Jahre der Okkupation jährlich 350 bis 450 Patientinnen und Patienten zusätzlich aufgrund von Hunger und Kälte gestorben sind. Dabei zeigt die folgende Tabelle – aufgeschlüsselt nach Zeitraum, durchschnittlichem Patientenbestand und Sterberate –, dass es vor allem die Winterhalbjahre 1940/41 und 1941/42 waren, in denen die Zahl der Opfer sprunghaft nach oben schnellte.

Tab. 4: Patientenbestand und Sterberate in den Jahren 1937–1948 in der Anstalt Vinatier bei Lyon

Zeitraum	Durchschnittlicher Patientenbestand	Sterberate
April bis September 1937	2 650	107
Oktober 1937 bis März 1938	2 700	127
April bis September 1938	2 754	127
Oktober 1938 bis März 1939	2 810	131
April bis September 1939	2 869	157
Oktober 1939 bis März 1940	2 875	225
April bis September 1940	2 882	89
Oktober 1940 bis März 1941	2 763	667

Tab. 4: Patientenbestand und Sterberate in den Jahren 1937–1948 in der Anstalt Vinatier bei Lyon – Fortsetzung

Zeitraum	Durchschnittlicher Patientenbestand	Sterberate
April bis September 1941	2 645	207
Oktober 1941 bis März 1942	2 376	580
April bis September 1942	2 108	324
Oktober 1942 bis März 1943	2 008	379
April bis September 1943	1 907	174
Oktober 1943 bis März 1944	2 033	184
April bis September 1944	2 159	292
Oktober 1944 bis März 1945	2 005	231
April bis September 1945	1 852	94
Oktober 1945 bis März 1946	1 732	98
April bis September 1946	1 713	62
Oktober 1946 bis März 1947	1 707	116
April bis September 1947	1 800	88
Oktober 1947 bis März 1948	1 850	104
April bis September 1948	1 950	94

Lafont wie auch Durand bewegte dasselbe Motiv: Sie wollten die Verschwörung des Schweigens durchbrechen, öffentlich machen, was vielen bekannt ist, worüber aber ungern gesprochen wird. Das Eintreten für Aufklärung, gegen die Sehnsucht nach Vergessen, gründet sich nicht auf dem Wunsch der Nachgeborenen zu verurteilen, sondern – wie der Psychiater Claude David in dem Vorwort zu der Veröffentlichung von Lafont geschrieben hat – auf der Absicht, Zeugnis abzulegen, »um zu ermessen, wohin der Verlust von Humanität führen kann, wohin Reden und Taten eine Gesellschaft führen können, die das Maß für Ethik, für ihre Pflichten und ihre Grenzen verloren hat« (a.a.O., 20).

Die Veröffentlichung von Lafont befeuerte in Frankreich eine Debatte um die Rolle der Vichy-Regierung, die in der Behauptung gipfelte, dass diese Regierung selbst eine Vernichtungspolitik gegenüber Menschen mit Behinderung in den Anstalten betrieben habe. In einer weiteren Auflage, die keine neuen Ergebnisse, aber zahlreiche Zeugnisse der vehement geführten Debatte enthält, bekräftigte Lafont (2000) seine Aussagen, wobei er die Frage nach der aktiven Rolle der französischen Verantwortlichen offen ließ. Er sprach eher von einem »Vergessen der Geisteskranken auf nationaler Ebene« (a.a.O., 8), aber er schrieb auch: »Um den Tod der Psychiatriepatienten zu verhindern, hätte es genügt, die Rationen, wie in den anderen Krankenhäusern, zu erhöhen (a.a.O., 85).

2007 erschien eine gründliche Studie der Historikerin Isabelle von Bueltzingsloewen mit dem Titel »L' hécatombe des fous« (Das Massensterben der Geisteskranken), in der die Autorin der Hypothese beziehungsweise Behauptung widerspricht, dass die Vichy-Regierung eine direkte Beteiligung an dem durch Hunger hervorgerufenen Sterben von etwa 45.000 Psychiatriepatientinnen und -patienten habe. Diese Position bekräftigte sie unlängst in einem in deutscher Sprache verfassten Beitrag, in dem es heißt: »Vichy-Frankreich half sehr wohl bei der Deportation der Jüdinnen und Juden in die Vernichtungslager mit, aber das Regime führte keine gezielte Vernichtung von Psychiatriepatientinnen und -patienten durch den Entzug von Nahrungsmitteln herbei« (von Bueltzingsloewen 2022, 200). Dabei wandte sie sich auch gegen den von Lafont verwendeten Begriff der »sanften Vernichtung« (»extermination douce«), der nach ihrer Meinung ein aktives Handeln der französischen Autoritäten suggerierte und benannte als Hauptgrund für das Sterben der Patientinnen und Patienten »die ›Unsichtbarkeit‹ der psychisch Kranken in der französischen Gesellschaft« (ebd.), also ihre soziale Isolation.

Auch wenn es keine nachweisbaren Aktionen der französischen Politik im Sinne einer geplanten »Euthanasie« in den französischen Anstalten gab und sich auch für die deutsche Besatzungsmacht kein direktes Handeln nachweisen lässt, so bleiben doch viele Fragen offen. Warum erhielten die psychiatrischen Anstalten geringere Essensrationen als die Krankenhäuser? Verbirgt sich dahinter nicht eine – auch offiziell gestützte – rassistische Behindertenpolitik? Anne Carol schrieb:

> »S'il est certain que cette hécatombe ne relève pas d' un projet, comparable par exemple à celui mis en oeuvre en Allemagne de 1939 à 1940, il semble pourtant bien qu'elle rentre dans la logique de l'euthanasie larvée qui regrette que la médecine et l'Etat consacrent tant d' énergie et d' argent à des vies de valeur moindre« (»Auch wenn es sicher ist, dass dieses Massensterben keinem Projekt entsprang, vergleichbar dem Euthanasieprogramm in Deutschland von 1939 bis 1940, so scheint es doch, dass dieses sehr einem versteckten Euthanasiewunsch entsprach, der es bedauert, dass die Medizin und der Staat so viel Energie und Geld für Leben von geringerem Wert opfern«) (Carol 1995, 171).

Nicht zu vergessen ist, dass die sogenannte Öffentlichkeit kaum Interesse an dem Schicksal der Patientinnen und Patienten zeigte. Auch wenn es in einigen Anstalten Versuche gab, durch Käufe auf dem Schwarzmarkt oder eigenen Gemüseanbau die Ernährungslage der Patientinnen und Patienten zu verbessern, dominierten doch Angst vor Repressalien, fehlende Zivilcourage, die Furcht, angesichts äußerst knapper Lebensmittelrationen selbst zu verhungern, sowie Gleichgültigkeit gegenüber dem Schicksal anderer. Es waren dies die Reaktionen einer Öffentlichkeit, die durch die Gewalt des Krieges gewissermaßen in einer Ausnahmesituation lebte. Dr. Requet als einer jener Psychiater, der sich um Hilfe für seine Patientinnen und Patienten bemühte, erklärte Max Lafont in einem Gespräch:

> »Ich berief im Jahre 1942 eine Konferenz der Ärzte ein: Gleichgültigkeit! Wir haben die Versorgungsbehörden alarmiert, aber es passierte nichts, stets eine gewisse Art von Gleichgültigkeit. Man muss sagen, dass die allgemeine Stimmung nicht besonders günstig für die Geisteskranken war [...] Es war jedermann gleichgültig [...] Alle hatten Hunger und nur mithilfe von Tricks und dem Schwarzmarkt konnten die Leute der Stadt ein bisschen mehr essen« (Lafont 1981, 42).

Auch wenn es keine erklärte Absicht gab, Menschen mit Behinderung zu ermorden, auch wenn die Notsituation des Krieges zumindest verständlich machen kann, dass mit Gleichgültigkeit und Schweigen auf die Not hilfloser Menschen reagiert wurde, so scheint es dennoch, dass diese Erklärungen gewissermaßen an der Oberfläche stecken bleiben und nicht den Kern der Barbarei treffen. Nach Max Lafont hat die große Mauer des Schweigens, die in Frankreich so lange herrschte, auch noch einen tiefer liegenden Sinn. Aus anthropologisch-psychoanalytischer Sicht sieht er die Geisteskranken – vergleichbar archaischen Gesellschaftsstrukturen – in ihrer Andersartigkeit als Ausgestoßene, die in Situationen extremer Gewalt die Rolle des Opfers für die bedrohte gesellschaftlich-kulturelle Ordnung zu übernehmen haben. Und in der Tat gibt es Anzeichen dafür, dass die Schwachen und »Minderwertigen« – nach dem Zuschnitt der klassischen Sündenbocktheorie – etwa für die militärische Niederlage Frankreichs mitverantwortlich gemacht wurden. Lafont weist in die Gegenwart und Zukunft, wenn er daran erinnert, dass in jedem von uns sehr tief verborgen Gefühle der Ablehnung und des Ausschlusses gegenüber Andersartigen stecken, denn nur so lässt sich die »Verschwörung des Schweigens« verstehen:

> »In einem Klima der Ungewissheit, in dem jeder um sein Leben fürchtet, wird es hingenommen und akzeptiert, das Leiden und den Tod der anderen zu vergessen, jener, die sich nicht selbst verteidigen können. Wenn es dazu kommt, dass die Wirklichkeit die individuellen und kollektiven Phantasmen untermauert, dann sind die Randständigen, die Wertlosen, die Nicht-ganz-Menschen in Gefahr« (a.a.O., 173).

III.6.6 Ausblick

Der Appell von Julia Kristeva aus dem Jahre 2002 zur Verbesserung der Lage von Menschen mit Behinderung in Frankreich zeigte Wirkung. 2005 erließ die französische Regierung das Gesetz Nummer 2005–102 »Gesetz über die Gleichheit von Rechten und Chancen, über gesellschaftliche Teilhabe und Bürgerrechte« (»Pour l'égalité des droits des chances, la participation et la citoyenneté des personnes handicapées«), dessen Verabschiedung zahlreiche parlamentarische Debatten und intensive Lobbyarbeit vorangegangen waren. Die entscheidende Neuerung bestand in der gesetzlichen Verankerung einer Schulpflicht für Schülerinnen und Schüler mit Behinderung (obligation scolaire), die bislang, so sei erinnert, nicht gegeben war, dann lediglich eine Erziehungspflicht (obligation éducative) hatte bestanden.

Der große Erfolg des Filmes »Intouchables« (»Ziemlich beste Freunde«) im Jahr 2011 sowie die Aufmerksamkeit für den preisgekrönten Roman »Chagrin d'école« (»Schulkummer«) von Daniel Pennac (2007), in dem der Autor das Schicksal des schlechten Schülers im französischen Schulsystem thematisiert, sind Zeichen für den Wunsch einer Gesellschaft, in der Gleichheit und Brüderlichkeit nicht nur proklamiert, sondern auch tatsächlich gelebt werden, eine Gesellschaft, in der

Schwäche, Verletzbarkeit und gegenseitige Abhängigkeit geduldet und anerkannt werden.

Das Bewusstsein, dass menschliches Leben, vor allem das der Schwächsten, stets bedroht ist, dass ungebrochen Überzeugungen von der »Minderwertigkeit« bestimmter Bevölkerungsgruppen bestehen, erfordert die historische Erinnerung und die Wachsamkeit in der Gegenwart. So zieht der algerische Schriftsteller Boualem Sansal eine bedrückende Linie zwischen dem Nationalsozialismus und dem Islamismus der französischen Städte. In seinem Roman »Le village de l'Allemand ou le journal des frères Schiller« (»Das Dorf des Deutschen oder das Tagebuch der Brüder Schiller«) erzählt der Autor das Leben eines algerischen Jugendlichen in einer Pariser Vorstadt und dessen Suche nach der Wahrheit über das Leben seines verstorbenen deutschen Vaters, eines Mitgliedes der SS. Besonders berührend für deutsche Leserinnen und Leser ist nicht nur die Aufdeckung der KZ-Tätigkeit des Vaters, sondern auch die im französischen Original immer wiederkehrenden deutschen Worte wie »minderwertige Leute« (2008, 162) oder »Vernichtung lebensunwerten Lebens« (a.a.O., 149). Erschreckend ist die gezogene Parallele zwischen dem Nationalsozialismus und dem Islamismus, der, so Boualem Sansal, in den französischen Banlieues mit Riesenschritten das »Vierte Reich« vorbereite (a.a.O., 178).

Die Verpflichtung, sich auch an das Schicksal der Patientinnen und Patienten der psychiatrischen Anstalten zu erinnern, bewog Vertreterinnen und Vertreter der französischen Zivilgesellschaft, im Oktober 2014 einen Aufruf an den französischen Präsidenten für die Errichtung eines Erinnerungsortes für die gestorbenen Opfer zu verfassen (vgl. Ellger-Rüttgardt 2016, 18 f.) Dieser Forderung entsprach der Staatspräsident François Hollande im Dezember 2016, als er auf dem Platz vor dem Trocadéro in Paris eine Stele einweihte, die folgenden Text trägt:

> »Heute, am 10. Dezember 2016, ehrt die Nation die 300 000 zivilen Opfer des Zweiten Weltkrieges. 45 000 von ihnen, gekennzeichnet durch Geisteskrankheit oder Behinderung und massiv vernachlässigt, sind an Unterernährung gestorben in den Anstalten, in denen sie lebten. Die Erinnerung an sie ruft uns auf, eine Gesellschaft zu schaffen, in der die Menschenrechte respektiert und auf jeden einzelnen geachtet wird.«[241]

Literatur

Berg, C. & Ellger-Rüttgardt, S. (Hrsg.) (1991): »Du bist nichts, dein Volk ist alles«. Forschungen zum Verhältnis von Pädagogik und Nationalsozialismus. Weinheim: Deutscher Studien Verlag.
Bédarida, F. (1989): La politique nazie d'extermination (Die Vernichtungspolitik der Nazis). Paris: Albin Michel.
Bloch, M. (1992): Die seltsame Niederlage: Frankreich 1940. Frankfurt a.M.: Fischer.
Burrin, P. (1995): La France à l'heure allemande (Frankreich zur deutschen Stunde). Paris: Seuil.

---

241 »Ici, le 10 décembre 2016, la Nation a rendu hommage aux 300 000 victimes civiles de la seconde guerre mondiale en France. 45 000 d'entre elles, fragilisées par la maladie mentale ou le handicap et gravement négligées, sont mortes de dénutrition dans les établissements qui les accueillaient. Leur mémoire nous appelle à construire une société toujours plus respectueuse des droits humains, qui veille fraternellement sur chacun des siens«. https://informations.handicap.fr/a-memorial-trocadero-gardou-9354.php

Carrel, A. (1936): Der Mensch, das unbekannte Wesen. Stuttgart & Berlin: Deutsche Verlagsanstalt.
Carrel, A. (1950): Der Mensch, das unbekannte Wesen. Stuttgart: Deutsche Verlagsanstalt.
Carrel, A. (1955a): Der Mensch, das unbekannte Wesen. Stuttgart: Deutsche Verlagsanstalt.
Carrel, A. (1955b): Der Mensch, das unbekannte Wesen. München: Paul List.
Carol, A. (1995): Histoire de l'eugenisme en France. Les médecins et la procréation XIX.–XX. siècle (Die Geschichte der Eugenik in Frankreich. Die Ärzte und die Fortpflanzung im 19. und 20. Jahrhundert). Paris: Seuil.
Chauvière, M. (1980): Enfance inadapté : L' héritage de Vichy (Die unangepassten Kinder: Das Erbe von Vichy). Paris: Les Éditions Ouvrières.
Dressen, W. (1989): L'élimination des malades mentaux (Die Vernichtung der geistig Behinderten). In: F. Bédarida (Hrsg.), La politique nazie d' extermination (Die Vernichtungspolitik der Nazis) (S. 245–256). Paris: Albin Michel.
Durand, P. (1988): Le train des fous. 1939–1945. Le génocide des malades mentaux en France. (Der Zug der Verrückten. 1939–1945. Der Völkermord an den Geisteskranken in Frankreich). Paris: Messidor.
Ellger-Rüttgardt, S. (1994): Sonderpädagogik in Frankreich. Zeitschrift für Heilpädagogik 45, 588–602.
Ellger-Rüttgardt, S. L. (2016): Inklusion. Vision und Wirklichkeit. Stuttgart: Kohlhammer.
Ellger-Rüttgardt, S. L. (2024): Geschichte der Sonderpädagogik: Eine Einführung (3. Auflage). München: Ernst Reinhardt Verlag.
Feuchtwanger, L. (2018): Der Teufel in Frankreich. Erlebnisse 1940. Berlin: Aufbau.
Foucault, M. (1995): Wahnsinn und Gesellschaft. Eine Geschichte des Wahns im Zeitalter der Vernunft. Frankfurt a. M.: Suhrkamp
Foucault, M. (1999): Les Anormaux (Die Unnormalen). Cours au Collège de France. 1974–1975. Paris: Seuil/Gallimard.
Frank, R. (1994): Deutsche Okkupation, Kollaboration und französische Gesellschaft 1940–1944. In: Bundesarchiv (Hrsg.), Europa unterm Hakenkreuz. Okkupation und Kollaboration (1938–1945) (S. 87–100). Berlin & Heidelberg: Hüthig.
Fontaine, A. (1989): Le camp d' étrangers Des Milles 1939–1943 (Das Internierungslager für Fremde Les Milles 1939–1943). Aix-en-Provence: Edisud.
Gausmann, A. (1997): Deutschsprachige bildende Künstler im Internierungs- und Deportationslager Les Milles 1939–1942. Paderborn: Ch. Möllmann.
Hirschfeld, G. & Marsch, P. (Hrsg.) (1991): Kollaboration in Frankreich. Politik, Wirtschaft und Kultur während der nationalsozialistischen Besatzung 1940–1944. Frankfurt a. M.: Fischer.
Hofer-Sieber, U. (2000): Bildbar und verwertbar. Utilitätsdenken und Vorstellungen der Bildbarkeit behinderter Menschen Ende 18. und Anfang 19. Jahrhundert in Frankreich. Würzburg: edition bentheim.
Hoffbeck, V. (2009): L' exemple de l' Institut Saint- André de Cernay (1891–1939) (Das Beispiel des Instituts Saint-André de Cernay. Paris: Caisses d' allocation familiales.
Kristeva, J. (2003): Lettre au président de la République sur les citoyens en situation de handicap, à l' usage de ceux qui le sont et de ceux qui ne le sont pas (Brief an den Präsidenten der Republik über die Situation von Bürgern mit einer Behinderung, zum Nutzen jener, die eine Behinderung haben und jener, die keine haben). Paris: Fayard.
Lafont, M. (1981): L'extermination douce. La mort de 40 000 malades mentaux dans les hopitaux psychiatriques en France, sous le régime de Vichy (Die sanfte Auslöschung. Der Tod von 40 000 geistig behinderten Patienten in den französischen psychiatrischen Anstalten zur Zeit des Vichy- Regimes). Lyon: Èditions de L' Areppi.
Lafont, M. (2000): L' extermination douce. La cause des fous (Die sanfte Auslöschung. Die Angelegenheit mit den Verrückten). Latresne: Editions Le Bord de l' Eau.
Lerch, D. (2007): Entre France et l' héritage du Reichsland: l'enseignement spécialisé à Strasbourg de 1918 à 1929. (Zwischen Frankreich und dem Erbe des »Reichslandes«: das Sonderschulwesen in Straßburg zwischen 1918 und 1929). Strasbourg: Presses universitaires.
Malson, L., Itard, J. & Mannoni, O. (1972): Die wilden Kinder. Frankfurt a. M.: Suhrkamp.

Mitscherlich, A. & Mielke, F. (Hrsg.) (1993): Medizin ohne Menschlichkeit. Dokumente des Nürnberger Ärzteprozesses. Frankfurt a. M.: Fischer.
Moreau, P. (1889): Der Irrsinn im Kindesalter. Stuttgart: Ferdinand Enke.
Nestler, L. & Schulz, F. (Hrsg.) (1990): Die faschistische Okkupationspolitik in Frankreich (1940–1944). Berlin: VEB Deutscher Verlag der Wissenschaften.
Pellicier, Y. & Thuiller, G. (1996): Un pionnier de la psychiatrie de l' enfant: Édouard Séguin (1812–1880) (Ein Pionier der Kinderpsychiatrie: Édouard Séguin (1812–1880)). Paris: Comité d' histoire de la Sécurité sociale.
Pennac, D. (2007): Chagrin d' école (Schulkummer). Paris: Gallimard.
Prost, A. (2008): Scolarisation obligatoire et handicaps en France de 1892 à 2006 (Schulpflicht und Behinderungen in Frankreich von 1892 bis 2006). Paris: CNEFEI.
Rohrmann, E. (Hrsg.) (2011): Édouard Séguin. Moralische Behandlung, Hygiene und Erziehung der Idioten. Marburg: Tectum.
Rouby, E. (1991): Institut Saint-André 1891–1991. Cent ans aux services des handicapés mentaux. (Institut St. Andreas 1891–1991. Einhundert Jahre im Dienst der geistig Behinderten). Cernnay: Institut Saint-André.
Rousso, H. (2009): Vichy. Frankreich unter deutscher Besatzung 1940–1944. München: Beck.
Sansal, B. (2008): Le village de l' Allemand ou le Journal des frères Schiller (Das Dorf des Deutschen. Das Tagebuch der Brüder Schiller). Paris: Gallimard.
Vial, M. & Hugon, M.-A. (1998) : La commission Bourgeois (1904–1905). Paris: CTNERHI
Vial, M., Plaisance, J. & Stiker, H.-J. (2000): Enfants sourds, enfants aveugles au début du XX ème siècle (Gehörlose und blinde Kinder zu Beginn des 20. Jahrhunderts). Paris: CTNERHI.
Von Bueltzingsloewen, I. (2007): L'hécatombe des fous. La famine dans les hopitaux psychiatriques francais sous l'occupation (Das Massensterben der Verrückten. Die Hungersnot in den französischen psychiatrischen Anstalten unter der Besatzung). Paris: Éditions Flammarion.
Von Bueltzingsloewen, I. (2022): Das Massensterben in französischen psychiatrischen Anstalten unter dem Vichy- Regime 1940–1944. Dokumentation einer Debatte um Ursachen und Verantwortlichkeit. In: J. Osterloh, J. E. Schulte & S. Steinbacher (Hrsg.) (2022), »Euthanasie«-Verbrechen im besetzten Europa. Zur Dimension des nationalsozialistischen Massenmords (S. 189–201). Göttingen: Wallstein.
Wesner, P. (1989): Le centre hospitalier de Rouffach (Haut-Rhin) 1909–1989. 80 ans d' histoire. Rouffach.

III.7 Kindesraub und Eugenik im frühen Franquismus in Spanien

Albrecht Buschmann

»Die Geschichte der Kindheit ist ein Alptraum, aus dem wir gerade erst erwachen«, schrieb der Sozialwissenschafter Loyd DeMause in der Einleitung zu dem 1974 von ihm edierten Sammelband »History of Childhood« (vgl. DeMause 1977, 12)[242]. Im Auftrag der Association for Appliead Psychoanalysis hatte er versucht, eine Forschungslücke zu schließen und mit dem Band wenigstens Grundzüge einer Geschichte der »Kindererziehung der westlichen Welt seit der Antike« zusammenzutragen (a. a. O., 14). Das Ergebnis führt einen Ort des Grauens voller Vernachlässigung, Misshandlung, Verstümmelung, sexuellem Missbrauch und jeder nur erdenklichen Art von Entwürdigung vor Augen: Offensichtlich ist es Gewalt, die in den westlich-mediterranen Gesellschaften seit der Antike den roten Faden des Umgangs mit Kindern bildet. Ein Alptraum, aus dem zu erwachen DeMause vor gut 50 Jahren noch hoffen konnte.

Die meisten Beispiele in DeMauses Buch beziehen sich auf individuelle Fälle und deren gesellschaftliche Hintergründe. Was aber geschieht mit Kindern, die als Kollektiv zielgerichtet und systematisch erfasst und misshandelt werden? Die spanische Geschichte des 20. Jahrhunderts hätte DeMause gut als Beispiel dafür dienen können, wie Kinder zu Schaden kommen, wenn sie in einer Diktatur zum Objekt einer unwidersprochenen Ideologie mit uneingeschränkter Macht werden. Denn Kinder litten in besonderer Weise unter dem spanischen Bürgerkrieg (1936–1939) und seinen unmittelbaren materiellen Folgen, sie wurden wegen der systematischen Verfolgung politisch Andersdenkender zu Zehntausenden zu Waisen und vor allem wurden sie wegen einer bizarren spanischen Ausprägung von Rassenideologie zur Zielscheibe eines parastaatlich organisierten Kindesraubs, vor allem in den 1940er und frühen 1950er Jahren. In dieser Zeit konsolidierte sich Spanien als zunächst faschistischer, später klerikal-autoritärer Staat, der bis 1945 an der Seite der Achsenmächte stand, bevor er in den 1950er Jahren als Bollwerk gegen den Kommunismus und als Luftwaffen- und Marinestützpunkt der USA gebraucht wurde, im Gegenzug unterstützt mit Mitteln aus dem Marshall-Plan. In dieser Phase der frühen Franco-Diktatur praktizierten staatliche Stellen systematisch Kindesraub, indem Neugeborene und Kinder von Frauen, die aus politischen Gründen inhaftiert waren, von den Müttern getrennt, in katholisch geführten Kinderheimen untergebracht und zur Adoption freigegeben wurden. Dieser Kindesraub auf Grundlage einer elaborierten rassistischen Theorie betraf etwa 30.000 Kinder, er steht im Mittelpunkt des folgenden Beitrags und stützt sich auf spanische

---
242 Ich zitiere aus der deutschen Übersetzung »Hört ihr die Kinder weinen. Eine psychogenetische Geschichte der Kindheit«.

Forschungsarbeiten, die allerdings erst seit gut 20 Jahren publiziert werden, angeregt durch Vorarbeiten im Kontext der juristischen und zivilgesellschaftlichen Suche nach den Kindern, die in Argentinien während der letzten Militärdiktatur (1976–1986) geraubt worden waren. Diesen Transfer zivilgesellschaftlicher Selbstermächtigung zeichnet Nina Elsemann nach und spricht von einer »transnationalen Erinnerungspraxis«, in der »Argentinien als Modell« diene (Elsemann 2010, 199ff.). Die wegen der langen Franco-Diktatur und ihrer überlangen Schatten spät einsetzende spanische Forschung steht demnach von Beginn an unter transkulturellen Vorzeichen, ebenso die zivilgesellschaftliche Aufarbeitung des gewaltsamen Kindesraubs, bei der auch die literarische Aufarbeitung eine wichtige Rolle spielt (vgl. Buschmann/Souto 2019; Buschmann/Souto 2021; Souto 2019).

III.7.1 Der ideologisch motivierte Kindesraub des frühen Franquismus

III.7.1.1 Geschichtlicher Kontext

Am Anfang des organisierten Kindesraubs und des nachfolgenden Missbrauchs in halbstaatlichen oder kirchlichen Einrichtungen steht der spanische Bürgerkrieg. General Francisco Franco führte ihn, unterstützt von Italien und dem Deutschen Reich, als Weltanschauungskrieg gegen die Republik, als »Kreuzzug« gegen die »Roten«: Die Zweite Spanische Republik (1931–1939) verkörperte in seinen Augen das Anti-Spanien, weshalb er seine Gegner, also alle Liberalen, Sozialisten, Kommunisten oder Anarchisten, ausmerzen wollte. Nur so, das war seine Überzeugung, ließe sich der Volkskörper heilen. Franco und seine Generäle machten Ernst mit diesem Vorhaben: Allein in den ersten Kriegsmonaten töteten sie bei ihrem Vormarsch in Südspanien Zehntausende Zivilistinnen und Zivilisten. Allein nach der Eroberung Málagas im Februar 1936 wurden dort 2.500 bis 3.000 Republikanerinnen und Republikaner ermordet; die Flüchtlingstrecks aus der Stadt wurden aus der Luft und von See beschossen, mit geschätzt 3.000 bis 5.000 zivilen Opfern; in der Stierkampfarena von Badajoz wurden zwischen 2.000 und 4.000 Gefangene mit Maschinengewehren niedergemäht. Sevilla, Córdoba, Granada – überall ähnliche Zahlen. Der britische Historiker Paul Preston (2011) bezeichnet die systematische Ermordung von politischen Gegnerinnen und Gegner und generell Andersdenkende als den »spanischen Holocaust«. Sein spanischer Kollege Francisco Espinosa Maestre wird, gerade für die ersten Kriegsmonate, konkreter und definiert das Vorgehen der aufständischen Generäle als Genozid im heutigen juristischen Sinne: Denn es habe sich um die absichtliche und planvolle Auslöschung klar definierter Berufs- und Bevölkerungsgruppen gehandelt (vgl. Maestre 2010). Nach diesem Muster ging es in den folgenden Kriegsjahren weiter: Über 100.000 Zivilpersonen – allein schon verdächtig, wenn sie Lehrkräfte, Gewerkschafterinnen und Gewerkschafter oder gewählte Bürgermeister waren – fielen zwischen 1936 und 1939 den Säuberungen der Franquisten zum Opfer. Sobald eine Region oder eine Stadt von den aufständischen Truppen zurückerobert war, wurden politische Missliebige (oder schlicht: von Nachbarinnen und Nachbarn Denunzierte) mit vorbereiteten Listen aufgespürt und meist ohne Prozess erschossen. Diese Säuberungen waren der politischen und militärischen Führung ebenso wichtig wie die eigentliche Kriegsführung, auch wenn sie Ressourcen und Energien band.

Alle taktischen Ratschläge der deutschen Militärberater, wie Franco dank seiner materiellen Überlegenheit den Krieg schnell siegreich beenden könnte, schlug er aus: Meter für Meter, so entgegnete er, müsse er die spanische Erde von der roten Krankheit befreien, und je mehr Gegner bei einem langen Abnutzungskrieg zu Tode kämen, desto besser. Schon vor Kriegsende am 1. April 1939 entstanden überall im Land Konzentrations- und Arbeitslager, in denen in den 1940er Jahren noch einmal etwa 150.000 Menschen starben, durch Hunger, Seuchen, Zwangsarbeit und Erschießungen (vgl. zum Verlauf des Bürgerkriegs Bernecker 1991, 2010; Collado Seidel 2010). Weitere 200.000 Menschen starben in den 1940er Jahren an Hunger und Seuchen (vgl. Cenarro Lagunas 2009, 88), wodurch sich die hohe Zahl an Waisen und Halbwaisen erklärt, denen sich das Regime auch aus propagandistischen Gründen annahm. Organisatorisch übernahm diese Aufgabe das sogenannte »Auxilio Social« (Hilfswerk), eine Organisation, die 1936 von Mercedes Sanz Bachiller im Umfeld der faschistischen Partei Falange unter dem Namen »Auxilio de Invierno« (Winterhilfswerk) nach deutschem Vorbild ins Leben gerufen worden war. Unter ihrer Nachfolgerin Carmen de Icaza, die das »Auxilio Social« von 1940 bis 1957 leitete, wurden zunehmend kirchliche Organisationen (Orden, Bistümer, Gemeinden) für die Betreuung der Kinderheime zuständig.

III.7.1.2 Die medizinische und juristische Legitimation des Kindesraubs

Staat und Kirche kümmerten sich aber nicht nur um Waisen und Halbwaisen, vielmehr versuchte man, auch auf Kinder Zugriff zu bekommen, deren Eltern nicht eindeutig als Anhängerinnen und Anhänger des neuen Regimes galten. Um diese zu erreichen, definierte der siegreiche Franquismus auf wissenschaftlicher Grundlage den Kindesraub als notwendig, um ihn in einem zweiten Schritt, etwa mit juristischen Eingriffen ins Namensrecht, unsichtbar und vor allem unwiderrufbar zu machen.

Schauen wir zunächst auf die medizinische Legitimation: Die Schlüsselfigur ist Antonio Vallejo Nágera (1889–1960), ein Mediziner und Militärarzt im Offiziersrang, der 1918 als Militärattachée in Berlin auch mit deutschen Psychiatern wie Ernst Kretschmer in Kontakt kam. Zurück in Spanien leitete er ein Militärkrankenhaus, wurde Professor für Psychiatrie an einer Militärakademie und veröffentlichte 1937, im zweiten Jahr des Bürgerkriegs, die eugenische Studie Eugenesia de la hispanidad y regeneración de la raza (etwa: »Eugenik des Hispanischen und Wiedergeburt der Rasse«, vgl. Vinyes et al. 2002, 31 ff.). In seinem Buch stellte Vallejo Nágera die wichtigsten eugenischen Theorien seiner Zeit vor, analysierte den Zustand der hispanischen Rasse, um diese medizinisch-eugenischen Diskurse anschließend mit kulturtheoretischen Theorien einer überzeitlichen »Hispanidad« zu verknüpfen, die er im Umfeld der Zeitschrift »Acción Española« und ihres Herausgebers, des Schriftstellers Ramiro de Maeztu, kennengelernt hatte. Neben der iberischen Anti-Moderne speisten sich seine Theorien auch aus deutschem reaktionärem Denken, vor allem der Idee von der Bedrohung der starken Rassen, wie sie Oswald Spengler vertrat. Aus diesem mehr kulturgeschichtlich-sozialen als vererbungsbiologisch hergeleiteten Studien entwickelt Vallejo Nágera die These von der Existenz einer »spanischen Rasse mit iberischem Genotyp« (»raza hispana, (de) genotipo ibérico«, Vallejo Nágera 1937, 107), die determiniert sei durch ihre Charaktereigenschaften (Mut, Ehre, Vaterlandsliebe) sowie ihre christlich-katholische Kultur und deren ewige Werte. Als Verfechter einer »positiven Eugenik« war er der Überzeugung, diese »Hispanidad« werde genetisch vererbt, jedoch habe der Bürgerkrieg gezeigt, dass sich in das iberische Erbgut ein »rotes Gen« (»el gen rojo«, Vallejo Nágera 1937, 86) eingelagert habe, das linke, also »rote« Eltern ihren Kindern vererbt hätten. Die Rettung für diese Kinder könne demnach nur strenge Umerziehung in geeigneter Umgebung sein, um die Weiterverbreitung dieses »roten Gens« zu verhindern:

> »Zu diesem Zweck muss sich das Individuum ständig in einer von Moral übersättigten Atmosphäre unter großer ethischer Spannung befinden, damit sich deren Wirkung im Phänotyp verankert und in instinktive Kräfte umgewandelt wird, die sich vererben können. Die Rassenhygiene strebt danach, durch die Schaffung idealer Phänotypen perfekte Genotypen zu erhalten.«[243]

Seine Forschungen versuchten nun, den empirischen Nachweis dieses »roten Gens« zu liefern, dafür experimentierte er mit Gefängnis- und Lagerhäftlingen. Man wundere sich nicht über die letztlich inkonsistente Argumentation Vallejo Nágera, die medizinische, soziale, kulturelle, historische und vor allem religiöse Prämissen amalgamiert, die nicht zueinander passen; Vinyes et al. sprechen von den »Paradoxien« seiner Theorie, die vor allem seinem tief verwurzelten katholischen Glauben geschuldet waren: Eugenische Maßnahmen wie Zwangssterilisierung lehnte er vehement ab, weil sie nach seiner Überzeugung Unzucht und Zügellosigkeit nach sich ziehen würden. Entscheidend für das Schicksal Tausender spanischer Kinder aber wurde die Verbindung von kruder Theorie und militärischem Ausnahmezustand, von ideologisierter Wissenschaft und gouvernementaler Macht, die in seiner Person zusammenfanden (vgl. Vinyes et.al. 2002, 40).

Ermöglicht wurde Vallejo Nágera der (vermeintliche) empirische Nachweis seiner Ideen, weil er beim Oberbefehlshabers Franco ein offenes Ohr gefunden und ihm seine Rassentheorie nahegebracht hatte. Denn letztlich passte seine Vision perfekt zu den Vorurteilen und Obsessionen des Diktators: Der Marxismus als

---

243 »Para ello es preciso que el individuo se halle continuamente sumergido en una atmósfera sobresaturada de moralidad, a gran tensión ética, con objeto de que sus emanaciones se incrusten en el fenotipo y se transformen en fuerzas instintivas susceptibles de transmitirse hereditariamente. Pretende la higiene racial obtener genotipos perfectos a fuerza de crear fenotipos ideales« (Vallejo Nágera 1937, 86). Diese und alle weiteren spanische Zitate hat der Autor dieses Beitrags übersetzt.

erbliche Krankheit, die der Soldat gleich einem Arzt mit scharfem Besteck aus dem Volkskörper herausschneiden muss. Mit Dekret vom 23. August 1938 ernannte Franco Vallejo Nágera zum Direktor eines psychologischen Forschungsteams für Konzentrations- und Kriegsgefangenenlager (Gabinete de Investigaciones Psicológicas de la Inspección de Campos de Concentración de Prisioneros de Guerra, vgl. Vinyes et al. 2002, 31). Umgehend begann der Arzt mit seiner Untersuchung der Häftlinge, und noch im gleichen Jahr publizierte er erste Ergebnisse seiner Forschungen an »marxistischen Individuen«, auf der Suche nach dem Zusammenhang zwischen »biopsychischen Eigenschaften des Subjekts und dem demokratisch-kommunistischen politischen Fanatismus« (Vallejo Nágera 1938, 174). Hierzu wurde bei den ausgewählten »Marxisten« zunächst der Biotyp nach Ernst Kretschmer ermittelt, gefolgt von einem Neymann-Kohlstedt Diagnosetest zur Bestimmung des Temperaments, einer Anamnese der moralischen Grundverfassung sowie einer Messung des Intelligenzquotienten (vgl. González Duro 2008, 136). Nachweislich waren an diesen Erhebungen im Jahr 1938 auch deutsche Offiziere und Wissenschaftler beteiligt (vgl. Vinyes et al. 2002, 46). Aus der Untersuchung von 50 Frauen in Málaga leitete er ab, dass der per se schwache weibliche Charakter vor allem durch den schädlichen Einfluss in »roten« Familien – also ohne Moral, Christentum, Bildung – zur Degeneration hin zum Marxismus geführt habe. Im Umkehrschluss konnte Vallejo Nágera nun den Weg zur Rettung der hispanischen Rasse aufzeigen: Man müsste nur dafür sorgen, dass die Kinder in der richtigen Umgebung aufwachsen, dann wäre solch eine Degeneration aufzuhalten, wenn nicht gar rückgängig zu machen.

Mit seiner Forschung lieferte Antonio Vallejo Nágera dem Franquismus den wissenschaftlichen Überbau für die Auslöschung politischer Gegnerinnen und Gegner und zugleich den Weg in eine bessere Zukunft: Rückblickend auf die Gewaltexzesse des Bürgerkriegs und das massenhafte Sterben von Inhaftierten in Arbeits- und Gefangenenlagern war nun der Beleg erbracht, dass man es als Kämpfer für Franco tatsächlich mit minderwertigen Wesen zu tun gehabt hatte. Vor allem aber zeigte er dem rechtgeleiteten Spanien einen Weg auf, wie es sich endgültig reinigen, überleben und zu alter Größe zurückfinden könne: Dafür musste man nur die von Natur aus böswilligen und debilen Marxistinnen und Marxisten sozial separieren und von ihren Nachkommen trennen.

Umgehend machten sich das Regime und seine sozialen Organisationseinheiten (Falange, Kirche, »Auxilio Social«, Familiengerichte, Gefängnis- und Lagerverwaltungen) ans Werk, Vallejo Nágeras Idee umzusetzen: Kinder und Neugeborene wurden ihren inhaftierten »roten« Müttern weggenommen und zu »niños abandonados«, also »verlassenen«, »ausgesetzten« Waisenkindern, erklärt[244], die gerettet

---

244 Mit dem auch in der Tagespresse wiederkehrend verwendeten Terminus der »verlassenen Kinder« knüpfte die Propaganda des Regimes an ihre Berichterstattung an, mit der das Schicksal der nach Mexiko oder in die Sowjetunion verschickten Kinder beklagt wurde. Dies war eine der Maßnahmen gewesen, mit der die angegriffene Republik die Kinder der Großstädte vor den ständigen Luftangriffen hatte schützen wollen. Aus Sicht der franquistischen Propaganda zeigten sich in dieser Art des Umgangs mit Kindern nur zerrüttete Familienbande und schändliche Missachtung der Kinderseelen (vgl. Cenarro Lagunas 2009, 45 ff.).

werden mussten. Man brachte sie in Kinderheimen – unter Leitung der faschistischen Organisation Falange oder der katholischen Kirche – sowie in regimenahen Familien unter. Zur juristischen Absicherung wurden ab 1937 Dekrete erlassen, die die Unterbringung von Kindern in vertrauenswürdigen Familien regelten; entscheidend hierfür war, dass es sich um Familien handelte, »deren Lebenswandel, Religiosität und Moral den Kindern eine exemplarisches Vorbild und Heimstatt sein können, wobei gleichzeitig ihre materiellen Bedürfnisse befriedigt und ihnen eine christliche Erziehung und eine heilige Liebe zu ihrem Vaterland zuteil werden«.[245] Ein wichtiger Schritt zur systematischen Vertuschung war ein Dekret, erlassen kurz nach Ende des Bürgerkriegs am 29. Oktober 1939 von Justizminister Esteban Bilbao Eguía, wonach in den Geburtsurkunden adoptierter Kinder nicht mehr der Name des leiblichen Vaters neben dem des Adoptivvaters stehen durfte.[246] Stattdessen wurde nun bei der Adoption eine neue Geburtsurkunde ausgestellt und der Name des leiblichen Vaters getilgt. Ein Jahr später ermächtige sich der spanische Staat in einem Dekret vom 23. November 1940 zum Schutzherrn aller verwaisten Kinder und verfügte deren Unterbringung in Heimen und Pflegefamilien, die stellvertretend die gesetzliche Vormundschaft für die »Waisen« zu übernehmen hatten. Ansprüche von leiblichen Verwandten waren in diesem Procedere nur zu berücksichtigen, wenn diese sicherstellen konnten, dass ihre Interessen »für die moralische und erzieherische Ordnung unschädlich« seien.[247] Da aber vor allem Kinder von »Roten«, die in Gefängnissen und Lagern einsaßen, zu Waisen erklärt wurden, waren diese Bedingungen per se kaum zu erfüllen – solchermaßen stigmatisierten Eltern war es faktisch unmöglich, moralisch einwandfreie christliche Familienangehörige beizubringen. Nach der Logik Vallejo Nágera war das ja gerade der Sinn der Maßnahmen, weshalb in den Ausführungsbestimmungen des Dekrets auch klar gesagt wurde, dass im Vordergrund einer möglichen Untersuchung der Sachlage nicht die Recherche nach der Vorgeschichte des Waisen, sondern seine Zukunft »zum Wohle der Nation« zu stehen habe.[248]

Schließlich erlaubte das neue Adoptionsgesetz vom 17. Oktober 1941, dass karitative Einrichtungen in Eigenregie die ihnen überlassenen »Waisenkinder« an geeignete Familien weitergeben konnten.[249] Die Änderung der Namen wurde in

---

245 »por sus costumbres, por su religión y moralidad puedan ser para los niños escuela y asilo ejemplar, al mismo tiempo que satisfacción de su necesidad material y cuidado de educación cristianan y de Santo amor a la Patria.« So die Erläuterung in einem Dekret von 1937: Orden dictando normas para la recogida y alberge de niños abandonados y desvalidos en familias que se presenten a realizarlo. In: Boletín Oficial del Estado, Nr. 74 (2.1.1937), 11.
246 Orden autorizando para que cuando los certificados de nacimiento en extracto se refieran a hijos adoptivos, puedan expedirse consignando solamente consignando solamente en los mismos la paternidad legítima, natural o adoptiva que señale el peticionario. In: Boletín Oficial del Estado, Nr. 302 (29.10.1939), 6064.
247 Decreto sobre protección del Estado a los huérfanos de la Revolución Nacional y de la Guerra. In: Boletín Oficial del Estado, Nr. 336 (1.12.1940), 8254–8255.
248 »para el mejor servicio de la Nación« (a.a.O., 8254).
249 Ley por la que se dictan normas que faciliten la adopción de los acogidos en Casas de Expósitos y otros establecimientos de beneficencia. In: Boletín Oficial del Estado, Nr. 209 (26.10.1941), 8336–8337.

einem weiteren Gesetz vom 4. Dezember 1941 erleichtert, angeblich um die Reintegration jener Kinder zu ermöglichen, die aus ausländischen Kinderheimen zurück nach Spanien kamen.[250] Allerdings sind Fälle von bereits älteren Kindern belegt, die ihre und die Namen ihrer Eltern kannten und gegen ihren erklärten Willen umbenannt wurden (vgl. Vinyes 2010, 84f.). Dank der genannten Dekrete wurden die Spuren dieses eugenischen Programms so gut verwischt, dass es für Eltern quasi unmöglich war, ihre Kinder wiederzufinden.

III.7.1.3 Räume der Gewalt

Diese frühe Phase des organisierten Kindesraubs ist gut dokumentiert: Propagandafilme zeigen Franco, wie er als Wohltäter in einem solchen Heim vor langen Reihen blitzsauberer Kinderbettchen posiert; das Regime ließ sich für die ordentlich organisierte Rassenpflege feiern.[251] Historikerinnen und Historiker haben die Akten der Frauengefängnisse und das Wirken Vallejo Nágeras seit 2001 aufgearbeitet, das Wirken des »Auxilio Social« rekonstruiert und dabei sowohl die schriftlichen Quellen gesichert als auch die Erinnerungen von Zeitzeugen dokumentiert.

Besonders aufschlussreich ist der Blick in die Studie »Die Kinder des Auxilio Social« von Ángela Cenarro Lagunas (2009), in der sich neben den Dokumenten auch die Erinnerungen von ehemaligen Heiminsassinnen und -insassen nachlesen lassen. Oder zumindest die Erinnerungen derjenigen, die überlebt haben, denn die Sterblichkeit lag dort in den 1940er Jahren bei über 30 Prozent. Bezeichnenderweise trägt das Kapitel, in dem der Alltag in den Heimen rekonstruiert wird (S. 129–191), den Titel »Überwachen und Strafen«: Gemäß den Vorgaben von Vallejo Nágera und der kirchlichen Morallehre wurden Mädchen zu Handarbeiten und Duldsamkeit erzogen, Jungen mit paramilitärischen Übungen körperlich ertüchtigt und mit den Schriften falangistischer »Märtyrer« indoktriniert. Unter den Kindern und Jugendlichen wurde eine Hierarchie etabliert, bei der Ältere über Jüngere Gewalt ausübten und vom Personal fein differenziert wurde zwischen Kindern, die noch Eltern hatten, Kindern von inhaftierten Eltern, von exilierten Eltern, von Prostituierten usw. Wenn es noch Verwandte gab, wurde der Kontakt möglichst minimiert, die Post zensiert. Körperliche Bestrafungen für geringste Verfehlungen gehörten zum Alltag, mit bloßer Hand, Lineal, Schuhen, Gürtel, Stock, Gerte. Wenn Ruhe befohlen war und jemand sich bewegte, und sei es nur, um sich an der Nase zu kratzen, konnte die Strafe in Kniebeugen in sengender Mittagshitze bestehen oder im Stillstehen barfuß auf kaltem Steinboden, mit nachfolgenden weiteren Erniedrigungen, wenn man einnässte. Köperhygiene fand in entwürdigender Weise bevorzugt so statt, dass auch ältere Jugendliche nackt in

---

250 Ley por la que se regulan las inscripciones en el Registro Civil de los niños repatriados y abandonados. In: Boletín Oficial del Estado, Nr. 350 (16.12.1941), 9819–9820.
251 So in der spanischen Wochenschau (»No-Do«, »Noticiario y Documentales«) Nr. 98 A und 98B vom 13.11.1944: https://www.youtube.com/watch?v=H9Or9h3Rnnw, Zugriff am 10.01.2023; vgl. zur Propaganda mit Kindern auch Cenarro Lagunas 2009, 45 ff..

Gruppen vor den Aufsehern durch die eisigen Duschräume getrieben wurden. Julián Hilario erinnert sich:

> »Die Aufseher waren alles Männer, sie bläuten uns alles mit Schlägen ein. Sie achteten darauf, ob du isst oder dich bewegst, um dir eine Ohrfeige zu verpassen, oder bei Nacht. ... Man hatte immer Angst, fühlte sich ständig bedroht. [...] Wenn es in der Nacht irgendwo ein Geräusch gab, wenn einer weinte, wir waren ja sechs- oder siebenjährige Jungs, wenn einer irgendetwas wollte, oder pinkelte, kam der Aufseher, und dann: ›Alles aufstehen.‹ [...] Dann nahmen sie einen Gürtel, zack zack, oder wenn es regnete, mussten wir raus in den Hof, Runden drehen im Hof, und das machten wir dann.«[252]

Unter den von Cenarro Lagunas befragten Zeitzeuginnen und Zeitzeugen finden sich allerdings auch Belege für einzelne fürsorgliche, im Rahmen der Möglichkeiten zugewandte Erzieherinnen und Erzieher, sie waren aber deutlich in der Minderzahl.

III.7.2 Und danach? Von der »Rettung der Rasse« zum Geschäft

Mit dem Ende von Vallejo Nágeras Einfluss verlagerte sich der Kindesraub in die gut 175 Entbindungskliniken des Landes, mehrheitlich unter Leitung von Nonnen, in denen weiterhin ideologisch verdächtigen Frauen (oder was die Nonnen dafür hielten: Frauen mit »unmoralischem« Lebenswandel, Alkoholikerinnen, Prostituierte, »Rote« usw.) ihre Neugeborenen geraubt wurden, unter dem Deckmantel des plötzlichen Kindstodes oder erfundener Erkrankungen, um sie – aus Sicht der kirchlichen Orthodoxie – vertrauenswürdigen Eltern zur Adoption zu übergeben.

Diese Art des Kindesraubs war vor allem ein Geschäft, das sich zunehmend professionalisierte. Landesweit baute man Netzwerke auf, die sich gezielt schwangeren Frauen in Not anboten: Dank ihnen fanden meist mittellose werdende Mütter, oft sozial stigmatisiert und hilflos, schon in einer frühen Phase der Schwangerschaft Unterschlupf in Appartements fern der Heimat und nahe den Kliniken, wo sie gut ernährt und medizinisch versorgt wurden. Versprochen wurde ihnen Sicherheit und Geborgenheit auch für das kommende Kind, geplant wurde derweil dessen Diebstahl: Dank der Kontrolle in den Apartments konnte man suchenden Paaren nun gesunde Kinder sogar mit Terminansage liefern. Das letzte Glied in der Diebeskette bildeten die entbindenden Ärztinnen und Ärzte, die gefälsche Todesscheine der angeblich nach der Entbindung verstorbenen Babys sowie

---

252 »Los instructores eran todos hombres, nos enseñaban a golpes. Vigilaban si comías o si te movías para darte un cachete, o de noche ... lo que había era mucho miedo, siempre con amenazas ... a lo mejor llegaba la noche y había un ruido, o lloraba uno, porque éramos niNos de seis o siete años, o pedía no sé qué, o se hacía pis, y nos venía a ver el instructor ... «Todos arriba.» ... Cogían el cinturón, pim, pam, y si estaba lloviendo, al patio, a dar vueltas al patio, a correr alli, y eso era lo que hacíamos.« (Cenarro Lagunas 2009, 171)

Geburtsscheine mit dem Namen der Adoptiveltern unterschrieben, sowie eingeweihte Verwaltungsbeamtinnen und -beamte sowie Anwältinnen und Anwälte. Sie sorgten dafür, dass alle Dokumente für die neuen Eltern juristisch korrekt waren. Zur Deckung der Unkosten und für ihre Bemühungen erbaten die Ordensschwestern allerdings eine Spende für ihren Orden, also eine Gebühr für die Zuteilung eines Babys. Die Einnahmen aus diesem Geschäft teilte sich die Kirche mit den beteiligen Medizinern und Juristen. Diese Praxis endete nicht mit dem Tod des Diktators 1975 und dem Beginn der Demokratie (1977), sondern wurde bis weit in die 1980er Jahre hinein praktiziert; der letzte dokumentierte Fall stammt aus dem Jahr 1992.[253]

III.7.3 Die (fehlende) Aufarbeitung der Verbrechen

Es waren weder Staatsanwältinnen oder Staatanwälte noch Polizistinnen oder Polizisten, die diese Verbrechen zur Sprache brachten, sondern Journalistinnen und Journalisten, Historikerinnen und Historiker und Schriftstellerinnen und Schriftsteller, die das Thema erst ab den Nullerjahren des 21. Jahrhunderts allmählich öffentlich machten. Bereits 1982 war das Foto einer namenlosen Babyleiche in einer Enthüllungsreportage erschienen – in den 1980 Jahren blieb diese Veröffentlichung allerdings ohne Echo. Die Kamera und mit ihr die Leser der Zeitschrift blickten durch die geöffnete Tür eines Kühlschranks auf ein totes Kind: Die Augen geschlossen, das Händchen verkrampft, liegt es nachlässig in eine Decke gewickelt im Halbdunkel. Auf dem Laken vor dem Gesicht ist ein Blutfleck zu erkennen. Angestellte der Kinderklinik San Ramón führten seinerzeit den Fotografen Germán Gallego zu der Leiche des Neugeborenen. Der Journalistin María Antonia Iglesias berichteten sie, andere tote Babys hätten hier schon über ein Jahr gelegen. Wie sich bei den Recherchen herausstellte, war zuletzt Dutzenden Müttern in der Madrider Klinik nach der Geburt ihr Baby weggenommen und an kinderlose Eltern verkauft worden. Wenn eine Mutter es nicht wahrhaben wollte, dass ihr eben noch quicklebendiges Baby plötzlich gestorben sein sollte, ging eine der Schwestern in den Keller, taute den toten Babykörper auf und hielt ihn der ungläubigen Mutter zum Beweis hin. Anschließend wurde die Babyleiche für das nächste Mal wieder eingefroren (vgl. Pascual 2014, 14–21).

---

253 Die Daten zur Geschichte des organisierten Kindesraubs finden sich v. a. in journalistischen Recherchen. Die größte spanische Tageszeitung »El País« aktualisiert ständig die Informationen hierzu (einschließlich der Fälle in Lateinamerika) unter der Rubrik https://elpais.com/noticias/ninos-robados/, Zugriff am 10.01.2023. Die Zeitschrift »Interviu« bündelte ihre seit den 1980er Jahren veröffentlichten Reportagen am 3.3.2014 in dem Dossier »Niños robados. Caso abierto« (zusammengestellt von Ana María Pascual). In der deutschen Zeitschrift »Hispanorama. Zeitschrift des deutschen Spanischlehrerverbandes« 142 (2013) erschienen mehrere Fachaufsätze, teils auch in deutscher Sprache wie Gimber (2013).

Die Reportage über den organisierten Kindesraub in der Madrider Entbindungsklinik San Ramón erschien am 3. Februar 1982 in der Zeitschrift »Interviú«, vergleichbar mit dem deutschen »Stern«, und nannte auch die Namen der Verantwortlichen: die Nonne Sor María Valbuena vom Orden der Hijas de Caridad, der Töchter der Barmherzigkeit, und den leitenden Gynäkologen der Klinik, Dr. Eduardo Vela. Doch keine Kommissarin ermittelte daraufhin, kein Staatsanwalt nahm sich des Falles an. Erst 30 Jahre später, 2012, kam die Ordensschwester Sor María vor Gericht, auf Betreiben von Pilar Torres, einem der von ihr geraubten Kinder; es war die erste Klage, die vor spanischen Gerichten gegen eine Täterin zugelassen wurde. Aber bevor Sor María unter Eid hätte aussagen müssen, starb sie 2013 im Alter von 88 Jahren. Ein Jahr später wurde erstmals die Klage eines Opfers gegen Eduardo Vela zugelassen. Als im Herbst 2018 das Urteil erging, ließ das Gericht an der Schuld des Arztes und seiner Beteiligung am Kindesraub keinen Zweifel. Weil die Taten des Gynäkologen aber verjährt waren, ging der 85-jährige als freier Mann nach Hause.[254]

III.7.4 Verschweigen und Vergessen oder Erinnern und Bearbeiten?

Abgesehen von der Monstrosität des Verbrechens selbst schockiert der Mangel an Empathie, mit dem die spanische Politik wie auch die Zivilgesellschaft in den 40 Jahren seit dem Ende der Diktatur auf die Hinweise zum organisierten Kindesraub reagierte. Festzuhalten ist, dass der Staat über 30 Jahre lang gar nicht reagierte. Den Anfang der Benennung, Achivierung und Aufarbeitung mussten Wissenschaft und Literatur machen. Wortwörtlich zur Sprache brachten das Thema die Dokumentationen des katalanischen Historikers Ricard Vinyes (Irridentas, 2002), der in den Akten von Frauengefängnissen aus den 1940er Jahren auf den Kindesraub stieß, des Sachbuchautors Eduardo Pons Prades (Los niños republicanos en la guerra de España, 2004), der Region für Region die Netzwerke zur Verteilung der Kinder ausleuchtete, und der Roman »Mala gente que camina« (2006) von Benjamín Prado, der mit der Pointe endet, dass das geraubte Kind partout leugnet, Spross einer »roten« Mutter zu sein. Die Zustände in den Kinderheimen des »Auxilio Social« thematisierte erstmals der Zeichner Carlos Giménez in der ab 1977 erschienen Graphic Novel-Serie »Paracuellos«, in der er seine Erfahrungen in dem Kinderheim »Hogar Batalla El Jarama« verarbeitete (vgl. Cenarro Lagunas 2009, 264–268) auch seine Darstellung blieb seinerzeit ohne zivilgesellschaftliche oder politische Reaktion.

In dem Streit um die geraubten Kinder, der seit knapp 20 Jahren immer heftiger wird, sind die Fronten verworren und verlaufen entlang politischer, kulturwis-

---

254 Vgl. die Berichterstattung zum Prozess in der »El País« im Februar 2017.

senschaftlicher und nicht zuletzt sozialer Linien. In der politischen Debatte sind es vor allem Vertreter des rechtskonservativen Spektrums, die hier wie auch in allen anderen Streitfällen des nicht aufgearbeiteten Erbes der Franco-Diktatur den Dialog verweigern, mehr noch, die Forderung nach Dialog als Angriff auf den politischen Konsens aus der Zeit der »transición« begreifen. Gemeint ist damit jene Verabredung zwischen den politischen Lagern, Verbrechen aus der Zeit des Bürgerkriegs und der Diktatur nicht juristisch zu verfolgen; sie stammt aus den ersten Jahren nach Francos Tod, als der Übergang (»transición«) von der Diktatur zur Demokratie zu bewältigen war. Nach konservativer Lesart bildet die von allen Parteien akzeptierte Generalamnestie aus dem Jahr 1977 die Grundlage der spanischen Demokratie; folglich seien Taten aus Zeiten des Franquismus nicht mehr justiziabel. Für diese Fraktion gilt: Über die alten Geschichten redet man nicht und wer das tut, vergeht sich an den Grundfesten der jungen Demokratie. Dass noch bis 1992 weiter geraubt wurde, übergeht man stillschweigend. Verschweigen und Vergessen: Dieses Mantra dominierte bis in die Nullerjahre des 21. Jahrhunderts. So erklärt sich wohl auch, warum nach der Enthüllung in der Madrider Entbindungsklinik von 1982 nicht einmal mit Ermittlungen begonnen wurde. Aber auch für die amtlich dokumentierten Fälle aus den 1940er Jahren, begangen im Namen des spanischen Staates, übernimmt sein Rechtsnachfolger keine Verantwortung.

Heute wollen die Opfer nicht mehr schweigen. Gestützt auf neuere kulturwissenschaftliche Modelle – gerade die Theorien von Aleida Assmann (2018a; 2018b) spielen hier eine gewichtige Rolle (vgl. Sondergeld 2010) – argumentieren sie, dass eine Gesellschaft kollektive traumatische Erfahrungen nur überwinden könne, wenn sie sich ihnen stelle. Mit Blick auf die deutsche »Vergangenheitsbewältigung« sowie auf die Arbeit der Wahrheitskommissionen, die in Südafrika, Argentinien, Ruanda oder Guatemala Verbrechen gegen die Menschlichkeit dokumentiert haben, fordern sie, dass auch in Spanien der Kindesraub erst einmal offiziell anerkannt, benannt und gezählt werden muss, bevor man über Vergeben und Vergessen reden kann (vgl. Gimber & Rodríguez 2012).

Wie tief auch die sozialen Gräben zwischen den Lagern sind, fällt erst ins Auge, wenn man nicht mehr nur Bücher und Dokumente sichtet, sondern den Akteurinnen und Akteuren ins Gesicht schaut, etwa in Fernsehberichten oder in einem der Dokumentarfilme, die seit 2014 von Inga Bremer (»Franco' Legacy – Spain's stolen children«, 2017), Almudena Carracedo und Robert Bahar (»The Silence of the Others«, 2018), Dietmar Post und Lucía Palacios (»Franco on Trial«, 2018) über dieses spanische Verbrechen gedreht wurden: An Kleidung, Haltung und Habitus ist zu erkennen, dass die Opfer aus der Unter- und Mittelschicht kommen, während die Täterinnen und Täter und ihre heutigen Verteidigerinnen und Verteidiger ausnehmend wohlhabend und gesund aussehen. Die Suche der Opfer nach ihren leiblichen Eltern bzw. nach ihren geraubten Kindern steht also auch im Zusammenhang mit einer sozialen Spaltung, die in unguter Tradition zu den Frontlinien der 1930er Jahre steht. Womit sich der Kreis schließt und die Debatte endgültig vergiftet ist: Für die einen sind die Klägerinnen und Kläger von heute einfach nur linke Störenfriede – für die anderen sind ihre Widersacherinnen und Widersacher »die da oben«, dieselben wie immer, die schon unter Franco in korrupten Netzwerken ihren Reichtum mehrten.²⁵⁵ Und eines der korrupten Geschäfte war der Handel mit Neugeborenen.

III.7.5 Das Geschäft, die Moral und die Blockade jeder Aufarbeitung

Der Kindesraub, der ab den 1950er Jahren mit der Fürsorge für arme Mütter und der Rettung der gefährdeten Seelen der Kinder ummäntelt wurde, war im Kern ein lukratives Geschäft für alle beteiligten Täterinnen und Täter. Die »Spende«, die an den katholischen Krankenhausträger für ein Kind zu zahlen war, lag zwischen 150.000 und 500.000 Peseten. Auch hier gibt es mangels offizieller Untersuchungen keine gesicherten Zahlen. Ab den 1960er Jahren habe man für eine Adoption, so die Rechnung der NGOs, etwa so viel zahlen müssen wie für ein kleines Apartment in Madrid. Pro Kind kann man nach heutiger Kaufkraft also zwischen 30.000 und 80.000 Euro rechnen, die sich die Orden als Träger der Kliniken, die Ärztinnen und Ärzte, Anwältinnen und Anwälte teilten. Multipliziert man diese Zahlen mit den im Raum stehenden Schätzungen der Fallzahlen – 150.000 bis 300.000 Fälle –, springen die ökonomischen Dimensionen des Verbrechens ins Auge: Es dürften Hunderte Millionen Euro gewesen sein, die über vier Jahrzehnte hinweg in diesem Geschäft schwarz zu verdienen waren (vgl. Bauer 2012; Litten 2017).

Von den seinerzeit beteiligten Ärztinnen und Ärzten, Anwältinnen und Anwälten sowie Nonnen dürften nur wenige noch persönlich haftbar gemacht werden können. Aber mit der Frage nach der Schuld der katholischen Kirche steht auch die nach der Entschädigung der Opfer zur Debatte: Jenseits der Frage, wohin seinerzeit das Geld aus den schwarzen Kassen der Ordensschwestern geflossen ist und an wen es zurückzuzahlen wäre – was ist der Wert der eigenen biologischen Identität, wie teuer der Schmerz, ein Baby zu verlieren? Tatsache ist, dass die Erzählungen der Opfer über ihr familiäres Leben gezeichnet sind von Lüge und Verrat, Misstrauen und Entfremdung, gescheiterten Partnerschaften, somatischen Leiden. Und wie lässt sich aufwiegen, wenn man mit einem berechtigten Anliegen jahrelang nicht gehört, beachtet oder respektiert wurde?

Bis zum heutigen Tag wurde in Spanien kein Arzt, der Geburtsunterlagen fälschte, kein Anwalt, der falsche Geburtsdokumente ausstellte, und keine Ordensschwester, die Kinder raubte, rechtskräftig verurteilt.

---

255 Wie der Reichtum der heute wohlhabendsten spanischen Familien mit der ungehinderten Bereicherung der Oberklasse dank der Korruption während des Franquismus zusammenhängt erläutert Maestre 2019.

Literatur

Assmann, A. (2018a): Der lange Schatten der Vergangenheit: Erinnerungskultur und Geschichtspolitik. München: C. H. Beck.
Assmann, A. (2018b): Erinnerungsräume: Formen und Wandlungen des kulturellen Gedächtnisses. München: C. H. Beck.
Bauer, A. (2012): Ich wurde geraubt wie eine Puppe. Der Spiegel vom 9.9.2012. https://www.spiegel.de/panorama/gesellschaft/babyraub-in-spanien-netzwerk-verkaufte-kinder-waehrend-franco-diktatur-a-842359.html, Zugriff am 10.01.2023.
Bernecker, W. L. (1991): Krieg in Spanien 1936–1939. Darmstadt: WBG.
Bernecker, W. L. (2010): Geschichte Spaniens im 20. Jahrhundert. München: C. H. Beck.
Buschmann, A. & Souto, L. C. (Hrsg.) (2019): Decir desaparecido(s): Formas e ideologías de la desaparición forzada. Münster: LIT-Verlag.
Buschmann, A. & Souto, L. C. (Hrsg.) (2021): Decir desaparecido(s) II. Análisis transculturales de la desaparición forzada. Münster: LIT-Verlag.
Cenarro Lagunas, Á. (2009): Los niños del auxilio social. Pozuelo de Alarcón: Espasa.
Cenarro Lagunas, Á. (2019): Historia y memoria del Auxilio Social de la Falange. In: Pliegos de Yuste: Revista de cultura y pensamiento europeos, Nr. 11–12, 71–74.
Collado Seidel, C. (2010): Der Spanische Bürgerkrieg: Geschichte eines europäischen Konflikts. München: C.H. Beck.
DeMause, L. (Hrsg.) (1977): Hört ihr die Kinder weinen. Eine psychogenetische Geschichte der Kindheit. Frankfurt am Main: Suhrkamp.
Elsemann, N. (2010): Umkämpfte Erinnerungen. Die Bedeutung lateinamerikanischer Erfahrungen für die spanische Geschichtspolitik nach Franco. Frankfurt am Main/New York: Campus.
Espinosa Maestre, F. (2010): El concepto de desaparecido. In: R. Macciuci & M. T. Pochat (Hrsg.), Entre la memoria propia y la ajena. Tendencias y debates en la narrativa española actual. (S. 305–310), La Plata: Ediciones del lado de acá.
Gimber, A. & Rodríguez, J. M. (2012): Niños robados y adopciones forzadas. Su presencia en la memoria colectiva en España y Alemania. In: W. Altmann, R. Pardellas & U. Vences (Hrsg.), Historia Hispánica. Su presencia y (re)presentación en Alemania (Homenaje a W. Bernecker) (S. 15–28), Berlin: Edition Tranvía.
Gimber, A. (2013): Spaniens geraubte Kinder in den Medien. In: Hispanorama, 142, 19–23.
González Duro, E. (2008): Los psiquiatras de Franco: Los rojos no estaban locos. Barcelona: Península.
Litten, M. (2017): Mauern des Schweigens. https://www.deutschlandfunk.de/eine-lange-nacht-ueber-spaniens-geraubte-kinder-mauern-des-100.html, Zugriff am 10.01.2023.
Maeztu, R. de (1931): La Hispanidad. In: Acción Española, Nr. 1. (15.12.1931), 8–16.
Maestre, A. (2019): Franquismo S.A., Madrid: Akal.
Pascual, A. M. (Koord.) (2014): Intervieu. Niños robados. Caso abierto. Madrid, 3.3.2014.
Preston, P. (2011): El Holocausto Español: Odio y exterminio en la Guerra Civil y después. Barcelona: Debate.
Sondergeld, B. (2010): Spanische Erinnerungskultur: Die Assmann'sche Theorie des kulturellen Gedächtnisses und der Bürgerkrieg 1936–1939. Wiesbaden: VS Verlag für Sozialwissenschaften.
Souto, L. C. (2019): Memoria de la orfandad. Miradas literarias sobre la expropiación/apropiación de menores en España y Argentina. Frankfurt am Main/Madrid: Vervuert.
Vallejo-Nágera, A. (1937): Eugenesia de la Hispanidad y regeneración de la raza. Burgos: Editorial española.
Vallejo-Nágera, A. (1938): Psiquismo del Fanatismo marxista. In: Semana medicina española, 6 (1), 172–180.
Vallejo Nágera, A & Martínez, E. M. (1939): Psiquismo del fanatismo marxista: Investigaciones psicológicas en marxistas femininos delincuentes. In: Revista española de medicina y cirugía de guerra, 9 (2), 398–413.
Vinyes, R., Armengou, M. & Belis, R. (2002): Los niños perdidos del franquismo. Barcelona: Plaza & Janés.

Vinyes, R. (2010): Irredentas: las presas políticas y sus hijos en las cárceles franquistas. Madrid: Temas de hoy.

III.8 Der italienische Faschismus und das Thema Behinderung (1922–1943)[256]

Matteo Schianchi

Die Beziehungen, die wir zwischen dem italienischen Faschismus und dem Konzept der Behinderung herstellen können, sind sehr vielschichtig. Deshalb können hier nur einige ausgewählte Aspekte behandelt werden. Zunächst ist es jedoch notwendig, daran zu erinnern, dass sich die faschistische Regierung, die nach dem Marsch auf Rom am 28. Oktober 1922 eingesetzt wurde, mit einem für Italien und Europa neuen Szenario auseinandersetzen musste: der Ernennung Mussolinis zum Ministerpräsidenten durch König Viktor Emanuel III.

III.8.1 Die »Entdeckung« des Themas in Staat und Verbänden

Das Thema Behinderung war immer ein fester Bestandteil der menschlichen Geschichte. Durch die Biologie und das damit verbundene Leben – Unfälle, Krankheiten, Kriege, Produktions- und Arbeitsverhältnisse – hat es immer schon Menschen mit verschiedenen Arten von Beeinträchtigungen gegeben, ob körperlicher, geistiger, sensorischer und/oder psychischer Natur (vgl. Stiker 1982; Schianchi 2012). Die industrielle Revolution, durch die es in den Fabriken zu Arbeitsunfällen kam, verschärfte das Problem, das untrennbar mit der technisch-wirtschaftlichen Entwicklung verbunden ist.

Es war jedoch der Erste Weltkrieg, der auf zahlenmäßiger, kultureller, sozialer und symbolischer Ebene »die erste Offenbarung des katastrophalen Potenzials der Moderne« darstellt (Zaretski 2004, 141). Der Erste Weltkrieg hat »die Behinderung erfunden« (Courtine 2006, 238): Gefühle der Schuld, moralische Verpflichtungen, medizinische Genesung und soziale Wiedereingliederung. Der Wendepunkt ist unmittelbar an Zahlen abzulesen. Bis in die ersten Jahre des 20. Jahrhunderts werden in den italienischen Berichten über die Behindertenhilfe weniger als 100.000 Personen angegeben. 1918 wiesen allein die ministeriellen Angaben über die Renten für kriegsinvalide Soldaten mehr als 450.000 Personen aus. In Wirklichkeit waren es sehr viel mehr, wenn man Zivilistinnen und Zivilisten und Per-

---

256 Die Übersetzung der italienisch-französischen Originalfassung stammt von der Herausgeberin.

sonen berücksichtigt, denen der Kriegsinvalidenstatus nicht zuerkannt worden war. Darüber hinaus brachte der Erste Weltkrieg neue Formen der Beeinträchtigung hervor: Verstümmelte, Blinde und Taube, dazu Männer mit entstellten Gesichtern sowie Menschen, die durch die Schockwirkung von Granaten psychisch zerstört worden waren.

Auch in Italien stellte sich – wie in allen europäischen Ländern – vor dem Eintritt in den Krieg (1915) die Frage nach der sozialen Unterstützung von Menschen mit Behinderung. Die Schwierigkeit ihrer Eingliederung warf keine strukturellen Probleme auf, sondern eher technische, finanzielle und institutionelle (vgl. Castel 1995). Außerdem hatte die späte industrielle Revolution in Italien noch nicht zu einem wirksamen Schutzsystem für Arbeitsunfälle geführt. Psychiatrische Erkrankungen wurden lediglich in 124 Einrichtungen und 43 öffentlichen Asylen behandelt.

Ab 1915 wurde Behinderung auch in Italien zu einer legitimen und relevanten politisch-sozialen Frage. Der Staat, der sich mehr und mehr zu einem Wohlfahrtsstaat entwickelte, prägte dabei neue Bedeutungen und Dynamiken, die bis heute wirken. Die Vorstellung von Behinderung war immer noch eng mit dem Staat verbunden, denn Kriegsinvaliden hatten ihre körperliche Unversehrtheit schließlich im Dienst für den Staat verloren. Die ergriffenen Maßnahmen verbesserten schließlich auch die Situation der Arbeitnehmerinnen und Arbeitnehmer aus der Industrie und Landwirtschaft, die Unfälle erlitten hatten.

Im März 1917 wurde die Nationale Agentur für den Schutz und die Unterstützung von Kriegsinvaliden gegründet, die mit der Anerkennung des Kriegsinvalidenstatus Maßnahmen der Gesundheitsfürsorge wie Krankenhausaufenthalte, Prothesen und Rehabilitation vorsah, ferner materielle Unterstützung (Invalidenrenten) und schließlich Formen der sozialen Unterstützung (Ausbildung und berufliche Eingliederung).

Der Wohlfahrtsstaat entwickelte sich nach dem Zweiten Weltkrieg entlang dieser Achsen und schloss auch Zivilinvalidinnen und -invaliden mit ein, also Personen mit angeborenen oder erworbenen Beeinträchtigungen außerhalb des Kriegs- oder Arbeitsumfelds. Die Begriffe zur Bezeichnung dieser Personen wurden durch die Einführung der Termini »Kriegsversehrte« und »Invalide« verändert. Die Beeinträchtigungen, die zuvor in den militärischen Vorschriften in drei Kategorien eingeteilt worden waren, wurden nun durch eine medizinisch und technisch neue Sichtweise bewertet, in der es vor allem um die Restkapazität für eine gewinnbringende Arbeit ging und die zur Einteilung der Kranken in entsprechende Kategorien führte.

Zeitgleich mit der Entstehung der ersten öffentlichen Invaliditätsversorgung entstanden die ersten Vereine, die sich für die Belange der Kriegsinvaliden einsetzten (vgl. Schianchi 2014). Im Januar 1917 gründete der im Krieg erblindete A. Nicolodi den Nationalen Verband der Kriegsblinden, der in den Nationalen Verband der Kriegsinvaliden (ANMIG) überging, dessen erste drei Kongresse (1918–1920) entscheidende Themen behandelten: moralische und materielle Unterstützung durch Intervention bei den Behörden und Verwaltungen, um die Rechte und Interessen der Mitglieder zu unterstützen, sowie die Rolle der Vermittlung in den

Beziehungen zwischen Unternehmen und Arbeitnehmerinnen und Arbeitnehmern.

Obwohl die ANMIG bekräftigte, dass sie unpolitisch sei, war sie patriotisch orientiert und hoffte auf die Entstehung einer Bewegung, die sich von den traditionellen politischen Vorstellungen unterschied. In der Führungsgruppe gab es aufgrund der engen Beziehungen einiger Mitglieder zur Regierung interne Meinungsverschiedenheiten. Zwischen 1920 und 1921 beteiligte sich die ANMIG an lokalen Initiativen für eine umfassendere und wirksamere Anerkennung des Rechts auf Kriegsrenten. 1921 wurde – auch aufgrund des Drucks dieser Vereinigung – ein Gesetz für die obligatorische Beschäftigung von Kriegsinvaliden in öffentlichen und privaten Unternehmen verabschiedet. 1919 schließlich wurde die Proletarische Liga der verstümmelten Kriegsinvaliden, Kriegswaisen und Witwen gegründet (vgl. Isola 1990), die Gramsci als einen grandiosen Versuch betrachtete, die ländliche Bevölkerung zu organisieren (vgl. Gramsci 1919).

III.8.2 Die Rhetorik über die Kriegsinvaliden und die Einflussnahme auf die Behindertenverbände

Die faschistische Regierung musste sich von Anfang an mit dem kurz beschriebenen Szenario auseinandersetzen. Die Rhetorik um die Kriegsinvaliden beherrschte den öffentlichen Raum und umfasste eine lange Reihe von öffentlichen Feiern, Zeitschriften und Veröffentlichungen sowie Spendensammlungen. Bereits im Mai 1918 hielt Mussolini (der wegen seiner Befürwortung der italienischen Beteiligung am Ersten Weltkrieg aus der sozialistischen Partei ausgeschlossen worden war) als Herausgeber der Zeitung »Il popolo d' Italia« im Stadttheater von Bologna die Festrede anlässlich der Einweihung der Fahne des »Vereins der Kriegsamputierten und -invaliden« von Bologna. Eine der ersten Maßnahmen, die die erste Mussolini-Regierung 1923 in Hinblick auf Invalidität ergriff, betraf die Kriegsrenten. Es wurde eine Unterscheidung zwischen Kombattanten und Nicht-Kombattanten eingeführt: Lebenslange Renten wurden nur denjenigen gewährt, die an der Front gekämpft hatten, während die anderen je nach Ausmaß ihrer Verwundung zeitlich begrenzte Beihilfen erhielten.

Die Konstruktion von Konsens und Legitimität durch den faschistischen Apparat bewegte sich von Anfang an in zwei Richtungen: die Rhetorik um die Kriegsinvaliden und die Einflussnahme auf die Behindertenverbände. Zwischen 1923 und 1930 entstanden etwa 50 lokale und nationale Zeitschriften, die sich mit der Problematik der Kriegsinvaliden befassten. Der faschistische Apparat unterstützte die Rhetorik der Kriegsinvaliden bei zahlreichen öffentlichen Anlässen. In vielen Fällen war es Mussolini selbst, der bei den Versammlungen der Kriegsinvaliden sprach. Dies waren Ereignisse, die von einem der wirksamsten Instrumente der faschistischen Propaganda, den Wochenschauen des »Instituto Luce«, wiedergegeben wurden.²⁵⁷

Der »Mythos der Verstümmelten« hatte sich bereits in den Jahren unmittelbar nach Kriegsende herausgebildet. So gab es heroische Figuren wie Enrico Toti und Faulcieri Paulucci di Caboli, für die »der anatomische und funktionelle Verlust eines Teils ihrer selbst durch das Stigma der sozialen Degeneration in ein heiliges Zeichen des patriotischen Opfers verwandelt werden konnte« (Bracco 2012, 190). Der Faschismus nutzte auch kulturelle Vorbilder wie den Dichter Gabriele d'Annunzio, der 1916 bei einem Flugzeugabsturz ein Auge verloren hatte und seine Erfahrung in »Notturno« (1921) verarbeitete, sowie den Künstler Filippo Tommaso Marinetti, Begründer des Futurismus, der 1916 den Artikel »Donne, preferenti i gloriosi mutilati di guerra« (»Frauen, gebt den ruhmreichen Verletzten des Krieges den Vorzug«) und 1921 die Kurzgeschichte »L'alcova d'acciaio« (Der Alkoven aus Stahl«) geschrieben hatte, in denen er den menschlichen, heroischen und erotischen Wert des »verwandelten und unsittlichen Fleisches« der Verstümmelten feierte.

Ideologie, Rhetorik, die Unterstützung durch Behindertenverbände und spezifische Hilfsmaßnahmen gingen ständig Hand in Hand. In diesem Sinne ist die Geschichte von Carlo Delcroix, der zu den Gründern der ANMIG gehörte, sehr bezeichnend: 1917 verlor er bei einer Bombenräumung sein Augenlicht und seine Arme wurden verstümmelt. Bereits in den 1920er Jahren war er ein Förderer zahlreicher Aktionen für gerechte Kriegsrenten und äußerte sich deutlich gegen die liberale Politik. Er sympathisierte nicht sofort mit dem Faschismus, wurde aber 1924 mit seiner Wahl zum Vorsitzenden der ANMIG zugleich auch als Abgeordneter der Nationalen Faschistischen Liste gewählt – 1929 und 1934 wurde er erneut gewählt. 1927 spielte er eine wichtige Rolle bei einer Vereinbarung, die zur Aufnahme aller verstümmelten Arbeiterinnen und Arbeiter Italiens in die nationalfaschistischen Gewerkschaften führte. 1938 wurde die ANMIG von der Leitung der Nationalen Faschistischen Partei kontrolliert. Der Verband wuchs auf 500.000 Mitglieder an.

Der Orthopäde Francesco Guaccero hielt 1932 im Senat den Vortrag »Menschliche Ideale der faschistischen Regierung zur Unterstützung von Krüppeln, Gelähmten und Amputierten«, der einige Aspekte wiedergibt, die den Umgang des Faschismus mit der Invalidenfrage bestimmten. Die Orthopädie als medizinische Disziplin stellte dabei den Kern der Umerziehung und Hilfe dar:

> Sie »gewinnt an sozialer Bedeutung, wenn man all das berücksichtigt, was ein missgestalteter, behinderter Mensch in Bezug auf die Nation darstellt, auf der er als Wesen von allgemein negativem oder fast negativem Wert lastet. Hinzu kommen all die Gefahren, die sich aus den Wirkungen ergeben, die jede Missbildung auf die Psyche des Einzelnen ausübt, die ihn von der menschlichen Gesellschaft entfremden, ihn asozial, melancholisch, traurig und oft sogar pervers werden lassen. Wie viele Übel, wie viele Verbrechen reifen in der Seele eines Menschen heran, der sich als ausgestoßenes, als untaugliches, als minderwertiges Wesen fühlt [...] Und es muss festgehalten werden, dass es 95 Prozent der körperlich Schwachen, die in orthopädischen Instituten, geeigneten Schulen und Werkstätten

---

257 Einige dieser Versammlungen können in den Online-Archiven des »Istituto Luce« angeschaut werden: www.archivioluce.com

geheilt werden, nachweislich gelingt, eine Ausbildung und wirtschaftliche Unabhängigkeit zu erlangen [...] Für den Fall, dass eine Umschulung aufgrund des Alters oder der Art der Missbildung nicht möglich ist, werden die Verkrüppelten und Verstümmelten vom Staat oder den Gemeinden als Arbeitsinvaliden unterstützt« (Guaccero 1932, 7–16).

In dieser Rede kündigte Guaccero auch eine umfassendere Gesetzgebung an, die sich mit den »sozialen Problemen der Pflege und Umerziehung von Krüppeln, Gelähmten und Verstümmelten befasst, um sie zu gesellschaftlich nützlichen und produktiven Elementen zu machen« (ebd.). Das Programm als Ganzes wurde nicht umgesetzt. Eine Kontrolle der Anzahl von Menschen mit Behinderungen schrieb das Gesetz Nr. 575 von 1932 vor, das »die Pflicht zur Meldung von Geburten missgebildeter Säuglinge und zur Meldung von Verletzungen, die zu einer dauerhaften Arbeitsunfähigkeit geführt haben oder führen können«, vorsah. [258]

III.8.3 Die Schule: ein System von Spezialklassen

Der Faschismus sah sich mit einer Reform des Schul- und Universitätssystems konfrontiert, mit der 1925 die Schulpflicht für Blinde und Gehörlose bis zum 16. Lebensjahr eingeführt worden war. Mit dieser Maßnahme wurden die bereits im 19. Jahrhundert eingerichteten Blinden- und Gehörlosenanstalten per Gesetz zu Bildungseinrichtungen. Für andere Arten von Beeinträchtigungen wurden für Grundschülerinnen und Grundschüler differenzierte Klassen eingerichtet: als Sonderklassen innerhalb der allgemeinen Schulen oder in speziellen Schulen.

Die Einrichtung separater Schulen und Klassen war keineswegs eine Erfindung des Faschismus, sondern entsprach den damaligen pädagogischen und politischen Überzeugungen von der Sinnhaftigkeit besonderer, separater Einrichtungen – eine Überzeugung, die auch die traditionelle Sonderpädagogik vertrat. Erst seit der Jahrtausendwende wird die Idee der Inklusion als angemessenere Lösung vertreten (vgl. Augello/Itanes 2019).

Die Entwicklung differenzierter Klassen in der faschistischen Ära war zum einen an französische Vorbilder angelehnt, fußte zum anderen aber auch auf eigenen italienischen Entwicklungen zu Beginn des 20. Jahrhunderts. 1900 wurden in Turin »Sonderklassen für schwachbegabte Kinder« eingerichtet. Ab 1907 gab es in großen Städten wie Rom, Mailand, Neapel, Florenz und Bologna Sonderschulen. Ein wichtiges Zentrum für die Ausbildung von Lehrkräften an diesen Sonderschulen war die »orthopädische Magistratsschule« von Rom, an der Lehrkräften Inhalte der Physiopathologie sowie der physischen und psychischen Entwicklung von Schülerinnen und Schülern mit Behinderung vermittelt wurden. Diese Art von Schulen wurde auch in Florenz, Turin und Mailand eingerichtet.

---

258 Diese Regelung wurde später durch zwei königliche Erlasse (Art. 11, Nr. 1364, 1940; Art. 1, Nr. 1127, 1941) präzisiert.

Hervorzuheben ist die kulturelle und ideologische Prägung, die der Faschismus diesen Bildungseinrichtungen gab. Denn auch im Hinblick auf das Phänomen der Behinderung wurde das Bild der Nation als Organismus propagiert, der seine biologische, moralische und wirtschaftliche Integrität bewahren muss, indem er die »nutzlosen und schädlichen« Individuen, die die gesellschaftliche Entwicklung behindern, »neutralisiert«. Angesichts dieser Überlegungen behauptete der Faschismus, dass er eine spezifische Aufgabe habe – im Gegensatz zu den liberalen Systemen, die sich schuldig gemacht hätten, indem sie die Elenden sich selbst überlassen hatten:

> »Das Abnormale und das Subnormale haben leider die Kraft der Ansteckung und können zu zerstörerischen Agenten in der Grundzelle des nationalen Organismus werden, die die Familie ist. Man kann nicht behaupten, ein Verfechter eines besseren Familienlebens zu sein, ohne sich gleichzeitig mit dem Problem der Abnormalen und Subnormalen, der Untauglichen, kurz gesagt, derjenigen, die durch ihre moralischen und intellektuellen Mängel der Familie und dem Staat schweren Schaden zufügen können, auseinanderzusetzen« (Giudice 1940, 3).

In der faschistischen Kultur und Praxis waren die Sonderklassen eine spezifische Antwort, die von einer Reihe von Prinzipien bestimmt wurde, die miteinander verwoben waren: Es gab zum einen politische und moralische Erwägungen, also die Tatsache, dass der Staat für alle Bürgerinnen und Bürger sorgen muss, verbunden mit der Frage der Notwendigkeit, spezifische, wissenschaftliche und damit geeignete Antworten auf das Thema Abnormität zu geben. Zum anderen existierte die Überzeugung von der Gefahr, die »abnorme« auf »normale« Schülerinnen und Schüler ausübten. Diese Logik folgte genau der gleichen wie bei den Arbeitnehmerinnen und Arbeitnehmern: Es ist notwendig, die Kranken zu »normalisieren«, sie produktiv zu machen, also muss auch das Schulsystem in die Bildung der »erziehbaren Abnormalen« investieren.

Die »abnormalen« Kinder wurden diagnostiziert und mit unmittelbaren pädagogischen Folgen in »erziehbare« und »nicht erziehbare« Kinder unterteilt. Auch die Unterscheidungen zwischen intellektuellen und moralischen Abweichungen waren sehr ungenau, fließend und undurchsichtig. Diese Unterscheidungen waren außerdem sehr weit gefasst und beschrieben äußerst unterschiedliche Zustände wie psychiatrische und intellektuelle Störungen. Für einige Kinder mit einer psychischen Störung gab es einen Asylaufenthalt, in dem der Schulbesuch zwar formal gewährleistet war; in der Praxis aber überwog eindeutig die medizinische Behandlung. Für Kinder mit erheblichen intellektuellen Defiziten fand der Unterricht in speziellen medizinisch-pädagogischen Einrichtungen statt. Auch in diesen Fällen stand die Frage der Betreuung im Vordergrund, die pädagogische Dimension trat weitgehend in den Hintergrund.

Eine dritte Kategorie von Kindern mit nicht besonders schweren geistigen Behinderungen wurde in Sonderklassen von spezialisierten Lehrkräften unterrichtet. Für die Vorbereitung dieser Lehrkräfte gab es Kurse an einigen Lehrerausbildungsstätten in Mailand, Turin, Florenz und Rom. Diese Kinder waren in Tageseinrichtungen beziehungsweise Horten untergebracht und auch bei ihnen überwog die Betreuung gegenüber der pädagogischen Arbeit. Die administrative und bürokratische Zuständigkeit für die Verwaltung dieser Schulen lag bei den Provinzen. Eines der Hauptprobleme war natürlich die Bezahlung der Betreuung, da die meisten dieser Kinder aus armen Familien stammten. Deshalb unterstützte die faschistische Regierung private Initiativen, die die Anforderungen an Bildung und Wohlfahrt besser erfüllen konnten. Ein weiteres dringendes Problem war das Fehlen solcher Einrichtungen in kleinen Städten und Gemeinden.

III.8.4 Die repressive Wende

Die repressive Entwicklung des Faschismus, die mit der Ermordung des sozialistischen Abgeordneten Giacomo Matteotti am 10. Juni 1924 begann, und die anschließende diktatorische Wende mit dem Verbot jeglicher oppositioneller Äußerungen hatten auch Auswirkungen auf die Welt der Menschen mit Behinderung. Im Oktober 1925 ermordeten drei faschistische Bewaffnete den Bauunternehmer und Sozialisten Gaetano Pilati. Ihm war im Ersten Weltkrieg der Arm amputiert worden und seit 1919 war er Sekretär der Proletarischen Liga der amputierten Veteranen, Waisen und Kriegswitwen. Seine antifaschistischen Positionen und seine Unterstützung antifaschistischer Kämpfer waren bekannt, er war seit 1921 Mitglied des Nationalrats der Sozialistischen Partei. 1925 war die faschistische Gleichschaltung die einzige Möglichkeit für Vereine, dass sie weiter existieren durften. 1933 wurde in Mailand die »Associazione nationale fra lavoratori mutilati e invalidi del lovoro« (ANMIL) gegründet. Die Organisation existierte aber nur kurze Zeit. Schon im Juni 1934 wurden die im Büro der Vereinigung anwesenden Personen verhaftet und die Vereinigung aufgelöst – ungeachtet einiger Proteste, die immerhin die Freilassung der Verhafteten bewirkten. Die Auflösung von ANMIL war Teil eines umfassenderen Projekts des faschistischen Regimes, das 1933 die Nationale Anstalt für die Versicherung gegen Arbeitsunfälle (INAIL) gegründet hatte.

Diese Ereignisse verdeutlichen einige der grundlegenden Elemente der faschistischen Behindertenpolitik: die Entwicklung einer kategorialen Unterscheidung von verschiedenen Behinderungstypen, die starke Betonung der ökonomischen Bewertung von Behinderung im Unterschied zu den umfassenden politischen Forderungen seitens der Verbände, die Unterstützung bestimmter Verbände zum Nachteil anderer und schließlich der Ausschluss einiger Behinderungskategorien aus der öffentlichen Behindertenpolitik. Dies gilt etwa für die Gruppe der sogenannten Zivilinvalidinnen und -invaliden, die keinen Eingang in die offizielle Nomenklatura fand. 1939 wollten Giordano Bruno Guidi und etwa 40 Menschen mit körperlichen Behinderungen in Bologna eine Vereinigung gründen, was von der Polizei wegen angeblicher aufrührerischer Bestrebungen verhindert wurde. Erst im Oktober 1945 konnte Guidi den ersten Verein für Zivilinvalidinnen und -invaliden in Italien gründen.

III.8.5 Die »Gemeingefährlichkeit abnormer Personen«

Mit dem Strafgesetzbuch, das der faschistische Politiker Alfredo Rocco 1930 überarbeitete, wurde in Italien der Begriff der »sozialen Gefährlichkeit« eingeführt: Bei einer Person, die eine Straftat begangen hat, war zu erwarten, dass sich dies wiederholen würde. Begründet wurde das nicht nur mit dem Verhalten der Person, sondern auch mit ihren Eigenschaften und Besonderheiten – also ihrem sozialen und familiärem Leben, das sie zu einem gefährlichen Subjekt, zu einem »geborenen Verbrecher« machte. Das Gesetzbuch hatte eine Matrix, die von den Ideen des Gerichtsmediziners Cesare Lombrosos (1835–1909) inspiriert war, der behauptete, dass der Ursprung des kriminellen Verhaltens in den anatomischen Merkmalen der jeweiligen Person liege: Ihre Anomalien, die sie von »normalen« Menschen unterscheiden, bestimmen und erklären das abweichende und gefährliche soziale Verhalten. Solche Positionen hatten in den Rechtswissenschaften seit dem 19. Jahrhundert, zentriert auf den Begriff der »Entartung«, Fuß gefasst.

Die juristischen und kulturellen Prämissen, die im Strafgesetzbuch enthalten waren, bestimmten und rechtfertigten die gesellschaftliche Nutzung der Anstalt in der faschistischen Ära als Repressions- und Kontrollinstrument, denn alle, die in eine Anstalt kamen, wurden automatisch in das Strafregister aufgenommen. Die Zahl der in psychiatrischen Kliniken untergebrachten Personen stieg zwischen 1927 und 1941 von 62.000 auf 95.000. Dabei handelte es sich größtenteils um Arbeiterinnen und Arbeiter sowie um sozial und politisch »abweichende« Personen. Der Anteil an Frauen war besonders hoch. In psychiatrische Anstalten wurden vor allem Frauen eingewiesen, die sich weigerten, ihren Lebensstil an die vom Faschismus vorgegebenen Ideale anzupassen. Sie sollten durch die Anstaltsdisziplin umgezogen werden, um ihr Verhalten den Regeln einer biologisch definierten und sozial konstruierten Normalität anzupassen (vgl. Valeriano 2017).

Die Anstalten sollten diejenigen aus der Gesellschaft entfernen, die in körperlicher und moralischer Hinsicht belastet waren, und waren für die Behandlung und Rehabilitierung abweichender Verhaltensweisen und Instinkte bestimmt. Die Anstalten wurden zu einem besonders mächtigen Kontroll- und Repressionsinstrument. Mussolini selbst griff aus persönlichen Gründen darauf zurück: Wiederholt ließ er Ida Dalser, mit der er ein uneheliches Kind gezeugt hatte, dort einweisen. Sie war ab 1922 in verschiedenen psychiatrischen Anstalten untergebracht und starb 1937 in einer Anstalt in Venedig. Ihr Sohn wuchs unter der Vormundschaft der Familie Mussolini auf, wurde 1941 in eine Anstalt in Mombello in der Nähe von Mailand eingewiesen und starb dort im Jahr darauf.[259]

---

259 Die Geschichte wurde in dem Film »Vincere« (M. Bellocchio, Italien-Frankreich 2009) rekonstruiert.

III.8.6 Die Verteidigung der »Rasse«

Das Konzept der »Entartung« bildete die Grundlage für die Theorien und wissenschaftlichen Diskussionen über Eugenik in Italien (vgl. Cassata 2006). Die Debatte begann Ende des 19. Jahrhunderts, wurde geprägt von Cesare Lombroso, Alfredo Niceforo und Angelo Zuccarelli und der 1889 gegründeten Zeitschrift »L'anomalo« und drehte sich stets um den »anormalen« Körper, die Beobachtung psychiatrischer Störungen und deren soziale Folgen.

Der Faschismus benutzte einzelne Beispiele, um sie mit einem starken ideologischen Apparat zu versehen. In Zusammenhang mit der fortschreitenden Annäherung zwischen Italien und Deutschland und den antisemitischen Rassengesetzen gründete der Journalist Telesio Interlandi 1938 die rassistische Zeitschrift »La difesa della razza« (»Die Verteidigung der Rasse«). 1938 erschien der Artikel »Il mendelismo nell' uomi« (»Die Mendelschen Gesetze beim Menschen«) mit Fotos eines Mannes von »echtem Zwergwuchs«, seinem ebenfalls »zwergwüchsigen« Sohn sowie Abbildungen von einer Familie, in der Vater und Söhne keine Hände und Füße besaßen.[260] Die genetische Frage wurde auch in späteren Ausgaben aufgegriffen, um das Argument zu untermauern: Menschliche Missbildung ist eine soziale Gefahr. Der Titel eines Artikels in der vierten Ausgabe lautete zum Beispiel: Hatten Sie jemals Angst, dass Zwergenblut irgendwann in die Adern der Nation gelangen könnte? In der fünften Ausgabe erschienen Fotografien von Händen mit Fehlbildungen, um die vorgebrachten Thesen zu untermauern. Eine Ausgabe später wurde unter dem Motto »Verhindern wir die Geburt von Unglücklichen« eine Reihe von Kindern, Erwachsenen, Männern und Frauen abgebildet, die verschiedene Beeinträchtigungen hatten – wie Mikrozephalie, frühe Demenz, erbliche Taubheit und Blindheit sowie angeborene Idiotie und Paranoia.

Neben diesen Fotografien standen eine Reihe von Slogans: »Rückgewinnung des Menschen durch Vermischung von Gesunden und geistig Behinderten ist utopisch«, »Die Rasse muss gegen die durch Erbfehler verursachte Bastardisierung und Entartung verteidigt werden«, »Nur durch die Vereinigung von erbgesunden Individuen kann die Rasse vor Entartung bewahrt werden«, »Es ist falsch, dass aus der Vereinigung von Gesunden mit geistig Behinderten gesunde Kinder geboren werden können« und »Die Ehe wird schädlich, wenn sie Erbfehler verewigt«.

In der Ausgabe vom März 1941 erschien eine Doppelfotografie mit einem lachenden und einem rachitischen Kind – mit dem Hinweis, dass das lachende Kind das gesunde sei. Im Oktober 1941 wurde eine Debatte eröffnet, in der die Leserinnen und Leser aufgefordert wurden, sich für oder gegen die Sterilisation zu positionieren. Diese Debatte wurde sehr lebhaft bis April 1943 geführt. In einer Ausgabe wurde der Brief einer Frau veröffentlicht, nicht um »die These der Kameradin zu unserer eigenen zu machen«, sondern um »die Diskussion so weit wie möglich voranzutreiben«.[261] Die Leserin schrieb:

---
260 Leli, M. (1938): Il sangue dei nani. La difesa della razza, 4, 37–38.
261 La difesa della razza, 1941, 22, 31.

III Eugenik und Rassenhygiene in der internationalen Diskussion

Abb. 61: Erste Ausgabe der rassistischen Zeitschrift »La difesa della razza«

»Dieser Text handelt vom menschlichen Aspekt der Sterilisation, der für jene Eltern von großer Bedeutung ist, die unglücklicherweise damit konfrontiert sind, dass eines ihrer Kinder eine schreckliche Krankheit hat, die nicht durch die Wunder der Medizin heilbar ist. Ich habe einen der rührendsten Fälle kennengelernt, bei dem nur der unerschütterliche Glaube und die bedingungslose Liebe der Mutter bis zum Moment standhielten, als ein anderer Unfall das unglückliche Kind von seinem Leid befreite. Nur wer solche Fälle mit eigenen Augen gesehen hat, kann die menschliche Seite einer Maßnahme verstehen, die die Verbreitung von vererbten Krankheiten verhindern würde. Das ist alles andere als unmoralisch und unmenschlich! Ich wollte diese Anmerkung hinzufügen, damit an der Debatte nicht nur die Befürworter oder Gegner beteiligt sind, die philosophische Diskussionen über moralische, ethische und sogar transzendentale Prinzipien führen. Tatsächlich sollten wir auch das Leid und das Unglück der betroffenen Menschen betrachten (ebd.).«

Es ist davon auszugehen, dass es sich um einen von der Redaktion gefälschten Brief handelt, um bestimmte Positionen zu bekräftigen. Auf jeden Fall nahm die Stigmatisierung von Gegnerinnen und Gegnern mit Hilfe von Fälschungen immer mehr zu. Das Foto eines »Juden aus der Ukraine« mit entstelltem Gesicht wurde in der zwölften Ausgabe von 1943 gezeigt. In derselben Ausgabe erschien auch ein kurzer Artikel mit der Überschrift »Gibt es eine Hierarchie der menschlichen

I BASTARDI

Pochi esempi, rigorosamente documentati, mostreranno agli italiani come i caratteri fisici degli europei vengono alterati dall'incrocio con qualsiasi altra razza. E' ancora vivo in tutti il ricordo della occupazione della Renania da parte di truppe di colore francesi. Durante la permanenza nella zona del Reno nacquero dall'unione dei soldati marocchini e annamiti con donne tedesche molti bastardi che restano a testimoniare l'onta subita dalla Germania.

La figura 1, mostra due ragazzi nati da padre marocchino e da madre tedesca. I caratteri «ariani» sono stati sommersi da caratteri dominanti e infatti l'individuo rappresentato al numero 1 e 2, mostra nei capelli arricciati e nel naso largo e appiattito, per non parlare di altri caratteri, l'influenza «negride» mentre l'individuo indicato al numero 3-4, ha marcato sul volto il tipo «orientalide». I marocchini, come tutti sanno non sono dei negri ma dei mediterranei africani. Appare così documentata l'opportunità stabilita nel manifesto del razzismo fascista di fare una netta distinzione fra gli europei e i mediterranei africani ed orientali!

La figura 2 ci mostra la fotografia di un ragazzo nato da padre annamita e da madre europea, si notino i numerosi caratteri «mongolidi» che presenta questo ragazzo.

La stessa figura richiama anche l'attenzione sopra un carattere particolare dei mongoli che si è riprodotto tale e quale nell'incrocio, mostra difatti la caratteristica piega della palpebra detta «piega mongolica», che nascosta dal lato mediale la caruncola dell'occhio.

Questi due soli esempi mostrano la tragica irresponsabilità della Francia che con le sue truppe di colore inquina tutte le regioni ove disgraziatamente si estende o si estese il suo potere. Si pensi che in condizioni forse peggiori della Renania è oggi la Corsica, con le sue numerose guarnigioni di truppe di colore!

Altri tipici esempi di incroci ci sono dati dalla mescolanza di cinesi con donne europee. Si calcola che in Europa vivano almeno 500 famiglie dal padre cinese e la madre europea soprattutto in Inghilterra, Francia e Germania, ma queste famiglie imbastardite non mancano neanche in Italia. Il centro di diffusione di queste famiglie sembra che sia a Parigi e Lione; a Parigi esiste anzi una scuola cinese per i bambini figli di cinesi e di europee.

Le figure 3 e 4 mostrano alcune di queste famiglie in cui il padre è cinese e la madre francese. Nessun commento è necessario per far notare le numerose influenze mongoliche nei prodotti dell'incrocio.

Gli esempi fin qui portati si riferiscono ai prodotti della mescolanza o dell'incrocio di donne europee con uomini marocchini, cinesi e annamiti, appartenenti cioè a razze che non si possono certo chiamare inferiori. Si noti poi che i prodotti dell'incrocio hanno vissuto nel favorevole ambiente europeo, eppure l'influenza riproduttiva è stata lo stesso disastrosa. Gli ultimi esempi che portiamo, rappresentati alle figure 5 e 6, mostrano invece le tragiche conseguenze dell'incrocio in terra d'Africa con razze molto lontane dalla nostra. Si tratta dei discendenti dei coloni olandesi che, sono ormai molti anni, si unirono alle donne indigene di razza «ottentotta».

Sono questi i bastardi di Reoboth delle antiche colonie tedesche dell'Africa del sud-ovest.

Questi individui furono fotografati or sono trent'anni da Eugen Fischer, e sono stati rifotografati or non fa da Lichtaecker.

Le figure riproducono quindi gli stessi individui da bambini e da adulti e si vede chiaramente come con il procedere degli anni si accentuino sempre più i caratteri della razza ottentotta.

Speriamo che questi pochi esempi invitino gli Italiani a pensare.

G. L.

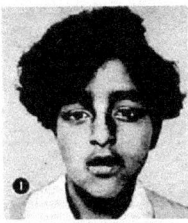

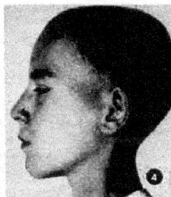

Figura 1 . Ecco i frutti dell'immondo ibridismo, tanto caro ai francesi: fanciulli di padre marocchino e di madre tedesca, nati durante l'occupazione della Ruhr

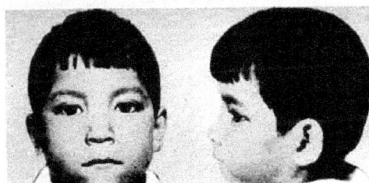

Figura 2 . Un altro risultato del rovinoso antirazzismo francese: un ibrido franco-annamita

16

Abb. 62: Die Zeitschrift »La difesa della razza« (»Die Verteidigung der Rasse«) identifizierte körperlichen Deformationen als »minderwertigen Status«, »katastrophale Genetik« und »mongoloide Merkmale«

Rassen?«. Dies war offensichtlich eine rhetorische Frage, die durch Fotos beantwortet wurde: das große, heroische Gesicht eines weißen Mannes und die Silhouette eines kleinen »Buschmanns«, der sich wie ein »Neger« auf der untersten Stufe der Hierarchie befinde – besonders, wenn er wie der abgebildete »mongoloid« sei. Im Mai 1943 wurde eine Übersicht der Vererbungslehre veröffentlicht mit dem

Ziel, »die beeindruckendsten Beispiele genetischer Veränderungen zu demonstrieren, um allen die Regularien des Gesetzes zu zeigen, die auch für die kleinsten physischen und psychischen Mängel gelten«.[262]

III.8.7 Züge nach Deutschland

Die Tötungsaktionen des nationalsozialistischen Deutschlands an psychisch Kranken haben auch italienische Bürgerinnen und Bürger betroffen. Am 26. Mai 1940 wurden 299 Personen – 160 Männer und 139 Frauen –, bei denen psychiatrische Erkrankungen diagnostiziert worden waren, aus der Anstalt in Pergine (Südtirol, Nordwestitalien) abgeholt. Sie waren zwischen 20 und 70 Jahre alt und stammten meist aus den »unteren« Gesellschaftsschichten. Einige von ihnen kamen aus anderen psychiatrischen Zentren in der Nähe (Stadio, Nomi, Udine). Offiziell war die Aktion Teil des deutsch-italienischen Abkommens (Gesetz Nr. 1241 vom 21. August 1939), das die Auswanderung jener deutschsprachiger Bürgerinnen und Bürger aus den Provinzen Bozen, Trient, Belluno und Udine ins Reich vorsah, die sich aus freien Stücken für die deutsche Staatsbürgerschaft entschieden hatten und ihre italienische Staatsbürgerschaft mit dem Grenzübertritt verloren.

Historische Forschungen deuten darauf hin, dass es sich um eine echte Deportation handelte (vgl. Pantozzi 1989). Bei einem Halt in München versuchte eine Person, sich aus Verzweiflung unter einen Zug zu werfen. Der Konvoi hielt in Zwiefalten im Landkreis Tübingen, die Patientinnen und Patienten wurden in die dortige Anstalt gebracht und dem deutschen Personal übergeben. Für das italienische Begleitpersonal (Ärztinnen und Ärzte, Krankenschwestern, Nonnen aus der Anstalt Pergine) wurde eine »Belohnungs- und Ablenkungsreise« nach Stuttgart und München organisiert. Nicht weit von der Anstalt entfernt lag Schloss Grafeneck, eines der Zentren der »Aktion T4«.[263] Es ist nicht klar, was genau die an der Operation Beteiligten wussten. Auch das Schicksal der Deportierten ist nicht bekannt. Aus deutschen Nachkriegsquellen geht hervor, dass einige dieser Menschen nach Grafeneck gebracht wurden, andere sprechen davon, dass einige Patientinnen und Patienten in andere Anstalten verlegt wurden. Wieder andere behaupten, dass keiner dieser Italienerinnen und Italiener in den Gaskammern starb. Im Dezember 1940 titelte eine deutschsprachige italienische Zeitung in der Gegend der italienischen Anstalt, aus der die etwa 300 Menschen stammen, dass hinter der Verlegung nach Deutschland ein »schrecklicher Verdacht« stecke. Der Artikel provozierte

---
262 La difesa della razza, 1943, 13, 19.
263 Die »Aktion T4« ist eine nach 1945 gebräuchlich gewordene Bezeichnung für den systematischen Massenmord an mehr als 70.000 Menschen mit körperlichen, geistigen und seelischen Behinderungen in Deutschland von 1940 bis 1941 unter Leitung der Zentraldienststelle in der Tiergartenstraße 4 in Berlin (die Herausgeberin).

Reaktionen von deutschen Regierungsvertretern in Italien und im darauffolgenden Oktober wurde die Zeitung verboten.

Eine weitere Deportation von Menschen mit psychiatrischen Erkrankungen fand im Oktober 1944 in Venedig statt (vgl. Lallo/Torensi 2002). 15 jüdische Patientinnen und Patienten wurden von einem deutschen Militärkommando aus den Anstalten von San Servolo und San Clemente abgeholt. Die deutsche Armee hatte Norditalien seit September 1943 besetzt. Nachforschungen ergaben, dass die psychische Not einiger Patientinnen und Patienten in direktem Zusammenhang mit der Angst vor Verfolgung und dem Verlust der alltäglichen Gewohnheiten stand. Es ist davon auszugehen, dass einige die Unterbringung in den Heimen gerade deshalb suchten, um Zuflucht vor der Verfolgung zu finden. Die meisten dieser Menschen starben in San Sabba (Triest) in einer Reismühle, die ab März 1944 zum Krematorium umfunktioniert worden war. Eine Person starb in Fossoli (Modena), wo sich seit Dezember 1943 ein Konzentrationslager für Jüdinnen und Juden befand. Eine andere Person kam im Vernichtungslager Auschwitz um. Von einigen Personen ist nur bekannt, dass sie die Vernichtung nicht überlebt haben.

III.8.8 Schlussfolgerungen

Es war Ziel dieses Beitrags, darzulegen, welche Antworten der italienische Faschismus auf das Thema Behinderung unter politischen, sozialen und kulturellen Aspekten gegeben hat. Bei der historischen Analyse dieser Periode sind zwei Schlussfolgerungen zu vermeiden: einerseits die revisionistische Version, die besagt, dass der Faschismus auch Gutes getan habe, und eine zweite Tendenz, die den Faschismus als abgeschlossene Periode betrachtet, die durch die Zeit danach, die italienische Republik, gewissermaßen überholt worden sei. Ferner ist festzuhalten, dass der Faschismus der zunehmenden Bedeutung des Themas Behinderung mit spezifischen Instrumenten des Staates begegnete – mit Vorläufern aus der Zeit vor dem Faschismus.

Der besondere Charakter der faschistischen Behindertenpolitik manifestierte sich schließlich in der Propagierung eines organischen Rassismus, sozialer Gewalt sowie – angelehnt an das nationalsozialistische Projekt – der Vernichtung von Menschen mit Behinderungen. Es ist notwendig, sich mit historischen Traditionen auseinanderzusetzen, die möglicherweise Auswirkungen auf die gegenwärtige italienische Behindertenpolitik haben: In dem Film »Amarcord« von Federico Fellini aus dem Jahr 1973 sehen wir in der Szene der Ankunft des faschistischen Führers am Bahnhof einen Mann in der ersten Reihe, der in einem Rollstuhl sitzt, und die anschließende Prozession wird von zwei Soldaten eröffnet, die die faschistische Parade rennend verfolgen. Fellini selbst erzählte, er habe bei der Ankunft des Führers in seiner Stadt Rimini gesehen, wie eine große Anzahl von »Krüppeln« und »Amputierten« zum Bahnhof strömte, um sich zu zeigen. Sie glaubten, sie könnten die Subventionen erhalten, die ihnen bisher nicht zustanden, da sie von den wirtschaftlichen Leistungen für Kriegsinvalide ausgeschlossen waren (vgl. Chandler 1994).

Es ist auch ein Erbe des faschistischen Regimes, eine Form des Wohlfahrtsstaates zu legitimieren und zu begründen, die bis ans Ende des 19. Jahrhunderts zurückreicht und den Faschismus selbst überlebt hat. Während der Ära des Faschismus hatte sich ein System des sozialen Schutzes entwickelt und gefestigt, in dem ein großer Teil der Leistungen allein auf der Grundlage des Status, also der Zugehörigkeit zu bestimmten Kategorien, gesichert war. Menschen mit Behinderungen und die Behindertenverbände waren und sind gezwungen, auch nach dem Zweiten Weltkrieg und bis zum heutigen Tag damit umzugehen.

Der westliche Wohlfahrtsstaat enthält, wenn auch in weiter entwickelter Form, ein altes Erbe, das bis auf mittelalterliche öffentliche und karitative Einrichtungen zurückgeht. Dabei ist das, was wir Behinderung nennen, vor allem durch den Bezug zur Welt der Arbeit bestimmt, das heißt, Menschen werden entsprechend ihrer Zugehörigkeit zum Arbeitsmarkt und dem produktiven Austausch definiert. Es ist wichtig zu beachten, dass unsere Art, Behinderung im Allgemeinen und behinderungsbezogene Maßnahmen im Besonderen zu verstehen, stets auf sozialen Definitionen beruht, die ihnen Bedeutung und Konkretheit verleihen.

In diesem Sinne muss die Analyse von Geschichte und Gegenwart ständig mit dem tiefgreifenden Erbe konfrontiert werden, das die Behindertenproblematik für die Gesellschaften und Kulturen darstellt (vgl. Schianchi 2019). Ohne eine solche Reflexion können gewöhnliche Formen der Gewalt und der Erniedrigung, denen Menschen mit Behinderung ständig ausgesetzt sind, nicht aufgehoben werden.

Literatur

Augello, G. & Ianes, D. (2019): Gli inclusio-scettici. Gli argomenti di chi non crede nella scuola inclusiva e le proposte di chi si sbatte tutti i giorni per realizzarla (Die Inklusionsskeptiker. Die Argumente derer, die nicht an inklusive Schulen glauben, und die Vorschläge derer, die sich tagtäglich dafür einsetzen). Trento: Erickson.

Bourdieu, P. (1998): Meditazioni pascaliane (Pascalsche Betrachtungen). Milano: Feltrinelli.

Bracco, B. (2012): La patria ferita. I corpi dei soldati italiani e la Grande guerra (Das verwundete Vaterland. Die Körper der italienischen Soldaten und der Erste Weltkrieg). Firenze: Giunti.

Cassata, F. (2006): Molti, sani e forti. L'eugenetica in Italia (Viele, gesund und stark. Eugenik in Italien). Torino: Bollati Boringhieri.

Castel, R. (1995): Les métamorphoses de la question sociale: une chronique du salariat (Die Metamorphosen der sozialen Frage: Eine Chronik der Lohnarbeit). Paris: Fayard.

Chandler, C. (1994): Moi, Fellini (Ich, Fellini). Paris: Robert Laffont.

Courtine, J. J. (2006): Le corps anormal. Histoire et anthropologie culturelles de la difformité (Der unnormale Körper. Kulturgeschichte und Anthropologie der Deformität). In: A. Corbin, J.-J. Courtine & G. Vigarello (Hrsg.), Histoire du corps. Les mutations du regard (Geschichte des Körpers. Die Veränderung des Blicks). Le XXème siècle, vol. 3 (S. 201–262). Paris: Seuil.

Giudice, R. del (1940): Il fascismo per l'educazione dei minorati fisici e psichici (Faschismus und die Erziehung physisch und psychisch Behinderter). Firenze: Le Monnier.

Gramsci, A. (1919): Il problema del potere (Das Problem der Macht). Ordine nuovo, 29 novembre 1919.

Guaccero, F. (1932): Le idealità umane del governo fascista per l'assistenza agli storpi, paralitici e mutilati (Die Idee der faschistischen Regierung für die Hilfe der Krüppel, Gelähmten und Verstümmelten). Roma: Tipografia del Senato.

Isola, G. (1990): Guerra al regno della guerra! Storia della Lega proletaria mutilati invalidi reduci orfani e vedove di guerra (Krieg gegen die Herrschaft des Krieges! Geschichte der Proletarischen Liga der verstümmelten Kriegsinvaliden, Veteranen, Waisen und Kriegswitwen) (1918–1924). Firenze: Le Lettere.

Lallo, M. & Toresini, L. (2002): La deportazione ebraica dagli ospedali psichiatrici di Venezia nell'ottobre 1944. Storia e contenuti (Die Deportation der Juden aus den psychiatrischen Kliniken in Venedig im Oktober 1944. Geschichte und Gegenstand). In: D. Fontanari & L. Toresini (Hrsg.), Psichiatria e Nazismo. Atti del Convegno, San Servolo (Psichiatrie und Nationalsozialismus. Tagungsband der Konferenz, San Servolo) (S. 61–74). Pistoia: GF Press.

Pantozzi, G. (1989): Gli spazi della follia. Storia della psichiatria nel Tirolo e nel Trentino (Die Räume des Wahnsinns. Geschichte der Psychiatrie in Tirol und dem Trentino) (1830–1942). Trento: Erickson.

Schianchi, M. (2012): Storia della disabilità. Dal castigo degli dèi alla crisi del welfare (Geschichte der Behinderung. Von der Bestrafung durch die Götter bis zur Krise der Wohlfahrt). Roma: Carocci.

Schianchi, M (2014): Associations of people with disabilities in Italy: an historical outline. Modern Italy, vol. 19, No. 2, 121–133.

Schianchi, M. (2019): Le social derrière le handicap. Ètude historique du cas italien (Das Soziale hinter der Behinderung. Eine historische Studie über den italienischen Fall) (XI-Xème-XXème siècles). Paris-Turin: L'Harmattan.

Stiker, H.-J. (2013): Corps infirmes et sociétés. Essais d' anthropologie historique (Verkrüppelte Körper und Gesellschaften. Essays zur historischen Anthropologie) Paris: Dunod.

Valeriano, A. (2017): Malacarne. Donne e manicomio nell'Italia fascista (Malacarne. Frauen und Irrenhäuser im faschistischen Italien). Roma: Donzelli.

Zaretski, E. (2004): I misteri dell'anima (Die Mysterien der Seele), Milan: Feltrinelli.

III.9 Faschistische Eugenik und Kinder mit Behinderung zwischen Integration und Ablehnung in Italien

Simonetta Polenghi

III.9.1 Einleitung

III.9.1.1 Hygienebewegung und die »Regeneration«

Die italienische Eugenik als kulturelle Bewegung hat ihre Wurzeln im 19. Jahrhundert.[264] Der Diskurs über die Notwendigkeit, die Italienerinnen und Italiener zu »regenerieren« und sowohl ihren Körper als auch ihren Charakter zu stärken, entstand nach der Gründung des Königreichs Italien (1861). Bei den medizinischen Untersuchungen für die Einberufung zum Militär wurden nicht nur in Süditalien körperliche Schwächezustände festgestellt, die mit Unterernährung und Kinderarbeit zusammenhingen. Die nicht gerade glänzenden Ergebnisse der militärischen Kampagnen während der drei Kriege des »Risorgimento«[265] und später in dem vom Premierminister Francesco Crispi gewollten katastrophalen afrikanischen Kolonialunternehmen überzeugten von der sowohl physischen als auch moralischen Schwäche der italienischen Soldaten. Die offensichtliche wirtschaftliche, militärische und kulturelle Überlegenheit europäischer Länder wie Frankreich, England und vor allem Deutschland weckte ein Gefühl der Unterlegenheit, das Italien dazu anregte, nicht nur seine sozialen und sanitären Bedingungen zu verbessern, sondern auch die Jahrhunderte italienischer Größe von der Antike bis zur Renaissance in Erinnerung zu rufen und mit Stolz als Epochen des Ruhms zu präsentieren. Die Schule wurde durch die Einführung von Gymnastik als Unterrichtsfach, durch das Lernen der Grundsätze der Hygiene und durch die Vermittlung patriotischer Werte zum Dreh- und Angelpunkt für die moralische und physische Erneuerung der Italiener (vgl. Bonetta 1990).

Die Tätigkeit der Ärzte, die sich auf Hygiene und Gesundheitsschutz spezialisiert und häufig eine positivistische Ausbildung hatten, war umfangreich und wirksam. Die Arbeit der Hygieniker war eine Sozialmedizin, die Themen wie Ernährung, Bauwesen, Wasser- und Abwassersystem der Städte, Friedhöfe usw. umfasste (vgl. Vicarelli 1997). Eine wichtige Rolle spielten die Öffentlichkeitsarbeit und die Schulen, die die Aufgabe hatten, gesunde hygienische Gewohnheiten zu verbreiten und Krankheiten vorzubeugen (vgl. Polenghi 2021). Das soziale Ziel der Hygiene in

---

264 Da es sich um einen historischen Aufsatz handelt, werde ich zum Teil auch die Terminologie der jeweiligen Epoche verwenden (Krüppel, geistig Behinderte, Anormale usw.).
265 Als »Risorgimento« (Wiedererstehung) wird die Epoche zwischen 1815 und 1870 bezeichnet.

den Grundschulen sollte folglich die Krankheitsprävention sein. Man wollte »die neuen Generationen dazu erziehen, so stark und moralisch wie möglich zu werden« (Celli 1893, 4).

Ein großes Projekt zur »hygienischen Neugründung« des Landes wurde einerseits als sanitär-therapeutische Intervention, andererseits als pädagogisch-kulturelle Prophylaxe-Aktion durchgeführt (vgl. Pogliano 1984a). Zivilisation und Körperpflege waren zwei eng miteinander verbundene Konzepte. Die Bäder, Abwasserkanäle und Aquädukte waren Denkmäler für die Größe des Römischen Reiches: Als Meisterwerke der Technik und Beweise für Sauberkeit waren sie glanzvolle Beispiele für die überlegene Zivilisation der Antike, von der sich Italien inspirieren lassen sollte.

III.9.1.2 Italienische Anthropologie und Diversität

Cesare Lombroso (1835–1909) hat die italienische Eugenik und ganz allgemein die Art und Weise, wie man über Normalität und Abweichung dachte, tiefgreifend geprägt. Bekanntlich hatte Lombroso die Atavismus-Diagnose formuliert und die Form des Schädels und des Gesichts mit pathologischen und abweichenden Zuständen in Verbindung gebracht. Doch obwohl die Vererbung moralischer Defekte (Alkoholismus, Prostitution, Kriminalität) Familien und soziale Gruppen schwächte, konnte sie, seiner Ansicht nach, durch sozialpädagogische Maßnahmen eingedämmt werden. Lombroso teilte den Pessimismus des genetischen Determinismus nicht vollständig. Sowohl Wahnsinnige als auch Genies, das heißt Individuen, die am stärksten vom »Durchschnittsmenschen« abweichen, seien das Ergebnis einer einzigartigen Geburt, nicht unbedingt das Ergebnis eines genetischen Determinismus, und folglich sei ihr pathologischer Zustand nicht immer vorhersehbar (vgl. Pick 1989; Mantovani 2004, 35–53).

Neben den »geborenen Verbrechern«, die ausgesondert werden sollten, gebe es eine Mehrheit von Straftätern, die sich aufgrund moralischer Schwäche und besonderer Umstände für das Böse entschieden hätten (vgl. Simonazzi 2013, 93). Lombroso betonte außerdem die negativen Auswirkungen der rassischen Endogamie[266], schloss aber jede Vermischung von »Weißen« und »Farbigen«, das heißt Schwarzen aus (vgl. Pick 1989, 126).

Eine zentrale Rolle in der italienischen Eugenik spielte auch Giuseppe Sergi (1841–1936), der von 1884 bis 1916 Inhaber des Lehrstuhls für Anthropologie an der Universität Rom war. Er war ein positivistischer Soziologe und Psychologe und Gründer der Società Romana di Antropologia (Römische Gesellschaft für Anthropologie) (1893), aus der 1913 die erste Keimzelle des Italienischen Komitees für Eugenische Studien hervorging. Sergi kannte Francis Galton persönlich, lehnte jedoch den rein biologisch-deterministischen Ansatz zum Thema »Evolution und Degeneration der Arten« ab. Sergi setzte die Eigenschaften der menschlichen

---

266 Endogamie bezeichnet in der Ethnosoziologie eine Heiratsordnung, die Eheschließungen innerhalb der eigenen sozialen Gruppe, Gemeinschaft oder sozialen Kategorie bevorzugt.

Rassen mit ihren kulturellen und soziologischen Merkmalen in Beziehung, das heißt, er berücksichtigte die sozialen und kulturellen Muster der Zivilisationen und nicht nur die körperlichen Merkmale. Im Gegensatz zu Joseph Arthur de Gobineau lehnte er die Überlegenheit der arischen Rasse ab und vertrat die Ansicht, dass die Zivilisation ihren Ursprung im Mittelmeerraum habe und mit den großen euroafrikanischen Kulturen, die im Römischen Reich kulminierten, verbunden sei.

Da Sergi ein dynamisches Konzept der Rasse darlegte, hielt er die rassische Exogamie für nützlich, um die Abstammung zu verbessern, lehnte aber Ehen zwischen Schwarzen und Weißen ab. Die Vorurteile gegenüber der afrikanischen Bevölkerung, die in der Tat die Kolonialpolitik unterstützten, wurden nicht hinterfragt. Sergi war der Meinung, dass sich die Gesellschaft gegen von der Norm abweichende Individuen wie »Verrückte, Vagabunden und Kriminelle« wehren müsse, weil sie gefährlich oder potenziell gefährlich seien, indem man sie entweder ausgrenzt und zur Arbeit zwingt oder eine (Um)Erziehungsarbeit durchführt (vgl. Mantovani 2004, 54–65).

Sergis Sozialdarwinismus schrieb vor, dass Bildung und Arbeit zur Verbesserung der Rasse eingesetzt werden sollten: »Künstliche Selektion ist Regeneration«, schrieb er (1889, 228). Sergi unterschied zwischen denjenigen, die aufgrund von Krankheit oder Behinderung ihrer Autonomie beraubt waren und für die die Gesellschaft sorgen musste, und denjenigen, die sich weigerten zu arbeiten, wie beispielsweise Kriminelle und Landstreicher, die eingesperrt, zur Arbeit gezwungen und der Möglichkeit der Heirat und Fortpflanzung beraubt werden mussten. Damit erschien die moralische Degeneration ethisch verwerflich und gefährlich, weit mehr als die biologische Degeneration (vgl. Pogliano 1999, 426). Sergis Differenzierung sollte über lange Zeit als paradigmatisch gelten. Nicht unberücksichtigt darf allerdings bleiben, dass sowohl Lombroso als auch Sergi keine konservativen politischen Positionen vertraten: Lombroso war Sozialist und seine Familie war jüdischer Abstammung. Sergi war Antimilitarist, er war mit der konservativen und kolonialen Politik Crispis nicht einverstanden, er verabscheute Bismarck, den er für »einen Dschingis Khan, einen Halbwilden, despotisch, gewalttätig, einen Feind aller bürgerlichen Freiheiten, einen Mongolen in europäischer Gestalt« hielt (Mantovani 2004, 60).

Die italienische Eugenik trug anfänglich besondere Merkmale, die sie von der deutschen und angelsächsischen unterschieden (vgl. Debè et al. 2024). Die Ablehnung der arischen Ideologie und des biologischen Determinismus, die Vorstellung einer aus soziokulturellen Gründen bestehenden »südländischen«[267] Überlegenheit, das Bewusstsein, dass es keine »reine Rasse« gab, kennzeichneten Lombrosos und Sergis Positionen ebenso wie die Vorstellung, dass die »Entarteten« eingesperrt und umerzogen werden mussten. Für beide spielte die Umwelt, nicht nur die Vererbung, eine wichtige Rolle. Daraus ergab sich die Notwendigkeit, die sozialen und wirtschaftlichen Bedingungen der Massen zu verbessern, indem ihnen auch

---

267 Mit »südländisch« übersetze ich den italienischen Begriff »latino«. Dieser Begriff bezieht sich hier und an anderen Textstellen auf die Völker, die einen gemeinsamen kulturellen Ursprung teilen und deren Sprachen aus dem Lateinischen hervorgegangen sind.

eine grundlegende Alphabetisierung und eine hygienisch-moralische Erziehung vermittelt werden sollten.

III.9.2 Die unterschiedliche Ausrichtung der faschistischen Eugenik

Nach dem ersten Internationalen Eugenik-Kongress 1912 wurde 1913 in Rom im Rahmen der Römischen Gesellschaft für Anthropologie ein italienisches Komitee für Eugenik-Studien gegründet. Die italienische eugenische Bewegung war nicht monolithisch, auch weil ihr Ärzte, Psychiater, Biologen, Anthropologen, Statistiker, Soziologen und Demographen angehörten. Es war eine sehr vielfältige Front, innerhalb derer während der zwanzigjährigen faschistischen Periode sehr unterschiedliche Positionen vertreten wurden. Im Großen und Ganzen unterstützte jedoch die Mehrheit, ebenso wie der Duce, eine Präventionspolitik zum Schutz von Mutterschaft und Kindheit und zur Stärkung der Gesundheit der Kinder. Die italienische Eugenik unterschied sich von der nationalsozialistischen, aber auch von der angelsächsischen Eugenik durch ihren Charakter der Vorbeugung, der der Sterilisation und der Vernichtung von Leben vorgezogen wurde. Die Sterilisation von Menschen mit geistigen Behinderungen und anderen »Entarteten« wie Alkoholikern, Straftätern, Epileptikern und Geisteskranken wurde von einigen Psychiatern wie Angelo Zuccarelli, Paolo Enriques und Umberto Saffiotti befürwortet, von vielen anderen hingegen abgelehnt, wie etwa von Sante De Sanctis, der die Sterilisation 1933 als »katastrophal« bezeichnete (Mantovani 2004, 305), oder Enrico Morselli, der das Buch von Binding und Hoche (1920) als »für uns südländisches Volk« fremd und »gegen jeden Sinn für Menschlichkeit« verstoßend bezeichnete und somit den Gegensatz zwischen »südländischen Völker« und »Ariern« betonte. Morselli war der Ansicht, dass die Sterilisation die Geburt möglicher Genien verhindert hätte, die »zwar körperlich verdorben, aber geistig hervorragend« gewesen seien, wie Byron oder Leopardi. Er stellte das eugenische »Humanprogramm: Vorbeugen, nicht unterdrücken« den extremen Überzeugungen der darwinistischen Eugenik entgegen (vgl. Morselli 1923, 66, 89, 258).

Bis zu den Rassengesetzen von 1938 lehnten die meisten italienischen Eugeniker die arische Eugenik ab. Inspiriert von Lombroso, Lamarck, Evola und Sergi behaupteten sie, dass das italienische Volk eine geistige Einheit darstelle, die durch die katholische Religion verkörpert werde, sowie eine kulturelle Einheit, die sich in Sprache, Kunst und Traditionen manifestiere. Die Italiener stammten von unterschiedlichen Völkern ab, wie den Griechen, Römern, Kelten, Goten, Arabern und anderen, die in verschiedenen Herrschaftsgebieten lebten. Zudem gab es eine offensichtliche physiognomische Vielfalt unter den Bewohnern der Inseln und des Südens einerseits und denen der Alpenregionen andererseits, was es schwierig machte, von einer »italienischen Rasse« zu sprechen.

Abb. 63: Der Arzt, Psychiater und Psychologe Sante De Sanctis (1862–1935)

Außerdem verhinderte der starke Einfluss der katholischen Kirche die Sterilisation und die körperliche Ausmerzung. In der Enzyklika »Casti connubii« vom 31. Dezember 1930 bekräftigte Pius XI. die Unantastbarkeit der Ehe, die Verurteilung von Abtreibung und Empfängnisverhütung, die liebevolle Annahme aller Kinder und die Pflicht zu ihrer Erziehung. Wenn die »soziale und eugenische Anleitung« so weit geht, dass sie zur »Tötung der Unschuldigen aufruft, ist sie der Vernunft zuwider und widerspricht dem göttlichen Gebot«[268]. Pius XI. verurteilte auch nachdrücklich die vorehelichen Kontrollmaßnahmen mit eugenischen Zielen, denen er die Keuschheit in der Ehe entgegensetzte. Mussolini seinerseits hatte in seiner berühmten Himmelfahrtsrede von 1927 die Wesensmerkmale der Eugenik des Regimes genannt: Hygienekampagne, Schutz der Mutterschaft, pronatalistische Politik. Die Gründung der Opera Nazionale maternità e infanzia (ONMI – Nationale Organisation für Mutterschaft und Kindheit) 1925 war ein Eckpfeiler der faschistischen eugenischen Politik mit präventivem Charakter (vgl. Minesso 2007). Mit der Gründung der ONMI verlagerte sich die Kinder- und Familienpolitik von der privaten Wohltätigkeit auf die staatlich kontrollierte öffentliche Unterstützung (vgl. Pogliano 1984b; Maiocchi 2004; Mantovani 2004).

In dem 1930 in der »Enciclopedia Italiana« unter der Leitung von Giovanni Gentile veröffentlichten Eintrag »Eugenik« heißt es, dass die »Zwangsmaßnahmen (Euthanasie, Segregation, Sterilisation, Heiratsbeschränkungen) im Widerspruch zu den moralischen und juristischen Rechten« stünden und daher von der katho-

---

268 Casti connubii, II. https://www.vatican.va/content/pius-xi/it/encyclicals/documents/hf_p-xi_enc_19301231_casti-connubii.html#_ftnref54, Zugriff am 15.02.25.

lischen Kirche verurteilt würden. Unter den Nicht-Zwangsmaßnahmen sollte auch der Malthusianismus[269] »als unmoralisch« bezeichnet und daher verhindert werden. Stattdessen sollte der eugenischen Erziehung »der größte Auftrieb« gegeben werden, um voreheliche Untersuchungen auf freiwilliger Basis zu erreichen[270]. Die »eugenische Sterilisation« wurde in dem gleichnamigen Eintrag aus dem Jahr 1936 als eine Reihe »sehr fragwürdiger Vorschläge« beschrieben, die in den nordischen Ländern und in Deutschland angewandt wurden. Es handele sich um »Maßnahmen von ungewisser Wirksamkeit, die auch verräterische Auswirkungen auf die Gesundheit der Patienten haben, Maßnahmen, die nicht mit der Moral und der Religion vereinbar sind und daher von der katholischen Kirche gerügt werden, sowie von einer Sensibilität, die besonders südländische Völker haben«[271].

Der Endokrinologe Nicola Pende, der den biologischen Determinismus als »subjektiv und unwissenschaftlich« ablehnte, schlug eine »Biotypologie« als südländisches Modell der Eugenik vor (Gillette 2002, 96). Pende theoretisierte jedoch die physiologischen Unterschiede zwischen Normalen und Anormalen und beschritt einen »gemäßigten« Weg, das heißt einen »dritten Weg« zwischen Vererbung und Umwelt, der ein Gleichgewicht zwischen dem Sozialen und dem Biologischen herstellte (vgl. Quine 2012, 141). Auch Historiker unterstrichen, dass die italienische Eugenik von komplexer Natur war und einen »gemäßigten« Charakter aufwies (vgl. Peloso 2008, 118; siehe auch Gillette 2002; Cassata 2011).

Die Hinwendung zu einem biologischen, antisemitischen Rassismus fand 1938 mit dem Manifest der Rasse und den antijüdischen Gesetzen statt (vgl. Israel/Nastasi 1998; Gillette 2002; Peloso 2008; Israel 2010; Cassata 2011). Diese Wendung, die vom Duce gewollt war, führte zu einer deutlichen Annäherung an die arische Eugenetik, knüpfte jedoch auch an bereits innerhalb der Kirche bestehende antijüdische Ressentiments an (De Felice 1961, 31–43, 324–326). Zwischen 1938 und 1943 war dieser Rassismus keineswegs einheitlich, sondern bewegte sich auf drei Linien: einem arischen, biologischen Rassismus, einem mediterranen Rassismus und einem esoterischen Rassismus, der auf den Arbeiten des Esoterikers und Rassentheoretikers Julius Evola basierte; die Sterilisation wurde stets abgelehnt (vgl. Cassata 2011, 223–284).

---

269 Thomas Robert Malthus (1766–1834) entwickelte eine bevölkerungstheoretische und -politische Konzeption, wonach die Bevölkerung stärker wachse als die landwirtschaftliche Produktion, was zu einer Verelendung breiter Bevölkerungsschichten führe.
270 Barbara, M., Perrando, G. (1932): Eugenica o Eugenetica (Eugenik). In: Enciclopedia Italiana. https://www.treccani.it/enciclopedia/eugenica-o-eugenetica_(Enciclopedia-Italiana)/, Zugriff am 15.02.25.
271 Perrando, G. & Palmerini, A. (1936): Sterilizzazione eugenica (Eugenische Sterilisierung). In: Enciclopedia Italiana, https://www.treccani.it/enciclopedia/sterilizzazione-eugenica_(Enciclopedia-Italiana)/, Zugriff am 15.02.25.

ARRIVA IL CIECO

Ticche, tacche, ticche, tacche...
È Fausto, il cieco, che avanza picchiando il selciato col suo bastone. Ha gli occhi vuoti, ma è come se vedesse. Riconosce tutti, alla voce e al passo, e rivolge loro la parola prima che l'abbiano salutato. Sa dov'è la Casa del

Abb. 64: Fausto, im Krieg erblindet, streichelt den Kopf seines als Balilla gekleideten Enkels.

III.9.3 Faschismus und Behinderung

III.9.3.1 Die »Italianität« der Menschen mit Behinderung

Während des Faschismus wurde die Unterstützung und Heroisierung von Kriegsinvaliden fortgesetzt, ein Prozess, der bereits während des Ersten Weltkriegs begonnen hatte. Bedeutende italienische Orthopäden wie Riccardo Galeazzi in Mailand und Vincenzo Putti in Bologna widmeten sich nicht nur der Rehabilitation von Kriegsversehrten und der Innovation von Prothesen, sondern engagierten sich auch für das Recht der Kriegsinvaliden auf Unterstützung und Arbeit (vgl. Debè/Polenghi, 2016).

Der Duce setzte sich für diese Gruppe von Menschen mit Behinderung ein, die als erste vom italienischen Staat grundlegende Rechte zugesprochen bekamen – von der Invalidenrente bis zum Recht auf Arbeit. Der Faschismus betrieb zudem eine intensive Propagandakampagne zugunsten der Kriegsinvaliden, die als Helden dargestellt wurden (vgl. Bracco 2012). Diese Heroisierung des deformierten Körpers hatte eine bedeutende Wirkung, wenn man bedenkt, dass körperliche Deformationen in der Regel negativ dargestellt wurden. Nun durfte der deformierte Körper weder Ekel noch Mitleid hervorrufen – er sollte Bewunderung wecken. Diese Neubewertung des verstümmelten erwachsenen Körpers führte auch zu einer größeren gesellschaftlichen Akzeptanz von Kindern und Erwachsenen mit sensorischen oder motorischen Behinderungen. So erschienen in den Schulbüchern nicht nur Kriegsinvaliden, sondern auch Blinde, taube Kinder und Kinder mit Gehbehinderungen, die – ebenso wie die Kriegsinvaliden – als in die faschistische Gesellschaft vollwertig integriert beschrieben wurden (vgl. Debè/Polenghi 2024).

Auch beeinflusst von der katholischen Kirche betrachtete die faschistische Pädagogik Menschen mit Behinderung als italienische Staatsbürger und versuchte, aus ihnen arbeitende, produktive Individuen zu erziehen. Wir werden diesbezüglich drei emblematische Beispiele aufzeigen. Die Scuola Casa di Lavoro Sofia Carmine Speroni (Speroni Heim für Krüppel, Körperbeschädigte und gelähmte Kinder) wurde 1908 von dem Orthopäden Galeazzi in Mailand gegründet. 1926 wurde die gesamte italienische Jugend der Opera Nazionale Balilla (ONB – Nationale Organisation Balilla) eingegliedert: Die Schülerinnen und Schüler im Alter von acht bis 14 Jahren mussten wöchentlich marschieren und militärische Übungen absolvieren sowie militärische Paraden abhalten[272]. Die Kinder des Speroni Heimes waren bis 1936 davon freigestellt, als das Mailänder Provinz-Komitee von der ONB deren Mitgliedschaft verlangte. Der Präsident des Speroni Heimes, General Alessandro Cottini, Mitglied der Partei, wies die Balilla-Mitgliedschaft mit folgender Begründung zurück: Es wäre für die behinderten Kinder beleidigend, »wenn man sie in direkte Konfrontation mit den gesündesten und stärksten Kameraden stellen würde«. Der Vorstand unterstützte Cottini und betonte, dass die »Krüppelkinder« jedenfalls »wie alle anderen würdige Söhne Italiens seien«. Im Jahr darauf jedoch, als der mächtige Direktor Galeazzi pensioniert wurde und der Vorstand offensichtlich nicht mehr in der Lage war, weiter gegen die dringende Anfrage anzugehen, akzeptierte er, alle Patientinnen und Patienten des Speroni-Heimes definitiv in die ONB einzuschreiben, bestand dabei aber weiterhin auf der moralischen Gleichheit der Kinder, die durch den Glauben an das Regime gewährleistet wurde: »Der Rat nimmt mit Wohlwollen von der Festlegung Kenntnis, die vielen unglücklichen, physisch Behinderten die Möglichkeit gibt, sich moralisch gleich allen anderen Kindern Italiens zu glauben, die vereint und verbrüdert

---

272 Die ONB kümmerte sich in besonderer Weise um die medizinisch-hygienische Betreuung und um die sportliche Erziehung der Jugend.

von dem gleichen großen Glauben sind« (Polenghi 2009, 87–88; Polenghi 2010, 231–232).Ein zweites Beispiel ist die Scuola-Colonia Antonio Marro, die 1921 in Reggio Emilia gegründet wurde. Die Einrichtung bot medizinische Betreuung, moralische Erziehung und schulische Bildung für Jungen und Mädchen mit geistiger Behinderung im Alter von fünf bis 15 Jahren an. Die Psychiaterin Maria Del Rio Bertolani, die die Einrichtung leitete, war Faschistin. Sie führte die untergebrachten Kinder an das kunsthandwerkliche Schaffen heran, das sich an Motiven der lokalen mittelalterlichen Kunst orientierte (vgl. Debè 2024). In den Fingern der Mädchen, so schrieb sie, die »die alten Motive wiederauferstehen ließen«, leuchtete erneut der Glanz »einer Flamme, die in der Blutlinie am Brennen gehalten wurde.« Diese »Künstlerinnen der Nadel […] Seelen, die der Fürsorge bedurften«, wurden von der »großen Welle erfasst, die Italien durchzieht und erneuert« (Bertolani Del Rio 1933, 967). Die angewandte Kunsttherapie wurde von Del Rio Bertolani in die faschistische Heilspropaganda eingebettet, die sich auch auf Menschen mit einer geistigen Behinderung erstreckte. 1935, anlässlich des zwanzigjährigen Bestehens der Scuola Treves (Treves-Sonderschule) in Mailand, lobte die nationale Zeitung »Corriere della Sera« diese Schule und bezeichnete sie als eins »der bewegendsten Beispiele menschlicher Brüderlichkeit«. Der Artikel verfälschte den eigentlichen Ursprung der Schule, die in Wirklichkeit die erste Sondergrundschule für Kinder mit einer geistigen Behinderung in Italien war, die vollständig von der Stadt finanziert wurde und 1915 von einer sozialistischen Gemeindeverwaltung gegründet worden war. Stattdessen wurde die Unterstützung durch die faschistische Verwaltung betont, die »so fürsorglich wie keine andere jemals im Erleichtern der Kindheit« gewesen sein soll. Die Menschen mit Behinderung wurden als »Unglückliche, die das Gewicht einer nicht begangenen Schuld tragen, Kinder von Alkoholikern, Tuberkulösen, von schrecklichen Krankheiten Befallene« bezeichnet. »Schon als Kinder waren sie eine tote Last für die Gesellschaft«, trotzdem holten »edle« Ärzte wie De Sanctis sie »aus ihren Dunkelheiten«. Die Schule, die auf exzellentes handwerkliches Arbeiten vorbereitete, schaffte es tatsächlich, den Großteil der Schülerinnen und Schüler dauerhaft in den Arbeitsmarkt zu integrieren; es waren bereits 500. Der Artikel mischte christliche und faschistische Töne: Die Scuola Treves, der »Stolz von Mailand«, brachte »wunderbare Früchte«, sie war »erleuchtet von Gott« und wurde als »Entwässerung der Geister« bezeichnet, wobei die erzieherische Maßnahme mit den großen Entwässerungen des Sumpfgebietes verglichen wurde, die vom Regime angestrebt waren[273]. An diesen beiden Beispielen sieht man, wie die faschistische Rhetorik Menschen mit einer geistigen Behinderung als Folge einer Degeneration definierte, sie aber auch als würdig für Unterstützung und Bildung ansah, damit sie später in die Gesellschaft integriert werden konnten.

---

[273] Il ventennio della Scuola Treves. Dove si insegna il sorriso ai ragazzi infelici (Zwanzig Jahre Treves-Schule. Wo den unglücklichen Kindern das Lächeln beigebracht wird). (1935). Corriere della Sera, 26 Mai, 7.

Abb. 65: Schuhmacherei-Unterricht im Klassenraum der Schule »Antonio Marro«

III.9.3.2 Kinder mit einer geistigen Behinderung und »vermeintlich Anormale«

Zu Beginn des 20. Jahrhunderts eröffneten Psychiater und Psychologen – angeführt von der sogenannten »Gruppe von Rom« um Clodomiro Bonfigli, Sante De Sanctis, Ferruccio Giuseppe Montesano und der jungen Ärztin Maria Montessori – neue Bildungseinrichtungen für »anormale« Kinder, also Kinder mit einer geistigen Behinderung. Bis dahin waren sie in psychiatrischen Anstalten untergebracht (Babini 1996). In Übereinstimmung mit De Sanctis' Theorien zur Typologie der Anormalität wurden verschiedene Institutionen gegründet: medizinisch-pädagogische Institute für Internatsschülerinnen und -schüler mit einer mäßigen geistigen Behinderung; Asili-Scuola, spezielle Grundschulen für Kinder mit einer leichten geistigen Behinderung; Classi differenziali, Sonderklassen innerhalb regulärer Grundschulen für Kinder, deren Lernschwierigkeiten auf soziale Missstände und Umweltfaktoren zurückzuführen waren. Diese Einrichtungen wuchsen während der faschistischen Jahre, ebenso wie der Bedarf an spezialisierten Lehrkräften. Auf die von Ferruccio Giuseppe Montesano 1900 in Rom gegründete Scuola Magistrale Ortofrenica (Ausbildungsinstitut für Sonderlehrer) folgten weitere: 1925 gründeten der Pädagoge Calò Giovanni und der Kinderarzt Eugenio Modigliano in Florenz eine Schule und 1927 eröffnete an der Katholischen Universität Mailand eine weitere Ausbildungsstätte unter der Leitung von Pater Agostino Gemelli. Diese Institutionen boten ein hohes Maß an Spezialisierung für die Ausbildung von Lehrkräften in der sonderpädagogischen Förderung (Debè 2017; Debè/Polenghi 2019; siehe auch Benetti 2023).

Die »Gruppe von Rom« und andere Psychiater und Psychiater glaubten – in Anlehnung an Eduard Séguin und Maria Montessori –, dass Kinder mit einer leichten geistigen Behinderung durch die Zusammenarbeit von Medizin und Pädagogik erzogen werden könnten. Sie widersprachen dem Pessimismus von Sergi und Psychiatern wie Morselli (Benetti 2024). De Sanctis zog eine klare Trennlinie zwischen den »Erziehbaren«, die arbeiten und somit in die Gesellschaft integriert werden konnten, und jenen, die arbeitsunfähig waren und daher auf Unterstützung angewiesen blieben (vgl. Cassata 2011).

Für De Sanctis entsprach Erziehbarkeit jedoch nicht der physiomorphologischen Normalität, dem Intelligenzquotienten oder einzelnen mentalen Fähigkeiten, sondern vielmehr einer umfassenderen biopsychischen Energie, der Fähigkeit zu Aufmerksamkeit, Präzision und Anpassung an die Umwelt. Seine Definition der dynamischen Intelligenz war äußerst fortschrittlich, und die ersten Einrichtungen, wie die Asili Scuola in Rom, die Scuola Treves in Mailand sowie die ersten Sonderklassen, funktionierten auch in den 1930er Jahren weiterhin sehr gut. Allerdings blieb die medizinisch-pädagogische Praxis in vielen Einrichtungen rückständig, was eine deutliche Kluft zwischen den Theorien und der Arbeit der führenden Psychiater einerseits und der alltäglichen Praxis andererseits offenlegte (vgl. Bianchini 2019).

Selbst in einer kulturell geprägten Stadt wie Triest wurden in den 1930er Jahren im medizinisch-pädagogischen Institut schwerwiegende pädagogische und psychologische Fehler begangen. Die Intelligenztests (Binet-Simon, De Sanctis, Rossolimo) wurden entweder nicht korrekt angewendet oder falsch interpretiert, sodass bei Waisenkindern, Findelkindern oder Kindern aus schwierigen familiären Verhältnissen fälschlicherweise eine geistige Behinderung diagnostiziert wurde (vgl. Cappellari/De Rosa 2003). Tatsächlich beeinflusste der Kampf gegen die »Degeneration« der Italienerinnen und Italiener sowohl Ärztinnen und Ärzte als auch Lehrkräfte und führte zu einem tief verwurzelten Vorurteil gegenüber armen Kindern, die keine Familie hatten oder in sozial und kulturell benachteiligten Umfeldern aufwuchsen. Besonders betroffen waren jene, die das Pech hatten, einen alkoholkranken, epileptischen oder psychisch kranken Verwandten zu haben (vgl. Padovan 2005; Cassata 2011). Einer Analyse aus dem Jahr 1912 zufolge gab es bei 88 Prozent der Kinder in der Asili Scuola in Rom eine erbliche Ursache für ihre psychische »Anormalität«. Der Begriff der biologischen Vererbung wurde dabei mit der lombrosianischen Vorstellung des »in der Entwicklung Gehemmten« und des moralisch Degenerierten verknüpft (vgl. Morgese et al. 2019, 8).

Die Klassifikation von De Sanctis als »anormal im Charakter« wurde zudem genutzt, um potenziell gefährliche Kinder zu segregieren. Das Giolitti-Gesetz von 1904 bestimmte, dass Personen, die »eine Gefahr für sich selbst oder andere« darstellten, inhaftiert werden mussten. Die ONMI erhielt den Auftrag, Kinder in Not zu identifizieren, einschließlich derjenigen, die als »anormal« galten. Wer als »nicht erziehbar« eingestuft wurde – sei es aufgrund von moralischer Verderbtheit oder schwerer geistiger Behinderung – wurde unwiderruflich in eine psychiatrische Anstalt eingewiesen. Nach den Rassengesetzen von 1938 wurde die Vorstellung, dass Geisteskranke, Epileptiker, Menschen mit geistiger Behinderung oder Wahnsinnige eine Bedrohung für die Zukunft der Rasse darstellten, mit noch größerer Nachdrücklichkeit bekräftigt (vgl. Padovan 2005): Die Überzeugung, dass Kriminelle und Menschen mit einer geistigen Behinderung von der Norm abweichende Individuen seien, war weiterhin eng mit Lombrosos Theorie der geborenen Verbrecher und moralisch unausgeglichenen Menschen verbunden. Zwar wurde anerkannt, dass das soziale Umfeld für viele moralische Abweichungen verantwortlich war, die durch Bildung und Sozialhilfe verhindert werden konnten, doch erbliche moralische Defekte galten als die gefährlichsten. Wie Sergi betonte, müsse sich die Gesellschaft vor diesen Individuen schützen, indem sie isoliert würden. Allerdings war die Grenze zwischen »geborenen Kriminellen« und Menschen mit einer geistigen Behinderung oft verschwommen, insbesondere bei Minderjährigen. Viele Kinder wurden in psychiatrische Anstalten eingewiesen – nicht zuletzt, weil es zu wenige Fürsorgeeinrichtungen gab.

In der Scuola-Colonia »Antonio Marro« in Reggio Emilia wies das Bildungsprogramm erhebliche Mängel auf, obwohl es von Séguin und De Sanctis inspiriert war. Dazu gehörten wenige Unterrichtsstunden und eine unzureichende Ausbildung der Lehrkräfte. Da die Schule verwaltungstechnisch mit der psychiatrischen Anstalt verbunden war, wurden die Kinder dort nicht nur aufgrund ihrer Lernschwierigkeiten aufgenommen, sondern auch, weil sie als potenziell gefährlich galten. Einmal in der Einrichtung, waren sie lebenslang im Strafregister erfasst, was ihre soziale Reintegration erheblich erschwerte (vgl. Debè 2024).

Abb. 66: Kunst und Handwerk der Kinder der Schule »Antonio Marro«, Ausstellung 2025

Die psychiatrischen Tests an Kindern, die in der Ambulanz der 1930 eröffneten Psychiatrischen Anstalt von Verona durchgeführt wurden, zeigen, welchen hohen Stellenwert Ärztinnen und Ärzte der Degenerationstheorie und der Vorstellung von erblichen Erkrankungen zuschrieben (vgl. Salvetti 2023) – selbst wenn viele psychische Krankheiten nicht erblich waren oder dies nicht bewiesen war. Das Fehlen klarer Beweise wurde in diesem Zusammenhang von jenen Ärztinnen und Ärzten, die sich gegen Zwangssterilisationen aussprachen, als Hauptargument ihrer Theorie herangezogen. Über mehr als ein Jahrhundert hinweg wurden Jungen und Mädchen im Alter von drei bis 15 Jahren in der psychiatrischen Anstalt von Bologna eingesperrt, oft mit sehr unterschiedlichen Diagnosen – von geistiger Behinderung über Wahnsinn bis hin zu sensorischen Beeinträchtigungen oder moralischer Defizienz. Viele Eltern waren lediglich zu arm, um sich um diese Kinder zu kümmern (vgl. Raimondo/Gentili 2020; siehe auch Benetti 2024).

III.9.4 Schlussfolgerung

Die faschistische Eugenik hatte ihre Wurzeln in der italienischen Eugenik des 19. Jahrhunderts und war eng mit dem Nation-Building-Prozess verknüpft. Schon vor dem Faschismus gab es das Bestreben, das Konzept der »Italianität« wissenschaftlich zu untermauern, indem man es bis in die römische Antike zurückverfolgte und die Italienerinnen und Italiener als historisches Produkt eines ethnischen Mischvolks definierte. Der Faschismus versuchte, ihren Körper und Charakter durch eine Kombination aus Hygienepolitik, Gesundheits- und Sozialfürsorge sowie Propaganda zu stärken, wobei dies bereits existierende Vorstellungen verstärkte. Aufgrund des starken Einflusses der katholischen Kirche verfolgte die faschistische Eugenik jedoch hauptsächlich präventive Maßnahmen anstelle von Zwangsmaßnahmen wie Sterilisation.

Kriegsinvaliden wurden im Einklang mit der militaristischen Politik des Regimes sowohl heroisiert als auch sozial abgesichert. Die Psychiatrie jener Zeit unterschied weiterhin zwischen »erziehbaren« und »nicht erziehbaren« Individuen sowie zwischen »Anormalen« und »vermeintlich Anormalen«. Menschen mit sensorischen und motorischen Behinderungen wurden als »erziehbar« anerkannt und somit als »echte Italiener« betrachtet. Weitaus komplexer war die Lage für Menschen mit einer geistigen Behinderung: Während die Psychiatrie für die nicht erziehbaren Individuen eine dauerhafte Internierung vorsah, sollten die anderen rehabilitiert werden. Doch bei Letzteren schwankte die Haltung zwischen der Anerkennung ihrer Würde als Italiener und ihrer Ablehnung als geistig Rückständige und potenziell Gefährliche.

In der Praxis wichen die diagnostischen und erzieherischen Maßnahmen oft erheblich von den Theorien von De Sanctis oder Montesano ab. Der nach wie vor tief verwurzelte positivistische Vorurteilsdiskurs führte dazu, dass insbesondere »charakterlich Anormale« (aber auch Menschen mit einer geistigen Behinderung und die »vermeintlich Anormalen«) als moralisch gefährlich angesehen und daher isoliert wurden. Dieses Vorurteil setzte sich auch nach dem Faschismus fort und prägte die psychiatrische und soziale Praxis noch während der ersten beiden Jahrzehnte der Italienischen Republik.

Literatur

Babini V. P. (1996): La questione dei frenastenici. Alle origini della psicologia scientifica in Italia (1870–1910) (Die phrenasthenische Frage. Zu den Anfängen der wissenschaftlichen Psychologie in Italien). Milano: FrancoAngeli.
Benetti, E. (2023): Maestre »speciali«. Insegnamento e formazione per l'Istituto medico-pedagogico veneziano durante il fascismo (1926–1944) (Sonderlehrer. Lehrtätigkeit und Ausbildung für das venezianische medizinisch-pädagogische Institut während des Faschismus). Venetica, 64 (1), 6–90.
Benetti, E. (2024): Turbolenti e indisciplinate. Infanzia e psichiatria nell'Italia fascista (Turbulent und widerspenstig. Kindheit und Psychiatrie im faschistischen Italien.). Dueville: Ronzani Editore.
Bertolani Del Rio, M. (1933): Lavoro artigianale ed ergoterapia »Ars Canusina« (Kunsthandwerk und Ergotherapie). Rivista sperimentale di Freniatria, 57, 964–972.

Bianchini, P. (2019): The »Medico-Pedagogical Institutes« and the failure of the collaboration between psychiatry and pedagogy (1889–1978). Paedagogica Historica, 55 (3), 511–527.
Binding, K., Hoche, A. (1920): Die Freigabe der Vernichtung lebensunwerten Lebens, ihr Maß und ihre Form. Leipzig: F. Meiner (2018: Norderstedt: Hanse).
Bonetta, G. (1990): Corpo e nazione. L'educazione ginnastica, igienica e sessuale nell'Italia liberale (Körper und Nation.Gymnastische, hygienische und sexuelle Erziehung im liberalen Italien). Milano: FrancoAngeli.
Bracco, B. (2012): La patria ferita. I corpi dei soldati italiani e la Grande Guerra (Das verwundete Vaterland. Die Körper der italienischen Soldaten und der Erste Weltkrieg). Firenze: Giunti.
Cappellari, G. P., de Rosa, D. (2003): Il padiglione Ralli: l'educazione dei bambini anormali tra positivismo e idealismo (Der Ralli-Pavillon: Die Erziehung anormaler Kinder zwischen Positivismus und Idealismus). Milano: Unicopli.
Cassata, F. (2011): Building the new man: eugenics, racial science and genetics in twentieth-century Italy. Budapest & New York: Central European University Press (extended version of 2006 Italian edition Molti, sani e forti. L'eugenetica in Italia).
Celli, A. (1893): L'igiene nella scuola: conferenze: agl'ispettori scolastici (Die Hygiene in der Schule: Vorträge für Schulinspektoren). Firenze: Sansoni.
Debè, A. (2017): Maestri »speciali« alla Scuola di padre Gemelli (Sonderschullehrer an der Pater-Gemelli-Schule). Lecce-Rovato: Pensa Multimedia.
Debè, A. (2024): The teachers of mentally disabled children in Reggio Emilia: the »Antonio Marro« Residential Centre-School across the 1920 s and 1930 s. History of Education & Children's Literature, 19 (1), 283–299.
Debé, A., Erşan, Ö., Neuhaus, T., Polenghi, S., Viteri Paredes, M. J., Vogt, M. & Waitoller, F. R. (2024): The Influence of Eugenic Thinking on Special Needs Assessment Procedures. A Historical and International-Comparative Study of Germany, Italy, and the United States. Espacio, Tiempo y Educación, 11 (2), 24–47.
Debè, A. & Polenghi, S. (2016): Assistance and education of mutilated soldiers of World War I. The Italian case. History of Education & Childrens' Literature, 11 (2), 227–246.
Debè, A. & Polenghi, S. (2019): Agostino Gemelli (1878–1959) and mental disability: science, faith and education in the view of an Italian scientist and friar. Paedagogica Historica, 55 (3), 429–450.
Debè, A. & Polenghi, S. (2024): Disabilità, emozioni e letteratura dal positivismo al fascismo (Behinderung, Gefühle und Literatur vom Positivismus bis zum Faschismus). Rivista di Storia dell'Educazione, 11 (2), 3–15.
De Felice, R. (1961): Storia degli ebrei sotto il fascismo (Geschichte der Juden im Faschismus). Torino: Einaudi.
Gillette, A. (2002): Racial Theories in Fascist Italy. London & New York: Routledge.
Israel, G. (2010): Il fascismo e la razza. La scienza italiana e le politiche razziali del regime (Faschismus und Rasse. Die italienische Wissenschaft und die Rassenpolitik des Regimes). Bologna: Il Mulino.
Israel, G. & Nastasi, P. (1998): Scienza e razza nell'Italia fascista (Wissenschaft und Rasse im faschistischen Italien). Bologna: Il Mulino.
Maiocchi, R. (2004): Scienza e fascismo (Wissenschaft und Faschismus). Roma: Carocci.
Mantovani, C. (2004): Rigenerare la società. L'eugenetica in Italia dalle origini ottocentesche agli anni Trenta (Die Regenerierung der Gesellschaft. Eugenik in Italien von den Anfängen im 19. Jahrhundert bis zu den 1930er Jahren). Soveria Mannelli: Rubbettino.
Minesso, M. (Hrsg.) (2007): Stato e infanzia nell'Italia contemporanea: origini, sviluppo e fine dell'Onmi, 1925–1975 (Staat und Kindheit im zeitgeschichtlichen Italien: Entstehung, Entwicklung und Ende der Onmi). Bologna: il Mulino.
Morgese, G., Acito, E. & Lombardo, G. P. V. (2019): La protezione dell' »infanzia anormale«: il dibattito italiano nella rivista »Infanzia Anormale« negli anni Venti del Novecento »Der Schutz der »anormalen Kindheit«: die italienische Debatte in der Zeitschrift »Infanzia Anormale« in den 1920er Jahren). Rassegna di psicologia, 36 (2), 5–19.
Morselli, E. (1923): L'uccisione pietosa (L'eutanasia) (Die barmherzige Tötung (Euthanasie)). Torino: F.lli Bocca.

Padovan, D. (2005): Biopolitica, razzismo e trattamento degli »anormali« durante il fascismo (Biopolitik, Rassismus und die Behandlung von »Anormalen« im Faschismus). In F. Cassata, & M. Moraglio, (Hrsg.), Manicomio, società e politica. Storia, memoria e cultura della devianza mentale dal Piemonte all'Italia (Irrenhäuser, Gesellschaft und Politik. Geschichte, Erinnerung und Kultur der psychischen Abweichung von Piemont bis Italien) (S.59–81). Pisa: BFS.

Peloso, P. F. (2008): La guerra dentro. La psichiatria italiana tra fascismo e resistenza (1922–1945) (Der Krieg im Inneren. Die italienische Psychiatrie zwischen Faschismus und Widerstand). Verona: Ombre corte.

Petrucci, A. (1940) : L'italiano nuovo. Letture per la seconda classe elementare (Der neue Italiener. Lesebuch für die zweite Grundschulklasse). Roma: La Libreria dello Stato, S.30.

Pick, D. (1989): Faces of degeneration. A European Disorder, c. 1848–1918. Cambridge, Cambridge University Press. (2011 Online-Auflage).

Pogliano, C. (1984a): L'utopia igienista (1870–1920) (Die Hygieniker-Utopie). In F. Della Peruta (Hrsg), Storia d'Italia. Annali (Geschichte Italiens. Annalen), Bd. 7, Malattia e medicina (Krankheit und Medizin) (S.587–631). Torino: Einaudi.

Pogliano, C. (1984b): Scienza e stirpe: eugenetica in Italia (1912–1939) (Wissenschaft und Abstammung: Eugenik in Italien). Passato e presente, 1 (5), 61–97.

Pogliano, C. (1999): Eugenisti, ma con giudizio (Eugeniker, aber mit Augenmaß). In: A. Burgio (Hrsg.), Nel nome della razza. Il razzismo nella storia d'Italia 1870–1945 (Im Namen der Rasse. Der Rassismus in der Geschichte Italiens) (S.423–442). Bologna: Il Mulino.

Polenghi, S. (2009): Educating the cripples. The Pious Institute for rickets sufferers of Milan and its transformations (1874–1937). Macerata: EUM.

Polenghi, S. (2010): Die Erziehung der Krüppelkinder in Italien zwischen Medizin und Pädagogik. Die Krüppelanstalt von Mailand: vom Positivismus bis zum Faschismus (1874–1937). In A. Nobik & B. Pukanszky (Hrsg.), Normalität, Abnormalität und Devianz. Gesellschaftliche Konstruktionsprozesse und ihre Umwälzungen in der Moderne (S.231–232). Frankfurt am Main: Peter Lang.

Polenghi, S. (2021): Hygiene, school and children's body in the Kingdom of Italy. In S. Polenghi, A. Németh & T. Kasper (Hrsg.), Education and the Body in Europe (1900–1950), Movements, public health, pedagogical rules and cultural ideas (S.187–206). Berlin u.a.: Peter Lang.

Quine, Sophia M. (2012): Racial »Sterility« and »Hyperfecundity« in Fascist Italy. Biological Politics of Sex and Reproduction. Fascism, 1 (2), 92–144.

Raimondo, R. & Gentili, C. (2020): Bambini e ragazzi negli ospedali psichiatrici tra Otto e Novecento: un'indagine tra le carte dell'Istituzione Gian Franco Minguzzi di Bologna (Kinder und Jugendliche in psychiatrischen Anstalten zwischen dem 19. und 20. Jahrhundert: Eine Untersuchung anhand der Dokumente der Institution Gian Franco Minguzzi in Bologna). Rivista di Storia dell'Educazione, 7 (2), 109–119.

Salvetti, C. (2023): Controllare e curare l'infanzia alienata. L'ambulatorio del manicomio di San Giacomo di Tomba di Verona negli anni Trenta (Kontrolle und Heilung der entfremdeten Kindheit. Die Ambulanz der Anstalt San Giacomo di Tomba in Verona in den 1930er Jahren). Venetica, 64 (1), 91–116.

Sergi, G. (1889): Le degenerazioni umane (Die menschliche Degeneration). Milano: F. lli Dumolard.

Simonazzi, M. (2013): Degenerazionismo, Psichiatria, eugenetica e biopolitica, (Degenerationismus, Psychiatrie, Eugenik und Biopolitik). Milano: Bruno Mondadori.

Vicarelli, G. (1997): Alle radici della politica sanitaria in Italia: società e salute da Crispi al fascismo (Zu den Wurzeln der Gesundheitspolitik in Italien: Gesellschaft und Gesundheit von Crispi bis zum Faschismus). Bologna: Il Mulino.

III.10 Die Sonderpädagogik in der Zeit des Shōwa-Faschismus in Japan

Satoshi Arakawa

III.10.1 Einleitung

Von Oktober 1992 bis März 1993 habe ich in Hannover gelebt und gearbeitet.[274] Ich habe in dieser Zeit – kurz nach der deutsch-deutschen Wiedervereinigung – eine außerordentlich fremdenfeindliche Atmosphäre angetroffen. Es rollte eine Welle von rechtsextremer Diskriminierung, Rassismus und Fremdenfeindlichkeit durch Deutschland. Asylunterkünfte und Heime ehemaliger DDR-Vertragsarbeiterinnen und -arbeiter brannten, Rufe wie »Ausländer raus!« tönten durch das Land. Auch Menschen mit Behinderungen waren von Gewalttaten betroffen. Ein Ereignis ist mir besonders in Erinnerung geblieben: Ein Mann, der bei einem Unfall ein Bein verloren, schwere Hirnverletzung davongetragen hatte und im Rollstuhl saß, war in der Nähe von Hannover auf offener Straße von Jugendlichen angepöbelt, getreten und bespuckt worden. Dabei hatten sie gerufen:»Bei Hitler hätten sie dich vergast«. Der Mann nahm sich daraufhin mit einer Überdosis Tabletten das Leben. In seinem Abschiedsbrief stand: Menschen mit Behinderungen hätten »in dieser Welt wohl nie mehr eine Chance«.[275]

Gegen diese Diskriminierungen von Menschen mit Migrationshintergrund oder Behinderungen gab es viele Proteste, Mahnwachen und scharfe Einwände. Auch ich habe an einer großen Kerzendemonstration teilgenommen. Damals ist mir schmerzlich bewusst geworden: Rechtes Gedankengut und Faschismus gehören immer noch zu unserer Gegenwart. Wie sieht es diesbezüglich in Japan aus? Das ist die Ausgangsfrage für meinen Beitrag.

Der japanische Faschismus begann ungefähr Ende der 1930er Jahre mit der Gründung Mandschukos[276] unter japanischer Herrschaft und dauerte bis zum Ende des Pazifisches Krieges 1945 an. Es war eine Zeit des Militarismus, der Zweite Japanisch-Chinesische Krieg tobte (1937–45). Diese Zeit wird auch Zeit des Shōwa-

---

274 Anmerkung der Herausgeberin: Satoshi Arakawa war im Wintersemester 1992/93 als Stipendiat der Japan Society for the promotion of science Gast am Institut für Sonderpädagogik der Universität Hannover.
275 siehe dazu auch: »Die Seele des Volkes verbogen«, Der Spiegel 49/1992. https://www.spiegel.de/politik/die-seele-des-volkes-verbogen-a-a26600b5-0002-0001-0000-000013691507, Zugriff am 07.07.2023.
276 Mandschuko war ein von Japan errichtetes »Kaiserreich« in der Mandschurei. Es bestand vom 1. März 1932 bis zum 18. August 1945, wurde international aber nur von 23 Staaten anerkannt.

Faschismus genannt. Shōwa bezeichnet die Regierungszeit von Tennō[277] Hirohito, des dritten Kaisers der modernen Periode, von 1926 bis 1989. Shōwa heißt übersetzt »Ära des erleuchteten Friedens« und steht für die Regierungsdevise Hirohitos. Allerdings diskutiert man bis heute darüber, ob diese Zeit in Japan wirklich als Faschismus angesehen werden kann. In meinen Ausführungen gehe ich davon aus, dass es sich um einen Faschismus im weiteren Sinne handelte.

In diesem Beitrag möchte ich einen Überblick über die Situation von Menschen mit Behinderung und der Sonderpädagogik in dieser Zeit in Japan geben und auf den negativen Einfluss eugenischer Ideen aufmerksam machen.

III.10.2 Die Zeit der Taishō-Demokratie bis zum »Shōwa-Faschismus«

III.10.2.1 Menschen mit Behinderung in der Taishō-Demokratie

Die Meiji-Ära (»aufgeklärte Herrschaft«) dauerte von 1868 bis zum Tod des Tennō Mutsuhito 1912 an, und die japanische Regierung betrieb durch »Fukoku-kyohei« (Militarisierung) und »Shokusan-kogzo« (Industrialisierung) eine rasche Modernisierung. In der Meiji-Verfassung (Verfassung des Kaiserreichs Groß-Japan) wurden die Rechte der Staatsbürgerinnen und -bürger streng beschränkt und Menschen mit Behinderung waren faktisch rechtslos. Viele Kinder und Jugendliche mit Behinderung konnten keine Schule besuchen.

Während der darauffolgenden Taishō-Zeit (»große Gerechtigkeit«, 1912–1926) veränderten liberale Ideen den Staat und die Gesellschaft. Die Meiji-Oligarchie hatte ihre Vormachtstellung verloren und breitere Gesellschaftsschichten konnten nun am politischen Prozess teilnehmen. Forderung nach einer Sozialfürsorge wurden lauter und resultierten 1929 im Erlass eines Fürsorgegesetzes, das die soziale Fürsorge für Alte, Kleinkinder, Kranke, Schwangere und eben auch Menschen mit Behinderung regeln sollte. Wie eine Untersuchung aber zeigte, konnten 1935 gerade mal 40 Prozent der Menschen mit Behinderung soziale Fürsorge in Anspruch nehmen, das heißt die staatliche Fürsorge war viel zu gering (vgl. Yamada 2013, 109). Während Menschen mit Behinderung diskriminiert wurden, wurden Kriegsbeschädigte (insbesondere aus dem Russisch-Japanischen Krieg 1904/05) relativ bevorzugt – sie erhielten etwa bei der Berufsbildung und -vermittlung als auch bei der Heiratsvermittlung Unterstützung.

---

277 Tennō ist ein japanischer Herrscher- und Adelstitel, der im Deutschen oft mit »Kaiser« übersetzt wird.

III.10.2.2 Die Reform der Sonderpädagogik

Die Zeit der Taishō-Demokratie war auch von pädagogischen Reformen geprägt – dies galt auch für die Sonderpädagogik. So forderte etwa Konishi Nobuhachi (1854–1938), der Rektor einer Gehörlosenschule in Tokio, dass auch Blinde und Gehörlose ein Recht auf Erziehung haben und führte als Vorbild die Blinden- und Gehörlosenpädagogik in den USA an (vgl. Kawai 1993, 221). 1923 wurde die »Anordnung über Blinden- und Gehörlosenschulen« erlassen und die Präfekturen dazu verpflichtet, entsprechende Sonderschulen einzurichten. In den Städten wurden in einigen Grundschulen Sonderklassen eingeführt. Die Forderungen, Sonderschulen zu eröffnen, waren meist mit der Idee verbunden, dass sich dadurch die soziale Belastung der Gesellschaft durch Menschen mit Behinderung reduzieren ließe.

Abb. 67: Konishi Nobuhachi (1854–1938), der Rektor einer Gehörlosenschule in Tokio

III.10.3 Die Situation von Menschen mit Behinderung während des Shōwa-Faschismus

III.10.3.1 Die Wirtschaftskrise und sonderpädagogische Bemühungen

Die von 1927 bis 1932 andauernde Wirtschaftskrise führte zum Aufstieg von Militarismus und Faschismus in Japan. 1932 hatte das japanisches Militär in der Mandschurai im Osten Chinas eine »Marionettenregierung« eingesetzt und die Invasion in Südostasien hatte Aufschwung bekommen. 1933 trat Japan aus dem

Völkerbund aus und schloss 1936 den Antikominternpakt – einen völkerrechtlichen Vertrag mit dem Hauptziel, die Kommunistische Internationale zu bekämpfen, dem später weitere Staaten, unter anderem das faschistische Italien, beitraten. Große Gemeinsamkeiten herrschten zwischen den Staatsideologien in Japan und Deutschland. »Beide Staaten hielten am Konzept einer fiktiven ›Herrenrasse‹-Ideologie (Arier bzw. ›Yamato minzoku‹) fest, was als Kehrseite der Bildung des Begriffs ›Untermenschen‹ Vorschub leistete« (Kaneko 1999, 172).

Gleichzeitig führte die Wirtschaftskrise zu Stagnation und hoher Arbeitslosigkeit. Auch viele Menschen mit Behinderung verloren ihre Arbeitsplätze, die ihnen oftmals sowieso schon nur ein kleines Einkommen gebracht hatten. Die meisten von ihnen waren von großer Armut betroffen. Der Bedarf an Rehabilitationsmaßnahmen war in dieser Zeit durch industrielle Unfälle angestiegen. Takagi Kenji (1989–1963) hatte 1942 eine Anstalt für Berufsbildung und Fürsorge für Menschen mit einer Körperbehinderung konzipiert. Da das Personal kurz darauf zum Militärdienst eingezogen wurde und das Gebäude bei einem Luftangriff abbrannte, konnte die Anstalt ihre Arbeit erst nach Ende des Pazifischen Krieges 1945 richtig aufnehmen (vgl. Yamada 2013, 128). Die Forderung nach einem Gesetz für die Blindenfürsorge wurde in dieser Zeit laut, aber nicht eingelöst.

Takeo Iwahashi (1898–1954) war während seines Studiums erblindet. Er hatte 1922 zu Hause mit dem Drucken von Büchern in Braille begonnen und sein Haus geöffnet, um seine Bücher kostenlos an Blinde zu verleihen. 1935 eröffnete er sein »Lighthouse« in Osaka – ein Zentrum für die Berufsbildung und Lebensberatung von Blinden. Er kämpfe für die Rechte von Blinden und wollte ihre soziale Stellung verbessern. Leider wurden seine Erwartungen zu dieser Zeit nicht erfüllt und das »Lighthouse« wurde zu einem Haus für erblindete Soldaten (vgl. a.a.O., 134).

Abb. 68: Takeo Iwahashi (2.v.l.) trifft die taubblinde Schriftstellerin Helen Keller (2.v.r.) bei ihrer Japanreise 1937.

Menschen mit einer »Geisteskrankheit« mussten laut dem »Gesetz über Haft und Fürsorge«, das 1900 erlassen worden war, in Nervenheilanstalten oder Privathäusern bewacht werden. Jedoch existierten bis 1935 nur sechs Nervenheilanstalten in ganz Japan, sodass die meisten von ihnen in Privathäusern eingeschlossen wurden.

III.10.3.2 Der Pazifische Krieg und die Diskriminierung von Menschen mit Behinderung

Im Laufe des Pazifischen Krieges (1941–1945) wurde das Leben für Menschen mit Behinderung immer härter und die meisten von ihnen wurden kaum wie Menschen behandelt. Ab der zweiten Hälfte der 1920er Jahre war Japan von der deutschen Rassenhygiene stark beeinflusst (vgl. Kaneko 1999).[278] »Im Januar 1930 kam es zur Gründung der ›Gesellschaft für Rassenhygiene Japans‹ (Nienhon minzoku eisei gakkai). Das Wort ›minzoku eisei‹ ist die wörtliche Übersetzung des deutschen Begriffes ›Rassenhygiene‹. Das deutsche ›Gesetz zur Verhütung erbkranken Nachwuchses‹ vom Juli 1933 diente in Japan als Vorlage für den 1934 eingebrachten Gesetzesentwurf für ›Unfruchtbarmachung von Minderwertigen‹, der dann schließlich 1940 im ›Hygienegesetz der Staatsbürger‹ (Kokumin yusei ho) seine Realisierung fand (a. a. O., 173). Dieses Gesetz sah die Sterilisation von Menschen mit »erblicher Behinderung« vor.

Menschen, die aufgrund einer schweren Behinderung nicht arbeiten und keine Soldaten werden konnten, galten in dieser Zeit als wertlos und wurden stark diskriminiert. Die Mutter eines Jungen mit schweren körperlichen und geistigen Behinderungen erinnert sich an diese Zeit:

> »Mein Sohn liebte die Festwagen auf dem Kishiwada Danjiri Matsuri, dem größten Wagenfestival Japans. Als er den Klang der Trommel hörte, wollte er unbedingt dorthin. Eines Tages ging ich mit ihm hin – er saß im Rollstuhl. Wir liefen durch eine Nebenstraße, nicht auf der Hauptstraße, wo der Festwagen fuhr. Einige Jugendliche kamen auf uns zu, sie waren offensichtlich alkoholisiert und sagten, so ein Kind habe hier nichts zu suchen und stießen mich und meinen Sohn im Rollstuhl weg. Ich schürfte mir dabei das Knie auf und floh nach Hause. Wir haben das Fest daraufhin nie wieder besucht« (frei übersetzt aus: Shimizu 1978a, 71).

Die Sterblichkeit von Patientinnen und Patienten in den Nervenheilanstalten war aufgrund der Hungernot sehr hoch; im »Matsuzawa Hospital« in Tokyo lag sie 1944 bei mehr als 40 Prozent. Viele Menschen mit schweren Behinderungen verstarben an Hunger und Erfrierungen in Heimen.

Aber auch Japanerinnen und Japaner mit leichteren Behinderungen, die in der Lage waren, zu arbeiten und dem Staat zu dienen, entgingen der Diskriminierung und Unterdrückung nicht. Menschen mit geistiger Behinderung wurden vom Militärdienst befreit. Aber ab 1943 wurden Männer mit relativ leichten geistigen Behinderungen nicht selten trotzdem Soldaten, da bei den ärztlichen Untersuchungen häufig keine Intelligenztests gemacht wurden. Das Grundprinzip des militärischen Lebens war Gruppenverantwortung. Eine Gruppe mit einem Soldaten, der geistig behindert war, war in allem langsamer und damit meistens den anderen Gruppen unterlegen. Deshalb wurde alle Mitglieder der Gruppe vom Vorgesetzten körperlich gezüchtigt, was dazu führte, dass sie den Soldaten mit der geistigen Behinderung hassten, nicht selten nahmen sich diese Soldaten deshalb das Leben (vgl. Arakawa 1994, 173).

---

278 Siehe dazu auch den Beitrag III.11 Die eugenische Debatte in Japan in der ersten Hälfte des 20. Jahrhunderts von Emiko Okada in diesem Buch.

Ein Gehörloser blickt auf die Zeit zurück, als er gegen Ende des Krieges in einer Militärfabrik in Hiroshima arbeitete:

> »Da in der Fabrik zum Mittagessen geläutet wurde, bekam ich dies aufgrund meiner Behinderung meistens nicht mit. Wenn ich es später bemerkte, war das Essen bereits alle und ich blieb hungrig. Ständig wurde mir die Unvollkommenheit meiner Arbeit vorgeworfen. Wenn der Offizier die Fabrik inspizierte, zeigten die anderen auf mich. Der Offizier sprach mich daraufhin an, aber ich konnte nichts verstehen und nickte nur. Ich hatte Angst, zu widersprechen, da ich dann geschlagen würde. Ich bekam trotzdem Schläge, da mein Nicken bedeutete, dass ich meine Fehler zugab« (frei übersetzt aus: Shimizu 1978a, 22).

Der Mann war in der Militärfabrik radioaktiven Strahlen der Atombombe von Hiroshima ausgesetzt und wurde nach dem Krieg als Atombombenopfer anerkannt.

III.10.4 Die Sonderpädagogik in der Zeit des Shōwa-Faschismus

III.10.4.1 Die Forderungen der Entwicklung einer Sonderpädagogik

Ungeachtet der Anordnung zur Einrichtung von Blinden- und Gehörlosenschulen von 1923 war diesbezüglich in Japan nicht viel geschehen. Ab den 1920er Jahren wurden jedoch sehr viele Forderungen von Organisation wie der »Reichsgesellschaft für Blindenpädagogik« und der »Japanische Gesellschaft für Gehörlosenpädagogik« laut. Sie pochten auf die Schulpflicht von Kindern und Jugendlichen mit Behinderung und der Entwicklung einer entsprechenden Pädagogik für diese Heranwachsenden. Sie beriefen sich dabei auf das Recht auf Erziehung, das für alle Menschen gelte, aber sie argumentierten auch, dass Menschen mit Behinderungen wertvolle Arbeitskräfte seien (vgl. Arakawa 1994, 171).

In den 1920er Jahren gab es ungefähr 300 bis 400 Sonderklassen für »schwachsinnige« Schülerinnen und Schüler, deren Zahl während des Faschismus auf 50 zurückging. Die Organisationen forderten auch einen Wiederaufbau solcher Klassen. Sie vertraten die Meinung, dass Schülerinnen und Schüler mit Behinderung eine »Störung« der »Normalschulpädagogik« bedeuteten und sie – wenn sie nicht in besonderen Klassen beschult würden – zudem eine Last für die Gesellschaft darstellten (vgl. Nakamura/Arakawa 2003, 126).

III.10.4.2 Die Zeit der Generalmobilmachung ab 1938

1938 wurde das »Gesetz zur Generalmobilmachung der Nation« (»Kokka sōdōin hō«) verkündet, das die Mobilisierung aller im Land vorhandenen menschlichen und materiellen Ressourcen für die Kriegsanstrengungen vorsah und die Regierung ermächtigte, die gesamte Wirtschaft des Landes ohne Mitwirkung des Parlaments zentral zu steuern. In diesem Zusammenhang wurde auch das Erziehungssystem für die Vorbereitung auf den Pazifischen-Krieg neu strukturiert. 1937 bildete sich ein Bildungsbeirat, der in seinem Bericht von 1938 eine Verordnung für Volksschulen erließ, deren Hauptziel die Erziehung nationalistisch gesonnener, dem Tennō treu ergebener Untertanen (»Kokokumin«) war.

Der Bericht des Bildungsbeirates enthielt auch die Forderung einer Schulpflicht für Blinde und Gehörlose und die Entwicklung einer Pädagogik für Kinder und Jugendliche mit anderen Behinderungen. Dies wurde jedoch nicht verwirklicht, da in dieser Zeit die militärischen Angelegenheiten Vorrang hatten. Gleichzeitig waren die Sonderschulen vom Krieg sehr gebeutelt. Etwa 40 Prozent aller Sonderschulen erlitten durch Luftangriffe Schäden und viele von ihnen wurden geschlossen, so zum Beispiel die einzige selbstständige Volksschule für »Schwachsinnige« (»Shisei Schule«), die damals existierte. Der Grund für die Schließung der Schule war die Überzeugung, dass es sinnlos sei, dass « Dumme« so viel Platz bekämen. Die Lehrkräfte und Schülerinnen und Schüler der Schule wurde daraufhin zwangsevakuiert (vgl. Arakawa 1994, 172).

Ein Lehrer blickt auf diese Zeit zurück:

> »Vor dem Unterricht mussten wir uns ums Essen kümmern. Wir kultivierten den Boden und bauten Kartoffeln und Gemüse an. Ansonsten wären wir verhungert. Das ganze Dorf war distanziert zu unseren Schülern. Für die Bewohner waren die ›Schwachsinnigen‹« unbequem und in ihren Augen verkauften wir unser Gemüse zu teuer. Es war eine schwere Zeit« (frei übersetzt aus: Komiyama 1974, 275).

Nur 28 Prozent der Sonderschulen konnten sich auf dem Land in Sicherheit bringen, da die Regelschulen Priorität hatten. Eine einzige selbstständige Volksschule für Körperbehinderte (»Komei Schule«) wurde 1945, kurz vor dem Luftangriff, evakuiert. Erst 1950 durfte sie zurückkehren, da zuerst die Gebäude der Regelschulen wiederaufgebaut wurden. Auch viele Sonderklassen wurden wegen der Evakuierungen oder Einberufungen der Lehrer aufgelöst. Während des Krieges konnten nur 30 Prozent aller Sonderschulen ihren Unterricht fortsetzen.

III.10.5 Die Situation von Menschen mit Behinderung nach dem Krieg

III.10.5.1 Eugenische Gesetzgebung

Das »Nationale Eugenik-Gesetz« überlebte den Krieg und galt ab 1948 unter dem neuen Namen »Gesetz zur Verhinderung erbkranken Nachwuchses und zum Schutz der Mütter« (»Yuseihogo-ho«) bis 1996. Die Zahl der Personen, die aufgrund dieses Gesetzes zwangssterilisiert wurden, nahm deutlich zu, obwohl klar war, dass sie keine vererbbare Krankheit hatten. Auch Lepra-Erkrankte wurden sterilisiert, obwohl schon bekannt war, dass sie nicht erbkrank waren. Bis in die 1960er Jahre wurden ungefähr 16.000 Menschen zwangsweise sterilisiert, während des Pazifischen Krieges waren es ungefähr 600.

Die Absonderungspolitik gegen die Lepraerkrankten wurde auch nach dem Krieg aufgrund des »Gesetzes zur Verhütung der Lepra« von 1953 fortgesetzt, und eine Sterilisierung war die Bedingung für eine Heirat zwischen Menschen, die an Lepra erkrankt waren! Dieses Gesetz wurde erst 1996 abgeschafft, die Betroffenen hatten lange mit Diskriminierung und Vorurteilen zu kämpfen. 2001 gab es ein Gerichtsurteil, das die Absonderungspolitik gegen die an Lepra Erkrankten als Verletzung der japanischen Verfassung verurteilten. Die japanische Regierung musste sich entschuldigen und staatliche Entschädigungen zahlen.

Menschen, die wegen einer Behinderung zwangssterilisiert worden waren, wurden lange zum Schweigen gezwungen. 2018 klagte eine 80 Jahre alte Frau gegen die japanische Regierung und verlangte eine staatliche Entschädigung für ihre Zwangssterilisation. Danach wurden noch sieben ähnlich gelagerte Prozesse geführt. Die wirkliche Situation von Menschen in den Anstalten für Menschen mit Behinderung ist bis heute wenig erforscht.

Die Regierung hat anfangs jegliche Verantwortung von sich gewiesen, denn die Sterilisierung sei zu dieser Zeit legal gewesen. Aber nach einer Intervention von Abgeordneten entschuldigte sich die Regierung, reflektierte ihr Verhalten und bot eine Entschädigung an. Aber dies war keine wirkliche staatliche Verantwortungsübernahme und Entschädigung. Vier japanische Gerichte haben das Eugenik-Schutzgesetz inzwischen für verfassungswidrig erklärt und eine Entschädigung gefordert. Anfang 2022 wurde das erste Urteil dieser Art verkündet. Die Regierung ist daraufhin im April 2022 in die Revision gegangen. In anderen Fällen wurden die Schadensersatzklagen wegen Verjährung abgewiesen. Der Oberste Gerichtshof des Landes erklärte das »Gesetz zur Verhinderung erbkranken Nachwuchses und zum Schutz der Mütter« (»Yuseihogo-ho«) im Juli 2024 rückwirkend für verfassungswidrig, und die japanische Regierung muss den Opfern nun staatliche Entschädigungen zahlen.

III.10.5.2 Die eugenische Idee heute

Im Juli 2016 hat in Japan ein schockierendes Ereignis stattgefunden: der sogenannte »Sagamihara Vorfall«. Ein 26-Jähriger ist in ein Heim für Menschen mit geistiger Behinderung eingebrochen. Er hat 19 Menschen ermordet und 16 schwer verletzt. Er wurde wegen Mordes angeklagt und zum Tode verurteilt. Der Verurteilte hatte früher in dem Heim gearbeitet. Er hatte angegeben, dass Menschen mit schwerer Behinderung, die sich nicht verständigen können, es nicht verdient hätten, zu leben, und ihre Familien und die Gesellschaft nur belasteten und ins Unglück stürzen würden. Zuvor hatte er in einem Brief an das Japanische Parlament angekündigt, Menschen mit Behinderung töten zu wollen.[279]

---

279 Anmerkung der Herausgeberin: Dieses Ereignis war der Anlass für den japanischen Film

Der Täter wurde zunächst als enthusiastischer Anhänger der Eugenik angesehen. Aber die Hintergründe der Tat sind kompliziert und vielschichtig – eine zentrale Rolle spielten sein Charakter, seine Erfahrungen in dem Heim und sein eigentlicher Wunsch, Lehrer für Sonderpädagogik zu werden. Es ist deshalb unklar, ob seine Denkweise wirklich als eugenisch bezeichnet werden kann. Auf jeden Fall repräsentiert er eine Sichtweise auf Menschen mit Behinderung als einer sozialen Last – und leider ist er nicht der Einzige!

III.10.6 Schlussbemerkung

Die japanische Regierung ratifizierte 2014 die UN-Menschenrechtskonvention, und 2016 trat ein »Gesetz zur Vermeidung der Diskriminierung von Menschen mit Behinderung« in Kraft. Mit diesem Gesetz werden mit Sicherheit Maßnahmen zum Schutz von Menschen mit Behinderung gefördert. Aber bis die Rechte von Menschen mit Behinderung tatsächlich umgesetzt werden und Inklusion gesellschaftliche Realität geworden ist, wird in Japan noch ein langer Weg zu gehen sein.

Literatur[280]

Arakawa, I., Ohi, S. & Nakano, Y. (1976): Die Geschichte der Behindertenpädagogik in Japan. Tokio: Fukumura Verlag.
Arakawa, S. (1994): World WarIInd Handicapped in Japan: Their Life and Education. Japanese Journal of Study on Disability and Handicap, Vo. 22 (2), 169–175.
Arakawa, S. & Nakamura, M. (Hrsg.) (2003): Die Geschichte der Sonderpädagogik. Tokio: Aki Verlag.
Kaneko, M. (1999) Über japanische Geschichtsleugner. Professoren-Ignoranz oder ist Vergangenheitsbewältigung nur ein Problem der Deutschen? Nachrichten der Gesellschaft für Natur- und Völkerkunde Ostasiens e. V., Heft 165–166, 165–185. https://www.oag.uni-hamburg.de/noag/noag-165-166-1999/noag1999-5.pdf, Zugriff am 30. 08. 2023.
Kawai, A. (1993): Das pädagogische Erbe in Japan. Tokio: Shin-Nihon Verlag.
Komiyama, Y. (Hrsg.) (1974): Die Geschichte der Behindertenpädagogik. In: S. Umene (Hrsg.), Serie der weltlichen Geschichte der Pädagogik. Tokio: Kodansha.
Nakamura, M. (Hrsg.) (2018): Die Geschichte der Behindertenpädagogik in Japan (Vor dem Krieg). Tokio: Akashi Verlag.
Shimizu, H. (Hrsg.) (1978a): Behinderte und Krieg. Zeugenaussagen und Memoiren. Tokio: Shin-Nihon Verlag.
Shimizu, H. (1978b): Leben und Recht der Menschen. Tokio: Zenshoken Verlag.
Yamada, A. (2013): Menschen mit Behinderung in Japan. Meiji, Taisho, Showa. Tokio: Akashi Verlag.

»Plan 75«, dessen fiktionales Thema die »freiwillige Euthanasie« alter Menschen in Japan ist und der 2022 auf dem Filmfestival von Cannes ausgezeichnet wurde.
280 Alle Quellen sind auf Japanisch verfasst, bis auf die englische Abhandlung von Arakawa (1994) und der deutsche Beitrag von Kaneko (1999).

III.11 Die eugenische Debatte in Japan in der ersten Hälfte des 20. Jahrhunderts

Emiko Okada

III.11.1 Zum Forschungsstand

Innerhalb der historischen Auseinandersetzung mit dem Thema Eugenik in Japan rückte der Vergleich mit dem deutschen Gesetz zur Verhütung erbkranken Nachwuchses (nachfolgend als NS-Sterilisationsgesetz bezeichnet) in den späten 1980er Jahren immer stärker in den Fokus und in den 1990er Jahren erlebten diese Forschungsansätze eine regelrechte »Blütephase«. Die wichtigsten Beiträge kamen dabei von Historikerinnen und Historikern aus den Bereichen der Medizingeschichte und der Frauengeschichtsforschung. Ein Vertreter der ersten Kategorie ist Fujino Yutaka, der in seinem Werk »Der japanische Faschismus und die Ideologie der Eugenik« (Fujino 1998) Faschismus und Eugenik unmittelbar in Bezug setzte und im Kontext der staatlichen Bevölkerungspolitik beschrieb. Fujinos Forschungsansatz konzentrierte sich dabei auf die Unterdrückung des Einzelnen durch den Staat (Fujino 1993) und ähnelt hierin der Herangehensweise der frühen Forschung zur deutschen Medizingeschichte.

Demgegenüber betrieb die Historikerin Matsubara Yōko in den frühen 1990er Jahren eingehende Untersuchungen unter dem Aspekt der Bioethik und der Frauengeschichte. Sie kam zu dem Schluss, dass im Japan der Vorkriegszeit zwei Entwürfe eines rassischen Eugenikschutzgesetzes (minzoku yūsei hogohō) existierten: Ein nicht an das NS-Sterilisationsgesetz angelehnter Entwurf, der 1934/35 im Parlament eingebracht wurde, und ein 1937/38 vorgelegter, dem NS-Sterilisationsgesetz nahestehender Entwurf, bei dem die Beschränkung des Anwendungsbereichs der Sterilisation auf Erbkrankheiten betont wurde (Matsubara 1997). Der zweite Entwurf mündete, so Matsubara, im 1940 erlassenen Volkseugenikgesetz (kokumin yūseihō), das formal auf dem NS-Sterilisationsgesetz beruhte. Das nach dem Krieg 1948 entstandene Eugenikschutzgesetz (yūsei hogohō) hingegen stand nach Matsubaras Auffassung in der Tradition des ersten Entwurfes, also des Nicht-NS-Modells. Es weise vielmehr Rückbezüge zum 1920/21 vorgeschlagenen Eheverbotsgesetz für geschlechtskranke Männer auf (vgl. Matsubara 1997, 45). Die vom Neuen Frauenverein (shin fujin kyōkai) unter Hiratsuka Raichō (1886–1971), einer Vorkämpferin des Feminismus in Japan, initiierte Petitionskampagne für ein solches Eheverbotsgesetz lässt sich als Stunde null des Diskurses zur Eugenikgesetzgebung in Japan auffassen und fand auch in den Medien große Beachtung. Hierdurch erlangte der Gedanke eines Eugenikgesetzes erstmals breite Aufmerksamkeit.

Matsubaras Interpretation der konkurrierenden Gesetzentwürfe wirkte innovativ, da sie im Gegensatz zur bisherigen Forschung keine starke Kontinuität zwischen dem Eugenikgesetz von 1940 und dem von 1948 postulierte. Seit den späten 1980er Jahren war im Bereich der Frauen-/Gendergeschichtsforschung Kritik an Hiratsuka als »Vertreterin des Eugenikgedankens« laut geworden. Auch deshalb fanden Matsubaras Thesen Beachtung und dominierten bis Mitte des ersten Jahrzehnts der 2000er Jahre die japanische Forschung zur Geschichte der Eugenik. Arakawa Gorō (1865–1944), Abgeordneter der japanischen Nationalversammlung, hatte die Initiative zum ersten Gesetzentwurf ergriffen und war auch am zweiten Gesetzentwurf von 1937 beteiligt. Eine klare Unterscheidung der beiden Entwürfe, wie Matsubara sie vertritt, ist daher problematisch. Zudem weist auch der erste Entwurf Einflüsse des NS-Sterilisationsgesetzes auf. Arakawa gehörte überdies auch zu den Befürworterinnen und Befürwortern eines Eheverbotsgesetzes für geschlechtskranke Männer.

In einem Antwortschreiben, das auf die Zusendung eines die Angemessenheit einer Einteilung der Gesetzentwürfe in NS-beeinflusst und nicht-NS-beeinflusst in Frage stellenden Artikels (Okada 2005) durch die Verfasserin folgte, bezeichnet Matsubara dies völlig zu Recht als Frage der Historiographie. In der Folge unterzog Yokoyama Takashi Matsubaras These der zwei Strömungen der Eugenikgesetzgebung einer Untersuchung, deren Ergebnisse er in einer Monografie (Yokoyama 2015) zusammentrug. Nimmt man den knappen Geschichtsüberblick von Suzuiki Zenji (Suzuki 1983) hinzu, so lassen sich die Entwicklungen der historischen Eugenikforschung in Japan über ein halbes Jahrhundert anhand der vier Werke von Suzuki, Fujino, Matsubara und Yokoyama gut nachvollziehen.

III.11.2 Ideologische Strömungen in der Diskussion des Eugenikrechts

Wenngleich die beiden Gesetzesentwürfe aus der Vorkriegszeit weniger scharf voneinander abgrenzbar sind, als Matsubara dies suggeriert, ist eine Unterscheidung in zwei Strömungen durchaus möglich, wenn es um die eugenische Ideologie selbst geht, auf der die Sterilisationsgesetzgebung Japans fußte: Die bis in die griechische Antike zurückreichende extensive Denkrichtung, die eine gesunde Kindesentwicklung anstrebte und die restriktive Denkrichtung, die die Eliminierung von Behinderung und Krankheit in den Vordergrund rückte. Im Japan der Vorkriegszeit wurden diese Strömungen als positive Eugenik und negative Eugenik (wobei negativ eine Ablehnung von Behinderung impliziert) eingeführt.

Die erstere, extensive Denkrichtung vermischte sich um die Jahrhundertwende auch mit der Theorie der »gelben Gefahr« und der »rassischen Erneuerung«, sodass der Deckungsbereich der Eugenik ständig erweitert wurde. Wie in Europa und den USA entstand hieraus zunächst eine Bewegung der Geburtenkontrolle, für die sich vor allem Frauen aus dem liberalen Bürgertum einsetzten, darunter als prominente Vertreterin auch Hiratsuka. Von der Vor- bis in die Nachkriegszeit warb Hiratsuka in Frauenzeitschriften für ein eugenisches Eheverbotsgesetz, das ein noch radikaleres Vorantreiben der Geburtenkontrolle ermöglichen sollte. Die Hauptinitiative für die Einführung eines Sterilisationsgesetzes entsprang jedoch der letzteren Strömung, also der negativen Eugenik. Diese Bewegung wurde vor allem von Männern, insbesondere Ärzten, angeführt und hatte ihren Kern zunächst im Lehrstuhl für Physiologie der Universität Tokio. Je mehr das Gesetzesvorhaben Gestalt annahm, desto stärker sah man sich gezwungen, den Anwendungsbereich der gesetzlichen Regelungen zu begrenzen, da das genetische Wissen auf unsicherem Grund stand und Schwierigkeiten bei der Umsetzung zu befürchten waren. Eine scharfe Trennung beider Strömungen ist trotz allem schwierig. Da beide von einem unbestreitbaren biologischen Fatalismus geprägt waren und somit dieselben Wurzeln hatten, ist es ein mühsames Unterfangen, sie anhand historischer Quellen voneinander zu separieren. Dass die Existenz zweier Strömungen in Bezug auf die Gesetzesentwürfe angenommen wurde, lag vor allem an der um 1970 laut gewordenen Kritik am NS-Sterilisationsgesetz.

Innerhalb der bis heute in Japan erfolgten kritischen Auseinandersetzung mit dem NS-Sterilisationsgesetz finden sich zwei Versionen der historischen Darstellung: (1) die Betonung der Zäsur zwischen Vor- und Nachkriegszeit durch die Kritik am NS-Sterilisationsgesetz und (2) die Betonung der Kontinuität zwischen dem Volkseugenikgesetz der Vorkriegszeit, dem Eugenikschutzgesetz der Nachkriegszeit und das Zurückführen der jähen Zunahme der Sterilisationen von Menschen mit Behinderung nach dem Krieg auf den Einfluss des NS-Sterilisationsgesetzes. Zu Version (1) gehören auch das spätere Umschreiben eigener Texte und die Richtigstellung oder Zurückhaltung eigener Äußerungen durch Intellektuelle, die an der akademischen Diskussion und der Sterilisationsgesetzgebung der Vorkriegszeit beteiligt waren. Die Version (2) folgte der von Detlev Peukert (1950–1990) geprägten Generation von Historikerinnen und Historikern, die sich mit deutscher Geschichte befassten, und auch für das in den späten 1980er und den 1990er Jahren aufflammende Interesse an der historischen Aufarbeitung der Eugenik in Japan mit verantwortlich waren. Ihre Arbeiten in diesem Bereich gingen jedoch kaum über bloße Feststellungen hinaus und umfangreichere Ergebnisse liegen bis jetzt nicht vor. Matsubaras These lässt sich also wie folgt zusammenfassen: Sie wies auf Aspekte hin, die weder eine Zäsur noch eine Kontinuität darstellten und präsentierte eine dialektische Beendigung, also eine Überwindung dieses Widerspruchs. Ihre Logik brach jedoch zusammen, weil sie allein den Gesetzestext untersuchte.

Das weltweit erste Sterilisationsgesetz wurde 1907 im US-Bundesstaat Indiana eingeführt und bezog sich auf Bewohnerinnen der sogenannten »Schwachsinnigenanstalten« des Bundesstaates. Ab den 1910er Jahren führten zahlreiche US-Bundesstaaten in rascher Folge ähnliche Gesetze ein, vergleichbare Entwicklungen gab es auch in Europa – wie etwa in Großbritannien und der Schweiz. Auch die Idee der Eheverbote hatte ihren Ursprung vor allem in den USA. Berichte über die Sterilisations- und Eheverbotsgesetze der USA waren auch der Auslöser für die Entstehung der frühen eugenischen Ideologie von Hiratsuka und Nagai Hisomu (1876–1957), die hier beispielhaft dargestellt werden soll. Doch wie entstand überhaupt der japanische Begriff »danshu« (eine Kombination der Schriftzeichen für unterbrechen und Samen/Saat)? Anfangs kursierten verschiedene Übersetzungen aus dem Englischen (»sterilization«) und Deutschen (»Sterilisierung/Unfruchtbarmachung), unter anderem »messhu« und »zesshu«. Nach 1933, als die Kampagne für die Einführung eines japanischen Sterilisationsgesetzes ihren Höhepunkt erreichte, setzte sich jedoch der Begriff »danshu« durch. Zwar wurde das Gesetz letztlich unter dem Namen Volkseugenikgesetz verabschiedet, weil man den rabiaten Klang des Wortes scheute, das die Assoziation von Kastration weckte. Inoffiziell etablierte sich »danshu/danshuhō« jedoch und wurde auch nach dem Krieg unreflektiert weiter verwendet (vgl. Okada 2005, 75 f.). Das allein zeigt, welch großen Einfluss das NS-Sterilisationsgesetz in Japan hatte.

III.11.3 Zwei Vertreter der eugenischen Ideologie in Japan: Hiratsuka Raichō und Nagai Hisomu

III.11.3.1 Der Einfluss der Physiologievorlesungen Ōsawas

Hiratsuka und Nagai waren in ihrer Lebenseinstellung und ihren Überzeugungen grundverschieden: Nagai war immer bedacht, keine Risiken einzugehen und verfolgte zielstrebig seine Elitekarriere. Hiratsuka hingegen war zwar eine »Tochter aus gutem Hause«, experimentierte aber mit einem freieren Lebensstil und gehörte keiner Institution an. Beide erhielten dieselbe Prägung durch das Gedankengut der Eugenik. Hiratsuka begann 1903 ihr Studium an der Japan Women's Unversity (JWU). Im selben Jahr hörte sie die Physiologievorlesung von Ōsawa Kenji (1852–1927). Nagai besuchte dessen Vorlesungen in seiner Zeit als Assistent und wurde vermutlich später von Ōsawa gebeten, über weitere Entwicklungen in Deutschland zu berichten, wo er ab 1903 studierte. 1921 übernahm Nagai seine Physiologievorlesung an der JWU.

Abb. 69: Ōsawa Kenji (1852–1927), Professor für Physiologie

Ōsawa lehrte damals – neben seiner Tätigkeit als erster Professor für Physiologie der Kaiserlichen Universität Tokio (heute Universität Tokio) – ab der Eröffnung der JWU im Jahr 1901 dort als Gastdozent. Dass zu seinen Vorlesungsinhalten auch die Themen Sterilisation und Eheverbote gehörten, lässt sich aus privat gebundenen Physiologielehrwerken, die wahrscheinlich Sammlungen von Vorlesungsprotokollen darstellten (Okada 2008, 9), sowie der Schrift »Über die Verbesserung der sozialhygienischen Verfassung« (Ōsawa 1904) ableiten. Demnach lernte Hiratsuka bei Ōsawa auch die Evolutionstheorie und die Mendelschen Regeln im Detail kennen. In letzterer Schrift sind auch Informationen aus dem deutschsprachigen Raum und den USA enthalten, die Ōsawa bei seiner dritten Europareise 1901 gesammelt hatte. Es werden die Eheverbotsgesetze und die Vorlage von Gesundheitsbescheinigungen in US-Bundesstaaten wie North Dakota und Michigan ebenso wie die Praxis der Kastration in der Schweiz erwähnt. Daneben geht es auch um Schadenersatz für die Infektionen mit Geschlechtskrankheiten. Da Hiratsuka 1903 fleißig die Vorlesungen besuchte, wenn auch nur ein Jahr lang, dürfte sie von Ōsawa, der damals wahrscheinlich gerade an »Über die Verbesserung der sozialhygienischen Verfassung« arbeitete, Informationen zu Sterilisation und Eheverboten aus erster Hand erhalten haben, noch bevor das Buch erschien.

Abb. 70: Raicho Hiratsuka (1886–1971), Pionierin des Feminismus in Japan; aufgenommen um 1911.

Früher wurde angenommen, dass die Wurzeln von Hiratsukas eugenischer Ideologie bei der Reformpädagogin Ellen Key (1849–1926) lagen, deren Schriften sie 1913 für die Zeitschrift »Seitō« (Blaustrumpf) übersetzte und in Japan bekannt machte. Hiratsuka fragte Ōsawa um Rat, bevor sie die Kampagne für die im Februar und Juni 1920 dem Parlament vorgelegten Petitionen bezüglich eines Eheverbots für geschlechtskranke Männer startete. Ōsawa gab der Petitionsbewegung bereitwillig Schützenhilfe und auch andere Professoren der Universität Tokio bekannten ihre Sympathie.

Selbstverständlich widmete sich auch Nagai, dem eine Karriere als zweiter Professor am Lehrstuhl für Physiologie in Aussicht gestellt worden war, eifrig dem Propagieren von Sterilisation und Eheverboten. Im Jahr 1914, kurz bevor er zum Professor berufen wurde, begann er, sich mit Texten über die Ehe oder darüber, wie man »gute Kinder zur Welt bringt«, einen Namen zu machen. Nagai besaß jedoch ein konservatives Frauenbild und trieb die Eugenikbewegung als von Männern, insbesondere Ärzten, dominiertes Unterfangen voran. Damit bildete er einen scharfen Gegenpol zu Hiratsuka, die eine von Frauen angeführte Eugenik auf der Grundlage des Feminismus verfolgte. Die Positionen der beiden hätten gegensätzlicher nicht sein können.

III. 11.3.2 Hiratsuka Raichō und Nagai Hisomu: Leben und Werk

Angestachelt von den Vorlesungen Ōsawas begannen Hiratsuka und Nagai um die Zeit des Ausbruchs des Ersten Weltkriegs mit dem Verfassen provokanter Schriften zum Thema Eugenik.

Hiratsuka gründete 1911 die Zeitschrift »Seitō« von Frauen für Frauen, in deren ersten Ausgabe sie mit den berühmten Worten, »Am Anfang war die Frau die Sonne« (genshi josei ha taiyō deatta) gleichsam den Beginn der Frauenbewegung in Japan verkündete. Seitō griff Themen wie das traditionelle Familiensystem (ie-seido), Abtreibung und Sexualität auf und wurde mehrmals mit Publikationsverboten belegt. Ab 1914 lebte Hiratsuka ohne Trauschein mit einem jüngeren Mann zusammen, mit dem sie zwei Kinder hatte. Zur gleichen Zeit wurde sie regelmäßige Autorin der liberalen Frauenzeitschrift »Fujin Kōron« (Revue der Frau). Von den Medien als Archetyp einer »neuen Frau« gehandelt, setze Hiratsuka im Spannungsfeld von Bewunderung und Spott ihren Kampf als Feministin der ersten Stunde fort.

Zusammen mit Ichikawa Fusae (1893–1981), der späteren Vorkämpferin der Frauenwahlrechtsbewegung, gründete sie 1919 den Neuen Frauenverein – die erste zivilgesellschaftliche Organisation der Frauenbewegung Japans. Ihre Vision war, in ganz Japan Zweigstellen aufzubauen. Der Verein machte sich unter anderem die Forderung der Chancengleichheit zur Entfaltung der Fähigkeiten der Frau, die Anerkennung der Unterschiede zwischen den Geschlechtern unter der Voraussetzung der Gleichberechtigung sowie den Schutz der Rechte von Mutter und Kind zur Aufgabe. Er begann seine Tätigkeit damit, den japanischen Reichstag 1920 per Petition zur Revision von § 5 des Gesetzes zur Aufrechterhaltung der öffentlichen Sicherheit, welcher Frauen politische Aktivitäten untersagte, sowie zur Verabschiedung eines Eheverbotsgesetzes, das ausdrücklich auf geschlechtskranke Männer abzielen sollte, aufzufordern. Hinter der Forderung eines Eheverbotsgesetzes für geschlechtskranke Männer stand die Intention, die sexuelle und reproduktive Selbstbestimmung[281] der Frau zu gewährleisten und die damals vorherrschende sexuelle Doppelmoral zugunsten des Mannes zu korrigieren.

Der Verein forderte zudem die Mitgliedschaft von Frauen in politischen Vereinen und deren Beteiligung an bzw. Ausrichtung von politischen Vortragsveranstaltungen. In Japan existierte damals ein System der staatlich kontrollierten

---

281 Diese Formulierung kommt in Japan erst in den 1980er Jahren auf, trifft aber auf die damalige Zeit zu.

Prostitution, und es kam nicht selten vor, dass Frauen sich nach der Heirat bei ihrem Mann mit Geschlechtskrankheiten ansteckten. Hiratsuka forderte daher aus Gründen der Mutterfürsorge die Einführung eines Eheverbots für Männer, die an Geschlechtskrankheiten litten. Im März 1922 gelang es dem Verein, eine Änderung von Teilen des Ordnungs- und Polizeigesetzes (chian keisatsuhō) zu erwirken, Hiratsuka verließ den Verein jedoch schon vorher, im Jahr 1921, wegen Überarbeitung und Konflikten mit Ichikawa. Danach stagnierten die Aktivitäten des Vereins bis dieser sich Ende 1923 auflöste. Hiratsuka konzentrierte sich ab dieser Zeit auf das Schreiben, um ihren Lebensunterhalt zu sichern, und zog sich weitgehend aus dem politischen Aktivismus zurück, bis sie nach dem Krieg Teil der Mütter- und der Anti-Atom-Bewegung wurde.

Die Eheverbotskampagne als Schritt zur sexuellen und reproduktiven Selbstbestimmung blieb letztlich erfolglos. Das stattdessen 1927 erlassene Gesetz zur Prävention von Geschlechtskrankheiten (karyūbyō yobōhō, im September 1948 ersetzt durch das Nachfolgegesetz seibyō yobōhō)[282] stellte unlizenzierten Prostituierten (shishō) unter Strafe, der Prostitution nachzugehen, wenn sie wissentlich mit Geschlechtskrankheiten infiziert waren, und gab damit den Behörden die Handhabe, lediglich Männer vor Infektionen zu schützen.

Nagai schloss 1902 sein Studium an der medizinischen Fakultät der Kaiserlichen Universität Tokio ab und begann eine Tätigkeit als Mitarbeiter des Lehrstuhls für Physiologie. Von 1903 bis 1906 ging er zum Studium nach Deutschland, wo er in Göttingen bei Max Verworn (1863-1921) promovierte. 1906 wurde er zum Assistenzprofessor an der Universität Tokio ernannt, promovierte 1911 zum Thema »der Stoffwechsel von Tieren im Winterschlaf« und wurde 1915 zum Professor berufen.

Dem Beispiel Ōsawas folgend stellte Nagai sich bereitwillig für akademische Ämter zur Verfügung. Außerhalb der Universität erwarb er sich eine meinungsbildende Rolle im Bereich der eugenischen Ideologie und der Sexualerziehung. Wie Hiratsuka wurde er Stammautor der Zeitschrift »Fujin Kōron« und gehörte dort, wie auch in anderen Zeitschriften, zur den Hauptpublizisten zum Thema Eugenik.

Nagai gründete im Juli 1930 die Japanische Gesellschaft für Rassenhygiene, die zur Kernorganisation der Lobbyarbeit für den Erlass eines Sterilisationsgesetztes wurde und eine zentrale Rolle bei der Ausarbeitung eines Gesetzesentwurfs spielte, welcher die Grundlage für das spätere Volkseugenikgesetz bildete. Nagai selbst amtierte vor seiner Pensionierung im März 1937 als Dekan der medizinischen Fakultät. Danach entschied er sich, seine Karriere in der medizinischen Lehre in Taiwan und Peking fortzusetzen, sodass er an der Diskussion des Volkseugenikgesetzes im Parlament nicht beteiligt war. Nach dem Krieg veröffentlichte er unter anderem Lehrwerke zur Eugenik, die sich inhaltlich kaum von denen der Vorkriegszeit unterschieden.

Hiratsuka und Nagai gingen in der Vor- und Nachkriegszeit in vielen Punkten ähnliche Wege und waren beide ideologische Meinungsmacherinnen beziehungsweise Meinungsmacher der Sterilisationsgesetzgebung. Als solche sind sie nicht immer eindeutig einer der beiden Strömungen zuzuordnen, sondern markieren in

---

282 Der Euphemismus karyūbyō (Krankheit der Blumen und Weiden) wurde hierbei durch den modernen Begriff seibyō (Geschlechtskrankheit) ersetzt.

ihrer Person Überschneidungen zwischen diesen. Ein gutes Beispiel hierfür sind die Schwankungen in Hiratsukas Haltung, angefangen bei ihrer Petitionskampagne für ein Eheverbotsgesetz geschlechtskranker Männer bis hin zur nachträglichen Ergänzung eines in ihren gesammelten Werken erschienen Aufsatzes um die Forderung nach einem Sterilisationsgesetz. Ihr Fall zeigt, wie ein- und dieselbe Person zwischen beiden Strömungen pendeln kann, ohne es selbst zu bemerken bzw. bemerken zu wollen.

III.11.4 Das Volkseugenikgesetz und das Eugenikschutzgesetz – Zäsur und Kontinuität

In diesem Abschnitt soll es – mit besonderem Augenmerk auf den Ereignissen am Vorabend der Verabschiedung des Volkseugenikgesetzes – um die Gemeinsamkeiten der deutschen und japanischen Sterilisationsgesetze und deren unterschiedliche Umsetzungspraxis sowie um den anhaltenden Einfluss des NS-Sterilisationsgesetzes nach dem Zeiten Weltkrieg gehen, wobei größtenteils den Fußstapfen Nagais und Shizues gefolgt wird.

III.11.4.1 Das Volkseugenikgesetz (1940)

Während des Ersten Weltkriegs schloss sich Nagai der Eugenikbewegung an. Seit seiner Berufung zum Sondermitglied der »Forschungskommission für Bevölkerung und Nahrungsmittelversorgung« galt er als Experte und Vordenker, der auf die »Aufgabe der Rassenhygiene« hinwies und die Bedeutung der Vererbung betonte. Bis zu seiner Emeritierung wirkte Nagai zehn Jahre lang als Sprachrohr der Befürworter eines Sterilisationsgesetzes.

In seiner Eigenschaft als Mitglied des Sonderausschusses für Rassenhygiene führte er eine Untersuchung zur Sterilisationsgesetzgebung durch und gab der Bewegung durch die Gründung der »Japanischen Gesellschaft für Rassenhygiene« eine organisatorische Basis. Damit zementierte er seine Rolle als Anführer der Bewegung. Auch in der im darauffolgenden Jahr gegründeten Zeitschrift »Minzoku Eisei« (Rassenhygiene) der Gesellschaft betätigte er sich sofort als Autor und legte durch Berichte über Sterilisationsgesetze weltweit und deren Umsetzung das Fundament für die Akzeptanz des NS-Sterilisationsgesetzes in Japan.

Als 1927 die Forschungskommission für Bevölkerung und Nahrungsmittelversorgung gebildet wurde, der auch Nagai angehörte, war die Bevölkerungspolitik der Regierung noch sehr verschwommen. Die Idee einer Geburtenkontrolle hatte bereits eine gewisse Verbreitung erlangt. Sie ließ sich als solche nicht verbieten, ihre praktische Umsetzung war jedoch rechtlich untersagt – eine Inkohärenz, die symptomatisch für die damalige männerdominierte Diskussion ist.

Auf der anderen Seite fällt das Engagement von Frauen bis zur Mitte der 1930er Jahre in der Geburtenkontrollbewegung auf. 1931 wurde eine »Japanische Liga für Geburtenkontrolle« (nihon sanji chōsetu renmei) gegründet, die aus der internationalen Geburtenkontrollbewegung hervorgegangen war und japanweit Beratungsstellen einrichten wollte. Separat davon gründete zusammen mit Ishimoto Shizue (1897–2001)[283] die Japanische Frauenliga für Geburtenkontrolle (nihon sanji chōsetsu fujin renmei), die Beratung zur Empfängnisverhütung anbot. Der Name Frauenliga illustriert den Anspruch der sexuellen und reproduktiven Selbstbestimmung unter der Führung von Frauen.

Eine große Wende erfuhr die Bevölkerungspolitik 1937 durch den japanisch-chinesischen Krieg. Aus Angst vor einem Bevölkerungsrückgang ging der Staat gegen Geburtenkontrolle vor. Die von Ishimoto betriebenen Beratungsstellen mussten 1938 ihre Pforten schließen und das Volkseugenikgesetz, das eben zu dieser Zeit (1937/38) im Parlament diskutiert und verabschiedet wurde, untersagte Sterilisationen und Abtreibungen in allen Fällen, die nicht der Eliminierung des als »minderwertig« angesehenen Erbguts dienten.

Im Parlament wurden zahlreiche Gesetzesentwürfe nach dem Vorbild des NS-Sterilisationsgesetzes eingereicht. Arakawa legte dem Reichstag 1934, 1935 und 1937 derartige Gesetzesentwürfe vor. 1938 wurden unter der Führung des Abgeordneten und Arztes Yagi Itsurō (1863–1945) zwei Anträge für Rasseneugenikgesetze eingebracht. Keiner dieser Gesetzesanträge wurde angenommen, schon bei den Entwürfen von 1934 und 1935 haderte man mit dem Begriff danshu (Sterilisation). Auch bei den Parlamentsdebatten um das Volkseugenikgesetz in den Jahren 1938/39 spielten diese Überlegungen eine Rolle (vgl. Aoki 1941). Innerhalb des Gesundheitsministeriums waren die Bezeichnungen »danshu/danshuhō« (Sterilisationsgesetz) jedoch gang und gäbe.

Im Januar 1938 wurde das Ministerium für Gesundheit und Wohlfahrt (kōseishō) gegründet. Das Referat für Eugenik in der Abteilung für Prävention übernahm die Federführung bei der Ausarbeitung des Gesetzes. Mit einer Rassenhygiene-Konferenz im April desselben Jahres trat die Diskussion um ein Sterilisationsgesetz in ihre intensivste Phase ein. Nagais Eifer hatte zu diesem Zeitpunkt schon merklich abgenommen. Ihm waren Zweifel an den genetischen Grundannahmen des Gesetzesvorhabens gekommen und er übergab seine Aufgaben bei der Ausarbeitung des Gesetzes ab 1937/38 an die beiden Beamten Aoki Nobuharu (1902–1986) und Koya Yoshio (1890–1974).

Auch in der Parlamentsdebatte wurde Kritik am Gesetzesentwurf laut. Es wurde befürchtet, dass dieser den Erhalt des Staatswesens mit einem Tennō[284] an der Spitze sowie den Fortbestand des traditionellen Familiensystems gefährden könne. Nicht wenige Ärzte zögerten, ihre Zustimmung zu geben, doch insgesamt gelang die Verabschiedung des Gesetzes. Obwohl das Gesetz formal dem Muster des NS-Sterilisationsgesetzes folgte, wurde auf das Wort Sterilisation (danshu) auch hier ver-

---

283 Später trug sie nach einer erneuten Heirat den Namen Katō Shizue. Sie war Sozialdemokratin und setzte sich nach dem Krieg als erste für das Eugenikschutzgesetz ein.
284 Ein japanischer Herrscher- und Adelstitel, der im Deutschen oft mit »Kaiser« übersetzt wird.

zichtet. Man könnte daher argumentieren, dass eine gewisse Inkonsequenz schon im Namen des Gesetzes angelegt war.

Das Volkseugenikgesetz wurde mit einigen inhaltlichen Änderungen verabschiedet. Der Paragraf 1 des am 12. März 1940 dem Plenum des Unterhauses vorgelegten Gesetzentwurfs gab vor: »Ziel ist es, die Vermehrung von Menschen mit Veranlagung zu bösartigen Erbkrankheiten zu verhindern und gleichzeitig die Vermehrung von Menschen mit gesunder Veranlagung zu fördern, um so die Veranlagung des Volkes zu verbessern.« Als Aufgabe des Gesetzes wurde demnach die Bekämpfung von Erbkrankheiten und die Verbesserung der Erbanlagen des Volkes benannt. In Paragraf 2 wurde die chirurgische Sterilisation geregelt – als »eugenische Operation« (yūsei shujutsu) bezeichnet. Im dritten Paragrafen wurde der betroffene Personenkreis definiert. Mit »bösartigen Erbkrankheiten« waren unter anderem »erbliche Geisteskrankheiten«, »erbliche Geistesschwäche«, »erbliche Kränklichkeit« und »körperliche Krankheiten schwerer und bösartiger Natur« sowie »schwere erbliche Missbildungen« gemeint – eine Definition, die unverkennbar den Stempel des NS-Sterilisationsgesetzes trägt. Einschränkend wurde jedoch verfügt: »Dies gilt nicht für Fälle, in denen gleichzeitig eine besonders wertvolle Veranlagung besteht.«

Die Paragrafen 4 und 5 gaben die Verfahrensvorschriften an: Chirurgische Eingriffe bedürfen grundsätzlich des Einverständnisses der betroffenen Person sowie der Zustimmung des Ehegatten, der Eltern oder eines Dritten. Demgegenüber regelt Paragraf 6 die chirurgische Zwangssterilisation. Eine Operation ohne Einverständnis des Betroffenen galt als möglich, wenn ein »besonderes öffentliches Interesse an der Prävention einer Krankheit besteht, wie etwa bei besonders bösartigen Krankheiten oder wenn der Ehegatte unter derselben Krankheit leidet.« Die Zwangssterilisation war jedoch auch in der Parlamentsdebatte äußerst umstritten und wurde letztlich kaum angewandt. Gleichzeitig war »die grundlose Unfruchtbarmachung durch chirurgische Eingriffe oder Bestrahlung verboten« (§ 16), Abtreibung war nur gestattet, wenn diese mit einer Sterilisation einherging (§ 14) und Verstöße durch Ärzte oder Andere wurden unter Strafe gestellt (§ 18).

Folglich gleicht das Gesetz zwar formal dem deutschen, seine realen Umstände waren jedoch andere. Die Zahl der durchgeführten Sterilisationen belief sich bis 1945 auf 454 Fälle, 1948 waren es 538 (vgl. Yokoyama 2015, 247) – im Vergleich zu Deutschland eine geringe Zahl. Die Regelung des Paragrafen 6 zur Zwangssterilisation hatte nur auf dem Papier Bestand. Grund hierfür war die widersprüchliche Bevölkerungspolitik Japans ab 1937: Einerseits die Sterilisation mit dem Ziel, die sogenannte »Gegenauslese« zu verhindern und andererseits die Förderung des Bevölkerungswachstums (Abtreibungsverbote). Auch das Fortbestehen des traditionellen japanischen Familiensystems und die ungenügenden medizinischen Voraussetzungen für chirurgische Sterilisationen waren Faktoren, die das Gesetz aushebelten.

III.11.4.2 Das Eugenikschutzgesetz (1948/49)

Die Forderung nach einem neuen Eugenikgesetz wurde nach dem Krieg zunächst vor allem von einer Geburtenkontroll-Aktivistin erhoben: Katō Shizue (ehemals Ishimoto), die vor dem Krieg zusammen mit die von Frauen initiierte Geburtenkontrollbewegung angeführt hatte.

Während das Volkseugenikgesetz allein erbliche Krankheiten zum Gegenstand hatte und eine stärkere Regulierung von Abtreibungen sowie eine Förderung des Bevölkerungswachstums vorsah, wurde im neuen Eugenikschutzgesetz der Anwendungsbereich auch auf nicht erbliche Krankheiten ausgedehnt und Abtreibung stark dereguliert, sodass es die Bevölkerungskontrolle förderte.[285] Mit der Kriegsniederlage hatte in Sachen Bevölkerungspolitik ein radikaler Kurswechsel stattgefunden.

In Paragraf 1 des neuen Eugenikschutzgesetzes hieß es: »Ziel des Gesetzes ist, die Geburt minderwertiger Nachkommen zu verhindern und Leben und Gesundheit der Mutter zu schützen.« Demnach hatte das Gesetz zwei Ziele: die Vermeidung »minderwertigen« Nachwuchses und die Erleichterung von Abtreibungen. Mit der Gesetzesnovelle von 1949 wurde weltweit erstmals der Schwangerschaftsabbruch aus ökonomischen Gründen zugelassen und durch eine erneute Änderung 1952 wurden die gesetzlich erforderlichen Formalitäten bei Abtreibungen vereinfacht. Diese Entwicklungen trugen entscheidend zum darauffolgenden rasanten Anstieg chirurgischer Sterilisationen bei.[286]

Parallel hierzu wuchs auch die Zahl der gemäß Paragraf 4 des Eugenikschutzgesetzes auf ärztliche Diagnose hin verordneten »Sterilisationen zur Verhütung der Vererbung von Krankheiten« beträchtlich. Laut Eugenikschutzgesetz fielen unter »minderwertige Nachkommenschaft« Menschen mit »erblicher Geisteskrankheit«, »erblicher Geistesschwäche«, »erblicher Psychopathie«, »erheblichen körperlichen Krankheiten« und »erblichen Missbildungen«, »Menschen, die unter Leprakrankheit leiden und bei denen Gefahr der Vererbung auf die Nachkommen besteht«. 1952 wurde der Anwendungsbereich ausgeweitet auf »Menschen mit nicht erblicher Geisteskrankheit oder Geistesschwäche« und es kam im Verlauf der 1950er Jahre zu einer leichtfertigen Durchführung von Sterilisationen.

Nach der Einführung des Gesetzes über die Wohlfahrt von Menschen mit Geistesschwäche von 1960 wurden Sterilisationen auch an ehemaligen Sonderschülerinnen und -schüler vorgenommen. Die Überweisung in Sonderschulklassen erfolgte in Japan nach ähnlich vagen Kriterien wie in den Hilfsschulen der Weimarer Republik und eine konkrete Diskussion darüber, was »Geistesschwäche« ausmacht, fand praktisch nicht statt. Nachdem in den späten 1960er Jahren – ge-

---

285 Die wichtigsten gesetzlichen Veränderungen waren: (1) Die Sterilisationsmaßnahmen wurden von Erbkrankheiten auf nicht erbliche Krankheiten ausgeweitet. (2) Abtreibungen wurden erleichtert anstatt erschwert. (3) Die Bevölkerungspolitik wechselte von einer expansiven zu einer restriktiven Politik.
286 Die Zahl der Sterilisationen erreichte mit 44.485 im Jahr 1956 ihren Höhepunkt (96,2 Sterilisation je 100.000 Einwohnerinnen und Einwohner). Danach gingen sie zurück und lagen 1965 bei 27.022 (49,2 je 100.000 Einwohnerinnen und Einwohner) (vgl. Itō/Marui 1993, 40).

stützt durch das Wirtschaftswunder – der Bau großer Einrichtungen für Menschen mit Behinderung voranschritt, kam es auch immer häufiger zu Sterilisationen unter Nötigung, weil diese teilweise zur Bedingung für die Aufnahme von Menschen mit schwerer körperlicher Behinderung in eine Einrichtung gemacht wurde.[287]

In diesem diskursiven Raum bildeten Nagai und Hiratsuka die Vorhut, indem sie sich erneut mit Aufsätzen und Artikeln zu Wort meldeten. Eine kritische Reflexion der Eugenik lag beiden fern, in dieser Hinsicht hatte sich ihre Einstellung seit dem Krieg nicht verändert.

III.11.5 Die eugenische Debatte in der Nachkriegszeit

Hiratsuka änderte nach dem Krieg ihre Haltung zur Idee gesetzlicher Sterilisationsregelungen. Ohne dabei unmittelbar vom NS-Sterilisationsgesetz beeinflusst zu sein, schrieb sie ihren Aufsatz »Für und Wider der Verhütung« von 1917 nachträglich um. Wann diese Änderung erfolgte, ist nicht bekannt. Vermutlich war der Auslöser die Verabschiedung des neuen Eugenikschutzgesetzes und geschah wohl aus einer gewissen Uninformiertheit heraus. Dies ist ein typisches Beispiel dafür, wie sich die beiden Strömungen je nach Zeit und Ort vermischten und ihre Grenzen neu gezogen wurden: Ihr Aufsatz »Für und Wider der Verhütung« gilt allgemein als Beweis der »eugenischen Gesinnung« Hiratsukas. Zu beachten ist jedoch, dass dieser Text in drei Versionen vorliegt: Die offenbar nachträglich eingefügte Forderung nach einem Sterilisationsgesetz ist weder in der Erstfassung (1917) noch in der umgeschriebenen Version (1919) enthalten, sondern erschien nur in der posthum veröffentlichten Fassung (1977) sowie in den 1983 erschienenen gesammelten Werken. Die letzte Fassung endet mit den Worten: »Vom Standpunkt der Eugenik betrachtet, ist ein gesetzliches Verbot der Ehe für bestimmte Individuen sowie der sofortige Erlass eines Sterilisationsgesetzes für unser Land wünschenswert« (1977, 88; 1983, 340).

Als 1934 der erste Gesetzesentwurf eingereicht wurde, hatte sich auch auf Kommentaranfragen der Medien nicht zum Sterilisationsgesetz geäußert. Noch 1939 hatte sie klargestellt: »Sterilisationsgesetze und dergleichen sind [...] keinesfalls zu befürworten« (1984, 289). Nach dem Krieg hingegen sprach sie sich für ein derartiges Gesetz aus. Dem Trend der Nachkriegszeit folgend, Anwendungsbereich und Zweck der Sterilisation weiter zu fassen als im Volkseugenikgesetz, äußerte sie eine gänzlich andere Meinung als vor dem Krieg. Diese entsprach der eugenischen Ideologie, die damals ein Großteil der Menschen in Japan unterstütze.

Natürlich findet sich in Lehrwerken der Nachkriegszeit keine Inschutznahme des NS-Sterilisationsgesetzes. Nicht wenige Intellektuelle veröffentlichen jedoch wie Nagai (Nagai 1947) oder um die Entstehungszeit des neuen Eugenikschutz-

---

287 Vgl. yūsei shujutsu ni tai suru shazai wo motomeru kai (Verein zur Einforderung einer Entschuldigung für eugenische Sterilisationen) 2018.

gesetzes herum geänderte Fassungen früherer Schriften. Das prominenteste Beispiel hierfür war die Eugenik-Abhandlung von Aoki (1948). Er war im Referat Eugenik tätig gewesen und hatte die Ausarbeitung des Volkseugenikgesetzes ab 1937/38 geleitet. Auch Koya, der mit für die Ausarbeitung verantwortlich war, schert in seinen Memoiren beide Gesetze über einen Kamm und zieht selbstlobend eine positive Bilanz (vgl. Koya 1970, 43). Das heißt, die Strömung der Sterilisationsgesetzgebung und die der eugenischen Ehe vermischten sich um die Zeit der Entstehung des Eugenikschutzgesetzes durch das Verhalten ihrer Fürsprecherinnen und Fürsprecher aus der Vorkriegszeit, in deren Folge die Vertreterinnen und Vertreter beider Richtungen letztlich dieselben Ansichten vertraten. Die Gesetzesnovelle führte weder zu einer Zäsur noch zu einer Kontinuität, sondern vielmehr zu einer wundersamen Konvergenz beider Strömungen.

Die Bestimmungen des Volkseugenikgesetzes von 1940 zur Zwangssterilisation blieben, im Gegensatz zum deutschen Sterilisationsgesetz, weitgehend bedeutungslos. Umgekehrt wurden im Eugenikschutzgesetz von 1948 Abtreibungen liberalisiert, was in einer Art Widerhall des NS-Sterilisationsgesetzes zu einem steilen Anstieg der Zwangssterilisationen führte. Mitte der 1950er Jahre wurde die Zweikindfamilie zur Norm. In keinem anderen Land vollzog sich der Geburtenrückgang so schnell wie in Japan – ein Umstand, der sich auf die Zeit zurückführen lässt, als Hiratsuka ihren Aufsatz »Für und Wider der Verhütung« (1917) veröffentlichte. Die von Frauen angeführte Geburtenkontrollbewegung, an der sie beteiligt war, mündete in die Familienplanung der Nachkriegszeit und erfüllte so ihr erhofftes Ziel eines sexuellen und reproduktives Selbstbestimmungsrechtes. Im Fahrwasser dieser Entwicklung schlich sich jedoch auch eine Billigung der Sterilisation von Menschen mit Behinderung mit ein.

Wenngleich eine detaillierte Erörterung den Rahmen dieses Textes sprengen würde, soll hier die Protestbewegung der Organisation »aoi shiba no kai« (Verein grüne Wiese) – einer Gruppe von Menschen mit zerebraler Lähmung – nicht unerwähnt bleiben. Die Bewegung war zwischen 1972 und 1974 aktiv und übte erfolgreich Kritik an der damals diskutierten Änderung des Eugenikschutzgesetzes, durch die die Abtreibung aus ökonomischen Gründen verboten und stattdessen die Abtreibung von Embryonen mit schwerer Krankheit oder Behinderung legalisiert werden sollte. Diese Protestbewegung, die mittelbar in der Nachfolge der Studentenbewegung der 1968er stand, eignet sich hervorragend, um den Zusammenhang zwischen dem von Hiratsuka proklamierten sexuellen und reproduktiven Selbstbestimmungsrecht und der Behandlung ungeborener Kinder mit Behinderung zu verstehen. Sie stellte die feministische Forderung des selbstbestimmten Abtreibungsrechtes nach der Maxime »Mein Körper gehört mir« in Frage und erregte mit radikalen Aktionen wie Rollstuhl-Sitzstreiks auf Bahnhofsvorplätzen und in Eingangshallen öffentlicher Verwaltungsgebäude Aufsehen und wurde von einem großen Medienecho begleitet.

»Mutter, lass mich leben!«: Obwohl diese Parole der Bewegung lediglich ein hypothetischer Hilferuf eines ungeborenen Kindes ist, bei dem durch eine Fruchtwasseruntersuchung eine Behinderung festgestellt wird, und das seine Mutter aufruft, eine leichtfertige Abtreibung zu überdenken, stellen die Protestaktionen einen wichtigen Wendepunkt innerhalb der Geschichte der japanischen

Behindertenbewegung dar. Sie trugen dazu bei, dass die Voraussetzungen für ein inklusives Leben von Menschen mit schwerer körperlicher Behinderung innerhalb lokaler Gemeinschaften ab den 1990er Jahren verbessert wurden.

Bessere systemische Bedingungen führen jedoch oft dazu, dass Probleme weniger akut wahrgenommen werden: In der Folgezeit lag die Debatte um den Zusammenhang zwischen sexueller und reproduktiver Selbstbestimmung und den Umgang mit »behinderten« Embryonen in Japan brach und wurde bis heute nicht weiter vertieft (vgl. Okada 2005). Oder anders ausgedrückt: Die Forderungen Hiratsukas und des Neuen Frauenvereins werfen über die zeitliche Distanz eines Jahrhunderts hinweg die Frage auf, in welchem Verhältnis reproduktive Gesundheit und Frauenrechte sowie die Selektion von Embryonen mit Behinderung zueinander stehen. Hiratsuka ergänzte den vor dem Krieg verfassten Satz »ein gesetzliches Verbot der Ehe für bestimmte Individuen ist wünschenswert« mit: »sowie der sofortige Erlass eines Sterilisationsgesetzes« (1983, 340). Wahrscheinlich hatte sie die Forderung in der Zeitung über die Parlamentsdebatte zur Einführung des Eugenikschutzgesetzes gelesen und sich davon bestätigt gefühlt. Auch in den 1950er und 1960er Jahren änderte sie diesen Standpunkt nicht. Gleichzeitig war Hiratsuka in dieser Zeit zu einer Symbolfigur der Mütterbewegung mit ihrem Slogan »Mütter, die das Leben gebären, wollen dessen Pflege und Schutz« geworden. Überdies hatte ihr Schwiegersohn eine Körperbehinderung und war im Ōmi Gakuen tätig, einer bekannten Einrichtung für Menschen mit geistiger Behinderung. Sie dürfte daher in dieser Zeit nicht nur über den »Schutz des ungeborenen Lebens« nachgedacht, sondern auch im familiären Kontext Gelegenheit gehabt haben, ihr Verständnis für das Thema Behinderung zu vertiefen.

Gerade die Widersprüche und Schwankungen Hiratsukas konfrontieren uns mit der Formbarkeit unseres eigenen eugenischen Denkens. Auch ein Mensch mit »eugenischer Gesinnung« kann durch die Begegnung mit anderen die eigenen Ansichten zu Behinderung und Krankheit rückwirkend korrigieren – das zeigt uns Hiratsukas Lebensgeschichte. Sie selbst starb, kurz bevor die Gruppe »aoi shiba no kai« der Generation der zweiten Welle des Feminismus den Protestruf »Mutter, lass mich leben!« entgegenhielt. Wie hätte sie wohl darauf reagiert?

Literatur

Aoki, N. (1941): yūsei kekkon to yūsei danshu (Eugenische Ehe und Sterilisation). Ryūginsha.

Aoki, N. (1948): Ōyō yūseigaku to shite no danshu (Sterilisation als angewandte Eugenik). Ryūginsha.

Fujino, Y. (1993): nihon fashizumu to iryō (Der japanische Faschismus und die Medizin). Iwanami Shoten.

Fujino, Y. (1998): nihon fashizumu to yūsei shisō (Der japanischer Faschismus und die Ideologie der Eugenik). Keisō Shobō.

Hiratsuka, R. (1917): hinin no kahi o ronzu (Für und Wider der Verhütung). Nihon Hyōron, Bd. 2, Nr. 9, 91–98.

Hiratsuka, R. (1919): fujin to kodomo no kenri (Die Rechte der Frauen und Kinder). Tenyūsha.

Hiratsuka, R. (1949): minzoku no mirai no tame ni (Für die Zukunft der Nation). Josei Kaizō, Bd. 4, April-Ausgabe, 7–12.

Hiratsuka, R. (1977): mushiro jonin no sei o reihai seyo – hiratsuka raichō shin seidōtoku shū (Lieber die weibliche Sexualität feiern: Gesammelte Texte Hiratsukas Raichōs zur neuen Sexualmoral). Jimbunshoin.
Hiratsuka, R. (1983): hinin no kahi o ronzu (Für und Wider der Verhütung). In: Herausgeberkomission der gesammelten Werke Hiratsuka Raichōs (1984): hiratsuka raichō chosaku shū (Gesammelte Werke Hiratsuka Raichōs) (S. 335–340). Bd. 2. Ōtsuki Shoten.
Hiratsuka, R. (1984): minzoku yūsei hogo hōan ni kanren shite (Zum Entwurf eines rassischen Eugenikschutzgesetzes). In: Herausgeberkomission der gesammelten Werke Hiratsuka Raichōs (1983): hiratsuka raichō chosaku shū (Gesammelte Werke Hiratsuka Raichōs) (S. 289–290). Bd. 6. Ōtsuki Shoten.
Itō, H. & Marui, E.(1993): funin shujutsu no yūseigakuteki tekiyō no suii to mondaiten (Problematische Aspekte der
eugenischen Anwendung der chirurgischen Sterilisation). Minzoku Eisei, Bd. 59, Nr. 1, 37–44.
Koya, Y. (1970): rōgakkyū no techō kara (Aus dem Notizbuch eines alten Gelehrten). Japan Family Planning Association.
Matsubara, Y. (1997): minzoku yūsei hogohō to nihon no yūseihō no keifu (Die Entwürfe eines rassischen Eugenikschutzgesetzes und die Genealogie der Eugenikgesetze in Japan). Nihon Kagakushi Kenkyū, Serie II, Bd. 36, Nr. 201, 42–50.
Nagai, H. (1947): yūseigaku gairon (Einführung in die Eugenik), 3. Auflage. Yūzankaku.
Okada, E. (2005): hiratsuka no boseishugi feminizumu to yūsei shisō – ›sei to seishoku no kokka kanri‹ – danshuhō yōkyū wa itsu kahitsu sareta no ka (Hiratsukas maternalistischer Feminismus und die Eugenik – ›Sexualität und Fortpflanzung unter staatlicher Kontrolle‹ – Wann wurde die Forderung nach einem Sterilisationsgesetz hinzugefügt?). Jinbun Gakuhō (Fakultät für Humanwissenschaften der Städtischen Universität Tokio), Nr. 361, 23–97.
Okada, E. (2008): shin-kyū yūseigaku to nachi danshuhō hihan ni kan suru nichidoku hika-kushi – hiratsuka raichō no yūsei shisō no saikō kara (Historisch-vergleichende
Geschichte der alten und neuen Eugenik und der Kritik am NS-Sterilisationsgesetz in Deutschland und Japan – angefangen mit einer Neubetrachtung des eugenischen Denkens bei Hiratsuka Raichō). Staatlich gefördertes Grundlagenforschungsprojekt 2005–2007 (C).
Ōsawa, K. (1904): shakaiteki eisei taishitsu kaizenron (Über die Verbesserung der sozialhygienischen Verfassung). Tōkyō Kaiseikan.
Suzuki, Z.(1983): nihon no yūseigaku (Eugenik in Japan). Sankyō Shuppan.
Yūsei shujutsu ni tai suru shazai wo motomeru kai (Verein zur Einforderung einer Entschuldigung für eugenische Sterilisationen)(Hrsg.)(2018): Yūsei hogohō ga okashita tsumi (Verbrechen, die durch das Eugenikschutzgesetz begangen wurden), 2. Auflage. Gendai Shoin.
Yokoyama, T. (2015): nihon ga yūseishakai ni naru made – kagaku keimō, media, seishoku no seiji (Wie Japan zur eugenischen Gesellschaft wurde – Wissenschaftsaufklärung, Medien, Fortpflanzungspolitik). Keisō Shobō.

IV Verzeichnisse

Abbildungsverzeichnis

Abb. 1:	Hitlerjungen aus der Blindenanstalt Berlin-Steglitz üben den »Deutschen Gruß«.	21
Abb. 2:	Gesetz zur Verhütung erbkranken Nachwuchses (GzVeN) vom 14. Juli 1933	24
Abb. 3:	Hitlers geheime Weisung für das »Euthanasie«-Programm vom Oktober 1939	26
Abb. 4:	Merkblatt zu den Meldebögen zur Erfassung kranker und behinderter Menschen in den Anstalten	29
Abb. 5:	Britisches Flugblatt, abgeworfen im Juni 1941 über deutschen Großstädten	30
Abb. 6:	Jüdische Winterhilfe der Jüdischen Gemeinde – Aufruf der Jüdischen Großorganisationen im Oktober 1937	39
Abb. 7:	Die NSDAP–Mitgliederkartei von Karl Tornow	42
Abb. 8:	Eingabeschreiben des Hilfsschullehrers Erich Gossow aus Quedlingburg an den Ministerialrat Dr. Gütt und dessen Antwort	45
Abb. 9:	Frieda Buchholz mit Schülern beim Gruppenunterricht 1937	49
Abb. 10:	Frieda Buchholz mit ihren Schülern im Gesprächskreis 1937	50
Abb. 11:	Karl Wacker 1927 im Alter von 23 Jahren	53
Abb. 12:	Betty Hirsch im Alter von 45 Jahren	56
Abb. 13:	Umschüler der Kriegsblindenschule beim Unterricht in Maschinenschreiben	58
Abb. 14:	Jüdisches Blindenjahrbuch von 1938/39	59
Abb. 15:	»Eine Gruppe von Hilfsschülern aus dem ärmsten Viertel Bergedorfs« – Format-Abbildungen von Frieda Buchholz1926	61
Abb. 16:	Gertrud Meier als Königin im Theaterstück »Schneewittchen«, 1936	62
Abb. 17:	Der Schulleiter, Frieda Buchholz (3.v.l) und Gertrud Meier (2.v.r.) in BDM-Uniform in der Bergedorfer Hilfsschule 1937	63
Abb. 18:	Schreiben an Christian Hiller, mit dem der Gauobmann des NSLB ihn im Dezember 1933 wissen lässt, dass er zum Gaureferenten für Heilerziehung berufen worden sei – eine führende Position, die später mit dem Etikett Gaufachschaftsleiter belegt wurde	76
Abb. 19:	Karl Schubert	81
Abb. 20:	Die Erklärung des Anthroposophen Karl Schubert zugunsten Christian Hillers vom 20. Februar 1946	82
Abb. 21:	NSDAP-Mitgliedskartei Wilhelm Hofmanns	85
Abb. 22:	Verleihung des Bundesverdienstkreuzes an Wilhelm Hofmann 1976	87
Abb. 23:	Postkarte mit dem Kinderkurheim Nickersberg von 1956	91

Abb. 24: Nachweis der NSDAP-Mitgliedschaft von Paul Bartsch 96
Abb. 25: Paul Bartsch wird zum Reichsfachschaftsleiter ernannt. 97
Abb. 26: Fachschaftstreffen unter Leitung von Paul Bartsch in Parteiuniform (1. Reihe, 3. v. links) 99
Abb. 27: Walter Bärsch im Interview 1983 106
Abb. 28: Schreiben der Karls-Universität Prag, das die angebliche Promotion Walter Bärschs nicht bestätigt. 108
Abb. 29: Walter Bärsch bat am 2. März 1939 beim Reichsführer-SS, Rasse- und Siedlungshauptamt um Übersendung der Vordrucke zu einem Verlobungs- und Heiratsgesuch. 117
Abb. 30: Entnazifizierungsfragebogen Walter Bärsch, 1949 119
Abb. 31: Das Kollegiums der Schleswiger Taubstummenschule mit Abschlussschülern 1932. Der Direktor Otto Taube (4. Reihe, Mitte) wurde im Spätsommer 1933 von den Nazis entlassen. Seinen Platz nahm der in rassenhygienischer und politischer Hinsicht zuverlässig erscheinende Gustav Heidbrede (3. Reihe 3. v. l.) ein. 139
Abb. 32: Anschreiben der Bezirksregierung Kassel an den Leiter der Homburger Taubstummenschule. Obwohl dem Absender bewusst war, dass Taubstummenschulen keine »Anstalten im Sinne des GzVeN« waren, wurde der dort tätige Schularzt einem anzeigepflichtigen Amtsarzt gleichgestellt. 146
Abb. 33: Schulrat Mansfeld an die Leitungen der Hilfsschulen vom 9.10.1934 158
Abb. 34: Frieda Buchholz (vorn links) in der »Kinderlandverschickung« 1941 161
Abb. 35: Strümpfestopfen an der Friedhofsmauer 1941 161
Abb. 36: KZ-Entlassungsschein für Erna W. vom 22. August 1945 162
Abb. 37: Schulrat Köhnes Brief an eine Mutter vom 15.2.1940 165
Abb. 38: Die Handwerkerbildungsanstalt Reckestift 170
Abb. 39: Schreinerei in der Handwerkerbildungsanstalt Reckestift 171
Abb. 40: Erziehungsanstalt Neudüsselthal 174
Abb. 41: Bericht des Leiters der Hilfsschule Erlangen, Hermann Haas, über die Anforderungen an die Lehrkräfte in Förderklassen, 1939 185
Abb. 42: Schulleiter Justinus an das Stadtjugendamt Bayreuth: Aufforderung zur Feststellung der Wohnsituation der Schülerin Leni R. 194
Abb. 43: Die Mauern des vergessenen Friedhofs, aufgenommen im Sommer 2021. 199
Abb. 44: 1980 wurde das gesamte Parkgelände der Klinik ein Naturlehrpfad. 202
Abb. 45: Diesen Brunnen entdeckten die Schülerinnen und Schüler bei ihrer Suche nach dem vergessenen Friedhof 1990. 205
Abb. 46: Der Grabstein von Friedrich Wilhelm Kortum, dem Direktor der Wittenauer Heilstätten 211
Abb. 47: Die Schule und das Lehrerinnenseminar Slagsta waren deutlich reformpädagogisch geprägt. 223
Abb. 48: Das bereits 1900 gegründete Externat in Norrköping war die erste Schule, deren Schülerinnen und Schüler zu Hause wohnten. 225

Abb. 49:	Das Erlernen praktischer Tätigkeiten war zeitlich übergreifend ein zentrales Ziel der Fürsorge.	226
Abb. 50:	Internierte Frauen im Gefängnis von Sprogø in den 1950er Jahren.	241
Abb. 51:	Das Sprogø-Gefängnis um 1935	243
Abb. 52:	Das Gebäude des ehemaligen Sprogø-Gefängnisses heute	244
Abb. 53:	Theodor Heller, anlässlich seines 60. Geburtstages	253
Abb. 54:	Theodor Heller – das berühmte Porträt, das auf der Gedenkfeier für Heller aufgestellt und in der Gedenkpublikation abgedruckt wurde.	258
Abb. 55:	Zoltán Tóth, Pädagoge und späterer Leiter der Heilpädagogischen Hochschule in Budapest	272
Abb. 56:	Hörsaal des Staatlichen Heilpädagogischen Pathologie- und Heil-Laboratoriums	276
Abb. 57:	Gusztáv Bárczi, Arzt und späterer Direktor der Heilpädagogischen Hochschule in Budapest	281
Abb. 58:	Eugenische Schautafel der Landesausstellung 1939.	295
Abb. 59:	Das Cover von Alexis Carrel »Der Mensch, das unbekannte Wesen« der Ausgabe von 1955	305
Abb. 60:	Patienten der Anstalt von Clermont de l' Oise, 1945	312
Abb. 61:	Erste Ausgabe der rassistischen Zeitschrift »La difesa della razza«	342
Abb. 62:	Die Zeitschrift »La difesa della razza« (»Die Verteidigung der Rasse«) identifizierte körperlichen Deformationen als »minderwertigen Status«, »katastrophale Genetik« und »mongoloide Merkmale«	343
Abb. 63:	Der Arzt, Psychiater und Psychologe Sante De Sanctis (1862–1935)	352
Abb. 64:	Fausto, im Krieg erblindet, streichelt den Kopf seines als Balilla gekleideten Enkels.	354
Abb. 65:	Schuhmacherei-Unterricht im Klassenraum der Schule »Antonio Marro«	357
Abb. 66:	Kunst und Handwerk der Kinder der Schule »Antonio Marro«, Ausstellung 2025	359
Abb. 67:	Konishi Nobuhachi (1854–1938), der Rektor einer Gehörlosen-schule in Tokio	365
Abb. 68:	Takeo Iwahashi (2.v.l.) trifft die taubblinde Schriftstellerin Helen Keller (2.v.r.) bei ihrer Japanreise 1937.	366
Abb. 69:	Ōsawa Kenji (1852–1927), Professor für Physiologie	375
Abb. 70:	Raicho Hiratsuka (1886–1971), Pionierin des Feminismus in Japan; aufgenommen um 1911.	376

Tabellenverzeichnis

Tab. 1: Entwicklung der reichsweiten Schüler-, Schul- und Klassenzahlen an Taubstummenanstalten und der Schülerzahlen der Taubstummenanstalt Schleswig. 140
Tab. 2: Qualität der Auskünfte von Schulleitern an Gesundheitsämter und Erbgesundheitsgerichte 149
Tab. 3: Ausgeschulte Schülerinnen und Schüler aus ober- und mittelfränkischen Hilfsschulen (n=Größe der Grundgesamtheit) 191
Tab. 4: Patientenbestand und Sterberate in den Jahren 1937–1948 in der Anstalt Vinatier bei Lyon 312

Personenregister

A

Adorno, Th. W.   124
Aly, G.   19, 32
Asperger, H.   251–255, 257–259, 261–265
Assmann, A.   329
Axelsson, T.   220, 222

B

Bárczi, G.   273, 278, 281, 282
Bärsch, W.   105, 123
Bartsch, P.   90, 103
Bashford, A.   235, 238
Biesold, H.   48, 52, 53, 137, 138, 151, 250
Binding, K.   19, 25, 26, 224, 351
Bleidick, U.   109, 150, 153
Bock, G.   24, 54, 55, 176, 179
Bodelschwingh, F. v.   28
Braune, P. G.   28, 31, 205, 208
Brill, W.   55, 79, 250, 270
Broberg, G.   221, 228, 229
Brugger, C.   291, 292, 294, 296, 297
Buchholz, F.   38, 48–51, 60, 61, 63, 65, 155, 160, 161, 165
Bueltzingsloewen, I. v.   314
Büttner, M.   20

C

Carol, A.   303, 314
Carrel, A.   303–306
Cassata, F.   341, 353, 358
Cenarro Lagunas, A.   321, 323, 325, 326, 328

D

De Sanctis, S.   351, 352, 356–360
Debè, A.   350, 355–357, 359
DeMause, L.   319
Dierlamm, Th.   49, 50, 80, 127
Dörner, K.   19, 26, 31

Duedahl, P.   237, 241
Durand, P.   311, 313

E

Ellger-Rüttgardt, S. L.   25, 33, 38, 39, 41–43, 46, 48, 50, 51, 54, 59, 61, 62, 72, 73, 77, 80, 105–107, 109, 110, 112, 115, 120–122, 124, 126, 127, 153–155, 160, 165–167, 179, 186, 189, 190, 193, 222, 250, 259, 270, 300–302, 316
Erdélyi, A.   270, 271, 274
Esping-Andersen, G.   227, 233

F

Feuchtwanger, L.   307
Forel, A.   286, 287, 303
Foucault, M.   219, 235, 302
Franco, F.   320–323, 325, 329
Friedlander, H.   31
Fuchs, P.   20

G

Galton, F.   234, 236, 240, 292, 303, 349
Gamm, H.-J.   133, 250
Gordosné Szabó, A.   270–273, 275
Grosse, R.   34, 153, 155, 166
Gütt, A.   23, 25, 43, 45, 138, 144, 147

H

Hänsel, D.   95, 98, 103, 127, 186, 188, 189, 196, 250, 255, 270
Hanselmann, H.   253, 254, 256, 259–263, 289, 291–294, 296
Herwig, M.   122, 123
Hillenbrand, C.   48, 139
Hiller, Chr.   71, 88
Hiratsuka, R.   372–380, 382–385
Hirsch, B.   55

Hitler, A.   20, 26, 31, 123, 173, 205, 206, 251, 307
Hoche, A.   19, 25, 26, 224, 351
Höck, M.   34, 37, 124, 179, 250
Hofmann, W.   71, 88
Hoyningen-Süess, U.   253, 254, 256, 261, 263, 272

K

Kaneko, M.   366, 367, 371
Kästner, E.   9
Keller, H.   58, 60, 366
Kemp, T.   233, 234, 238, 239, 245, 246
Kirkebæk, B.   228, 236, 237, 240–244
Klein, F.   270, 273
Koch, L.   233, 234, 239
Kragh, J. V.   218, 228, 241–243
Krampf, A.   36, 42
Kreyenberg, G.   41, 63, 64, 160
Kreyssig, L.   28, 205
Kristeva, J.   300, 301, 315
Kühl, S.   221, 234, 273, 274

L

Lafont, M.   310, 311, 313–315
Lányiné Engelmeyer, A.   270, 273, 283
Lesch, E.   124, 132
Levine, P.   235, 238
Lihme, B.   243, 244
Lombroso, C.   237, 303, 340, 341, 349–351, 358

M

Maeße, H.   42, 136
Maller, A.   255, 262, 263
Mann, G.   136
Mantovani, C.   349–352
Matsubara, Y.   372–374
Meier, G.   50, 55, 160, 162, 190, 196
Mielke, F.   27, 306
Mitscherlich, A.   27, 121, 133, 306
Mitscherlich, M.   133
Möckel, A.   126, 132, 133, 189, 195, 250, 259
Montessori, M.   357
Morselli, E.   351, 358
Mussolini, B.   333, 335, 340, 352

N

Nagai, H.   374–380, 383
Nowak, K.   136

O

Ōsawa, K.   375–378

P

Peukert, D.   46, 49, 72, 170, 374
Pohl, D.   19, 27

R

Radl, H.   252, 258–263
Rousseau, J.-J.   20, 301
Rüdin, E.   23, 234, 287, 291, 293
Ruttke, F.   23

S

Sachße, C.   19, 20
Sachße, T.   26
Schaukal-Kappus, H.   250, 252–254
Schmuhl, H.-W.   24, 27, 30, 31, 72, 169, 187, 208
Schubert, K.   39, 80–83
Schümann, B.   105, 107, 109, 111–115
Séguin, E.   301, 302, 357, 359
Sergi, G.   349–351, 357
Spieler, J.   289, 293
Staemmler, M.   34, 35
Szondi, L.   270, 274, 275, 278

T

Tennstedt, F.   19, 20, 26
Tenorth, H.-E.   33
Tornow, K.   36, 37, 42, 43, 79–81, 96, 98, 125, 127, 131, 255, 256
Tóth, Z.   270, 272, 278, 279
Triebe, M.   189
Turda, M.   273, 274
Tydén, M.   221, 223, 228, 229, 233

V

Vallejo Nágera, A.   321–326
Vernooij, M. A.   124, 133
Vinyes, R.   321–323, 325, 328

Z

Zászkaliczky, P.   270, 272, 273

Autorenspiegel

Satoshi Arakawa ist Ehrenprofessor an der Ibaraki-Universität in Japan. Seine Schwerpunkte in Forschung und Lehre sind sonderpädagogische Förderung und inklusive Pädagogik. Er absolvierte Forschungsaufenthalte an den Universitäten von Hannover und der Humboldt-Universität zu Berlin.

Thomas Barow, Dr. phil., ist Professor für Pädagogik mit dem Schwerpunkt Sonderpädagogik an der Universität Örebro, Schweden. Er forscht zur Geschichte der Sonderpädagogik, zu sonderpädagogischen Kategorisierungen, zur professionellen Zusammenarbeit an schwedischen Schulen für Kinder mit geistiger Behinderung sowie zur Situation von Kindern mit geistiger Behinderung in der Ukraine. In der Lehre ist er vor allem in der Ausbildung von Sonderpädagoginnen und -pädagogen tätig.

Frank Andreas Brodehl, Dr. phil., hat Sonderpädagogik in Köln studiert und promovierte später an der Universität Oldenburg. Derzeit arbeitet er als Sonderschullehrer an der Arnesboken-Gemeinschaftsschule in Ahrensbök und als Beratungslehrer für inklusive Bildung beim Landesförderzentrum »Hören und Kommunikation« in Schleswig.

Albrecht Buschmann, Dr. phil. habil, ist Professor für spanische und französische Literatur- und Kulturwissenschaft an der Universität Rostock. Seine Forschungsschwerpunkte: Praxis und Theorie des Literaturübersetzens, Exilliteratur und ästhetische Grundlagen der Darstellbarkeit von Gewalterfahrung in der Literatur.

Hans-Peter de Lorent, Dr. phil., war GEW-Landesvorsitzender in Hamburg und leitender Oberschulrat in der Hamburger Schulbehörde. Sein Forschungsschwerpunkt ist die deutsche Bildungsgeschichte mit dem Schwerpunkt Hamburg. Er veröffentlichte die dreibändige Reihe »Täterprofile: Die Verantwortlichen im Hamburger Bildungswesen unterm Hakenkreuz«.

Gerhard Eberle, Prof. i. R., Dr. phil., Dipl.-Psych., ausgebildeter Volks- und Hochschullehrer, hat eine Schule für Kinder und Jugendliche mit geistigen Behinderungen aufgebaut und war Professor für Sonderpädagogik an der Pädagogischen Hochschule Heidelberg. Seine Arbeitsschwerpunkte sind die Förderung von »lernschwachen« Schülerinnen und Schülern, methodologische Probleme der empirischen Forschung und die Geschichte der Heil- bzw. Sonderpädagogik.

Sieglind Luise Ellger-Rüttgardt, Prof. Dr. phil., hat Erziehungswissenschaft, Romanistik und Sonderpädagogik studiert. Nach mehrjähriger Tätigkeit an Grund-, Haupt- und Sonderschulen war sie Professorin für Allgemeine Sonder- und Rehabilitationspädagogik in Hamburg, Hannover und an der Humboldt-Universität zu Berlin. Ihre Schwerpunkte in Forschung und Lehre sind historische und internationale Sonderpädagogik, Bildungs- und Sozialpolitik für Menschen mit Behinderung, berufliche Rehabilitation und Pädagogik bei Lernschwierigkeiten.

Bjørn Hamre, PhD. in Pädagogik und Geschichte, ist außerordentlicher Professor an der Abteilung für Pädagogik am Institut für Kommunikation der Universität Kopenhagen. Seine Forschungsschwerpunkte: Geschichte der Sonderpädagogik und Kinderpsychiatrie sowie allgemeine Bildungsgeschichte.

Ulrich Heimlich, Dr. paed., war Lehrkraft für Sonderpädagogik. Nach Professuren an der Martin-Luther-Universität Halle-Wittenberg und der Universität Leipzig war er bis 2021 Universitätsprofessor für Lernbehindertenpädagogik an der Ludwig-Maximilians-Universität München. Seine Arbeits- und Forschungsschwerpunkte: inklusive Bildung, Inklusionsforschung sowie Prävention und Spielpädagogik bezogen auf gravierende Lernschwierigkeiten.

Simon Holleufer hat einen Magisterabschluss in Geschichte mit Spanisch als Nebenfach der Universität Aalborg. Er forschte als wissenschaftlicher Assistent an der Universität Aalborg zur Bildungsgeschichte und arbeitet heute in der Energiepolitik der grönländischen Selbstverwaltung.

Uwe Kaminsky, Dr. phil., ist Historiker am Institut für Geschichte der Medizin und Ethik in der Medizin an der Charité Berlin. Seine Forschungsschwerpunkte sind die Geschichte der Eugenik, NS-»Euthanasie« und Heimerziehung.

Dominique Lerch, Dr., ist Historiker und war Direktor des Institut National supérieur de formation et de recherche pour l'éducation inclusive (INSHEA) in Frankreich. Er hat verschiedene Artikel über das Elsass (1880–1960) und Lehrkräfte für Menschen mit Behinderung verfasst.

Marcus Mühlnikel, Dr. phil., ist wissenschaftlicher Mitarbeiter am Institut für Fränkische Landesgeschichte der Universitäten Bamberg und Bayreuth. Sein Forschungsschwerpunkt ist die fränkische Landesgeschichte seit der Frühen Neuzeit, unter anderem die Geschichte der Eugenik.

Emiko Okada, Dr., emeritiert, war Historikerin an der Tokyo Metropol University. Ihre Schwerpunkte in Forschung und Lehre sind die Sozialreformerin Alice Salomon und die japanisch-deutsche Geschichte von Kindern mit geistiger Behinderung und Lernschwierigkeiten.

Irmela Orland hat ihr Studium und Vikariat an der Theologischen Akademie Celle-Hermannsburg absolviert und im Schuldienst gearbeitet. 1995 wurde sie ordiniert und ehrenamtliche Pfarrerin. 2024 bekam sie das Verdienstkreuz am Bande verliehen – für die Sicherung des alten Anstaltsfriedhofes der damaligen Wittenauer Heilstätten, hierbei vor allem für die Arbeit mit Schülerinnen und Schülern.

Anton Ottmann, Dr. phil., ist Erziehungswissenschaftler und ehemaliger Lehrer für Mathematik und Physik. Er ist Autor von Arbeitsmaterialien, Artikeln und Büchern zu Pädagogik und Mathematikdidaktik, Erzählbänden, einem Roman und verschiedenen Dokumentationen. Er ist freier Journalist, unter anderem für die Rhein-Neckar-Zeitung, mit Schwerpunkt auf regionalgeschichtlichen Recherchen.

Simonetta Polenghi, Prof. Dr., ist ordentliche Professorin für Erziehungsgeschichte an der Università Cattolica del Sacro Cuore, Mailand. Schwerpunkte ihrer Forschung und Lehre sind die Geschichte der Schule und der Universität, die Geschichte der Sonderpädagogik und Erziehungsgeschichte in Medien.

Ilona Ruzsics-Genfer, Dipl.-Päd. (rehab.), lehrt seit 2015 an Schulen für Sozialbetreuungsberufe (SOB) in Österreich. Sie ist Heil- und Sonderpädagogin (ELTE Budapest 2005) und Rehabilitationspädagogin (Humboldt-Universität zu Berlin 2010). Ihre Forschungsschwerpunkte: Inklusion, Geschichte der Heil- und Sonderpädagogik sowie aktuelle Herausforderungen in der Behindertenhilfe.

Matteo Schianchi ist Wissenschaftler an der Universität Mailand-Bicocca. Er befasst sich mit den kulturellen und sozialen Prozessen der Inklusion und Exklusion von Menschen mit Behinderungen. Er schult Lehrkräfte und pädagogische Fachkräfte in Inklusionsprozessen, im schulischen Bereich und in Angeboten für Erwachsene mit Behinderungen.

Stöger, Christian, Dr. phil., ist Hochschulprofessor für Inklusive Pädagogik an der kirchlichen Pädagogischen Hochschule Edith Stein in Innsbruck, Österreich. Seine Forschungsschwerpunkte: historische Entwicklung von Heilpädagogik und inklusiver Pädagogik sowie Pädagogik bei Hörbeeinträchtigungen.

Carlo Wolfisberg, Prof. Dr. phil., leitet das Institut »Behinderung und Partizipation« und ist Mitglied der Hochschulleitung der Interkantonalen Hochschule für Heilpädagogik Zürich. Er forscht und lehrt zu historischen und ethischen Fragestellungen der Heil- und Sonderpädagogik.

Christian Ydesen, Prof. Dr., hat einen Lehrstuhl für historische Bildungsforschung und Bildungspolitikanalyse am Institut für Erziehungswissenschaft der Universität Zürich. Seine Forschungsschwerpunkte: internationale Organisationen, globale Steuerung von Bildung, Bildungsprüfung und -bewertung sowie Rechenschaftspflicht und Diversität in der Bildung aus historischer, vergleichender und internationaler Perspektive.